Haas · Selbstorganisiertes Lernen im Unterricht

Ulrich Haas

Selbstorganisiertes Lernen im Unterricht

Eine unterrichtspraktische Einführung

BELTZ

Ulrich Haas ist Leiter des Arbeitskreises SOL in der Fortbildungsregion Berlin, Studiendirektor an der Ruth-Cohn-Schule Berlin und Dozent an der DAPF (Deutsche Akademie für pädagogische Führungskräfte).

Dieses Buch ist auch als E-Book erhältlich
(ISBN 978-3-407-29284-1).

Das Werk und seine Teile sind urheberrechtlich geschützt. Jede Nutzung in anderen als den gesetzlich zugelassenen Fällen bedarf der vorherigen schriftlichen Einwilligung des Verlages. Hinweis zu § 52a UrhG: Weder das Werk noch seine Teile dürfen ohne eine solche Einwilligung eingescannt und in ein Netzwerk eingestellt werden. Dies gilt auch für Intranets von Schulen und sonstigen Bildungseinrichtungen.

© 2015 Beltz Verlag · Weinheim und Basel
Werderstr. 10, 69469 Weinheim
www.beltz.de

Lektorat: Dr. Erik Zyber
Herstellung: Lore Amann
Satz: Beltz Bad Langensalza GmbH, Bad Langensalza
Druck und Bindung: Beltz Bad Langensalza GmbH, Bad Langensalza
Umschlagabbildung: getty images/John Lund
Reihengestaltung: glas ag, Seeheim-Jugenheim
Umschlaggestaltung: Michael Matl
Printed in Germany

ISBN 978-3-407-25722-2

Inhaltsverzeichnis

Vorwort 9

Einleitung 10
    Das Zwei-Komponentenkleber-Kompetenzmodell 11
    Die Entwicklung von SOL zu SOkeL 13

1. Erste Schritte zum selbst- und kompetenzorientierten Lernen mit
   Kartenmethoden 15
      1.1   Die Sortieraufgabe 15
      1.2   Das Dreiergespräch 19
      1.3   Das Partnerinterview 21
      1.4   Das Netzwerkspiel 22
      1.5   Die Strukturlegearbeit 24
      1.6   Die SOkeL-Kurven 26

2. Die Bedeutung des Vorwissens für den Lernerfolg 28
      2.1   Vier Schüler und ihre Vorwissensstrukturen 30
      2.2   Fazit und Ausblick 31

3. Kooperatives Lernen 33
      3.1   Kooperative Partnerarbeit 35
      3.2   Exkurs: Lesen ist eine Basiskompetenz für selbstgesteuertes Lernen 37
      3.3   Kooperative Lernformen: Das Partnerpuzzle 40
      3.4   Lernen im Sandwich: Motivation durch Selbstwirksamkeit
          und internale Kontrollüberzeugung 43
      3.5   Gelerntes sichtbar und hörbar machen 46
      3.6   Das Gruppenpuzzle 49
      3.7   Kooperatives Lernen: Aneignungsprinzip oder Methode? 57
      3.8   Typische Konflikte in kooperativen Gruppen 62
      3.9   FAQs zu kooperativen Lernformen und
          zum SOkeL-Unterrichtsarrangement 66

4.	Das semantische Netzwerk oder die Lagerhalle des Wissens 72
	4.1 Was enthalten die Wissensschubladen? 74
	4.2 Der Lehrer vermittelt Wissen klar, anschaulich und deutlich – aber die Schüler verstehen es unterschiedlich, falsch oder gar nicht 85

5.	Festigung im Sandwich: Aus Vertrautem Neues entwickeln 92
	5.1 Übungen sind ein Muss: Die Entdeckung der Langsamkeit des Lernens 92
	5.2 Aus vertrauten Methoden Sandwiches entwickeln 93

6.	Egoismus und Altruismus in kooperativen Arbeitsphasen 102
	6.1 Gruppen bilden 102
	6.2 Ein Cocktail zum Lernen 103
	6.3 Geben ist seliger denn nehmen – Altruismus in Lerngruppen 104
	6.4 Die Förderung zur prosozialen Persönlichkeit 106

7.	Kooperative Hilfssysteme als soziale Austauschbeziehungen im Unterricht 114
	7.1 Das Hilfssystem 114
	7.2 Arbeitsnachweise und Kontrolle – Umgang mit den Formularen 118

8.	Die Rolle der Emotionen beim Lernen: Vorerfahrung 121
	8.1 Das Gehirn lernt ständig 121
	8.2 Das prozedurale Gedächtnis 122
	8.3 Vernunft oder Gefühl – wer behält die Oberhand? 124
	8.4 Überprüfungsroutinen: Es gibt einen Anfang vor dem Anfang 125

9.	Start und Ziel eines SOkeL-Unterrichtsarrangements 128
	9.1 Der Advance Organizer 128
	9.2 Die Kann-Listen: Was könnten die Lernenden am Ende können? 132

10.	Effektives Lernen im SOkeL-Unterrichtsarrangement als Sandwich ... 143
	10.1 Die Lehrerrolle im SOkeL-Unterrichtsarrangement 143
	10.2 Direkte und indirekte Instruktion, Selbst-Instruktion, Konstruktion und Ko-Konstruktion 151
	10.3 Die Öffnung des Unterrichtsarrangements 155
	10.4 Die vollständige Lernhandlung oder: Der Zielkreislauf 158

11. Negatives Wissen und Fehlerklärwerk: Wie lassen sich Fehler bekämpfen? ... 164
- 11.1 Warum der Umgang mit Fehlern so schwierig ist ... 165
- 11.2 Alle Lernanfänge sind fehlerhaft ... 168
- 11.3 Das Fehlerhafte ist der Stalker des Wissensaufbaus ... 170
- 11.4 Kampf dem Fehler – das Fehlerklärwerk ... 172
- 11.5 Die andere Seite der Wissensmedaille – das Negative Wissen ... 175
- 11.6 Der Unterrichtsprozess im Fehlerklärwerk ... 183
- 11.7 Immer sind die Lehrer schuld ... 187

12. Kompetenzorientierter Unterricht ... 188
- 12.1 Nicht für die Schule, für das Leben lernen wir? ... 188
- 12.2 Perspektivwechsel: Der kompetenzorientierte Unterricht ... 194
- 12.3 Grundlagen des kompetenzorientierten Unterrichts ... 196
- 12.4 Überfachliche Kann-Listen und wechselseitiges Schülerfeedback ... 204
- 12.5 Überfachliche Kann-Listen im Unterricht ... 207

13. Bewerten und Beurteilen ... 213
- 13.1 Überblick ... 213
- 13.2 Probleme der konventionellen Notengebung ... 215
- 13.3 Der statische und der dynamische Leistungsbegriff ... 217

14. Ein anderer Unterricht braucht eine andere Leistungsbewertung ... 224
- 14.1 Die Negativ-Brille absetzen und die ressourcenorientierte Brille aufsetzen ... 224
- 14.2 Die Instrumente der SOkeL-Leistungsbewertung ... 226
- 14.3 Prozessbewertung und Punktekonto ... 229
- 14.4 Das Punktekonto ... 241
- 14.5 Das kompetenzorientierte Punktekonto ... 263
- 14.6 Praxisrelevante Prüfkriterien der SOkeL-Leistungsbewertung ... 266
- 14.7 Zusammenfassung ... 266

15. Lernatelier und Farbiger Stundenplan/Bunte Woche ... 270
- 15.1 Das Lernatelier ... 270
- 15.2 Lernen im Farbigen Stundenplan/Bunte Woche ... 276
- 15.3 Aspekte des Individualisierten Lernens ... 283

16. Die Grundprinzipen des selbstorganisierten Lernens ... 286
- 16.1 Zielorientierung und Selbstorganisation ... 287
- 16.2 Einfachheit der Grundform und Selbstähnlichkeit ... 289
- 16.3 Dynamik und Selbstoptimierung ... 301

17. **Die erweiterte Lehrerrolle in SOkeL: Aufbruch zu einer neuen Komfortzone** 309
    17.1 Das Umfeld der Schule verändert sich 309
    17.2 Arbeitsaufwand und Arbeitserleichterung im neuen Unterrichtsverfahren 312
    17.3 Vom Einzelkämpfer zum Teamworker 317
    17.4 Kommunikation und Mentorenschaft 323
    17.5 Die Rollenerweiterung meistern 326
    17.6 Unterstützung im Kollegium gewinnen 329
    17.7 Von der Unterrichtsentwicklung via Personalentwicklung zur Schulentwicklung 331

18. **SOkeL im Kurzüberblick** 333
    18.1 Kommt es wirklich auf *den* Lehrer an? 333
    18.2 Vor dem Lernprozess: Die Vorbereitung der Lernumgebung 334
    18.3 Der Lernprozess 336
    18.4 Auf *die* Lehrer kommt es an 338

Literatur 339

Vorwort

Ein Unterrichtskonzept, das auf eigenverantwortliches, selbstständiges und selbstorganisiertes Lernen setzt, bringt es mit sich, dass – geübte – Lernende über weite Strecken autonom arbeiten. Lehrpersonen können nicht gleichzeitig bei allen individuellen und kooperativen Lernprozessen zugegen sein. Daraus resultiert, dass die Lernenden ihre Tätigkeiten einerseits nachweisen müssen, andererseits benötigen sie bei Problemen hilfreiche Unterlagen, wie sie methodisch vorgehen sollen. Je erfahrener die Lernenden im selbstständigen Lernen werden und je größer die unterrichtspraktische Erfahrung der Lehrpersonen in SOkeL, desto mehr kann auf diese Unterlagen und Formulare verzichtet werden. Für den Anfang sind sie aber sehr wichtig.

Da die Abbildung dieser mannigfaltigen Unterlagen und Formulare den Rahmen des Buches sprengen würde, stellen wir sie kostenfrei auf der Webseite www.sokel.de zur Verfügung. Unter dem Menüpunkt »Buchanhang« finden Sie die entsprechenden Unterlagen und Blanko-Formulare als Kopiervorlage, ohne sich registrieren oder anmelden zu müssen. Der Anhang wird laufend aktualisiert und ergänzt.

Wenn Sie Wünsche oder Anregungen zum Anhang haben, dann teilen Sie es mir bitte mit (per Kontakt-Button auf www.sokel.de). Ganz besonders würde ich mich freuen, wenn Sie mir Ihre Unterrichtserfahrungen mit SOkeL mitteilten, seien es Erfahrungsberichte, Kritikpunkte, Anregungen, wie man es anders machen könnte, oder didaktische Unterlagen, die anderen Kolleginnen und Kollegen zur Verfügung gestellt werden sollen.

Dieses Buch entstand vor allem in den Schulferien und an Wochenenden. Mein besonderer Dank gilt daher meiner Familie und vor allem meiner Frau, die mich in dieser arbeitsintensiven Zeit unterstützt haben. Wilfried Silbernagel, Monika Höflich und Wolfgang Endler danke ich für ihre Ermunterung und ihre Hilfe am Manuskript. Für inhaltliche Anregungen bin ich zahlreichen Kolleginnen und Kollegen dankbar, insbesondere P. Heidbreder, die permanent und scharfsinnig alle SOL/SOkeL-Heiligtümer hinterfragte. Ganz besonders möchte ich auch Lutz Brauer danken, mit dem ich 2001/2002 die SOL-Trainerausbildung absolviert habe. Nicht zuletzt sei den Lernenden gedankt. Ohne ihren Widerstand, ihre Kritik und ihr Lob hätten wir das SOkeL-Konzept nicht weiterentwickeln können.

Aufgrund der besseren Lesbarkeit wird in den meisten Fällen auf die männliche Form zurückgegriffen. Die weibliche Form ist dabei stets mitgemeint.

Einleitung

Liebe Leserin, lieber Leser,

dieses Buch ist für die Unterrichtspraxis geschrieben. Sozusagen für die Praxis aus der Praxis. Und zwar für die Praxis von Kolleginnen und Kollegen, die einfach einmal ausprobieren möchten, wie sich ein Unterricht anfühlt, der konsequent auf das eigenverantwortliche und selbstständige Lernen setzt. Da das vorliegende Buch für Ihre Praxis bestimmt ist, werden Sie nicht mit umfassenden theoretischen Begründungen für das hier im Fokus stehende didaktische Konzept konfrontiert. Auf keinen Fall werden Sie im Folgenden lesen, dass Sie möglichst schnell Ihren Unterricht auf ein völlig anderes System umstellen sollten. Im Gegenteil: Sie werden lediglich dazu ermutigt, nach und nach typische Elemente des **s**elbst**o**rganisierten und **k**ompetenz**o**ri**e**ntierten **L**ernens nach »SOkeL« in Ihren Unterricht einzubauen.

Der eine Leser wird dabei schneller vorgehen, die andere Leserin gemächlicher. Es liegt völlig bei Ihnen, wie schnell Sie gehen möchten. Der Mount Everest der Umstellung ist dann erfolgreich bestiegen, wenn eine Kollegin oder ein Kollege in Ihren Unterricht kommt und es ihm oder ihr nicht klar wird, wo »vorn« ist. Aber wer geht schon als Bergsteiger-Novize in einen Outdoor-Laden, kauft sich eine Bergsteigerausrüstung und macht sich auf zum Himalaya? Ein nicht nur motivationaler Absturz wäre wahrscheinlich die Folge.

Dieses Buch soll, um in der Metaphorik des Bergsteigens zu bleiben, die Funktion eines Bergführers haben. Letzterer führt Sie erst am Ende zu den Achttausendern. Zuvor wird im Schwarzwald geübt. Dort gibt es genügend steile Berghänge, an denen geübt und Kondition aufgebaut werden kann. Der Schwarzwald steht hier für die ersten Kapitel des Buches. Das Wissen und Können für die Besteigung der ersten Gipfel sind Methoden, die das selbstständige Lernen ermöglichen und später für die Kompetenzorientierung und den Aufbau von Metakognition wichtig sind (sogenannte Kartenmethoden). Auf jeder anspruchsvollen Wegstrecke – besonders auf der didaktischen – gibt es Stolpersteine, Holzwege, gefährliche Passagen und Umwege. Sie halten im übertragenen Sinne einen Bergführer und eine Wanderkarte in der Hand, die Sie detailliert auf diese Unpässlichkeiten auf dem Weg nach oben hinweisen, auf dass Sie diese Stellen gefahrlos passieren können. Und immer wenn Sie einen Gipfel erklommen haben, sollten Sie mit Ihrer Klasse in eine Berghütte gehen, sich kräftigen und den Ausblick von oben in die Lernlandschaft genießen.

Allein zu wandern und bergzusteigen, kann langweilig oder gefährlich oder beides zusammen sein. Langfristig gilt das für Sie und Ihre Kolleginnen und Kollegen ebenso wie für Ihre Schüler. Sie bilden Schüler-Wandergruppen oder lassen sie bilden. Plötzlich wird es laut beim Wandern und Bergsteigen. Das gehört dazu. Aber in Ihrem Bergführer wird umfangreich beschrieben, wie Sie die Gruppen zur Kooperation führen können; was Sie tun können, damit sich die Schüler – übrigens auch zu Ihrer Entlastung – wechselseitig helfen; wie Sie Egoismus und Altruismus in kooperierenden Lerngruppen steuern können. Wechselseitiges Lernen und Lehren ist nun angesagt (WELL nach Diethelm Wahl). Auch hier hilft Ihnen dieser Bergführer. Die Schüler sollen zunächst an Mittelgebirgshängen üben. Das ist zu Beginn schwierig genug. Einfache Methoden zum kooperativen Lernen werden mit all den Klippen und Fallen dargestellt, die im täglichen Unterricht auftreten können. Und zwar Kapitel um Kapitel. Danach hat der Schwarzwald als Übungsgelände ausgedient; es locken die Alpen mit ihren Viertausendern: Die Ansprüche an die Schüler steigen – ihre Lernerfolge ebenso.

Die Viertausender sind die neuen Ziele, die zu einer »Eins« führen werden. Leider ist völlig klar, dass nicht alle unsere Schülerinnen und Schüler dieses Gipfelglück erleben werden. Manche hatten ja schon im Schwarzwald ihre Mühe. Im klassischen fragend-entwickelnden Unterricht würde nun die Lehrperson mit ihrer Klasse am Fuße eines Viertausenders stehen und tafelbezogen entwickeln, wie ein Viertausender erklommen werden kann. In der darauf folgenden Leistungsüberprüfung könnten viele Schüler angeben, welche Ausrüstung nötig ist, wie die Steigeisen angelegt werden, wie Gletscherspalten erkannt werden können. Aber: Sie *wissen* vielleicht, wie es geht, doch sie *können* es nicht. Nicht anwendbares, träges Wissen hat sich bei ihnen angesammelt. Alle haben dasselbe gelernt, aber in der Klassenarbeit kommen völlig unterschiedliche Ergebnisse heraus.

Hielte sich die Lehrperson an das didaktische Konzept dieses Buches, würde sie völlig anders vorgehen. Sie ist Spezialistin und kennt die Viertausender sehr gut. Sie weiß, was ein Alpinist wissen und können muss, will er auf dem Erkenntnisgipfel das Gipfelglück genießen. Sie betrachtet den Bergaufstiegs-, den Lernprozess vom Ende her und definiert in Kann- und Kompetenzlisten, was am Ende gewusst werden muss. Nicht alle werden ganz oben ankommen. Deshalb gibt sie in den Kann-und Kompetenzlisten auch Dreitausender und Zweitausender an. Viele Schüler sind froh, wenn sie einen Wissensgipfel erreichen, von dem aus sie bei der nächsten Lerneinheit wenigstens den Anschluss behalten (Anschlussfähigkeit). Auch für sie sind Erwartungen definiert, was sie am Ende wissen und können sollen. Und diese Erwartungen halten sie in der Hand. SOkeL ist ein sehr transparentes didaktisches Konzept. Die unterrichtliche Praxis dazu finden Sie ab dem Kapitel 10.

Das Zwei-Komponentenkleber-Kompetenzmodell

Die Schüler sind als Gruppen unterwegs und stehen nun an der Bergwand. Sie können sich wechselseitig informieren, belehren, sich helfen und beratschlagen, welche Route nach oben eingeschlagen werden soll (Kapitel 3 und 7). Aber klettern müssen sie dann allein (Kapitel 5, 15, 16). SOkeL verzichtet dabei auf einseitige Modelle, die entweder das kooperative Lernen in den Vordergrund stellen oder das rein individuelle, sprich Kompetenzraster abarbeiten. Zwar vereinigt SOkeL in sich diese beiden Ansätze, aber insgesamt ist es mehr als diese Teile. Dies wird an der Kompetenzorientierung (Kapitel 12) und vor allem an der Leistungsbewertung deutlich. Der Berggipfel, den es zu erklimmen gilt, ist das zu erarbeitende Wissen. Um aber das Wissen erarbeiten zu können, müssen die Lernenden »können«. Sie müssen ihr Handwerkszeug (Lernverfahren/Lerninstrumente à la SOkeL) beherrschen, also methodische Kompetenzen entwickeln. Außerdem sollten sie die Wegstrecke, die sie sich ausgesucht haben, auch wirklich in Angriff nehmen. Dazu gehört es manchmal, mit Personen nach oben zu klettern, die sie eigentlich gar nicht mögen. Selbstkompetenzen sind gefordert, hier als personal-emotionale Kompetenzen. Die Lernenden sollten mit den anderen Aktiven adäquat kommunizieren und ihnen ein konstruktives Feedback geben, aber ebenso die Kritik der anderen aushalten können. Auch für diese sozialkommunikativen Fähigkeiten gibt es Kompetenzlisten, und zwar überfachlicher Art.

Insbesondere die überfachlichen Kompetenzlisten haben es in sich. Aber spätestens jetzt wird klar, dass den Schülern ein anderes Unterrichtssetting geboten werden muss: eines, in dem alle (!) aktiv und möglichst permanent lernhandelnd werden können. In diesem Setting eignen sie sich den Lernstoff dank der erworbenen Lernkompetenzen und überfachlichen Kompetenzen selbst und individualisiert, aber auch kooperativ an. Dies ist das Gegenbild zu der passiven Art und Weise, innerlich durch Zuhören nachzuvollziehen, was der Lehrer lehrt.

Vieles ist leichter gesagt als getan, aber zum Glück gibt es die Selbstorganisationsprinzipien (Kapitel 17). Auf ihrer Grundlage lässt sich vieles in der Umstellung vom lehrerzentrierten Lehren auf das selbstständige und eigenverantwortliche Lernen vereinfachen. Zum Beispiel lassen sich damit Kompetenzfahrpläne aufstellen, die für Lehrpersonen wie für Lernende Erleichterung und Sicherheit bedeuten.

Wie gesagt, mit SOkeL nimmt die Lehrperson einen Perspektivwechsel vor. Sie sitzt auf dem Viertausender und schaut ins Tal, wo die Schüler beginnen, die Wand hinaufzuklettern. Würden wir Lehrpersonen mit dem Notenbüchlein dabei sein, würden wir ach so viel Fehlerhaftes feststellen müssen. In SOkeL kommt es aber nicht darauf an, was am Anfang alles falsch gemacht wird, sondern was schlussendlich dabei herauskommt (Outcome-Orientierung). Deswegen sind die verschiedenen Aufstiegsmöglichkeiten (nach Exzellenz-, Regel- und Mindestunterrichtsstandards) mit Warntafeln, Erste-Hilfe-Hinweisen oder Beratungsstellen versehen. Das Richtige wird dabei immer in das Fehlerhafte zurückrecycelt. So schält sich das Wissen aus dem Falschen langsam heraus (Kapitel 11). Um das Fehlerhafte auf ihrem Wissensweg mit Lernhandeln effektiv bekämpfen zu können, brauchen die Lernenden wiederum die überfachlichen Kompetenzen. Aber das ist noch nicht alles.

Wenn die Lernenden am Fuße des Viertausenders stehen und nach oben blicken, breitet sich bei nicht wenigen Verzagtheit, Ängstlichkeit, Resignation oder Ablehnung aus. Sie glauben nicht, dass sie es (nach oben) schaffen können. Vielmehr befürchten sie, die Lehrperson stehe beim Aufstieg daneben und beurteile jeden Schritt. Diese Angst wird ihnen mit SOkeL genommen, denn der Lernprozess wird hier von Leistungssituationen abgekoppelt. Die Schüler werden in einen Bewertungsdialog eingebunden, anstatt beurteilt zu werden. Es geht um ihr Können und das noch zu Verbessernde, damit sie zumindest einen niedrigeren Gipfel besteigen können. Eine Orientierungshilfe auf dem Weg bieten die Mindest-, Regel- und Exzellenzstandards. Lassen sie sich darauf ein, können sie sogar ihre Note verbessern (Kapitel 13 und 14). Wenn es dann trotzdem nicht gelingt, ist das nicht dramatisch. Im schlimmsten Fall können sie ihre Note nicht verbessern, sie wird allerdings auch nicht gemindert. Das nimmt die Angst und die Resignation und macht mutig. Als Lehrperson ist man manchmal erstaunt, welchen Lerneifer eigentlich »hoffnungslose Fälle« plötzlich an den Tag legen. Der Himalaya ist jetzt nicht mehr weit (Kapitel 15 ff.).

Wenn unsere Schüler auf völlig unterschiedlichen Routen unterwegs sind, können wir nicht immer bei allen dabei sein. Dennoch wissen wir stets, wo sie sind. Außerdem können wir beraten, helfen, coachen, methodische Vorgehensweisen demonstrieren. Immer wieder treffen sich alle in einer Berghütte (Plenum), in der dann eben auch der Lehrer das Wort führt. Er hat dort sogar eine Tafel (Kapitel 18).

Wenn die Lehrperson, die mit ihrer Klasse am Berg ist, Glück hat, findet sie in ihrem Kollegium Gleichgesinnte. Das macht vieles einfacher. Die Schüler sind dann erheblich schneller auf die Wissensgipfel zu führen. Die Lehrpersonen selbst gewinnen durch die wechselseitige Hilfe, den Erfahrungsaustausch, den Austausch von Materialien und das abgesprochene Verhalten in schwierigen Klassen. Lernen im Beruf heißt der Fachbegriff dazu.

Soll der Himalaya tatsächlich in greifbare Nähe rücken, brauchen die Lehrerteams Hilfe von der Schulleitung. Nur engagiert zu sein, reicht in diesem Falle nicht aus. Ein Konzept der Schulentwicklung muss her. Doch das ist ein anderes Thema, zu dem es andere Bücher gibt. Daher wird es zum Abschluss dieses Buches nur gestreift.

Die Entwicklung von SOL zu SOkeL

Das vorliegende Buch beruht auf einer langjährigen Unterrichtserfahrung mit selbstorganisiertem Lernen. Grundlage dafür ist aber nicht nur meine individuelle Unterrichtserfahrung, sondern im großen Maße auch die Praxis der Lehrerklassenteams, in denen ich Mitglied war. Zum leichteren Verständnis des hier fokussierten didaktischen Konzepts sollen zunächst einige Schritte zu dessen (Weiter-)Entwicklung genannt werden. Aber keine Bange – es geht nicht um die »graue Vorzeit« der Didaktik.

In den Jahren 2001 und 2002 hatten einige Berliner Kolleginnen und Kollegen (und ich) die Gelegenheit, innerhalb des Modellversuches BLK 21 an einer SOL-Trainerausbildung teilzunehmen. Im Anschluss baute ein kleiner Kreis der Kollegen nach und nach eine SOL-Fortbildung im Berliner Landesinstitut (LISUM) auf. Diese wurde im Laufe der Zeit immer größer, besonders im Zusammenhang mit einem weiteren Modellvorhaben (POF). Unzählige Fortbildungen wurden gegeben, konzipiert als Fortbildungsreihen über einen Zeitraum von anderthalb bis zwei Jahren. Darin wurden fortlaufend die Erfahrungen der Kolleginnen und Kollegen aufbereitet. Von diesen Erfahrungen profitierten wir alle in großem Maße.

Dank der vielen Impulse wurde aus SOL SOkeL (selbstorganisiertes und kompetenzorientiertes Lernen) – mit den zusätzlichen Themen Kompetenzorientierung, spezifischer Umgang mit Fehlern und Fehlerhaftem, weiterentwickelte Leistungsbewertung sowie Lehrerklassenteambildung. Mit den Lehrerklassenteams tat sich ein weiteres Tätigkeitsfeld auf, das der Beratung und Begleitung. So gewannen wir auch hier unschätzbare Erfahrungen in der Teamarbeit mit SOkeL. Des Weiteren richteten wir professionelle überschulische Lerngemeinschaften für die einzelnen Fächer und Lernfelder (in der Beruflichen Bildung) ein, in denen wir mit SOkeL-erfahrenen Kolleginnen und Kollegen die Unterrichtspraxis reflektierten und fachspezifisch neue Unterrichtsarrangements entwarfen.

SOkeL ist damit ein Gemeinschaftswerk vieler Hundert Kolleginnen und Kollegen. Deshalb nennen wir unsere Seminare im Untertitel auch »Schulentwicklung durch teambasierte Unterrichtsentwicklung«.

1. Erste Schritte zum selbst- und kompetenzorientierten Lernen mit Kartenmethoden

Es ist noch kein Meister vom Himmel gefallen. Dies sollte man sich als Mantra auf dem Weg vom lehrerzentrierten Lehren zum schülerorientierten Lernen öfter sagen. Sich auf den Weg machen, darauf kommt es an. Und so könnte das Motto dieses ersten Kapitels »Der Weg ist das Ziel« heißen. Das didaktische Konzept SOkeL ist einigermaßen komplex. Sein gesamter Umfang ist für Novizen noch nicht gänzlich erkennbar. Was gibt es da Besseres, als einfach mit den ersten Schritten zu beginnen? Das Gehen, die ersten Schritte, liebe Leserin und lieber Leser, lernten Sie einst wortwörtlich von Fall zu Fall. Damit Sie nicht zu oft hinfallen und sich das didaktische Knie aufschlagen, werden in diesem ersten Kapitel gängige Methoden umfangreich dargestellt. Sie sind geeignet, nach und nach die Selbstlernkompetenz Ihrer Schüler zu fördern. Auf der Wegstrecke befinden sich Fallen, vor denen Sie gewarnt werden. Denn tritt man in sie hinein, muss man wieder zurück zum lehrerzentrierten Lernen, also zurück zum Startpunkt. Ebenfalls werden Sie auf Schülerreaktionen hingewiesen, mit denen Sie möglicherweise konfrontiert sein werden. So können Sie sich vorab überlegen, wie Sie darauf reagieren möchten. Selbstverständlich werden auch Reaktionsmöglichkeiten dargestellt.

Schwerpunkt in diesem ersten Kapitel sind Kartenmethoden, die zum Themenkreis der Festigung gehören. Tatsächlich ist es einfacher, mit Festigungsmethoden à la SOkeL zu beginnen. Vielleicht vor einer Klassenarbeit, um den Ernst der Sache zu verdeutlichen? Die vorgestellten Kartenmethoden lassen sich wunderbar in Ihren Unterricht integrieren – zum Ausprobieren und Erfahrungen sammeln, um dann wieder einen Schritt weiterzugehen. Einerseits sollten Sie nicht den Anspruch haben, bei sich einen Schalter umzulegen, um gleich mit dem vollen Programm starten zu können. Andererseits ist die Macht der Gewohnheit sehr stark. Sie lässt sich brechen, wenn Sie sich tatsächlich vornehmen, von der Unterrichtspraxis mit SOkeL zu profitieren. Dies gelingt am ehesten, wenn Sie die vorgeschlagenen Schritte einfach mal ausprobieren.

Mit den vorgestellten Kartenmethoden legen Sie zugleich die Basis für eine Königsdisziplin des Lernens, nämlich die Fähigkeit zur Metakognition (vgl. Hattie 2014). »So ist etwa die Selbstprüfung, ob ich einen bestimmten Sachverhalt verstanden habe, eine solche metakognitive Strategie, die im Unterricht vermittelt und eingeübt werden kann« (Köller 2014).

1.1 Die Sortieraufgabe

Die von Diethelm Wahl (Wahl 2006, S. 178 f.) entwickelte Sortieraufgabe ist eine (scheinbar) einfache Festigungsmethode, die das eigenständige Lernen der Schüler einläuten kann. Erstmals müssen die Schüler selbst entscheiden, ob sie den Lernstoff verstanden haben oder nicht. Die Selbstbewertung ihres lernenden Handelns wird später immer mehr und mit immer komplexeren Methoden ausgebaut. Um Ihrer Klasse den Sinn der Sortieraufgabe zu verdeutlichen, ist es günstig, diese Methode kurz vor einem Test oder einer Klassenarbeit einzuführen.

Zur Methode
Der Lehrer schreibt etwa 20 zentrale Begriffe in Kästen zum Ausschneiden auf ein DIN-A4-Blatt. Die ausgeschnittenen Begriffe werden von den Schülern zu einem Stapel aufgehäuft und nacheinander vom Stapel genommen. Jedes Mal entscheidet der Schüler nach den Kategorien »kann ich«, »kann ich nicht« bzw. »bin nicht sicher«. Es entstehen zwei neue Stapel: entsprechend den Kategorien »kann ich« sowie »kann ich nicht«. Ich empfehle Ihnen, den Schülern Entscheidungskriterien an die Hand zu geben. Ein Kriterium könnte sein, dass sich die Lernenden in der Selbstüberprüfung fragen: »Kann ich zum Begriff drei Sätze formulieren?« Oder noch besser: »Könnte ich den Begriff einem Mitschüler erklären?«

Anmerkung: Es ist unbedingt darauf zu achten, dass der Schüler die Entscheidung individuell trifft. Denn er überprüft damit *sein* Wissensnetz und *seine* Wissenslücken. Beide sind hoch individuell.

Weiterer Verlauf: Die Schüler versuchen mit Partnern, wechselseitig die Wissenslücken bzw. die »Kann-ich-nicht«-Kärtchen inhaltlich zu schließen. Der »Kann-ich-nicht«-Stapel sollte nach der Partnerphase kleiner sein. Nun können im Plenum offen gebliebene Begriffe geklärt werden.

Da mit dieser Methode nicht nur Wissenslücken geschlossen werden, sondern gleichzeitig das Einüben des selbstständigen Lernens möglich ist, sollten unbedingt die unten dargestellten Varianten durchgeführt werden.

Vorteile der Sortieraufgabe für die Lehrkraft
Sie können die Sortieraufgabe ohne Weiteres in Ihren bisherigen Unterrichtsstil integrieren. Mit der Zeit wird diese Methode für die Schüler ebenso selbstverständlich werden wie ehedem das Abschreiben des Tafelanschriebs. Nach und nach werden die Schüler die Sortieraufgabe immer selbstständiger nutzen – ohne Ihre Hilfe. Später werden sie sogar eigene Sortieraufgaben zur Selbstkontrolle ihrer Lernprozesse erstellen. Außerdem dient die Sortieraufgabe zur Kontrolle der Mitschüler, denen zuvor neues Wissen vermittelt werden sollte, wie dies in einem SOkeL-Unterricht üblich ist.

Die Begriffskärtchen einer Sortieraufgabe sind für weitere Kartenmethoden im SOkeL nützlich, etwa in (leicht) veränderter Form und in anderen Kontexten. Heben Sie die Begriffslisten also gut auf. Wie Sie noch sehen werden, ist SOkeL fraktal aufgebaut. Vereinfacht ausgedrückt heißt dies, dass Methoden, gewisse Aspekte der SOkeL-Unterrichtsorganisation und das angestrebte Lehrerverhalten immer wieder auftreten. Sie wiederholen sich, aber in leicht veränderter oder erweiterter Form. Somit werden sie nach und nach komplexer. Der Fachbegriff hierfür lautet Selbstähnlichkeit. Auch dieses Buch ist in dieser Weise aufgebaut.

Wurde beispielsweise von einer Ihrer neu übernommenen Klassen bislang wenig Eigenverantwortung gefordert, so reagieren Lernende unter Umständen verunsichert, wenn Sie die Sortieraufgabe einführen. Bisher waren die Schüler außengeleitet. Wenn sie sich nicht hundertprozentig sicher über einen Begriff sind – und wann ist man das schon? –, rufen sie die Lehrkraft, um sich zu vergewissern. »Haben wir es denn richtig gemacht?«, »Warum sagen Sie nicht einfach, was richtig ist?«, lauten gängige Fragen. Bleiben Sie konsequent, gehen Sie zunächst nicht auf die Verunsicherung der Schüler ein. Beruhigen Sie die Schüler/innen jedoch und weisen Sie darauf hin, dass später alle unklar gebliebenen Begriffe noch von Ihnen geklärt werden. Sinn dieser SOkeL-Einführungsmethode ist ja, dass die Schüler anfangen, sich selbst zu vertrauen. Sie sollen beginnen, sich selbst und ihre Lernpartner zu überprüfen bzw. von ihnen geprüft zu werden. In einer zweiten Lernschrittphase gilt es, gemeinsam mit Lernpartnern das Richtige herauszufinden. Ferner sollen sie lernen, sich realistisch einzuschätzen. Der Lehrer ist lediglich der letzte Ausweg. Sie als Lehrperson werden sich zunächst daran gewöhnen müssen, dass auf Ihre Frage »Konntet Ihr Euch alles erklären?« hin oft gelassenes Erstaunen in den Gesichtern der Schüler zu lesen ist.

Varianten
Erste Variante: Es ist üblich, dass eine Zweiergruppe eine gewisse Anzahl von »Weiß-ich-nicht«-Kärtchen aufweist. Lassen Sie aus drei Partnerpärchen Sechsergruppen bilden. Sind anschließend noch »Weiß-ich-nicht«-Kärtchen übrig, dann sind Sie immer noch nicht an der Reihe. Fordern Sie nun die Gruppen auf, die besagten übrig gebliebenen Begriffe zu benennen. Nun sind alle anderen gefragt, dieser Gruppe zu helfen. Erst wenn niemand in der Klasse helfen kann, sind Sie unter Umständen an der Reihe. Aber warum nicht daraus eine Hausaufgabe formulieren? Es wird ungewohnt für Sie sein, aber in Sortieraufgaben erprobte Schüler lassen Ihnen kaum etwas zur Klärung im Klassenplenum übrig. Freuen Sie sich, die Schüler sind selbstständiger geworden. Dies ist ja auch der Sinn der Sortieraufgabe. Nur die Schüler selbst können ihr Wissen reaktivieren, Sie aber können unmöglich allen dabei individuell und zielgerichtet helfen. Deswegen sollen die Schüler einander helfen und dabei zusätzlich lernen. Letztlich ist die Frage offen, für wen die Sortieraufgabe schwieriger ist: für die Schüler oder für die Lehrer? Diese Frage muss wohl mit einem Unentschieden beantwortet werden, denn beide müssen im Ansatz ihr Rollenverhalten erweitern.
Zweite Variante: Eine Ihrer Klassen ist extrem unselbstständig oder stark sicherheitsorientiert. Entscheiden Sie sich in diesem Falle aus Zeitgründen für eine reduzierte Anzahl von Begriffen und gehen Sie diese nach der Partnerphase gemeinsam durch. Wenn Sie genügend Vorbereitungszeit haben, bietet es sich an, ein Lösungsarbeitsblatt zu den Begriffen vorzubereiten. Ihre Schüler könnten sich dann weiter in der Selbstüberprüfung üben. In der anschließenden Plenumsphase werden nur noch Unsicherheiten bzw. Unklarheiten geklärt. Zunächst von Mitschülern, dann von Ihnen.

Vorsicht Fallen!

Bei der Einführung der Kartenmethoden stellen Ihnen die Klassen – unbewusst – vielfältige Fallen. Die Fallen sind altvertraute Verhaltensweisen, die die Schüler aus Ihnen hervorlocken wollen. Die Gefahr ist groß, in die Fallen zu tappen, weil das von Ihnen geforderte Verhalten Ihnen sehr vertraut sein wird. Es ist zu Beginn nicht einfach, wissbegierige (oder doch nur sicherheitsorientierte?) Schüler zunächst zurückzuweisen.

Die Fallen im Einzelnen:

Falle 1: Ein einzelner Schüler oder ein Schülerpärchen kann mit einem Begriffskärtchen nichts anfangen. Sie werden gerufen. Sie gehen hin und erklären zur Zufriedenheit dieser Schüler die Sachlage.

Folge: Die Verantwortung für den Lernprozess der Schüler liegt wieder bei Ihnen. Nur die Erklärung der Lehrkraft gilt, die man unter Umständen möglichst buchstabengetreu in der nächsten Klassenarbeit repetieren möchte. Und es kommt noch schlimmer: Die Klasse beobachtet die Szene und lehnt sich danach zurück, bricht die anstrengende Selbstüberprüfung ab und wartet auf Ihren Einsatz. Sie hat die Erkenntnis gewonnen, dass das mit der Selbsttätigkeit und mit der Eigenverantwortung nicht wirklich ernst zu nehmen ist.

Falle 2: Die Begriffe, die zum Schluss der Klärung im Klassenplenum bedürfen, werden zum Anlass genommen, das Wissen der Schüler fragend-entwickelnd herauszukitzeln, denn eigentlich müssten sie es doch schon längst wissen.

Folge: Die Schüler nehmen die Methode und den damit verbundenen ersten Schüler- und Lehrerrollenwechsel nicht ernst. Sie warten einfach beim nächsten Mal ab, bis Sie wieder »normalen« Unterricht machen.

Falle 3: Die Schüler/innen bewältigten die Sortieraufgabe eigentlich ganz gut. Sie bedanken sich und loben die Schüler. Aber vorsichtshalber gehen Sie nochmals auf jeden Begriff ein, um aufzuzeigen, was richtig ist. Denn schließlich weiß man ja nicht, was die Schüler so denken, wenn man sie ohne Hilfe und Kontrolle gewähren lässt. Zumal Sie mitbekommen haben, dass Begriffe oder Problemzusammenhänge nicht exakt definiert bzw. aufgezeigt wurden.

Folge: Die Schülerergebnisse werden entwertet. Die Schüler/innen verharren in ihrer Rolle, der Lehrende allerdings auch. »Der Lehrer wird sowieso gleich sagen, wie es richtig ist«. Das schwierige Problem der Richtigkeit oder der schwierige Umgang mit dem Fehlerhaften wird Sie lange verfolgen und deshalb in diesem Buch immer wieder aufgegriffen.

Und so geht's

Sie vermeiden die Fallen und lassen die Schüler selbstständig arbeiten. Auf Hilfeersuchen gehen Sie zunächst nicht ein. Sie verweisen darauf, dass als erste Instanz der Partner hilft, danach die Sechsergruppen. Dieses Prinzip haben Sie der Klasse vorab klar erklärt. Vielleicht haben Sie bei der Einführung sogar schon vorweggenommen, dass Unsicherheiten auftreten werden, dass diese aber letztendlich von Ihnen beseitigt werden.

Während die Schüler arbeiten, können Sie den Impuls unterdrücken, korrigierend einzugreifen, wenn Sie mitbekommen, dass ein Schüler einen Begriff nicht exakt oder unvollständig füllt. Auch unterdrücken Sie erfolgreich das Gefühl, überflüssig zu sein. Stattdessen genießen Sie die kurze Auszeit und beobachten, wie Ihre Schüler arbeiten. Denn Sie haben die kurze Auszeit verdient, Sie mussten die Sortieraufgabe ja vorbereiten. Dass im Plenum trotzdem eine gewisse Anzahl von Begriffen von niemandem gekonnt wird, ist Ihnen eine willkommene Rückmeldung darüber, was Sie mit der Klasse vor der Klassenarbeit nochmals unbedingt in Angriff nehmen müssen. Da die Schüler die Unterlagen zu diesen Begriffen schon haben, bietet sich dazu eine Hausaufgabe zur Wiederholung an.

1.2 Das Dreiergespräch

Das Dreiergespräch soll die Schüler befähigen, einen Zusammenhang nicht nur konzentriert darstellen, sondern auch anderen konzentriert zuhören zu können (vgl. Herold/Landherr 2001). In einem SOkeL-Unterrichtsarrangement geht es immer wieder darum, Gelerntes sich selbst und anderen sichtbar und hörbar zu machen. Das klingt leichter, als es ist. Ein wichtiges Ziel von SOkeL ist der Aufbau metakognitiver Strategien. Dazu gehört, dass man sein eigenes Wissen und seine Lernwege kennt. Das sich selbst Sichtbarmachen von Gelerntem ist die Basis, um diese Kompetenz aufbauen zu können. Weiterhin dient das Sichtbarmachen dem wechselseitigen Lehren von Schülern, also der hörbaren Vermittlung von Zusammenhängen zum Beispiel mittels einer Visualisierung (vgl. Kapitel 2).

Am Anfang des SOkeL-Lebens ist das Hörbarmachen der schwierigere Part. Eine Minute zusammenhängend über einen Sachbegriff zu reden, wie beim Dreiergespräch, kann eine immense Herausforderung selbst für ältere Schüler sein. Für jüngere besteht die Herausforderung in einer halben Minute. Für Kinder mit Lernbehinderungen ist das Formulieren eines Satzes bereits Herausforderung genug.

Wer redet, möchte auch, dass ihm zugehört wird. In vielen Klassen ist dies die weit größere Herausforderung. Denn auch konzentriertes Zuhören will trainiert sein. In einem Unterricht nach SOkeL werden die Schüler ständig in Lernsituationen versetzt, in denen sie wechselseitig lehren und lernen. Dies ist ein Konzept, das Diethelm Wahl (2006) entwickelte und WELL (»Wechselseitiges Lernen und Lehren«) nannte. Das Sichtbar- und Hörbarmachen ist ebenfalls die wichtigste Ausgangsbedingung für den kompetenzorientierten Unterricht (vgl. Kapitel 12). Die Grundidee des Dreiergesprächs kommt aus der themenzentrierten Interaktion.

Und so geht's
Machen Sie sich und Ihren Schülern die Begriffsauswahl leicht. Nehmen Sie einfach die Begriffe einer Sortieraufgabe, denn so sind die Schüler in der Lage, »ihren« Begriff tatsächlich inhaltlich zu füllen. Dennoch empfiehlt es sich bei den ersten Übun-

gen dringend, den Schülergruppen die Auswahl zu überlassen. Denn dann wählen sie einen Begriff, von dem sie glauben, ihn richtig darstellen zu können.

Ziel: Schüler reden zu einem Sachbegriff 30 Sekunden oder eine Minute.

Durchführung 1. Runde: Schüler A redet zu einem Begriff, z. B. eine Minute. Schüler B hört konzentriert zu. Schüler C stoppt die Zeit. Danach gibt B mit drei bis fünf Sätzen wieder, was er gehört hat. (Fortgeschrittene Schüler können in der Rolle von – hier – C ein kurzes Feedback auf die Wiedergabe von B geben. Es soll aber zu keiner inhaltlichen Diskussion kommen. Der Schwerpunkt der Übung liegt auf dem konzentrierten Reden und Zuhören.)

Durchführung 2. Runde: Schüler B redet, Schüler C hört aufmerksam zu und gibt wieder, Schüler A stoppt die Zeit.

Durchführung 3. Runde: Schüler C redet, Schüler A hört aufmerksam zu und gibt wieder, Schüler B stoppt die Zeit.

Im Kapitel »Aus allem ein Sandwich machen« finden Sie eine Variante, in der Elemente des kooperativen Lernens und des Partnerinterviews integriert werden. Die Variante heißt *Lernzirkel*. Neben den oben genannten Zielen kann mit dem Lernzirkel vor allem auch Festigung betrieben werden.

Und wenn die sich Falsches erzählen?

»Und wenn die sich was Falsches beibringen?«, wird in Fortbildungen zu SOkeL oft eingewendet. Meist geschieht dies in Verbindung mit der Befürchtung: »Dann kriegen wir es bei ihnen nie wieder aus dem Kopf.« Die Frage nach der Richtigkeit und dem Umgang mit dem Fehlerhaften zieht sich als roter Faden durch das gesamte Buch. An dieser Stelle sei als Einwand gegen den Einwand gesagt: Lernen mit SOkeL geht *zunächst (!)* langsam. Bedenken Sie, dass Sie allein schon mit dem Dreiergespräch darauf verzichten, zügig in der Erfüllung des übervollen Lehrplans voranzuschreiten. An dessen Inhalt werden sich die meisten Schüler über kurz oder lang leider nicht mehr erinnern. Die Lernziele wurden tafel- und merksatzbezogen schnell erreicht, in der Klassenarbeit reproduzierend wiedergegeben und danach dem Vergessen anheimgegeben. Es ist die berühmte Wissensbulimie. Dagegen können in SOkeL die Schüler nach und nach Lernkompetenzen aufbauen, mittels derer sie sich eigenständig Wissen aneignen. Dabei kommt es zu Fehlern. Wie Sie noch sehen werden, ist das System »SOkeL« so aufgebaut, dass das Richtige immer wieder in den Lernprozess zurückrecycelt wird. Festigungsphasen sind in SOkeL deswegen besonders wichtig.

1.3 Das Partnerinterview

Das Partnerinterview ist für die Schüler ein hervorragendes Mittel der Festigung. Daher hat es einen wichtigen Platz sowohl im traditionellen wie im SOkeL-Unterricht. Es geht im Partnerinterview neben der eigentlichen Festigung um Aufarbeitung, um das Schließen von Lücken, nicht um eine erste Wissensaneignung. Für den SOkeL-Lehrer eröffnet das Partnerinterview eine weitere Möglichkeit, die Schüler zum kooperativen Lernen zu führen. Damit können sie davon abgebracht werden zu glauben, Wissen stamme ausschließlich aus dem Munde des Lehrers – sofern sie zu diesem Zeitpunkt überhaupt zugehört haben.

Zur Methode

Neben dem eigentlichen Zweck der Wissensfestigung erfüllen die im Folgenden aufgeführten Kartenmethoden wichtige weitere Funktionen für die Schüler und für ihren stetigen Lernkompetenzaufbau nach SOkeL. Im Partnerinterview sind sie als Befragte zum Beispiel gezwungen, ihr Wissen zu verbalisieren. Das ist leichter gesagt als getan, wie Sie wahrscheinlich schon bei der Durchführung des Dreiergesprächs erfahren haben. Seien Sie deshalb nicht entmutigt, wenn die Befragten noch kürzer und knapper antworten, als Sie es ohnehin schon befürchteten. Zusammenhänge zu verbalisieren, ist nun einmal schwierig. Dies muss nach und nach erlernt werden. Ist diese Fähigkeit aber einmal vorhanden, dann haben Ihre Schüler ein exzellentes Arbeitsmittel zur wechselseitigen Kontrolle sowie zur Selbstkontrolle in der Hand, ohne dass Sie steuernd eingreifen müssen. Des Weiteren werden Ihre Schüler im Laufe ihres Lernkompetenzaufbaus gelernt haben, mit Instrumenten, die SOkeL zur Verfügung stellt, den Stand ihres Wissens immer wieder selbstständig mit dem »Zielwissen« abzugleichen.

Sie werden bei der Einführung von eigenverantwortlichem Lernen – hier via Partnerinterview – auf ein eigentümliches Schülerverhalten stoßen. Besonders das Verhalten des Interviewers kann am Anfang Schwierigkeiten bereiten. Er hat das »richtige« Wissen buchstäblich in der Hand. Anfänger neigen in dieser Rolle dazu, kurzen Prozess zu machen. Der Befragte gibt eine verkürzte Antwort, der Interviewer bemerkt die Verkürzungen und liest dem Befragten die richtige Antwort vor. Beide haben nun ohne schlechtes Gewissen das Gefühl, ihr Tagewerk verrichtet zu haben, und sind's zufrieden. Falls man die Antwort nicht als Kopie mit nach Hause nehmen kann, neigen insbesondere die sicherheitsorientierten Schüler anfänglich dazu, die Antworten vom Kärtchen lernfrei abzuschreiben bzw. abzufotografieren. Zweck ist häufig das Auswendiglernen vor der Klassenarbeit. Unterbinden Sie dies zunächst nicht, aber problematisieren Sie es. Überhaupt ist es sinnvoll, Ihr Vorgehen mit SOkeL immer wieder zu erläutern.

Diese Anfangsschwierigkeiten können Sie abkürzen, indem Sie sich einen Schüler als Sparringspartner auswählen. Mit ihm führen Sie beispielhaft vor, wie das Partnerinterview ablaufen sollte. Dieses kleine Beispiel zeigt, dass die Befürchtung, es komme auf den Lehrer in SOkeL nicht mehr an, unbegründet ist. Seine Rolle wird vielmehr erweitert, hier um das Meister-Lehrling-Verhältnis (*Cognitive Apprenticeship*). Bei diesem Ansatz wird versucht, die Kennzeichen und Vorteile der traditionellen Handwerkslehre auf kognitive Lernprozesse zu übertragen (vgl. z. B. Berryman o. J.). Das Meister-Lehrling- oder Meister-Novize-Prinzip lässt sich bei jeder Einführung von etwas Methodischem anwenden. Dabei ist besonders wichtig, dass Sie Ihre kognitiven und metakognitiven Strategien verbalisieren (Hattie 2013, S. 123 und S. 276).

Überraschung! Der gute alte fragend-entwickelnde Unterricht kommt im Partnerinterview zum Zuge. Auch wenn er in diesem Buch immer wieder kritisiert wird: Hier, im Partnerinterview, hat er seinen Sinn. Durch geschicktes Fragenstellen kann der Interviewpartner seinen Mitschüler zur richtigen Antwort leiten. Führen Sie in einem Rollenspiel vor, wie es geht. Und bitte vertrauen Sie darauf, dass Ihre Schüler es mit der Zeit gut können. Überhaupt ist immer wieder erstaunlich, welch breites Methodenreservoir Ihre Schüler anwenden können, insbesondere die in höheren Klassen. Denn sie haben diese Methoden über das »Lernen am Modell« von ihren Lehrern gelernt. Hatten sie doch im Verlauf ihres Schülerlebens viele Lehrer-Modelle.

1.4 Das Netzwerkspiel

Auch diese Festigungsmethode gehört zum Themenkreis des Sicht- und Hörbarmachens von Gelerntem. Im Vergleich zur Sortieraufgabe kommt aber eine Erschwernis dazu. Bei der Sortieraufgabe ging es darum, per innerer Rede (Denken) zu entscheiden, ob man einen Begriff füllen kann oder nicht. Die Schüler überprüfen dabei ihr passives Wissen und entscheiden. Viel schwieriger ist es nun, wenn ein Begriff aktiv verbalisiert werden muss, wie es das Netzwerkspiel fordert. Jeder kennt dieses Problem vom Fremdsprachengebrauch her, denn in der Regel versteht ein Muttersprachler eine Fremdsprache besser, als er sie zu sprechen vermag. Für unsere Schüler ist es eine große Chance, beim Reden über einen Begriff zu bemerken, dass sie noch unsicher sind. Oder sie nehmen wahr, dass sich beim Reden Lücken auftun, die gefüllt werden sollten. Auch werden sie eventuell von Mitschülern angesprochen, wenn sie sich nicht verständlich ausgedrückt haben. Piaget nennt dies kognitive Dissonanz, ein negativer Gefühlszustand, der verspürt wird, wenn nicht vereinbarte Meinungen, Gedanken, Absichten oder Wünsche auftreten. Eine Wissenslücke ist also nicht einfach nur da. Es kommt darauf an, sie wahrzunehmen.

Zur Methode
Die Schüler werden in Dreier- oder möglichst in Vierergruppen eingeteilt. Bei der ersten Durchführung empfiehlt es sich, Sympathiegruppen bilden zu lassen. Jeder Schüler erhält je nach Alter drei bis fünf Begriffe über den vorangegangenen Lernstoff. Sind zuvor schon eine Sortieraufgabe oder ein Partnerinterview durchgeführt worden, sollten diese Begriffe wieder verwendet werden. Unter Umständen haben schwächere Schüler mit bestimmten Begriffen Schwierigkeiten. Deswegen sollte die Möglichkeit

eingeräumt werden, diese Begriffe untereinander zu tauschen. Auf jeden Fall soll das Netzwerkspiel mit einer Individualphase beginnen, bei der sich die Schüler Notizen als Hilfe und Vorbereitung auf ihre Begriffskarte schreiben können. Möglich ist auch, dass sie auf der Rückseite der Begriffskarte vermerken, in welchen Unterlagen nachgelesen werden kann.

Die Anforderung an die Schüler besteht nun darin, ihren Begriff in der Gruppe vorzutragen. Die Gruppenmitglieder sind aufgefordert, nach Beendigung der Rede den Gesprächsfaden an einem Anknüpfungspunkt in der Rede des anderen aufzunehmen. Nun wird eine Weile dem neuen Redner zugehört, bis wiederum ein anderer einen Verknüpfungspunkt wahrnimmt. Dieser übernimmt den Gesprächsfaden, indem er aufzeigt, wie sein Begriff mit dem Begriff des Vorredners zusammenhängt. Das Begriffsspiel geht kreuz und quer und wird deswegen Netzwerk genannt (vgl. Wahl 2006, S. 296). Die gebrauchten Karten werden auf den Tisch gelegt, entweder in der chronologischen Vortragsreihe oder im Sinne des Strukturlegens (siehe Abschnitt 1.5).

Diese Methode gibt dem Schüler die Möglichkeit, sich seine eigene Wissensstruktur zu verdeutlichen. Vor allem kann er realisieren, was er noch nicht (so richtig) kann. Ein weiterer Vorteil: Die Methode bereitet Freude. Deswegen könnten für einen Zweitdurchgang des Spiels die Begriffe getauscht werden. Damit müsste jeder nach einer individuellen Vorbereitungszeit die neuen Begriffe füllen. Und dies sollte in Abhängigkeit vom Inhalt des Vorredners geschehen. Eine weitere Möglichkeit bestünde darin, mit dem Begriffstausch auch die Gruppenzusammensetzung zu ändern.

Bei geübteren Schülern sollte am Ende des Spiels ein wechselseitiges Feedback und Nachfragen möglich sein. Wenn Sie mit SOkeL einsteigen, werden Sie erleben, dass die Schüler lange vom Problem der Richtigkeit geplagt werden. Eine mögliche Variante besänftigt etwas: Die Lehrkraft bestimmt pro Spielgruppe einen leistungsstärkeren Schüler, der zum Schluss des Netzwerkes zu grobe Ungenauigkeiten und Fehlerhaftes aufgreift und berichtigt. Unter Umständen ist dieser leistungsstärkere Schüler das fünfte Mitglied der Gruppe, dessen Aufgabe die Qualitätskontrolle des Spielinhaltes ist. Doch Vorsicht, das will geübt sein. Das Problem der Richtigkeit und des Fehlermachens beschäftigt verständlicherweise auch Sie. Aber keine Sorge, der Umgang mit diesem Problem zieht sich durch das gesamte Buch.

Wirkungen

Hat Heinrich von Kleist das Netzwerkspiel schon gekannt? Was kann ein Akteur beim Spiel unternehmen, wenn sich eine Sache schwieriger darstellen lässt als angenommen? Nun, er kann parallel zum Reden überlegen, wohin er argumentativ steuern möchte. Kleist nennt dies »die Verfertigung des Gedankens beim Reden«. Bei der Verfertigung helfen übrigens auch die Gruppenmitglieder, wenn der Redner in Formulierungsschwierigkeiten gerät. Wie leicht nachzuvollziehen, ist ein Lernprozess besonders einprägsam, bei dem »in der Öffentlichkeit« Schwierigkeiten bewältigt oder kleine Wissenslücken geschlossen werden. Wie auch immer: Durch die Verbalisierung der eigenen Wissensstruktur wird deutlich, was man schon kann und wo noch dazuzulernen ist.

Aber noch ein anderer Umstand spricht sehr für diese Methode. Jeder Schüler hatte seine eigene Vorstellung über den inhaltlichen Zusammenhang der Begriffe, was ihm natürlich nicht wirklich bewusst ist. Sonst müssten wir ja nicht diese anspruchsvollen Methoden des Sichtbarmachens des Gelernten einführen. Nun, das ist unser Problem im Unterricht. Jeder Schüler hat die Begrifflichkeit anders in seinem Gehirn verortet. Deshalb ist das Netzwerkspiel so positiv. Niemals wäre man von allein auf die Idee gekommen, den Begriff x auf diese Weise mit dem Begriff y in Verbindung zu bringen. Reaktion: »Echt interessant. Das merk' ich mir«. Das Spiel bietet die Chance zu einer Neuverknüpfung und damit zu einer engmaschigeren Wissensverknüpfung als vorher. Auch wir als Lehrer streben ja an, dass unsere Schüler ein engmaschiges, differenziertes, kognitives Wissensnetz aufbauen.

1.5   Die Strukturlegearbeit

Die Schüler haben nun – hoffentlich – während der gesamten Unterrichtseinheit dazugelernt. Was aber genau und auf welche Art? Was fehlt noch oder ist ungenau gelernt worden? Wurde etwas völlig falsch oder gar nicht in ihrem Gehirn verankert? Was bleibt zunächst undifferenziert oder unterkomplex?

Bei jedem einzelnen Schüler sind diese Fragen anders zu beantworten – und das leider oft erst nach der Klassenarbeit. Es gelingt in der Regel aber nicht vollständig, weil dort nicht der gesamte Lernstoff abgefragt werden kann. Vor allem aber ist es dann zu spät. Sich die eigene Wissensstruktur *vor* der Leistungsüberprüfung sichtbar machen zu können, ist also von herausragender Bedeutung. Die Strukturlegearbeit (als Strukturlegetechnik von D. Wahl entwickelt) ist tatsächlich ein hervorragendes Mittel der Sichtbarmachung des eigenen, einzigartigen Wissensnetzes. Wenngleich das Strukturlegen aufwendig sein kann, bemerken die Schüler doch schnell dessen Sinn. Sie nehmen wahr, wie ihnen diese Methode hilft, ihre neu erworbenen Wissensbestände zu ordnen. Beim Ordnen (re)organisieren sie meist ihr Denken über den aktuellen Lernstoff. Dies hat zur Folge, dass sie die Lerninhalte in einer vertieften Art und Weise verarbeiten (*deep approach*). Die Vorarbeit zu dieser Methode ist mit der Sortieraufgabe bereits erfolgt. Nun geht es darum, diese Begriffe aus der Sortieraufgabe, dem Netzwerkspiel und dem Partnerinterview für den einzelnen Schüler sinnvoll in Beziehung zu setzen.

Zur Methode
Schritt 1: Der Lehrer macht es vor
Fertigen Sie auf größeren Moderationskarten Begriffskärtchen aus der letzten Sortieraufgabe an. Legen Sie genügend Magnete bereit. Wählen Sie nun einen Begriff aus, heften Sie ihn an die Tafel und denken Sie laut nach, warum Sie mit diesem Begriff anfangen. Immer noch laut denkend, wählen Sie einen dazu passenden Begriff aus, heften ihn auf die eine oder andere Weise daneben. Dann begründen Sie laut, warum

Sie das tun und worin Sie die inhaltliche Beziehung zwischen den Bedeutungen dieser Begriffe sehen.

Wenn an der Tafel eine kleine Struktur entstanden ist, sollten Sie zwingend aufzeigen, dass die Begriffe nicht nur zu *einem* anderen Begriff in Beziehung zu setzen sind, sondern zu *mehreren*. Lassen Sie ein formenreiches kleines Begriffsnetz entstehen. Zeigen Sie sich nun unzufrieden mit der entstandenen Struktur. Nehmen Sie deswegen einen Begriff aus dem Strukturnetz heraus und versuchen Sie – weiterhin laut denkend – an einer anderen Stelle in der entstandenen Struktur diesen Begriff zu vernetzen. Nein, auch hier passt er nicht! Aber vielleicht dort?

Es hängt von der Verfassung der Klasse ab, ob Sie fortfahren können oder zur Schüleraktivierung übergehen müssen. Wenn Sie ohne Problem fortfahren können, sollten Sie die Begriffe von der Tafel abnehmen und *angekündigt* methodisch »falsch« erneut an die Tafel heften. Dieses Mal hierarchisch, vergleichbar mit einem Inhaltsverzeichnis. Betonen Sie, dass kein Gehirn der Welt auf diese Art denkt. Gehirne sind keine Inhaltsverzeichnisse, sondern kunterbunt vernetzte Systeme. Der Hintergrund ist, dass hierarchisch angeordnete Begriffslisten (nicht -netze) für die Schüler außerordentlich schwer verbalisierbar sind.

Schritt 2: Die Schüler legen ihre erste Struktur
Die Schüler erhalten vom Lehrer eine eingekästelte Begriffsliste analog zur Sortieraufgabe und schneiden die Kästchen aus. Mittlerweile ist die vom Lehrer an der Tafel gelegte Struktur verschwunden, damit die Schüler sie nicht aus Unsicherheit nachbauen. Es sollte in diesem Zusammenhang betont werden, dass mit einem anderen Begriff als dem des Lehrers begonnen wird. Der Lehrer gibt die Arbeitszeit vor. Der Schüler breitet nun auf dem leergeräumten Tisch sichtbar seine gedankliche Struktur aus.

Schritt 3: Hörbarmachen des Gelernten
Ist ein Schüler mit dem Strukturlegen fertig, hebt er den Arm und wartet auf einen Partner. Der Partner kommt zu ihm, und der Schüler erklärt ihm, warum er seine Struktur in dieser Weise gelegt hat. Bei der wiederholten Durchführung sollte die Lehrkraft darauf hinweisen, dass eine kurze Diskussion willkommen ist. Dies betrifft die gelegte Struktur und konkrete Nachfragen zu Teilen der Struktur, die unter Umständen zur Korrektur des Gelegten führen können. Danach geht der Schüler zum Platz des Partners und hört sich dessen Verbalisierung an.

Schritt 4: Feedback der Schüler über diese Methode im Plenum
Jede der entstandenen Strukturen ist einzigartig. Nur selten werden Sie ähnlich gelegte Strukturen sehen. Fast immer aber sind die Formen klar unterscheidbar. Und wie hätten Sie selbst die Struktur gelegt? Völlig anders! Vor allem aber vollständig sachgerecht und inhaltlich richtig. Sind die Strukturen der Schüler deswegen falsch? Selbstverständlich nicht. Manchmal allerdings sind die gelegten Strukturen derart anders als die Ihrige, dass Sie ins Zweifeln kommen. Liegen hier nicht doch in Teilen der

Schülerstruktur Fehler vor? Die Klärung ist recht einfach. Lassen Sie sich die gelegte oder im Entstehen begriffene Struktur erklären. Oft steht es dann für Ihre Schüler 1:0. Die Schüler definieren den verdächtigen Begriffszusammenhang nämlich oft quer gedacht »von hinten durch die Brust ins Auge.« Sie würden in diesem Falle wahrscheinlich zu sich sagen, die Schülererklärung sei grenzwertig, aber nicht falsch. Auf jeden Fall sollten Sie sich eingestehen, dass Sie selbst nie auf die Idee gekommen wären, in dieser Weise einen Zusammenhang zu sehen. Manchmal aber können Sie auf den ersten Blick sehen, dass hier jemand etwas missverstanden hat. Sprechen Sie Kritik aus und überlegen Sie gemeinsam, wie an dieser Stelle die Struktur inhaltlich besser gelegt werden könnte. Und selbstverständlich sollten Sie dem Schüler nicht suggestiv Ihre Struktur unterschieben.

1.6 Die SOkeL-Kurven

Nachdem Sie nun (erste?) Erfahrungen mit Methoden gemacht haben, die den langsamen Umstieg auf das selbstständige und eigenverantwortliche Lernen zum Ziel haben, bemerken Sie einen Umstand, den Sie strategisch ausbauen sollten. Während Ihre Schüler abwechselnd individuell und kooperativ arbeiten, ist Ihre normale Unterrichtstätigkeit nicht notwendig. Sie haben plötzlich Zeit. Da Ihre Klasse, die Sie nach den Sommerferien übernommen haben, noch am Anfang der Kompetenzentwicklung steht, haben Sie tatsächlich die Gelegenheit, Ihren Lernenden bei der Arbeit zuzugucken. Eine Umkehrung der üblichen Verhältnisse. Wenn Sie dann später kooperative Lernformen in der Erarbeitungsphase einführen, verstärkt sich noch der Eindruck, dass Sie während der Unterrichtszeit kaum noch Aufgaben haben. Augenblick, verweile doch, Du bist so schön! Genießen Sie es einfach. Viele Kolleginnen und Kollegen können diesen Zustand kaum ertragen, nicht mehr das hyperaktive Zentrum des unterrichtlichen Geschehens zu sein. Und wenn die Lernenden dann fragen: »Sagen Sie mal, womit verdienen denn Sie sich Ihr Geld?«, kehren manche aus der Kollegenschaft wieder in den Hafen des Vertrauten (Komfortzone) zurück.

Die Sorge, dass Ihnen die Arbeit ausgeht, ist verständlich, aber überflüssig. Ihre Berufsrolle wird noch beträchtlich erweitert werden. Sie werden genug zu tun haben, aber im Vergleich zum Normalunterricht erheblich stressfreier. Die gewonnene Zeit brauchen Sie für Lernberatungen, Lerncoaching, für dialogisches Besprechen von vorgelegten Lernleistungen, für Mentoren- und Entwicklungsgespräche, für Teamsitzungen und als Ausgleich für die Gestaltung der vorbereiteten Lernumgebung. Zusammenfassend lässt sich ein Merksatz formulieren:

> Je lernkompetenter die Schüler werden, desto mehr Zeit hat die Lehrperson für die Aufgaben aus der erweiterten Lehrpersonenrolle.
> Je kompetenter die Lehrperson in der Ausübung der erweiterten Lehrpersonenrolle wird, desto lernkompetenter werden ihre Schüler.

Die Lernkompetenzentwicklung verläuft nicht linear, sondern eher exponentiell. Es dauert seine Zeit, bis die Lernenden alte Verhaltensmuster abgestreift und neue angenommen haben. Außerdem gibt es einen Synergieeffekt zwischen den verschiedenen Lernverfahren (Lerninstrumente), die auf das selbstständige und eigenverantwortliche Lernen abzielen. Die Lernkompetenzfortschritte erscheinen der Lehrperson deswegen als »sprunghaft« im doppelten Wortsinne.

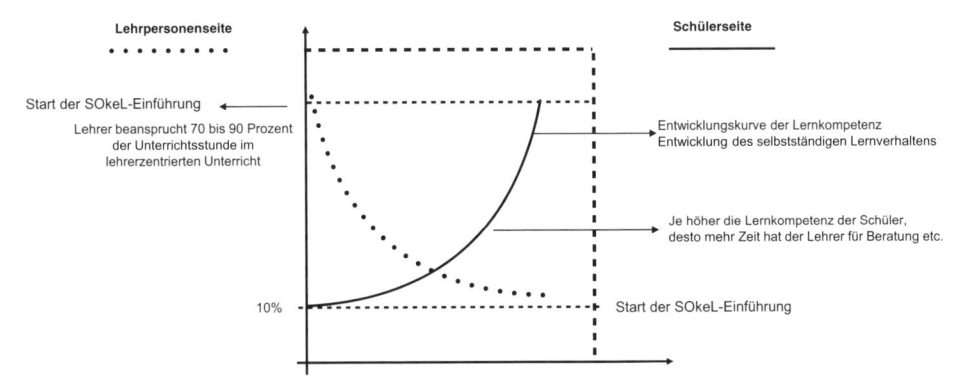

Abb. 1: Die SOkeL-Kurven

Die durchgezogene Kurve stellt die Lernkompetenzentwicklung der Lernenden dar. Je kompetenter diese werden, je selbstständiger sie lernhandeln können, desto mehr Freiräume öffnen sich für die Lehrpersonen, um zu beraten, zu coachen, zu moderieren oder in Kleingruppen zu unterrichten.

Die gepunktete Kurve stellt den umgekehrten Prozess dar: Je kompetenter die Lehrpersonen in SOkeL werden, je erfahrener sie in der Steuerung selbstständiger Lernprozesse der Lernenden werden, desto stärker eröffnen sich den Lernenden Freiräume, um sich das eigenverantwortliche Lernen nach und nach anzueignen.

> *Das Denken nimmt seinen Ausgang von einer*
> *Beunruhigung, einem Staunen, einem Zweifel.*
> *(John Dewey)*

2. Die Bedeutung des Vorwissens für den Lernerfolg

Wenn Sie demnächst mit Ihren vorbereiteten Lehr- und Lernmaterialien für die neue Unterrichtseinheit in den Unterricht gehen, steht schon weitgehend fest, wer von Ihren Schülern große Lernfortschritte und -erfolge haben wird und wer nicht, noch bevor Sie überhaupt einen einzigen Satz zum neuen Thema formuliert haben. So betont Hattie, dass das Vorwissen des Schülers der beste Prädiktor für seinen Lernerfolg sei. Auch in der Bibel werden wir fündig, da schon Matthäus wusste: »(...) denn, wer da hat, dem wird gegeben« (Matthäus 13, Vers 12).

Eckart von Hirschhausen erzählt zu diesem Zusammenhang von Vorwissen und Lernen (hier: Verstehen) einen Witz: »Kommt ein Dalmatiner an die Kasse. Fragt ihn die Kassiererin: Sammeln Sie Punkte?« Hirschhausen liebt diesen Witz, »weil er so schön bildhaft ist. Wie immer setzt er beim Zuhörer etwas voraus. Er muss wissen, dass ein Dalmatiner der Hund mit lauter Punkten ist und zweitens, dass man an der Kasse oft genau diese blöde Frage bekommt« (von Hirschhausen im Tagesspiegel vom 12. September 2014).

Wenn die von Hirschhausen als Verstehensvoraussetzung bezeichnete Vorwissensstruktur nur grob vernetzt ist und Löcher aufweist, wird es schwierig für den Schüler, den neuen Stoff vollkommen und richtig in die vorhandene Struktur einzugliedern. Dies gilt auch, wenn ein Teilgebiet stark vernetzt ist, ein anderes jedoch kaum. Die Vorwissensstruktur der Schüler ist biografisch entstanden und deswegen hoch individuell bzw. einzigartig. Zudem ist sie bereichsspezifisch. Der eine Schüler kann in Deutsch sehr gut sein, in Englisch aber nicht (und vice versa). Wie hochgradig individuell unser Unterricht bei den Schülern ankommt, beweist jede in der Klasse durchgeführte Strukturlegearbeit aufs Neue.

Vertreter des didaktisch-kognitivistischen Ansatzes »Instructional Designs« (ID) greifen diesen engen Zusammenhang von Vorwissen und Lernerfolg auf und fordern, dass vor der Initiierung von Lernprozessen eine Lernstandsdiagnose durchgeführt wird. Diese Diagnose soll die wichtigsten individuellen kognitiven und motivationalen Eingangsvoraussetzungen umfassen. Insbesondere soll Wert auf die Diagnose des bereichsspezifischen Vorwissens, der Lerngewohnheiten und der Lernstrategien gelegt werden (Helmke 2014, S. 65 f.). Zwar wird die Lernstandsdiagnose von vielen Seiten gefordert, doch haben wir Lehrer in der Regel keine diagnostische Ausbildung genießen dürfen. Ebenso problematisch ist, dass die Protagonisten dieser Methode nicht verraten, wann und durch wen all die daraus folgenden individuellen Lern- und Förderpläne aufgestellt, auf den einzelnen Schüler passgenau abgestimmt und vor allem überprüft werden sollen. Auch für Lehrer gilt, dass der Tag nur 24 Stunden hat. Dort, wo sie aufgestellt werden müssen, wo Pläne ohne vorherige Diagnoseverfahren eingeführt werden, verkommen sie nur allzu oft zu einem bürokratischen Zeitfresser, der den weiteren Unterricht nicht weiter tangiert (außer eben als Zeitfresser). Man macht's halt, um es gemacht zu haben.

Ob Hattie, ob kognitivistische Didaktik, ob konstruktivistische Didaktik, ob Hirnforschung oder allgemein die neuere didaktische Diskussion: Alle gehen mittlerweile davon aus, dass die Schüler völlig unterschiedliche Lernausgangslagen haben. Kann dann ein 7G-Unterricht wirklich erfolgreich sein – und sei er noch so engagiert vorbereitet und mit Begeisterung zum eigenen Fach durchgeführt? Im 7G-Unterricht haben alle *gleich*altrigen Schüler zum *gleichen* Zeitpunkt beim *gleichen* Lehrer im *gleichen* Raum mit den *gleichen* Mitteln das *gleiche* Ziel *gut* zu erreichen. Kann ein Lehrer als einzelne Person auf dieses Ausmaß von heterogenen Voraussetzungen optimal reagieren, wenn das Unterrichtsgeschehen *auf ihn* zugeschnitten oder zentriert ist? In dem Sinne, dass auf alle heterogenen Voraussetzungen individuell fördernd eingegangen werden kann, dass »jeder einzelne Schüler gemäß seiner Potenziale« von ihm gefördert werden kann? Weder kennen wir Lehrer die Vorwissensstruktur unserer Schüler genau genug, noch sind wir in der Lage, alle innerhalb einer Unterrichtsstunde gemäß ihrer einzigartigen Potenziale parallel zu fördern.

Wenn wir Lehrer per se nicht die vielen biografisch gewachsenen und einzigartigen Vorwissensstrukturen unserer Schüler optimal bedienen können, müssen es unsere Schüler selbst tun. Aber wie soll das funktionieren? Montessoris berühmter Spruch »Hilf mir, es selbst zu tun« weist in die richtige Richtung. Das ist zunächst nur ein guter Spruch. Denn wir können auch mit SOkeL nicht einfach erwarten, dass unsere Schüler plötzlich selbstgesteuert lernend loslegen. Das bedeutet, dass wir sie mit unserer Hilfe nach und nach (Selbst-)Lernkompetenzen aufbauen lassen müssen. Ein langer Prozess, der in SOkeL über Kompetenzfahrpläne geregelt wird (vgl. Kapitel 17). Mit zunehmender Lernkompetenz kann dann das eigenverantwortliche Lernen immer mehr Gestalt bekommen. Dies könnte z. B. bedeuten, dass wir unsere Schüler immer häufiger im sogenannten Lernatelier arbeiten lassen, wo sie selbst festlegen sollen und dürfen, wann sie wie und wie lange zu den Inhalten eines Faches arbeiten und mit welchen Mitschülern sie dabei temporär kooperieren.

Eingangs wurde betont, dass das bereichsspezifische Vorwissen entscheidend sei für den Lernerfolg. Üblicherweise wird von Lehrern die Motivation als entscheidende Größe angesehen, danach die Intelligenz. Aber vergegenwärtigen Sie sich doch bitte von Hirschhausens Witz: Was nützt der hohe Intelligenzquotient, was nützt die Hochbegabung, wenn man noch nie einen Dalmatiner in seinem Leben gesehen noch je von ihm gehört hat? Der als hochbegabt Bezeichnete wird nicht mitschmunzeln, weil er den Witz nicht verstehen *kann*. Welchen Nutzen hat es für einen vermeintlich Hochbegabten, wenn er sich an der Volkshochschule in einen Japanisch-Fortgeschrittenenkurs verläuft? Er wird rein gar nichts verstehen (vgl. Roth 2011, S. 227). Auch Hochbegabte brauchen Vorwissensstrukturen, in die sie das neue Wissen besser einsortieren und differenziert mit anderen Wissensnetzen verknüpfen können. Selbstverständlich können sie das Neue besser strukturieren, bewerten, zu- und einordnen. Kurzum, auf lange Sicht lernen sie schneller und vertiefter.

Intelligenz ist der beste Prädiktor für Schulerfolg. Der Schulerfolg ist wiederum der beste Prädiktor für den Erfolg im Studium. Aber sind zuerst der Abiturschnitt von 1,0 und anschließend die Examensnote von 1,0 in Medizin ein Prädiktor für Berufserfolg? Ein guter Arzt zeichnet sich unter anderem durch Empathie und kommunikative Kompetenz aus. Auch einem Hochintelligenten wird dies nicht in die Wiege gelegt. Viel Wissen und hohe kognitive Fähigkeiten bedeuten nicht automatisch viel Können. Darin liegt nicht zuletzt der kompetenzorientierte Unterricht begründet.

Der dritte Faktor im Bunde des Lernerfolgs ist die Motivation. Ohne ausreichende Motivation nützen auch dicht gewobenes Vorwissen und hohe Intelligenz nichts. Wenn ein Mensch nicht bereit ist, sich beim Lernen anzustrengen, wird der Lernerfolg in der Regel gering bleiben.

2.1 Vier Schüler und ihre Vorwissensstrukturen

- Büsra, intelligent und potenziell leistungsstark, aber im Lernverhalten etwas träge, um nicht zu sagen faul. Dennoch schneidet sie in Klassenarbeiten meist besser als »gut« ab.
- Eric, motiviert auf eine Zwei zu kommen, was für ihn erfahrungsgemäß schwirig sein wird. Aber er gibt nicht auf.
- Benjamin ist der Leistungsschwächste im Viererbunde. Er ist immer wieder von der Nichtversetzung bedroht. Es gelang ihm aber bisher immerhin, die Versetzung noch knapp zu schaffen.
- Josephine, seit Kurzem in der Klasse, kommt von einer anderen Schule. Offensichtlich ist sie leistungsbereit, intelligent, überhaupt sehr motiviert, nach vorn zu kommen. Leider hatte sie in dem Fach, um das es hier geht, kaum Unterricht im letzten Schuljahr. Ihr ehemaliger Lehrer war immer wieder länger erkrankt und aufgrund des Lehrermangels in diesem Fach hatte sie nur sporadisch fachgerechten Vertretungsunterricht. Große Lücken taten sich in diesem Fach für sie auf.

Zum Unglück von Josephine gründet das aktuelle Unterrichtsthema stark auf dem Inhalt eines anderen Themas aus dem letzten Schuljahr. In der alten wie in der neuen Klasse ist die Unterrichtsform lehrerzentriert. Wechselseitig unterstützende und kooperative Lernformen, wie sie im SOkeL-Unterricht üblich sind, kennt diese Klasse nicht. Das Geschehen ist nach vorn auf den Lehrer ausgerichtet. Wer von den Vieren wird nun den größten Lernerfolg haben? Nimmt man die Intelligenz als Maßstab, müssten es entweder Josephine oder Büsra sein. Nimmt man die Motivation als Maßstab, müssten es Eric und wiederum Josephine sein. Ganz anders sieht es aus, wenn man die bereichsspezifische Vorwissensstruktur als Maßstab nimmt. Hier sieht es für Josephine schlecht aus. Denn wo soll sie in ihrer individuellen Vorwissensstruktur anknüpfen können, wenn ohne eigenes Verschulden keine Anknüpfungspunkte für das neue Wissen vorhanden sind? Von nichts kommt nichts.

Büsra kann trotz ihres mäßigen Einsatzes mühelos das neue Wissen in ihre dichte bereichsspezifische Vorwissensstruktur eingliedern. Erics Motivation ist sehr wichtig, doch Motivation alleine verhilft nicht zu besseren Lernergebnissen. Mit seinem Einsatz aber hält er sich die Möglichkeit offen, eines Tages sicher im Bereich des »gut« anzukommen. Obwohl Josephine ein objektiv schweres Handicap hat, wird sie in der Klassenarbeit keine katastrophale Leistung hinlegen. Dafür ist sie zu intelligent und motiviert. Im Vergleich mit den leistungsschwächeren Schülern legt sie trotz der hinderlichen Umstände eine bessere Leistung vor. Schließlich ist ihr ihre Intelligenz nützlich beim Strukturieren und Organisieren des Teils des neuen Wissens, den sie trotz ihrer brüchigen Vorwissensstruktur verstanden hat. Außerdem kann sie schlussfolgern und Beziehungen herstellen. Dennoch wird sie eine schlechtere Klassenarbeit schreiben als Eric oder gar Büsra, wenn die Klassenarbeit nicht auf Auswendiglernen gründet. Fazit für Josephine ist, dass sie im vergangenen Jahr ohne eigenes Verschulden bereichsspezifische große Wissenslücken aufgebaut hat, die zu einem lückenhaften Wissen beim aktuellen Unterrichtsthema führen.

Mit Matthäus 12, Vers 13 können wir hinsichtlich Büsra sagen: Wer da hat, dem wird gegeben. Hinsichtlich Josephine besteht die Gefahr des »Wer da nicht hat, dem wird genommen«. Die Wissensschere tut sich auf. Josephine ist übrigens in den anderen Fächern sehr gut. Sie hat nur in diesem Fach, von dem hier die Rede war, ihre Schwächen. Das ist der Grund, warum wir Leistungsschwäche und -stärke zunächst einmal bereichsspezifisch sehen müssen. Wir kennen dies aus unserer alltäglichen Unterrichtspraxis. Die einen Schüler sind in bestimmten Fächern gut, in einem oder mehreren anderen jedoch nicht. Manche sind in allen Fächern stark und andere in allen schwach. Das *bereichsspezifische* Vorwissen ist bei Lernprozessen entscheidend.

Josephine wird voraussichtlich mithilfe ihrer Intelligenz und Motivation langfristig zu Büsra aufschließen können, indem sie nach und nach ihre Vorwissensstrukturen immer dichter knüpft.

2.2 Fazit und Ausblick

Zum Abschluss dieses Kapitels sei noch einmal darauf hingewiesen, dass zwar die Motivation und vor allem die Intelligenz auf lange Sicht für den Aufbau von Wissensstrukturen von großer Bedeutung sind. Entscheidend für den Lernerfolg ist jedoch die bereichsspezifische Vorwissensstruktur bei den jeweils aktuellen Unterrichtsthemen. Die Rolle der Motivation in diesem Zusammenhang wird noch ausgiebig beleuchtet werden. Sie wird zielgerichtet als ein Unterrichtshelfer herangezogen. Als eines der Mittel dazu wird die SOkeL-Leistungsbewertung dienen (vgl. Kapitel 14).

Die naheliegende Frage ist jedoch, wie wir das folgende Dilemma auflösen können? Die Lehrkraft müsste für ein optimales Lernergebnis jeden einzelnen Schüler gemäß seiner Potenziale (sprich Vorwissensstrukturen) fördern. Dies kann der Lehrende aber nicht leisten, weil vielfacher Parallelunterricht praktisch unmöglich ist. Daher wird das Problem nunmehr vom Kopf auf die Füße gestellt: Es wird vom Schüler ausgegangen. Dieser muss befähigt werden, sich Wissen selbst anzueignen. Dazu müssen wir ihn durch ein geeignetes Vorgehen Selbst-Lernkompetenzen aufbauen lassen. Dies allein genügt jedoch nicht. Er muss sein erarbeitetes Wissen immer wieder mit den Ziel-Wissensanforderungen, dargestellt zum Beispiel in Kann-Listen oder Kompetenzrastern, abgleichen (vgl. Kapitel 9).

*Die stärkste und beste Droge für
den Menschen ist der andere Mensch.
(Joachim Bauer)*

3. Kooperatives Lernen

Mit den Kartenmethoden lernen die Schüler, erste Schritte selbstständig zu gehen. Der erste Schritt zur Übernahme von Eigenverantwortung im Lernprozess ist getan. Das Vertrauen ist nun gestiegen, dass man es selbst kann und nicht reflexartig bei der Lehrkraft nachzufragen braucht. Das hat einen Grund: Eigenverantwortliches Lernen können Schüler nur entwickeln, wenn wir Lehrkräfte bereit sind, Verantwortung an sie abzutreten. Die Überantwortung von Verantwortung an unsere Schüler ist für den Erfolg des nächsten Schrittes unabdingbar.

»Gruppen machen schlau«, titelte die ZEIT (Jahrgang 2008, Ausgabe 46). Für die moderne Anthropologie und Primatenforschung besteht kein Zweifel: Die evolutionäre Alleinstellung des Menschen resultiert aus seinem kooperativen Verhalten und Arbeiten (Waal 2009) und damit im Zusammenhang aus dem Entstehen der syntaktischen Sprache aus Gesten. Diese äonenlange Entwicklung schlug sich sogar in der Physis des Menschen nieder. Allein das In-Aussicht-Stellen von sozialen Kontakten schüttet das Wohlfühl- und Bindungshormon Oxytocin aus: »Dieses In-Aussicht-Stellen eines sozialen Kontaktes wird von den Emotionszentren registriert und führt von hier aus zu einer unverzüglichen Mobilisierung der Motivationssysteme« (Bauer 2007, S. 39). Und dies, »bevor das Ziel der Wünsche erreicht ist« (ebd.). Nutzen wir also diese urmenschlichen sozialen Bedürfnisse und Fähigkeiten für unseren Unterricht.

Kooperation bedeutet wechselseitige Hilfe. Die Kooperierenden können verschiedene Dinge unterschiedlich gut ausführen und ergänzen einander. Das Wesentliche beim kooperativen Lernen liegt darin, dass wir die Schüler in wechselseitige Abhängigkeit versetzen. Dazu teilen wir einen Lernstoff auf, verteilen die Teile auf verschiedene Schüler, sodass sie sich nur durch Kooperation den Gesamtinhalt erschließen können. Kooperatives Lernen ist also nicht nur Zusammenarbeit.

Unter kooperativem Lernen wird in der schulischen und akademischen Diskussion vieles verstanden. Tenor ist dabei meist, dass es um die Zusammenarbeit (Kooperation) von Schülern geht, die gemeinsam ein bestimmtes Ziel erreichen sollen. Dabei ist es zunächst gleichgültig, ob die Schüler in arbeitsgleichen oder arbeitsteiligen Gruppen arbeiten. Auch in SOkeL geht es um die Zielerreichung, nur dass dabei der einzelne Schüler als Gruppenmitglied nur einen Teil des Lernstoffs aufarbeitet. Die anderen Schüler aus derselben Gruppe erarbeiten jeweils andere Teilgebiete des Lernstoffes. Um zum Lern- oder Gruppenziel zu kommen, müssen sie ihre individuellen Arbeitsergebnisse zusammentragen, sich wechselseitig vermitteln und einander coachen. Dies ist in SOkeL mit Kooperation gemeint. Die Lehrkraft versetzt die Schüler in wechselseitige Abhängigkeit, sodass sie kooperieren müssen, um zum Ziel zu gelangen.

Üblicherweise ist eine Klasse »nach vorn« zum Lehrer ausgerichtet. Nun wechselt die Ausrichtung auf die Mitschüler. Doch das muss erst gelernt werden – und zu Beginn läuft es nicht ohne Konflikte ab. Wie auch sonst? Doch sei vorab schon angemerkt, dass in Klassenzimmern, in denen viel kooperativ gelernt wird, die Klassenatmosphäre um Längen besser ist als in frontal ausgerichteten. So verringern sich zum Beispiel klassische Disziplinkonflikte erheblich. Der Lehrer muss nicht ununterbrochen alles Geschehen innerhalb und außerhalb des geplanten Unterrichts im Blick haben. Adieu Fluglotsenstress. Dies ist ein nicht unerheblicher Beitrag zur Lehrergesundheit. Und zudem ein kostenfreier. Der Clou ist, dass die Schüler selbst für eine bessere Klassenatmosphäre sorgen.

Der Weg ist das Ziel – und dieser Weg ist recht lang. Warum sollten wir unsere Schüler in einem missverstandenen Begriff von individualisiertem Lernen diesen Weg allein gehen lassen? Es ist doch viel spannender, wenn man dabei Mitwanderer hat. Mal sind es diese und mal jene. Und immer sollten sie allein weiter wandern, um Zeit zum Nachdenken zu haben. Denn in SOkeL geübte Schüler haben jeweils ihre individuelle Lern-Wanderkarte (vgl. Kapitel 9). Dies bedingt, dass die Mitwanderer immer andere sind. Und was sich von den anderen nicht alles lernen lässt. Wie anders sie die Wanderkarte doch lesen. Und wie sie überhaupt mit der Wanderkarte umgehen. Welch überzeugende Routenalternativen sie vorschlagen. Was sie nicht alles sehen, was einem verborgen geblieben wäre…

Ersetzen Sie die metaphorisch gemeinte Wanderkarte durch einen Schulbuch- oder einen anderen Sachtext. Sie begreifen sofort, dass hier die gemeinsame Arbeit die rein individuelle um Längen schlägt. Das ist ein Gemeinplatz und scheinbar logisch. In SOkeL wird aber darauf bestanden, dass nach einer kollektiven oder kooperativen Arbeitsphase die Möglichkeit besteht, das gemeinsam Erarbeitete *individuell* zu festigen und zu vertiefen.

Zusammenfassend sei nochmals auf den Unterschied von kollektivem und kooperativem Lernen hingewiesen. Beide Lernformen haben ihre Berechtigung. Kollektives Lernen heißt gemeinsames Lernen. Das kann eine arbeitsgleiche Gruppenarbeit bedeuten oder auch Plenumsphasen, in denen die gesamte Klasse etwas bearbeitet. Dagegen ist kooperatives Lernen etwas grundsätzlich anderes. Es meint, dass Schüler in wechselseitige Abhängigkeit versetzt werden. Der Lernstoff in Gänze kann nur durch kooperatives Arbeiten und Lernen erschlossen werden.

Beim kollektiven Lernen wird der Lernstoff aufgeteilt. Jeder Schüler einer Gruppe erhält nur ein Unterthema des Gesamtthemas zur Aufarbeitung. Die Aufgabe der Lernenden ist es anschließend, diese Teile zu einem Ganzen zusammenzufügen. Das ist nicht einfach und muss immer wieder eingeübt werden. Die entsprechende Gruppengröße sollte dabei möglichst klein sein. Drei Gruppenmitglieder sind optimal, fünf sind suboptimal. Bei sechs kann man die sogenannte Zellteilung durchführen: 2 mal 3 = 6.

Aus der wechselseitigen Abhängigkeit wächst ein Verantwortungsgefühl. Niemand lernt nur für sich allein, sondern immer zugleich auch für andere. Die Gruppenmitglieder entscheiden selbst, wer welches von der Lehrkraft gestellte Unterthema übernimmt. Das heißt: Die Gruppe delegiert an den Einzelnen den Auftrag: Lerne für uns. Das zwingt bis zu einem gewissen Grad jeden zur Mitarbeit, ob gewollt oder nicht.

Kooperative Lernformen sind in SOkeL keine Methoden zur Abwechslung im Sinne des Methodenmixes, sondern ein Aneignungsprinzip. Damit sind sie nicht nur zum Aufbau von Sozial- und Personalkompetenz einsetzbar, wie oft vorgeschlagen wird (vgl. Helmke 2014).

3.1 Kooperative Partnerarbeit

Die kooperative Partnerarbeit als Hinführung zu komplexeren Formen des kooperativen Lernens richtet sich zunächst nur an zwei Schüler. Geübt wird mit dieser Methode das wechselseitige Erklären von Inhalten, die dem jeweiligen Partner noch unbekannt sind. Entweder wird ein Themengebiet aufgeteilt oder es werden zwei verschiedene Themengebiete zur Bearbeitung ausgewählt. Jeder Partner liest sich zunächst individuell in sein Gebiet ein, um anschließend in einer kooperierenden Arbeitsphase den Wissenszugewinn mit dem Partner zu teilen. Damit findet Lernen durch Lehren statt. Danach werden zur individuellen Wiederholung die Arbeitsunterlagen getauscht, um sich in einem letzten Schritt wechselseitig zu überprüfen.

Ablauf der kooperativen Partnerarbeit	
Nr.	Schritt
1	Bildung von Partnerschaften Partner A und B
2	Die Partner lesen/arbeiten sich in Lernunterlagen ein, z. B. nach der Fünf-Schritt-Methode.
3	Die Schüler bearbeiten die Fragestellung.
4	Fortgeschrittene: Schlüsselwörterbestimmung für die Sortieraufgabe
5	Partner A informiert Partner B über das, was er gelernt hat (Fortgeschrittene: mithilfe einer Visualisierung).
6	Fortgeschrittene: Partner A gibt Partner B seine Schlüsselwörter zur Sortieraufgabe, gegebenenfalls Rückfragen von B.
7	Dasselbe Programm von Partner B mit Partner A
8	Die Partner tauschen ihre Arbeitsunterlagen aus. Da die Partner nun schon wissen, worum es im Text geht, kommen sie zügig voran. Auch die Fragestellungen müssen bearbeitet werden.

Ablauf der kooperativen Partnerarbeit	
Nr.	Schritt
9	Die Partner überprüfen nun wechselseitig die Lernfortschritte ihres Gegenübers.
10	Vergleich der Ergebnisse im Klassenplenum
11	Kurzes Strukturlegen auf dem Tisch mit allen Schlüsselwörtern (bei Anfängern: Lehrer teilt dazu Begriffsliste aus)
12	Die Schüler geben Feedback über ihre Erfahrungen mit der Methode.
13	Der Lehrer hält einen zusammenfassenden Vortrag.
14 ff.	Es müssen weitere Vertiefungs- und Übungsphasen folgen.

Wenn Sie durch die Reihen gehen, während die Schüler arbeiten, werden Sie feststellen, dass die Meister noch nicht vom Himmel gefallen sind. Wie so oft müssen Schüler in SOkeL gleich mehrere Dinge lernen. Einem Mitschüler etwas beibringen zu wollen, ist das eine. Das andere ist, die wirklich bedeutenden Aussagen in einem Text erkennen zu können. Die einen Schüler markieren in ihren Texten fast alles, die anderen fast gar nichts. Herauszufinden, was in einem Text wichtig ist oder auch nicht, fällt den Schülern oft sehr schwer. Dies betrifft leider auch höhere Klassenstufen.

Wenn nicht schon zu einem früheren Zeitpunkt im Unterricht geschehen, sollte z. B. die Drei- oder Fünf-Schritt-Methode eingeführt werden. In SOKeL sind Schüler im Vergleich zum lehrerzentrierten Unterricht sehr viel häufiger damit konfrontiert, die Basis von zu erarbeitenden Wissensbeständen selbst legen zu müssen. Das heißt, es führt kein Weg daran vorbei, dass die Schüler Texterschließung üben müssen. Es ist selbstverständlich von großem Vorteil, wenn die anderen Kollegen in der Klasse ebenfalls Texterschließungsmethoden regelmäßig in ihrem Unterricht behandeln. Dies könnte auch ein Thema für eine pädagogische Klassenkonferenz sein oder ein zusätzlicher Grund, ein Lehrerklassenteam zu bilden.

Ein weiteres Anfängerproblem tritt mit gnadenloser Konsequenz auf: Die Schüler glauben an das geschriebene Wort, sei es an der Tafel, sei es auf dem Arbeitsbogen des Partners. Ungefähr 80 Prozent der Schüler bzw. der Menschen sind sicherheitsorientiert (oder angstsensitiv, vgl. Roth 2011). Hinzu kommt, dass die Schüler meist keine Vorstellung davon haben, was Lernen ist. Sie verwechseln es meist mit Auswendiglernen. Was liegt also näher, als des Partners Ergebnisse abzuschreiben? Er hat doch anscheinend den Inhalt seines Textes besser begriffen als man selbst. Seine Ergebnisse und Antworten müssen also besser sein als die eigenen. Durch das Abschreiben sichert sich der Lernende zudem die Antworten für alle Ewigkeiten und Eventualitäten. Ferner sind viele der Meinung, durch das Abschreiben zu lernen. Daraus ziehen etliche Schüler den Schluss, dass doch eigentlich auf das wechselseitige mündliche Vermitteln verzichtet werden könne, und gehen gleich zum Abschreiben über. Zwar gibt es Schüler, die hierin nur einen Weg zur Arbeitsvermeidung sehen. Die Mehrheit aber glaubt tatsächlich, Gutes für sich zu tun. Es geht noch lernfreier: mit dem Handy die Arbeitsergebnisse des Partners abfotografieren.

Was ist zu tun in diesen Fällen? Wie sollen wir Lehrer darauf reagieren? Zähne zusammenbeißen, freundlich und ermutigend bleiben! Was bleibt uns zunächst anderes übrig? Unsere Schüler beginnen doch eben erst, Lernkompetenzen zu entwickeln. Dies ist ein langsamer Prozess. Auch wenn es nicht ermutigend klingt, wenn wir »ist mir doch egal« hören. In Wirklichkeit wollen alle Schüler lernen und Erfolg haben. Wir müssen zu Anfang akzeptieren, dass die Schüler sich das Neue, das Eigenverantwortliche erst noch aneignen müssen. Ebenfalls müssen wir die unterkomplexen und unvollständigen Arbeitsergebnisse zunächst akzeptieren.

In den Plenumsphasen sollten Sie aber unbedingt die Möglichkeit nutzen, das Komplexe, Vollständige und Richtige herauszustreichen. Auch wenn damit noch nicht alle Schüler erreicht werden. Dazu bedarf es anderer Lerninstrumente. »Oh Gott«, denken Sie jetzt vielleicht, »ich habe angesichts des übervollen Rahmenlehrplans doch gar nicht die Zeit, mich auf solch langsame Prozesse einzustellen«. Bleiben Sie bitte geduldig. Der Lernkompetenzerwerb ist zunächst langsam, aber mit zunehmender Lernkompetenz lernen die Schüler immer schneller, weil sie über SOkeL vernetztes, anwendbares Wissen und Können akkumulieren. Und vor allem, weil ihre Lernkompetenzen immer umfangreicher werden.

3.2 Exkurs: Lesen ist eine Basiskompetenz für selbstgesteuertes Lernen

Es mag überraschend klingen, aber in SOkeL stehen in der Einführungsphase des kooperativen Lernens die Individualphasen im Fokus. Richtet man in den kooperativen Lernphasen die Aufmerksamkeit, wie es eigentlich naheliegt, auf die kooperativen Vorgänge, dann wird in dieser Unterrichtsphase übersehen, dass die Probleme vor allem in den Individualphasen liegen. In einer durchschnittlichen Klasse werden allzu oft die Verantwortung für das sinnentnehmende Lesenlernen und die Übungen dazu auf die Deutschlehrer übertragen. Lesen, Schreiben und Sprechen sind jedoch – nachprüfbar an jedem Gehirnscanner – höchst anstrengende und anspruchsvolle Handlungen (Roth 2011, S. 207 ff.). Diese Aktivitäten müssen in allen Klassenstufen von allen (!) Kolleginnen einer Klasse und in jedem Fach immer wieder geübt werden. Dies gilt selbst für die Überflieger in einer Klasse. Die niederschmetternde Erfahrung bei der Übernahme einer neuen Klasse ist sonst, dass die Schüler mit gutem Gewissen lernfrei abschreiben (siehe oben). Dies ist nur einer der Gründe, warum in einem Team von Lehrerinnen und Lehrern gearbeitet werden sollte, wenngleich es kein ausschlaggebender ist.

Die Kompetenz, einen herausfordernden Text sinnentnehmend zu lesen und dies vor allem zu *lernen*, ist im Schülerranking ziemlich weit unten angesiedelt. Auch bei

Kollegen ist es nicht beliebt, da dieser Kompetenzaufbau eine zeitfressende Übung im Unterricht ist, ohne dass man im Fachlichen weiterkommt. Erschwerend kommt hinzu, dass die Erfolge der Übungen sich erst auf längere Sicht einstellen. Dass diese Übungen bei den Schülern unbeliebt sind, hat neben dem Aufwendigen und Mühsamen noch einen anderen Ursprung. Das Problem liegt in der Struktur der klassischen Unterrichtsform. Beispielsweise wird eine Klasse aufgefordert, mit der Fünf-Schritt-Methode einen Sachtext zu erfassen. Danach werden einzelne Schüler gebeten, ihr Ergebnis vorzulesen. Selbstverständlich treten dabei Ungenauigkeiten, Unvollständiges sowie andere Facetten des Fehlerhaften auf. Es geht hierbei um einen Lernprozess, genauer gesagt um individuelle Lernprozesse. Diese zeitigen eben individuelle Facetten des Fehlerhaften.

Wird nun im Plenum (in der Klasse) auf die »Fehler« des Einzelnen eingegangen, ist das zeitweilig für die Motivierten in der Klasse durchaus interessant. Es wird gelernt, was falsch gemacht werden kann, auf dass man es vermeide. Aber mit der Zeit sind es halt doch nur die Probleme der anderen, nicht die eigenen. Die Aufmerksamkeit lässt nach, der eigene Text kommt nicht dran. Dabei hat der Schüler doch mit Mühe daran gearbeitet – oder auch nicht. Bei der frontalen Aufarbeitung der Ergebnisse können zwangsläufig nicht alle an die Reihe kommen. Die üblichen Verdächtigen haben sich wieder einmal gemeldet. Und was ist mit den vielen in der Klasse, die wussten oder ahnten, dass ihr Ergebnis im besten Falle durchschnittlich ist? Sie sind froh, dass sie nicht dazu aufgefordert wurden, ihr Ergebnis vorzutragen. Für die Mehrheit der Klasse hatte die Übung also wenig oder keinen Ertrag. Bei der nächsten Übung wird gestöhnt und oberflächlich ausgeführt. Folge: siehe oben.

Ein SOkeL-Unterrichtsarrangement sollte deshalb so aufgebaut sein, dass die Schüler möglichst oft aktiv und in Lernhandlungen eingebunden sind, statt passiv-aufnehmend die Bemühungen des Lehrers mehr oder weniger interessiert zu verfolgen. Lernen ist der *aktive* Prozess der Übernahme neuen Wissens in die einzigartigen Wissensnetze der Schüler. Wir müssen ihnen im Unterricht Gelegenheit geben, selbst zu bemerken, dass sie einen Text noch nicht richtig verstanden haben. Dies erreichen wir in erster Linie dadurch, dass die Texterschließung durch die Abfolge von individuellen und kooperativ/kollektiven Lernphasen vervollständigt wird. Aber es muss auch Hilfestellungen von Lehrpersonen geben (siehe unten). Sinnentnehmendes Lesen, abstrakt-fachliches Schreiben (im Unterschied zu den Halbsätzen einer SMS-Nachricht) und korrektes Sprechen sind herausfordernde Leistungen, weil sie metakognitive Kompetenzen abrufen. »Kognitive Lernstrategien oder Primärstrategien betreffen den eigentlichen Lernprozess, also die Aufnahme, Verarbeitung und Speicherung von Informationen« (Schrader/Helmke 2006, S. 638). Geht es darum, einen Text aufzuarbeiten, kommen zusätzlich metakognitive Strategien hinzu. Sie »...sind Prozesse auf einer übergeordneten Ebene (Metaebene), die die Planung, Überwachung und Regulation des Lernverhaltens betreffen. [...] So muss etwa beim Strukturieren eines Textes (Organisation) eingeschätzt werden, welche Informationen wichtig sind (metakognitive Leistung). Eine Aktivität wie das Erschließen eines Textes mithilfe von Fragen dient zum einen dazu, das Gelesene mit vorhandenem Wissen zu verknüpfen (Elaboration), zum anderen aber auch der Überprüfung, ob der Text bereits hinreichend verstanden und/oder gelernt wurde (metakognitive Überwachungsleistung)« (Schrader/Helmke 2006, S. 638).

Ohne die Kompetenz zum sinnentnehmenden Lesen sind alle didaktischen Ansätze und Konzepte bedroht, die das eigenständige, eigenverantwortliche, individualisierte oder selbstorganisierte Lernen anstreben. Dies aus zwei Gründen:
- Der erste ist, dass die Überprüfungsroutinen (vgl. Kapitel 8) des jeweiligen Schülers bei Aussicht auf eine solche Übung die Lernampel auf Rot stellen. Es wird befürchtet, dass Aufwand und Ertrag (sprich Erfolg) in einem ungünstigen Verhältnis stehen. Lesen mit gerichteter Aufmerksamkeit oder hoher Konzentration ist zunächst das Gegenteil von »Lernen mit Spaß«. Der Schüler erwartet, dass sich ein Mitexperte die Mühe bereits gemacht haben wird und dessen Ergebnis dann abgeschrieben werden kann.
- Der zweite Grund ist die Gefahr einer Kettenreaktion. Wird in der ersten Individualphase nicht gut gearbeitet, kann die Arbeit auch in der folgenden kooperativen Phase (Expertendiskussion) nicht zufriedenstellend sein. Mit dem Mangelergebnis gehen dann die einzelnen Experten in die Stammgruppe und haben dort ebenfalls nicht viel zu vermelden. Das Elend setzt sich in den nachfolgenden Verarbeitungsphasen fort. Damit kompromittiert sich diese an sich sehr effektive Lernform bei den Schülern von selbst.

Übungen zum sinnentnehmenden Lernen mit kooperativen Arbeitsphasen verbinden

Zum sinnentnehmenden Lesen gibt es mittlerweile viele Ansätze. Die Fünf- oder Drei-Schritt-Methode wurde schon als Beispiel angeführt. Im Folgenden finden sich ein paar klassische Vorschläge zur Leseübung und weitere Vorschläge, die besonders im Zusammenhang mit der Prozessbewertung wirkmächtig werden (vgl. Kapitel 14):
- Schlüsselwörter im Text herausarbeiten
- Schlüsselwörter in eine vom Text vorgegebene Reihenfolge bringen (aus dem Gedächtnis)
- die in eine Reihenfolge gebrachten Schlüsselwörter verbalisieren: im Zusammenhang und in vollständigen Sätzen
- bei Verständnisproblemen um Hilfe bei der Expertengruppe bitten
- eine Liste weiterer unsicherer Begriffe, Zusammenhänge und Inhalte aufstellen und mit der entsprechenden Expertengruppe klären
- den Hauptgedanken / das vermeintliche Thema des Textes in mehreren Stichpunkten formulieren
- einen Text in Sinnabschnitte gliedern und diesen themenbezogene Zwischenüberschriften geben
- aus den geklärten Schlüsselwörtern eine Visualisierung erarbeiten (Strukturbild, Concept-Map u. Ä.)
- Thesen und Argumentationsschritte aus den Textabschnitten herausarbeiten

- von der entsprechenden Expertengruppe ausgewählte Begriffe übernehmen, hinterfragen, ablehnen
- die Bereitschaft aufbringen, überzeugende Schlüsselwörter und Visualisierungsformen der anderen Experten in die eigene Visualisierung zu übernehmen
- Nachfragen der Kooperationspartner beantworten
  In Kapitel 12 finden Sie eine Kann-Liste zum sinnentnehmenden Lesen.

3.3 Kooperative Lernformen: Das Partnerpuzzle

Ein Lernstoff wird analog zur kooperativen Partnerarbeit auf zwei Schüler verteilt, zum Beispiel in Form von Fachtexten. Jeder Schüler erhält einen anderen Text zum gleichen Thema.

Ablauf des Partnerpuzzles	
Nr.	Schritt
1	Bildung von Partnerschaften
2	Die ersten vier Schritte können analog zur kooperativen Partnerarbeit durchgeführt werden. Unbedingt darauf achten, dass die Schüler zunächst auf ihren Plätzen bleiben und individuell arbeiten. Währenddessen teilt der Lehrer die Klasse in A- und B-Gruppen ein. Bitte nur in Dreiergruppen.
3	
4	
5	Expertenarbeitsphase als arbeitsgleiche Gruppenarbeit: Alle A-Partner finden sich zu Dreiergruppen zusammen, B-Partner dito. Sie vergleichen die Ergebnisse, diskutieren den Inhalt ihrer Arbeitsunterlagen, z. B. einen Text, und besprechen die Beantwortung der Fragestellung.
6	Individualphase: Die Experten bereiten sich – wieder an ihrem Platz – auf den Informationsaustausch mit dem Partner vor. Aufgabe: Überlege, was bisher gelernt wurde und wie dies dem Partner zu vermitteln ist.
7	Der restliche Ablauf wie bei der kooperativen Partnerarbeit – ab Schritt 5

Bemerkungen zur Methode
- Die Schüler müssen und wollen wissen, was auf sie zukommt – auch dann, wenn sie es größtenteils schon wissen müssten. Diktieren Sie doch einfach den Ablauf Schritt für Schritt. Bitte vergessen Sie nicht die Zeitangaben für die einzelnen Phasen! Vorläufig müssen Sie der Zeitwächter sein. Das bedeutet, dass Sie ansagen müssen, wenn ein Phasenwechsel bevorsteht.
- Achten Sie bitte unbedingt darauf, dass Ihre Schüler in der ersten Individualphase auf ihren Plätzen bleiben. Ansonsten haben Sie das Problem, dass Ihre Schüler den Text oberflächlich lesen, weil sie gleich in den viel entspannteren Austausch treten wollen.

- Es empfiehlt sich nicht, den Partnern schon in der ersten Individualphase den Auftrag zur Visualisierung des Textinhaltes zu geben. Es fällt ihnen sonst schwer, ihre eigene Vorlage zu verwerfen, wenn ein anderer Experte einen besseren Vorschlag präsentiert.

Die nachfolgende zweite Individualphase ist die schwierigste und eigentlich wichtigste überhaupt. Die Schüler erweitern, soweit es ihnen möglich ist, in der ersten Individualphase ihr Vorwissen. Mit dieser Erweiterung gehen sie in die Expertenphase. Wenn man es negativ ausdrücken will, soll die Expertenarbeit die Zuversicht der Gruppenmitglieder trüben, dass sie etwas Neues, Zusätzliches und das auch noch in der richtigen Form gelernt haben. Zusätzliche Gedanken sind hinzugekommen. Das in der ersten Individualphase Erlernte musste teilweise verworfen, umgebaut und reorganisiert werden. Und – welch Glück – teilweise wurde es bestätigt. Das war anstrengend genug. Und jetzt soll in der zweiten Individualphase nochmals der gesamte Prozess durchdacht werden? Als nächstes soll in innerer Rede der Vortrag für den Puzzlepartner geübt werden. Das ist kognitive Anstrengung hoch drei. Also werden Vermeidungsstrategien gesucht. Wie Sie Ihre Schüler zum Durchhalten motivieren können, erfahren Sie im Kapitel über Leistungsbewertung.

3.3.1 Das Partnerpuzzle als wichtiger Schritt zur Verantwortungsübernahme für den eigenen Lernprozess

Bislang war es sehr wichtig, dass Sie nach den ersten eigenverantwortlichen Schritten der Schüler selbst viel Rückmeldung im Sinne des Frontalunterrichts geben, also im Plenum. Das war unbedingt geboten, denn die Lernpartner konnten unmöglich wissen, ob das vom Partner Vermittelte richtig, vollständig und differenziert genug war. Also mussten Sie ran und Gewissheit schaffen. Nun hat sich das Blatt gewendet, zumindest ein wenig. Der Partner arbeitet mit zwei anderen arbeitsgleich zusammen. Und sechs Augen sehen, lesen und verstehen eben mehr. Unter Umständen haben die Experten ganz unterschiedliche Sichtweisen und Perspektiven auf ihren Lerninhalt. Diese Unterschiede und Differenzen müssen sie ausdiskutieren und sich darauf einigen, was nun richtig ist und was nicht. In der Diskussion, im Vergleich der Individualergebnisse, findet eine Perspektivenverschränkung statt. Das Lernergebnis ist tatsächlich ein Verhandlungsergebnis, das sich bei Fortgeschrittenen in den selbst erstellten Vermittlungsmaterialien niederschlägt. Dies betrifft z. B. Sortieraufgaben, Fragen an den Lerninhalt und Visualisierungen. Die Gefahr ist erheblich geringer, dass Falsches, Unterkomplexes oder Nur-so-Gemeintes vermittelt wird. Aber eben nur geringer. Deshalb müssen Übungs- und Wiederholungsphasen folgen, damit aus den Verhandlungsergebnissen ein Lernergebnis wird, wie es der Lehrer haben möchte.

3.3.2 Instruktion und Konstruktion in SOkeL – dargestellt am Partnerpuzzle

- *Indirekte Instruktion: Erstellen der Lernmaterialien*

Die Lehrperson hat in den kooperativen Lernformen eine sehr wichtige und zentrale Stellung, die von außen nicht sofort ersichtlich ist. Im Normalunterricht steht der Lehrer meist vorn und agiert. Dabei benutzt er das Hauptarbeitsmittel der Lehre oder der Instruktion: die Sprache. Dies ist in SOkeL nicht anders, nur dass die Lehrperson *vorab*, vor dem Unterricht sprachlich agiert, indem sie den fachlichen Lernstoff didaktisiert und in Arbeitsbögen, Textunterlagen und vor allem in typische SOkeL-Lernmaterialien auflöst.

- *Konstruktionsphase als Selbstinstruktionsphase: erste Individualphase*

Der einzelne Schüler (A oder B) studiert die zugeteilten Unterlagen und macht sich ein erstes Bild von dem, was er lernen soll. Dem Lehrer muss nun bewusst sein, dass in dieser Selbstinstruktionsphase nicht davon ausgegangen werden darf, dass die gesamten anvisierten Lerninhalte in der gewünschten Differenziertheit und Vollständigkeit erarbeitet werden. Ein Teil des Lernstoffes wird als solcher bewusst erkannt. Der Lernende versucht ihn zu verstehen. Bei einem anderen Teil wird ihm bewusst, dass er ihn nicht richtig versteht. Er nimmt sich vor, in der Expertengruppe nachzufragen. Je nach Vorwissensstruktur werden Teile des Lerninhaltes überhaupt nicht identifiziert, weil den Ausführungen keine Bedeutung zugewiesen werden kann.

- *Konstruktionsphase: Expertengruppe*

In der Expertendiskussion wird gemeinsames Wissen konstruiert. Im Prozess der Wissenskonstruktion findet über den Argumentationsaustausch in der Gruppe immer wieder auch Instruktion statt. Dies beispielsweise dann, wenn klar wird, dass ein Experte den Lernstoff oder Teile davon besser begriffen hat und anderen hilft, diesen zu verstehen. Nach der Selbstinstruktionsphase werden die Lerninhalte in der Expertenphase nochmals reorganisiert, vertieft und erweitert.

- *Selbstinstruktionsphase: zweite Individualphase*

Als Vorbereitung auf die nachfolgende Kooperationsphase mit seinem Partner muss der Schüler nun in innerer Rede das gemeinsam Erarbeitete rückblickend durchgehen: »Wie war das nochmal mit dem Zusammenhang des Begriffs X und Y?« – »Kann ich selbst die Fragen an den Text hinreichend differenziert beantworten?« Unter Umständen muss er nochmal die Unterlagen zu Hilfe nehmen. Indem er darüber nachdenkt, was er wie gelernt hat und wie er seinen Partner (und später seine Stammgruppe) darüber instruieren soll, reorganisiert er sein neues Wissen. Wie schon oben erwähnt, braucht er dazu metakognitive Strategien. Dies ist ein Grund, warum diese Phase anfangs so schwierig ist. Sie ist deshalb auch eine Konstruktionsphase.

- *Direkte Instruktion: Partneraustauschphase (oder später Stammgruppenphase)*
Nun übernimmt das Peer-Tutoring bzw. das wechselseitige Lernen und Lehren (»WELL«) das Zepter. Der Partner wird mit den vorhandenen, selbst erstellten Veranschaulichungsmaterialien direkt instruiert. Und umgekehrt.

- *Konstruktion: Festigungsphasen*
Nach der direkten Instruktion durch Partner A wird Partner B Raum gelassen, das Gehörte und Gesehene (Strukturbild) zu verarbeiten, also Wissen zu konstruieren. Instruktion und Konstruktion wechseln sich also ab. Die Konstruktion aufseiten des Partners geschieht mithilfe der Sortieraufgabe, des Strukturbildes und den Fragen an den Text.

- *Instruktion: Übungen*
Weitere Festigungsphasen mit und ohne Vertiefungs- und Erweiterungsphase können durch den Lehrer initiiert folgen.

- *Konstruktion und Instruktion: Der Lehrervortrag*
Wie schon erwähnt, ist es unerlässlich, dass jetzt die Lehrkraft den Lerngegenstand zusammenfasst, damit alle vergleichen können, wo sie inhaltlich stehen. Ebenfalls schon erwähnt wurde die Bedeutung der Zusammenfassung für die Sicherheitsorientierten: Das als richtig Bezeichnete ist das tatsächlich Richtige.

Ist der Lehrervortrag nun eine Instruktions- oder eine Konstruktionsphase? Der Schüler mit dem dichten Vorwissensnetz vergleicht den Inhalt des Vortrags mit dem, was er schon weiß. Hier und dort eröffnet sich ihm noch ein neuer Aspekt, aber vor allem eine andere Sicht auf den Lernstoff, sodass er in seinem Wissensnetz reorganisieren und differenzieren kann. Für ihn ist es demnach eine Konstruktionsphase. Für andere Schüler mit weniger Vorwissen ist der Lehrervortrag schlimmstenfalls über Strecken eine reine Instruktionsphase. Zwar merkt dieser Teil der Schülerschaft, dass die Informationen nicht wirklich neu sind, schließlich hatte der Partner kurz davor auch schon »irgendwie« darüber gesprochen. Aber »irgendwie« wird den einzelnen Schülern an jeweils völlig unterschiedlichen Stellen klar, dass sie nur ahnen und nicht wissen. Es ist deswegen völlig klar, dass mit dem Lehrervortrag weitere Festigungsmaßnahmen nicht entbehrlich werden oder beendet sind. Dies betrifft auch die Zeit nach der Partnervermittlungsphase oder der Stammgruppe.

3.4 Lernen im Sandwich: Motivation durch Selbstwirksamkeit und internale Kontrollüberzeugung

Bei den Kartenmethoden klang es schon an, bei den kooperativen Übungen und dem Partnerpuzzle wurde es wiederholt: Ein SOkeL-Unterrichtsarrangement hat eine gewisse Struktur, die anschaulich ausgedrückt einem Sandwich ähnelt. Wahl (2006) selbst nennt die inhaltliche Füllung »WELL« (wechselseitiges Lehren und Lernen), Herold und Landherr (2001) haben dieses Prinzip metaphorisch als Sandwichhaus bezeichnet. Der Einfachheit halber wird im Folgenden der Terminus »Sandwich« benutzt. Wie beim Sandwich wechseln sich auch im SOkeL-Sandwich die Einlagen als Lerneinlagen ab. Auf eine individuelle Phase folgt eine kollektive bzw. kooperative, auf die wiederum eine individuelle folgt. Auf eine Erarbeitungsphase folgt eine Verarbeitungsphase. Der Deckel und der Boden des Unterrichtssandwiches wurde als Thema noch nicht aufgegriffen (vgl. dazu Kapitel 9 und 10). Bisher wurden nur gewisse mögliche Sandwicheinlagen untersucht. Diese wurden so arrangiert, dass WELL entstanden ist.»Das Sandwichprinzip ist demnach ein planvoll hergestelltes Arrangement, das den Schülern einerseits eine aktive Auseinandersetzung mit den vermittelten Inhalten ermöglicht, anderseits ihnen (und der Lehrkraft) thematische und lernstrategische Orientierung bietet« (Wahl 2006, S. 171 ff.).

Ein SOkeL-Unterrichtsarrangement als Sandwichstruktur ist keine kunterbunte Mischung von irgendwelchen schüleraktivierenden Methoden, sondern drückt folgendes Prinzip aus: Auf individuelle Erarbeitungs- und Verarbeitungs- bzw. Festigungsphasen folgen kooperative und kollektive Erarbeitungs- und Verarbeitungs- bzw. Festigungsphasen. Das Gleiche gilt auch umgekehrt. Kaum zu glauben, aber wahr: Mit der Zeit geht dieses Prinzip in das Fleisch und Blut der Schüler über. Wenn sie dereinst so weit sein werden, dass sie in umfangreichen Individualphasen ihren eigenen »Stundenplan« festlegen können, planen sie ihn automatisch als Sandwich. Bis dahin ist es aber noch ein weiter Weg.

Lernen nach dem Sandwichprinzip ist wirksam (Wahl 2006, S. 171 ff.):
- *Motivierende Aneignung:* Die Botschaft an die Schüler in kooperativen Lernformen ist: »Du wirst gebraucht, Mitschüler warten auf dich und sind von deinem Wissen abhängig, streng dich an, auf dich kommt es an.«
- *Kompetenzerleben:* In der Stammgruppe ist immer nur einer Experte – nämlich auf seinem Gebiet. Das gibt auch schwächeren Schülern einen Vorsprung. Das Gefühl stellt sich ein, dass jeder etwas zu sagen hat. Das Kompetenzerlebnis stellt sich jedoch nicht ein, wenn das Teilgebiet nicht bewältigt werden konnte. Die Lehrperson sollte deswegen bei SOkeL-Anfängern Einblick in die Lernprodukte der Gruppen nehmen.
- *Lernstrategien:* Durch das ständige kooperative Arbeiten mit wechselnden Partnern ist der Schüler laufend mit verschiedenen Arbeitsmethoden konfrontiert: Lesetechniken, Visualisierungstechniken, Präsentationstechniken, Strategien des Argumentationsaufbaus etc. Es kann gesagt werden, dass die Schüler jeweils *von* den anderen, *mit* den anderen und *durch* die anderen lernen. Explizites *und* implizites Lernen finden gleichzeitig statt.
- *Subjektive Aneignung:* Im Sandwich haben die Schüler keine Chance, oberflächliches und nur angelerntes Wissen weiterzugeben. Um etwas erklären zu können, muss man es verstanden haben. »Damit die aktive Weitergabe überhaupt gelingen kann, müssen die Inhalte sinnhaft in die vorhandene kognitiv-emotionale Struktur in-

tegriert werden« (Wahl 206, S. 175). Mit angelernten Inhalten (*surface approach*) gelingt dies nicht. Der Lernstoff muss individuell und kooperativ *bewusst* nachvollzogen werden (*deep approach*). Dies geht nur Schritt für Schritt. Deshalb sind die verarbeitenden und festigenden Individualphasen ein Muss, ebenso die Wiederholungen.

Unterricht im Sandwichprinzip beschränkt sich nicht auf Erarbeitungsphasen, also nicht nur auf kooperative Lernformen. Das Sandwichprinzip ist aus lerntheoretischen Gründen auch für die Festigungsphasen zwingend. Dazu werden im Kapitel 5 viele Beispiele aufgezeigt. Und in der weitestgehenden Form des individualisierten Lernens, nämlich im Lernatelier, werden Sie sehen, dass sich die Schüler zwar selbst einen tageweise gültigen Stundenplan erstellen, der aber als Sandwich konzipiert ist. Die Mitschüler sind für das Lernen immer wichtig, ob in kooperativen oder in individuellen Phasen. Die kooperativen Lernphasen dürfen deswegen niemals nach der Vermittlungsphase, z. B. in einer Stammgruppe, beendet werden zugunsten der Lernschrittsicherung im Plenum. Dies kommt erst an späterer Stelle durch einen zusammenfassenden Lehrervortrag. Nach der wechselseitigen Vermittlung der Kooperierenden beginnt die Festigung: individuell und kooperativ.

Klassen legen Lehrern manchmal einen Köder aus, und tatsächlich könnte man ihnen auf den Leim gehen. Selbstverständlich merken Lernende, dass das Arbeiten im Sandwich, das Hinführen zum selbstständigen und selbstgesteuerten Lernen, aufwendig ist. Auch wenn dabei viel gelacht wird, Nebengespräche erlaubt sind und die Zeit dadurch schneller verstreicht. Plötzlich ist dann der gute alte Frontalunterricht wieder beliebt, von dem manche Lernenden oder vielmehr Nicht-Lernenden erwarten, dass sie in Ruhe gelassen werden, sofern sie selbst nicht stören. Es ist interessant zu beobachten, was passiert, wenn man auf ihren Wunsch längere Zeit eingeht. Sie verlangen, wieder in Gruppen arbeiten zu dürfen (diese Erfahrung wurde als Team gemacht; als einzelne Lehrperson mag das Experiment anders verlaufen). Dies hat einen Grund. Er soll anhand eines Gegenbeispiels aufgezeigt werden.

Vor langer Zeit, Anfang der 90er Jahre, arbeitete ich in der vollschulischen Erzieherausbildung. Ich unterrichtete so, wie ich es gelernt hatte: gemäßigt-frontal. Im Wahlpflichtunterricht (ganztägig) wollte eine Klasse an einer Versammlung vor dem Roten Rathaus in Berlin teilnehmen. Es ging um die Arbeitsbedingungen von Erzieherinnen. Die Teilnahme wurde erlaubt, Arbeitsaufträge dafür wurden erteilt. Die Klasse (alle über 18 Jahre) fuhr voraus, weil ich noch etwas im Schulbüro zu erledigen hatte. Als ich am Roten Rathaus ankam, war nur ein Bruchteil der erwarteten Erzieherinnen und Eltern gekommen, sodass ich schnell sehen konnte, dass ein großer Teil der Klasse den Weg nach Hause und nicht zum Roten Rathaus gefunden hatte.

Als wir uns eine Woche später wieder trafen, mussten alle in einem Einzelgespräch darlegen, warum sie mich täuschen wollten und was sie zu tun gedenken, um den Schaden wieder auszubügeln. Dabei ergab sich ein Gespräch mit einer im Schriftlichen eher leistungsstarken Schülerin, die im 16. Schuljahr war (13 Jahre Gymnasium,

3 Jahre Erzieherinnenausbildung). Dieses Gespräch habe ich nie vergessen. Sie sagte, dass sie niemals damit gerechnet hätte, dass *jemand* bemerkt, dass sie nicht anwesend ist. Auf Nachfrage bezog sie diese Aussage auf Schule generell. Ich war reichlich schockiert. Da geht jemand 16 Jahre lang zur Schule und hat das Gefühl, dass es sich dabei um einen Apparat handelt, der auch ohne Schüler zurechtkommt, bei dem es auf einen selbst nicht ankommt.

Das Gefühl, das die Schülerin äußerte, nennt sich »externe Kontrollüberzeugung«. Das bedeutet, dass sie fest der Überzeugung war, im schulischen Leben nichts bewirken zu können. Das genau soll mit einem nach dem Sandwichprinzip strukturierten Unterrichtsablauf verhindert werden. Im Sandwich sind die Lernenden andauernd in soziale Interaktionen eingebunden. Andauernd? Nein, denn sie arbeiten auch individuell. Diese Schülerin hätte völlig andere Erfahrungen gemacht. Sie hätte erfahren, dass es auf *sie* ankommt, denn ohne sie hätte ihre Kooperationspartnerin oder die Stammgruppe ein Problem. Sie hätte sich auch in der Expertengruppe als wirksam erfahren. Da sie eher leistungsstark war, hätte sie viel zum Erfolg der Gruppe beitragen können. Wichtige Grundbedürfnisse wären zum Zuge gekommen. Sie wäre sozial eingebunden gewesen und hätte den Raum gehabt, sich als Individuum zu erleben, also eigenständig zu sein. Und sie hätte Erfolgserlebnisse gehabt, in der Experten- wie in der Stammgruppe. Sie hätte sich als selbstwirksam erlebt. Die Basis dafür sind diese drei E's: »e« wie eigenständig sein, »e« wie erfolgreich sein und »e« wie sozial eingebunden sein. Dies ergibt Motivation. Selbstwirksamkeit ist die starke Form der Kontrollüberzeugung. Es kommt in einer Situation auf einen selbst an, man kann die Situation *selbst* beeinflussen. Wenn die starke Form der Kontrollüberzeugung greift, dann erst recht die schwache, die »internale Kontrollüberzeugung«. Sie liegt dann vor, wenn diese Schülerin wahrnimmt, dass ein Ereignis, hier die Arbeit in den Gruppen, eine Konsequenz auch ihres Verhaltens ist.

3.5 Gelerntes sichtbar und hörbar machen

Visualisierungen haben in einem schüleraktivierenden Unterricht zwei Stoßrichtungen. Die eine bezieht sich auf Festigungsphasen, sofern der Schüler sich selbst veranschaulichen kann, was und wie er gelernt hat. Letzteres betrifft vor allem das Ablegen des neuen Wissens in seine kognitiv-mentale Vorwissensstruktur. Die Strukturlegearbeit, das Concept-Mapping, das Venn-Diagramm und das allseits bekannte Mindmap sind Beispiele dafür. Mit Ausnahme der hochindividuellen Strukturlegearbeit erfüllen die genannten Visualisierungsstrategien die Voraussetzungen für die zweite Stoßrichtung: Visualisierungen sind ein wichtiges Hilfsmittel für die Vermittlungsphasen im wechselseitigen kooperativen Lehren und Lernen. Es ist ein Unterschied, ob die Vermittlung in den Schülerkleingruppen auf der Basis von vollgeschriebenen Blättern mit oft wenig strukturierten Texten geschieht oder ob den Partnern eine visuell gut strukturierte Übersicht über den Textinhalt geboten wird.

Einem Lerngegenstand eine visuelle Form zu geben, gehört ebenfalls zu den metakognitiven Strategien. Entweder wird versucht, sich die *innere Struktur* des Lerngegenstandes bildlich zu verdeutlichen, zum Beispiel mittels eines Venn-Diagramms. Eine andere Option besteht darin, die Schlüsselwörter eines Textes zu einem Strukturbild anzuordnen, das dem Betrachtenden ebenso die Zusammenhänge des Textes vor Augen führt. Das Nachdenken über das »Wie« der Visualisierung ist eine höhere kognitive Operation, die als innere Rede verstanden werden kann. Allerdings muss dabei nicht wirklich auf den Punkt hin formuliert werden. Vieles kann im Ungefähren verbleiben. Entweder weil man denkt, dass man es sowieso weiß. Oder vielmehr, weil es so anstrengend ist, einen inhaltlichen Zusammenhang oder einen neuen fachlichen Begriff aus dem Dunkeln des Ungefähren ins klare semantische Tageslicht zu zerren. Im übertragenen Sinne kann hier der Geist zwar willig sein, die Zunge aber schwach.

Bislang ging es um das Sichtbarmachen von Gelerntem. Nun soll die Zunge gestärkt werden, die Rede soll vom Hörbarmachen sein. In SOkeL werden die Schüler immer wieder in die Situation gebracht, anderen etwas erklären zu sollen. Dies kann innerhalb der kooperativen Lernformen von Nöten sein oder in festigenden Phasen, z. B. im Lernzirkel oder in der Lernberatung (vgl. Kapitel 7). Werden dabei Visualisierungen versprachlicht, haben beide etwas davon, der Redende wie auch der Zuhörer. Der Redende ist jetzt gezwungen, auf den Punkt zu formulieren bzw. es zu versuchen. Es ist dies nochmals eine Reorganisation des bisher Gelernten. Beim Reden fällt ihm auf, dass er inhaltlich doch nicht so sicher ist, wie er geglaubt hatte. Außerdem hat er beim Reden gleichzeitig die Chance, bisher nur Angedachtes inhaltlich zu schärfen. Nachfragen seiner Kooperationspartner zwingen ihn, einen schon gefassten Gedanken zu reformulieren, ihn aus anderer Perspektive nochmals darzustellen. Unter Umständen muss er sogar etwas als sicher Geglaubtes aus seinem Wissensbestand werfen, sofern ihn die kritische Argumentation eines Kooperationspartners davon überzeugt. Fakt ist, dass der redende Schüler ein weiteres Mal die Gelegenheit hat, seinen eigenen Wissensbereich zu vertiefen: »LDL« (Lernen durch Lehren). Und schlussendlich hilft die Visualisierung dem Vortragenden, seinen Vortrag gut zu strukturieren, schließlich entspricht die Visualisierung des Textinhaltes seiner Wissens- und Denkstruktur.

Jeder braucht Zuhörer oder Partner, wenn er etwas hörbar machen will. Doch was haben die Rezipienten davon? Meiner Meinung nach sehr viel, denn die versprachlichte Visualisierung setzt sie ins Bild über den für sie neuen Lerngegenstand. Die Visualisierung hilft dem Zuhörer enorm, sich den neuen Inhalt vorzustellen. Er lernt mit Augen und Ohren. Während die Augen auf die Struktur gerichtet sind, doziert der Partner verbal detaillierter. Ohne Visualisierungshilfe sind die Partner dem Vortragenden weitgehend ausgeliefert. Kann dieser nicht strukturiert verbal präsentieren, erkennen die Partner oft nicht, welche Informationen wichtig und welche nur ausschmückend oder gar überflüssig sind. Und bei der individuellen Wiederholung, wenn die Partner sich selbst in den Lerninhalt des Kooperationspartners oder Experten vertiefen sollen, haben sie schon eine sinnvolle Vorstrukturierung in der Hand. Dies ist eine unschätzbare Dienstleistung.

Wenn Schüler öfter eine Strukturlegearbeit durchführen, haben sie kaum Schwierigkeiten, zu einem Lerngegenstand mittels Schlüsselbegriffen oder -wörtern ein Strukturbild zu formen. Erst recht nicht, wenn Sie die Klassen schon mit dem Advance Organizer vertraut gemacht haben (vgl. Kapitel 9). Sie können also in der Klasse mit dem Mittel der Selbstähnlichkeit vorgehen. Wenn die Schüler einmal gelernt haben, aus einem Text die wichtigsten Schlüsselwörter herauszusuchen, dann ist das Vermittlungshilfsmittel schnell erstellt, da es als eine verkleinerte Ausgabe der Strukturlegearbeit gelten kann.

Einführung in das Visualisieren von Inhalten
Die konkrete Einführung in das Visualisieren von Lerngegenständen kann wie folgt ablaufen: Sie bearbeiten mit der Klasse einen Text Ihres Faches. Die Klasse hat den Auftrag, ihn z. B. mit der Drei- oder Fünf-Schritt-Methode zu bearbeiten und Schlüsselwörter zu bestimmen. Danach folgt eine kurze Aufarbeitungsdiskussion im Plenum als Vorbereitung der Visualisierungsübung.

- *Möglichkeit I (Plenumsarbeit):*
  Sie demonstrieren an der Tafel, wie ein Textinhalt in eine Visualisierung umgesetzt werden kann. Dabei ist wichtig, dass sie laut denken. Bei einer weiteren Übung können dann Schüler an der Tafel laut denken.
- *Möglichkeit II (kooperatives Arbeiten):*
  Sie geben zwei von Ihnen erstellte einfache und unterschiedliche Visualisierungen des Textinhaltes an Partnergruppen. Der eine Partner bekommt die Visualisierung A, der andere die Visualisierung B. Fordern Sie nun die Schüler auf, die Visualisierung auf sachliche Richtigkeit und Güte der Verständlichkeit zu überprüfen. Je nach Geschmack haben Sie die Visualisierungen so aufgebaut, dass die Schüler genügend »Futter« haben. Sie können also entdecken, was zu verbessern oder zu ergänzen wäre. Im zweiten Schritt stellen sich die Partner Visualisierung A und B gegenseitig vor und bewerten sie. Welche Visualisierung ist nach Meinung der Schülerpaare besser? Warum? Danach folgt die Besprechung im Plenum. Als nächster Schritt könnte ein Impuls folgender Art gegeben werden: »Vereinigt die positiven Aspekte von A und B in Partnerarbeit und entwerft eine Visualisierung, die auch eure Kritik beinhaltet.

Es ist immer wieder erstaunlich, wie schnell auch schwächere Schüler Visualisierungen zustande bringen. Zum meisterhaften Präsentieren der hergestellten Visualisierungen ist es aber oft ein langer Weg. Viel Mühe wurde beispielsweise für wunderschöne und inhaltlich richtige Darstellungen aufgewendet. Aber die Vermittlungsarbeit mit dem Partner ist nach kürzester Zeit beendet, weil eben auch die Verbalisierung einer Visualisierung der Übung bedarf. Erschwerend kommt unter Umständen hinzu, dass der Partner noch nicht nachzufragen gelernt hat. Ihm fällt es z. B. schwer, um weitere Erklärungen zu bitten oder auf lückenhafte Darstellungen hinzuweisen. Seien Sie nicht enttäuscht und ungeduldig. Schließlich dient die Übung dazu, die gewünschten Kompetenzen aufzubauen.

Es erleichtert Ihnen übrigens enorm die Arbeit, wenn die Expertengruppen gelernt haben, ihre Arbeitsergebnisse zu visualisieren. Denn bei komplexeren Inhalten und längeren kooperativen Lernphasen können Sie nicht mehr auf die Schnelle überprüfen, ob die Inhalte angemessen erfasst wurden, z.B., wenn die Schülergruppen nur Infoblätter entwerfen, die dann je nach Klassenstufe zwei Seiten oder mehr umfassen. Bei visualisierten Zusammenhängen ist dies hingegen meist sehr schnell möglich. Gegebenenfalls können Sie bei grenzwertigen Ergebnissen beratend eingreifen.

3.6 Das Gruppenpuzzle

Das Gruppenpuzzle ist eine Erweiterung des Partnerpuzzles. Die Unterschiede im Ablauf sind gering. Während man im Partnerpuzzle nur einen Partner hat, sind es nun drei. Diese Partnerschaft nennt sich Stammgruppe. Die Expertengruppe ist wie gehabt organisiert (vgl. Partnerpuzzle). Diese kleinen Unterschiede haben es allerdings in sich. Ob ein Schüler mit einem vertrauten Partner in der Vermittlungsphase zusammenarbeitet oder zu dritt, ist ein eklatanter Unterschied. Es ist kein Zufall, dass die Soziologie erst bei drei Gruppenmitgliedern von einer Gruppe spricht. Die mögliche Gruppendynamik macht gegenüber dem Partnerpuzzle vieles anders.

Deshalb wird empfohlen, das Gruppenpuzzle nicht als erste Form des kooperativen Lernens in eine Klasse einzuführen. Arbeiten Sie jedoch in einem klassenbezogenen Lehrerteam und sind Ihnen die Probleme bei der Einführung des Gruppenpuzzles ohne Vorarbeit klar, dann ist dies durchaus möglich. Der eine Kollege des Teams führt die eine kollektive Form kooperativen Lernens ein, die anderen Lehrer weitere kooperative Lernformen. Wiederum andere Teammitglieder präsentieren die Kartenmethoden. Dadurch erkennen die Schüler schnell das Wesen bzw. die Grundstruktur des kooperativen Lernens. Äußerst wichtig ist dabei, dass alle Teammitglieder das sinnentnehmende Lesen fördern und die Visualisierung(sformen) von Lerninhalten üben lassen. Dabei ist es gleichgültig, ob sie in einer unteren oder höheren Klassenstufe unterrichten.

Ablauf des Gruppenpuzzles		
Nr.	Schritt	Sandwich
1	Bildung von Stammgruppen: Die Stammgruppe bestimmt, welches Mitglied welches Expertenthema übernehmen soll.	Kooperative Phase
2	1. Individualphase: Experten lesen/arbeiten sich in Lernunterlagen ein, Bestimmung der Schlüsselwörter	Individualphase
3	Treffen der Expertengruppe: Vergleich und Diskussion der Arbeitsergebnisse, Festlegung der Schlüsselwörter, Visualisierung des Lerninhaltes, Fragestellungen an den Text	Kooperative Phase

	Ablauf des Gruppenpuzzles		
Nr.	Schritt		Sandwich
4	Der einzelne Experte hat nun die Gelegenheit, das Erarbeitete nochmals Revue passieren zu lassen und sich auf den Stammgruppenvortrag vorzubereiten.		Individualphase
5	Die Experten versammeln sich in ihrer Stammgruppe und legen ihre Rollenfunktionen fest.		Kooperative Phase
6	Experten A, B und C instruieren reihum ihre Stammgruppenmitglieder über das Gelernte mithilfe der Visualisierung, der Fragestellungen und einer Sortieraufgabe.		Kooperative Phase
	Achtung! Das eigentliche Gruppenpuzzle ist nach der wechselseitigen Information abgeschlossen. Wird der Lernprozess an dieser Stelle aber abgebrochen, ist der Wissenserwerb suboptimal. Nach der Informationsphase müssen ausgedehnte Festigungsphasen geplant werden. Die Sortieraufgabe ist eine erste.		
7	Kurzes Strukturlegen auf dem Tisch mit allen Schlüsselwörtern		Individualphase, Kooperative Phase
8	Unklarheiten, Probleme und Fragen werden im Plenum besprochen.		Plenum
9	Es folgen weitere Festigungsmethoden.		Plenum, Individualphase, Kooperative Phase
10	Lehrervortrag		Plenum
11	Weitere Übungen		
	Lernatelier (für Fortgeschrittene)		

Erste Sandwicheinlage: Kollektivphase

Es ist wichtig, dass Sie zuerst die Stammgruppen bilden. Die Mitglieder der Stammgruppe sollen dann unter sich ausmachen, wer in welche Expertengruppe geht. Dadurch ergibt sich der erste Auftrag der Gruppe für den Einzelnen: »Streng dich an, denn du lernst nicht nur für dich, sondern auch für uns.« Ausnahme: Sie als Lehrperson geben vor, wer in welche Expertengruppe gehen soll, weil Sie binnendifferenzierende Maßnahmen geplant haben.

Zweite Sandwicheinlage: Experten-Individualphase

Der Schüler muss sich nun in das Lernmaterial einarbeiten. Er hat den Text aufzuschlüsseln und die Schlüsselwörter herauszusuchen. Des Weiteren ist er aufgefordert, Fragen an den Text zu stellen und diese beantworten zu können. Diese Phase ist unbeliebt, verlangt sie doch in hohem Maße Konzentration und gerichtete Aufmerksamkeit. Deshalb sollten Sie auch nicht zufriedenstellende Ergebnisse vorerst akzeptieren.

Lehrerrolle: Die Lehrkraft muss klar und deutlich ihre Schüler – nunmehr in der Expertenrolle – anweisen, auf ihren Plätzen zu bleiben; gegebenenfalls muss sie hart durchgreifen. So herrscht die nötige Stille für Konzentration. Je nach Stand der Ritualisierung ist diese Phase relativ kurz bei Ungeübten und länger bei Geübten. Die Ursache liegt darin, dass die Schüler die kognitiv-anstrengende Individualphase überspringen und in der nachfolgenden Gruppenarbeit zu schnell zusammenarbeiten wollen. Dies geschieht dann aber auf der Grundlage ungenügend durchgearbeiteter Unterlagen. Die Lehrkraft sucht nach einer gewissen Zeit die Schüler auf und überprüft insbesondere bei Lernschwachen, welche Begriffe sie herausgesucht haben. Erforderlichenfalls wird geholfen.

Bemerkungen: Diese Phase konzentriert durchzugehen, ist sehr wichtig. Der Schüler sucht in seinem Vorwissen danach, ob er den neuen Begriffen und Zusammenhängen eine Bedeutung zuweisen kann. Wenn nicht, liest er zwar die Worte, beachtet sie aber nicht weiter. Von Überfliegern abgesehen, kann getrost davon ausgegangen werden, dass von den meisten Schülern nur eine graduell unterschiedliche Teilmenge des Neuen wahrgenommen oder gar verstanden wurde. Im klassischen Frontalunterricht würde nach dem Textstudium lehrerzentriert weitergemacht: Diskussion des Textinhaltes, Vorlesen einer gelungenen Zusammenfassung. Weitere Teilschritte wären die Abarbeitung der Notierhilfen und Fragestellungen des Lehrers (mit den üblichen Verdächtigen) sowie die Lernschrittsicherung an der Tafel. Hinzu käme dann eventuell noch das lernfreie Abschreiben oder Abfotografieren durch die Mehrzahl der Schüler. Gut gelehrt ist eben nicht mit gut gelernt gleichzusetzen.

Dritte Sandwicheinlage: Expertenarbeit (Kollektivphase)

Die Experten treffen nun aufeinander und vergleichen ihre Ergebnisse. Davor müssen sie ihre Rollenfunktionen festlegen. Im SOkeL-Anfangsunterricht treffen die Schüler noch mit ihrem Ranking-Status aus der Klasse aufeinander. Relativ schnell ergibt sich eine Gruppendynamik, auch wenn nur drei Schüler aufeinandertreffen. Die zurückhaltenden Schüler im Klassenplenum können sich im Schutz der Kleingruppe öffnen. Die Extrovertierten (oft mit guten mündlichen Noten) werden in den Kleingruppen meist entzaubert und »imagemäßig« auf ihr wahres Leistungsniveau herabgestuft. Den informellen Rollen werden formelle (z. B. Moderatorin, Zeitnehmerin) zugewiesen, um die Gruppendynamik in Schach zu halten und einen guten Arbeitsfluss zu erreichen.

Die Aufgabe der Expertengruppe ist nun, sich über den Inhalt des Lernstoffes zu verständigen. Dabei sollen die Schlüsselwörter und ebenso die Fragen an den Text verglichen werden, um sich wechselseitig auf Schwachstellen der Textexegese hinzuweisen. Je nach individuellem Vorwissen treffen Welten in einer Expertengruppe aufeinander. Drei verschiedene Perspektiven müssen verschränkt werden, soll effektiv neues Wissen aufgebaut werden. Das Ergebnis der Gruppenarbeit ist nichts anderes als das Ergebnis verschränkter Perspektiven. Stellt sich die Frage, wie die Schülerinnen und Schüler diese Perspektivenverschränkung vornehmen. Denken Sie an einen orientalischen Basar, dann haben Sie das Grundmuster. Tatsächlich: Die Textaussage wird regelrecht verhandelt. Der eine begreift dies, der andere das. Der eine verneint, der andere bejaht. Es kann lautstark werden. Greifen Sie nicht zu früh ein, wenn die Gruppe Sie als Schiedsrichter ruft. Diese Auseinandersetzungen bedeuten doch Lernen in Reinform. Damit wird aber auch klar, dass der Lernprozess zum aktuellen Thema nach der folgenden Stammgruppenarbeit noch längst nicht beendet werden darf.

Nachdem sich die Expertengruppe gemeinsam entschieden hat, welches die zentralen Begriffe sind und welche Fragen den Text am besten erschließen, muss sie zur Visualisierung übergehen. Dies sollte eine gemeinsame Arbeit sein, da bei der Erstellung zum wiederholten Mal der Textinhalt diskutiert werden muss. Für die Expertengruppe bedeutet die Visualisierung des Textinhaltes (als Strukturbild, als Concept-Map), dass sie sich ihr Gelerntes sichtbar machen kann. Die Visualisierung ist ebenfalls das Ergebnis von Aushandlungsprozessen. Zwar dient sie zuerst den Experten zur Festigung dessen, was sie gelernt haben. Sie hilft aber auch den Stammgruppenmitgliedern, denen das Gelernte mithilfe der Visualisierung vermittelt wird. Ein neuer Lerninhalt wird besser begriffen, wenn er auch sichtbar ist. Noch ein weiterer sehr wichtiger Aspekt kommt hinzu: Der Experte ist beim Klassenranking im betroffenen Fach vielleicht im unteren Drittel, die anderen beiden Stammgruppenmitglieder im oberen und mittleren. Seinen individuellen Ergebnissen würde misstraut werden, aber da die vom Experten aus der Expertengruppe mitgebrachten Materialien ein Gruppenergebnis sind, kann ihnen (eher) vertraut werden.

Lehrerrolle: Die Lehrkraft sollte sich anfangs sehr zurückhalten. Sie sollte lediglich kontrollieren, ob eine wie auch immer gestaltete Zeitplanung vorliegt. Noch ist diese nicht wirklich wichtig, eher eine Vorübung für die kommende Phase. Im fortgeschrittenen SOkeL-Unterricht ist die Zeitplanung aber eine Basis dafür, die Schülergruppen tatsächlich eigenständig arbeiten zu lassen. Auf jeden Fall sollte die Lehrkraft einen Blick auf die Visualisierungen werfen, denn dabei wird schnell deutlich, ob sich eine Gruppe auf inhaltlichen Abwegen befindet. In diesem Falle erarbeitet der Lehrer gemeinsam mit der Gruppe Alternativen. Übrigens: mit nur drei Schülern kann auch fragend-entwickelnd gearbeitet werden. Sofern sich drei leistungsschwache Schüler in einer Gruppe zusammengefunden haben, sollte sich die Lehrkraft um sie kümmern, wenn auch nicht bei den allerersten kooperativen Unterrichtsversuchen. Denn die Lernenden sollten selbst ein gewisses Problembewusstsein dafür entwickelt haben, dass sie Hilfe brauchen.

Bemerkungen: Drei Schüler haben drei verschiedene Perspektiven auf den Text, basierend auf ihrer jeweiligen Vorwissensstruktur. Siebert (2005) spricht deswegen von Perspektivenverschränkung. Sechs Augen sehen bzw. lesen und verstehen mehr als drei. Wenn wir für Lernende einen Text ausgeben, so wissen wir um dessen inhaltliche Bedeutung. Ein Schüler allein erarbeitet sich das darin enthaltene Wissensspektrum nicht vollständig. Sein Textverständnis wird durch seine Vorwissensstruktur beschränkt. Auch drei Schülern gelingt dies wahrscheinlich nicht vollständig. »Aber dann ist es doch falsch«, so die gängige Meinung von Kollegen. »Dann darf dieses

Falsche doch niemals in der Stammgruppe vermittelt werden. Dann lernen die das doch auch falsch«. Selbstverständlich haben die Kollegen in gewisser Weise recht. Das Ergebnis der Expertengruppe ist im Vergleich zu dem, was wir als Lehrende mit den Texten erreichen wollen, unvollständig, nicht völlig richtig, unterkomplex etc. Vom Ende des Lernprozesses her gedacht sind diese Facetten des Falschen leider zu erwarten. Der Unterschied zum Normalunterricht ist folgender: Die noch ungenügenden Lernergebnisse sind *sichtbar* und damit bearbeitbar. Dies geschieht vor allem individuell, ist aber auch in Gruppen sinnvoll und möglich. Wie schon beschrieben, neigen Schülernovizen beim kooperierenden Lernen dazu, das anderswo eingeübte Verhalten auf die kooperativen Lernformen zu übertragen, nämlich von der Tafel oder von »guten« Schülern lernfrei abzuschreiben.

Vierte Sandwicheinlage: Abschließende Individualphase in der Expertenarbeit

Nun wird die letzte Individualphase vor der Stammgruppenarbeit eingeläutet. Die Schüler haben die Aufgabe, sich sozusagen in innerer Rede auf den Stammgruppenvortrag vorzubereiten: Kann ich die Fragen an den Text wirklich selbst beantworten? Könnte ich bei Nachfragen die Schlüsselwörter erklären? Kann ich die Textinhaltsvisualisierung sachgerecht verbalisieren? Bei Unsicherheiten sind die Schüler aufgefordert, Rat und Hilfe bei den anderen Experten einzuholen.

Lehrerrolle: Wie bei der ersten Individualphase muss für Ruhe gesorgt werden.

Bemerkungen: Diese Phase ist außerordentlich unpopulär, weil sie wieder in hohem Maße gerichtete Aufmerksamkeit und Konzentration verlangt. Ein weiterer Grund ist, dass einzelne Experten merken, dass sie noch nicht wirklich begriffen haben, was in der Phase davor erarbeitet wurde. »Lerngeschenke« können eben auch vergiftet sein. Besonders zu Beginn der Umstellung auf eigenverantwortliches Lernen können bisher von Lehrern geführte Schüler mit der plötzlichen Anforderung, selbstständig zu denken und zu handeln, wenig anfangen. Diese Phase sollte daher zu Beginn der Umstellung kurz sein. Und die Lehrkraft sollte sich in Geduld üben.

Sechste Sandwicheinlage: Kooperationsphase in der Stammgruppenarbeit

Nun treffen die Stammgruppenmitglieder als Experten für je ein inhaltliches Teilgebiet des gesamten Lernstoffes wieder aufeinander. Sie teilen sich das mit, was sie selbst gelernt haben. Lernen durch Lehren (LDL) findet statt (vgl. www.ldl.de). Der Experte trägt mithilfe der Visualisierung die Ergebnisse seiner Gruppe vor. Auch das muss lange geübt werden. Nach dem Vortrag teilt er die Schlüsselwörter auf Kärtchen zum Zwecke einer Sortieraufgabe aus. Bei Unwissen oder Unklarheiten wird nun der Experte befragt. Für die Stammgruppenmitglieder ist es im Schutze der Kleingruppe kein Problem, Fehler und Verständnisprobleme zuzugeben. Sind nun Unklarheiten und Wissenslücken so weit beseitigt, führt der Experte eine festigende Vertiefung durch. Er lässt seine Stammgruppenmitglieder die Fragen an den Inhalt in einer individuellen Stillarbeitsphase bearbeiten. Die Fragen werden in der Expertengruppenphase erarbeitet.

Die Ergebnisse werden nun verglichen, korrigiert, ergänzt und differenziert. Nachdem alle Experten ihre Stammgruppenmitglieder unterrichtet haben, werden jeweils die Schlüsselwörterkärtchen aller drei Experten gemischt; danach wird eine Struktur gelegt. Bei der Strukturlegearbeit werden die Begriffe (Schlüsselwörter) non-linear zueinander in Beziehung gebracht. Ein jeder nimmt dies für sich auf der Schulbank vor. Die Ergebnisse sind so einzigartig wie die Vorwissensstruktur, aus der heraus die Beziehungen zwischen den Begriffen gedacht werden. Zum Abschluss verbalisiert jeder Schüler seine gelegte Struktur. Damit findet eine weitere Perspektivenverschränkung statt.

Lehrerrolle: Die Stammgruppenphase ist eine Schülerarbeitsphase. In Anfängerklassen ist darauf zu achten, dass die Funktionsrollenträger ihre Arbeit verrichten. Noch sind die Schüler lehrerfixiert. Bei Unklarheiten rufen sie die Lehrkraft herbei und möchten die Lösung von ihr haben. Mit dem richtigen Bauchgefühl zur Klasse lässt sich dies dann auch gemeinsam mit der Gruppe klären. Sie sollten aber eher den Schülern versichern, dass deren Probleme später in jedem Falle gelöst werden. Zunächst ist es notwendig, zu vermitteln, dass die Lernenden in dieser Phase so viel wie möglich selbst bearbeiten sollen. Dies aus zwei Gründen:

- Schüler sind es meist gewohnt, sich nicht selbst anstrengen zu müssen. Wenn sie es dann aber wollen, fehlen ihnen weitgehend die Lernkompetenzen dazu. Ein Widerspruch, der noch aufgelöst werden muss – und eine verständliche Quelle der Unzufriedenheit.
- Wenn eine Kleingruppe die didaktisch-inhaltliche und damit optimierte Lehrer-/Lehrzuwendung bekommt, haben die anderen Kleingruppen dasselbe Recht. Da dies organisatorisch nicht möglich ist, müsste wieder auf den Plenums- bzw. Frontalunterricht zurückgegriffen werden. Womit dann gilt: »Gehe zurück auf Los«. Es muss immer wieder verdeutlicht werden, dass die Lehrkraft noch in Aktion tritt. Mit der Zeit fassen die Schüler aufgrund ihres allmählich gewonnenen Erfahrungshorizontes Vertrauen in sich. Sie vertrauen darauf, dass die Lehrkraft tatsächlich die inhaltlichen Fäden wieder aufgreift. Bei unsicheren Klassen kann der Lehrer Musterlösungen und eigene Schlüsselwörterlisten austeilen.

Bemerkungen: Die Experten haben ihr Inhaltsfeld mittlerweile gepflügt und bestellt. Und selbst beim Vortrag in der Stammgruppe geht ihnen noch ein spätes Lichtlein auf. Beim Verbalisieren ihrer Inhalte bemerken sie, dass zwischen passivem und aktivem Wissen ebenso ein Unterschied besteht wie im Fremdsprachenunterricht bei Sprachverständnis und Sprechen. Parallel zum Sprechen tritt der Kleist-Effekt ein: die Verfertigung des Gedankens beim Sprechen. Eine weitere Gelegenheit bietet sich, das eigene Inhaltsgebiet vertieft zu begreifen: Die Stammgruppenmitglieder haben beim Vortrag nicht alles verstanden und fragen nach – oft aus überraschender Perspektive. Daran hatte der Experte noch gar nicht gedacht. Er muss überlegen, wie er antwortet. Dabei muss er seinen Wissensbestand reorganisieren und auf diese Situation anwenden... und schon hat er selbst wieder dazugelernt. Er moderiert die Beantwortung der Fragestellungen an den Text bzw. Inhalt. Er ist mit originellen Antworten konfrontiert, die unter Umständen weder wirklich richtig noch wirklich falsch sind. Wieder muss er inhaltlich reagieren, überlegen, Wissensbestände vernetzen und dies alles verbalisieren.

Wer lernt also in kooperativen Lernformen am meisten? Der Experte über sein ureigenes Wissensgebiet. Und dennoch – von Überfliegern abgesehen – müssen wir davon ausgehen, dass er das »richtig« im Sinne von vollständig immer noch nicht erreicht hat. Vom Ende des Lernprozesses aus gesehen ist noch einiges zu tun.

Seitens der Kollegen wird immer wieder vorgebracht, dass das Lernen in kooperativen Lernformen schneller ginge, da ja der Lernstoff im Sinne der Arbeitsteilung aufgeteilt sei. Unsere Erfahrung spricht dagegen. Die Lernprozesse verlangsamen sich zunächst erheblich, da die Schüler vieles gleichzeitig lernen müssen. Mit der Zeit allerdings entwickelt sich das Lerntempo exponentiell, wenn die Lernenden so weit sind, dass sie vernetzt lernen. Dann können sie intelligentes, das heißt anwendungsfähiges Wissen aufbauen. Dazu bedarf es allerdings mehr als nur des Einsatzes kooperativer Lernformen. Seit Hattie festgestellt hat, dass kooperatives Lernen hochwirksam ist, wird es allerorten empfohlen (vgl. Kremers 2014). Der Begriff bleibt bei ihm aber unklar. Werden kooperative Lernformen im eigentlichen Sinne eingesetzt, ist noch nicht viel gewonnen, so hilfreich die Aufteilung eines Sachgebietes und die wechselseitige Abhängigkeit der Schüler auch sein mögen. Wahrscheinlich wird es den kooperativen Lernformen dann ebenso ergehen wie vielen »Methoden«: Sie sind eine angenehme Unterbrechung des Frontalunterrichts und werden ab und zu angewendet, häufig ohne schülerzentrierte Festigungsmethoden und den dazu erforderlichen Kompetenzaufbau. Begreift man sie hingegen als ein Aneignungsprinzip individuellen Wissens, hat man sehr schnell erheblichen Widerstand in den Klassen und als Folge davon auch bei sich selbst.

Zehnte Sandwicheinlage: Lehrervortrag und Übungen
Schüler glauben im Unterricht zunächst nur an das gesprochene Wort. Und zwar an das des Lehrers. Darauf wurden sie jahrelang konditioniert. Sie vertrauen anfangs nicht den Ergebnissen ihrer kooperativen Gruppe. Erst wenn der Lehrer in einem zusammenfassenden Vortrag dasselbe darstellt wie die anderen Gruppenmitglieder, gilt dies als richtig und wahr. Wichtiger ist jedoch der Abgleich zwischen dem, was die Schüler bislang gelernt haben, und dem, was der Lehrer als wichtige Inhalte (Lernziele) darstellt.

Nach dem Vortrag folgen Übungen, die vor der Besprechung im Plenum wieder in Partnerarbeit im Sandwichverfahren bearbeitet werden. Unter Umständen folgt eine Hausaufgabenstellung, die dann in der nächsten Stunde wieder im Sandwichverfahren durchgeführt wird (vgl. Kapitel 5). Bei Bedarf können weitere Festigungs- und Vertiefungsmethoden anberaumt werden (vgl. Thal/Vormdohre 2006).

Bemerkung: Der Lehrer sollte immer wieder die eigene Vorgehensweise erklären, denn SOkeL ist in jeglicher Hinsicht ein für die Schüler transparentes didaktisches Konzept. Es umfasst Inhalte, Ziele, Leistungsbewertungen und didaktisches Vorgehen.

Lernende können zunächst nicht erkennen, dass ihr Lehrer indirekt durch seine didaktisierten Lernmaterialien zu ihnen spricht. Dass der geforderte Lernkompetenzerwerb ihnen eine große Hilfe sein wird, realisieren sie ebenfalls erst im Laufe der Zeit. Dies betrifft auch das Verständnis für die Aktivitäten des »indirekten Lehrers«.

Elfte und weitere Sandwicheinlage: Lernatelier
Der Lehrer gibt Novizen weitere Übungsmaterialien, lässt diese möglichst im Sandwich bearbeiten und vergleicht die Ergebnisse nach dem üblichen schüleraktivierenden Schema. Das bedeutet, er selbst ist erst an der Reihe, wenn kein Schüler mehr weiter weiß.

Fortgeschrittene Schüler arbeiten jetzt im Lernatelier, in dem sie selbst bestimmen, zu welchem Thema sie mit wem und wie lange arbeiten. Dazu stehen ihnen vielerlei im Lauf der Zeit erworbene Lerninstrumente (vgl. Kapitel 15) zur Verfügung.

Variationen
- Mit zunehmender Sicherheit und SOkeL-Kenntnis werden Sie die Sandwicheinlagen variieren. Beispielsweise können Sie bei einer großen Unterrichtseinheit zwei oder drei Gruppenpuzzle-Einheiten mit relativ kurzen Festigungsphasen hintereinander einplanen. Darauf muss dann aber eine längere Gesamt-Festigungsphase folgen. Diese Variante ist vor allem angeraten, nachdem die Schüler die Arbeit im Lernatelier schon kennengelernt haben (vgl. Kapitel 15).
- Sie steigen mit einem instruierenden Lehrervortrag in das neue Stoffgebiet ein. Die Schüler sind nach Art des Gruppenpuzzles eingeteilt und haben ihre jeweiligen Experten-Fragebögen zu Ihrem Vortrag vor sich liegen. Diese füllen sie aus, wenn die entsprechenden Fragen während des Vortrags angesprochen werden oder ohnehin dran sind. Anschließend bearbeiten sie die Antworten in Expertengruppen, um danach in der Stammgruppe den Gesamtvortrag zu rekonstruieren. Es folgen die bekannten Festigungsmethoden.
- An die Stelle des instruierenden Lehrervortrags können Sie auch Filme, Podcasts, Theaterstücke, Videos von Museums-, Ausstellungs- und Diskussionsbesuchen oder Interviews mit außerschulischen Experten setzen. Nach SOkeL ist es gleichgültig, in welcher Form das zu Lernende transportiert wird. Wichtig ist nur, dass *jeder* Schüler in eine aktive, handelnd-*aneignende* Situation versetzt wird.

Auf lange Sicht werden Sie ohnehin die Sandwicheinlagen verändern. Diese werden oft umfänglicher, besonders in den Individualphasen. Außerdem lernen die Schüler immer besser, das Sandwich selbst zu gestalten. Dies geschieht selbstverständlich mithilfe der Lehrperson.

3.7 Kooperatives Lernen: Aneignungsprinzip oder Methode?

Folgt man den einschlägigen Methodenlehrbüchern, so ist die kooperative Lernform nach der Vermittlungstätigkeit der Experten in der Stammgruppe beendet. Nicht integriert sind schülerzentrierte Festigungsmethoden wie Visualisierungen, eigene Fragestellungen zur Überprüfung der Stammgruppenmitglieder, abschließendes Strukturlegen oder andere von den Schülern selbst eingebrachte Methoden. Vor allem aber fehlen weitere Vertiefungen, Übungen und Wiederholungen. Auch ist in einem SOkeL-Unterrichtsarrangement an dieser Stelle zu fragen, was von den Stammgruppenmitgliedern mithilfe der aufgeführten Festigungsmethoden gelernt wurde. Leider noch nicht genug. Es bleibt also noch viel zu tun. Lediglich der »Stoff« des Experten wurde von ihm selbst aus seiner Sicht hinreichend erarbeitet. Und wie erging es den anderen Lernenden? Sie hörten lediglich zu und verstanden einiges, je nach Vorwissensstruktur sofort und vollständig oder aber nur annähernd bzw. gar nicht. Mehr Schüler, als uns lieb sein könnte, bekamen lediglich eine begründete Ahnung davon, dass das gesamte Inhaltsgebiet über das eigene Expertenwissen hinausgeht. Sie sind in dieser Phase in der Regel weit davon entfernt, den Lernstoff der anderen wiedergeben oder gar in ihre eigene Vorwissensstruktur einordnen zu können. Ergo folgt Verunsicherung, Kritik und Widerstand – insbesondere, wenn die Lehrkraft mit dem Stoff weitermacht in der Meinung, die Schüler hätten die Stammgruppe erfolgreich hinter sich gebracht. Noch problematischer ist, wenn sogleich das zweite Gruppenpuzzle folgt.

Kooperative Lernformen sind in SOkeL keine isoliert durchgeführte Methode im Sinne eines Methodenmixes. Sie sind auch nicht nur dazu da, Sozial- und Personalkompetenz einzuüben, wie Helmke vermutet (Helmke 2014). Kooperative Lernformen sind in SOkeL in ein Gesamtarrangement eingebunden (vgl. Kapitel 10). Durch die Sandwichstruktur (vgl. Kapitel 3.4) werden sie zu einem Prinzip der Wissensaneignung.

Worin nun unterscheidet sich der Einsatz kooperativer Lernformen in SOkeL von dem einer bloßen Methode?

Erstens werden die komplizierteren kooperativen Lernformen sorgfältig vorbereitet (vgl. Kapitel 17). Das sinnentnehmende Lesen wird immer wieder geübt und ist die Grundlage aller folgenden Schritte. Erste metakognitive Strategien werden eingeübt über Kartenmethoden (Sortieraufgabe, Strukturlegen, etc.).

Zweitens wird auf die strikte Einhaltung der Sandwicheinlagen geachtet, das heißt vor allem auf die individuellen Einlagen zu Erarbeitung, Verarbeitung und Festigung.

Drittens machen sich die Schüler in jeder Sandwichphase – der individuellen wie der kooperativen/kollektiven – ihren Lernfortschritt sichtbar und hörbar. Dies geschieht mit immer anspruchsvoller werdenden Methoden auf Basis der bereits genannten metakognitiven Strategien. In diesem Kapitel wurde dies an der Verwendung der Sortieraufgabe mittels der Schlüsselwörter-Kärtchen, der Strukturlegearbeit und der selbstformulierten Fragen an den Text aufgezeigt. Bevor die Experten diese Arbeitsmaterialien den Stammgruppenmitgliedern vorlegen, durchlaufen sie einen

Überprüfungsprozess. Dieser verläuft individuell in der Vorbereitung der Expertengruppe, kooperativ in der Diskussionsphase und wieder individuell in der Vorbereitung der Stammgruppe.

Viertens: SOkeL-Lehrkräfte gehen mitnichten davon aus, dass die Arbeit nach der Vermittlung in der Stammgruppe getan ist. Deswegen gibt es die gemeinsamen Sortieraufgaben, die Strukturlegearbeiten oder andere Methoden, um das bisher Gelernte sichtbar und hörbar zu machen.

Fünftens: SOkeL-Lehrkräfte wissen, dass der neue Lernstoff auch mithilfe der Festigungs- und Vertiefungsmethoden immer noch nicht so »sitzt«, wie er sollte. Deswegen sind weitere Schritte zur Festigung und Vertiefung zwingend erforderlich. Geeignete Methoden kommen hier zur Anwendung (sehr gut aufbereitet in Thal/Vormdohre 2006).

Sechstens: SOkeL-Lehrkräften ist bewusst, dass es eines systematischen Kompetenzaufbaus im sozial-kommunikativen, personellen und methodischen Bereich bedarf, wenn der kognitive und subjektive Prozess der Wissensaneignung in kooperierenden Gruppen optimal gelingen soll.

3.7.1 Kooperative Lernformen bieten Möglichkeiten zur Binnendifferenzierung

Oft wenden Kolleginnen und Kollegen gegen das Gruppenpuzzle ein, dass sich nicht immer gleichwertige Expertengruppen in quantitativer und qualitativer Hinsicht einrichten ließen. Mein spontaner Kommentar: Umso besser! Was hindert uns denn, die Gelegenheit beim Schopfe zu ergreifen und die Expertengruppenarbeit binnendifferenziert anzulegen? Somit könnten in den jeweiligen Expertengruppen drei unterschiedliche Schwierigkeitsgrade verwirklicht werden. Dies bedingt, dass Sie die Klasse vor der Stammgruppenbildung darüber informieren, welche Gruppe schwierig, welche durchschnittlich und welche etwas einfacher ist. Der oft geäußerte Gedanke, dass sich dann die leistungsschwächeren Schüler düpiert fühlen könnten, entspricht nicht den Erfahrungen. Ganz im Gegenteil sind die leistungsschwächeren Schüler eher erleichtert, wenn sie vorab wissen, dass sie eine zu bewältigende Aufgabe bekommen werden. Diese Reaktion leistungsschwächerer Schüler erfolgt allerdings erst, wenn sie schon genügend Erfahrungen mit dem Gruppenpuzzle machen konnten und erfahren mussten, dass sie häufig an Leistungsgrenzen stoßen.

3.7.2 Gruppenbildung: Sympathiegruppen, Zufallsgruppen oder Einteilung durch die Lehrperson?

Schüler können sich im Gruppenpuzzle nur ein einziges Mal nach Sympathie zusammensetzen. Meist ist es die Stammgruppe. Die Zusammensetzung der Expertengruppen geschieht dann wieder zufällig. Um monotone Zusammensetzungen zu verhindern, kann der Lehrer sich gelegentlich ausbedingen, eine der Stamm- oder Expertengruppen selbst zusammenzusetzen. Die Lehrkraft kann gegebenenfalls auch alle Gruppen auswählen, zum Beispiel um die Binnendifferenzierung zu vertiefen oder verhaltensschwierige Schüler in eine Gruppe mit selbstbewussten und durchsetzungsfähigen Schülern zu setzen. Auch kann der Lehrer das Prinzip »Eins-zu-Eins« einführen. Das heißt, dass die Schüler im Gruppenpuzzle entweder die Zusammensetzung der Experten- oder die der Stammgruppe selbst wählen dürfen und der Lehrer die jeweils andere.

Eine weitere Variante wäre im Sinne der Binnendifferenzierung, leistungsschwächere Schüler als Stammgruppenmitglieder zu setzen und sie zu ermuntern, die für sie vorgesehene Gruppe zu wählen bzw. sie dort ebenfalls zu setzen. Die Lehrkraft sollte allerdings darauf achten, dass in der Gruppe der Leistungsschwächeren auch ein leistungsstärkerer Schüler ist, der die Gruppenarbeit moderieren und voranbringen kann. Dieses Verfahren ist auch auf die Leistungsstarken anzuwenden, damit sie ausreichend kognitives Futter bekommen, an dem sie dann zu knabbern haben werden.

Die Lehrkraft kann auch den Zufall walten lassen. Die jeweils nach Alter ausgewählten Schüler ziehen mit Begriffen versehene Kärtchen. Ein binnendifferenzierendes Gruppenpuzzle eignet sich hierfür selbstverständlich nicht.

3.7.3 Kalt und heiß oder Eisberge und bessere Klassenatmosphäre

Auch wenn der Lehrer selbst die Sympathiegruppenwahl präferiert, sollte er doch hin und wieder eine andere Variante der Gruppenzusammensetzung wählen. Durch die Mischung bedingt müssen Schüler miteinander arbeiten, die es sonst nie täten. Und in der lernhandelnden Arbeit stellen sie verblüfft fest, dass der andere »ja gar nicht so ist«. Im lernhandelnden Zusammentreffen agieren Menschen mit all ihren Eigenschaften, nicht nur mit ihren Gehirnen. Der andere wird anders wahrgenommen, vor allem hinsichtlich seiner privaten Seite. Unmerklich erscheinen seine Verhaltensweisen mit der Zeit immer nachvollziehbarer, während vorher darüber vielleicht die Nase gerümpft wurde. Kooperative Lernformen sind in SOkeL ein Grundbaustein, ein Lernprinzip. Im SOkeL-Unterricht arbeiten daher die Schüler immer wieder kooperativ zusammen. Das prägt und führt letztendlich zu einer besseren Klassenatmosphäre. Alle Beteiligten kennen sich eben untereinander.

Wir haben im Gruppenpuzzle im Vergleich zum Partnerpuzzle gleich zweimal Dreiergruppen. Das macht das Umgehen miteinander schwieriger und vor allem anstrengender. Im Partnerpuzzle und besonders in der kooperativen Partnerarbeit konnten Konflikte noch flach gehalten werden. Kompromisse lassen sich zu zweit schneller schließen als zu dritt. Sympathiegruppen sind zur Stressreduktion also angebracht. Deshalb sollten wir Lehrende uns nicht einseitig auf lehrergesetzte Gruppen oder auf Zufallsgruppen festlegen.

In der Soziologie wird von einer Gruppe gesprochen, wenn diese mindestens drei Mitglieder umfasst, die ein gemeinsames Ziel haben und in Wechselwirkung zueinander stehen. Dies wird im Gruppenpuzzle erreicht. Gruppenprozesse sind unvermeidlich, insbesondere bei einer höheren Mitgliederzahl. Manche dieser Interaktionen haben es in sich, die anderen verlaufen glimpflich. Im Gruppenprozess bilden sich Rollen heraus, ohne dass es die Mitglieder zunächst bemerken. Rangfolgen und Ranghierarchien entstehen. Das geht oft nicht ohne Konflikte ab. So knallt es z. B. in der einen Gruppe, weil auf der Sachebene die Beziehungsebene der Gruppenmitglieder ausgetragen wird. Dagegen herrscht in der anderen Gruppe Grabesstille, weil die Beteiligten nicht zueinander finden können oder wollen. Zum Glück sind weder die Schlafwagengruppen noch die Sturm-und-Drang-Gruppen der Normalfall. Dennoch sollte realisiert werden, dass im kooperativen Lernen für die Lehrkraft ein weites pädagogisches Feld mit entsprechenden Werkzeugen bereitgestellt wird. Dieses Feld will sorgsam umhegt und gepflegt werden, soll einst eine reiche Ernte eingefahren werden.

3.7.4 Die Lernenden können sich in kooperativer Gruppenarbeit neu erfinden

Eine Schulklasse ist soziologisch gesehen eine Gruppe wie jede andere auch. Deshalb findet auch in ihr ein Gruppenprozess statt, der eine Rollenverteilung und eine Ranghierarchie zum Ergebnis hat. Es ist oft nicht einfach, eine zugeschriebene Rolle, die mit konkreten Verhaltenserwartungen einhergeht, zu verändern. Ein weiteres Gruppenphänomen sind mögliche In-Groups, die sich unter Umständen stark voneinander abgrenzen. Wird nun in einer Klasse oft kooperativ gearbeitet, dann bietet sich allen die Möglichkeit, sich in diesen wechselnden Kleingruppen neu zu erfinden und das eingefahrene plenumsbezogene Rollenverhalten zu verändern.

Beispiele
- *Die Schüchterne:* Niemals im Leben würde sie von sich aus im Klassenplenum einen Kommentar abgeben oder gar nachfragen, wenn sie etwas nicht verstanden hat. Ganz anders in der Kleingruppe, wo sie ihre Scheu ablegen und zeigen kann, was in ihr steckt. Erstaunt stellen die Mitschüler ihre Qualitäten fest, was wiederum Einfluss auf ihre Position im Klassen-Ranking hat. (Dies muss selbstverständlich nicht eintreten, wenn die Schüchternheit mit Leistungsschwäche einhergeht.)
- *Der Sicherheitsorientierte:* Lieber nichts sagen als etwas Falsches. Lieber sich dreimal die Antwort überlegen, bevor man den Finger hebt. Ganz anders in der Kleingruppe. Niemand ist da, der einen etwaigen Fehler abwertend sanktioniert. Man kann sich ausprobieren und endlich aktiv mitmischen.
- *Die Ängstliche:* Zumindest in der Sympathiegruppe kann sie endlich zeigen, dass sie auch etwas kann.
- *Der Blender:* Immer den Finger oben. Sprachlich gewandt. Zu allem eloquent seine Meinung ausdrücken können und oft die Meinung der anderen paraphrasierend. Und dann der Absturz in der Kleingruppe: Niemand ist beeindruckt, vielmehr gibt es auf allen Seiten Ärger. Ärger aufseiten der Gruppenmitglieder, weil sie statt

Blendwerk Arbeitseinsatz fordern, und aus demselben Grund Ärger aufseiten des Blenders, weil echte Leistung statt sprachlicher Eloquenz gefordert wird.
- *Die Störerin, der Sprücheklopfer und der Clown:* Der Lohn ihrer Rolle ist das Lachen der anderen als Anerkennung ihrer Coolness. Aber wo soll ein solcher Triumph in einer Dreiergruppe herkommen? Wer soll lachen? Auf wessen Kosten sollen die Sprüche gehen? Wo bleibt das Publikum? Kein Wunder, dass wir mit diesen Rolleninhabern die massivsten Gegner des kooperativen Lernens haben.
- *Der leistungsfähige Selbstbezogene:* Er ärgert sich, weil er immer wieder mit Leistungsschwächeren zusammenarbeiten muss. Typische Äußerungen: »Alleine wäre ich schneller«, »Ich mag diesen Gruppenunsinn einfach nicht, ich will von *Ihnen* Stoff haben«, »Gruppenarbeit ist Zeitverschwendung«, »Die anderen vermitteln mir Halbwissen« etc. Ihm kann angeboten werden, den gesamten Stoff alleine aufzuarbeiten einschließlich aller Aufgaben, die die Expertengruppen machen müssen. Vom riesigen Arbeitsaufwand abgesehen, fehlt ihm schnell der soziale Austausch. Denn in kooperativen Gruppen gibt es immer kleine Nebengespräche, es wird oft gelacht. Individualisiertes Lernen in Reinform ist langweilig.
- *Die Verweigerin:* Unter Umständen hat sie im Klassenverband eine destruktive Rolle, die sie in Kleingruppen nicht ausleben kann. Sie versucht, den Arbeitsablauf durch Verweigerung zu behindern. Ihr sollte das Gleiche wie dem Selbstbezogenen angeboten werden.
- *Der Individualist:* Er ist im Klassenverband ebenso ein Individualist wie in der Kleingruppenarbeit. Seine Verweigerung, in Kleingruppen zu arbeiten, ist nicht abwertend gemeint. Es verlangt viel Fingerspitzengefühl, mit ihm umzugehen. Einerseits sollte man ihn seinen eigenen Weg gehen lassen, andererseits sollte man ihm – wie dem Selbstbezogenen und dem Verweigerer auch – immer wieder anbieten, in den Gruppen mitzumachen.

Wenn ein Unterricht nach dem Sandwichprinzip mit kooperativen Lernformen eingeführt wird, kommt es zu einer Übergangsphase. Die Schüler kennen sich in ihrem jeweiligen Rollenverhalten und haben noch nicht erkannt, dass diese Rollen in der Kleingruppenarbeit nicht mehr funktionieren. Das bisherige Rollenverhalten im plenumsbezogenen Unterricht verschaffte der Klasse bzw. der Gruppe eine gewisse Stabilität. Treffen nun die Rolleninhaber in einer kooperativen Gruppe aufeinander, so wird erwartet, dass diese sich in der Kleingruppe nicht wesentlich anders verhalten als sonst auch. Das stabilisiert zunächst, weil alles scheinbar wie gewohnt ist. Allerdings täuscht das. In den Kleingruppenphasen lösen sich die Rollenverteilung und die Ranghierarchie tendenziell auf. Insbesondere die Erwartung, dass sich alle im Wesentlichen verhalten wie immer, birgt je nach Klasse Konfliktpotenzial. Konflikte kommen in den Kleingruppen viel schneller an die Oberfläche, weil die Gruppenmitglieder direkt interagieren und ein Ausweichen schwierig ist. Dies ist der Grund, warum es in der Übergangsphase manchmal »knallt«. Schwärende und schwelende, schon länger in der Klasse bestehende Konflikte werden erst jetzt ausgetragen. Die restlichen 6/7 des

Eisbergs tauchen auf. Mit der Zeit jedoch schälen sich andere Verhaltensmuster heraus und die Kleingruppenarbeit trägt zur sozialen Stabilisierung einer Gruppe bei.

Den kooperativen Kleingruppen kann ein weiterer Stabilisierungs- oder Ordnungsfaktor hinzugefügt werden. Experten- und Stammgruppen sind Verbünde auf Zeit, mit ständig wechselnden Mitgliedern. Im Grunde sind es informelle Gruppen. Wir Kollegen drehen aber den Spieß für die Zeit um, in der diese Gruppen bestehen. Wir gestalten sie zu formellen Gruppen um, damit sie stabilisiert werden und vernünftig arbeiten können. Formelle Gruppen haben im Unterschied zu informellen klare, verbindliche und allen bekannte Regeln. Als erstes übertragen wir deren Mitgliedern offizielle Rollen:

- *Der Moderator:* Er legt die Ziel- und Arbeitsplanung sowie den Zeitrahmen in Absprache mit den Mitgliedern fest. Er organisiert den Rahmen der Gruppe.
- *Der Zeitwächter:* Er hat die Aufgabe, gnadenlos auf die verbleibende Zeit hinzuweisen. Er stoppt Diskussions- und Arbeitsprozesse, wenn die vereinbarte Zeit verstrichen ist. Außerdem legt er gemeinsam mit dem Moderator fest, ob der einzelne Arbeitsschritt ausgedehnt werden soll und wenn ja, wie lange.
- *Der Protokollant:* Er ist für schriftliche Ergebnisse (z. B. Infoblätter) oder für die gemeinsame Erstellung der Visualisierung und anderer Vermittlungsmaterialien verantwortlich.
- *Das Krokodil:* Es beißt zu, wenn die Gruppe zu sehr vom Thema abkommt.
- *Der Lautstärkeregler:* Er greift ein, wenn die Gruppe zu laut wird (nach einer Idee von M. Herold).

Es ist wichtig, den Trägern der Funktionsrollen immer wieder bewusst zu machen, dass sie in ihrer Rolle ausgesprochen penetrant sein dürfen. Damit ist für die Arbeitsfähigkeit der Gruppen einiges getan. Die meisten Schüler nutzen diese Möglichkeit gern. Dennoch bleibt genügend Stoff für Konflikte übrig.

3.8 Typische Konflikte in kooperativen Gruppen

Das Kennzeichen der kooperativen Lernformen ist zugleich der Kern aller Probleme: Die Schüler werden in wechselseitige Abhängigkeit versetzt. Dabei sind wir als Lehrkräfte aufgefordert, die Gruppe möglichst kleinzuhalten. Schon Fünfergruppen sind grenzwertig. Zudem erhöht sich für Schüler in kooperativen Kleingruppen die Arbeitsintensität. In einer Dreiergruppe gibt es kein Entrinnen. Jeder arbeitet auf der Grundlage seines Könnens möglichst optimal oder eben nicht. Letzteres fällt aber sofort auf und führt in der Gruppe zu Stress. Finden sich in einer Expertengruppe drei Leute mit einer zweifelhaften Arbeitsmoral zusammen, so können sie zwar zunächst eine ruhige Kugel schieben. Dieses endet aber spätestens in der nächsten Stufe, wenn die Stammgruppenmitglieder nicht die erhofften Arbeitsergebnisse bekommen und ahnen, dass sie wegen der mangelhaften Arbeit ihres Experten zu Hause alleine nacharbeiten dürfen. Dann kippt die Stimmung.

Tatsächlich verlieren Auseinandersetzungen um das allgemeine Verhalten von Schülern mit der Zeit immer mehr an Bedeutung. Dies betrifft Merkmale wie übersteigerter Durchsetzungswillen, Lästern, abwertende Bemerkungen, Arroganz und was die menschliche Psyche sonst noch zu bieten hat. Die Konflikte über Arbeitshaltungen nehmen dagegen zu. Auch wenn sich die meisten Menschen über Konflikte nicht freuen, sind sie in diesem Falle ein ermutigendes Zeichen. Denn die Schüler haben offensichtlich damit begonnen, die Sach- von der Beziehungsebene zu trennen bzw. sich zu professionalisieren. Mit diesen Konflikten eröffnet sich für uns eine Möglichkeit, steuernd einzugreifen, um die Arbeitsabläufe in der Klasse zu optimieren. Des Weiteren sind diese Konflikte potenzielle Ausgangspunkte zur Förderung der Sozial- und Personalkompetenzen.

Die in der kooperativen Gruppenarbeit entstehenden Konflikte treten uns in vier Facetten gegenüber:

1) **Konflikte, die sich aus den Beziehungen zwischen Schülern ergeben**
Gegenmaßnahmen: Diese Konflikte sprechen unseren allgemein-pädagogischen Auftrag an. Unser Ziel sollte sein, die Schüler zu einer besseren und kontrollierten Form der Konfliktaustragung zu befähigen. Das heißt zum einen, dass wir bei akut ausbrechenden Konflikten in der Gruppe intervenieren. Wir versuchen in diesem Falle, das Schülerverhalten gemeinsam zu reflektieren und eine Lösung zu finden. Es empfiehlt sich außerdem, typische Konflikte und den Umgang mit ihnen immer wieder im Plenum anzusprechen und sich darüber auszutauschen. Nach Einführung der kooperativen Lernformen überwiegt zunächst diese Konfliktform. Der Eisberg ist aufgetaucht. Und damit haben wir die Gelegenheit, sein Abschmelzen in Angriff zu nehmen.

2) **Konflikte, die sich aus abträglichem Arbeitsverhalten ergeben**
Gegenmaßnahmen: Intervention und Konfliktberuhigung in den Gruppen, unter Umständen Sanktionen. Wichtig ist die Stärkung der Selbstregulationsfähigkeit von Konflikten durch die Schüler. Dies ist eine schwierige und langfristige Aufgabe. Die Schüler haben lange eine innere Sperre, Konflikte offen anzusprechen und Mitschüler adäquat (!) zu kritisieren. Die Kritik fällt oft derart schwach aus, dass der Kritisierte sie nicht ernst nehmen muss. Das sehr viel seltenere Gegenteil ist zu massive und überzogene Kritik. Das wechselseitige Schülerfeedback muss lange eingeübt werden. Mit der SOLplus-Leistungsbewertung ist hier einiges zu machen (vgl. Kapitel 12 und 14).

Hier ein Auszug aus dem Kritik-Katalog von Schülern an Schüler:
- auf Sparflamme arbeiten
- die einfachsten Aufgaben in der Gruppe nehmen
- Schuld immer auf die anderen schieben
- kein Material vorbereitet haben

- Unlust / mangelndes Interesse
- schlechte Absprachen
- ungeeignete Zusammensetzung der Gruppen
- während der Einzelarbeit den zugeteilten Textabschnitt nicht lesen, geschweige denn den Arbeitsauftrag erledigen
- während der Gruppenarbeit von anderen abschreiben bzw. sich diktieren lassen, dabei 90 Prozent der Arbeitszeit dem iPhone widmen
- am Anfang, in der Mitte oder am Ende der Arbeitsphase fehlen, damit die Gruppenarbeit unterbrochen wird oder nicht beendet werden kann
- die Gruppen nach eigener Wahl zusammenstellen, sodass man mit den Leuten in einer Gruppe landet, die sich auch den gesamten Unterricht über lieber mit Facebook beschäftigen
- erforderliche Eigenbeiträge (z. B. für Lernzirkel) bei anderen abschreiben

Bei Lichte besehen kennen wir das alles. Wie oft ärgern wir uns selbst mit diesen Problemen herum. Nun eröffnet dieses beklagenswerte Schülerverhalten ganz neue Perspektiven. Besagtes Verhalten ist nun nicht mehr das Problem des netten Lehrers da vorn. Auch wenn jemand als Schüler mit der Lehrkraft ein wenig mitlitt, waren es dennoch deren Probleme, nicht die des willigen Teils der Klasse. Das ändert sich jetzt. Wie schon in der Darstellung der ersten Schritte von SOkeL herausgestrichen wurde, möchten wir die Verantwortung für den Lernprozess an die Lernenden zurückgeben. Dies war bis hierher individuell gedacht. Nun geben wir einen Teil der Verantwortung für den Lernprozess der gesamten Klasse zurück. Dies kann selbstverständlich nicht ohne Probleme geschehen. Und wir würden es uns sehr einfach machen, ließen wir die Schüler damit allein. Sie brauchen unsere langfristige Unterstützung.

Um überhaupt das Bewusstsein dafür zu schärfen, dass die Lernenden das Verhalten des Mitschülers kritisieren können, ohne eine Petze zu sein, führt die Lehrperson einfache Feedbackbögen ein (vgl. Kapitel 12). Es ist wohl nicht überraschend, dass die Schüler fast ausnahmslos eine positive Rückmeldung geben. Flapsig ausgedrückt, ist dies eine pädagogische Arbeitsbeschaffungsmaßnahme für engagierte Lehrer. Die Bedeutung der Rückmeldung oder der Feedbacks im Gespräch sollte nämlich wiederholt aufgezeigt werden. Erst wenn die Schüler gelernt haben, sachgemäß ihr Interesse an einer vernünftigen Arbeitshaltung in der Klasse durchzusetzen, kann das kooperative Lernen auf die nächsthöhere Ebene gehoben werden. Wie Sie noch sehen werden, haben wir ein mächtiges Instrument dazu, wenn die Schüler erst einmal Grunderfahrungen im konstruktiv-kritischen Feedback erworben haben (vgl. Kapitel 14).

3) Konflikte, die sich aus der Skepsis gegenüber den Arbeitsergebnissen anderer ergeben
Dieses Problem ist grundsätzlicher Art und hat mit problematischem Arbeitsverhalten nichts zu tun. Sehr wohl können aber alle vier Konfliktarten in Kombination auftreten. Dies illustrieren z. B. folgende Zitate von Schülern oder Lehrern:

- Wir wissen ja nicht, ob unsere Ergebnisse stimmen. Und erst recht nicht, ob die Ergebnisse der anderen Schüler stimmen.
- Wenn bestimmte Mitschüler in der eigenen Stammgruppe sind, haben wir nichts davon. Sie können ihren Expertenteil nicht erklären. Entweder weil sie schlecht darstellen können oder ihren Teil nicht wirklich begriffen haben.
- Nach der Stammgruppenarbeit haben wir den Stoff der anderen Experten nicht wirklich begriffen. Das macht uns Arbeit, denn wir müssen diesen Stoff nacharbeiten.

Daraus folgt in Novizenklassen: »Erklären *Sie* uns doch den Stoff. Sie haben ja das Erklären gelernt, und dann wissen wir auch, dass alles richtig ist.« Diese Forderung wird oft angereichert mit »Dann haben wir zu Hause nicht so viel zu tun« oder auch gerne »Wofür werden Sie eigentlich bezahlt?«. Antwort des Lehrers: »Ich gehe jetzt einfach mal davon aus, dass ihr gemerkt habt, dass ich ziemlich gut erklären kann (Novizenklassen haben mehr Frontalunterricht). Des Weiteren behaupte ich, dass ich von meinem Fach viel verstehe, also nur das absolut Richtige vermittele. Wie kommt es dann, dass in der Klassenarbeit nur sehr wenige alles richtig machen? Ihr wollt doch hoffentlich nicht behaupten, dass ich euch Fehlerhaftes vermittelt habe und ihr so keine Chance hattet, eine Eins zu schreiben? Das Problem muss also anderswo liegen«.

Die Schüler vermuten völlig zu Recht, dass die Arbeitsergebnisse der Mitschüler in kooperativen Phasen oft nicht vollständig, zu einfach oder zu oberflächlich sind. Ihre Verunsicherung ist also nachzuvollziehen. Erst mit der Zeit, wenn sie das neue Unterrichtsprinzip verstanden haben und am eigenen Leibe erfuhren, vertrauen sie darauf, dass am Ende das Richtige und Vollständige vorliegt. Letzteres aufgrund der gestiegenen individuellen Lern- und Motivationshaltung, des mitgebrachten Vorwissens und der Vorerfahrung, des gezeigten Fleißes, der Selbstdisziplin sowie des deutlich gesteigerten überfachlichen Kompetenzerwerbs. Die Problematik der Richtigkeit und mangelnder Arbeitsergebnisse wird in den folgenden Kapiteln immer wieder aufgegriffen.

4) Das Problem der Minderleistenden

»Oh nein, nicht der (oder die) schon wieder«, verrät manchmal die Mimik von Schülern, wenn sie bei der Zusammenstellung der Stammgruppen einen bestimmten Namen hören. Das Problem der Unzuverlässigkeit und des Nicht-Ernst-Nehmens wurde schon angeschnitten. Hier geht es um die echten Minderleistenden. Sie können durchaus zuverlässig, fleißig und ernsthaft sein, haben aber zu wenig Substanz oder ein zu geringes Vorwissen, um die geforderten Mindestansprüche der Stammgruppen erfüllen zu können. Selbst bei hoch problematisch erscheinenden Gruppenkonstellationen ist die Lösung vergleichsweise einfach. Man doppelt den besonders Schwachen. Das heißt, ihm wird ein anderer Schüler zur Seite gestellt. Wird dieser gut ausgewählt, so hilft der »Zwilling« geschickt. Diese Unterrichtsphase kann so ablaufen, dass der Schwache mit dem Vortrag beginnt und der Doppelnde nur ergänzt, weiterhilft oder übernimmt, wenn es gar nicht mehr weitergeht. Manchmal befürchten Kollegen, dass der Schwache durch die Dopplung in eine Ecke gestellt werden könnte. Dem ist nicht so. Vielmehr ist der ganz Schwache froh, dass ihm geholfen wird und er sein Gesicht nicht verliert. Sie als Lehrender können auch ein wenig experimentieren, wenn Sie das Gefühl haben, dass der Schwächste aus seiner Situation eine Komfortzone macht. Schicken Sie den Schwachen und den Doppelnden in zwei verschiedene Expertengruppen. In diesem Falle muss der Schwache mehr tun, da er nicht weiß, was auf ihn in der Stammgruppe zukommt. Hilfreich kann auch ein sanfter Druck Ihrerseits sein, indem sie den Schüler zur Seite nehmen und seine aktuellen Arbeitsergebnisse mit ihm durchsprechen. Das, was er eventuell in der gleichzeitig stattfindenden Expertengruppe verpasst, können Sie ihm beibringen.

Ein größeres Problem sind Minderleistende, die die Mindestanforderungen einer durchschnittlichen Stammgruppe zwar eben noch erfüllen, aber die Stammgruppe kaum voranbringen. Offener und verhaltener Unmut entsteht. Im Extremfall nimmt ein Leistungsstarker die Expertenunterlagen des Minderleistenden, liest quer und hat dennoch mehr verstanden als der Experte. Ist der Leistungsstarke prosozial eingestellt, hilft er dem Minderleistenden wie selbstverständlich. Ist er es nicht, kann es zum Protest kommen, dann aber oft gegen kooperative Lernformen überhaupt. »Ich muss ja doch alles nochmal zu Hause nacharbeiten. Diese Methode bringt es überhaupt nicht, nichts als Mehrarbeit«. In irgendeiner ähnlichen Form werden Sie diese Kritik zu hören bekommen.

Leider ist diese Kritik der Schüler mehr als nur berechtigt, sofern Sie es bei einem Gruppenpuzzle belassen. Sie müssen den kooperativen Lernphasen Vertiefungsphasen folgen lassen. Haben die Schüler erst einmal das gesamte Sandwich durchlaufen, so wissen sie, dass am Ende der Stammgruppenarbeit die Arbeit noch längst nicht abgeschlossen ist. Sind die Schüler an die diversen Formen kooperativer Arbeit gewöhnt, sind die Minderleistenden immer weniger ein Problem. Die Leistungsstärkeren nehmen es halt hin, manches Mal mehr aufarbeiten zu müssen als sonst. Denn eins ist den Schülern mittlerweile klar geworden, wenn Sie ihnen immer wieder verdeutlichen, was weiter oben schon erwähnt wurde: Die Expertenmaterialien aus der Gruppe des Minderleistenden (Strukturbild, Sortieraufgabe, Fragestellungen, Zusammenfassungen etc.) sind eine Dienstleistung, um das Nacharbeiten relativ schnell erledigen zu können.

3.9 FAQs zu kooperativen Lernformen und zum SOkeL-Unterrichtsarrangement

Die folgenden Fragen kommen in SOkeL-Einsteigerseminaren immer wieder vor. Sie beziehen sich vor allem auf Probleme rund um das Gruppenpuzzle. In den folgenden Kapiteln wird auf Probleme von Fortgeschrittenen eingegangen.

Frage: In meiner Klasse sind 28 Schülerinnen und Schüler. Was soll ich machen, wenn ein Gruppenpuzzle nicht aufgeht?
Antwort: Richten Sie acht Dreiergruppen und eine Vierergruppe ein. Ein Experte wird dann gedoppelt. Überlassen Sie die Wahl, wer gedoppelt wird, der Gruppe. Oder: Stellen Sie einem schwachen Schüler einen Mit-Experten zur Seite.

Frage: Ich habe 30 Schülerinnen und Schüler in der Klasse. Ich fand das Gruppenpuzzle nicht effektiv, da in den drei Expertengruppen jeweils zehn Leute waren. Zu zehnt kann man doch nicht arbeiten.
Antwort: Sie hätten zehn Dreier-Expertengruppen einrichten können. Sie haben aber vollkommen recht, in großen Gruppen lernt und arbeitet es sich schlecht. Manchmal lässt sich eine Fünfergruppe leider nicht vermeiden. Führen Sie doch ein Gesetz in Ihrer Klasse ein: Sobald sich sechs Schülerinnen und Schüler versammelt haben, gilt die Zellteilung: Aus einer Sechsergruppe bilde zwei Dreiergruppen. Diese arbeiten dann optimal.

Frage: Meine Schülerinnen und Schüler sind sehr unzuverlässig. Deswegen kann ich keine kooperativen Lernformen einsetzen. Immer fehlt jemand – und dann sind die anderen aufgeschmissen.
Antwort: Fehlt ein Experte, dann muss einer der anwesenden Experten aus dieser Gruppe den Job übernehmen und sein Wissen an zwei Stammgruppen vermitteln. Am besten fängt er in der temporär gemeinsamen Stammgruppe an. Danach trennen sich die Stammgruppen wieder. Am Anfang müssen Sie das koordinieren, mit der Zeit aber machen es die Schülerinnen und Schüler selbst.

Frage: In meiner Klasse gibt es große Widerstände von den starken Schülern gegen das Gruppenpuzzle. Sie sagen, dass sie oft den Eindruck hätten, die Experten seien nicht besonders tief in die Materie eingedrungen, und deswegen sei von ihnen auch nicht viel zu erwarten. Sie könnten viel schneller und viel eingehender lernen, wenn ich vermitteln würde.
Antwort: In dieser Schülermeinung steckt viel richtig Wahrgenommenes. Selbstverständlich sind starke Schüler immer wieder mit schwachen Expertenleistungen konfrontiert. Betrachten Sie mal das Gruppenpuzzle als Dienstleistung. Zwei Drittel des Lernstoffes wird von mindestens sechs anderen Schülerinnen und Schülern (Experten) aufgearbeitet, und zwar für mich als Schülerin oder als Schüler. Auch schwache Experten haben für die Vermittlung Unterlagen, z. B. Visualisierungen, die Schlüsselwörter, die Überprüfungsfragen. All das hilft mir als Lerner, schneller in den Lernstoff einzudringen, trotz des schwachen Vortrags des Experten. Sonst müsste jeder alles allein erarbeiten.

Würde es für die starken Schülerinnen und Schüler besser sein, wenn die Lehrkraft vermittelt? Das ist doch eine Täuschung. Die vorn stehende Lehrkraft muss doch ein mittleres Niveau anschlagen und versuchen, den Lernprozess der 30 Schülerinnen und

Schüler zu synchronisieren, was bekanntlich nicht geht. Die Starken kommen allerdings auf ihre Rechnung, weil sie glauben, dass das angeschlagene mittlere Niveau den Stoff vollständig abdeckt. Schließlich wird dieses Niveau von der höchsten Autorität, der Lehrkraft, vertreten. Wenn der SOkeL-Unterricht später ein kompetenzorientierter wird (vgl. Kapitel 12), ist dieser Einwand ihrer Schülerinnen und Schüler vergessen.

Werter Kollege, nehmen Sie es mir nicht krumm. Aber könnte es sein, dass Ihre Schüler bislang nur das Gruppenpuzzle kennen und nicht das vollständige SOkeL-Arrangement? Wenn Sie nach der Stammgruppenvermittlung die Aktion abgeblasen haben sollten, dann ist die Reaktion Ihrer starken Schülerinnen und Schüler doch verständlich. Diese wissen dann leider nicht, dass der Stoff der Experten in immer anderer Perspektive immer wieder aufgerollt wird.

Frage: Es gibt zwar verschiedene kooperative Lernformen, die ich immer mal wieder einsetze. Aber im Grunde wählt man ja doch meistens das Gruppenpuzzle. Ist das auf Dauer nicht langweilig für die Schüler?
Antwort: In den Arrangement-Phasen nach der Stammgruppenarbeit können Sie alle Methoden der Welt anwenden und so für Abwechslung sorgen.

Frage: Soll man eigentlich den Schülerinnen und Schülern nach der Stammgruppenarbeit alle Unterlagen der Expertengruppen zur Verfügung stellen oder entwertet man damit die Experten?
Antwort: Dazu gibt es zwei Denkschulen. Die einen geben zunächst die gesamten Unterlagen nicht heraus, damit der Charakter der kooperativen Arbeit deutlicher wird. Die anderen verteilen die gesamten Unterlagen nach der Stammgruppenarbeit. Arbeiten Sie mit Schulbüchern, dann ist Ihnen die Entscheidung abgenommen.

Lerntheoretischer Hintergrund: Sie sollten alle Unterlagen zeitnah zur Stammgruppenarbeit austeilen. Bedenken Sie bitte: Ihre Schülerinnen und Schüler hatten in der Stammgruppe zum ersten Mal eine Begegnung mit den Inhalten der anderen Expertengruppen. Sie hörten den Vortrag, versuchten ihn im Dreiergespräch zusammenzufassen, führten die Sortieraufgabe durch und legten kurz eine Struktur. Das ist nicht wenig, aber es genügt nicht. Lernen ist ein langsamer Prozess. In den Gehirnen der Stammgruppenmitglieder fand wortwörtlich eine Veränderung statt, neue Verbindungen oder Spuren zwischen den Synapsen wurden angelegt. Sie sind noch zart und zerbrechlich. Es gilt nun, diese Spuren zu breiten Wegen auszuformen. Dies geschieht z.B. dadurch, dass die Stammgruppenmitglieder die Chance haben, das neue Wissen durch allerlei Übungen zu vertiefen, zu wiederholen oder zu festigen. Außer dem Umstand, dass das lernende Individuum für die genannten Lernhandlungen die Unterlagen braucht, sind diese auch generell wichtig für die Aneignung des Lernstoffes und die Einpassung in die einzigartige Vorwissensstruktur des Individuums.

Frage: Unsere Lehrpläne sind vollgestopft mit Inhalten. Wie sollen wir da nach SOkeL unterrichten? Das geht doch viel langsamer als im Normalunterricht.

Antwort: Das ist richtig. Lernen geschieht nun einmal langsam, wenn die Schülerinnen und Schüler tatsächlich die Chance haben sollen, sich Wissen eigenständig anzueignen. Wenn Sie so wollen, ist das kooperative Lernen zunächst eine Lernprozess-Bremse. Ihre Schülerinnen und Schüler müssen tatsächlich sehr viel im sozial-kommunikativen, personal-emotionalen und methodischen Bereich lernen, um sich in kooperativen Gruppen kompetent lernhandelnd zu bewegen. Nach einer gewissen Zeit dreht sich aber das Verhältnis. Ihre Schülerinnen und Schüler sind kompetenter geworden, und nun wird aus der Bremse ein Gaspedal (vgl. Kapitel 12). Bedenken Sie bitte, dass Ihre Schülerinnen und Schüler nicht mit der Wissenskonstruktion allein gelassen werden, denn deren Mitschüler werden nolens volens zu Ko-Konstrukteuren (vgl. Lewin/Lippitt/White 1958).

Frage: Ich kann manchmal beim besten Willen das Thema nicht in drei Teile für ein Gruppenpuzzle aufteilen. Letztens musste ich sechs Expertengruppen einrichten. In der Stammgruppenarbeit verhielt sich die gesamte Klasse lustlos. Was kann ich gegen diese Lustlosigkeit unternehmen?
Antwort: Die Reaktion der Klasse ist nachvollziehbar. Denn bedenken Sie, dass die Stammgruppenarbeit für die Einzelnen endlose Vorträge bedeutet. Wenn jeder Experte zehn Minuten für seine Vermittlung hat, dann sind schon 40 Minuten vergangen, wenn der fünfte an der Reihe ist. Wer will, und vor allem, wer kann ihm überhaupt noch zuhören?
Lösung: Bauen Sie ein Sandwich mit zwei Gruppenpuzzle-Durchgängen. Wenn Sie nur zwei Unterthemen haben sollten, dann wählen Sie doch mal ein Lerntempoduett oder ein Partnerpuzzle.

Frage: Ich bin ja von der kooperativen Gruppenarbeit nach SOkeL überzeugt. Aber letztens brachte ich den Unterricht nur mit Mühe über die Runden. Gleich in drei Expertengruppen gab es Zoff. Dabei ging es um Dominanzprobleme, um Geltungssucht, lustloses Arbeitsverhalten und um gegenseitige Animositäten. Was mache ich falsch?
Antwort: Gar nichts. Aber es ist eher die Ausnahme, dass Probleme so gebündelt auftreten. Was in Ihrer Klasse passierte, ist eigentlich völlig normal. Es handelt sich um das Eisbergproblem. Die Probleme in der Klasse werden nun, da Ihre Schülerinnen und Schüler in vielfältige Beziehungen zueinander eintreten, überdeutlich, die anderen 6/7 des Eisbergs tauchen auf und drohen Ihr Unterrichtsschiff zu rammen. Lassen Sie sich die Probleme berichten und besprechen Sie diese, je nachdem, wie Sie die Schülerinnen und Schüler einschätzen entweder in der Kleingruppe oder im Plenum. Störungen haben hier tatsächlich Vorrang. Bedenken Sie bitte, dass Ihre Schülerinnen und Schüler nicht nur jeweils Ko-Konstrukteure im Wissensaufbau sind, sondern auch im Aufbau von Kompetenzen. Sehen Sie es doch einfach positiv: In diesen Konflikten wird erkennbar, dass die Gruppen eigenständig versuchen, eine Arbeitsgrundlage zu finden. Mit zunehmendem Kompetenzaufbau werden diese Konflikte zivilisierter ausgetragen.

Frage: Mir fällt es oft schwer, drei im Umfang und Anspruch gleichwertige Expertengruppen einzurichten. Was kann ich tun?
Antwort: Es ist ein Vorteil, wenn Sie unterschiedliche Anspruchsniveaus in Ihren SOkeL-Arrangements anbieten können. Es ist tatsächlich der Einstieg in die Binnendifferenzierung. Geben Sie bei der Ankündigung der Gruppenthemen gleich bekannt, welche Gruppe das schwere, das leichtere und das mittelschwere Thema hat.

Frage: Im Seminar lernte ich, dass ich mich den Gruppen nur nonverbal oder körpersprachlich anbieten soll. Ich setze mich aber gerne zu den Gruppen dazu und lausche, wie sie ihren Lerngegenstand verhandeln. Manchmal diskutiere ich mit oder helfe einfach, wenn ich sehe, dass jemand Schwierigkeiten hat. Das ist doch nicht falsch, oder?
Antwort: Für die Betreuung der kooperativ arbeitenden Gruppen gilt: Bitte nicht helfen, das Lernen ist auch so schon schwierig genug. Sie können sich gern zu den Gruppen dazusetzen, wenn Sie die Gruppen beim Lernen nicht stören.

Frage: In meiner Klasse sind 31 Schülerinnen und Schüler in einem viel zu kleinen Klassenzimmer. In Gruppenarbeitsphasen ist es immer höllisch laut. Viele Schülerinnen und Schüler beschweren sich, dass sie sich in diesem Lärm nicht konzentrieren können.
Antwort: Bei den ersten Gruppenarbeitsphasen ist es Ihr Job, im Klassenzimmer herumzugehen und die Gruppen einzeln mit einer Geste zum ruhigen Sprechen aufzufordern. Führen Sie die Funktionsrolle »Lautstärkeregler« ein. Fordern Sie insbesondere die Lautstärkeregler auf, ihren Auftrag zu verrichten. Und noch etwas: Viele in Gruppenarbeit ungeübte Klassen sitzen arbeitstechnisch ungünstig. So setzen sie sich oft zu dritt nebeneinander. Je weiter sie auseinandersitzen, desto lauter müssen sie sprechen. Lassen Sie es zur Routine werden, dass sich die betreffenden Schüler an einem Tisch gegenübersitzen, nicht an einem Doppeltisch. Somit sind die Abstände gering. Ein weiteres Ziel, das Sie nur auf Dauer erreichen werden, ist das prinzipielle Leise-Sprechen. Auch hier gilt: Problematisieren Sie das zu laute Verhalten, hinter dem kein böser Wille steckt, gemeinsam mit Ihrer Klasse.

Frage: Ich habe in mehreren Büchern gelesen, dass kooperative Lernformen sich durchaus mit gemäßigtem Frontalunterricht vertragen. Es wurde davon gesprochen, dass moderner Unterricht eine Abfolge von Instruktion und Konstruktion sei. Was hat SOkeL hier beizutragen?
Antwort: Diese Aussagen sind überaus nachvollziehbar. Wenn man den alleinigen Schwerpunkt auf kooperative Lernformen setzt, hat man selbstverständlich ein großes Problem. Gruppenarbeit lässt sich nicht einfach anordnen. Die Schülerinnen und Schüler möchten schon wissen, warum sie etwas wie machen sollen. Also sollte ich als Lehrer erst einmal die Grundlagen erklären. Nach der kooperativen Lernform umstandslos mit einem neuen Thema weiterzumachen, ist ebenfalls nicht gut. Also muss ich den Faden aufgreifen, die Festigung und die Überleitung in eigene Hän-

de nehmen. Zwar haben verschiedene Autoren dieser Lernform erkannt, dass es vor allem auf die Konstruktion durch die Schülerinnen und Schüler ankommt. Aber anscheinend wissen diese Autoren nicht, wie sich Erkenntnisse der Hirnforschung, die die Grundannahmen des Konstruktivismus naturwissenschaftlich und nachprüfbar bestätigt haben, am besten umsetzen lassen. Dies betrifft die These, dass jeder für sich selbst Wissen konstruieren sollte, am besten mit Ko-Konstrukteuren. Deshalb betonen SOkeL-Anhänger, dass der bloße Einsatz von kooperativen Lernformen noch lange kein SOkeL ist, wenngleich die kooperativen Lernformen für Anfänger überaus bedeutend sind.

Mithilfe von SOkeL soll es den Schülerinnen und Schülern ermöglicht werden, eigenständig und umfassend auf der Grundlage ihres einzigartigen Vorwissens neues Wissen aufzubauen. Frei nach dem Hirnforscher Gerald Hüther setzen wir auf zwei Grundbedürfnisse des Menschen, nämlich sozial aufgehoben und zugleich autonom, individuell und unabhängig zu sein. Diese Grundbedürfnisse widersprechen sich eigentlich. In ihrer Balance liegt die Lösung, die in SOkeL im Sandwich wieder aufscheint, da die Schüler abwechselnd autonom und verbunden handeln können.

Frage: Wenn die Schülerinnen und Schüler Strukturen legen, gehe ich immer neugierig umher, um zu sehen, was bei ihnen wirklich hängen bleibt. Es ist mir schon klar: Jeder hat seine ganz eigene Struktur. Von echten Fehlern mal abgesehen, sind mir manchmal die im Zusammenhang gelegten Begriffe doch sehr suspekt. Darf ich wirklich keinen Verbesserungsvorschlag machen?
Antwort: Tatsächlich, nein! Lassen Sie sich doch einfach den betreffenden Strukturteil schildern. Sie werden erstaunt sein, wie Ihre Schülerinnen und Schüler um die Ecke und von hinten durch die Brust zum Auge gedacht haben. Baff stehen Sie dann da und müssen zugeben: »Okay, so kann man das auch sehen. Ich würde es zwar in anderen Zusammenhängen sehen, aber dennoch...« Wie gesagt, die Denkstrukturen sind einzigartig. Wie und wo ein Individuum sein neues Wissen verortet, können wir weder prognostizieren noch wirklich analysieren. So wie die Psychoanalyse sagt, dass nur der Träumer die Symbole seines Traums entziffern kann, so kann nur die Schülerin oder der Schüler seine Struktur sinnvoll erklären.

4. Das semantische Netzwerk oder die Lagerhalle des Wissens

Das Gehirn des Schülers sei der Arbeitsplatz des Lehrers, so Manfred Spitzer in seiner unnachahmlichen Art, einen Sachverhalt zu veranschaulichen. Wenn wir unseren Arbeitsplätzen (im Sinne von Spitzer) das erste Mal im Klassenzimmer begegnen, haben diese schon eine lange Geschichte hinter sich. Eine Lerngeschichte. Dabei ist der Gesamtumfang des Gelernten den Schülern selbst nicht klar. Selbstverständlich erst recht nicht uns selbst, da weder wir Lehrer noch unsere Schüler direkten Zugriff auf all unsere Wissensbestände haben.

Des Öfteren ist zu lesen, die Aufgabe des Lehrers sei es, dafür zu sorgen, dass die Schüler die neuen Inhalte mit ihren Wissensnetzen verbinden können. Mit SOkeL drehen wir diese Aussage um. Wie schon im Kapitel 2 beschrieben wurde, finden wir Lehrer in den Klassen eine große Heterogenität biografisch entstandener Lernvoraussetzungen vor. Wollten wir diese Heterogenität lehrerzentriert so bedienen, dass alle Schüler auf der Basis ihrer jeweils individuellen Voraussetzungen optimal lernen können, dann wären wir bald überfordert und fänden schnell den Weg zum 7G-Unterricht zurück.

Lernen ist ein aktiver Prozess, bei dem es darum geht, neue Wissensinhalte in schon bestehende Wissensbestände einzuordnen. Dieser aktive lernhandelnde Vorgang wird oft als subjektiver Aneignungsprozess (vgl. Wahl 2006) verstanden, bei dem der Lernende den dargebotenen neuen Sachinhalt zuerst mit dem Vorwissen vergleicht, um anschließend das Neue in seine Wissensstruktur einzuordnen – und dies möglichst in der richtigen Form. In diesem Aneignungsprozess werden kleinere und größere Umstrukturierungen der schon bestehenden Wissensbestände vorgenommen. Metakognitive Strategien helfen dem Schüler dabei erheblich.

Vergleicht man das Vorwissen oder die Wissensbestände mit einer Lagerhalle, in der das gesamte Schulwissen des Schülers in Form von Schubladenregalen vorhanden ist, dann ist die Aufmerksamkeit die Chefin der Lagerabteilung. Auf die Präzision ihrer Arbeit kommt es an, wenn das neue Wissen in der richtigen Schublade abgelegt werden soll. Ebenfalls ist es ihre Aufgabe, diese Schublade sofort wiederzufinden, wenn es gilt, das eingelagerte Wissen zu erweitern, zu vertiefen oder abzuändern. Die Arbeit der Aufmerksamkeit als Chefin der Wissenslagerhalle hat einen anstrengenden Doppelcharakter. Sie soll nicht nur präzise ablagern, sondern ebenso präzise die Wissensitems finden, auf deren Basis die neuen Sachinhalte bearbeitet und ins bestehende Wissensnetz übernommen werden. Liefert sie die falschen oder auch nur ähnliche Wissensitems aus dem Lager, dann wird es nichts mit der berauschenden Dopamindusche, der Wirkung opioider Hormonausschüttung.

Die Chefin hat jedoch Glück. Auf der Vorderseite jedes Fachs ist mit einem Begriff gekennzeichnet, was sich darin befindet. Und zwar in Großbuchstaben. Dazu gibt es noch Kleingedrucktes. Darauf steht, wie dieser Begriff mit anderen inhaltlich verbunden ist. Die Wissenslagerhalle ist auf den ersten Blick klar strukturiert. Es gibt eine unglaublich große Zahl wohlangeordneter Schubladenfächer. Das Kleingedruckte an der Vorderseite der Schubladen deutet es aber schon an: Die Halle ist in Wirklichkeit ein riesiges System von großen und kleinen Netzwerken. Da die Aufschriften aus Begriffen oder Wörtern bestehen, ist das Wissensnetz ein Begriffsnetz, ein Wörternetz und wird deshalb als semantisches Netzwerk bezeichnet. Die Begriffe stehen dabei in einem Zusammenhang und bilden riesige komplexe Wissensnetzwerke.

Die semantischen Netzwerke sind nicht statisch, denn dauernd ändert sich etwas in ihnen. Ständig werden Schubladen gezogen und Inhalte herausgenommen, weil sie aktuell für ein Unterrichtsthema gebraucht werden. Und im lernenden Gebrauch wird der Inhalt verändert durch Differenzierungen, Ergänzungen und neue Bedeutungen bzw. Konnotationen. Insbesondere in Festigungsphasen werden Bedeutungen auch gestrichen und entsorgt. Diese erweiterten und bereinigten Bedeutungen oder Konnotationen von Begriffen und ihren Beziehungen werden nach Gebrauch wieder zurückgelegt. Nun stimmt zwar noch die Aufschrift auf der Schublade; der Begriff bleibt derselbe. Die Inhalte aber verändern sich, weshalb sich das Kleingedruckte unter dem Begriff ebenfalls verändern muss. Neue Vernetzungen entstehen, sodass das semantische Netzwerk zu diesem Begriff enger geknüpft werden kann.

Der Matthäus-Effekt ergibt sich aus dem Verknüpfungsgrad des semantischen Netzwerkes. »Wer hat, dem wird gegeben« oder »Von nichts kommt nichts« könnte ein Beobachter die Wirkung des Netzwerkes kommentieren. Lernen geht relativ schnell, wenn bereits vorhandene Netzwerke miteinander verknüpft werden. Lernen ist sehr langsam und mühsam für unsere Schüler, wenn ein Sachbegriff im Wissensnetz noch nicht vorhanden ist (vgl. Roth 2006c). Zuerst muss im Schubladenregal eine neue Schublade beschriftet werden, dann kann die Schublade erstmals gefüllt werden. Die Füllung wird zunächst sehr karg sein, wie z. B. der Inhalt einer Lernkarte, der auswendig gelernt werden musste. Gewiss, auch in SOkeL muss auswendig gelernt werden. Aber es bleibt nicht dabei. Das Ziel eines SOkeL-Unterrichtsarrangements ist es nämlich, dass sich der Inhalt einer neu angelegten Schublade schnell füllt und das Kleingedruckte unter dem neuen Begriff mit der Zeit eine hochgradige Vernetzung aufzeigt. Schon im Kapitel 3 wurde darauf hingewiesen, dass die neuen Wissensbestände multipel codiert sein sollten. Die Übersetzung eines Textinhaltes etwa in eine Visualisierung gehört zu einer Mehrfachcodierung.

4.1 Was enthalten die Wissensschubladen?

Die Wissenslagerhalle ist so groß und komplex verknüpft, dass niemand genau weiß, was tatsächlich in ihr enthalten ist. Wenn schon die einzelnen Schüler nicht wissen, wie groß und verknüpft ihre Wissensnetze sind, so ist es für uns Lehrer im Unterrichtsalltag erst recht nicht möglich, in die Gehirne der Schüler zu blicken. Der Bedeutungshintergrund von Sätzen und Worten kann für jeden Schüler zwar ähnlich, aber doch auch sehr unterschiedlich sein. So können alle Schüler dem Wort »Bank« eine Bedeutung zuweisen, da dieses Allerweltswort in jedem semantischen Netzwerk vorkommt. Aber welche der vielen Bedeutungsmöglichkeiten ist die richtige: Sitzbank, Spielbank, Sandbank, Wolkenbank, Commerzbank, Schuhbank? Die richtige Bedeutungszuweisung ergibt sich aus dem Kontext. Bei einem Satz wie: »Nimm die 20 Euro für dein Sparbuch und bring sie zur Bank« ergibt sich die Bedeutung automatisch. Wenn ich jedoch sage: »Ich gehe jetzt zu meiner Bank«, dann kann dieser Satz ganz verschiedene Bedeutungen haben, je nachdem, ob ich ein Schüler im Klassenraum bin, ein Spaziergänger im Park oder ein Geschäftsmann auf dem Weg zu seiner Bank, um einen Kredit zu beantragen. »Der wirkliche Sinn ergibt sich erst durch den Kontext, und dieser muss von unserem Gehirn aktuell erschlossen werden« (Roth 2001, S. 421). Wörtern und Begriffen muss also immer eine Bedeutung zugewiesen werden können, um einen Satz im Text oder einen gesprochenen Satz von Gruppenmitgliedern oder Lehrern vollständig verstehen zu können. Kann man dem Wort »Dalmatiner« nicht die richtige Bedeutung zuweisen, dann ist von Hirschhausens Witz unverständlich. Kann jemand zwar dem Wort »Dalmatiner« die richtige Bedeutung zuweisen, ohne aber das Rabatt-Punktesystem der Supermärkte als Kontext zu kennen, so wird der Satz ebenfalls nicht verstanden. Und genau dies ist ein Alltagsproblem im Unterricht.

4.1.1 Unterrichtsalltag und das semantische Netzwerk

Im Unterrichts- oder Lernalltag können Schüler oft entweder Wörtern und Begriffen aus fachlichen Zusammenhängen oder den Zusammenhängen selbst gar keine oder zumindest keine vollständigen Bedeutungen zuweisen. In der Wissensschublade ist nicht das vollständig Richtige enthalten, das die Lernenden bräuchten, zumindest nicht für den aktuellen Kontext im Unterricht. Also nimmt ein Schüler aus der Schublade das heraus, was in ihr vorhanden ist, und versucht damit sein Glück. Doch das kann gehörig schiefgehen. Hierzu ein Beispiel: Im Sozialwissenschaftsunterricht heißt es: »Die Gliederung des deutschen Schulwesens wäre einer Standesgesellschaft würdig«. Geschichtlich bewanderte Schüler wissen sofort, was gemeint ist. Andere jedoch nicht. Wissensschubladen werden herausgezogen, und verzweifelt wird in ihnen herumgekramt, ob sich irgendeine passende Konnotation zu »Standesgesellschaft« finden lässt. In der Not wird überlegt oder viel eher spekuliert. Geht es um Abstandsgesellschaft? Umstandsgesellschaft? Marktstandsgesellschaft? Verstandsgesellschaft?

Den Stand einer Gesellschaft? Oder Stillstand? Irgendwie gelingt dann scheinbar die Bedeutungszuweisung zum Begriff »Standesgesellschaft«. Die Wissensnetze des einen weisen folgende Bedeutung zu: Das deutsche Schulwesen weist sozialen Abstand auf. Bei einem anderen Schüler wird zugewiesen: In der Schule geht es um Verstehen, es muss sich also um eine Verstandesgesellschaft handeln. Jeder korrigierte Klassenarbeitssatz beweist diese Aussagen. Wie oft kann ein Lehrer sich beim Korrigieren über solch merkwürdige Definitionen wundern, schmunzeln oder lachen. Wenn das Fehlerhafte allerdings erst bei der Klassenarbeit sichtbar wird, ist es nicht nur zu spät, sondern für den Betroffenen auch noch von Nachteil.

Der Unterrichtsalltag liegt zwischen den beiden folgenden Extremen: Den Begriffen und ihrem Kontext im aktuellen Unterricht kann keinerlei Bedeutung zugewiesen werden; oder aber die Bedeutungszuweisung ist absolut richtig. Wo genau liegt das Problem? Der neue Lernstoff (Begriffe, Zusammenhänge) soll mit dem bereits Vorhandenen, mit dem bereits Gelernten erschlossen werden. Was aber, wenn das Vorhandene Lücken in den Konnotationen bzw. Füllungen der Begriffe aufweist oder wenn das vorhandene Beziehungsgeflecht (die Zusammenhänge) schwach ausgeprägt ist? Wenn also in einem Lernzusammenhang wichtigen Begriffen und Wörtern nicht die richtige Bedeutung zugewiesen wird, dann kann das Lernergebnis ebenso wenig richtig sein. Das heißt aber noch lange nicht, dass es vollständig falsch ist. Die Wahrheit liegt wiederum dazwischen. Bei einem Schüler ist das Ergebnis fast richtig, bei einem anderen unterkomplex, bei einem dritten unvollständig, bei einem vierten nur richtig gemeint, bei einem fünften fehlerhaft, bei einem sechsten falsch, bei einem siebten oberflächlich, bei einem achten... usw.

Zu unserer Freude gibt es auch vollständig richtige Bedeutungszuweisungen – und zu unserem Leidwesen auch vollständig falsche. Alle möglichen Varianten des Falschen oder Fehlerhaften tauchen auf. In dieser Form wird das neu erarbeitete Wissen in den Wissensnetzen verankert. Wie kann diese Tatsache nun bewertet werden? Ist das neu erworbene Wissensglas halbvoll oder halbleer bzw. halbrichtig oder halbfalsch gefüllt? Dies ist eine entscheidende Frage. Denn bei der nächsten Gelegenheit wird ein halbgar verarbeiteter Begriff oder Zusammenhang hervorgeholt, um einen neuen Inhaltsstoff zu verstehen. Auch dieser läuft dann Gefahr, fehlerhaft abgespeichert zu werden. Ein Teufelskreis entsteht, greift die Lehrkraft hier nicht ein. Am Umgang mit dem Fehlerhaften scheiden sich die Unterrichtsformen. Es sei an dieser Stelle nochmals betont, wie wichtig es ist, die Schüler in aktive lernhandelnde Unterrichtssituationen einzubinden. In diesen Situationen können sie sich selbst das Gelernte sichtbar und hörbar machen, auf dass sie das Fehlerhafte daran *selbst* bekämpfen.

4.1.2 *Fehlerbekämpfung versus Fehlervermeidung*

Wie sieht der Umgang mit Fehlern im klassischen fragend-entwickelnden Unterricht aus? Dass viele Schüler mit dem Satz »... einer Standesgesellschaft würdig« Probleme haben, wird zunächst einmal nicht sichtbar. Offenkundig würde es erst, wenn ein Schüler, der Zweifel an seiner eigenen Version hat, dies vor den Mitschülern in der Klasse zugibt. Aus der Sicht des Lehrers dagegen war alles in Ordnung. Schließlich hatte er den Zusammenhang richtig fragend-entwickelt an die Tafel geschrieben, hatte einen richtigen Merksatz dazu in die Hefte diktiert. Außerdem hatte er alles richtig in der Folgestunde wiederholt. Dennoch wurde der Satz in den Wissensnetzen vieler seiner Schüler facettenhaft falsch verankert, weil sie dem Begriff »Stand« nicht die richtige Bedeutung zuweisen konnten. Die Lernfalle für den Lehrer und seine Schüler besteht nun darin, dass seine Schüler meinen, sie hätten verstanden. Denn irgendeine halbwegs logische Bedeutungszuweisung konnten sie ja vornehmen. Der Unterricht kann nun ohne Störung mit halbgarem Wissen voranschreiten. Dass die meisten es nicht richtig begriffen haben, hat niemand bemerkt. Das böse Erwachen kommt dann in der Klassenarbeit.

Der Schüler Bert, die Fehler und die Unterrichtsvarianten
Wie schon gesagt: In der Wissensschublade liegt nur, was in ihr liegt – mehr nicht. Darin besteht das oben beschriebene Problem. Bearbeitet nun ein Schüler den neuen Inhaltsstoff auf der Grundlage dessen, was in seiner Wissensschublade oder seinem bereichsspezifischen Wissensnetz vorhanden ist, ist ihm meist nicht bewusst, dass die Grundlage seines Wissens bereits Facetten des Falschen aufweist. Die Konnotationen der Begriffe oder die Kontexte, die er für das Verstehen des neuen Inhalts braucht, sind für einen gänzlich erfolgreichen Lernprozess unter Umständen zu unscharf oder weisen zu große Lücken auf. Der neue Lernstoff kann nicht so aufgearbeitet werden, wie es vom Lehrer beabsichtigt ist. Aber woher soll z.B. der Schüler Bert dies wissen? Im Glücksfall stutzt der Schüler und bemerkt, dass irgendetwas nicht stimmt mit seinen Gedanken über den neuen Inhalt. Er grübelt und denkt darüber nach, was er soeben nicht verstanden hat. Was kann er jetzt tun? Das hängt davon ab, in welcher Situation er sich befindet. Zur Auflösung dieser Problemstellung soll ein weiteres Mal ein Vergleich von lehrerzentriertem Lernen und schülerorientiertem Lernen herangezogen werden. Auf Mischformen wird nicht eingegangen.

Variante A: klassischer fragend-entwickelnder Unterricht
Eben schrieb Berts Lehrer eine Aussage als Halbsatz an die Tafel. Er erarbeitete diese Aussage fragend-entwickelnd. Bert stutzte. Er verstand nicht so recht, wie der Halbsatz an der Tafel zustande kam. Lag es daran, dass Bert einen Moment unaufmerksam war, als sein Lehrer mit den üblichen Verdächtigen den Unterricht vorantrieb? Lag es daran, dass seine Wissensnetze dem Zusammenhang (Kontext), der an der Tafel steht, nicht die richtige Bedeutung zuweisen konnten? Während Bert nachdenkt und zu keinem Ergebnis findet, mäandriert der fragend-entwickelnde Unterricht weiter. Als Bert aus dem Nachdenken erwacht, steht schon wieder ein Halbsatz an der Tafel, mit dem er erst recht nicht viel anfangen kann. Er hat jetzt die Wahl, den Unterricht zu unterbrechen, sich den vorletzten Halbsatz nochmals erklären zu lassen und den letz-

ten ebenfalls. Damit könnte er den Vermittlungsfaden des Lehrers wieder aufnehmen. Dazu bräuchte es aber Mut. Die wenigsten Schüler haben ihn, auch Bert nicht. Und welch ein Chaos würde in der Klasse herrschen, wenn alle Schüler sich das Recht zum Nachfragen herausnähmen. Man stelle sich vor: ein jeder Schüler mit all seinen Verständnisproblemen, die im Vergleich zu den Problemen der anderen völlig verschieden sein können. Die Alternative hierzu wäre, den Unterricht nicht zu unterbrechen. Das aufgetretene Problem wäre hinzunehmen in der Hoffnung, dass es sich später noch irgendwie klären lässt. Sollte Bert die Erfahrung gemacht haben, dass es genügt, in der Klassenarbeit den Tafelanschrieb auswendig wiederzugeben, dann wäre sein Problem scheinbar nicht der Rede wert.

Variante B: Frontalunterricht mit Methodenmix
Ein Text soll in Einzelarbeit mit der Fünf-Schritt-Methode bearbeitet werden. Bert kommt recht gut voran, begreift aber einen dargestellten Zusammenhang nicht richtig und ist sich bei mehreren Begriffen unsicher. Er nimmt sich vor, bei der anschließenden Besprechung im Plenum nachzufragen. Die Besprechung dauert länger als vermutet. Der Lehrer fragt die zentralen Inhalte des Textes ab. Es entwickelt sich ein Frage-Antwort-Spiel, das Bert alsbald langweilt. Er ist nicht der Typ, der sich gern meldet. Und die Probleme der anderen sind nur selten die seinen. Soeben hat der Lehrer wieder eine Frage gestellt. Die Antwort oder der Lösungsvorschlag des aufgerufenen Schülers ist nun aber falsch oder lückenhaft, woraufhin der Lehrer einen anderen Schüler aufruft. Nachdem die richtige Antwort gegeben wurde, fährt er mit seinen Ausführungen fort. Selbstverständlich hat in dieser Situation niemand etwas gelernt: »Die Lehrperson und der zweite Schüler wussten es ja schon, für den ersten Schüler ist alles zu schnell gegangen« (Oser/Spychiger 2005, S. 162).

Bert hätte übrigens anders, wenn auch ähnlich wie der erste Schüler geantwortet. Gern hätte er gewusst, warum auch seine Antwort falsch gewesen wäre. Warum die richtige Antwort richtig war, erschloss sich ihm jedenfalls nicht. Er ist etwas verunsichert. Vielleicht hat er den Text doch nicht so gut verstanden, wie er eigentlich dachte? Sein eigentliches Problem kam dann doch noch an die Reihe. Die Antwort eines leistungsstarken Mitschülers verstand er zwar nicht völlig, aber einigermaßen. Und zudem steht es jetzt richtig an der Tafel. Schnell abschreiben und sichern. Oser und Spychiger bezeichnen dies als »Bermudadreieck des Fehlers« (2005, S. 162). Obwohl eine fehlerhafte Antwort anzeigt, dass hier nachgearbeitet werden sollte, fährt die Lehrkraft gleich fort mit dem Stoff. Das ist generell verständlich, nicht aber unbedingt im Einzelfall. Auf fehlerhafte Antworten von weniger leistungsstarken und sich selten meldenden Schülern einzugehen, birgt Risiken für den Unterricht. Die Risiken aus der Perspektive der Lehrkraft:
- *Gefahr der Indifferenz:* Nun hat sich Bert endlich einmal gemeldet, doch ist sein Beitrag wenig brauchbar. Eigentlich würde der Lehrer gern auf ihn eingehen, damit er sich öfters meldet. Andererseits kann sein Beitrag so nicht stehen bleiben. Was tun? Ein paar warme Worte an Bert richten und dann seine fehlerbehaftete Antwort im

Bermudadreieck verschwinden lassen? Je nach Frustrationstoleranz wird Bert sich dann nur noch selten melden.
- *Gefahr der Beschämung:* Bert gibt einen sehr schwachen, fehlerhaften Beitrag. Es geht nicht anders, diplomatische Überbrückungen wären kontraproduktiv: Die Lehrkraft muss aufzeigen, dass der Beitrag Lücken hat (oder das Bermudadreieck kommt wieder zum Zuge). Bert steht nun mit seinen Fehlern im Zentrum der Aufmerksamkeit. Die Klasse nimmt an seiner Malaise etwas mitleidig Anteil; mancher wird ihn spöttisch anschauen. »Schönen Dank«, wird er sich sagen, »das nächste Mal sage ich lieber gar nichts als etwas Falsches«.
- *Gefahr des Integritätsangriffs:* Schüler berichten immer wieder, wie unangenehm es für sie ist, wenn Lehrer ihren fehlerhaften Beitrag korrigieren. Das vom Lehrenden positiv Gemeinte, das Bermudadreieck nicht zur Geltung kommen und den Schüler dazulernen zu lassen, kann schnell eine negative Wirkung entfalten. Der Lehrer arbeitet nach seiner Wahrnehmung helfend am Begriff oder am richtigen Zusammenhang. Berts Wahrnehmung ist aber die, dass sein Lehrer »bohrt«, »bedrängt« und unzufrieden mit ihm ist. Der Schüler setzt diese Aktion immer in Relation zu seiner Stellung in der Klasse, sieht selten das Hilfsangebot des Lehrers und fürchtet eher um seinen Rankingplatz.
- *Gefahr des mäandrierenden Unterrichts:* Ginge die Lehrkraft auf alle Schülerbeiträge umfassend ein, würde sie sich heillos im Unterrichtsablauf verheddern. Es kann nicht erwartet werden, dass alle Schüler sofort begreifen, worin in ihren Beiträgen das Facettenhafte des Fehlers bestand und wie sie die gemeinsam erarbeitete Richtigkeit optimal in ihre Wissensnetze aufnehmen können. Der rote Faden ginge verloren, weil das Problem des einen Schülers nicht das Problem eines anderen ist. Und warum sollte der Lernende dann noch dem Unterricht aufmerksam beiwohnen?

Variante C: schülerorientiertes Lernen
Bert befindet sich in der Individualphase eines Partnerpuzzles und soll sich einen Text mit den eingeübten Methoden erarbeiten. Er findet mehrere Textpassagen, in denen er offensichtlich den Begriffen oder Worten und ihren Kontexten nicht die richtige Bedeutung zuweisen kann. Aus Erfahrung weiß er, dass wahrscheinlich wieder inhaltliche Aspekte im Text aufzusuchen sind. Diese hat er entweder noch nicht bemerkt oder er konnte ihnen aufgrund seiner begrenzten Wissensnetze nicht die richtigen Bedeutungen zuweisen. Als die kooperativen Lernformen in seiner Klasse eingeführt werden, ist auch er oft verunsichert, wie es denn nun um die Richtigkeit der Ergebnisse steht. Heute weiß er, dass die erste Individualphase, in der er sich zurzeit befindet, nur der Anfang des Lernprozesses ist. In der nächsten Phase trifft er auf seine Experten. Dort kann er im kleinen, vertrauten Kreis all seine Fragen an den Text stellen, seine Unsicherheiten thematisieren, ohne dass es sonst jemand mitbekommt. Das macht es doch ziemlich einfach nachzufragen, wenn er die Erklärung eines anderen Experten nicht wirklich verstanden hat. Jeder könnte sogar mehrmals nachfragen, bis er es ver-

standen hat. Niemand müsste Angst haben, dass manche aus der Klasse mit Lachen oder blöden Bemerkungen reagieren.

Bert mag die intensiven Diskussionen in diesen Gruppen. Immer wieder wird er dabei auf Aspekte gestoßen, die er selbst gar nicht gesehen hat. Und mit der Zeit bemerkt er, dass er anderen ebenfalls diesen Dienst erweisen kann. Freilich ist er manchmal mit Experten zusammen, mit denen die Zusammenarbeit nicht so effektiv ist. Aber auf Dauer gleicht sich dies aus. Bei letzteren arten die kleinen Nebengespräche, die er sonst auch schätzt, regelmäßig zu ausführlichen Gesprächen aus.

Auf die zweite Individualphase lässt sich Bert heute voll ein. Büsra ist eine leistungsstarke Schülerin, die ihn fordern wird. Außerdem gefällt sie ihm sehr. Also strengt er sich in der Vorbereitung an. Vorsichtshalber macht er für sich nochmals eine Sortieraufgabe und stellt dabei fest, dass er einen Begriff noch nicht wirklich füllen kann. Obwohl der Lehrer häufig dazu aufforderte, macht er es jetzt wirklich zum ersten Mal: Er geht zu einem Mitexperten und fragt nochmals nach.

In der nachfolgenden Partnerphase kommt es so, wie es kommen musste. Der Lehrer sagt ja immer wieder, dass man selbst am meisten lerne, wenn man jemand anders etwas erklärt. Das sei Lernen durch Lehren. Tatsächlich bemerkt Bert, wie er manchmal um Worte ringen muss, um das auszudrücken, was er ausdrücken will. Und Büsra merkt selbstverständlich sofort, wo er ausweicht und an welchen Stellen er verschwommen argumentiert. Sie hakt immer wieder nach. So muss er ein um das andere Mal nachdenken, was er ihren Einlassungen entgegnen könnte. Ohne dass es Bert realisiert, dringt er immer tiefer in sein Expertensujet ein. Als Büsra mit seinen Begriffskärtchen eine schnelle und kurze Struktur legt und sich damit ihr Gelerntes selbst sichtbar und auch für Bert hörbar macht, staunt er nicht schlecht: »Also wirklich, so wie Büsra die Struktur legt, darauf wäre ich nicht gekommen.« Plötzlich klingelt es, der Block ist vorbei. Bert weiß aber schon, wie es morgen weitergeht: Es beginnt die längere Phase der Vertiefung, Differenzierung und vor allem der Festigung. Der Lehrer sagte schon, dass die Festigungsphase bald ganz anders aussehen werde. Man müsse noch ein paar Lerninstrumente einüben, dann könne man im Lernatelier lernen. Dort könne viel selbstständiger gearbeitet werden.

Die Kollegen aller drei Varianten gehen vermutlich zufrieden aus dem Klassenzimmer. Der Kollege aus Variante A ist mit sich zufrieden, weil seine grundsätzliche Fragestellung stimmte. Damit brachte er die Klasse dazu, dass alle auf dem gleichen Stand sind, so glaubt er zumindest. Vorsichtshalber hat er den Lerninhalt nicht über ein schülerseitiges Textstudium entwickeln lassen. Er findet, dass er über ein geschicktes und geradliniges Fragestellen schneller zum Ergebnis kommt. Zumal er Fehlerhaftes sofort an der Wurzel packen könne. Und sage nur einer, seine Tafelanschriebe und die in die Schülerhefte diktierte Merksätze seien fachlich nicht gut begründet, also richtig.

Auch die Kollegin aus Variante B ist zufrieden. Sie findet es richtig, dass der Unterricht nicht nur über das Frage-Antwort-Spiel läuft. Ihre Schüler hatten reichlich zu tun mit dem Text. Sie setzt auf Selbstständigkeit. Daher lässt sie immer wieder alle Schüler Texte lesen und übt mit ihnen die Fünf-Schritt-Methode. Sie freut sich, als ihre

Deutsch-Kollegin sie dafür lobt, dass sie die Literacy-Fähigkeiten der Schüler fördert. »Was ist das denn?«, antwortet sie. Die Kollegin erklärt ihr, dass es dabei nicht nur um das sinnentnehmende Lesen geht. Vielmehr gehe es um »Lesen zum Lernen, die Fähigkeit und Motivation, Wissen zu identifizieren, zu verstehen, zu interpretieren, zu erschaffen und zu kommunizieren, indem schriftliches Material benutzt wird, das mit verschiedenen Situationen in permanent wechselnden Zusammenhängen konnotiert ist« (Schleicher 2012, S. 34). Sie merkt zwar, dass die Konzentration und die Beteiligung der Schüler bei der fragend-entwickelnden Aufarbeitung der Ergebnisse schnell nachlassen. »Aber da müsse man durch«, sagt sie sich immer wieder. Wie sollen die Schüler sonst mitbekommen, was richtig ist und was nicht. Sie ist auch ein wenig stolz auf sich, integriert sie doch neuerdings viele schüleraktivierende Methoden in ihren Unterricht, obwohl sie nur noch fünf Jahre bis zur Pension hat. Daher versteht sie Kollegen nicht, die meinen, dass Unterrichtsentwicklung nur etwas für Jüngere sei, da man ja nur noch zehn oder fünfzehn Jahre bis zur Pension habe.

Auch der Kollege aus Variante C ist mit sich zufrieden. Früher ging er mit genau demselben positiven Gefühl aus dem Klassenzimmer wie der Kollege aus Variante A. Heute ist er glücklich, wenn er seine Schüler über die gesamte Unterrichtszeit in aktive Lernhandlungen versetzen kann. Nur so lernen Schüler optimal, meint er. Dann nämlich, wenn jeder die Chance hat, den neuen Lernstoff in seine ureigenen semantischen Netzwerke, in sein bereichsspezifisches Vorwissen oder ganz allgemein in seine Wissensnetze zu integrieren. Als er damals seinen Unterricht umzustellen begann, hatte er große Schwierigkeiten. Die nach den Varianten A und B unterrichtenden Kollegen kamen viel schneller durch den Stoff als er selbst. »Wie soll ich denn bloß am Jahresende den Lehrplan abgearbeitet haben, wenn ich mit SOkeL doppelt so lange brauche wie die Kollegen?«, fragte er sich verunsichert und zweifelte, ob er wirklich auf dem richtigen didaktischen Weg sei. Heute bereitet es ihm keine Schwierigkeiten mehr, dass kooperative Lernformen während der Aneignungsphase nur ein erster wichtiger Lernschritt sind und erst die darauf folgenden Festigungsphasen gemäß Berliner Volksmund »Butter bei die Fische legen«. Aus Erfahrung weiß er nun, dass mit der zunehmenden Lernkompetenz der Schüler der anfängliche Zeitverlust mehr als nur eingeholt wird, da diese mit dem gesamten SOkeL-Lerninstrumentarium immer dichtere Wissensnetze spinnen können.

Fazit

In allen drei Unterrichtsvarianten sind die Facetten des Fehlerhaften im Unterricht sichtbar geworden. Der Umgang damit unterschied sich aber erheblich. Es wurde deutlich, dass Unterrichtsvariante A und C dabei Antipoden waren.

Besonders in Variante A, aber auch in B, trat das Fehlerhafte als Störung des geplanten Unterrichts auf. Der Unterricht von A und B zielt auf die Vermittlung des Richtigen. Das ist nur konsequent und logisch, denn der Lehrer darf auf keinen Fall facettenhaft Falsches verkünden. In dieser Unterrichtsform wird versucht, das Richtige über richtige Lernmaterialien wie Schulbücher und Arbeitsbögen in den Köpfen der Lernenden zu implementieren. Dies geschieht durch die zentrale Vermittlung des Lehrers. Deshalb ist es nur konsequent, dass der sprachliche Anteil des Lehrers im Unterricht in der Sekundarstufe I bei 70 bis 80 Prozent liegt und in der Sekundarstufe II bis zu 90 Prozent. Die Schüler hören während des Unterrichts also fast nur Richtiges. Zudem steht als Lernschrittsicherung das Richtige an der Tafel und ebenfalls die abschließende Lernsicherung. Dazu kommen noch die diktierten Merksätze. Diese Unterrichtsvariante versucht systematisch, den Fehler zu vermeiden.

In Unterrichtsvariante B wünscht die Lehrkraft das Fehlerhafte ebenfalls zum Teufel. Aber seine Unvermeidlichkeit wird akzeptiert. Es tritt im Lernprozess mit gnadenloser Sicherheit auf. Das besonders Problematische an ihm ist, dass es in ebenso vielen Varianten erscheinen kann, wie es Schüler in einer Klasse gibt. Wissensaufbau ohne Aufbau des Fehlerhaften ist zunächst nicht zu haben. Das Fehlerhafte ist der Stalker des positiven Wissensaufbaus. Das neu erworbene Wissen, z.B. ein neuer Fachbegriff mit seinen Konnotationen und Beziehungen zu anderen Fachbegriffen, hat demnach zwei Seiten: eine glänzende und eine dunkle. In SOkeL kümmert man sich um die dunkle und glänzende Seite gleichzeitig, indem die Schüler befähigt werden, mit ihren ureigenen Fehlern umzugehen. Doch dazu ist es dringend erforderlich, dass sie ihr Fehlerhaftes kennenlernen, dass sie sich dessen bewusst werden. Außerdem sollten sie auf längere Sicht lernen, sich von ihm nicht verunsichern zu lassen. SOkeL ist so aufgebaut, dass das Richtige, das inhaltlich Gewollte immer wieder in die dunkle Seite der Wissensmedaille zurückrecycelt wird (detaillierter im Kapitel 11). Ziel ist es, das Fehlerhafte möglichst ganz zu beseitigen.

Der erste Schritt zum positiven Wissensaufbau ist deshalb der Einbau von Störungen in den Unterrichtsablauf. Nur wenn den Schülern bei ihrem Wissensaufbau Steine in den Weg gelegt und Hürden aufgebaut werden, haben sie die Chance, an ihrem ureigenen Fehlerhaften zu arbeiten. Mit SOkeL versetzen wir sie dazu in »Eustress« (positiver Stress). Wir verlangen von ihnen Anstrengung, Fleiß und Selbstdisziplin und belohnen sie dafür (vgl. Kapitel 14). Aber der belastende Stress bleibt trotzdem nicht aus, denn in den kooperativen Lernphasen wird viel von der eigenen Persönlichkeit verlangt (vgl. Kapitel 12). Dies gilt nicht weniger für die individualisierten Phasen (vgl. Kapitel 15), wenn die Fähigkeit der Metakognition aufgebaut werden soll. Ein erster Schritt zu diesen ehrgeizigen Zielen ist der bewusste Einbau der genannten Störungen in den Lernprozess.

4.1.3 In den Lernprozess müssen Störungen eingebaut werden oder »Wir wissen doch gar nicht, ob es richtig ist«

Wenn Bert eine Sortieraufgabe – wie auf den ersten Seiten dieses Buchs beschrieben – durchführt, vergewissert er sich selbst, was er kann und was nicht. Beim Abgleichen der Begriffe in den folgenden Kooperationsphasen kommt er aber doch ins Nachdenken, wenn andere Schüler Begriffe abfragen, die er vorher für problemlos hielt. Das

»Nach-Denken« wird durch Erklärungen anderer Schüler hervorgerufen, weil sie andere Aspekte des Inhalts überzeugend in den Mittelpunkt stellen. Vielleicht verweisen sie auf Zusammenhänge, auf die mancher nicht selbst kam oder die unbekannt waren. Jeder braucht den anderen, um selbst weiterzukommen.

Bert wird von Eric zu sich gerufen, weil der ihm seine gelegte Struktur erläutern möchte. Eric ist ehrgeizig, aber nicht wirklich leistungsstark. Bert freut sich, weil er Eric mag und Eric ernsthaft arbeitet. Mit ihm kann immer ein Ergebnis erzielt werden. Eric führt seine Argumentation zur gelegten Struktur aus. Als er um eine Formulierung ringt, nimmt sich Bert vor, ihm Steine in seinen Lernweg zu legen. Zwar ist zu Erics Ausführungen nichts Kritisches anzumerken. Aus eigenem Erleben weiß er aber, dass einer etwas nicht wirklich kapiert hat, wenn er anfängt »herumzustottern«. Bert wartet ab, bis Eric fertig ist, und stellt dessen Ausführung an jener Stelle infrage. Eric ist davon zuerst überrumpelt und gibt eine Antwort, die Bert nicht wirklich überzeugt. Es kommt zu einer konstruktiven Diskussion zwischen den beiden. Aus sicherer Entfernung lauscht ihr Lehrer den Argumentationen. Zum Schluss wird ihm klar, dass beide durch diese Diskussion gelernt haben. Es ist aber nicht zu erkennen, wer von beiden mehr davon hatte.

Bert staunte bei der Sortieraufgabe darüber, dass er einen Begriff, von dem er annahm, dass er ihn inhaltlich richtig füllen kann, doch nicht gänzlich im kognitiven Griff hat. Eric fiel erst auf, dass er seine eigene Struktur nicht überzeugend darstellen kann, als Bert nachfragte. In beiden Fällen wurden die Lernfortschritte durch Störungen ausgelöst. Doch Störung allein ist nicht des Pudels Kern. Eric fühlte bei der Versprachlichung unbewusst, dass an der oben beschriebenen Stelle etwas nicht stimmt. Die Chance damit umzugehen, eröffnete sich ihm erst durch Berts Intervention. Erst in diesem Moment hat er die Störung bewusst wahrgenommen und bemerkt, dass in seinem semantischen Netzwerk etwas nicht stimmt. Im Konstruktivismus wird dieser Vorgang als *Perturbation* (vgl. Siebert 2005) bezeichnet.

Ein SOkeL-Unterrichtsarrangement ermöglicht beides: den Aufbau von Wissen und das Einbauen von Störungen im Sinne der Perturbation. Das begleitende Fehlerhafte ermöglicht überhaupt erst die Wahrnehmung, dass etwas nicht stimmt. Beide Prozesse finden nicht nur in kooperativen, sondern auch in individuellen Lernphasen statt. Letzteres betrifft besonders fortgeschrittene Schüler im Lernatelier. Bei kooperativen Lernformen wird die Wichtigkeit der Perturbation deutlicher. Hier sei die Expertenphase als Beispiel genommen. Drei Schüler mit ihren jeweils einzigartigen Vorwissensstrukturen oder semantischen Netzwerken bearbeiten in der ersten Individualphase (also vor der Expertendiskussion) intensiv einen Sachtext. Als sie zusammenkommen, haben sie unterschiedliche Arbeitsergebnisse. Das ist gut so, denn sechs Augen sehen mehr als zwei. Dies zeigt sich darin, dass die drei unterschiedliche Perspektiven auf den Text haben.

Was nun folgt, ist die sogenannte *Perspektivenverschränkung* (vgl. Siebert 2005). Neues Wissen wird *gemeinsam* konstruiert. Die Aussage des Textes, das neue Wissen und die gemeinsame Wissenskonstruktion werden zur Verhandlungsmasse. »In den

Gruppen wird heftig darum gerungen, ob man der einen Perspektive folgt oder der anderen. Es wird diskutiert, argumentiert, verworfen, angegriffen und verteidigt. Beweisketten werden anhand von Textstellen aufgestellt, negiert und unterstützt. Kurzum: Wissen, gemeinsames Wissen, wird sozial konstruiert, nicht nur in Situationen wie dieser. Durch das Ausdiskutieren von Textinhalten, durch Kontroversen, welche Schlüsselbegriffe in Frage kommen und wie die Visualisierung aussehen könnte, finden in schneller Abfolge und zum Teil sogar parallel individuelle und kooperative/kollektive Erarbeitungs- und Verarbeitungsprozesse statt« (Haas/Lindemann 2011, S. 152). Anders gesagt wechseln sich Perturbation und Perspektivenverschränkung beim kooperativen Arbeiten in schneller Folge ab.

Im Unterricht sollten Perturbation und Perspektivenverschränkung zusammengehen. Stören und verschränken sind aktive Verben. Eines Schülers Gehirn aufzuschrecken und es im Sinne von Stören erkennen lassen, dass noch längst nicht alles begriffen ist, ist viel schwieriger, wenn der Schüler hinter seiner Schulbank sitzt und passiv nachvollziehend-aufnehmend lernen soll. Stören und verschränken muss man selbst *tun*. Es muss *jedem* Schüler ermöglicht werden, in aktive Lernhandlungen, in subjektive Auseinandersetzung mit dem Lernstoff zu treten. Im Unterricht nach SOkeL werden Perturbation und Perspektivenverschränkung als zweieiige Zwillingsschwestern gesehen. Die Perspektivenverschränkung brauchen wir zum Wissensaufbau und die Perturbation zum Abbau des Fehlerhaften im Wissensaufbau, was allerdings ebenfalls ein Wissensaufbau ist.

In einer Klasse, die vom gesteuerten und anweisenden Lehren auf eigenverantwortliches und selbstgesteuertes Lernen umstellt, kommen Äußerungen vor wie: »Aber wir wissen doch gar nicht, ob unser Ergebnis richtig ist«. Ein Satz, der das Lehrerherz höher hüpfen lassen sollte, bemerken die Schüler doch eine Perturbation. Doch Obacht! Wenn Sie dies in Ihrem Unterricht hören, dann fragen Sie lieber nach, worin genau sich die Befürchtung gründet. Oft steht hinter diesem Satz Sicherheitsorientierung oder Misstrauen gegen die eigene Leistungskraft und nicht etwa eine Perturbation, die das jeweilige Individuum nicht selbst auflösen kann.

Zu Beginn dieses Kapitels wurde herausgearbeitet, dass das schulische Wissen als semantisches Netzwerk vorhanden ist. Dieses ist in einzigartiger oder höchst individueller Art und Weise verknüpft, was uns in den Klassen als Heterogenität der Lernausgangslagen erscheint. Es kommt hinzu, dass das semantische Netzwerk ein Wort- bzw. Begriffsnetzwerk ist. Dessen Heterogenität ist darin begründet, dass ein jedes Individuum die Begriffe unterschiedlich gefüllt bzw. konnotiert hat. Im Unterrichtsalltag kann dies Probleme aufwerfen, weil alle Beteiligten zwar dieselbe Sprache sprechen und dieselben Wörter benutzen. Diesen Wörtern und Begriffen wird aber unter Umständen eine völlig andere Bedeutung zugewiesen. Am Beispiel der Wörter »Bank« und »Standesgesellschaft« wurde dies oben erläutert.

Wenn zwei dasselbe sagen, aber Unterschiedliches meinen, ist das ein völlig normaler Vorgang. Ein Problem ergibt sich erst aus dem Umgang mit diesen unvollständigen oder nicht richtigen Begriffsfüllungen. Im Lernprozess treten sie und die unzureichenden Beziehungen zwischen den Begriffen (als fachliche Zusammenhänge) meist nicht direkt als Fehler auf. Vielmehr erscheinen sie als Fehlerhaftes in ganz unterschiedlichen Facetten. Das hat Konsequenzen: Auf eine aus der Sicht der Lernziele unvollständige Begriffsfüllung, die zu einem unvollständigen Verstehen der Zusammenhänge der neuen Lerninhalte führt, wird im Lernprozess nun neues Wissen aufgesetzt. Erfolgt keine Intervention von außen, wird der neue Lernstoff aus der Sicht des semantischen Netzwerkes in richtiger und logischer Form in sich integriert. Aus der Sicht des Lernzieles, das vom Lehrer als richtig oder als Bezugsnorm definiert wurde, ist diese Integration ins Wissensnetz aber fehlerhaft. Aus diesem Zusammenhang erwächst ein Dilemma. Wie soll im Unterricht darauf eingegangen werden? Im Sinne der individuellen Förderung, dass auf jeden Schüler mit seiner jeweils einzigartigen Lernausgangslage zielgerichtet eingegangen wird? Wie soll das gehen, ohne dass der Herr die Schöpfungsgeschichte revidiert und die Tage verlängert? Soll das Lehrpersonal das Bermudadreieck akzeptieren und gegen das Fehlerhafte mit Tafelanschrieb und Merksätzen kämpfen? Dies in der Hoffnung, dass letztlich bei allen das Richtige ankommt?

Das Fehlerhafte sei der Stalker des Wissensaufbaus, wurde oben gesagt. Weiterhin wurden die zwei Seiten der Wissensmedaille beschrieben: die glänzende Wissensseite des Richtigen und die dunkle Seite des Fehlerhaften. Außerdem wurde dargelegt, dass das Richtige immer wieder in das Falsche hineinrecycelt werden muss (vgl. auch Kapitel 11). Damit das Richtige mit dem Falschen kontrastiert und das Fehlerbehaftete dem Lernenden überhaupt bewusst werden kann, müssen wir Lehrer spezifische Unterrichtssituationen herstellen. Hierin kann der Lernende seine ureigenen Facetten des Fehlerhaften feststellen bzw. sich ihrer bewusst werden. Dieser Vorgang wurde als Perturbation bezeichnet. Des Weiteren wurde aufgezeigt, dass dieses Bewusstwerden oder Wahrnehmen optimal ist, wenn der Schüler aktiv, das heißt handelnd lernt. In dieser Situation hat er die »Chance«, in die Perturbationsfallen zu tappen, die wir ihm aufstellten. Die aufgestellten Fallen oder in den Weg gelegten Lernstolpersteine sind die bislang dargestellten Methoden, die nach dem Sandwichprinzip aufgebaut sind.

Störungen oder Perturbationen eintreten zu lassen ist das eine. Das andere ist deren Nutzung im Sinne des Wissensaufbaus und der Fehlerbekämpfung. In einem Unterrichtsarrangement nach SOkeL tritt die Perturbation oft im Zusammenhang mit der Perspektivenverschränkung auf. Beispielsweise stößt ein Schüler während der kooperativen oder kollektiven Gruppenphase auf eine ihn nicht überzeugende Argumentation hinsichtlich des Lerngegenstandes eines anderen Lernenden. Er bringt Gegenargumente vor, die überzeugend sind oder produktiven Widerspruch auslösen. Das Lernergebnis ist dann Resultat der Verschränkung der verschiedenen Sichtweisen zu einem Lerngegenstand. Der Arbeitsplatz des Lehrers ist also nicht nur das Gehirn des Schülers, sondern auch die kooperierende Gruppe, weil Wissen eben auch sozial konstruiert wird.

4.2 Der Lehrer vermittelt Wissen klar, anschaulich und deutlich – aber die Schüler verstehen es unterschiedlich, falsch oder gar nicht

Sprache ist das Hauptarbeitsmittel des Lehrers. Damit ist nicht nur das mündliche Sprechen gemeint. Arbeitsanweisungen, ausgeteilte Texte, Schulbücher, (Lehr-)Filme, Experimentieranleitungen, Bauanleitungen, eingesetzte Podcasts, Rollenspiele, selbst Gesten und Mimik werden letztendlich sprachlich gedeutet. Im Kapitel über das sinnentnehmende Lesen wurde schon darauf hingewiesen, dass die syntaktische Sprache ein evolutionäres Alleinstellungsmerkmal des Menschen ist. So versuchen wir mit sprachlichen Mitteln, unseren Schülern etwas beizubringen oder Wissen zu »vermittel-n«. Wie oben dargestellt, ist schulisches oder abstraktes Wissen in semantischen Netzwerken abgebildet, verankert oder gespeichert. Lernen ist aus der Sicht zahlreicher Fachautoren ein aktiver Prozess der subjektiven Aneignung von neuem Wissen (Wahl 2006, S. 175).

In den Kapiteln über Kann-Listen, Kompetenzorientierung und Lernatelier wird aufgezeigt, wie das individuelle und individualisierte Lernen gefördert werden kann. An dieser Stelle soll der Fokus auf kooperierenden Gruppen liegen. Auch hier haben wir in den Stammgruppen Lehrende, die zum Glück nicht auf den 7G-Unterricht zurückgreifen müssen. Sie haben aber wie wir Kollegen ein grundsätzliches Problem beim Vermitteln. Zur Veranschaulichung des Problems wird auf die schon bekannten Schüler zurückgegriffen:

Büsra würde nur zu gern ein Vermittlungszaubermittel einnehmen, so es eines gäbe. Wenn sie zaubern könnte, würde sie ihr umfangreiches bereichsspezifisches und insbesondere ihr in der Expertengruppe neu dazu gewonnenes Wissen direkt von ihrem Gehirn in die Hirne ihrer Mitschülerinnen fließen lassen. Selbstverständlich würden ihre Lehrer dies ebenfalls wünschen. Die gedankliche Auflösung des Problems liegt im Begriff selbst. Wissen »ver-mittel-n«. Der daran Interessierte muss sich eines geeigneten Mittels bedienen, soll das Wissen von einer Person zu einer anderen transferiert werden. Dieses Mittel ist die Sprache, die syntaktische Sprache. Und da es sich beim schulischen Lernen um höhere kognitive Prozesse handelt, können wir sagen, dass es um die Vermittlung von einem bereichsspezifisch dichter geknüpften semantischen Netz (Experte) zu einem weniger dicht geknüpften (Stammgruppenmitglied) geht.

Beide Male handelt es sich um Sprache. Abstrakteres Wissen ist als Sprache (semantisches Netzwerk) gespeichert, Wissen kann nur sprachlich vermittelt werden. Es kann ausschließlich sprachlich im Kopf des Adressaten verankert werden. Klar, würde der Philosoph Wittgenstein einwerfen, schließlich sei die Grenze der Sprache einer Person die Grenze seiner Welt. Grenzerweiterungen sind im Falle des kognitiven Lernens auch Spracherweiterungen. So müssen zum Beispiel neue Begriffe gelernt und in vorhandene Netzwerke integriert werden, was wiederum die Sicht auf die Welt verändert. Büsra wie auch wir Lehrer haben das gemeinsame Problem, dass unser tägliches Lernen uns oft eine mühevolle Grenzüberwindung abfordert.

Büsra erklärt ihrer Stammgruppe ihr neues Wissen. Exemplarisch greifen wir uns nur einen ihrer Vermittlungsversuche heraus. Ihr Gedankengang ist zunächst nur in ihrem Gehirn vorhanden. Als nächstes muss sie ihn versprachlichen. Und zwar verbal, also in hörbare Sprache verwandeln. Dazu muss sie sich der ungefähr 80 Gesichtsmuskeln und ihrer sonstigen physiologischen Sprechgrundlagen wie Stimmbänder, Lunge, Lippen, Zunge etc. bedienen, um akustische Signale zu erzeugen. Diese Signale wabern als rein physikalisch-akustische Signale durch den Raum und treffen auf das Ohr der Stammgruppenmitglieder. Die akustischen Sinnesorgane von Josephine, Eric und Benjamin empfangen diese Signale als Geräusch. Zunächst als Geräusch ohne Bedeutung. In atemberaubender Geschwindigkeit, in Millisekunden, tritt das Gehirn in Aktion. Sind die Geräusche menschliche Sprache? Gehören sie zum deutschen Sprachkreis? Wenn ja, werden weiter in atemberaubender Geschwindigkeit die »deutschsprachigen« akustischen Signale in Phoneme zusammengefasst, die kleinsten bedeutungstragenden Spracheinheiten. Diese werden zu Silben kombiniert, die Silben zu Wörtern. Womit wir beim nächsten Problem angelangt sind.

Greifen wir uns aus dem Vortrag Büsras nur eine einzige Kombination der Phoneme heraus: das Wort »Bank«. Welche Konnotation oder Wortbedeutung hat Bank? Und schon geht die rasante Suche in den semantischen Netzwerken los: Sandbank, Schulbank, Spielbank, Geschäftsbank, Parkbank... Je mehr Konnotationen vorhanden sind, desto eher ergibt sich die Möglichkeit für die Stammgruppenmitglieder, die Information von Büsra in ihren semantischen Netzwerken zu verorten und diese dabei noch enger zu knüpfen. Je dichter das semantische Netzwerk geknüpft ist, desto differenzierter können Wörter, Begriffe, Sätze, Aussagen, inhaltliche Beziehungen, Abgrenzungen sowie die Transfers begriffen werden. Dies gelingt, weil überall im Gehirn Andockpunkte gefunden werden. Somit kann der aktuelle Kontext erkannt und der Lerninhalt schließlich *richtig* verstanden werden.

Bei Benjamin droht die Gefahr, dass er gar nicht hört, was Büsra oder der Lehrer sagt. Das heißt, sein Gehirn nimmt via Ohren zwar die akustischen Signale wahr. Er weiß sogleich, dass es sich um deutsche Sprache handelt und offensichtlich auch um einen neuen Begriff. Seine Vorwissensstruktur bzw. seine semantischen Netzwerke sind aber zu grobmaschig, als dass sich der neue Begriff darin verfangen könnte. Dieses Wort, dieser Begriff dringt zum einen Ohr hinein und zum anderen wieder hinaus, ohne Spuren zu hinterlassen. Wer kennt nicht die folgende Reaktion von Schülern, die entrüstet auf längst eingeführte Begriffe oder Inhalte angesprochen werden: »Das haben wir noch nie durchgenommen!«

Wie wir noch sehen werden, stehen dem Gehirn zu seiner Arbeitserleichterung wiederum Mechanismen zur Verfügung, deren Wirkungsweise uns im Alltag verborgen bleibt. Bevor Inhalte der neuen Unterrichtseinheit in Benjamins Bewusstsein oder – anders ausgedrückt – in seine höheren kognitiven Zentren gelangen können, durchlaufen sie mehrere Prüfungsinstanzen. Erst wenn alle Prüfinstanzen grünes Licht geben, wird der neue Begriff zur kognitiven Bearbeitung im bewussten Denken zugelassen. Büsras bereichsspezifische Vorwissensstruktur ist so dicht geknüpft, dass er sich sofort darin verfängt. Aber sie ist in unserem Beispiel – es geht hier um einen Fachbegriff – nicht Lernende, sondern Lehrende. Josephine kann dank ihrer allgemeinen Intelligenz und ihrer Motivation den von Büsra eingeführten neuen Begriff weitgehend in ihr immer noch brüchiges bereichsspezifisches Netzwerk integrieren. Auch der durchschnittlich leistungsfähige Eric ist erfolgreich, wenn auch mit Abstrichen. Immerhin ist der neue Begriff nun in seiner Vorwissensstruktur vorhanden, sodass Eric im nächsten Lernschritt mit dem dann wiederum neuen Wissen dort andocken kann. Obgleich seine Wissensstruktur brüchig ist, ist sie jederzeit anschlussfähig. Ein sehr wichtiges Ziel für alle Schüler einer Klasse. Benjamin hat vom neuen Wissen kurz etwas gehört. Bevor er auch nur einen Gedanken daran verschwenden konnte, war es wieder weg. Die Wissensschere öffnete sich ein weiteres Mal.

4.2.1 Erklärungen, Veranschaulichungen, Fragen stellen im Unterricht: Alles Schall und Rauch?

Wie man es auch wenden möchte, schulisches Lernen ist sprachliches Lernen. Abstraktes Denken erfolgt mittels Sprache. Büsras Vortrag war sprachlich, ihr Schaubild enthielt Schlüsselwörter und wurde sprachlich präsentiert. Die Schlüsselwörter wurden in der Sortieraufgabe nochmals verbal verarbeitet. Auch die Nachfragen und wiederholenden Erklärungen waren sprachlich, der ausgeteilte Text erst recht. Das Vermitteln im kurzen Satz »Wissen vermitteln« sagt aus, dass es ein *Mittel* geben muss, um Wissen vom lehrenden Kopf in den lernenden Kopf zu bekommen. Dieses Mittel ist die Sprache, und zwar die syntaktische Sprache. Dies ist ein Alleinstellungsmerkmal des Menschen in der Evolution. Leider ist das Geschenk der Evolution an den Homo sapiens vergiftet. Denn sowohl die Lehrer wie auch Büsra wundern sich, warum ihre penibel vorbereiteten, veranschaulichten und mit Festigungsmethoden versehenen Erklärungen zu völlig verschiedenen Ergebnissen in den Köpfen der Empfänger führen. Die meisten Ergebnisse sind zwar bei Überprüfungen nicht wirklich falsch, aber unvollständig oder unterkomplex, fast richtig oder nur richtig gemeint. Wie konnte das passieren, wo die Lehrperson doch alles richtig vermittelt hat? Nun, Worte können Schall und Rauch sein, wenn ihnen von den semantischen Netzwerken der Schüler keine Bedeutung oder kein passender oder auch nur halbrichtiger Sinn zugewiesen wird.

4.2.2 Die Schatztruhe des Lernens

Wie schon des Öfteren betont, kann niemand genau wissen, wie seine Wissensnetze miteinander verwoben, wie umfangreich und wie dicht sie sind. Innerhalb kleiner Teilbereiche ist dies allerdings möglich. Am Ende des Lernprozesses können sich Schüler diesen Vorgang vor Augen führen, ihn visualisieren. Dies beinhaltet die oft mühsame subjektive Aneignung neuer Inhalte in ein bestehendes Wissensnetz oder das Anlegen völlig neuer Wissensnetze. Diesen Sinn haben die Strukturlegearbeit und andere Visualisierungsformen, die wir die Schüler immer wieder anwenden lassen. Ihr Wissensnetz zur Unterrichtseinheit wird ihnen deutlich. Ebenso wird offenkundig, wie unterschiedlich diese Visualisierungen der Netze der Mitschüler gestaltetet sind. Womit wieder einmal das Thema Heterogenität auf den Plan tritt.

In einem selektierenden und immer noch mit ständischen Relikten behafteten Schulsystem wie dem deutschen gibt es neben der Intelligenz noch einen anderen Prädiktor für den Schulerfolg (nicht Lernerfolg): den Wortschatz eines Schülers. Dieser Schatz lässt sich später zu besseren Lebenschancen und Berufsaussichten wortwörtlich versilbern. Bereits am ersten Schultag heißt es für viele: alea iacta est (die Würfel sind gefallen). Dies gilt allerdings nur, wenn Lehrer sich des Problems nicht bewusst sind und nicht gegensteuern. Erstklässler aus der oberen Mittelschicht verfügen über einen *erheblich* größeren Wortschatz als Kinder aus der unteren Mittelschicht oder Unterschicht. Ihr schon differenziertes semantisches Netz steht bereit. Die semantische Füllung und die vergleichsweise differenzierte Konnotation sehr vieler Wörter und Begriffe sind gegeben. Dazu kommt, dass sie die elaborierte Sprachform der Lehrer von zu Hause aus kennen. Die Wissensnetze können gewoben werden. Schneller und vertiefter als die der anderen. Wenn die Worte fehlen, wenn zu viele Wörter nicht verstanden werden, dann nutzt eine hohe Intelligenz wenig für den Lernerfolg. Ein Schicksal vieler Kinder mit Migrationshintergrund (vgl. Roth 2011, S. 227).

Es gibt im Gehirn eines Jeden einen Ort, an dem sich die metaphorisch gemeinte Lagerhalle der Wissensbestände befindet: das Gedächtnis. Von ihm gibt es zweierlei Arten, nämlich das deklarative oder explizite und das prozedurale oder implizite Gedächtnis. Auf das explizite oder deklarative kann bewusst zugegriffen werden, beim prozeduralen oder impliziten Gedächtnis ist dies hingegen äußerst schwierig. Das explizite oder deklarative Gedächtnis lässt sich versprachlichen, das implizite oder prozedurale nicht. Versuchen Sie doch einmal, einem Lehrernovizen oder Quereinsteiger sprachlich aufzuzeigen, wie er in einer Klasse Autorität gewinnt. Und zwar so, dass der Referendar oder Junglehrer es als direkt Erfolg versprechende Handlungsanleitung verwenden kann.

Für einen Unterricht nach SOkeL sind beide Gedächtnisarten von großer Bedeutung. In der Schule geht es aus nachvollziehbaren Gründen vor allem um das explizite oder deklarative Gedächtnis, insofern damit der Wissensaufbau gemeint ist. Deshalb nur auf das deklarative Gedächtnis zu setzen, wäre aber ein Trugschluss, denn die eine Gedächtnisart kommt im Lernprozess nicht ohne die andere aus. Die Bedeutung des prozeduralen oder impliziten Gedächtnisses für den SOkeL-Unterricht wird im Zusammenhang mit der Vorerfahrung (Kapitel 8), der Leistungsbewertung, der Kompetenzorientierung und der Lehrerrolle aufgegriffen. Dabei geht es unter anderem um die Frage, wie Handlungsroutinen verändert werden können und welche Rolle die Emotionen beim Lernen spielen.

Da sich das explizite Gedächtnis versprachlichen lässt, kann der Schüler eigentlich bewusst auf die Wissensbestände zugreifen. Leider ist es so einfach auch wieder nicht, weil im deklarativen oder expliziten Gedächtnis viele Inhalte zwar nicht vergessen sind, aber nur selten abgerufen werden. In unserer Wissenslagerhalle liegt vieles herum, an das man sich nicht ohne Weiteres erinnert. Das ist dann ein Problem, wenn sich der Schüler aktiv lernhandelnd einen Zusammenhang erarbeiten soll, es aber nicht so richtig klappen will. Die Andockpunkte im Vorwissen alias deklarativem Gedächtnis alias Langzeitgedächtnis sind nicht sofort auffindbar. Man denkt, man hat's – und dann ist es doch wieder weg. Gegen diesen »Lern-Alzheimer« gibt es didaktische Medikamente, die die Behaltensleistung unterstützen. Die Wissenschaft spricht in diesem Zusammenhang von *surface approach* und *deep approach*, also von geringer Verarbeitungstiefe und gründlicher Verarbeitungstiefe angeeigneten Wissens (vgl. Helmke 2014). Das klassische Beispiel für geringe Verarbeitungstiefe ist Auswendiggelerntes, das nach der Klassenarbeit meistens sofort wieder vergessen wird.

Im Zusammenhang mit dem *deep approach* werden oft die Schlagwörter »multiple Codierung« und »Multi-Kontext« genannt. Multiple Codierung bezieht sich darauf, einem neuen Wissensbegriff aus ganz unterschiedlichen Perspektiven eine Verankerungsmöglichkeit im expliziten Gedächtnis zu geben. Die Verknüpfung von Bild und Begriff im Advance Organizer (vgl. Kapitel 9) ist ein Beispiel dafür. Ein anderes wurde im Kapitel Visualisierung schon genannt. Indem ein neu gelernter Begriff und seine Zusammenhänge visuell dargestellt werden, wird eine weitere Kodierung vorgenommen. Die genannten multiplen Codierungen haben ihren Schwerpunkt in Individualphasen. Es handelt sich hierbei um subjektive Aneignung in Reinform. In Kooperationsphasen kommen weitere hinzu, dank der vielfältigen Perspektivenverschränkungen in wechselnden kooperativen oder kollektiven Lernphasen. Heute wird an einen modernen Unterricht die Forderung gestellt, den Aufbau trägen Wissens zu vermeiden. Dies meint Wissen, das nicht in variablen Situationen anwendbar ist, sondern lediglich in Situationen, in der das reine Wiedergeben von Gelerntem gefordert ist. Der Gegenbegriff ist fluides Wissen. Dies meint Wissen, das in völlig unterschiedlichen oder multiplen Kontexten bzw. Situationen anwendbar ist. Dieses Wissen wird oft auch als intelligentes Wissen bezeichnet.

Multiple Codierung und variable Anwendungssituationen sollten in der Schule zusammengehören. In einem nach dem Sandwichprinzip strukturierten Unterrichtsarrangement wird der Schüler immer wieder in verschiedene Lernsituationen versetzt, in denen er sein frisch erworbenes Wissen anwenden muss. Auch wenn sie sich äußerlich in der Form ähneln, sind die Anwendungssituationen doch sehr verschieden, beispielsweise beim Netzwerkspiel (vgl. Kapitel 1). Der Inhalt eines Begriffs muss unterschiedlich in das Spiel eingebracht und begründet werden, je nachdem, mit wem gespielt wird. Denn die Mitspieler bringen immer eine andere Perspektive ein, auf die man sich dann jeweils beziehen muss. Weitere variable Anwendungssituationen müssen fachdidaktisch hergestellt werden, etwa als fachspezifische Übungen, Rollenspiele und andere Methoden.

Lernen geht langsam. Das Gehirn ist nun einmal so gebaut, wie es ist. Es lässt sich zwar überlisten, aber nicht mit Wissensbulimie überfrachten, wie im folgenden Beispiel deutlich wird: Ich wurde zu einer dreistündigen Vorstellung von SOkeL in eine Schule eingeladen. Nach dem Vortrag kam eine Kollegin auf mich zu und sagte: »Also wissen Sie, Herr Haas, Ihr Konzept finde ich ja wirklich interessant. Aber in meinem Fach (Wirtschaftslehre) lässt es sich nicht umsetzen. Mein Lehrplan ist so voll, dass ich nicht mal vor einer Klassenarbeit eine Wiederholung machen kann, geschweige denn die Klassenarbeit nachbesprechen könnte. Ja, ich bedaure sogar, dass mir die Klassenarbeiten Unterrichtszeit wegnehmen...« Selbstverständlich sagte ich als höflicher Mensch nicht, was ich dachte: »Reden Sie im Unterricht einfach doppelt so schnell, dann kommen Sie lässig durch Ihren Lehrplan durch«.

Eines muss ich der Kollegin lassen. Sie hat schnell begriffen, dass sich mit SOkeL die Lernprozesse *zunächst* verlangsamen, zum Teil sogar erheblich. Das ist auch kein Wunder, denn von den Schülern werden viele neue Fähigkeiten und Verhaltensweisen gefordert. Ebenso müssen sie viele neue Lerninstrumente bzw. Lernformen einüben. Das geht nicht über Nacht. Und ein Glück, wenn jemand ein Lehrerklassenteam im Hintergrund hat, das sich den Einführungsaufwand der SOkeL-Lerninstrumente teilt. Aber das ist nur der eine Teil des Vorzugs, in einem Lehrerklassenteam zu arbeiten. Der noch größere, sofort erlebbare Vorteil durch die geballte Einführung der SOkeL-Lerninstrumente ist die dadurch ausgelöste Beschleunigung der Lernprozesse. Dies in einer Klasse erleben zu dürfen, ist beglückend. Insbesondere dann, wenn ein Lehrer nach dem Unterrichtsblock in einer Teamklasse in eine »normale« Klasse wechselt. Die Unterschiede im selbstständigen Lernen sind förmlich mit den Händen zu greifen. Langfristig sind auch die Lernergebnisse im Vergleich zu denen der Teamklassen eklatant geringer.

4.2.3 Deep approach oder »Warum haben Sie uns das nicht gleich gesagt?«

Der verärgerte Ausruf »Warum haben Sie uns das nicht gleich gesagt?« stammt von Lena. Sie stieß in der 12. Klasse einer Fachoberschule zu einer Klasse, die schon ein Jahr lang von einem Lehrerteam nach SOkeL unterrichtet wurde. Lena war eine motivierte und kluge Schülerin. Die ersten Wochen waren für sie trotz ihrer Intelligenz verwirrend wegen all der neuen unterrichtlichen Verfahrensweisen. Dazu gehörten zum Beispiel eine andere Leistungsbewertung, das abwechselnde Lernen in individuellen und kooperativen Phasen, die Selbstüberprüfungen und die selbstbestimmten Festigungsphasen. Neu waren außerdem das tatsächlich eigenverantwortliche Lernen in den Lernateliersphasen, wechselseitige Bewertungen, Portfolio-Arbeit im Sinne des Aufbaus metakognitiver Strategien und vieles mehr. Andererseits hatte sie schnell die Hauptprobleme der kooperativen Lernarbeit erfasst. Immer wieder forderte sie den lehrerorientierten Unterricht. Sie erhoffte sich davon, den Stoff in einem angemessenen Anspruchsniveau und vor allem richtig angeboten zu bekommen. Sie opponierte wochenlang, ließ sich aber schließlich auf die neuen Lernformen ein.

Alsbald stand ein schwieriges Thema an: Historische und soziale Prozesse (Veränderung in Gesellschaft und Arbeitswelt, Veränderungsprozesse in den Lebensformen der Menschen) mussten zueinander in Beziehung gesetzt werden. Es war eine sehr umfangreiche Unterrichtsreihe, die als SOkeL-Unterrichtsarrangement durchgeführt wurde. Immer wieder gab es kurze zusammenfassende Lehrervorträge. Ansonsten wurde in kooperativen Lernformen der Lernstoff aufbereitet, um ihn anschließend mit diversen Methoden individuell zu festigen. In gebührendem Abstand zur Klassenarbeit wurde auf Wunsch der Klasse ein umfassender Lehrervortrag angesetzt, der den gesamten anspruchsvollen Lerngegenstand wiederholend zusammenfasste und die Bezüge zwischen den historischen, sozialen und lebensformweltlichen Prozessen nochmals aufzeigte. Lena war begeistert: »Ich habe alles gut verstanden, auch wenn mir erst jetzt ein paar Zusammenhänge wirklich deutlich wurden. Das haben Sie wirklich gut erklärt.« Und dann kam es: »Aber warum haben Sie uns nicht gleich gesagt, wie es ist? Hätten Sie schon vor Wochen für uns den Stoff an der Tafel entwickelt, hätten wir viel Zeit gespart. Und wir hätten von Anfang an das richtige Wissen gelernt.«

Lenas Kommentare weisen auf eine Crux aller konstruktivistisch-didaktischen Konzepte hin: Die Schüler lernen intensiver als im lehrerorientierten Unterricht, sie vertrauen sich aber anfänglich nicht. Nur wenn es der Lehrer sagt, ist es richtig. Und nur wenn er entwickelnd-darbietenden Unterricht macht, bekommt man das voll umfängliche Wissensgebiet richtig in den Kopf, so meinen sie. Lena konnte noch nicht akzeptieren, dass sie den zusammenfassenden Lehrervortrag nur deswegen so gut verstand, weil sie sich in den Wochen davor ein dichtes Wissensnetz aufgebaut hatte, in dem sich der neue Stoff »verfangen« konnte. Selbstverständlich war ihr auch nicht klar, dass sie vieles weder verstanden noch bewusst gehört hätte, wenn der Lehrervortrag am Anfang der Unterrichtseinheit erfolgt wäre. Diesen Effekt kennen wir alle, wenn wir auf ein schon früher behandeltes Thema zurückgreifen wollen und es aus der Klasse tönt: »Das haben wir ja nie durchgenommen.« Viele Schüler sind sich absolut sicher, noch nie etwas von diesem Thema gehört zu haben, auch wenn als Gegenbeweis Klassenbucheintragungen vorgelegt würden. Das Verrückte an diesem Kommentar ist, dass er aus der subjektiven Sicht vieler Schüler stimmt. Zwar haben sie durchaus »gehört«, als das Thema drankam. Sie haben es aber nicht bewusst gehört, nicht wahrgenommen, sie konnten dem aus ihren Wissensnetzen heraus keine oder nur wenig Bedeutung zuweisen. Aus Sicht der Lehrkräfte haben sie die einzelnen Wörter und Sätze nicht in ihren Köpfen verankern können, weil keine Ankerplätze vorhanden waren. Die Informationen gingen zum einen Ohr hinein und zum anderen hinaus, ohne Spuren zu hinterlassen.

Monate später in der Prüfungsvorbereitung erklärte Lena lächelnd, dass sie dieses Thema gut »drauf« habe. Sie könne die Grundzusammenhänge im Schlaf aufzeigen, denn – man höre und staune: »Ich habe mir dies selbst erarbeitet, meine eigenen Strukturen aufgebaut, wie Sie immer sagen, und meine Visualisierung der Zusammenhänge sieht anders aus als Ihr Tafelbild (gemeint ist der zusammenfassende Lehrervortrag) damals. Ich werde wohl diese Strukturen nie wieder vergessen.« Und tatsächlich erzählen eingeladene Ex-Schüler beim Tag der Offenen Tür immer wieder, dass sie die Themen, die sie sich in den SOkeL-Klassen erarbeitet haben, immer noch präsent hätten.

Sage es mir, und ich vergesse es;
zeige es mir, und ich erinnere mich;
lass es mich tun, und ich behalte es.
(Konfuzius)

5. Festigung im Sandwich: Aus Vertrautem Neues entwickeln

5.1 Übungen sind ein Muss: Die Entdeckung der Langsamkeit des Lernens

Unser Gehirn ist ein erstaunliches Organ. Es ändert sich beim Lernen ständig, indem zu den bestehenden Neuronenverschaltungen neue hinzugefügt werden. Während das Gehirn lernt, nimmt es Veränderungen an sich selbst, an seiner eigenen Struktur vor. Deshalb wird auch von der Plastizität des Gehirns gesprochen (vgl. Kandel 2007; Spitzer 2002, S. 94 ff.). Die beim Lernen entstandenen neuen Synapsen sind zunächst sehr zart und zerbrechlich. Sie sind von Rückbildung (Vergessen) bedroht, wenn sie nicht durch Gebrauch stärker und fester werden. Spitzer nennt diese ersten zarten Synapsen metaphorisch »Spuren«. Sie sind materielle Hinterlassenschaften von Lernvorgängen im Gehirn (vgl. Spitzer 2002). Jede Wiederholung, jede Übung verstärkt physiologisch diese Spuren: Je häufiger sie gebraucht werden, desto breiter werden sie ausgetreten. Aus ihnen werden mit der Zeit Autobahnen, auf denen Informationen blitzschnell hin und her sausen können. Spitzers anschaulicher Spruch, dass das Gehirn die Statistik seines Gebrauchs sei, hat darin seine Begründung. Wer nicht übt, übt und nochmals übt, der baut auch keine Autobahnen in seinem Wissensnetz auf. Er kann noch nicht einmal die im Unterricht angelegten Spuren aufrechthalten. Wer nicht übt, dessen Synapsen bilden sich zurück. Für uns Lehrer heißt das, dass wir ins statistische Verzeichnis der Gehirne unserer Schüler möglichst viele Eintragungen pro Wissensitem vornehmen sollten. Je öfter diese neuen Verbindungen bedient werden, desto schneller jagen Gedanken (als das Gelernte) durch das neu entstandene Neuronennetz und desto stabiler wird es.

Es wäre für uns Lehrpersonen erfreulich gewesen, wenn die Evolution sich doch bitte schön ein bisschen mehr angestrengt hätte, damit der Übergang von neu Gelerntem in das Vorderhirn und in das Langzeitgedächtnis schneller vonstattenginge. Dem ist leider nicht so. Lernen ist ein langsamer Vorgang, obwohl das Gehirn Tag und Nacht arbeitet. Selbst nachts, wenn der Schüler wie auch der Lehrer schlafen, tritt es in Aktion und organisiert bestehende Strukturen immer wieder um. Ziel ist die Sicherung des Gelernten, die Vertiefung des Verständnisses. Wichtiges wird von Unwichtigem getrennt und vor dem Vergessen bewahrt. Was aber ist wichtig? Aus sich selbst heraus kann das Gehirn dies nicht erkennen. Deswegen sollten wir die Schüler in den Übungsphasen in Situationen versetzen, die die Behaltensleistungen stärken. Wieder einmal ist die Heilige Lern-Dreifaltigkeit gefragt. Und Sie als Leser sind aufgefordert, die Heilige Lern-Dreifaltigkeit als Checkliste auf die unten dargestellten Festigungsmethoden anzuwenden.

5.2 Aus vertrauten Methoden Sandwiches entwickeln

Die ersten Schritte zu einem SOkeL-Unterrichtsarrangement waren Festigungsmethoden und wurden bereits als Sandwich strukturiert: die kooperative Partnerarbeit, die Sortieraufgabe, die Strukturlegearbeit, das Partnerinterview und das Netzwerkspiel (vgl. Kapitel 1). Alle genannten kooperativen Festigungsmethoden sind in den Normalunterricht integrierbar und gut geeignet, Grundlagen von SOkeL immer wieder auszuprobieren. In diesem Kapitel soll aufgezeigt werden, dass aus normalen und vertrauten Festigungsmethoden ein Sandwich gestaltet werden kann mit dem Ziel, alle Schüler ständig in Lernhandlungen zu versetzen. Es wird mit herkömmlichen Übungsaufgaben begonnen und mit Hausaufgaben fortgesetzt, wobei jedes Mal auch kooperative Varianten aufgezeigt werden. Am Beispiel einer arbeitsteiligen Stammgruppenarbeit wird dargestellt, dass man eben nicht unverzüglich nach der Vermittlungsphase ins Plenum gehen muss. Leider wird dies in den Seminaren der zweiten Ausbildungsphase oft anders vermittelt. Zum Schluss wird gezeigt, wie mit der Lernkarteiarbeit zu völlig neuen Begriffen und Inhalten ein neues Wissensnetz gelegt werden kann.

5.2.1 Beispiel 1: Aus herkömmlichen Übungsaufgaben ein Sandwich gestalten

Nr.	Schritt	SW	Bemerkungen
1	Einführung	P	Lehrer gibt Überblick über Aufgabe.
2	Partnerschaftsbildung Individualphase: Die Schüler versuchen die Aufgaben zu lösen.	I K	Bei einer Anfängerklasse verweist der Lehrer darauf, dass zunächst jeder Schüler selbst, danach aber die Gruppe die Lösung finden soll; Zum Schluss wird er für eine Klarstellung sorgen.
3	Kooperationsphase: Die Schüler vergleichen die Ergebnisse mit einem Partner.	K	Die Schüler sind aufgefordert, Schwierigkeiten und Unsicherheiten kurz zu notieren.
4	Schüler finden sich in Sechsgruppen zusammen, versuchen ihre Probleme zu lösen, notieren offene Fragen und Unklarheiten.	K	Unbedingt Funktionsrollen einnehmen lassen. Der Protokollant soll aufschreiben, welche Fragen oder Problematiken offen geblieben sind.

Nr.	Schritt	SW	Bemerkungen
5	Klärung der offenen Fragen und Unsicherheiten im Plenum	P	Nachfragen aus den einzelnen Gruppen sollen zuerst andere Gruppen beantworten, nicht der Lehrer. Bitte beachten Sie, dass Sie nur auf Unklarheiten oder offene Problem eingehen. Auch wenn im Plenum scheinbar »alle« Probleme geklärt wurden, sind sie als Facetten des Fehlerhaften nach wie vor bei den Schülern vorhanden, je nach Lernausgangsbedingungen. Deshalb darf nicht angenommen werden, dass der Lerninhalt schon »sitzt«.
6	Variante 1: Lehrer geht mit der Klasse die Übungsfragen durch.	P	
7	Variante 2: Lehrer teilt ein Lösungsblatt aus und lässt in Einzelarbeit die Schülerergebnisse damit vergleichen.	P	Kurze Beantwortung etwaiger Nachfragen bzw. sofortiger Übergang zum zusammenfassenden Lehrervortrag
8	Variante 3: Lehrervortrag: Lehrer fasst die Lösung kurz zusammen.	P	
9	Eventualphase: weitere Festigung durch andere Methoden (vgl. Thal/Vormdohre 2006) – unabhängig von der gewählten Variante.		

Legende: P = Plenum, K = kooperativ/kollektiv, I = individuell, SW = Sandwich

5.2.2 Beispiel 2: Aus üblichen Hausaufgaben ein Sandwich entwickeln

Hausaufgaben sind dazu da, nicht gemacht oder von anderen abgeschrieben zu werden. Diese Erfahrung aus manchen Klassen ist ebenso traurig wie änderbar. Bevor allerdings die Bereitschaft zur Erledigung von Hausaufgaben einen enormen Schub durch die SOkeL-Prozessbewertung bekommt, kann man zu einem anderen motivationssteigernden Mittel greifen: E^3.

Nr.	Schritt	SW	Bemerkungen
1	Vorbesprechung Hausaufgabe – Ankündigung Partnerarbeit	P	Lehrer entscheidet, ob Partnerschaft vor oder nach der Hausaufgabe gebildet wird.
2	Partnerschaftsbildung, Austausch der Hausaufgaben und wechselseitige Bearbeitung Möglicher Impuls: • Unterstreiche Fehler. • Markiere, wo etwas fehlt oder ungenau ist. • Notiere deine Unsicherheiten über das, was richtig oder falsch ist. • Notiere kurz, was an der Hausaufgabe schon gut gelungen ist, und stelle dies bei der Besprechung als Erstes heraus.	I	Diese Aufgaben werden sehr unterschiedlich ausgeführt. Manche Schüler sehen aus falsch verstandener Solidarität großzügig über Fehler und schlampige Ausführungen hinweg. Mit der Zeit sollten Schüler-Feedback-Verfahren und wechselseitige Bewertungen eingeführt werden, verbunden mit der Prozessbewertung.
3	Vergleiche und Diskussion der Hausaufgabenergebnisse in Partnerschaften	K	Der Lehrer kontrolliert die Hausaufgaben aller Schüler nach Kopien.
4	Abgleich der Ergebnisse im Plenum	P	Lehrer fordert Schüler auf, das jeweilige Ergebnis des Partners vorzulesen und eine kurze Einschätzung zu geben. Wenn dabei deutlich wird, dass Ihre Schüler getrickst haben, dann nehmen Sie es mit Humor. Kündigen Sie aber an, dass es nun öfter Hausaufgabenbesprechungen gibt, bei denen deutlich wird, wer zu Hause gearbeitet hat und wer nicht.
5	Falls die Kann-Listen schon eingeführt wurden: Der Lehrer fordert die Schüler auf, zu der Hausaufgabe passende Items zu suchen und sich zu überprüfen.	I	Der Lehrer verweist auf die Relevanz der Kann-Liste und darauf, dass die Klassenarbeit mit Hausaufgaben dieser Art vorbereitet wird. Lernen und Behalten setzen dauerndes Üben voraus.
Nachbemerkung			
	Die Schüler, die die Hausaufgabe nicht gemacht haben, werden aufgefordert, dies in der Stunde nachzuholen und den Rest als Zusatz-Hausaufgabe zu machen.	I	Diese Schüler können mit der Hausaufgabe bereits am Unterrichtsanfang beginnen. Beim Abgleich der Ergebnisse können sie zuhören, werden aber nicht einbezogen.

Nr.	Schritt	SW	Bemerkungen
Variante 1: Arbeitsteilige Hausaufgabe mit Kooperation als Sandwich			
1	Vorbesprechung der Hausaufgabe, Partnerschaftsbildung z. B. nach Sympathie	P	Die Hausaufgabe ist umfassender, da jeder Schüler nur die Hälfte machen soll.
2	Die Schüler einigen sich, wer welchen Teil der Hausaufgabe erledigen soll.	K	Die Schüler können eine Binnendifferenzierung durch die Auswahl der Aufgaben vornehmen. Dadurch legen sie sich fest und übernehmen Verantwortung. Hinzu kommt, dass jeder seinen Teil der Hausaufgabe nicht nur für sich, sondern auch für seinen Partner erledigt.
3	Aufgabenstellung in der Folgestunde: Der Schüler skizziert die Beantwortung jener Teile der Hausaufgabe, die er nicht gemacht hat.	I	Der Lehrer gibt eine Zeitstruktur für die folgenden Arbeitsschritte an. Bei fortgeschrittenen Schülern genügt die Gesamtangabe der Arbeitszeit.
4	Die Schüler stellen einander vor, wie sie die Lösung skizziert haben. Der Partner lobt, ergänzt, erweitert, vertieft oder korrigiert die Ausführungen mündlich.	K	Die Ergebnisse können am Stück oder immer abwechselnd zwischen den Partnern vorgestellt werden.
5	Klärung der offenen Fragen und Unsicherheiten im Plenum	P	Auch wenn Sie in der Klärung alles richtig dargestellt haben, vielleicht sogar mehrmals, kommt es bei Ihren Schülern je nach Vorwissen unterschiedlich an (vgl. Kapitel 4).
Eventualphase			
6	Partnertausch: Die neuen Partner fragen einander im Sinne des Partnerinterviews ab.	I/K	Die neue kooperative Partnerarbeit garantiert nun andere kognitive Dissonanzen, Perturbationen, Perspektivenverschränkung ...

Legende: P = Plenum, K = kooperativ/kollektiv, I = individuell, SW = Sandwich

Bei diesen Methoden wird sehr bald das Problem mangelnder Zuverlässigkeit offenkundig, besonders wenn die Partnerschaften bei der Hausaufgabenstellung bereits gebildet wurden. Ein für viele Partner enttäuschendes Ergebnis stellt sich ein: Der Partner hat die Hausaufgabe nicht gemacht. Dann muss der im Stich gelassene Partner in einer anderen Partnergruppe gedoppelt werden. Ebenso oft ist ein Partner mit oberflächlich ausgeführten oder von anderen abgeschriebenen Hausaufgaben konfrontiert. Dies bedeutet für ihn, dass er nicht optimal lernen kann. Schüler halten oft trotz ihres Ärgers in falsch verstandener Solidarität zusammen. Schnell werden aber Risse sichtbar, zum Beispiel, wenn jemand mit bestimmten Mitschülern keine Partnerschaft mehr eingehen möchte, weil die Arbeit höchstwahrscheinlich ineffektiv sein wird. Der Betroffene betrachtet es zu Recht als unfair, wenn immer nur er der Gebende ist. Thematisieren Sie diese Probleme immer wieder im Plenum, aber auch direkt mit den einzelnen Betroffenen. Vorschläge für einen positiven Umgang mit diesen Problemen finden Sie in den Kapiteln 12 und 14.

5.2.3 Beispiel 3: Aus einer arbeitsteiligen Gruppenarbeit ein Sandwich entwickeln

Die Lehrkraft bereitet eine arbeitsteilige Gruppenarbeit mit dem Ziel vor, den durchgenommenen Lernstoff zu vertiefen. Dabei sollte beachtet werden, dass die Übungen in einem inhaltlichen Bezug zu realistischen Problemen stehen und dass das bereits erworbene Wissen auf andere Problemstellungen als bisher geübt bezogen werden kann. Es könnten beispielsweise drei oder vier themenverschiedene Gruppen (A, B, C) geplant werden. Der entscheidende Unterschied zur üblichen arbeitsteiligen Gruppenarbeit ist die Schüleraktivierung. *Jeder* Schüler ist lernhandelnd, *jeder* muss anschließend in seiner Kleingruppe (A, B, C) präsentieren. *Jeder* muss Nachfragen beantworten können. Allerdings kann auch jeder mit Misserfolgen bei der Präsentation in der Kleingruppe lockerer umgehen, da nur zwei andere Mitschüler das Unglück mitbekommen. Ein SOkeL-Unterricht sollte möglichst so konstruiert sein, dass der einzelne Schüler das neue Wissen durch lernhandelnde Eigenaktivität in seine Wissensnetze übernehmen kann. Diese Arbeit kann ihm nicht abgenommen werden. Passives Nachvollziehen des vorn an der Tafel ablaufenden Unterrichts ist – gelinde ausgedrückt – suboptimal.

Nr.	Schritt	SW	Bemerkungen
1	Einführung und Überblick, Gruppenbildung (A, B, C), Delegation in Expertengruppe A, B oder C	P	Der Lehrer gibt einen Überblick über die Aufgabe. Dreiergruppenbildung
2	Die Schüler versuchen, die Aufgaben zu A oder B oder C zu lösen.	I	Hier gilt es wieder darauf zu dringen, dass jeder Schüler zunächst einzeln die Aufgaben anpackt.
3	Die Schüler diskutieren, wie der Gruppenauftrag zu lösen sei.	K	Phasen 3 und 4 dienen als Quasi-Expertengruppen.
4	Die Schüler einigen sich und erarbeiten Vermittlungsmaterialien.	K	Der Lehrer pendelt zwischen den Gruppen und verschafft sich einen Überblick über die anstehenden Ergebnisse.

Nr.	Schritt	SW	Bemerkungen
5	Die Schüler bereiten sich individuell auf die Vermittlung vor.	I	Hier beginnt der Unterschied zum üblichen Vorgehen, bei dem die arbeitsteiligen Gruppen nach vorn kommen und im Plenum vortragen sollen. Wird öfter in dieser Form gearbeitet, dann wird dies ein gefürchteter Unterricht. Es ist ja nichts anderes als ein Frontalunterricht bzw. 7G-Unterricht in anderer Form. Nur dass der Lehrer diesen besser beherrscht als seine Schüler.
6	Die Stammgruppen oder Arbeitsgruppen lösen sich auf und finden sich als A, B und C zusammen.	P	
7	Im Plenum werden Unsicherheiten und Nachfragen aufgegriffen.	P	SOkeL-Novizen werden an dieser Stelle oft nervös: Und wenn sie sich etwas Falsches vermittelt haben?
8	Der Lehrer hält zu jedem Arbeitsgruppenthema einen kurzen zusammenfassenden Lehrervortrag.	P	Die Schüler vergleichen, ob sie das Wesentliche, dargestellt vom Lehrer, bearbeitet haben.

Legende: P = Plenum, K = kooperativ/kollektiv, I = individuell, SW = Sandwich

Eine Alternative wäre, nach der üblichen Stammgruppenarbeit zum Zwecke der festigenden Vertiefung wie oben zu verfahren, denn jede Stammgruppe zeitigt andere Ergebnisse. Es ist anzuraten, den Stammgruppen darüber hinaus themenverschiedene festigende Arbeitsaufträge zu geben.

Zur Erinnerung: Die erste Phase dieser Gruppenarbeit umfasst die Vermittlung und erste Festigung mit Sortieraufgabe sowie die Beantwortung der selbst erstellten Fragestellungen durch jeweilige Experten und kurzes Strukturlegen. Als zweite Phase gäbe es dann die Stammgruppen A, B und C mit themenverschiedenen Arbeitsaufträgen.

5.2.4 Der Lernkreisel: Aus Lernkarteien ein Sandwich entwickeln

Beim Lernkreisel geht es wie bei den anderen von SOkeL genutzten Festigungsmethoden darum, alle Schüler zu aktivieren. Der Lernkreisel ist zugleich eine sanfte Möglichkeit, das Thema »Wechselseitige Bewertung« einzuführen. Auch beim Lernkreisel liegt die Hauptarbeit in den individuellen Phasen. Die Grundidee ist wie bei allen kooperativen Lernformen, dass alle Schüler Verantwortung übertragen bekommen. Hierbei geht es um die Verantwortung für Begriffsinhalte. Im methodischen Vorgehen lehnt sich der Lernkreisel an das Dreiergespräch (vgl. Kapitel 1) an. Der festigende Lernkreisel ist besonders lernintensiv.

Ablauf des Lernkreisels			
Nr.	Schritt	SW	Bemerkungen
Phase 1: abgespecktes Gruppenpuzzle			
1	Schüler finden sich zu Dreiergruppen zusammen oder werden durch den Lehrer bestimmt.	P	Gleichzeitig teilt der Lehrer eine bestimmte Anzahl von Begriffen aus der Sortieraufgabe aus.
2	Schüler einigen sich, wer die Verantwortung für welche Begriffslernkarte (Begriffsgruppe A, B oder C) übernimmt. Diese Begriffe sind feststehend und können nicht getauscht werden.	K	Der Lehrer kann den Begriffsgruppen A, B und C unterschiedlich schwierige Begriffe zuweisen und dadurch einen binnendifferenzierenden Effekt hervorrufen. Die Schülergruppen müssen wissen, welche Begriffsgruppen (A, B, C) schwierig und weniger schwierig sind. Anfänger sollten (abhängig von der Klassenstufe) nur mit einem Begriff (pro A, B, C) beginnen, um die Methode zu verstehen.
3	Schüler entwerfen auf einem Notizzettel die Rückseite der Lernkarte, also einen erklärenden Text als Begriffsinhalt.	I	Der Lehrer fordert dazu auf, die entsprechenden Unterrichtsmaterialien durchzusehen. Er drängt darauf, dass die Rückseite der Lernkartei in eigener Sprache verfasst wird.
4	Schüler finden sich in vorher (!) eingeteilten Expertengruppen ein und vergleichen ihre Ergebnisse, diskutieren diese und einigen sich, wie der Begriff ausgeführt werden soll.	K	Wie immer müssen für alle Schritte Zeitvorgaben vorliegen und vorher die Funktionsrollen verteilt werden.
Phase 2: Vorbereitung des Partnerinterviews			
5	Die Schüler gehen in ihre Ur-Gruppe zurück. Schüler A gibt Schüler B seine Lernkarten zum Studium. B gibt seine Lernkarten C. C gibt seine Lernkarten A.	K	Wenn einzelne Schüler Hilfe vom Lehrer haben wollen, sollten sie vertröstet werden. Unklarheiten und Unsicherheiten sollten vom jeweiligen Lernkarteikartenverantwortlichen beseitigt werden.
6	Schüler B, der sich mit dem Inhalt der Lernkarte von A auseinandersetzt, überlegt, wo C Schwierigkeiten haben könnte und stellt Fragen im Sinne des fragend-entwickelnden Unterrichts. Im weiteren Verlauf treffen die Schüler A und C dieselben Vorbereitungen.	I	Bei Schülern ohne Erfahrung mit der Lernkreisel-Methode könnte die Entwicklung der Fragen in der Expertengruppe stattfinden. Erfahrene sollten auf die konkrete Person C abgestellte Fragen stellen.

Ablauf des Lernkreisels				
Nr.	Schritt		SW	Bemerkungen
Phase 3: Dreiergespräch mit inhaltlichem Feedback				
7	B interviewt C mit der Lernkarte von A. A hört genau zu und bewertet zum Schluss das Gespräch von B und C. Er lobt und/oder korrigiert und/oder erweitert den Gesprächsinhalt bzw. weist auf fehlende wichtige Inhalte hin. Im Anschluss wird gekreiselt.		K	Wie immer in kooperativen Lernformen können leistungsstarke auf leistungsschwache Schüler treffen. Das Problem wird etwas gemindert durch die vorangegangene Expertengruppenarbeit, bei der der schwache Schüler sozusagen gecoacht wurde. Es ist aber die Aufgabe der Lehrkraft, immer wieder darauf hinzuweisen, dass sich die Schüler stets vor dem Hintergrund des potenziellen Vermögens des Betroffenen bewerten und einschätzen sollen. In der Regel wird dies schnell verstanden und umgesetzt.
8			P	Kurze Beantwortung der Nachfragen bzw. sofortiger Übergang zum zusammenfassenden Lehrervortrag

Legende: P = Plenum, K = kooperativ/kollektiv, I = individuell, SW = Sandwich

Der Lernkreisel ist ein treffendes Beispiel für die Schüleraktivierung durch einen vielfältigen Mix an kooperativen und individuellen Festigungsmethoden. Die Schüler lernen, indem sie

- sich intensiv mit vorgegebenen Begriffsinhalten auseinandersetzen und Lernkarten anfertigen. Dabei werden ihre Kenntnisse über den Inhalt vertieft und gefestigt.
- sich vertieft auf Lernkarteneinträge anderer einlassen. Durch die Formulierung von Hilfsfragen durchdringen sie den Inhalt nochmals intensiver. Je nach Kenntnisstand des Interviewten folgt eine Phase des Lernens durch Lehren (LdL).
- Interviewfragen beantworten und dabei ihr Wissen über die Sachverhalte erinnern und verbalisieren.
- genau und aktiv zuhören, wie die anderen beiden Gruppenmitglieder mit den eigenen Lernkarteien inadäquat bzw. adäquat umgegangen sind. Beim Feedback aktivieren sie ein weiteres Mal ihre Kenntnisse über die ihnen zugewiesenen Begriffe und Sachverhalte.

Der Lernkreisel kann als Einstieg in das wechselseitige Schülerfeedback genutzt werden. Dieser Einstieg wäre dann auch gleichzeitig als Förderung der Personalkompetenz zu begreifen.

Die Items der Heiligen Lern-Dreifaltigkeitscheckliste wurden bei allen dargestellten Festigungsmethoden als Sandwich umgesetzt:

- E^3 wurde erfüllt. In jedem Beispiel war es den Schülern möglich, eingebunden und zugleich eigenständig zu sein. In den Kooperationsphasen konnte jeder einen Beitrag zum Gruppenerfolg leisten.
- Lern-Achterbahn: Jedes Beispiel ist als Sandwich aufgebaut. Dadurch ergibt sich WELL (Wechselseitiges Lernen und Lehren). Für SOkeL heißt dies, dass sowohl nach einer aneignenden als auch nach einer festigenden Phase bewusst Situationen hergestellt werden, die die Gewissheit der Schüler stören, schon »alles« begriffen zu haben. Andere wiederum fühlen sich in ihrer Ahnung bestätigt, noch längst nicht dort zu sein, wo sie gern hin möchten. Diese bewusst hergestellten kognitiven Dissonanzen oder Perturbationen regen zum weiteren Lernen an. Auf welche Weise? Mit kooperativen Lernphasen, die lernsteigernde Perspektivenverschränkungen herstellen.
- Handlungsorientierung: In fast jeder Phase der Beispiele sind die Schüler in aktive Lernhandlungen eingebunden. Ausnahmen sind die Plenumsphasen, in denen auch Jahre nach dem Frontalunterricht sofort wieder die alten Mechanismen greifen. Jeder arbeitet mit den üblichen Verdächtigen, nun allerdings in einem erweiterten Kreis.

Wie in diesem Kapitel gezeigt wurde, sollte die Festigung selbst wieder ein Sandwich sein. Vermeiden Sie den Abbruch des selbstständigen Aneignens von Lerninhalten nach der Austauschphase in einer kooperativen Lernform. Und versuchen Sie mal, aus Ihren bevorzugten schülerorientierten Lernvarianten und -methoden Sandwiches zu modellieren.

Ist soziale Bindung eine
Suchtkrankheit?
(Joachim Bauer)

6. Egoismus und Altruismus in kooperativen Arbeitsphasen

6.1 Gruppen bilden

Kooperation bzw. kooperatives Handeln als eine hohe Form des sozialen Handelns ist höchstwahrscheinlich eine der wesentlichen Ursachen für die kulturelle Entwicklung des Menschen inklusive der syntaktischen Sprache. Kooperatives Handeln geht nicht ohne ein gewisses Maß an altruistischer Einstellung, wie noch zu zeigen sein wird. Die Kapitelüberschrift hat deshalb eine doppeldeutige Aussage. Altruistisches Verhalten ist zwar Primaten nicht unbekannt, aber scherzhaft gefragt: Welcher Schimpanse würde eine notleidende Orang-Utan-Gruppe mit monatlichen Spendengeldern unterstützen, ohne zu wissen, wer diese Gruppe ist, und vor allem, ohne jemals selbst irgendeinen materiellen Nutzen davon zu haben?

Lange Zeit war wissenschaftlich nicht geklärt, wofür unsere Ahnen ihr großes Gehirn gebraucht haben. Die heutige Antwort: Sie übten. Sie übten das Schwierigste überhaupt, das arbeitsteilige kooperative Handeln. Die Größe der Hominiden-Hirne hat nämlich ihren Preis. Je größer das Gehirn, desto später pflanzt sich sein Träger fort, denn ein voluminöses Gehirn braucht eine längere Ausreifungszeit als ein kleineres. Die Hirngröße bestimmt deshalb auch, wie lange Affenkinder von ihrer Mutter abhängig sind. Damit werden auch die Geburtsintervalle festgelegt. Ein Oran-Utan-Weibchen, das seine Kinder allein aufzieht, bekommt nur alle sieben Jahre ein Baby. Würden sich die Gehirne der Affen mit jeder Generation vergrößern, müsste die Zeitspanne zwischen den Geburten wachsen. Damit sänke aber die Reproduktionsrate einer Population. Es wird angenommen, dass die Grenze der Entwicklung zwischen 500 und 600 Kubikzentimetern liegt. Primatenpopulationen mit Gehirnen von Menschengröße müssten aussterben, da sie sich zu langsam vermehren würden. Mit unserer Existenz beweisen wir, dass diese Grenze überwindbar ist. Der Mensch der Jetztzeit hat ein fast viermal so großes Gehirn und könnte alle zwei Jahre Nachwuchs bekommen (vgl. Tomasello 2006; Precht 2007; Waal 2009).

Wahrscheinlich gingen vor zwei Millionen Jahren die Vorfahren des Homo sapiens dazu über, ihren Nachwuchs gemeinsam aufzuziehen. Ergo konnten sie ein größeres Gehirn entwickeln und öfter Kinder bekommen. Der Übergang zum gemeinsamen »Brutgeschäft« könnte der Start für die schnelle kulturelle Entwicklung des Menschen gewesen sein. Van Schaik (ZEIT, Jahrgang 2008, Ausgabe 46) wies nach, dass Orang-

Utans, die viel Zeit miteinander verbracht haben, über ein größeres Repertoire an Fähigkeiten verfügen als Einzelgänger, die sie normalerweise in der Wildnis sind. So war es mutmaßlich auch bei unseren Vorfahren. Die gemeinsame Aufzucht des Nachwuchses bot viel Zeit und vor allem Gelegenheit, sozial zu handeln und zu lernen. Während die einen auf die Kleinen aufpassten, konnten die anderen Nahrung für alle suchen oder einfache Werkzeuge herstellen. Ein Frühmensch musste sich nicht mehr über alle Fragen allein den Kopf zerbrechen. Jeder lernte von den anderen und durch die anderen. Dies förderte die Fähigkeit zur Perspektivenübernahme. Es fehlte nur noch ein Schritt, um diese in Gang gesetzte Entwicklung zu optimieren. Das Missing Link ist ein Instrument, mit dem positive und negative Erfahrungen weitergegeben werden können: die syntaktische Sprache.

Bevor jedoch die syntaktische Sprache als *das Mittel* zur Kooperation optimiert werden konnte, musste noch einiges geschehen. Die Vorgänger des Sapiens hatten nicht plötzlich eine Erleuchtung und wussten von diesem Tage an, dass kooperatives Verhalten mit einem starken Schuss Altruismus für sie einen Evolutionsvorteil bedeutet, den sie von nun an bewusst und weidlich ausnutzen können. Vielmehr war der Aufbau komplexer sozialer Systeme auf der Grundlage kooperativen Verhaltens ein Prozess, der viele Jahrtausende dauerte und sich tief in die Physis des Menschen eingrub. Als Ergebnis dieses Prozesses lässt sich heute aus neurobiologischer Sicht sagen, dass wir physisch wie psychisch ein auf Kooperation angelegtes Wesen sind (vgl. Bauer 2007).

6.2   Ein Cocktail zum Lernen

Es gibt hochmotivierte Leute, die alles nur Erdenkliche tun, um Erfolg zu haben. Unsere Schüler gehören zum Glück *nicht* zu diesen Hochmotivierten, denn hier soll über Süchtige gesprochen werden: süchtig nach massiver Ausschüttung von Stoffen, die Glückshormonen ähneln. Drogen sind für uns und unsere Schüler tabu, nicht jedoch die ihnen ähnlichen Opioide in Gestalt von Dopamin und Konsorten. Die Aussicht auf Ausschüttung körpereigener Opiate – in kleinsten Dosen – lässt auch uns strebsam sein. Sie sind unsere Antriebsaggregate, physische wie psychische. Joachim Bauer beschreibt sie als Motivationssysteme, andere bezeichnen sie als Belohnungssystem (*reward system*). Neben diesen körpereigenen Opioiden, die auf die Emotionszentren des Gehirns wirken und für angenehme Ich-Gefühle und Lebensfreude sorgen, gibt es einen weiteren Wohlfühlbotenstoff im Hormoncocktail, der indirekt mit Lernen zu tun hat. Es handelt sich um Oxytocin. Diese Substanz komplettiert im Verbund mit Dopamin und den endogenen Opioiden (Endorphine, Enkephaline, Dynorphine) das menschliche Motivations- bzw. Belohnungssystem (vgl. Bauer 2007).

Für unseren Unterricht sind alle Zutaten des Hormoncocktails wichtig. Für die Betrachtung von Kooperation und kooperativen Lernformen spielt Oxytocin eine besondere Rolle. Es ist eine »Sozialdroge«, ein sozialer Wohlfühlbotenstoff, der in uns angenehme Gefühle hervorruft, wenn wir uns im Kreise anderer Menschen aufhalten.

Sobald wir sozial nicht eingebunden sind, verspüren wir Entzugserscheinungen, fühlen uns isoliert, einsam und vielleicht sogar ausgeschlossen. Letzteres führt sogar zum Anschalten des Schmerzzentrums, wie mit den Kernspintomographen nachgewiesen werden kann: »Das Gehirn scheint zwischen seelischem und körperlichem Schmerz nur unscharf zu trennen ... Auch hier zeigt sich, wie sehr wir neurobiologisch auf Kooperation hin konstruiert sind« (Bauer 2007, S. 14). Ist dies vielleicht der Grund, weshalb Schüler in den kooperativen Lernphasen eines SOkeL-Arrangements nie das Angebot annehmen, allein zu arbeiten? Oder ist das Angebot in der Wahrnehmung der Schülerinnen und Schüler sogar ungewollt eine Drohung?

6.3 Geben ist seliger denn nehmen – Altruismus in Lerngruppen

Nach Richard Dawkins (1996) haben unsere Gene immer nur das eine im Kopf: Dauernd suchen sie nach Gelegenheiten, sich zu vermehren. Der Rest der Welt ist für sie uninteressant. Die Vorstellung vom »egoistischen Gen« war geboren.

Ist der menschliche Altruismus wirklich nur eine perfide Taktik der Gene, um ihre eigensüchtigen Ziele in der Maske des Wahren, Guten und Schönen zu erreichen? Sind also kooperierende Lerngruppen eine Illusion, da jeder nur seine höchsteigenen Ziele verfolgt? Wäre es dann nicht besser, eine Klasse würde stringent von der Lehrkraft geführt, die dadurch die Möglichkeit hätte, die sich widersprechenden Egoismen der Schülerinnen und Schüler auszugleichen? Aus welchen Gründen sollten die leistungsstarken Schüler ihr Wissen an die durchschnittlichen und schwachen Schüler weiterreichen? Können Sie sich davon etwas kaufen? Gewiss nicht, aber sie tun es dennoch gern. Allerdings nicht bedingungslos, und das ist gut so. Es muss schon einen tieferen Grund geben, warum wir eine altruistische Ader haben und deswegen zum Beispiel wildfremden Menschen Trinkgeld geben, von denen keine irgendwie geartete Gegenleistung zu erwarten ist.

Wie die Kooperation hat auch ihr Zwillingsbruder, der menschliche Altruismus, biologische Wurzeln: »Gut dokumentiert ist die Angewohnheit der Weißbüschelaffen, ihr Futter mit fremden Jungen zu teilen. Diese südamerikanischen Primaten sind auch zu uneigennützigem Verhalten unter Erwachsenen fähig. In Experimenten arbeiteten sie, um einem Artgenossen einen Leckerbissen zu verschaffen – auch dann, wenn für sie selbst nichts dabei heraussprang. Schimpansen wiederum adoptieren fremden Nachwuchs und schlichten Streit in der Gruppe. Selbst Hunde haben einen primitiven Gerechtigkeitssinn, und Kojoten achten darauf, dass ein schwächerer Spielgefährte einen Startvorteil erhält« (Klein 2011). Was die Affen können, können wir schon längst. Oder können Sie sich vorstellen, dass eine Gorillagruppe einen monatlichen Überweisungsauftrag ausfüllt, um die Orang-Utan-Urwälder zu retten?

6.3.1 Die Dialektik von Altruismus und Egoismus

Die Forschung unterteilt »Helfen« in Altruismus, prosoziales Verhalten und Hilfeverhalten. Diese Unterteilung ist für uns nützlich, wenn wir Gruppenprozesse innerhalb von kooperativen Lernformen als Lernprozesse gestalten wollen. Es sei daran erinnert, dass kooperatives Verhalten in Menschengruppen einen evolutionären Vorteil hat. Dieser Vorteil ist nicht auf genetischer Überlegenheit gegründet, sondern auf der kumulativen kulturellen Evolution. Es wäre absonderlich, wenn dieser kumulative evolutionäre Vorteil – gemäß Dawkins – lediglich auf direktem und indirektem Egoismus beruhte. Andererseits, wie langweilig wäre es, wenn wir immer nur aufopferungsvoll und selbstlos für andere zur Verfügung stünden? Für einen schülerorientierten Unterricht sollten wir daher als Grundlage hilfreicher Modelle zur Strukturierung von Lernumgebungen weder auf den aufopferungsvollen Altruismus setzen noch auf puren Egoismus.

6.3.2 Prosoziales Verhalten

Was in Maßen immer wieder vorkommt, ist der *nicht* aufopferungsvolle Altruismus. Häufig helfen Schülerinnen und Schüler, ohne eine direkte Gegenleistung der schwächeren Mitschüler zu erwarten. Auch hier greift das Matthäus-Prinzip. Es ist nicht nur so, dass der gebende Schüler beim Helfen dazulernt, weil er sein Wissen verbalisiert und genauer fasst (Lernen durch Lehren). Zusätzlich kann er seine sozial wirksamen Wohlfühlbotenstoffe ausschütten. Diese Hilfsaktion verschafft ihm soziales Prestige und langfristig eine Gegenleistung. Auch dies belegt die Sozialpsychologie gut. Wer dem anderen gibt, bekommt selbst etwas ab. Wer egoisiert, geht dagegen leer aus.

Im Unterrichtsalltag spielt der selbstlose Altruismus eine zu vernachlässigende Rolle. Hier sollten wir uns vielmehr mit dem prosozialen Verhalten beschäftigen, das sowohl egoistisch als auch altruistisch motiviert sein kann. Das hilfreiche Verhalten ist seine schwächste Ausformung. Wenn z. B. in der kooperativen Lernsituation einer Expertengruppe ein Gruppenmitglied nicht sicher ist, ob seine Textzusammenfassung differenziert genug ist, dann kann das andere Gruppenmitglied helfen. Die Hilfe ist im Sinne des Zweifelnden, denn sie führt zu einem besseren Gesamtergebnis. Dieses nutzt sowohl dem starken wie dem schwachen Schüler. Für den starken bedeutet die kleine Hilfestellung: kleine Anstrengung, große Wirkung.

Die Sachlage ist komplexer, wenn das Lernprodukt einer Schülerin oder eines Schülers aus der Expertengruppe in der Anfangsphase falsch oder lückenhaft ist. Nun muss sich der starke Schüler entscheiden: Hält er sich raus oder ist er bereit, der Expertengruppenarbeit einen Lernberatungscharakter zu geben? Das hieße, ohne direkte Gegenleistung viel von sich herzugeben. Ob eine Person in einer solchen Situation sofort bereit ist, ihr Wissen und Können mit anderen zu teilen, hängt von ihrer dispositionalen Empathie ab. Einfacher ausgedrückt: Entweder eine prosoziale Persönlichkeitsausbildung liegt bereits vor oder nicht. Für uns Lehrkräfte ist es entscheidend, auf lange Sicht die prosozialen Verhaltensmuster in einer Klasse zu stärken (vgl. Kapitel 7). Kooperative Lernformen sind dafür ein Königsweg. Prosoziales Verhalten wird in Klassen, für die das Lernen in kooperativen Lernformen Alltag ist, immer wieder herausgefordert und gefördert. Eine Erfahrung, die alle Kollegen teilen, die die Chance hatten, in solch einer Klasse zu unterrichten.

Manche Schülerinnen und Schüler sind von vornherein prosozial gestimmt, andere weniger oder gar nicht. Letztere sind relativ selten. Das bemerken Sie frühzeitig, wenn Sie Ihren Unterricht auf eigenverantwortliches Lernen umstellen. Die hier mit »weniger prosozial« charakterisierten Schüler bekommen oft zum ersten Mal ein Forum, in dem sie ihre bislang kaum zutage getretene prosoziale Seite weiterentwickeln und vertiefen können – insbesondere mit unserer Hilfe (Lernumgebungsgestaltung). Dies bestätigen auch die Erfahrungen der SOkeL-Praktiker und anderer Kollegen, die viel mit kooperativen Lernformen arbeiten. Im Unterricht zeigt sich deutlich, dass Disziplinschwierigkeiten, verfeindete Cliquenbildung und egoistische Notenfixierung verschwinden bzw. entscheidend minimiert werden. Je mehr wir es schaffen, prosoziales Verhalten in den Klassen zu fördern, desto befriedigender verlaufen die Lernprozesse. Damit wird auch für uns Lehrer der Unterrichtsalltag entspannter.

6.4 Die Förderung zur prosozialen Persönlichkeit

Prosozialen Persönlichkeiten fällt es leicht, die Perspektive von Hilfeempfängern zu übernehmen. Sie fackeln nicht lange, sondern greifen gleich helfend zu. Diese Form des Helfens nennt sich nicht-aufopferungsvoller Altruismus. Prosoziales Verhalten allgemein und auch der nicht-aufopferungsvolle Altruismus beruhen auf Austauschverhältnissen. Im Gegensatz zum aufopferungsvollen Altruismus wird hier eine bestimmte Gegenleistung erwartet. Bei starken und prosozialen Persönlichkeiten mag die Anerkennung genügen, die zum Beispiel ihrer strukturierenden Arbeit in den Expertengruppen, ihren Vermittlungsfähigkeiten oder ihrer Unterstützung in den Stammgruppen entgegengebracht wird. Eine Anerkennung, die letztlich in die Poleposition des Klassenverbandes führt. Prosoziales Verhalten ist meistens eine Mischung aus Altruismus und Egoismus. Bei Schülerinnen und Schülern mit weniger stark ausgeprägtem prosozialem Verhalten, ob schwach oder stark in der schulischen Leistung, liegen die Dinge anders.

Bevor auf die Förderung prosozialer Verhaltensweisen eingegangen wird, soll zunächst betrachtet werden, was eine prosoziale Persönlichkeit ausmacht. Welche Unterrichtsziele sollten wir uns setzen, damit die Schülerinnen und Schüler dieses Verhalten entwickeln, das eine Grundlage für gelingende Lernprozesse ist?

6.4.1 Die prosoziale Persönlichkeit

Die prosoziale Persönlichkeit zeichnet sich durch die Bereitschaft zu sozialer Verantwortung, durch Empathie und durch interne Kontrollüberzeugung aus. Letztere ist vom Begriff »Selbstwirksamkeit« abzugrenzen. Das kommt uns bei diesem sensiblen Thema der wechselseitigen Hilfe im Unterricht entgegen, denn Selbstwirksamkeit hat eine sehr aktive Konnotation. Um Selbstwirksamkeit zu fühlen, muss ein Mensch der Überzeugung sein, die Dinge im Griff zu haben. Das handelnde Subjekt hat dabei nicht nur die Kontrolle über bestimmte Situationen. Vielmehr kann es diese zu seinen Gunsten beeinflussen und gewünschte Ereignisse herbeiführen.

Interne Selbstkontrolle ist passiver konnotiert. Zwar geht es auch hier um das Gefühl, die Situation kontrollieren zu können; sie muss aber nicht durch einen selbst herbeigeführt worden sein. Diese Unterscheidung ist für uns als Lehrer wichtig, weil wir in der langen Übergangszeit vom lehrerorientierten zum selbstorganisierten Unterricht die handelnden Subjekte sind. Wir sollen für die Schüler Situationen herstellen, in denen sie sich künftig wechselseitig helfen. Im Gruppenpuzzle versetzen wir sie zum Beispiel in nicht gänzlich vorausplanbare Lernsituationen, die im kooperativen Lernen immer auch Hilfe-Situationen sind. In einem sind sich Selbstwirksamkeit, interne Kontrollüberzeugung und soziale Verantwortung jedoch gleich: Sie setzen eine Situation voraus, die einen ausgeprägten Zusammenhang zwischen dem eigenen Verhalten und seinen Folgen möglich erscheinen lässt (vgl. Stroebe/Jonas/Hewstone 2003, S. 327). Mit anderen Worten: Wenn ich schon helfe, dann möchte ich auch die Folgen meiner Handlung sehen und kontrollieren können.

Prosoziale Persönlichkeiten sind mit einem ausgeprägten Gerechtigkeitssinn ausgestattet. Sie glauben an eine gerechte Welt, das heißt, sie gehen davon aus, dass Menschen bekommen, was sie verdienen. Liegt nun für jemanden eine missliche Situation vor, so hilft der prosoziale Mensch, diese Situation zu verändern. Wer mag, kann hier egoistische Motive unterstellen. In letzter Konsequenz geht es für die prosoziale Persönlichkeit ja darum, den eigenen Glauben an eine gerechte Welt wieder herzustellen. »Ist prosoziales Verhalten in dem Sinne wirksam, dass das Problem gelöst wird, fördert der Glaube an eine gerechte Welt Hilfsbereitschaft« (Stroebe/Jonas/Hewstone 2003, S. 327).

Leider hat der ausgeprägte Zusammenhang zwischen dem sozialverantwortlichen, empathischen Verhalten auf der Grundlage internaler Kontrollüberzeugung und den erwarteten Folgen des eigenen Verhaltens einen unbekömmlichen Nebeneffekt. Hat die prosoziale Person in einer Notsituation nämlich den Eindruck, dass sie kaum helfen kann und die Beseitigung der Ungerechtigkeit ungewiss ist, so kann sie zu einem anderen Mittel greifen. Nicht die Situation erscheint problematisch, sondern der Hilfebedürftige. Eine Abwertung dieser Person erfolgt z. B. mit der Feststellung, dass sie an ihrer Lage selbst schuld sei. Hätte sie sich anders verhalten, wäre sie nicht in diese Lage gekommen. Bedauerlicherweise ist dieser Zusammenhang äußerst praxisrelevant, besonders beim Umstieg vom lehrerorientierten zum schülerorientierten Unterricht. Es ist den stärkeren Schülerinnen und Schülern nicht zu verdenken, dass sie sich zu Beginn der Umstellung nicht immer kooperativ verhalten. Wenn z.B. ein Gruppenmitglied das zu erarbeitende Sachgebiet nicht versteht und dies auch nach mehrmaligem Erklären nicht gelingt, kann der Geduldsfaden schnell reißen. Die Hilfe wird eingestellt und der Mitschüler als hoffnungsloser Fall abgestempelt.

Die Abwertung eines schwachen Schülers in einer Expertengruppe löst unweigerlich eine Kettenreaktion aus. Unter Umständen muss dann die Lehrkraft eingreifen. Andernfalls droht in der nachfolgenden Arbeitsphase (der Stammgruppe) die Gefahr, dass die Gruppenmitglieder das undifferenzierte Unterbreiten von Lernmaterial und Lernstoff durch ihren Experten bemerken. Damit würde sich die Problematik für den schwachen Schüler verschärfen. Ist seine Leistung permanent schwach, so muss er geschützt werden, zum Beispiel indem er in Vermittlungsphasen gedoppelt wird. Trotz gegenteiliger Erwartungen von manchen Kollegen erfahren dies schwache Schüler als Entlastung. Aber um diesen Fall geht es hier nicht. Es geht um schwächere Schülerinnen und Schüler, die wir mit berechtigter Hoffnung aus der »Gefahrenzone« herausholen können.

Welche Chancen haben wir als Lehrer, schwächere Schüler (aber nicht nur diese) in kooperativen Lernformen durch andere Schüler fördern zu lassen? Im Wesentlichen sind dies:
- Verhindern einer Abwertung des Hilfebedürftigen
- Fördern des kooperativen Lernens, insbesondere durch sozial motivierte Austauschbeziehungen
- Aktivieren des prosozialen Verhaltens durch Förderung der sozialen Verantwortung
- Bereitstellen »fairer« kooperativer Lernsituationen

6.4.2 Die Abwertung des Experten blockieren

Zur Klärung dieser Sachlage soll der obige Fall wieder aufgegriffen werden. Der schwache Schüler, hier als Experte in einer Stammgruppe tätig, kann Nachfragen der Stammgruppenmitglieder nicht beantworten oder erntet Kritik. Bevor die Schülerinnen und Schüler gelernt haben, selbst ihre Konflikte zu regeln, rufen sie in der Regel nach der Lehrkraft. Der Lehrperson muss es jetzt darum gehen, die drohende Abwertung des Experten zu blockieren. Sie kann im ersten Schritt zweierlei tun: zum einen eine Nachhilfe des Experten in seiner Expertengruppe organisieren, zum anderen einen Experten aus der Gruppe des schwachen Schülers zur Hilfe holen. Da Sie Ihre Klasse kennen, wissen Sie, in welchen Stammgruppen besagte Schwierigkeiten auftauchen könnten. Also nichts wie hinein in diese Gruppen und sich als Ansprechpartner anbieten. Anbieten heißt aber nicht aufdrängen; die explizite Aufforderung zur Hilfe muss von den Schülerinnen und Schülern ausgehen. Es muss seitens der Lehrkraft mit Empathie vorgegangen werden. Die helfende Intervention der Lehrperson ist in diesem Falle nötig, damit mögliche Frustrationsreaktionen der Stammgruppenmitglieder gemindert werden. Es besteht die Gefahr, dass bei einer wiederholten Zuteilung des schwachen Schülers in diese oder eine andere Stammgruppe mit Ablehnung gegenüber dem betroffenen Schüler und mit einer geringeren Anstrengungsbereitschaft reagiert wird. Gehen Sie dennoch davon aus, dass Sie nicht genau mitbekommen, was in den Gruppen wirklich passiert. Umso wichtiger ist es, dass Sie immer wieder im Plenum ein Erfahrungsfeedback nicht nur zulassen, sondern vehement einfordern, damit die verdeckten Probleme zur Sprache kommen.

Unser Fallbeispiel ist mit der Problembearbeitung innerhalb der Stammgruppe nicht erledigt. Denn die Quelle des Problems des schwachen Schülers liegt meist anderswo. Es dauert ziemlich lange, bis Schülerinnen und Schüler soweit sind, das Sandwichprinzip innerhalb der Expertengruppe anzuwenden. Dieses besteht bekanntlich aus unterschiedlichen Lagen von Erarbeitungs- und Verarbeitungsphasen, aus individuellen wie auch kooperativen/kollektiven Phasen. In den Expertengruppen wird lange Zeit auf die zweite Individualphase verzichtet, wenn wir nicht streng darauf achten. Die Vorbereitung auf den Stammgruppenvortrag ist aber essenziell und sollte nicht übersprungen werden. Im Prinzip ist die Vorbereitungsphase nichts anderes als eine individuelle Verarbeitungsphase des in der Gruppe aufgearbeiteten Lernstoffes. In stiller Rede wird der Stammgruppenvortrag geübt.

6.4.3 Förderung des kooperativen Lernens durch sozial motivierte Austauschbeziehungen

In einer Schulklasse geht es zu wie im richtigen Leben: Mit den einen verbinden sich freundschaftliche Gefühle, mit den anderen oberflächliche Beziehungen. Bei 25 bis 30 Lernenden sind alle möglichen Kombinationen zwischen diesen beiden Polen denkbar. Der gemeinsame kleinste Nenner sind Austauschbeziehungen (vgl. Stroebe/Jonas/Hewstone 2003, S. 335 ff.). In Austauschbeziehungen versuchen Schülerinnen und Schüler den Nutzen ihrer Handlungen in sozialen Situationen zu maximieren. Die Maximierung besteht im Abwägen von Kosten und Belohnung. »Was bringt es mir«, mag sich eine Schülerin oder ein Schüler fragen, »wenn ich mich auf Gruppenarbeit einlasse?« »Gehe ich nach dem TEAM-Prinzip (**T**oll, **E**in **A**nderer **M**acht's) vor oder bringe ich mich voll ein?« Eine verständliche Frage, deren Relevanz wir für unsere Schülerinnen und Schüler durch kooperative Situationen minimieren wollen.

Das Rezeptbuch der SOL-Köche sieht eine Gruppenarbeit von beispielsweise fünf bis acht Schülerinnen und Schülern nicht vor. Zu viele Köche verderben den Brei. Ein mehrgängiges Menü kommt auf diese Art nicht zustande, ein anspruchsvolles Lernarrangement für eine Lernsituation mit komplexer Anforderungsstruktur erst recht nicht. Köche in einer Großküche teilen sich die Arbeit auf. Auf diese Weise lernen es auch die in SOkeL einzuführenden Schüler. Folglich können sie später ausgedehnte Projekte planen und durchführen. Der Chef de Sauce bereitet nicht auch noch die Füllung für die Kalbsbrust und das karamellisierte Gemüse zu. Nicht nur der Hauptgang ist ein kooperatives Gesamtwerk, das gesamte Menü ist es. Für die Vor- und Nachspeisen sind wiederum andere zuständig. Die Köche stehen in einer Austauschbeziehung. Jeder versucht sein Bestes zu tun, auf dass es dem Gast insgesamt schmeckt. Ihr Aufwand (Kosten) und ihre Belohnung sind im Einklang. In Notsituationen ist immer jemand da, der helfen kann.

Schülerinnen und Schüler befinden sich meist nicht in Leistungssituationen wie die Profi-Köche und auch nicht in selbstlosen Freundschaftsbeziehungen, sondern in Lernsituationen. Also ist es kein Drama, wenn mal etwas anbrennt, ein Lernprodukt ungenießbar ist und gepfefferte Auseinandersetzungen in Gruppenarbeiten stattfinden. Dass die Austauschbeziehung unter den Schülern nicht darunter leidet, gelingt durch die Art und Weise der SOkeL-Leistungsbewertung, die positives Lernhandeln belohnt und missglückten Lernprozessen und -ergebnissen nicht den Stempel des Scheiterns aufdrückt. Für den weniger prosozialen Schüler ist damit eine Motivation gegeben, im kooperativen Verbund zu verbleiben.

Der Normalfall ist jedoch ein anderer: Durch das beständige Geben und Nehmen in den kooperativen Verfahren, die durch die SOkeL-Leistungsbewertung (vgl. Kapitel 13 und 14) verstärkt werden, stellt sich Nähe her. Dies geschieht zwanglos, weil sich die Mitschülerinnen und Mitschüler in diesen voneinander abhängigen Kleingruppen sehr gut kennenlernen. Da dies auch private Dinge beinhaltet, können viele über die zunehmenden Kenntnisse der lebensweltlichen Hintergründe die Handlungsweise des Einzelnen verstehen und meist akzeptieren lernen. Auch weniger empathische Schüler lernen so das Verhalten ihrer Mitschüler vor deren jeweiligen familiären, psychischen und sozialen Hintergründen einzuordnen.

Beim kooperativen Lernen sind die Lernenden in eine wechselseitige Abhängigkeit versetzt. In derlei Situationen ist die Fixierung auf die Maximierung der eigenen Belohnung kaum sinnvoll, denn allein kommt man nicht zum Ziel. Dies ist der Nährboden für die *prosoziale Transformation*. Sie macht sozial motivierte Beziehungen im Zusammenspiel von kooperativer Lernsituation (allein kommt man nicht zum Ziel) und der in ihr stattfindenden lernhandelnden Annäherung der Individuen zueinander wahrscheinlicher. Der Stresspegel sowohl für die Schülerinnen und Schüler wie für die Lehrkraft sinkt. Wechselseitiges Helfen ohne permanentes Schielen auf den Nutzen nimmt zu. Die Zunahme prosozialen Verhaltens und die Abnahme lernstörender Umstände bedingen einander. Mit dem verstärkten Auftreten von prosozialem Verhalten und von sozial motivierten Beziehungen, seien sie schwach oder stark, wird die soziale Verantwortung im Klassenraum bedeutend. »Frühere Forschungen hatten gezeigt, dass Menschen umso härter im Interesse ihrer Partner arbeiten, je abhängiger dieser Partner ist. Es wurde angenommen, dass wahrgenommene Abhängigkeit die Norm der sozialen Verantwortung aktiviert, die wiederum prosoziale Reaktionen motiviert« (Stroebe/Jonas/Hewstone 2003, S. 338). Dieser Zusammenhang ist in kooperativen Lernformen sozusagen institutionalisiert, zum Beispiel im Gruppenpuzzle. In der Stammgruppe wird entschieden, wer in welcher Expertengruppe stellvertretend für die anderen lernen soll. Die anderen sind dann von diesem Experten abhängig.

SOkeL ist allerdings kein Weltrettungsinstrument, und kooperative Lernformen sind kein Zaubermittel. Wenn Schülerinnen und Schüler aus ihrer passiven Zuschauerrolle herausgeholt und in aktive Lernsituationen und sozial motivierte Beziehungen versetzt werden sollen, ist Geduld gefordert. Ihre Schülerinnen und Schüler müssen all das in der Regel erst noch lernen. Einiges müssen sie aber auch *ver*lernen, z. B. die soziale Verantwortung für Schwächere auf andere abzuschieben. Warum soll ausgerechnet *ich* helfen? Es sind doch genug andere da, die das machen könnten? Verantwortungsdiffusion – so der Fachbegriff aus der Sozialpsychologie – ist in kooperativen Lernformen mit wechselseitigen Abhängigkeitsverhältnissen verständlicherweise schwierig. Und noch ein positiver Effekt stellt sich ein: Auch die Verantwortungsdiffusion für sich selbst wird im SOkeL-Unterricht schwierig. Stress ist angesagt, wenn ein Gruppenmitglied die in der Gruppe verabredeten Arbeitsaufträge nicht ausführt. Plötzlich steht der nachlässig Lernende einer geschlossenen Reihe von selbsternannten Erziehungsberechtigten gegenüber, in einer für ihn sehr unangenehmen Situation. Und es kommt noch dicker: Der betreffende Schüler kann aufgrund der SOkeL-Leistungsberatung nicht einmal mehr die Schuld für Minderleistungen der Lehrkraft anlasten. Viele Schülerinnen und Schüler lernen zum ersten Mal in ihrem Leben, Verantwortung für sich selbst zu übernehmen.

6.4.4 Fairness als Grundbaustein kooperativen Lernens und prosozialen Verhaltens

Helfen ja, aber nicht zu jedweder Bedingung. So lautet eine wichtige Prämisse nicht nur für den Schulunterricht. Mitschüler gehören, von Ausnahmen abgesehen, nicht zum engsten Kreis der Freunde. Von starken Schülern immer nur selbstloses Handeln für die schwächeren zu fordern, ist zwecklos. In vielen sozialpsychologischen Experimenten konnte nachgewiesen werden, dass faire Bedingungen herrschen müssen, damit sich prosoziales Verhalten zeigen kann. Dies bedeutet nichts anderes, als dass die Grundbedürfnisse des Gebers befriedigt sein müssen, bevor er altruistisch handeln kann. »Die Menschen überlegen zunächst, was ihnen als eigener, gerechter Anteil zusteht. Darüber hinaus empfinden sie Empathiegefühle und handeln altruistisch (unter der Bedingung, dass ihre Standards für persönliche Gerechtigkeit erfüllt sind), wenn das Schicksal anderer ungerechtfertigt ungünstig zu sein scheint« (Stroebe/Jonas/Hewstone 2003, S. 341).

Auf kooperative Lernsituationen und Lernformen bezogen lässt sich im ersten Schritt feststellen, dass wir den stärkeren Schülerinnen und Schülern nicht das Gefühl geben dürfen, kooperative Gruppen permanent nach demselben Schema zu formen. Wenn jeweils ein schwacher, ein mittlerer und ein starker Schüler zusammenkommen, ist der starke ständig in der gebenden Position. In der SOkeL-Praxis kann man dieses Problem weitgehend umschiffen, da die Lehrkraft die Expertengruppen binnendifferenziert nach Schwierigkeitsgrad einteilt oder einteilen lässt. So können die starken

Schülerinnen und Schüler auf Augenhöhe geben und nehmen. Wenn die Lehrkraft einen starken Schüler hin und wieder in die Gruppe der schwachen setzt, als Organisator von Lernprozessen und als Qualitätsbeauftragten, so wird das Gerechtigkeitsgefühl des starken nicht verletzt. Wird den Schülerinnen und Schülern freie Hand bei der Gruppenzusammensetzung gelassen, kommt meist ohnehin eine bunte Mischung von stärkeren und schwächeren Schülerinnen und Schülern zustande.

In einer weiteren Hinsicht werden in SOkeL Situationen hergestellt, die von potenziell Gebenden als fair empfunden werden können. Ein Schüler kommt allein nicht mehr weiter, Hilfe ist nötig. Diese Unterstützung kann entweder in einer ausgedehnten Individualphase wie dem Lernatelier oder außerhalb der Unterrichtszeiten gegeben werden (vgl. dazu die Ausführungen in Kapitel 7). Warum aber sollte der stärkere Schüler sich dieser Mühe unterziehen – und dazu noch außerhalb des Unterrichts, in der Freizeit? Die Antwort lautet: weil er fair behandelt wird.

Innerhalb der Leistungsbewertungsverfahren von SOkeL gibt es die »Lernberatung« (vgl. Kapitel 14). Die Schülerinnen und Schüler setzen sich nach vordefinierten Regeln hin und beraten bzw. lassen sich beraten. Dafür erhält der Gebende notenwirksame Punkte. So gibt der Starke ab, ohne sich aufopfern zu müssen. Gleichzeitig verhindern wir den Fluchtweg, die Abwertung des Hilfesuchenden als hoffnungslosen Fall. Gibst du mir, geb' ich dir, heißt das Motto. Obwohl der Gebende egoistisch handelt – sofern er auf die Punkte schielt –, kann er seinem Altruismus freie Bahn geben. Der eine hält die verabredete Beratungszeit plus einen kleinen Zuschlag ein. Der andere arbeitet so lange mit dem Hilfesuchenden, bis der es endlich verstanden hat. »Eine im echten Sinn altruistische Motivation kommt erst ins Spiel nach der Befriedigung egoistischer Ansprüche, die sich auf die eigene gerechte Behandlung im sozialen System beziehen. Ergebnisse, die unter das Niveau eines persönlichen Gerechtigkeitsstandards fallen, führen zu einer egoistischen Orientierung, die über altruistische Neigungen dominiert (Stroebe/Jonas/Hewstone 2003, S. 341).

6.4.5 Und wie fühlen sich die nehmenden Schülerinnen und Schüler?

Das Problem der Hilfe ist mitnichten nur ein Problem der stärkeren Schülerinnen und Schüler. Denn die Gebenden haben insbesondere in schulischen sozialen Situationen den Vorteil, dass Helfen als fair und erwünscht angesehen wird. Sie wenden zwar Zeit und Mühe auf, die als »Kosten« gesehen werden können. Dafür erhalten sie aber nicht nur ein positives Sozialimage, sondern auch noch Belohnungen in Form von Punkten als weiteren »Gewinn«. Die Gefahr dabei ist allerdings, dass sich die nehmenden Schülerinnen und Schüler als abhängig, passiv und auf Dauer als schwach erleben. Wie soll man mit dieser Angst umgehen? »Wegen der negativen Implikation von Schwäche und Unterlegenheit, die mit der Rolle des Hilfeempfängers assoziiert werden, werden die Empfänger bemüht sein, die altruistische Beziehung umzudeuten, indem sie ihren eigenen Beitrag hervorheben« (Stroebe/Jonas/Hewstone 2003, S. 346). Auch darum kümmert sich sowohl die SOkeL-Leistungsbewertung als auch die spezielle Form kooperativen Lernens im Sandwichverfahren.

Im SOkeL-Unterricht kann die Verantwortungsübernahme für sich selbst als eines der ersten Etappenziele begriffen werden. Würden wir es nicht schaffen, dass sich Schülerinnen und Schüler mit Problemen von sich aus aktiv ratsuchend an andere wenden, wäre selbstorganisiertes Lernen nicht möglich. Die Hilfeempfänger bekommen von uns ein Mittel an die Hand, die altruistische Beziehung zum beratenden Mitschüler umzudeuten und ihren eigenen Beitrag zur Situation hervorzuheben. Wir verwandeln sie in eine Austauschbeziehung. Denn der hilfebedürftige Schüler bekommt seinen fairen Anteil an Punkten. Für seine Überwindung, einen anderen um Hilfe zu bitten, bekommt er ebenfalls Punkte, wenn auch deutlich weniger als der Gebende. Insgesamt ist der Deal dennoch fair. Lernhilfe plus eigene Punkte machen das Hilfeersuchen attraktiv. Und vor allem ist der Ratsuchende nicht mehr nur in der Rolle des Nehmenden. Denn ohne das Zutun des schwächeren Schülers bekäme auch der stärkere keine Punkte. Das Gefühl von Schwäche und Abhängigkeit wird dadurch minimiert. Auch der Gebende ist abhängig. Ohne Lernberatungen verschwindet die Eins hinter dem Horizont der Möglichkeiten.

Lernberatungen finden eher am Ende von Lernprozessen statt. Es sind nicht viele Schüler, die dann tatsächlich noch Hilfe benötigen, um ein rettendes »Ausreichend« zu erhalten. Um in der anfänglich benutzten Metapher der Großküche zu bleiben: Bevor serviert wird, wird abgeschmeckt. Das ist die Lernberatung. Wechselseitige Hilfe wird im Herstellungsprozess des Menüs nebenbei getätigt, je nach Möglichkeit in wechselnden Situationen. Eine überragende Bedeutung erhält hierbei die Funktion der Gruppenarbeit, wie wir sie in SOkeL strukturieren.

Zum Abschluss dieses Kapitels noch ein allgemeiner Hinweis: Ein in Mathematik hilfebedürftiger Schüler kann im Fach Englisch ein Gebender sein. Es ist eine wichtige soziale Erfahrung, einmal ein Nehmender und einmal ein Gebender zu sein. Sind die Lernenden später lernkompetenter geworden und arbeiten die Lehrpersonen einer Klasse im Team, sind gemeinsame längere fachübergreifende Festigungsphasen möglich (vgl. Kapitel 15). Es ist dann auch möglich, dass innerhalb eines Schultages jeder Schüler mehrmals Hilfe gibt und nimmt. Mit anderen Worten wird den Lernenden einer Klasse durch diese vielfältigen sozialen Austauschbeziehungen einsichtig, wie wichtig prosoziales Verhalten ist.

7. Kooperative Hilfssysteme als soziale Austauschbeziehungen im Unterricht

Im Folgenden werden helfende und kooperativ gestaltete Festigungsmethoden sowie Methoden zum Aufbau metakognitiver Strategien innerhalb und außerhalb des Unterrichts vorgestellt. Sie sind unterrichtspraktische Umsetzungen der im vorigen Kapitel aufgezeigten Problematiken. Dort wurde dargestellt, dass der hilfegebende Schüler das Gefühl haben muss, eine faire Situation vorzufinden. Gleichzeitig darf sein Bedürfnis nach Kontrollüberzeugung nicht dazu führen, dass er den hilfebedürftigen Schüler abwertet. Um für beide Seiten eine faire Situation herzustellen, bekommt der Beratende mehr Punkte als der Beratene. Der eine gibt schließlich ab und der andere empfängt. Dadurch, dass auch der Empfangende notenwirksame Punkte bekommt, kann er sein Hilfeersuchen umdeuten. Die hierzu vorgestellten Methoden (Lernberatung, Lernpartnerschaft, Qualitätsüberprüfung) finden vorwiegend außerhalb des Unterrichts statt.

Klassen mit eingeübtem eigenverantwortlichen Lernen und Erfahrungen aus dem Lernatelier (vgl. Kapitel 15) können mit all den hier vorgestellten Methoden auch *im* Unterricht arbeiten. Im Falle des Lernzirkels empfiehlt es sich sogar, ihn erstmals in der Klasse einüben zu lassen. Damit kann die Lehrkraft helfend eingreifen, wenn die Ablaufroutinen noch nicht verinnerlicht sind.

7.1 Das Hilfssystem

Wenn die Schüler im Lernzirkel, in Lernpartnerschaften oder Lernberatungen arbeiten, sind wir normalerweise nicht dabei. Der anweisende Lehrer fehlt; die Schüler müssen selbst wissen, was sie tun sollen. Doch sollten wir in den Arbeitsgruppen nicht völlig fehlen. Benötigt wird jemand oder besser ausgedrückt etwas, das uns vertritt. Unsere Vertreter sind die Ziele, die sich die Schüler setzen sollten, sofern sie nicht ins Blaue hineinarbeiten wollen. In den aufarbeitenden und festigenden Phasen setzen sich die Schüler inhaltliche Ziele, insbesondere im Hinblick auf die anstehende Klassenarbeit. Ohne dass eine Lehrkraft sie darauf hinweisen müsste, sind schnell die klassenarbeitsrelevanten Inhalte der Kann-Listen/Kompetenzlisten im Zentrum des Interesses. Dies sind Selbstüberprüfungslisten dessen, was gelernt werden soll (vgl. Kapitel 12). Aber auch Arbeitsziele sind wichtig. In den Erarbeitungsphasen zu Beginn einer Unterrichtseinheit stehen diese bei selbstständigen Lernphasen im Vordergrund, da die Schüler die Inhalte der Ziele noch nicht kennen bzw. sich in eben dieser Phase damit auseinandersetzen.

Es ist von eminenter Wichtigkeit, dass die Schüler lernen, sich realistische Ziele zu setzen. Sie als Lehrperson sollten dies immer wieder mit ihnen üben. Besonders beim ersten Mal sollten Sie in der Rolle eines Gruppenmoderators laut denkend an der Tafel

Ziele formulieren. Der Hinweis, dass gesetzte Ziele meist nicht erreicht werden, sollte als Mantra immer wieder von Ihnen vorgebracht werden. Dies allerdings verbunden mit der Begründung, dass oft der Arbeitsaufwand unterschätzt oder das Ziel nicht sachgerecht oder zu allgemein formuliert wurde. Zum Schluss ihrer Arbeit sollen die Schüler in die wichtige Zielüberprüfung gehen. Diese beinhaltet folgende Fragen: Haben wir die Ziele erreicht? Wenn nein, warum nicht? Was folgt daraus? Welche Aktionen müssen wir uns jetzt vornehmen? Schüler meinen oft, nur dann eine erfolgreiche Arbeit geleistet zu haben, wenn sie ihre Ziele umgehend erreicht haben. Für uns Lehrer ist es ein hartes Stück Arbeit, ihnen zu verdeutlichen, dass es darauf *nicht* ankommt. Das Nichterreichen der Ziele ist nämlich häufig der Normalfall. Die Kompetenz der Schüler erweist sich insbesondere darin, wie sie mit diesem vermeintlichen Misserfolg umgehen.

7.1.1 Der Lernzirkel

Beim Lernzirkel geht es darum, dass die Schüler kurz vor der Klassenarbeit die Gelegenheit bekommen, eigenverantwortlich den »Stoff« zu wiederholen. Die Vorgabe ist, dass sich drei Schüler (unter Umständen auch vier, was nicht wirklich optimal ist) zusammenfinden und entscheiden, was sie wie aufarbeiten wollen. Beim ersten Mal listet die Lehrkraft auf, was alles getan werden könnte. Obgleich die Gruppenzusammensetzung per Sympathiewahl stattfinden sollte, ist es möglich, dass ein Gruppenmitglied deutlich mehr gibt als nimmt. Daher ist es bei den ersten beiden Lernzirkeln von Vorteil, wenn notenwirksame Punkte in Aussicht gestellt werden (vgl. Kapitel 14). Ein weiterer Grund für die Punktevergabe ist die Einübung von Zuverlässigkeit.

Noch sind die Schüler in der Umstellungsphase vom lehrerzentrierten Unterricht zum eigenverantwortlichen Lernen. Beim dritten Lernzirkel verzichtet die Lehrperson auf die Punktevergabe, weil bis dahin die Schüler gemerkt haben (sollten), dass der Lernzirkel eine effektive Lernform ist, die allen hilft. Möchten einzelne Schüler lieber allein arbeiten, so soll es Ihnen recht sein. Vergleichen Sie aber am Ende der Lernzirkelzeit, welches Pensum der einzelne Schüler und welches Pensum ein Zirkel schafft. Beim nächsten Mal sind es dann vermutlich viel weniger Einzelkämpfer.

Wenn Sie den Ablauf studieren, werden Sie sehr schnell erkennen, dass Grundprinzipien des kooperativen Lernens angewendet werden. Die Lernzirkelteilnehmer einigen sich selbstständig (!) darauf, was sie für die Klassenarbeit lernen sollten. Sie entscheiden, wer welche Themen übernimmt und welche zusätzlichen Übungsmaterialien entwickelt werden. Es erfolgt auch hier wieder die Aufforderung der Gruppe an den Einzelnen: Lerne und arbeite für uns, übernimm Verantwortung, sei zuverlässig. Es braucht nicht viel Fantasie, um sich vorzustellen, welche Probleme auftauchen werden. Andererseits bekommen die Schüler damit eine Steilvorlage, sich um die personelle und sozial-kommunikative Kompetenzentwicklung zu kümmern. Ein Arbeitsmittel dafür werden Verfahren des wechselseitigen Schülerfeedbacks sein (vgl. Kapitel 12 und 14).

Vor der ersten Durchführung sollte der Klasse klar sein, was von ihr erwartet wird und wofür genau es Punkte gibt. Am besten, Sie diktieren den Ablauf ins Heft oder schreiben ihn an die Tafel.

Ablauf des Lernzirkels		
Nr.	Schritt	Bemerkungen
1	Bildung von Lernzirkeln in der Vorstunde	Drei Schüler finden sich zusammen.
2	Die Schüler sichten ihre Unterlagen, formulieren ihre Ziele und delegieren Aufgaben als Hausaufgaben.	Die Schüler versetzen sich in wechselseitige Abhängigkeit. Sie sind gezwungen, für sich und die anderen Verantwortung zu übernehmen.
3	In der folgenden Stunde füllen die Schüler weiter den Arbeitsbogen »Lernzirkel« aus (Funktionsrollen, Arbeitsschritte, Zeitzuweisung).	Die Lehrperson geht von Lernzirkel zu Lernzirkel und wirft einen Blick auf die Zielformulierung und die Arbeitsschritte und berät gegebenenfalls. Sie weist darauf hin, dass die Arbeitsphase als Sandwich zu planen ist.
4	Der Lernzirkel tagt innerhalb der angegebenen Zeit.	Die Lehrperson bietet sich nonverbal an, sie ist jederzeit ansprechbar.
5	Zur angesagten Zeit vervollständigen die Schüler das Verlaufsprotokoll und nehmen eine Zielüberprüfung vor.	Die Lehrperson betont wiederholt, dass das Nichterreichen der Ziele normal sei und dass es darauf ankomme, was daraus gemacht wird.
6	Die Schüler reformulieren ihre Ziele und fertigen eine neue Arbeitsplanung an. Oder: Sie geben sich selbst Hausaufgaben für eine erneute Überarbeitung des Stoffes.	Da die Lehrperson während der Arbeitsphase der Lernzirkel dabei war, erteilt sie nach der Zielüberprüfung die Punkte. Es sind keine Punkte für eine vollständig richtige Erarbeitung, sondern für die getätigte Lernarbeit.
7	Unter Umständen erfolgt eine Plenumsphase, um Unsicherheiten und offene Fragen zu klären.	

7.1.2 Die Lernberatung

Die Lernberatung findet außerhalb des Unterrichts statt. Erst später, wenn die Klasse befähigt ist, im Lernatelier zu arbeiten, kann diese Lernmethode ab und zu während der Unterrichtszeit stattfinden. Im Unterschied zum Lernzirkel werden für die Lernberatung in jedem Falle notenwirksame Punkte vergeben. Der Gebende erhält mehr als der Nehmende. Meist sucht der schwächere Schüler eine Lernberatung. Manchmal werden die Lehrer um Vermittlung gebeten. Für leistungsstarke Schüler ist die Lernberatung ein Vehikel, um zu einer sehr guten Note zu kommen. Ganz besonders bei der

Einführung dieser Methode empfiehlt es sich, das Beratungsgespräch nur zu zweit zu führen. Erst später, wenn die Schüler geübt sind, kann der Kreis sich öffnen und eine Gruppenberatung ermöglichen. Dies aber mit nicht mehr als vier Teilnehmern und bei gleicher Punktzahl.

Bei der Lernberatung ist es besonders wichtig, dass der Berater und der Beratungsnehmer klare Zielvorstellungen haben. Dies ist wesentlich leichter gesagt als getan. Zu Beginn des eigenverantwortlichen Lernlebens unserer Schüler ist ihnen die Bedeutung der Zielorientierung für einige Zeit nicht klar. Hier gilt wie in der großen Politik das Prinzip des Bohrens dicker Bretter. Wichtig ist deshalb, dass Sie bei der Einführung im Rollenspiel vormachen, worauf es ankommt. Verwickeln Sie den Rollenspielpartner in ein Gespräch darüber, was er lernen will. Der Rollenspielpartner muss vorab informiert sein, wie Sie das Rollenspiel angehen werden, z. B. dass Sie fortwährend laut denken. Schreiben Sie die Ziele laut denkend an die Tafel und verwickeln Sie ihn anschließend in eine Interaktion. Vorteilhaft ist es, wenn Sie dabei Materialien zur Veranschaulichung einsetzen können. Dieses Rollenspiel mit begleitendem lautem Denken ist eine Variante aus der erweiterten Lehrerrolle.

Ablauf der Lernberatung		
Nr.	Schritt	Bemerkungen
1	Zwei (maximal drei) Schüler fragen die Lehrperson, ob sie eine Lernberatung durchführen dürfen.	Bei Anfängern müssen Sie aufpassen, dass nicht zwei gleich starke Schüler eine Lernberatung durchführen. Dies wäre dann eher ein Lernpartnerschaftstreffen.
2	Die Schüler erhalten das Formular zur Dokumentation der Lernberatung.	Verdeutlichen Sie vorsichtshalber nochmals Ihre Erwartungshaltung.
3	Die Schüler füllen den Formularkopf aus, insbesondere die Zielsetzung.	Sie entscheiden bei Anfängern, ob die Schüler vor der Beratung den ausgefüllten Formularkopf vorweisen müssen. Da eine zielgerichtete Planung kompliziert und ungewohnt ist, füllen viele Schüler das Formular erst nach der Beratung aus (meist nicht aus Bequemlichkeit).
4	Nach der Beratung werden die Ziele überprüft.	
5	Die Schüler legen zu zweit die Lernberatungsdokumentation vor und verteidigen bei Nachfragen ihre Angaben.	Insbesondere bei Anfängern sollten Sie ein unmittelbares Feedback geben. Gehen Sie dialogisch auf den Beratungsprozess ein und hinterfragen Sie die Zielüberprüfung konstruktiv-kritisch.
6	Die Schüler legen ihr Punktekonto zum Eintrag vor. Der beratende Schüler bekommt mehr Punkte als der Beratene.	Zur didaktischen, pädagogischen und psychologischen Bedeutung der SOkeL-Leistungsbewertung vgl. Kapitel 14.

7.1.3 Die Lernpartnerschaft

Die Lernpartnerschaft *begleitet* den Unterrichtsprozess. Sie hat den Sinn, dass zwei oder maximal drei ungefähr gleich starke Schüler sich nach dem Unterricht treffen, um den durchgenommenen Lernstoff im Sinne *einer Wiederholung* aufzuarbeiten. Oft finden sich aber befreundete Schüler zusammen, unabhängig von ihrer Leistungsstärke. Die Lehrkraft legt fest, wie viele Lernpartnertreffen nötig sind, um eine bestimmte Punktzahl zu erreichen.

Erfahrungsgemäß ist es nötig, dass Sie in den Klassen dafür werben, Lernpartnerschaften einzugehen. Im eigenverantwortlichen Lernleben einer Klasse ist dies eine der ersten eigenständigen Lernhandlungen der Schüler. Da sie dies noch nicht kennen, den Arbeitscharakter der Lernpartnerschaft aber sofort begreifen, wird nicht gleich »zugegriffen«. Der Verweis auf notenwirksame Punkte ist deshalb ein durchaus förderliches Argument.

Die Lernpartner erhalten ein Formblatt, das so ähnlich wie das des Lernzirkels aufgebaut ist. Lediglich die selbstständige Hausaufgabe entfällt als Pflicht. Angaben zur eigenen Zielsetzung, Zeitzuteilung zu den einzelnen Arbeitsschritten, kurzes Verlaufsprotokoll, finale Zielüberprüfung und Unterschrift für den Wahrheitsgehalt der Angaben sind auch hier vorgegeben. Ein vollständiges Arbeitsblatt zum Ausdrucken findet sich unter www.sokel.de.

7.1.4 Die Qualitätsprüfung

Zu einem späteren Zeitpunkt, wenn eine Klasse in der Aneignung von Lernkompetenzen schon gut vorangekommen ist, wird die Qualitätsprüfung interessant. Sie ist für leistungsstarke Schüler gedacht, die ein Lernprodukt anderer Schüler untersuchen bzw. bewerten sollen. Dies können Portfolio-Einlagen, Lerntagebücher, umfangreiche Recherchen oder Verbalisierungen von Strukturlegearbeiten sein. Die Qualitätsprüfung ist für den prüfenden Schüler arbeitsaufwendig und anspruchsvoll. Aus der Qualitätsanalyse der Vorlage soll zum Schluss eine Lernberatung abgeleitet werden, die wie üblich protokolliert wird.

7.2 Arbeitsnachweise und Kontrolle – Umgang mit den Formularen

Vielleicht sind Sie mit den Hilfesystemen zum ersten Mal damit konfrontiert, dass Sie notenwirksam auf ein Lernverhalten von Schülern reagieren sollen. Dies erscheint problematisch, da Sie bei der Lernleistungserbringung – abgesehen vom unterrichtlichen Lernzirkel – nicht dabei waren. Damit können Sie nicht überprüfen, wer sich in welchem Umfang positiv oder negativ verhielt. Des Weiteren sind Sie vielleicht unsicher, ob die Leistungserbringung überhaupt von den punktbegehrenden Schülern stammt. Sicherlich gibt es hin und wieder Betrugsversuche; sie sind aber selten. Bei der Einführung der Hilfesysteme kommt es schon mal zu oberflächlichen Bearbeitungen, die aber eher auf Unvermögen beruhen. Wesentlich seltener geschieht dies aus der Absicht heraus, leicht an Punkte zu gelangen. Wie wir Lehrer möchten auch die Lernenden ihren Lohn ehrlich verdienen.

Wenn die Schüler ihre Unterlagen abgeben, sollte die Lehrkraft auf jeden Fall darauf eingehen und nachfragen. Die Schüler wollen darin wahrgenommen werden, dass sie Leistung erbracht haben. Zudem haben sie zusätzliche und freiwillige Arbeit geleistet, auch wenn sie dafür mit Punkten belohnt werden. Bei der Nachfrage über das Gelingen oder die Schwierigkeiten im Arbeitsprozess kann der Lehrer eine realistische Einschätzung darüber entwickeln, ob sich die Schüler angestrengt haben oder ob sie nur auf schnelle Punkterzielung aus waren. Letzteres kommt wie gesagt selten vor.

7.2.1 Der Aufbau der Formulare

Die in SOkeL verwendeten Formulare sind zwar unterschiedlich, aber sehr ähnlich aufgebaut. Im Kopf befindet sich die Angabe, um welche Art des Leistungsnachweises es sich handelt; gefolgt von den Namen der durchführenden Schüler, dem Datum und dem Zeitumfang sowie dem Ort der Durchführung. Der Mittelteil der Formulare besteht aus der Zielbestimmung. Dazu und zur vollständigen Lernhandlung finden Sie vertiefte Informationen im Kapitel 12.

Im Folgenden ist eine Anfänger-Lernberatung abgedruckt. Die Beratende war eine sehr starke und ehrgeizige Schülerin. Aber auch bei ihr wird das Anfängerproblem ersichtlich: Zwar hatten die Schülerinnen vor der Beratung über Zielvorstellungen gesprochen, das Formular aber haben sie erst hinterher ausgefüllt – ein typisches Novizenproblem. Da die Schülergruppen oft unabhängig von uns arbeiten und wir keine direkte Einsicht haben, sind wir auf Belege und Beweise ihrer Arbeit angewiesen. Es muss daher relativ oft »ausgefüllt« werden. Die Standardformulare müssen aber nur am Anfang ausgeteilt werden. Sehr schnell sind die Lernenden in der Lage, das Formular aus dem Gedächtnis auf ein Blatt Papier zu schreiben. Wichtige Formulare finden Sie im Downloadbereich von www.sokel.de.

Dokumentation einer Lernberatung

Lernberater/in: Seda   Beratene/r: Mona

Datum: 15.12.2006   Ort: Wohnung Se

Zeitraum: 13:30 – 14:15 Uhr

Schwerpunktthema: Armut – Lebenslagenkonzept

Ziel unserer Arbeit/gegebenenfalls individuelle Ziele:

Mit der Lernberatung möchte die Lernberaterin Seda der Beratenen Mona mithilfe des vorliegenden Textes das Lebenslagenkonzept erklären und verständlicher darstellen. Schwerpunkte waren die »Soziale Lage« und die »Lebenslage«. Anschließend hat Seda das Diagramm auf der zweiten Seite anhand des Textes erklärt und den Zusammenhang mit der »Sozialen Lage« und der »Lebenslage« hergestellt.

Unser Ziel ist es, dass Seda den schwierigen Text über das »Lebenslagenkonzept« in eigenen Worten verständlich und sicher erklärt; auch sollte sie offene Fragen beantworten können.

Zeitplanung:

20 min: Die »Soziale Lage« und die »Lebenslage« mithilfe des vorliegenden Textes erklären und dazu eigene Beispiele und Wörter nutzen, um die Begriffe verständlicher zu machen.

10 min: Das Diagramm anhand des Textes darstellen und erklären.

10 min: Offene Fragen beantworten; Mona sollte das, was Seda erklärt hat, mit eigenen Worten wiedergeben.

Tagesziel erreicht? Wenn nicht, welche Konsequenzen?

Ja, unser Tagesziel wurde erreicht. Mona hat die »Soziale Lage« wie auch die »Lebenslage« verstanden und konnte sie mit eigenen Worten wiedergeben.

Ich habe an der Lernberatung erfolgreich teilgenommen. Meinen Erfolg dokumentiere ich mit der angehängten Aufgabenbearbeitung.

Darstellung des Themas (bitte auch Rückseite benutzen): Beiblätter

Für die Richtigkeit: Lernberater/in: Seda
                                        Beratene/r: Mona

Abgegeben am: 18.12.2014
Bestätigung der Lehrerin/des Lehrers:

8. Die Rolle der Emotionen beim Lernen: Vorerfahrung

In den Kapiteln über das bereichsspezifische Vorwissen und das semantische Netzwerk wurde gezeigt, wie insbesondere der semantische oder in Sprache fassbare Teil der Wissensnetze den Lernprozess begünstigt oder erschwert. Nun kommt noch eine wesentliche Vorbedingung für gelingende Lernprozesse dazu: *die Vorerfahrung*. Sie bestimmt die Haltung des Schülers zur Schule generell, zum jeweiligen Fach, zu weiblichen oder männlichen Lehrern, zu Mitschülerinnen und -schülern. Die Summe biografischer Erfahrungen hat in jungen Jahren einen wesentlichen Einfluss auf die Persönlichkeitsbildung und damit auch auf die Kompetenzstruktur des Einzelnen. Die bereichsspezifische Vorwissensstruktur ist für uns Lehrer noch eher zugänglich als die Vorerfahrung, insbesondere wenn sie in Gestalt der einzigartigen oder individuellen Kompetenzdisposition eines Schülers (vgl. Kapitel 12) auftritt, die nicht ohne Weiteres zu erfassen ist.

8.1 Das Gehirn lernt ständig

… und dazu sei es auch noch seine Lieblingsbeschäftigung, so Manfred Spitzer. Leider lernt es nicht immer das von uns Gewünschte. Ein Beispiel aus dem Schulleben: Ein Schüler kommt eine Woche vor der Notenkonferenz zu seiner Lehrkraft und fragt mit bittendem Tremolo in der Stimme: »Herr Soundso, kann ich noch ein Referat halten? Ich brauche unbedingt eine Vier.« Herr Soundso ist genervt, aber er ist ja kein Unmensch und stimmt zähneknirschend zu. Drei Tage später hält der Schüler sein Fünf-Minuten-Referat; eigentlich eine einzige Katastrophe. Er bekommt aber noch knapp seine Vier. Was hat der Schüler gelernt? Eine vergurkte Anstrengung am Ende des Halbjahres reicht. Gewonnene Vorerfahrung: Warum sich das ganze Halbjahr anstrengen, wenn es auch so geht? Lernen durch Erfolg nennt sich das. Ein fragwürdiger Erfolg, auf den wir Lehrer gern verzichten. Sicherlich fallen Ihnen weitere Beispiele für Lernergebnisse ein, die Sie wirklich nicht erreichen wollten. Denken Sie nur an das trickreiche Verhalten bei Meldungen im Frontalunterricht.

Etwas in der Schule nicht so zu schaffen, wie es sein sollte, sei es die Präsentation eines undifferenzierten Lernergebnisses oder ein offenkundiger Fehler in aller Öffentlichkeit, zieht oft unangenehme Folgen nach sich. Der Schüler schämt sich oder wird gar beschämt. Leistet er sich öfter Fehler, wird dies notenwirksam, ob vom Lehrer gewollt oder nicht. Der Schüler lernt, solche Situationen in Zukunft tunlichst zu vermeiden. Lieber nichts als möglicherweise etwas Falsches sagen oder tun. Wer kennt dieses Verhalten in den Klassenzimmern nicht?

Im direkten wie auch im übertragenen Sinn verstehen Schüler und Schülerinnen sofort die Botschaft der roten Tinte (R. Kahl). Gelernt wurde hier, dass Fehler und Fehlerhaftes gefährlich sind. Eine durchaus realistische Einschätzung. Kann doch der Lehrer im lehrerzentrierten Unterricht gar nicht anders, als beständig Leistungssituation und Lernprozess zu vermischen. Dies ist nicht seine Schuld. Vielmehr zwingt ihn die Struktur dieser Unterrichtsform dazu. Eine starke Schülerin dagegen kann in derselben Situation ein positives Lernerlebnis haben. Sie hat etwas – vielleicht sogar kluges – Fehlerhaftes vorgetragen, die Lehrerintervention sofort verstanden. Den Fehler hat sie mit einem zusätzlichen Lerneffekt überwunden und sich damit eine sehr gute Note gesichert. Sie hat gelernt, dass Fehler nicht schlecht sein müssen, sondern sogar zu unerwarteten Erfolgserlebnissen führen können. Beide geschilderten Lernerlebnisse sind mit Emotionen verbunden. Bei dem einen mit Scham, bei dem anderen mit Erfolgsgefühlen. Das ist auch bei allen anderen Lernvorgängen so, denn Lernen ist *immer* mit Emotionen verbunden.

8.2 Das prozedurale Gedächtnis

Wie (angst)schweißtreibend war doch die erste Fahrt im eigenen Auto direkt nach der Führerscheinprüfung mitten im Berufsverkehr. Im Spätherbst bei Nieselregen und Dunkelheit über den achtspurigen Kreisverkehr des Ernst-Reuter-Platzes in Berlin zu fahren, ist wahrlich kein Quell der Freude. Ängstlich und verkrampft achtete ich auf alles um mich herum. Jahre später fahre ich über denselben Kreisel, das Radio etwas leiser gestellt, weil ich kurz telefoniere. Und es ist kein Problem für mich, gleichzeitig auf den Verkehr, die Fußgänger und die Tankfüllung zu achten.

Wer jemals einen Lehramtspraktikanten im Unterricht hatte, wurde dadurch vielleicht an die ersten Stunden seiner eigenen Fahrpraxis erinnert. Der Praktikant hält seinen modernen Unterricht (frontal mit Methodenmix); der Lehrer sitzt zwischen den Schülern und beobachtet. Der Praktikant ist nicht nur hoch motiviert, sondern auch hoch konzentriert. Er fährt sozusagen zum ersten Mal an einem Novemberabend über den Ernst-Reuter-Platz. Die üblichen Verdächtigen beteiligen sich engagiert, durchaus erfreut über die Abwechslung. Was der Praktikant nicht sieht: Ein Schüler telefoniert schamlos offen, eine Schülerin bearbeitet ihre Fingernägel, eine weitere liest ein interessantes Buch (auf Englisch, lobenswert!). Ab und zu schaut sie scheinbar interessiert zum Praktikanten auf. Jahre später ist er Referendar, unterrichtet nach wie vor tafelbezogen, aber mit Methodenmix. Er ist in der Lage, die geschilderten Erscheinungsformen möglichen Schülerverhaltens zu erkennen. Er versucht sie zu unterbinden, was ihm jedoch nicht glückt. Hilfesuchend wendet er sich an Sie und möchte wissen, wie er sich durchsetzen und Autorität ausstrahlen kann. In der Not geben Sie ein paar Tipps, wohlwissend, dass damit niemals die komplexe Realität in einem Klassenzimmer in den Griff zu bekommen ist.

Der Referendar wird Ihr Kollege, mit dem Sie viele Jahre lang gern zusammenarbeiten. Zehn Jahre nach Ihrer Pensionierung treffen Sie sich auf einen Kaffee, erinnern sich an sein damaliges Referendariat und an seine Frage. Sie schmunzeln beide und überlegen, wie es sich denn nun verhält mit Durchsetzungskraft und Autorität. Die Quintessenz ihrer Reminiszenzen ist, dass sie zwar vielerlei Anhaltspunkte finden, aber keine komplette Antwort. Was ist geschehen?

Die Handlungsabläufe bei der Fahrt über den Ernst-Reuter-Platz oder bei dem Versuch, durch ein bestimmtes Lehrerhandeln Autorität und Durchsetzungswillen auszustrahlen, sind längst nicht vollständig erfasst. Derlei Abläufe lassen sich generell nicht komplett wahrnehmen, verstehen und vor allem nicht versprachlichen. Versuchen Sie doch probeweise jemandem zu erklären, wie Fahrradfahren funktioniert oder Schwimmen. Sie können demonstrieren, wie es geht, aber nicht alles in unmissverständliche Worte fassen. Unser Gehirn geht trickreich mit der Umwelt um. Es braucht Zeit, Energie und Kraft, um sich mit der Außenwelt auseinanderzusetzen, das heißt über sie nachzudenken. Diese Leistung wird deklaratives Gedächtnis genannt. Alle Routine-Tätigkeiten und -Fähigkeiten aber schiebt das Gehirn aus den bewussten Gedächtnissphären ab – in die Tiefe zum prozeduralen Gedächtnis. Die Inhalte des prozeduralen Gedächtnisses sind für uns nicht mehr bewusst greifbar, da sie *nicht sprachlich* zu fassen, *nicht verbalisierbar* sind. Es hat durchaus viele Vorteile, wenn ein Mensch etwas erfolgreich ausführen kann, ohne darüber nachdenken zu müssen.

Für den Wechsel vom lehrerzentrierten Lehren zum eigenverantwortlichen Lernen hält diese Sachlage zuerst einmal Probleme vor. Beide Seiten, Schüler wie auch Lehrer, müssen an ihren Handlungsprozessmustern (vgl. Kruse 2004) feilen. Es ist eben nicht einfach, die zwar langweilige, aber bequeme Routinehaltung des Angewiesenwerdens, des Unselbstständigseins und des Passiv-Nachvollziehenden aufzugeben. Eine Arbeitshaltung, die Eigenständigkeit und Selbstverantwortung fordert – und übrigens auch Fleiß und andere Sekundärtugenden –, erscheint zunächst anstrengender als die gewohnte Routine. Auf der anderen Seite der Schülerbank dasselbe Bild: Lehrerzentriert Lehren kann der Lehrer, schließlich hat er das als Schüler 13 Jahre und als Student fünf bis sechs Jahre selbst erlebt. Im Referendariat wurde das lehrerzentrierte Lehren fortgesetzt, wenn auch mit Methodenmix. Jahre der Berufsausübung folgten; somit kann der Lehrer viele Unterrichtssituationen »wie im Schlaf« bewältigen. Ein Hoch auf das prozedurale Gedächtnis? Wohl nicht für den, der den Unterricht umstellen möchte. Unterrichten, in welcher Form auch immer, ist Interaktionsarbeit zwischen vielen Menschen. Da gerät die Lehrkraft schnell unter Handlungsdruck. Und unter Druck hat der Lehrer dann schneller frontal gehandelt, als selbstorganisiert gedacht. Das ist ein großes Problem für die Lehrer-SOkeL-Novizen bei der Umstellung. Erst wer selbst einmal mit einer Klasse durch den Umstellungsprozess gegangen ist, wird von der Umsetzbarkeit selbstorganisierten Lernens überzeugt sein. Es gelingt tatsächlich, dass bei den Schülern selbstbestimmte, eigenverantwortliche Lernhandlungsprozessmuster in Fleisch und Blut übergehen.

8.3 Vernunft oder Gefühl – wer behält die Oberhand?

Die sensorischen Zentren des Gehirns sind pausenlos empfangsbereit. Sie werden mit Informationen aus der Außenwelt überschwemmt, ohne dass wir dies jemals bewusst wahrnehmen würden. In jeder Millisekunde strömen unfassbar viele Informationen auf das Hirn ein (Hermann 2006). Doch die Kapazität dieses Organs ist begrenzt, diesen Overkill an Informationen *gleichzeitig* zu verarbeiten. Zum Glück sorgte die Evolution dafür, dass das Gehirn Strategien entwickeln konnte, um den Spreu vom Weizen zu trennen. Im Informationsüberschuss, der über die Sinne gleichzeitig ins Gehirn geleitet wird, sind bereits bekannte Informationen dabei. Daher kann das Gehirn dem Neuen Verarbeitungsressourcen zuweisen und dem Altbekannten nur das absolut notwendige Minimum. Viel wichtiger aus schulischer Sicht ist, dass der emotionale Gehalt bei den selektierten *neuen* Informationen die Grundlage zur Handlungsentscheidung des Schülers ist. Und dies selbstverständlich vor dem Hintergrund des emotionalen Grundzustandes des Handelnden.

Die Bewertung des Neuen findet auf Grundlage von Emotionen statt, nicht auf Grundlage der Vernunft oder der Logik oder des Vorderhirns (Kortex). Das limbische System steuert uns über Emotionen, ohne dass wir es bewusst wahrnehmen. Nur wirklich bedeutungsvolle Reize müssen verarbeitet werden; weniger bedeutende können unterdrückt werden. »Diese Unterdrückung von unwesentlichen Reizen oder falschen Handlungsalternativen geschieht in einem Prozess der Selektion und Bewertung. Er läuft in der Regel hochautomatisiert und *unbewusst* ab« (Herrmann 2006). Etwas be*werten*, etwas einen Wert geben, geschieht vor dem jeweiligen persönlichen Hintergrund. Es ist also ein emotionaler Vorgang, kein objektiver unpersönlicher. Bei ADHS-Kindern ist diese hochautomatisierte Funktion des Bewertens durch das Gehirn eingeschränkt, bei vielen anderen neurologischen und psychiatrischen Krankheiten mehr oder weniger stark gestört. »Erfolg ist daher nicht die Summe richtiger Entscheidungen, sondern das Resultat der erfolgreichen Unterdrückung falscher Entscheidungen« (Herrmann 2006).

Vernunft oder Gefühl? Bewusstes oder Unbewusstes? Wer hat das letzte Wort? Die neurokognitive Wissenschaft sagt eindeutig, dass das limbische System, die Gefühle oder Emotionen das letzte Wort haben. »Dies ist biologisch sinnvoll, denn so wird garantiert, dass wir dasjenige tun, was sich in unserer gesamten Erfahrung bewährt hat. Gefühle sind diese Gesamterfahrung in konzentrierter Form; sie könnte in entsprechenden Details niemals bewusst repräsentiert werden« (Roth 2006c).

Alle Menschen – und im Fokus dieses Buchs die Schüler – bringen in eine neue Lerneinheit die Gesamtheit ihrer Gefühlserfahrung mit. Sie bewerten auf dieser Grundlage, wie sie sich in den Unterricht einbringen wollen und ob überhaupt. Im Folgenden wird die Gesamterfahrung als *Vorerfahrung* gekennzeichnet. Damit ist gemeint, dass vor einem Lernprozess die Vorerfahrung die Weichen stellt, wie sehr sich der Schüler auf das Neue und auf das Lernen einlässt. Hüther (2014) fasst diesen Zusammenhang mit dem Begriff der »Inneren Bilder« als ein summa summarum aller kognitiv-emotionalen Erfahrungen, mit denen ein Mensch der Welt und eben auch konkret einer neuen Unterrichtseinheit gegenübertritt.

Wenn Emotionen unser Denken und Handeln so stark steuern, stellt sich die Frage, wozu wir eigentlich unser Alleinstellungsmerkmal der Evolution brauchen: den menschlichen Kortex und die syntaktische Sprache? Für den modernen Schulunterricht sind die Leistungen von Kortex und Sprache unverzichtbar, z. B. wenn verschiedenartige Gedächtnisinhalte zusammengefügt werden. Insbesondere gilt dies für neue Wissensnetze »und wenn es um komplexe Handlungsplanung geht – also um all die Fälle, für die das Gehirn keine fertigen Rezepte parat hat« (Roth 2006c). Noch keine fertigen Rezepte für neue Situationen parat zu haben? Ist dies nicht ein wunderbarer Ausdruck für Lernanlässe in Lernsituationen?

8.4 Überprüfungsroutinen: Es gibt einen Anfang vor dem Anfang

Wenn wir des Morgens frohgemut die Klassentür öffnen, die Unterlagen für die neue Lerneinheit auspacken und beginnen, das neue Thema vorzustellen, schlägt uns die geballte Macht der Emotionen der Lernenden entgegen. In den Gehirnen der Schüler läuft unbewusst ein mehrstufiger emotional-wertender Überprüfungsprozess des neuen Unterrichtsthemas ab:

1. Stufe der Überprüfungsroutine: Liegt Neues vor?
Das neue Lernthema wird vorgestellt. Unbewusst (nicht im freudschen Sinne) wird von den Schülern, sprich ihren Gehirnen, überprüft,
- ob das Thema für sie *neu* ist. Ist es nicht neu, wird die Bereitschaft sogleich abgebremst, sich auf den Unterricht einzulassen.
- ob es *zu neu* ist. Fehlen die Andockpunkte in der Vorwissensstruktur, hört der Schüler seinen Lehrer zwar reden, kann aber dieser Darstellung keine Bedeutung zuweisen. Folge: Der Schüler merkt weitgehend gar nicht, dass ein neuer Stoff besprochen wird. Er versteht nicht, was der Lehrer eigentlich will.
- ob der dargebotene neue Lernstoff *hinreichend neu* ist. Das heißt, ob die Möglichkeit besteht, das Neue mit der Vorwissensstruktur zu verbinden. Wenn ja, wird die erste Ampel auf Lern-Grün gestellt (das »hinreichend« wird uns noch beschäftigen).

2. Stufe der Überprüfungsroutine: Persönliche Relevanz
Die dem Bewusstsein unzugänglichen Regionen des Gehirns prüfen nun, ob das neue Thema in irgendeiner Weise persönlich Relevanz oder Wert für den Lernenden hat.
- Kann der Lernende weder einen Bezug zu seinen Interessen und Motivationslagen, zu seiner Persönlichkeit und seinen Überzeugungen herstellen noch sonst eine Bedeutung für sich sehen, wird das Bewusstsein nicht darüber informiert, dass es lernen soll.

- Kann der Lernende dem Neuen eine Relevanz zuweisen, wird die zweite Lernampel ebenfalls auf Lern-Grün gestellt. Somit tritt die nächste Überprüfungsstufe in Aktion.

3. Stufe der Überprüfungsroutine: Verhältnis von Aufwand und Ertrag
Nun wird abgeschätzt, wie hoch der geforderte Aufwand ist. Dieser wird in Beziehung zum möglichen Ertrag gesetzt. Sind erwarteter Aufwand und in Aussicht stehender Ertrag für den Lerner nicht im Lot, wird er die Aufmerksamkeit herunterfahren und für den anschließenden Unterricht nur das Allernötigste tun. Fällt die Prüfung jedoch positiv aus, so ist die letzte Hürde genommen: Alle drei Lernampeln stehen auf Grün.

Wenn alle Stufen der Überprüfungsroutinen erfolgreich durchlaufen wurden, bekommt das Bewusstsein endgültig grünes Licht zum Lernen. Die Bereitschaft zur Anstrengung ist nun vorhanden, die Aufmerksamkeit wird auf den neuen Lernstoff gerichtet. Verläuft der Lernprozess ungefähr im Rahmen des Erwarteten, wird eine wichtige positive Basis für den nächsten Lernprozess gelegt. Die Erfahrung, dass die Lerneinheit im weitesten Sinne gemeistert werden konnte, verleiht Flügel. Dies wirkt sich auf die folgenden Überprüfungsroutinen positiv aus. Die positive Erfahrung geht damit als eine Eingangsbedingung in den nächsten Lernprozess ein. Genau umgekehrt verhält es sich bei einem negativ ablaufenden Prozess, wenn die Überprüfungsroutinen die Lernampeln auf Rot stellen.

8.4.1 Die Überprüfungsroutinen werden durch die Vorerfahrung determiniert

Schulische Vorerfahrung drückt aus, welche Erfahrungen ein Schüler mit Lernen, Fleiß, Anstrengung oder einzelnen Fächern erworben hat. Die Vorerfahrung kann negativ besetzt sein und zu Lernpessimismus oder einem geringen Selbstvertrauen führen. Bei der Einführung eines neuen Themas ist dann die Gefahr groß, dass das Neue aufgrund des lückenhaften Vorwissens zu neu ist. Die Gefahr besteht darin, innerlich abzublocken aus Angst vor Misserfolg. Und schließlich scheint der Aufwand für erfolgreiches Lernen bei weitem zu groß. Objektiv betrachtet stellt es sich häufig so dar. Weitere Lücken entstehen, der Misserfolg verstetigt sich. Warum dann überhaupt noch in die Schule gehen? Bringt doch eh nichts! »Ich bekomme eine Fünf oder schlechter? Mir doch egal!«

Um die Vorerfahrung positiv zu wenden bzw. positiv belassen zu können, müssen die Überprüfungsroutinen mit einem Erfolgsgefühl einhergehen. Damit kann aus einem empfundenen Lernerfolg der Optimismus erwachsen, dass es nächstes Mal wieder gut laufen wird. Die Zuversicht steigt, dass man es schon hinbekommen wird. In der Psychologie nennt man das internale Kontrollüberzeugung. Dabei handelt es sich um eine sehr starke Wurzel von Lernmotivation. Die positive Beeinflussung der Überprüfungsroutinen ist mit SOkeL möglich.

8.4.2 Positive Beeinflussung der Überprüfungsroutinen

Stufe 1: Liegt Neues vor?
Eine SOkeL-Unterrichtseinheit beginnt immer mit einem Advance Organizer (vgl. Kapitel 9), der den neuen Lernstoff in einer bildhaft dargestellten komplexitätsreduzierten Art und Weise zeigt. Insbesondere bei Lernschwächeren stellt sich internale Kontrollüberzeugung ein: »Dieses Mal werde ich es schaffen«. Der neue Lernstoff wird als sinnvolle Grundstruktur präsentiert. Dabei wird eine Brücke vom neuen Stoff zum Vorwissen geschlagen. Die neuen Lerninhalte erscheinen weder als zu neu noch als schon bekannt, sondern so, wie es die erste Stufe der Überprüfungsroutinen erfordert: als *hinreichend neu*.

Stufe 2: Persönliche Relevanz
Jeder Advance Organizer hat eine Botschaft, die dem Schüler sagt, was das Thema mit ihm zu tun hat, warum er diese Inhalte lernen soll. Selbstverständlich sollte auch der lebensweltliche Bezug aufgezeigt werden. Es gibt aber auch sekundäre Relevanzen, auf die bei der Einführung einer neuen Lerneinheit eingegangen werden sollte. Zum Beispiel, dass man wieder die Möglichkeit haben wird, in soziale Austauschbeziehungen zu treten. Auch wenn die Lernenden immer wieder stöhnen: »Ohh, schon wieder Gruppenarbeit«, wissen sie doch, was sie an der Lernform haben, die sie immer stärker eigenständig handeln lässt. Es genügt, wenn das klassenbezogene Lehrerteam vereinbart, ein paar Tage lang wieder lehrerzentriert zu unterrichten, um die Kritik vorübergehend verstummen zu lassen. Außerdem ist jede kooperative Gruppenarbeit erfolgsträchtig, denn welchen quantitativen und qualitativen Beitrag man auch immer zum Gruppenergebnis einbringt, der Erfolg der Gruppe ist auch der Erfolg der Einzelnen, die die Gruppe ausmachen.

Stufe 3: Verhältnis von Aufwand und Ertrag
SOkeL-erfahrene Schüler haben am eigenen Leibe erfahren (dürfen/müssen), dass diese Unterrichtsform herausfordernd ist. Der Aufwand, der auf sie zukommt, ist groß. Gleichzeitig wissen sie, dass sich Leistung lohnt. Zeitnah zum Advance Organizer erhalten sie die Kompetenzlisten, aus denen sie vorab ablesen können, was in der Leistungsüberprüfung an die Reihe kommt. Gleichzeitig können sie den Aufwand mittels der SOkeL-Hilfssysteme reduzieren und notenwirksam wenden. Denn Schüler wissen sehr genau, was sie tun können, um die Note im allgemeinen Teil (mündlich) zu verbessern. Mit der SOLplus-Leistungsbewertung ist es möglich.

9. Start und Ziel eines SOkeL-Unterrichtsarrangements

9.1 Der Advance Organizer

Einen Königsweg zum neuen Wissen gibt es nicht. Ist der Schüler erstmals mit einer neuen Lerneinheit, einem neuen Unterrichtsthema konfrontiert, stellt es sich ihm als ein unübersichtliches, unwegsames, zerklüftetes Terrain dar – sofern er nicht mit der »Osterhasendidaktik« geführt wird, bei der ihm lange unklar ist, worum es eigentlich geht und wie er zu neuem Wissen kommt. In SOkeL dagegen werden die Lernenden auf eine Aussichtsplattform geführt, von der aus sie das unwegsame Gelände betrachten können. Die Aussichtsplattform ist hoch, so hoch, dass die Lernenden nur die herausragenden Eigenschaften (wichtigsten Inhalte) des Wissensterrains erkennen können. Ferner sehen sie gangbare Wege zwischen den herausragenden Eigenschaften (Beziehungen zwischen den wichtigsten Inhalten). Viele der Lernenden sind voller Zweifel, ob sie den Weg zum Ziel finden werden. Zum Glück haben sie einen Fremdenführer dabei, der sich im Terrain auskennt wie kein zweiter. Er gibt der Klasse eine Einführung in das Terrain, wobei er auf die herausragenden Eigenschaften und die gangbaren Wege zwischen ihnen eingeht. Die erste Stufe der Überprüfungsroutinen (Ist der neue Lernstoff hinreichend neu?) wäre geschafft!

Der Fremdenführer kennt seine Klientel. Es ist nicht die erste Klasse, die er in dieses Terrain einweist. So hat er geschickt herausragende Eigenschaften ausgewählt, die einerseits mit den (Vor-)Wissensnetzen der Schüler zu tun haben und andererseits mit ihren lebensweltlichen Erfahrungen. Er zerstreut die Befürchtungen der Klasse, dass der Weg durch das Terrain zu anstrengend sei. Nun springt auch die zweite Lernampel auf Grün. Die dritte Überprüfungsroutine bleibt weiterhin kritisch-skeptisch. Da sagt der Fremdenführer: »Liebe Leute, ja, es wird anstrengend sein. Aber sachte! Im Terrain findet ihr immer wieder Verpflegungsstände mit isotonischen Powergetränken (notenwirksame Leistungspunkte), und außerdem gibt es jede Menge leckere Sandwiches. Wer nachweislich *versucht*, seinen Weg durchs Terrain zu finden, bekommt eine Belohnung. Außerdem müsstet ihr nunmehr wissen, dass ihr nicht alleine gelassen werdet. Überall stehen Wegweiser herum, die es euch erleichtern, den jeweiligen Weg zu finden (Kann-Listen/Kompetenzraster). Ich bin jederzeit für euch da und helfe euch, wenn ihr Schwierigkeiten oder Fragen habt. Dazu bitte ich euch darum, das Selbstorganisations-GPS anzuschalten, damit ich euch jederzeit an euren Lernstandorten finden kann.« Nachdem sich die internale Kontrollüberzeugung und das Selbstwirksamkeitsgefühl bei der dritten Überprüfungsroutine gemeldet und ihr vergewissert haben, zu glauben, das neue Terrain gut und erfolgreich durchqueren zu können, entspannt sich ihre Mine und sie drückt den grünen Startknopf.

Am Nachmittag musste der Fremdenführer seine Arbeit einem Lehrerkollegium vorstellen. Das klang dann so: »Eine Möglichkeit für einen lernerfolgsträchtigen Einstieg in ein neues Stoffgebiet ist der Advance Organizer als eine vorausgehende Organisationshilfe (organizer in advance). Der Advance Organizer bietet die Möglichkeit, komplexe Themen so zu reduzieren, dass die Lernenden schnell und nachhaltig Anknüpfungspunkte finden können. Wo? In ihrer hochindividuellen bereichsspezifischen Vorwissensstruktur, mit der sie in unseren Unterricht kommen. Durch einen Advance Organizer können neue Inhalte mit schon bestehenden Wissensstrukturen verknüpft werden. Er wird *immer* von dem Fachlehrer erstellt, denn er zeigt eine Expertenstruktur, und den Lernenden als Einstieg in ein SOkeL-Unterrichtsarrangement präsentiert. Der Advance Organizer kann dann im Klassenraum aufgehängt bzw. als Kopie für die Lernenden ausgegeben werden, damit er während der ganzen Lernphase Orientierung bieten kann« (Binder 2011).

9.1.1 Begründungen für den Einsatz eines Advance Organizers

Was einen Advance Organizer ausmacht, wird im Folgenden nach Diethelm Wahl (2006) mit drei Begriffen näher erläutert: Expertenstruktur, Vernetzung und Brücke.

Der Advance Organizer ist das Abbild einer *Expertenstruktur* zu einem Thema, das den Lernprozess als »organizer in advance« in Gang setzt und unterstützt. Ein Advance Organizer soll und kann folglich gar nicht von Schülern erstellt werden, denn er ist eine vorauslaufende Themenvernetzung, die Expertenwissen voraussetzt. Er ist weder eine Agenda, die Inhalte in einer sinnvollen Reihenfolge aufzählt, noch eine Mindmap, die assoziativ Inhalte auseinanderfächert.

Ein Advance Organizer ist eine *Vernetzung* von Themen nach sachlogischen Gesichtspunkten. Der Experte trifft eine Auswahl an Inhalten zu einem Thema. Diese werden als Begriffe und Bilder zueinander in Beziehung gebracht, wobei der Advance Organizer umfassender, allgemeiner und abstrakter als die unmittelbar darauffolgenden Inhalte sein soll. Doch wie kann der Advance Organizer einen Lernprozess in Gang setzten, wenn das Ziel – das Ergebnis – den Schülern vorausgeschickt wird? Zumal das Endergebnis in seiner Komplexität noch gar nicht erfasst werden kann. Ist das nicht eine Überforderung und als solche demotivierend? So lauten die immer wiederkehrenden kritischen Fragen an den Advance Organizer.

Zum einen ist der Advance Organizer ein Lerninstrument für einen prozessorientierten Unterricht. Das Ergebnis vorauszuschicken verlegt den Schwerpunkt auf die Frage: Wie kommen wir dahin, welche Einzelschritte, Kompetenzen sind dazu nötig? Zum anderen geht der Advance Organizer aus der Erforschung der Psychologie des Unterrichts hervor. Motivation und Orientierung werden hier zusammen gedacht. Ein Advance Organizer ist nämlich eine *Brücke*, die die Vorkenntnisstruktur der Lernenden mit der sachlogischen Struktur der neuen Inhalte verbindet. Ein Advance Organizer knüpft an Vertrautes an, bietet sogenannte Ankerplätze, die dem Schüler als

Ausgangspunkt zur Erkundung der neuen Inhalte dienen. Die Motivation wird hier im Sinne von Selbstwirksamkeit verstanden. Ein sicherer Halt und Orientierung in einem im Voraus abgesteckten Feld vermitteln das Gefühl: Es ist machbar. Der in Aussicht gestellte Erfolg ist realistisch und setzt eine Motivation frei, die weiter trägt als das Wecken von Interesse über einen bildlichen Reiz in einer Einstiegsstunde.

In einem Unterricht nach SOkeL ist der Advance Organizer besonders dann wichtig, wenn selbstorganisiertes Lernen über längere Phasen angeboten wird. Dieses gelingt nur mit Strukturierungshilfen. Der Advance Organizer entfaltet hier seine Wirkung über die Einstiegsstunde hinaus, gerade auch durch seine Verknüpfung mit weiteren Lernhilfen wie der Kann-Liste und dem Punktekonto.

9.1.2 Aufbau und Konstruktionsvorschrift für Advance Organizer

Ein Advance Organizer, auch *Lernlandkarte* genannt, besteht aus Bildern, Begriffen und Beziehungen, die zusammen eine Botschaft ergeben (4-B-Merkformel). Unter einer Botschaft kann man zwar auch das Groblernziel der Unterrichtseinheit verstehen, gedacht ist sie aber vor allem für die Lernenden, die im Advance Organizer erkennen sollen, warum sie persönlich den neuen Stoff lernen sollen, was der neue Lernstoff mit ihnen zu tun hat. Mit den vier Bs unterscheidet sich ein Advance Organizer von klassischen Aufzählungen der Teilthemen und Informationen zu zeitlichen Übersichten, da diese gedankliche Zusammenhänge nicht vernetzt darstellen können. Einen guten Advance Organizer erkennt man daran, dass er nach der Präsentation durch die Lehrkraft von den Lernenden ungefähr nachgezeichnet werden kann. Wissenschaftliche Untersuchungen bestätigen verbesserte Lernleistungen durch den Einsatz von Advance Organizern (vgl. Wahl 2006).

9.1.3 Lernwirkungen

Der Advance Organizer gibt damit eine visuelle vernetzte Veranschaulichung darüber, wie und wo das neue Wissen sinnvoll eingeordnet werden kann. Es wird in vorgeschlagene Strukturen aufgenommen, die Behaltens- und die Transferleistungen erhöhen sich, Missverständnisse werden vermieden. Die Schüler rätseln zu Beginn nicht, worum es in der neuen Lerneinheit eigentlich geht, sie verirren sich mit der Lernlandkarte nicht inhaltlich. Und: Nur wenn die Schülerinnen und Schüler erkennen, warum sie das Neue lernen sollen, lernen sie auch (vgl. Kapitel 8).

Der Advance Organizer hat folgende Lernwirkungen:
- *Gesteigerte Selbstwirksamkeit* (Grundlage der Motivation): Die Schüler bekommen das Gefühl, den Ansprüchen gewachsen zu sein (»Oh, das scheint ja gar nicht so schwer zu sein. Das werde ich schaffen!«) Sie schreiben *sich selbst* die Kompetenz zu, den Anforderungen gewachsen zu sein.

- *Gerichtete Aufmerksamkeit:* Im Verlauf des Unterrichts schwankt die Aufmerksamkeit. Mit dem Advance Organizer können sich die Schüler auf die besonders wichtigen Teilthemen konzentrieren, wenn sie den Anschluss verloren haben.

Die Arbeit mit dem Advance Organizer ist das Gegenteil der »Osterhasendidaktik«, bei der die Klasse wegen des »Spannungsbogens« erst nach langer Suche herausfindet, worum es in der Stunde eigentlich ging. Etwas Spannung sollte allerdings auch bei der Vorstellung eines Advance Organizers herrschen, besonders in der Arbeit mit Jüngeren oder einer Gruppe Lernschwacher. Die Inhalte des Organizers sollten nicht trocken fachlich, sondern anschaulich und episodenhaft vorgetragen werden. In Episoden verpacktes neues Wissen wird besonders gut gemerkt. Eine rein fachliche Darstellung mit neuen Begriffen ist für das Gehirn schwer verständlich. Erst wenn die neuen Begriffe und ihre Zusammenhänge nach und nach deutlich werden, kann das Episodenhafte in den Hintergrund treten. Mit der Vorstellung des Advance Organizers steht man noch am Startpunkt des neuen Unterrichtsthemas.

Bei Jüngeren sollte die Vorstellung des Advance Organizers nicht mehr als zehn Minuten und bei älteren Schülerinnen und Schülern im Falle umfassender Lerngebiete nicht mehr als zwanzig Minuten betragen. Der Advance Organizer sollte entweder als Wandplakat oder als Kopie verfügbar sein.

9.1.4 Schritt für Schritt zum Advance Organizer

- *Schritt 1: Assoziieren*
  Nehmen Sie ein Blatt Papier und schreiben Sie zur neuen Unterrichtseinheit wahllos alle Begriffe, die Ihnen einfallen, untereinander auf. Schneiden Sie sie aus.
- *Schritt 2: Clustern*
  Clustern Sie die Begriffe. Welche Begriffe gehören sachlogisch zusammen? Beim Sortieren können Sie unwichtige Begriffe aussortieren.
- *Schritt 3: Oberbegriffe finden*
  Finden Sie für die geclusterten Begriffshäufchen Oberbegriffe.
- *Schritt 4: Zusammenhänge herstellen*
  Die Oberbegriffe werden nun zu einer Struktur gelegt und zueinander in Beziehung gesetzt, zum Beispiel durch (Concept-Map-ähnlich beschriftete) Pfeile.
- *Schritt 5: Bebildern*
  Ein Bild sagt mehr als 1 000 Worte. Aber welches der 1 000 Wörter kommt infrage? Schreiben Sie es unter das Bild. Wort und Bild haben eine bessere Behaltensleistung zum Ergebnis. Bilder finden Sie im Internet, zum Beispiel mit der Suchmaschine www.ecosia.org. Rechts im Suchfeld finden Sie ein Aufklappmenü, dort auf »Bilder« klicken und den Suchbegriff eingeben. Wenn Sie die Bilder nicht für kommerzielle Zwecke nutzen, können Sie sie runterladen und im Unterricht verwenden.

- *Schritt 6: Botschaft formulieren*
  Es ist vorteilhaft, die Botschaft nicht in die Mitte, sondern als Überschrift oder Quasi-Überschrift zu setzen. So haben Sie mehr Möglichkeiten, die Vernetzung der Oberbegriffe visuell umzusetzen.

9.1.5 Umwege erhöhen die Ortskenntnis

Das sei doch schade, wird manchmal gegen den Advance Organizer eingewandt, wenn Schüler nicht die Gelegenheit geboten bekommen, selbst das »richtige« Wissen zu entdecken. Das stimmt, SOkeL ist ein anderes didaktisches System als »Entdeckendes Lernen«. Aber anzunehmen, dass die Schüler keine Chance hätten, aufgrund ihrer Fehler lernen zu können, ist falsch. Da jeder Schüler mit einem einzigartigen Vorwissen an die Startlinie geht, wird auch das Ergebnis am Ziel der Lerneinheit einzigartig sein. Und aus unserer kritischen Kollegensicht und vom Ende des Lernprozesses her gesehen, sind die Lernergebnisse unserer Schüler meistens falsch. Nicht gänzlich falsch, sondern falsch im Sinne von unvollständig, unterkomplex, undifferenziert, nur fast richtig, oberflächlich, nur so gemeint.

Auf dem Weg zum Lernziel sind so viele Verirrungen möglich, so viele Fallstricke warten auf den Schüler, dass die Befürchtung müßig ist, er könne über Umwege seine Ortskenntnis nicht erhöhen. Der Advance Organizer wird keine Lernumwege verhindern, aber immerhin verhilft er dazu, sie abzukürzen. Denn auf dem Weg zum Ziel hat der Schüler mit dem Advance Organizer eine Landkarte zur Hand, die ihm jederzeit eine Ortsbestimmung gibt. In dieser Hinsicht trifft der Übersetzungsversuch von Advance Organizer als Lernlandkarte durchaus zu. Eine Landkarte allein sagt aber noch nichts darüber aus, wohin die Reise gehen soll. Wir brauchen für die Schüler Navigationsinstrumente, die sie zum Ziel führen. Diese Navigationsinstrumente finden wir in den sogenannten Kompetenzlisten oder Kann-Listen.

9.2 Die Kann-Listen: Was könnten die Lernenden am Ende können?

Am Ende der Lernprozesse zu einer Lerneinheit sollen die Schüler ihr Wissen vermehrt haben, sie sollen etwas können. Was die Schüler an der Ziellinie wissen und können sollen, machen wir transparent. Diese Transparenz wird von den Schülern goutiert, wissen sie doch von Anfang an, worauf sie sich für die Klassenarbeit vorbereiten müssen. Unseren Schülern wird mit SOkeL Transparenz in mehrfacher Hinsicht geboten. An der Startlinie machen wir mit dem Advance Organizer die inhaltliche Grundstruktur der neuen Unterrichtseinheit transparent und an der Ziellinie das angestrebte Können und Wissen mit den Kompetenzlisten. Zwischen Start und Ziel verlaufen die Wissens- und die Kompetenzerweiterung, sprich die verschiedenen Lernprozesse. Im

Lernprozess selbst sind wir noch in einer weiteren entscheidenden Sache transparent: der Leistungsbewertung. Doch dazu später.

Wenn ein Schüler in der aktuellen Lerneinheit etwas gelernt hat, dann ist er in der Lage zu sagen: »Ich kann.« Die Lernziele und Lerninhalte, die wir vorab definieren, teilen wir den Schülern in dieser »Ich-Kann-Form« als Liste mit. Gleichwohl es auch Kompetenzlisten für methodische, sozial-kommunikative und personelle Kompetenzen gibt, empfiehlt es sich, mit den kognitiven Kann-Listen anzufangen. Die kognitiven Ziele sind sowohl dem Lehrer als auch den Schülern vertrauter. Auch müssen die überfachlichen Kompetenzlisten anders aufgebaut werden (vgl. Kapitel 12, 14 und 15).

9.2.1 Eine Kann-Liste Schritt für Schritt aufbauen

Nr.	Ich kann					
1	... aufzählen					
2	... darstellen					

Achtung! Formulierungen wie »Ich kenne«, »Ich weiß« sind zu unspezifisch. Man muss sogenannte operative Verben – Operanten – auswählen. Statt »Ich kenne« sollte es zum Beispiel heißen »Ich kann ... nennen« oder »Ich kann ... aufzählen«. Statt »Ich weiß« könnte es heißen »Ich kann ... darstellen«. Operanten stellen sich dem Schüler als kleine Helferlein bei einer sehr schwierigen Sache dar. Die Rede ist von Selbstkontrolle und sogar Selbstdiagnose. Kleine Wörter, große Bedeutung. Unser Ziel – bitte erinnern Sie sich an die ersten Seiten dieses Buchs – ist es, den Schülern die Verantwortung für ihre Lernprozesse zurückzugeben bzw. zu übertragen. Mit der ersten Kleinmethode in diesem Buch wurde damit begonnen, denn schon bei der Sortieraufgabe sind die Schüler zum ersten Mal damit konfrontiert, selbst zu entscheiden, ob »Ich kann« oder »Ich kann noch nicht« zutrifft. Mit der Kann-Liste treiben wir die Selbstkontrolle auf die Spitze. Und wie bei der Sortieraufgabe überlassen wir bei der Kann-Liste unsere Schützlinge nicht sich selbst.

Was geschieht, wenn ein Schüler sich eingestehen muss, dass er ein Item der Kann- oder Kompetenzliste noch nicht kann oder sich nicht sicher ist? Dann soll er in der dritten Spalte der Kann- oder Kompetenzliste nachsehen, was die Ich-kann-Formulierung alles beinhaltet. Mit der dritten Spalte wird er darauf hingewiesen, wo er nachlesen, nachschlagen oder sich informieren kann.

Nr.	Ich kann	Fundort/Quelle				
1						

Eine weitere Hilfe zur Selbstkontrolle ist in Spalte 4 zu sehen (Tätigkeitsnachweis/ Erledigung). Hier soll der fortgeschrittene Schüler eintragen, was er für die Erfüllung der einzelnen Items schon getan hat. Dafür sollte die vierte Spalte freibleiben, denn die Schüler sollten selbst wissen, was zu tun ist bzw. wie sie sich Inhalte mit jeweils entsprechenden Lernmethoden erarbeiten können. Ein Blick auf diese Spalte kann durchaus ernüchternd ausfallen. Leere Kästchen sind wie das Blinkfeuer eines Leuchtturms in der Wissensdunkelheit: Hier muss noch etwas getan werden! Den Anfängern sollten wir jedoch eine Hilfestellung geben, indem wir ihnen beispielhaft aufzeigen, wie sie sich das in Spalte »Fundort/Quelle« Genannte aneignen können:

Nr.	Ich kann	Fundort/ Quelle	Erledigung			
1						

Die Spalte 5 ist sehr wichtig. Dort weisen wir die Schüler darauf hin, welchen Schwierigkeitsgrad das jeweilige Item beinhaltet. Die Schwierigkeitsgrade (SG) können Sie mit Zahlen von 1 bis 6 versehen (analog zur bloomschen Taxonomie; siehe unten). Bei jüngeren Schülern sind Smileys beliebt. Sie können auch ihre eigenen Vorstellungen umsetzen, zum Beispiel indem sie die Schwierigkeitsgrade anders darstellen (von 1 bis 4). Doch Vorsicht: Wenn andere Kollegen in der Klasse ebenfalls mit Kann-Listen arbeiten, müssen Sie sich absprechen, um die Schüler nicht zu verwirren. Sobald die Schüler gemerkt haben, welch ein positives Instrument sie mit den Kann-Listen in den Händen halten, fordern sie von selbst Ihre Kollegen auf, ebenfalls Kann-Listen zu entwerfen. Spätestens dann tut Absprache Not, denn in der Zuteilung eines Operanten zu einem Schwierigkeitsgrad (SG) sollte man übereinstimmen.

Nr.	Ich kann	Fundort/Quelle	Erledigung	SG		
1						

Gerade bei jüngeren Schülern ist eine weitere Spalte beliebt, in die sie ihren Fortschritt bzw. ihren aktuellen Standort eintragen können:

Nr.	Ich kann	Fundort/Quelle	Erledigung	SG	Standort ++ + o - --	Lernberatungen geben/ nehmen
1						

In der letzten Spalte machen die Schüler öffentlich, ob sie eine Lernberatung geben können oder ob sie eine brauchen. Die beiden letzten Spalten können Sie in Ihre Kann-Listen aufnehmen, müssen es aber nicht.

9.2.2 Sind die Kann- bzw. Kompetenzlisten eine Arbeitsbeschaffungsmaßnahme für Lehrer?

Diese Frage ist eindeutig mit Ja zu beantworten, sollten Sie den Anspruch haben, von jetzt an alle Ihre Klassen, Fächer und Jahrgangsstufen mit Kann-Listen zu versehen. Machen Sie es doch bitte einfach so wie bei den anderen SOkeL-Lerninstrumenten auch: Wählen Sie sich einen Jahrgang und eines Ihrer Fächer aus und entwerfen Sie eine Kann-Liste für die nächste Lerneinheit. Sammeln Sie erst mal Erfahrung. Wenn Sie die Zeit haben, die Kann-Liste vollständig zu entwerfen, wäre das schön und im Sinne des Erfinders. Andernfalls sollten Sie erstmal nur die wichtigsten Spalten auswählen. Das sind die Items und die Schwierigkeitsgrade. Arbeitserleichternd ist es ferner, wenn auch andere Kollegen aus Ihren Fachbereichen mit Kann-Listen arbeiten, denn dann können Sie sie austauschen und brauchen nicht alles alleine zu machen. Eventuell müssen Sie die Listen etwas abändern und auf ihre Klassen anpassen, das wäre es dann aber auch schon.

Bei der Festlegung, welche Items wichtig sind, können Sie auf die Advance-Organizer-Erstellung zurückgreifen. Sowohl beim Assoziieren als auch beim Clustern bleiben eine Menge Begriffe übrig, die Sie für den Advance Organizer nicht gebrauchen konnten, weil sie für die Schüler zu Beginn der neuen Lerneinheit zu spezifisch waren. Nun wird die Sammlung dieser Begriffe zum Pool für Kann-Listen-Items. Auch dies ist eine Arbeitserleichterung.

9.2.3 Zum unterrichtlichen Umgang mit Kann- bzw. Kompetenzlisten

Die Kann- bzw. Kompetenzlisten sollten zeitnah zur Vorstellung des Advance Organizers ausgeteilt werden. Sie gehören in die Hand der Schüler, denn sie sind Lerninstrumente, mit denen die Schüler individuell lernen sollen. Die einen Schüler versuchen relativ schnell die höheren Schwierigkeitsgrade zu knacken, die anderen sind froh, wenn sie spätestens bei der Klassenarbeit die beiden einfacheren Schwierigkeitsstufen beherrschen, um mit berechtigten Hoffnungen auf die Rückgabe der Klassenarbeit warten zu können. Die Kann-Liste wird übrigens desavouiert, wenn die Aufgabenstellungen in der Klassenarbeit nur wenig mit ihr zu tun haben. Dann fragen sich die Schüler zu Recht, warum sie sich die Inhalte der Kann-Liste erarbeiten sollen. Dies gilt es unbedingt zu vermeiden.

Auch wenn Sie alles richtig machen, stoßen Sie unter Umständen auf eine gewisse Enttäuschung: »Ich habe mich so angestrengt und alle Items bearbeitet, und jetzt sind in der Klassenarbeit nur fünf von ihnen in den Bearbeitungsfragen aufgenommen worden. Da hätte ich mir doch das Ganze schenken können!« Die Schüler brauchen eben eine Zeitlang, bis sie erkennen, dass sie auch in früheren Klassenarbeiten immer nur eine Auswahl des Gelernten nachweisen mussten, völlig unabhängig von SOkeL. Gerade von schwächeren Schülern kommt oft der Einwand, dass nur ein paar Items der Kann-Liste in der Klassenarbeit aufgenommen worden seien. Sie erkennen an dieser Stelle nicht, dass die Lösung von Anwendungs- und Transformationsfragen die Beherrschung der Kann-Listen-Items zur Grundlage hat.

Letztlich ist die Verunsicherung der Schüler der Tatsache geschuldet, dass sie unter Umständen erstmals schwarz auf weiß vor sich liegen haben, was genau von ihnen erwartet wird. Das kann für diese Schüler sehr ernüchternd sein, weil sie sich nichts mehr vormachen können und selbst entscheiden müssen, ob sie ihre Lücken aufarbeiten wollen oder nicht. In der Leistungsbewertung mit SOkeL tritt dieses Phänomen, dass eine eigentlich willkommene Transparenz bedrohend wirkt, ebenfalls auf. Denn wenn man weiß, wie Lernerfolg und Note zu erreichen ist und vor allem, was man dafür tun muss, kann man nicht mehr andere für die eigenen Versäumnisse haftbar machen. SOkeL funktioniert hier wie ein Spiegel. In ihm erkennt sich der Schüler mit seiner Anstrengungs- und Leistungsbereitschaft selbst. Er muss erkennen, dass Lernerfolg und Benotung von seinem Verhalten in der Schule abhängen, zumal die transparente SOkeL-Leistungsbewertung für jeden Schüler, ob bereichsspezifisch eher leistungsschwach oder -stark, Möglichkeiten zur Notenverbesserung anbietet, ohne befürchten zu müssen, dass bei einer Fehlleistung die Note schlechter wird. Lassen Sie sich also von anfänglicher Schülerkritik nicht verunsichern. Es wird nicht lange dauern, bis die Schüler das enorme Potenzial der Kann-Liste für sich entdecken.

Vor demselben Transparenzproblem stehen wir selbst, wenn wir eine Kann-Liste erstellen wollen. Sollen wir möglichst differenziert den Lernstoff in einzelne Items aufschlüsseln, damit sich fleißige und fähige Schüler sehr gut vorbereiten können, oder geben wir lieber einen knapperen, gut strukturierten Überblick? Die Schüler lieben Letzteres. Weil sie meinen, dass je weniger auf der Kann-Liste steht, desto weniger ist zu lernen, desto begrenzter ist der Umfang des neuen Lerngebietes. Andererseits gilt: Je knapper und zusammenfassender die Kann-Listen-Items daherkommen, desto intransparenter werden sie, weil die Schüler nicht erkennen können, wie viele Unteritems in ihnen stecken. Es bleibt Ihnen folglich nichts anderes übrig, als selbst herauszufinden, wie Ihr Kann-Listenstil sein wird.

9.2.4 Die Rolle des Lehrers im Umgang mit Kann-Listen

Die Rolle des Lehrers im Umgang mit Kann-Listen beschränkt sich bei schon lernkompetenten Schülern auf ihre Herstellung. Die Lernarbeit mit den Kann-Listen ist reine Schülersache. Unerfahrene Schüler muss der Lehrer unterstützen. Das beginnt damit, dass man die Kann-Liste gemeinsam liest und kurz (!) bespricht. Der Lehrer sollte überdies erklären, warum und wieso die Kann-Listen den Schülern nützen. Auch sollte er im weiteren Unterrichtsverlauf immer darauf hinweisen, welche Items schon bearbeitet wurden. Besonders hinsichtlich der Spalte »Erledigung/Tätigkeitsnachweise« brauchen die Schüler anfangs viel Hilfe. Man könnte zum Beispiel im Klassenplenum gemeinsam überlegen, mit welchen Aktionen oder Tätigkeiten man die Items unterlegt, damit sie als »erledigt« gelten. Das können verschiedene Formen von Visualisierung sein, eine Zusammenfassung, bestimmte Nummern von Übungsfragen oder Hausaufgaben.

Eine weitere wichtige Funktion in der Anfangsphase der Arbeit mit Kann-Listen besteht in dem unermüdlichen Hinweis darauf, dass die höheren Schwierigkeitsstufen zwar für alle Schüler gelten, dass man aber zuerst einmal die Schwierigkeitsstufen 1 und 2 meistern muss, um in der Klassenarbeit mindestens ein »Ausreichend« oder besser zu bekommen (Anschlussfähigkeit). Erst wenn man diese beiden Schwierigkeitsstufen bewältigt hat, sollte man sich den anderen zuwenden.

Im klassischen Unterricht wird überwiegend im Plenum oder kollektiv unterrichtet. In der Klassenarbeit wird dagegen hochgradig individualisiert. Die Notengebung orientiert sich am Erwartungshorizont, der der Kann-Liste sehr ähnelt. Warum also nicht mit der Heterogenität von Anfang an arbeiten? Die Kann-Liste hilft dabei, denn sie ist an sich ein binnendifferenzierendes Mittel. Während sich die einen mit den höchsten Schwierigkeitsstufen beschäftigen, kämpfen die anderen mit den einfachen. Nur: Die Schüler müssen die Gelegenheit dazu im Unterricht haben! Der Lernzirkel (vgl. Kapitel 7) ist eine gute Gelegenheit dazu.

Wenn ein Kollege die Kann-Liste als *Lehr*instrument statt als *Lern*instrument begreift, wird er scheitern. Dann wird aus dem Selbstkontrollmittel der Schüler schnell ein Kontrollmittel des Lehrers. Das sieht dann so aus, dass jener Kollege im Klassenplenum Item um Item »durchgeht«, damit alle alles kapieren, und zwar in der richtigen Form. Da aber nicht alle Schüler die Items mit höheren Schwierigkeitsgraden/Taxonomien erreichen werden, wird aus dieser Form der Kann-Listenarbeit schnell normaler Unterricht. Der Lehrer merkt, dass viele seiner Schüler den Stoff nicht oder nicht richtig verstanden haben. So zieht sich dann die Kann-Listenarbeit in die Länge und beide Seiten sind frustriert: der Lehrer, weil in der Klasse so wenig hängengeblieben ist, und die Schüler, weil sie sich langweilen, da sie den Lernstoff entweder schon längst kapiert oder schon wieder den Faden verloren haben. Sehr schnell wird dann die Kann-Liste als zeitraubendes und uneffektives Instrument zur Seite gelegt. Dass sie eine Möglichkeit zur Binnendifferenzierung bietet, wird nicht mehr gesehen.

9.2.5 Die Rolle des Schülers im Umgang mit Kann-Listen

Die Rolle des Schülers bei der Arbeit mit Kann- oder Kompetenzlisten erfordert Eigenaktivität, Selbstverantwortung, Zuverlässigkeit und Selbstkontrolle. Mithilfe der Angaben zum jeweiligen Item (Taxonomiestufe, Fundort, Erledigung/Tätigkeitsnachweis) lernt der Schüler nach und nach, sich selbst zu kontrollieren. Es ist nicht vermessen zu behaupten, dass damit eine erste Grundlage zur Selbstdiagnose gegeben ist. Die Kann-Liste kann von den Schülern sowohl innerhalb wie außerhalb des Unterrichts bearbeitet werden. Bei noch unerfahrenen Schülern sollte man im Unterricht genügend Zeit einräumen. Dabei ist darauf zu achten, dass man eine Zeitvorgabe für die zunächst strikt individuelle Arbeit an den Kann-Listen festlegt. Erst danach sollen sich die Schüler gegenseitig helfen. Mit anderen Worten: Auch aus der Kann-Listenbearbeitung kann ein Sandwich geformt werden. Natürlich werden nicht alle Probleme in den Gruppen bearbeitet werden können, weil sich leistungsschwächere, aber ehrgeizige Schüler auch an die höheren Taxonomiestufen heranwagen. Das ist lobenswert und zu fördern. Vermitteln Sie daher eine Lernberatung. Später machen das die Schüler von selbst.

Nachdem Sie ein paar Mal die Klasse in der Arbeit mit Kann-Listen angeleitet haben, können Sie zum nächsten Schritt übergehen. Dabei geht es für die Schüler direkt um die Übernahme von Selbstverantwortung, Zuverlässigkeit, Eigenaktivität und Selbstkontrolle. Dieser nächste Schritt sollte gegen Ende der Lerneinheit durchgeführt werden. Erklären Sie dazu den Schülern zuerst Ihr Vorhaben. Lassen Sie danach gegen Ende der Unterrichtsstunde Dreiergruppen bilden mit dem Arbeitshinweis, dass diese sich Items der Kann-Liste aufteilen sollen. Diese aufgeteilten Items sollen in den Gruppen als selbstgestellte Hausaufgaben gelten. In Vorbereitung auf die Gruppenarbeit in der nächsten Stunde sollen die Gruppen Funktionen verteilen (Moderator, Zeitnehmer, Protokollant/Lautstärkeregler). Der Moderator hat die Pflicht zu dokumentieren, welche Items welchem Gruppenmitglied als Hausaufgabe zugeteilt wurden.

In der nächsten Stunde müssen die Schüler zuerst ihre Arbeit organisieren. Als kleine Hilfe eignet sich eine Strukturierung als Kopie oder Tafelanschrieb.

Datum: Thema: Fach:

Moderatorin: Zeitnehmer:

Protokollant/Krokodil:

Hausaufgaben liegen vor von:

Arbeitsschritte: von ..... bis .....

Es ist durchaus ratsam, eine Klasse auch mal in Leistungsgruppen zu unterteilen, damit diese die entsprechenden Items im Sandwich durcharbeiten (um sozusagen eine Basis für das weitere Dazulernen zu schaffen). Natürlich sollen sich auch schwächere Gruppen an höhere Schwierigkeitsgrade wagen, wenn sie das Gefühl haben, die Items der einfacheren Taxonomiestufen im kognitiven Griff zu haben. Bitte achten Sie darauf, dass die individuelle Arbeit zu Beginn der Gruppenarbeit ordentlich gemacht wird. Hier entstehen die Fragen und Unsicherheiten, die man in der anschließenden Gruppenphase zu klären versucht.

9.2.6 Ziel des Einsatzes von Kann-Listen: Selbstkontrolle

Unser oberstes Ziel in der Arbeit mit Kann- oder Kompetenzlisten liegt eindeutig in der Befähigung der Schüler zur Selbstkontrolle ihres Lernfortschritts. Sie sollen dazu gebracht werden, sich selbst Auskunft über das Verhältnis ihres Leistungsstandes zum maximalen Lernziel – dargestellt in der Kann-Liste – geben zu können. Wie differenziert und vor allem objektiv ihre eigene Standortbestimmung ausfällt, hängt vor allem von der jeweiligen bereichsspezifischen Vorwissensstruktur ab.

Wenn ein Schüler allen Ernstes behauptet, dass er ein Item beherrscht, wir dies aber zu Recht bezweifeln dürfen, so können wir dennoch nicht von Täuschung, Selbsttäuschung oder Unlust ausgehen. Erinnert sei an Piaget und den Konstruktivismus. Manche Schüler haben kaum, wenig oder nur im Ansatz Inhalte der neuen Lerneinheit begriffen bzw. konnten entscheidende Differenzierungen des Inhalts nur bruchstückhaft aufnehmen, sodass die Ausgangsbasis von Lernprozessen, die kognitive Dissonanz (Piaget) oder die Perturbation (Konstruktivismus), nicht vorliegt. Beide Begriffe besagen ja, dass man zum Ausgangspunkt des Lernens salopp gesagt eine Prise Sokrates braucht: Ich weiß, dass ich etwas noch nicht *wirklich* weiß. SOkeL-Lehrer lehnen deshalb einen rein individuellen Umgang mit Kann-Listen – und auch mit anderen Lerninstrumenten – ab. Wir von SOkeL machen zu jedem Lerninstrument, seien es Kartenmethoden, Kann-Listen oder kooperative Lernformen, ein WELL- oder Sandwichverfahren. Immer folgt auf eine individuelle Aneignungsphase eine kollektive oder kooperative Verarbeitungsphase, auf die dann wieder eine individuelle Phase folgt. Durch diesen Ablauf stellen wir sicher, dass die Schüler sich wieder und wieder mit Aspekten des zu lernenden Inhalts auseinandersetzen müssen. Mit Aspekten des Inhalts, die sie so noch nicht sahen, die sie nur ahnten, die sie in fehlerhafter Weise sahen, die sie unterkomplex und unvollständig sahen und die sie jetzt zwangsläufig zum Nachdenken bringen und zur Umorganisation und Erweiterung des bisher Gelernten.

Wir versetzen unsere Schüler, ohne dass sie es merken, dadurch in binnendifferenzierende Kleingruppensituationen. Warum? Wenn Schüler sich zu Lerngruppen zusammenfinden, sind es meist Sympathiegruppen, nicht leistungshomogene Gruppen. Und das ist gut so. Die Schüler können die Gruppenzusammensetzung nach Leistungsvermögen getrost uns überlassen. Während wir die leistungshomogenen Gruppen auffordern, die entsprechenden Items der Kann-Listen zu bearbeiten, stellen wir den leistungsgemischten Gruppen frei, welche Items sie wie bearbeiten wollen. Die Organisation dieser Art von Lernarbeit ist die Kunst des selbstorganisierten Lernens, wie noch zu zeigen ist.

Zwar stellen wir es den Gruppen frei, wie sie welche Items bearbeiten, doch bestehen wir so lange auf eine Vorgehensweise, wie sie in Fleisch und Blut übergegangen ist: zuerst die individuelle Vorbereitung auf die Gruppenarbeit, dann die Gruppenarbeit selbst und anschließend die individuelle Verarbeitungsphase. Ein kleines Sandwich also. Dass die individuellen Phasen eingehalten werden, gehört zum Lehrerjob. Besonders die Verarbeitungsphase wird anfangs sehr unwillig durchgeführt. Zumal wir von den Schülern schriftliche Beweise fordern, dass sie sich um ihren Lernfortschritt kümmern. Sie werden teilweise auf viel Unwillen stoßen, den wir später ganz entscheidend mit der SOkeL-Leistungsbewertung minimieren. Bis dahin gehen wir einsichtig damit um.

9.2.7 Die Festlegung der Schwierigkeitsgrade oder Taxonomiestufen

Ein Schwierigkeitsgrad oder eine Taxonomiestufe eindeutig festzulegen, ist meist schwierig. Eine Kann-Liste ist ein Lerninstrument für Schüler, keine wissenschaftliche Arbeit. Selbstverständlich soll man sich überlegen, ob ein Item das Reorganisieren von Gelerntem oder schon das Transformieren betrifft. Überlegen schon, aber nicht den Kopf zerbrechen! Die Kann-Liste ist ein Navigationsgerät für Schüler, auf dem die Hauptverbindungswege aufgezeigt werden sollen, nicht die Feldwege. Zur Entscheidungsfindung, welcher Schwierigkeitsgrad zu welchem Item gehören könnte, lohnt es sich die bloomschen Taxonomiestufen (siehe unten) anzugucken.

Bei der Festlegung der Schwierigkeitsgrade gibt es ein Problem, das schon oben erwähnt wurde. In den oberen Taxonomiestufen sind die unteren enthalten. In Taxonomiestufe 4 (Analyse) (»Ich kann nachweisen, dass das Lernen im Sandwichprinzip effektiv ist«) ist beispielsweise die Taxonomiestufe 1 (Kennen/Wissen) (»Ich kann mehrere kooperative Lernformen aufzählen«) oder die Taxonomiestufe 3 (Anwendung) (»Ich kann eine Hausaufgabe zu einem Sandwich umformen«) enthalten. Aus sachlogischer Perspektive würde dies genügen, aber auch aus didaktischer? Wäre es nicht angemessen, den durchschnittlichen Schülern dabei zu helfen, die Taxonomiestufe 4 in untere Schwierigkeitsgrade aufzulösen, damit sie sich zu den hohen Taxonomiestufen hinaufhangeln können? Man ist geneigt, die Frage zu bejahen. Allerdings hat man dann unter Umständen eine ellenlange Kann-Liste, die die Schüler erschreckt. Der Stein des Weisen ist hier noch nicht gefunden.

Die bloomschen Taxonomiestufen
- *Stufe 1 (Wissen, Kennen)*
Typische Operatoren: angeben, aufzählen, aufzeichnen, ausführen, benennen, bezeichnen, aufschreiben, wiedergeben, beschreiben, darstellen, vervollständigen, bezeichnen, reproduzieren, zeichnen, zeigen
- *Stufe 2 (Verständnis/Verstehen)*
Hier geht es um einfaches Begreifen und darum, einfache Zusammenhänge zu erkennen. Auch sollte Gelerntes aus oder in anderen Zusammenhängen erkannt werden.
Typische Operatoren: begründen, beschreiben, einordnen, verdeutlichen, erklären, erläutern, interpretieren, übersetzen, unterscheiden, ordnen, wiedergeben, vergleichen
- *Stufe 3 (Anwendung)*
Einfache Lerninhalte werden sicher verwendet und können in variablen Situationen angewandt werden.
Typische Operatoren: abschätzen, interpretieren, umschreiben, anwenden, anknüpfen, aufstellen, ausführen, begründen, berechnen, entwickeln, beweisen, durchführen, einordnen, bestimmen, unterscheiden
- *Stufe 4 (Analyse)*
Ein komplexer Sachverhalt oder Lerninhalt kann in grundlegende Teile oder Elemente unterteilt werden; Zusammenhänge und Ordnungsprinzipien werden erkannt, sachliche Beziehungen zwischen den Inhaltselementen können herausgearbeitet werden.
Typische Operatoren: identifizieren nachweisen vergleichen, darlegen, analysieren ableiten, gegenüberstellen, klassifizieren, isolieren, gliedern
- *Stufe 5 (Synthese)*
Aus Elementen und Teilen von verschiedenen Sachverhalten ein neues Ganzes entwickeln (vernetzen), Aufstellen von Hypothesen, begründete Pläne aufstellen, neue Strukturen herstellen
Typische Operatoren: verfassen, abfassen, konstruieren, aufbauen, organisieren, planen, aufstellen, ausarbeiten, definieren, kombinieren, erläutern, entwerfen, entwickeln
- *Stufe 6 (Beurteilung)*
Betrifft maßgeblich metakognitive Strategien
Typische Operatoren: widerlegen, gewichten, folgern, werten, urteilen, vereinfachen, bewerten, beurteilen, differenzieren

9.2.8 Arbeitserleichterungen

Aller Anfang ist schwer. Den ersten Advance Organizer zu gestalten, ist aufwendig, weil man noch keinerlei Routine hat. Bei der Erstellung der ersten Kann-Liste ringt man lange um die Formulierung der Items, bis sie einem nach kurzer Zeit aus der Feder fließen. Im Gegensatz zu diesem anfänglichen Gefühl einer zusätzlichen Belastung stellt sich schnell das Gefühl ein, sich auf Dauer entlastet zu haben. Denn sind Advance Organizer und Kann-Listen einmal erstellt, ist einem die Struktur der ganzen Unterrichtseinheit klar. Es ist, als ob man sich eine Handlungsanleitung für viele Unterrichtsstunden geschaffen hätte, wird immer wieder von Kollegen berichtet.

Das Unterrichtsziel ist mit der Kann-Liste gesteckt, und der Start mit dem Advance Organizer verschafft einem viel Unterrichtsmaterial bzw. schülerorientiertes Lernmaterial. Sie sollten Ihre Begriffssammlungen zu den Advance Organizern deshalb unbedingt aufbewahren. Im Advance Organizer selbst werden ja nur Oberbegriffe und Grundzusammenhänge aufgegriffen. Im Unterricht werden diese groben Vorabangaben inhaltlich gefüllt, vertieft und differenziert. Viele Ihrer gesammelten Begriffe finden im Unterricht in den Kartenmethoden, Visualisierungen und Übungen Verwendung. Einmal gesammelt, vielfach verwendet. Der Aufwand hat sich vermindert.

10. Effektives Lernen im SOkeL-Unterrichtsarrangement als Sandwich

Das Lernbuffet ist gemäß der bisherigen Kapitel angerichtet. Die Zutaten für ein komplettes Sandwich sind vorhanden, aber das Buffet ist noch nicht eröffnet. Denn zuerst muss noch das Brot auf den Tisch gelegt werden. Es geht um den »Boden« und den »Deckel« des belegten Brötchens. Der Boden ist schon da; es ist der Advance Organizer. Ebenfalls vorhanden sind viele Sandwicheinlagen in Form individueller Erarbeitungs- und Verarbeitungsphasen im jeweiligen Wechsel mit kollektiv/kooperativen Er- und Verarbeitungsphasen. Fehlt nur noch der Deckel, der aus Kompetenzlisten und Post Organizern besteht, also aus Zielbestimmungen.

Zwischen Schülern und Buffet stehen die Zeremonienmeister. Sie verdecken einen Großteil der Köstlichkeiten. Die Zeremonienmeister geben den Inhalt und die Reihenfolge vor. Außerdem bestimmen sie den Zeitrahmen für die Aneignung der Einlagen. Das SOkeL-Unterrichtsarrangement für Novizen ist zwar nicht lehrer*zentriert*, aber lehrer*organisiert*. Bald dürfen sich die Schüler viele Sandwicheinlagen selbst auswählen (siehe Kapitel 11). Auf dem Lernbuffet liegen zahlreiche Lernhäppchen, sprich Lernmaterialien. Die einen Häppchen sind leicht verdaulich, die anderen dagegen schwierig zu handhaben. Sie passen kaum auf den Teller und müssen bei Tisch aufwendig aufbereitet werden. Erst dann können sie gegessen, also in die Vorwissensstruktur des Schülers aufgenommen werden. Diese schwierigen Lernhäppchen kann ein SOkeL-Novize in der Regel noch nicht erkennen. Die Zeremonienmeister legen sie auch nicht auf die individuell gestalteten Teller der Schüler, die hier sinnbildlich für semantische Netzwerke, Vorerfahrungen und Kompetenzdispositionen stehen.

10.1 Die Lehrerrolle im SOkeL-Unterrichtsarrangement

Wenn Lehrpersonen mangels Zeit nicht einen lehrerzentrierten Unterricht anbieten können, der jede einzelne emotional-kognitive Vorwissensstruktur von Schülern optimal bedient, dann müssen es die Schüler selbst tun (siehe Kapitel 2). In Anlehnung an Montessoris berühmte Aussage »Hilf mir, es selbst zu tun« wurden die Kapitel dieses Buches aufgebaut, nämlich als Anleitung zur allmählichen Lernkompetenzsteigerung der Schüler, »es selbst tun« zu können. Auch ein anderer Standard aus Montessoris Pädagogik trifft auf SOkeL weitgehend zu: die vorbereitete Lernumgebung. Dies wäre in der obigen Darstellung das Lernbuffet, wohingegen die SOkeL-Lerninstrumente das Besteck dazu bildeten (vgl. Abb. 2). Die vorbereitete Lernumgebung à la SOkeL besteht zu einem guten Teil aus (Selbst-)Instruktionsmaterial oder *Lern*material, nicht aus *Lehr*materialien.

Wie im Kapitel über das semantische Netzwerk beschrieben wurde, werden neu zu lernende Inhalte über Sprache transportiert. Diese Inhalte werden traditionellerweise von der Lehrperson didaktisiert und mit den Schülern fragend-entwickelnd erarbeitet. Bevor Menschen Papier schöpfen und Bücher drucken konnten, wurde entweder vorgelesen oder fragend-entwickelnd vorgegangen. Dass auch Lehrfilme, Podcasts, Lehrbücher, Zeitungsausschnitte, Spielfilme, Dokumentationen, Romane, Exkursionen, YouTube-Videos, Blogs, Foren und die sozialen Medien Wissen sprachlich vermitteln, wird oft übersehen. Der lehrerzentrierte Unterricht geht davon aus, dass nur die Lehrperson das in den genannten Medien enthaltene Wissen schülergerecht in einzelne 7G-Häppchen aufbereiten kann, und zwar in sprachliche Häppchen. Ergo glaubt man, dass es nicht anders geht. Einer müsse eben vorn stehen und vermitteln.

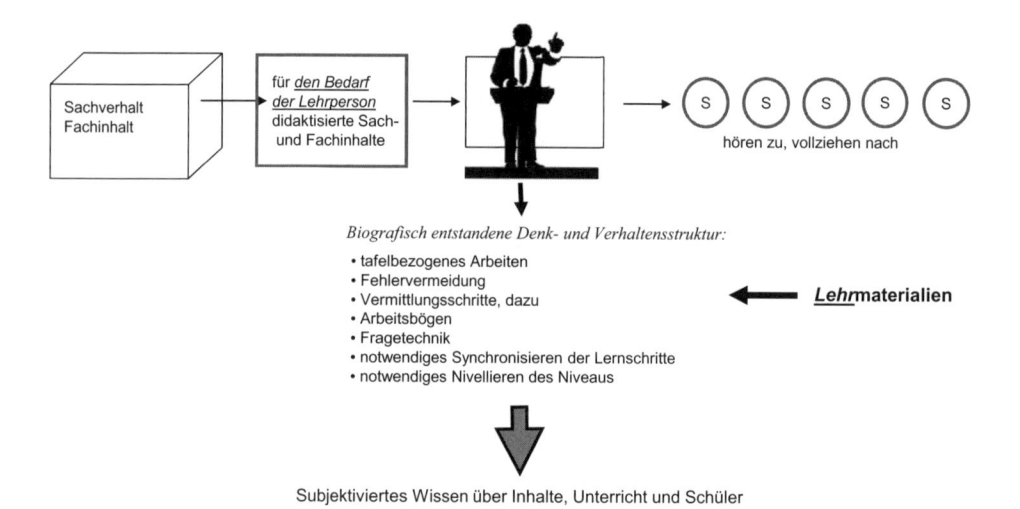

Abb. 2: *Lehrerzentrierter Unterricht – die Lehrperson verdeckt die Sicht auf den Inhalt*

Im normalen (frontalen) Unterricht arbeitet der Lehrer die fachlichen Inhalte aus seiner fachsystematischen Sicht auf. Die ausgewählten Inhalte werden für die Schüler in kleine aufeinander aufbauende Lernpäckchen aufgelöst, so wie der Lehrer glaubt, dass es ein durchschnittlicher Schüler verstehen wird. In die Planung gehen seine Lernerfahrung, seine Motivationsstruktur und seine subjektiven Theorien über Unterricht und Schüler ein. Der lehrerzentrierte Unterricht ist folglich didaktisch subjektiviert. Ein Austausch von Unterrichtsentwürfen ist nur bedingt sinnvoll und wegen des unterschiedlichen subjektiven Wissens und Könnens zuweilen unmöglich. Im schlimmsten Fall verstehen die Schüler bis zum Ende der Lerneinheit nicht den inhaltlichen Gesamtzusammenhang. Bildlich gesprochen steht die Lehrperson zwischen Inhalt und Lernenden: Sie versperrt die Sicht auf die Inhalte (vgl. Abb. 2). Sie ist das Subjekt im Lernprozess. Die (austauschbaren) Schüler sind Objekte ihrer Belehrung.

Auch Hattie geht auf das Phänomen des lehrerzentrierten Unterrichts ein: »Klassenbeobachtungen zeigen typischerweise, dass es kaum direkte Anleitungen zum ›Lernen lernen‹ oder zum Entwickeln und Nutzen verschiedener Lernstrategien gibt. In insgesamt 80 Prozent der Klassen bestand der Unterricht aus dem Lesen in Büchern, dem Geben von Informationen oder Aufgabenanweisung. 65 Prozent der Unterrichtstunden beinhalteten Aufforderungen zur Beantwortung von Fragen, und fast ein Drittel betraf die Vermittlung spezifischer Informationen« (Hattie 2014, S. 104). Hattie zitiert weiterhin Studien, die belegen, »dass es sehr wenig explizite Gespräche über die Nutzung bestimmter Lernstrategien gibt. Stattdessen dominiert das Abfragen« (ebd.). Der Autor betont die Notwendigkeit, dass Schüler sich Lernstrategien zum Selbst-Lernen aneignen: »Hier gelangt man zum Kern, wie man das Lernen lernt: Es geht um die *Ziele* des Strategieeinsatzes, um die *Regelmäßigkeit* bei der angemessenen Nutzung der Strategien und um das Wissen, wann die gewählten Strategien *effektiv* sind. Dieses Lernen lernen wird oft ›Selbstregulation‹ genannt, wobei dieser Begriff die Entscheidungen betont, die bei den Schülerinnen und Schülern im Lernprozess erforderlich sind« (Hattie 2014, S. 105). Schließlich zieht Hattie ein wenig optimistisch stimmendes Fazit: »Allzu oft konzentriert sich die Ausbildung angehender Lehrpersonen und die Fortbildung erfahrener Lehrpersonen auf das Unterrichten, nicht auf das Lernen« (ebd.). Seine Forderung nach einem anders orientierten Unterricht wird von ähnlichen Forderungen der OECD unterstützt: »Die OECD empfiehlt, die internationalen Erfahrungen zusammenfassend, für eine effektive Lernumgebung:

- Lernen ins Zentrum stellen [nicht Unterrichten]
- Lernen so oft wie möglich als soziales und kollaboratives Lernen ermöglichen
- die Bedeutung von Motivation und Emotionen beim Lernen berücksichtigen
- individuelle Unterschiede berücksichtigen, auch was das Vorwissen angeht
- jeden Schüler fordern, ohne ihn zu überfordern
- Bewertungen mit der Betonung auf formativem Feedback nutzen
- Beziehungen zu Aktivitäten und Personen innerhalb und außerhalb der Schule
- vorantreiben« (Schleicher 2012).

Im SOkeL-Unterricht müssen sowohl Lehrpersonen wie Lernende ihr Rollenrepertoire erweitern. SOkeL-geübte Schüler greifen bei der Erarbeitung des neuen Wissensgebietes auf (aufbereitete) Lernmaterialien der Lehrpersonen zurück oder suchen sich selbst Materialien. Die Schüler können nun gemäß *ihrer* Struktur lernen. Dafür müssen sie allerdings gelernt haben, mit den SOkeL-Lerninstrumenten umzugehen. Die Lehrperson steht nun nicht mehr zwischen Lernenden und Lerninhalt (vgl. Abb. 3). Obwohl sich die Lernenden mit zunehmender Lernkompetenz innerhalb der vorbereiteten Lernumgebung selbstständig und eigenverantwortlich aktiv lernend bewegen können, brauchen sie ihre Lehrer. Diese müssen ihre Rolle erweitern: Sie halten nun zusammenfassende Lehrervorträge und lehren vor allem in Kleingruppen oder im Meister-Lehrling-Verhältnis. Die Beratung von einzelnen Lernenden (gerade im Zusammenhang mit der Leistungsbewertung) und von Gruppen wird immer wichtiger.

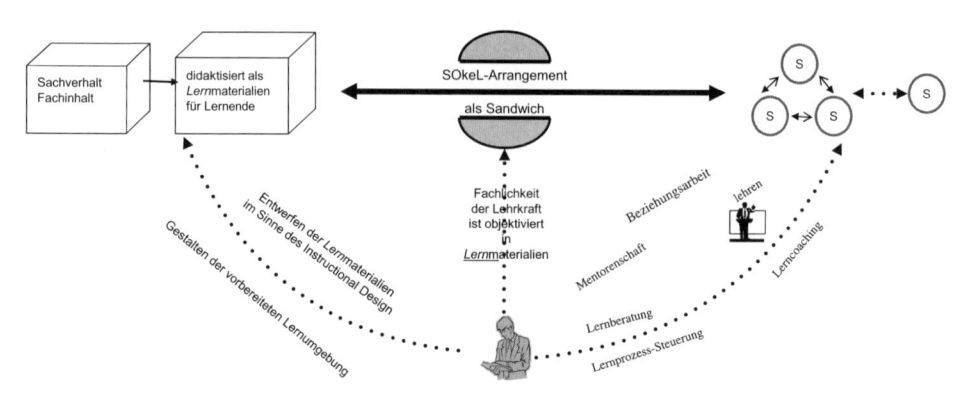

Abb. 3: Lehrer- und Schülerrolle im SOkeL-Unterricht

Gezieltes Lerncoaching findet statt. Die Beziehungsebene zu den Schülern intensiviert sich enorm. Durch die vielen Beratungsgespräche erhält die Lehrperson einen vertieften Einblick in die Lernprozesse der Schüler und generell in die der Klasse. Diese Informationen kann sie zur (Nach-)Steuerung der Lernprozesse nutzen.

Dadurch, dass die Fachlichkeit, die Fachkompetenz und die didaktische Erfahrung in den Lernmaterialien *objektiviert* sind und die Schüler gelernt haben, sie mittels der eingeübten Lerninstrumente aufzuarbeiten, wird überfachliche Zusammenarbeit möglich, sofern die Lehrpersonen in klassenbezogenen Teams arbeiten.

Selbstverständlich werden auch in SOkeL die Medien des Wissenstransports nicht umstandslos auf das Lernbuffet gelegt. Buffetbestandteile sind immer aufbereitet, manche wären sonst ungenießbar (nicht anzuwenden), andere sogar giftig (überfordernd). Der Lehr-Koch hat deswegen die oben genannten Lernmedien didaktisiert und als *Lern*material mit unterschiedlichen Schwierigkeitsstufen gekennzeichnet. Erst danach wird das Material zur Selbstbedienung auf den Lernbuffettisch gelegt. Nun kommt es darauf an, mit welchem Besteck (Lerninstrumenten) der Schüler bereits umgehen kann, um auch die schwierigen und schwierigsten Lernbuffetbestandteile zu knacken. Auch wenn es für uns Lehrer anstrengend oder manchmal gar ermüdend sein mag: Der Umgang mit den schwierigeren Lerninstrumenten muss immer wieder im Unterricht aufgegriffen, reflektiert und geübt werden. Die Einführung neuer Lerninstrumente, also neuer Lernverfahren, obliegt der Lehrkraft. Es gilt den Schülern anschaulich zu demonstrieren, wie sie mit dem jeweiligen Instrument umgehen können. Dabei sollte der Lehrer – wann immer möglich – *laut* denken.

Die vorbereitete Lernumgebung à la SOkeL ist ein System indirekter Instruktion oder Selbstinstruktion, das positive Aspekte des Instructional Designs aufgreift (vgl. Helmke 2014, S. 65 f.; vgl. http://idsandrina.npage.de/instructional-design/addie.html). Dieses System bietet den Lernern mit wachsender Lernkompetenz zunehmend die Möglichkeit, gemäß ihres Potenzials oder ihrer individuellen Lernausgangslage bzw. ihrer bereichsspezifischen Vorwissensstruktur vorzugehen. Des Weiteren können die Lernenden nach ihrem jeweiligen Lerntempo voranschreiten. Individualisiertes

Lernen à la SOkeL heißt: auf Basis der eigenen Lernausgangslage mit eigenem Lerntempo selbstständig und eigenverantwortlich arbeiten zu können, und zwar in kooperativer Form.

Lernmaterialien/Selbstinstruktionsmaterialien	Lerninstrumente – Beispiele

konventionell, im Sinne von SOkeL angewandt:
- didaktisierte fachliche Lernunterlagen, dazu zählen auch:
  - Schulbücher, Skripte, Fachbücher
  - Medien
  - Arbeitsmaterialien aus bestehenden Ordnern, z.B. Aufgabensammlungen
 	
SOkeL-Lernmaterialien
- Memory
- Advance Organizer
- Post Organizer
- Visualisierungen
- fachliche/überfachliche Kompetenz-/Kann-Listen
- Kompetenzraster und alle Lernmaterialien aus dem Lernbüro
- Inhalte für alle Kartenmethoden
- Arbeitsunterlagen für kooperative Lernformen
- Materialien für das SOkeL-Fehlerklärwerk
- Kriterien für die SOkeL-Leistungsbewertung
- Prozessbewertungen
- Nachbearbeitung von schülererstellten Lernmaterialien
- berufliche Handlungssituationen
- Formulare zur Steuerung der Lernateliers
- spezielle Materialien aus der Lernfeldarbeit
	• Arbeitsbogen »vollständige Lernhandlung«
	• Lernzirkel
	• Lernpartnerschaft
	• Lernberatung
	• Lernkreisel
	• Kartenmethoden
	• Qualitätsüberprüfung
	• wechselseitiges Bewerten
	• Portfolio-Arbeit (à la SOkeL)
	• Lerntagebücher (à la SOkeL)
	• Visualisierungen jeglicher Art
	• alle Formen kooperativer Arbeit im Zusammenhang mit WELL/Sandwichprinzip,
	• diverse Feedbackformen Lehrer-Schüler, Schüler-Schüler etc.
	• Methoden zur Sichtbar- und Hörbarmachung des Gelernten
	• Methodenpool – aber nur im Sinne der kooperativen Arbeit und/oder einer bestimmten Verortung im Sandwich/WELL bei »normalen« Methoden
	• Protokollformen für jegliche kooperative Lernformen (auch Lernzirkel, Lernberatung, Lernpartnerschaft usw.)
	• Dreiergespräche (Zuhören; Trennen von Wahrnehmen und Bewerten)
	• eigene Pläne für Teilkompetenz-Aufbau, z.B. Teamfähigkeit
	• Instrumente zum Aufbau von Metakognition (alle Bewertungsverfahren, Lerntagebuch, Portfolio)
	• Zielvereinbarungen Lehrer-Schüler, Schüler-Schüler
	• Selbstbewertungen, Gegenbewertungen
	• Lernkontrakte
	• Prozessbewertungen
	• Lernatelier
	• Kolloquien
	• Punktekonto

Abb. 4: Lernmaterialien/Selbstinstruktionsmaterialien und Lerninstrumente

Die Lehrpersonen oder Klassenteams haben zwei wichtige Funktionen. Zum einen führen sie die Lernenden in die Lerninstrumente ein. Zum anderen didaktisieren sie fachliche Unterlagen. Diese Unterlagen sind auf die Lernenden bezogen. In ihnen materialisiert sich die Fachlichkeit der Lehrperson. Viele Materialien aus dem Fundus einer Lehrperson können – oft mit nur wenigen Veränderungen – benutzt werden. Die Lernenden haben dann die Aufgabe, sich mittels der eingeübten Lerninstrumente selbstständig und eigenverantwortlich die Inhalte der Selbstinstruktions- bzw. Lernmaterialien zu erschließen.

10.1.1 Die Lehrperson im SOkeL-Unterrichtsarrangement und Hattie

Im Folgenden werden einige Ergebnisse der monumentalen Hattie-Studie über Unterricht zitiert. Mit d = 0, x gibt Hattie die Effektstärke von Unterrichtsmaßnahmen auf den Unterrichtserfolg an. Effektstärken von d > 0,20 drücken Erfolg aus. Effektstärken von d > 0,4 gelten als besonders großer Erfolg. Obwohl die Lehrkraft in diesem didaktischen Konzept nicht mehr vorn steht und vermittelt, findet in der Sandwichabfolge direkte Instruktion (d = 0,59) statt. Dies geschieht als WELL und LDL durch die Schüler selbst. Nicht zu vergessen ist, dass der Lehrer nach wie vor eine wichtige direkte instruktionelle Rolle innehat. Er agiert aber nicht mehr vorn, sondern zwischendrin und nach Bedarf in Kleingruppen. Dies wird oft in der Diskussion über die Lehrerrolle in SOkeL übersehen. Etliche Kollegen befürchten, dass sie ihr berufliches Können aufgeben müssten, allein zugunsten von Lernberatungen, Lerncoaching und indirekter Steuerung. Indes agiert der Lehrer auch noch vorn: bei der Plenumsphase in der Festigung und bei der »Lehrer-Befragungsstunde«. Weiterhin moderiert er zielführende Diskussionen (Klassendiskussionen d = 0,82). Zudem wird er bei den zusammenfassenden, Orientierung gebenden Lehrervorträgen gebraucht sowie bei den reflektierenden Gesprächen über individuelle und kollektive Schwierigkeiten im Umgang mit den Lerninstrumenten. Vor allem bei deren Einführung gilt: laut denken, vormachen oder mit Schülern im gemeinsamen Rollenspiel demonstrieren.

Weiterhin hat der Lehrer eine äußerst wichtige direkte Instruktionsrolle in den Lernberatungen, auch wenn es hierbei eher darum geht, wie Lernstrategien eingesetzt werden. Eine zentrale instruktionelle Rolle spielt er bei Beratungsgesprächen zu Leistungsversuchen von Schülern aus dem aktuellen Lernprozess heraus, die sich positiv auf die Note auswirken können (vgl. Schleicher 2012; Hattie 2014, S. 131 ff.). Sowohl die OECD (Schleicher 2012) wie auch Hattie (2014, S. 131 ff.) betonen die große Effektstärke des formativen Feedbacks (d = 0,9 und Feedback allgemein d = 0,75). In Kapitel 14 wird ausführlich dargestellt, wie das formative Feedback mit SOkeL unterrichtspraktisch umgesetzt werden kann. Hierbei ist zu allererst der Lehrer gefragt. Das formative Feedback wird im Eins-zu-eins-Verhältnis gegeben, das heißt der Lehrende beschäftigt sich intensiv mit dem Schüler und seinem Lernergebnis. Woher nimmt er die Zeit dafür? Wenn seine Klasse ein gewisses Maß an Lernkompetenz erreicht hat, braucht sie ihn nicht andauernd. Daher eröffnen sich Gelegenheiten und Zeiträume für das formative Feedback. Dennoch bleibt eine große Klasse eine große Klasse. Es wird deswegen auch mit SOkeL schwierig, jedem Schüler gerecht zu werden. Aber SOkeL wäre nicht SOkeL, gäbe es nicht einen für dieses didaktische Konzept typischen Ausweg. Dieser besteht darin, aus dem formativen Feedback ein Lerninstrument von Schülern für Schüler zu machen. Selbstverständlich kann dies nur nach und nach eingeführt werden (siehe Kapitel 12 und 14).

10.1.2 Die Fachlichkeit der Lehrperson

Kollegen äußern oft die Befürchtung, dass die Fachlichkeit verloren ginge, wenn der Unterricht systematisch auf Schülerorientierung im Sinne eines aktiv handelnd-aneignenden Lernens umgestellt wird. Aus meiner Erfahrung ist das Gegenteil der Fall. Grundlage des SOkeL-Lernsystems sind die didaktisierten Lernmaterialien als Selbstinstruktionsmaterialien. Sowohl auf Lehrer- wie auf Schülerseite ist die Basis des Lernens der gekonnte Umgang mit den Lerninstrumenten, also den Lernverfahren oder Lernstrategien. Damit sollen sich die Schüler die Lernmaterialien erschließen. In den Lern- oder Selbstinstruktionsmaterialien ist die Fachlichkeit des Lehrers objektiviert oder materialisiert. Daher müssen diese fachlich stimmig und gut begründet sein. Dies auch deshalb, weil die Lehrperson meist nicht unmittelbar dabei ist, wenn Schüler mit den Lernmaterialien arbeiten. Um adäquate Materialien erstellen zu können, benötigt die Lehrperson Klarheit über die Grundidee ihres Faches sowie die Kernkompetenzen. Die letztgenannten Aspekte sollten auf Basis dieses Materials immer wieder in den Fokus genommen werden. Des Weiteren treten in jedem Fach typische Fehler auf, zum Teil sogar in den Jahrgangsstufen in unterschiedlicher Weise (Klieme 2014). Diese typischen Fehler können mithilfe der Lernmaterialien präventiv bekämpft werden (vgl. Kapitel 11).

Kollegen, die schon länger nicht mehr ein Thema oder eines ihrer Fächer unterrichtet haben, sollten sich nicht an einem Gesamt-SOkeL-Unterrichtsarrangement versuchen. Wie sollte jemand einen Advance Organizer entwerfen, wenn er das Thema noch nicht oder nicht mehr richtig im Griff hat? Wie sollte ein Lehrer eine Kann-Liste aufsetzen, wenn er der Klasse nur eine Stunde voraus ist? Was tun, wenn unklar ist, worin die inhaltliche Reise geht? Und wie sollten umfangreichere kooperative Lernphasen umgesetzt werden, wenn über die einzusetzenden Lernmaterialien Unsicherheit besteht?

Dennoch wären auch in diesem Falle Kartenmethoden und kleine kooperative Einheiten möglich. Nach Beendigung der Unterrichtseinheit ist die Sicherung dessen, was der Lehrende selbst während des Unterrichtens lernte, dringend geboten. Dies kann in Form eines Post Organizers oder einer Kann-Liste geschehen, denkbar sind auch Lernmaterialien und infrage kommende Lerninstrumente.

Wer in eine Fachschaft oder einen Fachbereich eingebunden ist, der sich die Erstellung von Lernmaterialien im obigen Sinn auf die Fahnen geschrieben hat, hat es deutlich einfacher, ein komplettes SOkeL-Unterrichtsarrangement durchzuführen. Er muss nur wissen, worauf es dabei ankommt. Die Lernmaterialien sind nämlich auf den Schüler bezogen, nicht auf den hochindividuellen Lehrstil anderer Kollegen. Deswegen sind diese Selbstinstruktionsmaterialien hervorragend für den Austausch zwischen Fachkollegen geeignet. Dies ist eine enorme Arbeitserleichterung und ein Weckruf für die klassenbezogene Lehrer-Teamarbeit.

In SOkeL hat die Fachlichkeit der Lehrperson einen sehr hohen Stellenwert. Ohne sie ist ein SOkeL-Unterrichtsarrangement schlicht unmöglich. Bei vielen Kollegen steht sie an erster Stelle. Umso erstaunlicher ist Hatties Befund, dass die Fachkompetenz einen kaum messbaren Einfluss auf das Lernen der Schüler hat, nur d = 0,09. Das überrascht auf den ersten Blick. Auf den zweiten Blick ist es jedoch weniger verwunderlich. Zwar kann ein Kollege fachlich hochqualifiziert und seine Wissensvermittlung fehlerfrei sein. Er mag sein Fach über alles lieben und hochmotiviert die Inhalte verkünden. Auch kann er bei den Schülern glaubwürdig sein – aber hängen bleiben muss deshalb noch nichts bei ihnen. Denn gut gelehrt ist nicht gleich gut gelernt. Es kommt auf das Lernen an, nicht auf das (frontale) Lehren. Ein kleiner Perspektivwechsel mag hilfreich sein: Was oder wen will ein Lehrer unterrichten? Sein Fach oder seine Schüler? Das Fach kann hochgradig qualitativ unterrichtet werden, aber nahezu effektlos im Ergebnis. Die Schüler *unterrichten* (zur Erinnerung: die Wortwurzel bedeutet anweisen, zurechtweisen) sollte ein Lehrer ebenfalls nicht. Vielmehr sollten Unterrichtssituationen geschaffen werden, in denen sich die Schüler aktiv Wissen aneignen.

10.1.3 Die vorbereitete Lernumgebung in SOkeL

Zahlreiche Institutionen und Fachautoren wie die OECD, Hattie oder Montesquieu fordern die Umstellung des Unterrichts vom Unterrichten hin zum Lernen. Wie in diesem Buch mehrfach beschrieben, ist dies anfangs herausfordernd. Es gilt Bedingungen zu beachten, die für das Gelingen von Lernprozessen mitentscheidend sind, aber *vor* dem Beginn des Lernprozesses liegen. Zum einen betrifft das die Heterogenität (bereichsspezifische Vorwissensstruktur, semantische Netzwerke), zum anderen die Vorerfahrung (Zusammenhang von Lernen und Emotionen). Auf den Lehrer kommt eine besondere Herausforderung zu, die vor dem Start einer Unterrichtseinheit und eines Lernprozesses gestemmt werden muss. Es geht um die Vorbereitung der Lernumgebung bzw. der Lernsituation. Dafür löst der Lehrer den Inhalt der anstehenden Unterrichtseinheit in einzelne Selbst-Lernmaterialien auf (siehe Abb. 5). Mithilfe der Lerninstrumente setzen die Schüler aktiv lernhandelnd die aufgelösten Inhalte im Sandwichverfahren wieder zusammen. Die Selbst-Lernmaterialien oder Selbst-Instruktionsmaterialien haben für sie in den Festigungsphasen eine besondere Bedeutung.

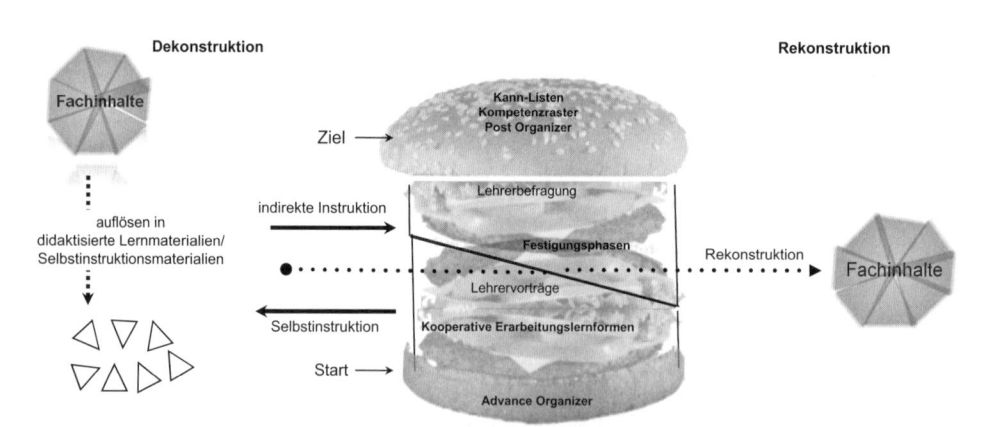

Abb. 5: Dekonstruktion durch Lehrperson – Rekonstruktion durch Lernende.
Die Lehrperson löst den Fachinhalt in schülerbezogene Lern- bzw. Selbstinstruktionsmaterialien auf (vgl. Abb. 5). Die Lernenden erarbeiten sich mit den von ihnen eingeübten Lerninstrumenten die Fachinhalte und setzen sie auf Basis ihrer in den Unterricht mitgebrachten emotional-kognitiven Vorwissensnetze wieder zusammen. Dieser Rekonstruktionsprozess der Fachinhalte erfolgt von Lehrerseite aus mittels des Sandwichprinzips. Dazu brauchen die Lernenden Lernkompetenzen (vgl. Kap. 12). Die wieder zusammengefügten Fachinhalte sind von unterschiedlichem Niveau – gemäß des Matthäus-Prinzips und des unterschiedlichen Lernkompetenzstandes.

Von der sonstigen Arbeitsbelastung des Lehrers und der Einbindung in den Kollegenkreis hängt es ab, wie viele der Lernmaterialien in unterschiedlichen Schwierigkeitsgraden gefertigt werden können. Dies betrifft zum Beispiel die Erstellung von Kompetenzrastern. Insbesondere beim Einstieg in SOkeL sollte die Kirche im Dorf bleiben. Die vorbereiteten Lernumgebungen können nach und nach vervollständigt werden. Wie immer ist es beim ersten Mal relativ aufwendig. Aber schon im zweiten Durchgang erlebt der Lehrer neben der Verlagerung des Unterrichtens zum Lernen (vgl. Kapitel 3) eine weitere Entlastung, da die Unterrichtsvorbereitung bereits im Wesentlichen erledigt ist.

Zur vorbereiteten Lernumgebung in SOkeL gehört später zwingend die Festlegung, wie viele notenwirksame Punkte wie erworben werden können. Dazu kommen Materialien aus dem Fehlerklärwerk und sonstige Unterlagen wie Zielvereinbarungen (vgl. Kapitel 11 und 12).

10.2 Direkte und indirekte Instruktion, Selbst-Instruktion, Konstruktion und Ko-Konstruktion

In der Montessori-Pädagogik hat die vorbereitete Lernumgebung in erster Linie die Funktion, den Schülern entdeckendes Lernen zu ermöglichen. Der SOkeL-Anfangsunterricht ist dagegen stark durchstrukturiert, sodass manche Kollegen in Fortbildungen enttäuscht fragen, wo denn das Selbstorganisierte bleibe? Es braucht Zeit, Schüler zum selbstständigen Lernen zu führen, vor allem dann, wenn sie nicht von der ersten Klasse an oder gar schon in der Kita das Lernen lernten. Aber auch sonst ist SOkeL kein didaktisches Konzept, das auf das selbstbestimmte oder entdeckende Lernen fokussiert. Allerdings ist es möglich, diese Unterrichtsformen temporär einzusetzen, wenn die nötigen Lernkompetenzen dazu vorhanden sind.

Bei SOkeL werden in die vorbereitete Lernumgebung zusätzlich Elemente des Instructional Designs integriert. In diesem Konzept wird mit Strukturierungshilfen und Lernhilfen gearbeitet, die in SOkeL hochwillkommen sind, aber anders eingesetzt werden. Der SOkeL-Unterricht bedient sich zwar grundlegender Elemente des Instructional Designs, allerdings gibt es zwei wesentliche Unterschiede. Zum einen die Funktion der Schülerrolle: Nicht der Lehrer muss aufgrund genauer Kenntnisse über die Lernausgangsbedingungen der Schüler spezifische Instruktionen setzen, damit optimale Ergebnisse erzielt werden können. Vielmehr müssen die Schüler lernen, nach und nach *sich selbst* mit den Lernmaterialien zu instruieren. Deshalb werden diese Unterlagen auch Selbstinstruktionsmaterialien genannt. Der zweite Unterschied liegt in der Vorstellung vom Lernen. Zwar geht das Konzept des Instructional Designs ebenfalls davon aus, dass das Individuum selbst Wissen konstruiert. Hier wird dies aber als eine Kausalwirkung der direkten Instruktion aufgrund der genauen Kenntnis der Lernausgangsbedingungen verstanden. Dies führt zu einer »Überbetonung der Lehrperson im Lehr-Lern-Prozess« (Helmke 2014, S. 66), was sich in der strengen Sequenzierung der

Unterrichtsinhalte darbietet. In SOkeL gehen wir dagegen davon aus, dass Lernen ein »chaotischer Prozess« ist (vgl. Kapitel 17; Herold/Herold 2011; Kritz 1998, S. 33 ff.). Dennoch unterliegt auch das Novizen-Unterrichtsarrangement à la SOkeL einer klaren Sequenzierung.

In der folgenden Tabelle wird das Verhältnis der unterschiedlichen Instruktions- und Konstruktionsformen im Ablauf eines Gesamtsandwiches dargestellt:

Verhältnis von Instruktions- und Konstruktionsphasen in SOkeL		
Nr.	Sandwichphase	Instruktions- und Konstruktionsformen
1	Vorstellung des Advance Organizers	Direkte Instruktion (im späteren Verlauf der Unterrichtseinheit: Selbstinstruktion)
2	Kooperative Lernphase: Individualphase I	Indirekte Instruktion (aus Sicht des Lehrers) durch Lernmaterialien; Selbstinstruktion (aus Sicht des Schülers) und Konstruktion
3	Expertendiskussion	Ko-Konstruktion durch Perspektivenverschränkung, Perturbation und kognitive Dissonanz. Nach dem Aushandeln des Inhalts folgt die Konstruktion, z. B. durch Visualisierungen, eigene Fragestellungen an den Text oder Schlüsselwortbestimmung. Selbstinstruktion in Zwischenphasen, wenn in den Unterlagen nachgelesen wird. Zuweilen kommt auch direkte Instruktion vor, wenn ein Experte den Inhalt gut begriffen hat und ihn den anderen Experten beibringt. Bei Lehrerintervention mit Lernmaterialien zum Abgleich: indirekte Instruktion
4	Individualphase II	Konstruktion
5	Partner-/Stammgruppenarbeit – Vermittlungsphase	Reihum: LDL (Lernen durch Lehren) – direkte Instruktion (dabei Konstruktion beim Vortragenden), Konstruktion bei den Partnern. Ko-Konstruktion, wenn es zu Nachfragen und Diskussionen kommt.
6	Festigungsphase in Stammgruppe	(z. B. Sortieraufgabe, Strukturlegearbeit, selbstentwickelte Fragen an den Inhalt) Konstruktion und Ko-Konstruktion bei Ergebnisvergleich und -diskussion
7	Weiteres Übungsmaterial durch Lehrperson	Indirekte Instruktion/Selbstinstruktion beim Nachschlagen, Nachlesen. Konstruktion, Ko-Konstruktion (wenn die Übung als kleines Sandwich angelegt ist).
8	Zusammenfassender Lehrervortrag	Direkte Instruktion durch den Lehrer, Konstruktion beim Schüler
9	Lernatelier	Lernzirkel (wie in Kapitel 5): Selbstinstruktion (Nachlesen), LDL (Lernen durch Lehren): Instruktion/Konstruktion; Konstruktion und Ko-Konstruktion bei Partnern

Verhältnis von Instruktions- und Konstruktionsphasen in SOkeL		
Nr.	Sandwichphase	Instruktions- und Konstruktionsformen
9	Lernatelier	Lernkreisel: indirekte Instruktion, Selbstinstruktion, direkte Instruktion (Schüler – Schüler), Konstruktion, Ko-Konstruktion
9	Lernatelier	Lernberatung: Direkte Instruktion, da LDL; auch Konstruktion beim Lehrenden
9	Lernatelier	Lernberatungen durch Lehrer: Direkte Instruktion
9	Lernatelier	Formatives Feedback durch Lehrer: direkte Instruktion
9	Lernatelier	Andere Methoden
10	Plenum	Lehrer-Befragungsstunde: Direkte Instruktion (wenn Frage nicht an Schüler weitergegeben werden kann), Ko-Konstruktion (weil Schülerfragen zunächst in die Klasse zurückgegeben werden), Konstruktion
11	Plenum	Klassendiskussion über ein interessantes Thema innerhalb der Unterrichtseinheit oder über Schülerverhalten in kooperativen Arbeitsphasen, über Lösungsmöglichkeiten: Instruktion, Konstruktion, Ko-Konstruktion
12	Individualphase/Plenum oder Sandwich	Abschließende Übungen: Indirekte Instruktion, Selbstinstruktion, Konstruktion und Ko-Konstruktion (bei Sandwich)
13	Hausaufgabe	Letzte große Strukturlegearbeit vor der Klassenarbeit als Hausaufgabe. Gegenseitiges Hörbarmachen in der nachfolgenden Unterrichtsstunde: Direkte Instruktion, Konstruktion und Ko-Konstruktion

Im Folgenden soll das in sich verwobene System von diversen Instruktions- und Konstruktionsformen auf Grundlage von Hatties Ansatz betrachtet werden. Erinnert sei nochmals daran, dass in diesem Unterrichtssystem die Schüler durchweg in Lernsituationen versetzt werden, die aktiv-aneignendes Lernverhalten fordern. Gleichzeitig sind sie oft in lehrenden Situationen. Selbstverständlich erreichen sie dabei nicht das professionelle Niveau ihrer Lehrer. Andererseits haben sie nur einen, zwei oder drei Schüler, auf die sie persönlich eingehen müssen. Die von Hattie aufgestellte Liste der Einflussfaktoren auf die Lernergebnisse soll nun auf das SOkeL-Unterrichtsarrangement angelegt und somit aufgezeigt werden, dass insbesondere die effektivsten Unterrichtsmaßnahmen dem SOkeL-Unterricht immanent sind. Die Effektstärken werden in ihrer Effektreihenfolge aufgeführt (nicht analog zum Verlauf eines Gesamtsandwiches). Zur Erinnerung: Effektstärken über $d = 0{,}40$ gelten als besonders wirksam.

Effektstärken nach Hattie
- *Rang 1 (d = 144):* Einschätzung des eigenen Leistungsniveaus bzw. der Schülererwartungen
  Begründung: Die Lehrperson verhilft dem Schüler dank beratender Gespräche zu Lernversuchen innerhalb der SOkeL-Leistungsbewertung zu einer realistischen Einschätzung des eigenen Leistungsniveaus (vgl. Kapitel 14). Nach Einführung der SOkeL-Leistungsbewertung gibt es *extrem selten* Notendiskussionen, was nichts anderes bedeutet, als dass das Leistungsniveau in der Endnote (im allgemeinen Teil der Note – mündlich) der Selbsteinschätzung der Schüler entspricht.
- *Rang 4 (d = 0,90):* Formative Evaluation des Unterrichts
  In SOkeL gibt es einen sehr engen Zusammenhang zwischen Rang 1 und Rang 2 (vgl. Kapitel 12 und 14).
- *Rang 7 (d = 0,82):* Klassendiskussionen
  Begründung: In SOkeL arbeiten die Schüler oft in Kleingruppen oder individuell. Daher werden immer wieder gezielt Plenumsdiskussionen angesetzt. Nicht nur wegen erwünschter kognitiver Ziele, sondern auch wegen der Zugehörigkeitsgefühle, des Sich-zeigens und des Großgruppenerlebnisses.
- *Rang 11 (d = 0,74):* Reziprokes Lernen
- *Rang 14 (d = 0,69):* Metakognitive Strategien
  Die Entwicklung metakognitiver Strategien ist ein Grundanliegen in SOkeL. Alle Methoden des Sichtbar- und Hörbarmachens von Gelerntem, der wechselseitigen Bewertung und der reflektiven Arbeit mit Leistungsportfolios dienen diesem Ziel (vgl. Kompetenzfahrpläne in Kapitel 17).
- *Rang 21 (d = 0,64):* Lautes Denken
  Wenn der Lehrer neue Lerntechniken oder Lerninstrumente einführt oder exemplarisch eine kompliziertere Visualisierung vorstellt, denkt er laut. Wenn Schüler mithilfe einer Visualisierung ihr Wissen weitergeben, denken sie laut. Wenn andere Schüler in kooperativen Kleingruppen wissen wollen, was das Gruppenmitglied (methodisch) unternommen hat, um zum überzeugenden Ergebnis zu kommen, dann denken sie laut.
- *Rang 22 (d = 0,63):* Lerntechniken
  Die Lerntechniken kommen der Anwendung von Lerninstrumenten nahe, wenngleich Letzteres anspruchsvoller ist als reine Lerntechniken.
- *Rang 27 (d = 0,60):* Concept-Mapping
  Concept-Mapping unterscheidet sich trotz aller Ähnlichkeiten vom Strukturlegen, weil es nicht assoziativ aufgebaut ist. Beide Methoden ähneln sich aber im Anspruch, Inhalte in ihren Grundstrukturen wiederzugeben. Auch andere Visualisierungsformen könnten hier aufgeführt werden, z. B. das Venn-Diagramm.
- *Rang 28 (d = 0,59):* Kooperatives vs. Individualisiertes Lernen
  Hattie spricht aufgrund seiner Datenlage davon, dass Individualisiertes Lernen wenig wirksam ist (d = 0,22). Die beiden letztgenannten Ergebnisse sind überraschend, auch dass das Kooperative Lernen so gut abschneidet. Eine alleinige Anwendung des

Kooperativen Lernens wird in SOkeL abgelehnt, beispielsweise in einer Situation, in der nach den Vermittlungsvorträgen in der Stammgruppe das schülerseitige Arbeiten ohne weitere Vertiefungsphasen abgebrochen wird. Daraus kann abgeleitet werden, dass ein SOkeL-Unterrichtsarrangement durch die spezielle Verschränkung von Instruktions- und Konstruktionsformen besonders effektiv ist, da in dieser Abfolge mehrere Ränge (z. B. 27, 22, 14, 21) abgedeckt werden.
- *Rang 29 (d = 0,59):* Direkte Instruktion

Sie geht von der Lehrperson aus, noch mehr aber von den Schülern selbst, weil letztere sehr oft in LDL/WELL-Situationen versetzt werden.

Weitere starke Einflussfaktoren auf den Lernerfolg mit Wertungen über d = 40, die dem SOkeL-Unterrichtsarrangement immanent sind: Peer-Tutoring (d = 0,55), Schülerzentrierter Unterricht (d = 0,54), Klassenzusammenhalt (d = 53), Leseförderung (d = 0,50), Lernen in Kleingruppen (d = 0,49), Advance Organizer (d = 0,41), Angstreduktion (d = 0,40) und Förderung der Sozialkompetenz (d = 0,39).

10.3 Die Öffnung des Unterrichtsarrangements

Eingangs wurde betont, dass der Rahmen des Novizen-Unterrichtsarrangements lehrerorganisiert sei. Dies kann als ein weiteres Indiz für den Einfluss des kognitivistischen Ansatzes im Instructional Design auf SOkeL gelten. Vergessen Sie aber nicht, dass die Schüler im Inneren des Arrangements schon viele Freiheiten hatten, ihr Wissen selbst zu konstruieren. Dies beruht auf dem Einfluss des Konstruktivismus auf SOkeL. So ist das Novizen-Arrangement zwar in der äußeren Struktur lehrerorganisiert, in der inneren jedoch schülerorientiert.

Um im Bilde des Lernbuffets zu bleiben: Der Zeremonienmeister und Buffetarrangeur gibt jetzt den Novizen mehr Einblick auf das, was sonst noch an Leckerem auf dem Lernbuffet liegt. Auch gibt er nicht mehr weitgehend vor, was auf die Teller kommen soll. Die Schüler können sich nun vieles selbst auftun, aber noch nicht alles. Da sie noch immer nicht alle Bestecke für gewisse Buffetbestandteile kennen und beherrschen, sollten sie sich nicht wahllos Lernhappen auftun, die zu Völlegefühl und Magengrimmen führen können. Die Selbstbedienung für den Verzehr soll zielgerichtet sein. Sobald ein Schüler nachweisen kann, dass er sich zielorientiert Lernhäppchen für sein Sandwich auftut, kann er sich vom freigegebenen Lernbuffet bedienen.

10.3.1 Das erste Selbstorganisationsprinzip: Zielorientierung und Selbstorganisation

»Als wir das Ziel aus den Augen verloren, verdoppelten wir unsere Anstrengungen«, soll Mark Twain augenzwinkernd gesagt haben. Zielloses Herumirren im Lernstoff ist frustrierend, zeitraubend und konfliktreich. Selbstorganisiertes Lernen ist nicht entdeckendes Lernen, bei dem das selbstgesteckte Ziel lediglich schemenhaft erkennbar ist. Vielmehr kann es im Lernprozess gänzlich verändert werden, völlig unerwartete Ergebnisse zeitigen. Die Zielorientierung in selbstorganisierten Lernprozessen ist durch Ziel*gerichtetheit* beim Lernen zu charakterisieren. Wenn Schüler sich selbst Ziele setzen und dabei wissen, dass sie jederzeit auf Rat und Tat ihres Lehrers setzen können, nehmen sie Fahrt auf, und zwar selbstständige Fahrt. Sich selbst Ziele zu setzen, ist etwas völlig anderes, als sie vorgesetzt zu bekommen. Werden die Lernenden ernst genommen, sind sie eher bereit, sich für die Zielerreichung anzustrengen. Sobald die Schüler ein gewisses Lernkompetenzniveau erreicht haben, trifft das allgemeine Verständnis von selbstorganisiertem Lernen zu: Die Schüler organisieren sich den Weg zur Zielerreichung tatsächlich selbst.

Es gibt drei Aspekte des zielgerichteten Lernens. »Der erste ist die Klarheit bezüglich dessen, was in der [...] Unterrichtsequenz gelernt werden soll (die Lernintension); der zweite ist, über Wissen zu verfügen, dass das, was gelernt werden soll, auch erreicht wurde (die Erfolgskriterien)« (Hattie 2014, S. 52). Der dritte ist, Ziele und Arbeitsschritte in Übereinstimmung zu bringen, zum Beispiel mit dem Arbeitsbogen zur vollständigen Lernhandlung/Zielkreislauf (vgl. dazu Herold/Landherr 2003).

Hatties Forderung nach Klarheit (Lernintension), die mit der Unterrichtseinheit oder Unterrichtsstunde erreicht werden soll, ist mit SOkeL kein Problem. Schließlich fußt dieses Konzept in jeder Hinsicht auf Transparenz, auch in der Leistungsbewertung. Selbstverständlich sollte aber ein Lehrer die Klasse immer wieder darauf hinweisen, wo sie auf dem Weg zum Endziel (den Kann-Listen) gegenwärtig steht. Die aktuelle Standortbestimmung kann mithilfe des Advance Organizers vorgenommen werden. Diese Verortung wird durch die zusammenfassenden Lehrervorträge unterstützt In der anschließenden Einleitung zu einer weiteren kooperativen Lernphase sollte das nächste Etappenziel auf dem Advance Organizer benannt werden. Dies geschieht möglicherweise mehr oder weniger automatisch, wenn der Lehrer den Expertengruppen binnendifferenzierte Inhalte vorstellt.

Sehr viel schwieriger wird es mit der Ziel-Erfolgskontrolle seitens der Schüler, die sich in bedeutsamen selbstorganisierten Lernprozessen befinden. Auch Hattie (2014, S. 54 ff.) versucht, die schülerseitige Erfolgskontrolle der Zielerreichung in den Griff zu bekommen. Seine Ausführungen hierzu sind wenig überzeugend, da er in eine populäre Falle tritt. Er bezieht sich hierbei auf (nur) eine Studie (Hastie 2011). Hasties Ansatz steht mit der landläufigen Diskussion über die Verwendung von Lerntagebüchern im Unterricht in schicksalhaftem Einklang: Es werden metakognitive Lernstrategien von den Schülern verlangt und vorausgesetzt, damit sie diese erwerben können.

Hier beißt sich die tautologische Schlange in ihren metakognitiven Schwanz. Hastie schlägt folgendes Vorgehen vor:

»Fragen zu Beginn der Unterrichtsstunde:
- ›Was sind die Ziele für heute?‹
- ›Wie viel weiß ich bereits über das Ziel für heute?‹ (von ›gar nicht‹ bis ›vollständig‹)
- ›Ich denke, das Ziel für heute wird ... (von ›sehr schwer‹ bis ›sehr leicht‹) sein‹
- ›Wie sehr werde ich mich anstrengen?‹ (von ›nicht sehr‹ bis ›sehr‹)

Fragen zum Abschluss der Unterrichtsstunde:
- ›Was war das Ziel für heute?‹
- ›Habe ich dieses Ziel erreicht?‹ (von ›gar nicht‹ bis ›vollständig‹)
   ›Wie sehr habe ich mich angestrengt‹? (von ›nicht sehr‹ bis ›sehr‹)«
   (Hattie 2014, S. 54)

Anschließend konnten die Schüler Kreuzchen bei den vorgeschlagenen Angaben machen, warum sie ein Ziel erreicht hatten oder nicht. Beispiele für Zielerreichung: »Ich wollte das Ziel für heute erreichen«, »Ich habe aufgepasst«, »Ich habe meine Antworten überprüft«. Und bei den vorgeschlagenen Angaben, warum die Zielerreichung nicht klappte: »Ich war abgelenkt«, »Es war zu schwer«, »Ich habe zu schnell gearbeitet, weil ich schnell fertig werden wollte« (Hattie 2014, S. 54).

Wer sich mit der Literaturschwemme zu Lerntagebüchern und Portfolios beschäftigt, erkennt an Hasties Vorgehen schnell das bekannte Muster von Abfragen zum Lernprozess. Dagegen ist nichts einzuwenden, im Gegenteil. Es ergeben sich aber nach anfänglichem Interesse der Schüler sehr bald Probleme, wenn die nächsten notwendigen Schritte nicht eingeplant wurden (siehe Kompetenzfahrplan und Aufbau von Metakognition in Kapitel 17).

Dass das Gehirn immer lernt, aber nicht unbedingt das, was wir gerne hätten, wurde schon erwähnt. Über seine Ziele nachzudenken heißt auch, innerhalb einer üblichen Unterrichtseinheit über sich nachzudenken. Denn es betrifft die Persönlichkeit oder die Kompetenzdisposition des Schülers, wenn er vorab darüber nachdenken muss, mit welchem Aufwand er welche Ziele erreichen will. Da kann vieles in die Zielfindung einfließen: Selbstvertrauen, Selbstabwertung, Grad der generellen Anstrengungsbereitschaft, Kontrollüberzeugungen, vielfältige Vorerfahrungen. Erst recht betrifft dies die Zielüberprüfung, hier als Frage-Antwort-Spiel dargestellt:

»Ich war abgelenkt.« Warum? War jemand anders schuld, die Lehrperson oder man selbst?

»Ich habe aufgegeben.« Warum? Weil weder Durchhaltevermögen noch Frustrationstoleranz vorhanden ist? Weil mich das Fach nicht die Bohne interessiert?

Eine Zielüberprüfung ist also nicht nur ein kognitiver Akt, der sich um »Wissen« kümmert, sondern auch eine Reflexion auf sich selbst. Es gibt daher zwei Gründe, warum Schüler mit Fragebögen dieser Art ihre Schwierigkeiten haben: Einerseits verlangt man von ihnen ein metakognitives und damit sehr anstrengendes Vorgehen und andererseits eine Auseinandersetzung mit sich selbst. Der Schüler (bzw. sein Gehirn) erkennt schnell die Regel hinter diesem Vorgehen und beginnt – durchaus nicht in schlechter Absicht – zu »stempeln«. Das ist ein von Schülern erfundener Ausdruck, der besagt, dass man bei Fragebögen zu seinem Lernverhalten ohne Überlegung Kästchen ankreuzt oder in kurzen Sätzen immer dieselben Antworten gibt. Einmal formuliert, hundertmal verwendet. Das ist, wenn man so will, durchaus ein rationelles Verhalten.

Lehrer verwechseln die Zielorientierung für Schüler oft mit der eigenen Zielorientierung. Wir setzen Lernziele, weil wir unser Fach beherrschen. Uns ist klar, was zum Durchdringen von Sachgebieten wichtig ist. Könnten Schüler beispielsweise *diese* Zielorientierung selbst vornehmen, inhaltlich ihre Ziele inklusive des Lernzugewinns detailliert angeben, dann bräuchten sie es gar nicht mehr zu tun: *Sie könnten es dann ja schon.* Sollen Schüler sich selbst kognitive Lernziele in Erarbeitungsphasen geben, so sind diese selbstverständlich sehr allgemein – und die Erfolgsüberprüfung ist es ebenfalls. In Festigungsphasen dagegen haben Schüler zum Beispiel das Hilfsmittel der Kann-Liste, aus der sie sich Ziele aussuchen können. Aber die Entwicklung metakognitiver Strategien zur Überprüfung der Zielerreichung kann nicht dadurch erreicht werden, dass man sie fordert. Die Fähigkeit zur Metakognition muss Schritt um Schritt entwickelt werden. Damit wird künftig sukzessive die Überprüfung von kognitiven Lernzielen möglich. Diese Kernaussage wird im Kapitel 16 wieder aufgegriffen.

10.4 Die vollständige Lernhandlung oder: Der Zielkreislauf

Das SOkeL-Unterrichtsarrangement als Gesamtsandwich weist eine Struktur auf, die an das Instructional Design angelehnt ist. Dies zeigt sich neben den Selbstinstruktionsmaterialien in der reglementierten Abfolge der Sandwicheinlagen vor allem für Novizen. Der äußere Rahmen des Unterrichtsarrangements als Sandwich ist lehrerorganisiert, der innere Rahmen schülerorientiert. Bezüglich der inneren Struktur sind insbesondere in den kooperativen Phasen Lockerungsübungen in Richtung selbstständiges Lernen nicht nur möglich, sondern auch gefordert. Wenn sich unsere Schüler in individuellen oder kooperativen Lernphasen befinden, also selbstständig unterwegs sind, können wir nicht immer anwesend sein. Wir sollten für die lernenden Gruppen und Individuen einen Vertreter haben, der uns ersetzt und den Schülern bei Bedarf Orientierung gibt. Unsere Vertreter sind die gesetzten Ziele, zum Beispiel in Form von Kann-Listen.

Allmählich können wir die Schüler nun loslassen. Eine wichtige Bedingung dafür ist, dass sie die vollständige Lernhandlung beherrschen, die auf den Zielkreislauf aufgesetzt wird.

Die vollständige Lernhandlung oder: Der Zielkreislauf   159

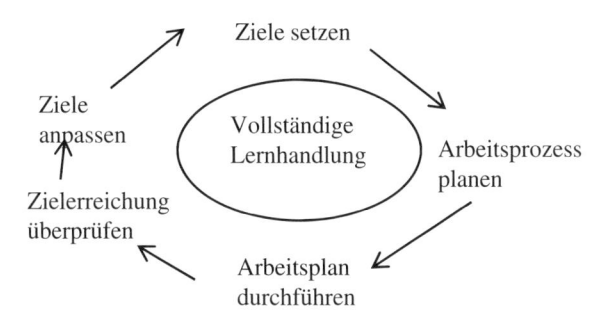

Abb. 6:   Die vollständige Lernhandlung als Zielkreislauf

Lernende sollten frühzeitig dazu angehalten werden, sich während der Gruppenarbeitszeit Ziele zu setzen. Es dauert, bis sie diese Fähigkeit entwickelt haben. Ohne diese Fähigkeit könnte man sie aber nicht in längerfristige selbstorganisierte Lernphasen entlassen. Ziele heißt hier nicht Lernziele, sondern Arbeitsziele. Wenn sie Lernziele formulieren könnten, müssten sie nicht mehr lernen. Sie hätten die Ziele schon erreicht. Danach müssen sie Arbeitsschritte zur Zielerreichung festlegen und diesen Schritten einen Zeitraum zuweisen. Am Ende wird kontrolliert, ob oder inwiefern die Ziele erreicht wurden. Das Ergebnis geht in den nächsten Zielkreislauf ein.

Zielgerichtetes Lernen und Arbeiten über eine Darstellung des Zielkreislaufs einführen zu wollen, wäre zum Scheitern verurteilt. Es wäre zu abstrakt; je jünger die Schüler, desto schwieriger. Wenn Sie zum Beispiel eine neue Klasse übernehmen, müssen Sie dem Umstand Rechnung tragen, dass die Schüler mit hoher Wahrscheinlichkeit Lernen als Anweisung oder als Beantwortung von Fragen (in Halbsätzen oder mit Schlagwörtern) in passiv nachvollziehender Weise erfahren haben. Bisher wurden sie geleitet, nun aber sollen sie sich selbstständig Ziele setzen und den Weg zur Zielerreichung planen. Das kann nicht ohne Reibungsverlust gelingen. Der Arbeitsbogen »Vollständige Lernhandlung« kann Ihnen dabei helfen (wie alle Ausführungen in diesem Buch müssen Sie ihn auf die Bedingungen in Ihrer Klasse anpassen).

10.4.1 Die Strukturierung der vollständigen Lernhandlung durch die Lernenden

Um unseren Schülern den Umgang mit dem Zielkreislauf zu erleichtern, empfiehlt sich die Einführung des Arbeitsbogens »Vollständige Lernhandlung« (vgl. Abb. 7). Für die Lernenden ist die Zielorientierung, das Bestimmen eigener Arbeitsziele, meist so neu, dass Sie mit einer längeren Einübung rechnen müssen. Im Kapitel 16 wird der Umgang mit der Zielorientierung eingehender dargestellt.

AB Vollständige Lernhandlung

☐ Expertengruppe
☐ Stammgruppe
☐ Individualphase

Datum: _____

Gruppenmitglieder	Moderator	Zeitmanager	Protokoll	Krokodil
_____	☐	☐	☐	☐
_____	☐	☐	☐	☐
_____	☐	☐	☐	☐
_____	☐	☐	☐	☐
_____	☐	☐	☐	☐

Thema: _____

Das Ziel ist erreicht / Wir sind zufrieden, wenn:

- _____
- _____
- _____
- _____

Zeit- und Arbeitsplanung Start: _____ Ende: _____

Schritt 1:	von:	bis:	EA	PA	GA
Schritt 2:	von:	bis:	EA	PA	GA
Schritt 3:	von:	bis:	EA	PA	GA
Schritt 4:	von:	bis:	EA	PA	GA
Schritt 4:	von:	bis:	EA	PA	GA

Ggf. Fortsetzung auf Rückseite

☐ **Ziel erreicht**   ☐ **Ziel nicht erreicht, weil:**

- _____
- _____

Konsequenzen: _____

Ggf. Fortsetzung auf Rückseite

Unterschriften:

Abb. 7: Arbeitsbogen »Vollständige Lernhandlung« (EA = Einzelarbeit, PA = Partnerarbeit, GA = Gruppenarbeit)

Zur Erinnerung: Es geht an dieser Stelle um die Einführung des zielgerichteten Lernens mithilfe dieses Arbeitsbogens. Noch hat die Klasse nicht genügend Lernkompetenz erworben, um sich selbst kognitive Lernziele zu setzen und (noch schwieriger) deren Erreichen zu überprüfen. In den freieren Festigungsphasen, die wir mit diesem Arbeitsbogen einleiten können, setzen die Schüler oft umformulierte Kann-Listen-Items ein. Sie überlegen dann mithilfe ihrer Unterlagen und der ausgefüllten Kann-Liste (mit den Spalten »Fundort/Quelle« und »Aktion«) selbst, welche *Aufarbeitungsziele* sie haben.

Bei der Überprüfung der Zielerreichung ist es für die Schüler im Grunde gleich schwer, ob sie das Erreichen oder Nichterreichen ihrer Ziele begründen sollen. In der Einführungsphase empfiehlt es sich dringend, nur das Nichterreichen begründen zu lassen. Eine Selbstüberprüfung durchzuführen, die ein »negatives« Ergebnis hat, führt zwangsläufig zu herausfordernden Fragen. Was müsste als Nächstes getan werden, welche Konsequenzen müssten gezogen werden, damit ich die gesetzten Ziele noch erreichen kann? Im Sinne des Lernen-Lernens ist dieser Vorgang tatsächlich ertragreicher als die zufriedenstellende Feststellung, dass »alles« geklappt hat. *Allein, die Schüler sehen es nicht so.* Sie befürchten negative Konsequenzen für sich, ihr Image und ihre Note. Sie glauben, den Stoff grundsätzlich nicht »zu können«, nur weil sie etwas »falsch« gemacht haben. Dass das Nichterreichen der Normalfall ist, können sie in dieser Phase noch nicht erkennen. Daraus folgt, dass die Lehrperson diese Sachlage immer wieder thematisieren muss. Mit der Zeit sollte sie dazu übergehen, auch die Angabe »Ziel erreicht« begründen zu lassen.

10.4.2 Der Umgang mit dem Zielkreislauf

Die Einführung der Arbeit mit dem Zielkreislauf ist ein schwieriges Geschäft. Im Novizen-Unterrichtsarrangement üben die Schüler selbstständiges und eigenverantwortliches Lernen und Arbeiten ein. Dies geschieht sozusagen im Inneren des Arrangements. Der äußere Rahmen ist noch vorgegeben, und damit sind es auch die Ziele des Unterrichtsarrangements. Diesbezüglich hat sich in der Wahrnehmung der Schüler nicht viel verändert. Dass die Schüler zu Beginn nicht einsehen, warum der Zielkreislauf wichtig sein soll, ist nachvollziehbar. Denn dieser ist erst dann ein unverzichtbares Lerninstrument, wenn umfangreichere Individualphasen und kooperative Lernphasen möglich sind, zum Beispiel im Lernatelier. Die Aktivitäten der Schüler wären im Lernatelier ineffektiv, könnten sie sich nicht des Zielkreislaufes bedienen. Sie würden beginnen, ins Blaue hineinzuarbeiten. In den Gruppen käme es zu Konflikten, weil die Einzelergebnisse nicht zusammenpassten, jeder etwas anderes bei der Planung unter dem Arbeitsziel verstünde etc. Der Weg zum kompetenten zielorientierten Arbeiten ist lang und hält für uns zwei Stolpersteine parat:

Stolperstein 1: In einer neuen Klasse kann SOkeL nicht ohne Vorbereitung eingeführt werden. Unordnung, Verweigerung und schlechte Lernergebnisse wären die Folge. Den Schülern fehlt es noch an Lernkompetenzen. Also führen wir sie langsam in die Materie ein und beginnen zum Beispiel mit Kartenmethoden, verbunden mit dem Sandwichverfahren. Anfangs ist dies sowohl für die Schüler als auch für die Lehrer schwierig genug. Die verständliche Schülerfrage taucht auf, warum der Arbeitsbogen »Vollständige Lernhandlung« ausgefüllt werden soll, wenn doch vieles vorgegeben wird. Das Problem für uns Lehrer ist dabei, dass die Arbeit in dieser Phase mit dem Zielkreislauf zukunftsbezogen ist. Für das entwickelte SOkeL ist der gekonnte Umgang mit dem Arbeitsbogen »Vollständige Lernhandlung« Voraussetzung, gegenwärtig hat er aber noch wenig Bedeutung. Es hilft also nichts: Die Schüler müssen diese Arbeitsbögen immer wieder ausfüllen, bis sie die Abläufe des Zielkreislaufs verinnerlicht haben. Diese wichtige Routinebildung wird durch die Prozessbewertung (als Verstärkerplan) unterstützt (vgl. Kapitel 14).

Es sollte selbstverständlich sein, den Schülern den Arbeitsbogen nicht einfach nur mit einigen erklärenden Worten auszuhändigen. Vielmehr sollte sein Gebrauch im Plenum geübt werden. Der erste Arbeitsbogen kann durchaus gemeinsam ausgefüllt werden. Die ersten selbst ausgefüllten Bögen sollten gelegentlich exemplarisch im Plenum besprochen werden. Wir haben auch hier häufig die Möglichkeit, den Schülern diese zunächst vielleicht mit Unlust verbundene Arbeit mit der Aussicht auf den Honigtopf zu versüßen. Geben wir ihnen doch für diese Tätigkeit notenwirksame Punkte (vgl. Kapitel 14).

Stolperstein 2: Wenn die Lehrperson ihre ersten Schritte in Richtung SOkeL geht, hat sie dasselbe Problem wie die Schüler. Uns Lehrern werden Ziele vorgegeben, die wir umzusetzen haben. Dies ist uns derart selbstverständlich, dass es uns nicht mehr bewusst ist. Die Rede ist hier von Lehrplänen, Durchführungsverordnungen, Anweisungen. Wenn wir »business as usual« getreu dem Motto »Das haben wir schon immer so gemacht« wollen, brauchen wir keinen Gedanken an eigenständig formulierte Lernziele zu verlieren. Die Schule und der Unterricht werden auch weiterhin funktionieren. Daher ist es für viele von uns beim Einstieg in SOkeL schwierig, die Bedeutung des Zielkreislaufs zu erkennen und vor allem vor der Klasse zu vertreten.

Wider das Stempeln

In der Einführungsphase von SOkeL erhält die Lehrkraft am Ende des Arbeitsprozesses oft ausgefüllte Arbeitsbögen, die unfreiwillig Stempelcharakter haben. Noch wissen es viele Schülergruppen nicht besser. Eine empfehlenswerte Strategie ist es, als Lehrperson in eine der Gruppen zu gehen und gemeinsam mit ihr den Arbeitsbogen auszufüllen. Dies sollte zu Beginn dieser Phase immer wieder mit einzelnen Gruppen durchgeführt werden. Die Mitglieder dieser Gruppen lernen dabei, wie es geht, und tragen bei nächster Gelegenheit ihr Wissen in andere Gruppen.

Während sich ein Schüler bei der individuellen Selbstüberprüfung der Kann-Listen-Items aus Bequemlichkeit vorschnell ein »Ich kann« zubilligen könnte, ist dies in einer Gruppe schwieriger. Sicherlich gibt es manchmal auch Schülergruppen, die es sich leicht machen. Die Regel ist es aber nicht. Perturbationen und kognitive Dissonanzen haben bei der Zielerreichungsüberprüfung wieder ihren Auftritt. In diesen Situationen werden die unterschiedlichen Wahrnehmungen über die Zielerreichung zum Teil kontrovers diskutiert. Die Schüler sind selbstverständlich verschieden ehrgeizig, motiviert und fleißig.

In fortgeschrittenen Klassen kommt es übrigens zu einem interessanten Phänomen, insbesondere wenn der »Ernstfall« Klassenarbeit in Sichtweite kommt. Was geschieht, wenn Gruppen aus welchen Gründen auch immer ihre Ziele nicht erreicht haben, diese aber wegen der anstehenden Leistungsüberprüfung wichtig sind? In diesem Falle geben sich die Schüler tatsächlich selbst Hausaufgaben, um die Scharte auszuwetzen.

Abschließend sei gesagt, dass die Lehrperson bei Verdacht auf bewusstes Stempeln selbstverständlich immer die Möglichkeit hat, die betroffene Gruppe zu sich zu rufen. Ein Gespräch über solch merkwürdige Ergebnisse regt die Betroffenen meist zum Nachdenken an. Je selbstständiger Ihre Klasse wird, desto mehr Zeit haben Sie für derartige Interventionen.

11. Negatives Wissen und Fehlerklärwerk: Wie lassen sich Fehler bekämpfen?

Das Thema Fehler und der Umgang damit ist vielleicht eines der schwierigsten unterrichtlichen Themen überhaupt. Zum einen, weil der Begriff Fehler hochgradig emotional besetzt und zum anderen, weil er schlecht isoliert zu betrachten ist. Dieses Thema ist direkt mit Kompetenzorientierung (im Sinne der Handlungskompetenz) und Leistungsbeurteilung verbunden. Über Häufigkeit, Schwere sowie Art und Weise der Fehler in Leistungssituationen wird die Note bestimmt. Jeder Schüler weiß, dass die Schulnote Auskunft über ihn gibt, wie objektiv oder subjektiv sie auch immer sein mag. Die Leistungsbeurteilung weist ihm aussichtsreiche Zukunftschancen zu oder nimmt sie ihm. Offenkundig ist der Fehler etwas sehr Gefährliches, nicht nur für unsere Schülerinnen und Schüler. Auch viele Kollegen tragen in ihrem episodischen (biografischen) Gedächtnis »ein Päckchen« mit sich herum, manche sogar ein traumatisches. Häufig denkt sich der vorn stehende Referendar, dass die hinten sitzenden Personen nur auf seine Fehler lauern, um damit eine vermeintlich »objektive« Notengebung begründen zu können. Von Anfang an machen viele Neulehrer die fatale Erfahrung, dass Lernprozess und Leistungssituation zusammengehören. Werden diese Erfahrungen nicht viel zu oft bei den Regelüberprüfungen wachgerufen, wenn das berufliche Können nach nur 45 Minuten simulierten Unterrichts mit Noten beurteilt wird?

Fehler zu begehen, kann Schülern wie Lehrern im übertragenen Sinn das Genick brechen. Dann ist es aus und vorbei mit der angestrebten Zwei, Drei oder auch Vier. Sind es »nur« bedenkliche Charakterzüge, wenn Schüler sich gegenseitig bei fehlerhaften Äußerungen oder fragwürdigem Verhalten mit Hohn, Spott, Schadenfreude, abfälligen Gesten, Lachen oder abwertenden Blicken mobben? Oder ist es vielleicht »nur« die Erleichterung darüber, dass sich ein anderer bloßgestellt hat und nicht man selbst? Selbstverständlich ist jedem Kollegen klar, dass Fehler zum Lernen dazu gehören. Wenn das unterrichtliche Fehlervermeiden (siehe unten) also keine *persönliche* fehlerhafte didaktische Haltung ist, dann muss das Problem wahrscheinlich in der Unterrichtsstruktur selbst liegen. Auch wenn Schüler diesen Zusammenhang nicht in Worte fassen können, so wissen sie doch sehr genau um ihn: »Allzu oft melden sich Schülerinnen und Schüler ausschließlich dann zu Wort, wenn sie sich ziemlich sicher sind, dass sie korrekt antworten können. Dies zeigt häufig, dass sie die Antwort zu der gestellten Frage schon längst gewusst haben« (Hattie 2014, S. 141 f.).

Der Fehler ist die dunkle Seite des Wissensaufbaus. Er wird mit spitzen Fingern angefasst, er ist schmutzig und riecht streng. In unserem biografischen oder episodischen Gedächtnis wimmelt es nur so von Erinnerungen, die zwar lange her sind, uns aber mit Schuld- und Schamgefühlen belasten. Und dies obwohl versucht wird, eine Willkommenskultur des Fehlers in den Köpfen der Lehrer zu implementieren: »Fehler müssen begrüßt werden« (Hattie 2014, S. 141), »Lob des Fehlers«, »Fehlerkultur«,

»Fehler als Lernchancen« (Helmke 2014, S. 228), »Fehler als Lerngeschenke« und so weiter und so fort. Aber Vorsicht! In der didaktischen Literatur wird der Fehler nur in abstrakter Form lobgepriesen. Sowohl Hattie als auch Helmke, dessen Buch über Unterrichtsqualität im deutschsprachigen Raum ein Standardwerk ist, singen das Hohelied des Fehlers. Allein, es sind in beiden Büchern nur ein paar Zeilen zum Umgang mit Fehlern im Verhältnis zum Gesamtumfang ihrer Bücher. Der Fehler scheint schwer auf dem Magen der Schule zu liegen.

In diesem Kapitel soll zuerst untersucht werden, warum der Umgang mit Fehlern so schwierig ist. Anschließend wird das Negative Wissen untersucht. Es ist eine Konstituente, eine Entstehungsbedingung des Wissens, die andere Seite der Wissensmedaille. Der Fehler gehört zum Wissensaufbau dazu wie das Allah-u-akbar in der Moschee. In SOkeL gehört der Fehler, genauer die Facetten des Fehlerhaften, zum Lernen dazu wie das schlechte Wetter zu den gemäßigten Breitengraden. Er wird auf zwei Weisen bekämpft: in einer expliziten sowie in einer dem SOkeL-Unterrichtsarrangement immanenten Art und Weise. Letzteres ist das Fehlerklärwerk. Zum Schluss wird darauf eingegangen, welche Anforderungen an Lehrer im Fehlerklärwerk gestellt werden und wie sie diese erreichen können.

11.1 Warum der Umgang mit Fehlern so schwierig ist

Lernprozess und Leistungsbeurteilung sind untrennbar miteinander verbunden, wenn der Unterricht im Klassenplenum, also kollektiv, stattfindet. Jeder Lehrer muss Noten im allgemeinen Teil (mündlich) geben. Ob der Lehrende es will oder nicht, gibt jeder Lernende mit einer Meldung eine Visitenkarte über seine Leistungsfähigkeit ab. Häufige Fehler mindern die Note (vgl. Kapitel 4). Nimmt man die Forderung ernst, »möglichst oft Lernprozess von der Leistungsbeurteilung zu trennen« (vgl. Helmke 2014, S. 230), dann ist es zugleich eine Forderung nach einer anderen Unterrichtsstruktur.

Der gängige Unterricht findet fast ausschließlich im Plenum statt (Ausnahmen bestätigen die Regel). Die Lehrperson kann dann nicht anders, als »vom Anfang her gesehen« zu unterrichten. Sie ist das Wissensmedium und das sprachhandelnde Zentrum im Unterricht. Das heißt, jeder Vermittlungsschritt muss richtig sein und z. B. tafelbezogen abgesichert werden. Diktierte Merksätze unterstützen unter Umständen dieses Vorgehen. Die Lehrperson im Plenum ist die »letzte Instanz zur Wahrheit«. Sie hat das Redemonopol (60 Prozent Redeanteil in der Grundschule, bis zu 90 Prozent Redeanteil in der SEK II; vgl. DESI-Studie 2010; Rothland/Terhart 2007), verkündet und erarbeitet Schritt um Schritt, Frage um Frage richtige Lösungen oder zumindest Vorschläge dazu. Der Schüler antwortet auf Grundlage seiner jeweiligen Wissensstruktur, die sich von der seiner Mitschüler je nachdem schwach bis stark unterscheidet. Die Lehrperson agiert im kollektiven Raum, der antwortende Schüler im individuellen. Daraus ergeben sich zwei Probleme: der Umgang mit falschen Schülerbeiträgen und das Problem der Performanz.

Jeder Schüler begeht aufgrund seiner Vorwissensstruktur und seiner Vorerfahrung individuelle Fehler. Insbesondere bei fragend-entwickelnden Unterrichtsphasen können Meldungen mit fehlerhaften Beiträgen den Fluss der Erarbeitung stören. Geht die Lehrperson auf jede dieser Meldungen ein, besteht die Gefahr, dass der rote Faden verloren geht. Letztlich kann sie ohnehin nicht auf all das Fehlerhafte eingehen, da die Fehler jedes Schülers individueller Natur sind. Der Fehler des einen ist nicht der Fehler des anderen. Folglich kann die Fehlerbearbeitung hier nicht interessieren. Ausnahmen davon sind typische domänenspezifische Fehler. Das Fehler-Bermudadreieck droht (vgl. Kapitel 4). Es ist dann eine logische Folge dieser Unterrichtsstruktur und keinesfalls ein berufliches Fehlverhalten, wenn Lehrer zwar den Fehler oder das Fehlerhafte von Meldungen aufnehmen, es aber selbst bereinigen. Nach der umfassenden DESI-Studie (hier in Bezug auf das Fach Englisch) redet die Lehrkraft zu circa 66 Prozent im Unterricht selbst. Ein Drittel der Redezeit muss sich die gesamte Klasse teilen. Die Lehrperson ignoriert dabei fast die Hälfte der fehlerhaften Beiträge (47,56 Prozent): »Ein gutes Fünftel aller Schüleräußerungen ist fehlerhaft [...]. In gut der Hälfte der fehlerhaften Schüleräußerungen wird der Fehler korrigiert, wobei nur in knapp 15 Prozent der Fälle die Schülerinnen und Schüler die Gelegenheit erhalten, dies selbst zu tun (›Selbstkorrektur‹). In der überwiegenden Mehrzahl der Fälle korrigiert die Lehrerin oder der Lehrer« (DESI 2010, S. 49).

Performanz hat etwas mit »sich zeigen«, »in Erscheinung treten« oder »einen Auftritt haben« zu tun. Der Fehler braucht die große Bühne, um sich je nach Perspektive in seiner ganzen Pracht oder Erbärmlichkeit zu zeigen. Ein Schauspieler übt ja auch nicht im Geheimen und Verborgenen und hat dann erstmals bei der Ur-Aufführung seinen großen Auftritt. Der Regisseur möchte vorher mit ihm arbeiten. Dazu muss der Schauspieler zeigen können, was er kann und wie er seine Rolle interpretiert. Nur dann kann an seinem Auftritt gefeilt werden, können auch schauspielerisch Bedenkliches und Ungekonntes überwunden werden. Wie ein Schauspieler muss auch *jeder* Schüler die Chance haben, ein Rendezvous mit seinen ureigenen Fehler zu bekommen. Er selbst ist der Regisseur mit seinem bis dato erworbenen Niveau metakognitiver Strategien. Schülern wie Schauspielern wird zu einer besseren Performanz verholfen, indem das noch Ungekonnte, Fehlerhafte, Unvollständige sukzessive abgebaut wird. Logischerweise muss dazu die Unterrichtsstruktur eine andere sein, soll der Schüler sich selbst mit seinen Fehlern lernhandelnd konfrontieren können.

Schülergeneration für Schülergeneration begehen viele Lernende dieselben Fehler. Sie sind in typischer Form auf die jeweiligen Fächer bezogen. Sei es, dass sie grammatische Formen der deutschen Sprache in Fremdsprachen übertragen, sei es, dass sie naive oder volkstümliche Alltagstheorien vor naturwissenschaftlichen Konzepten bevorzugen, ohne es zu bemerken (vgl. Klieme 2014, S. 16). Ein Problem, mit dem sich Englischlehrer seit Langem herumschlagen, ist die dritte Person Singular (He *write*_ a letter). Hat ein Schüler es oft genug falsch gemacht, wird eine Prozedur oder Routinehandlung daraus. Und nun wird die Korrektur erst recht schwierig.

Die härtesten Brocken sind jedoch Fehler, die dem prozeduralen oder impliziten Gedächtnis entspringen. Helmke hebt mit Bezug auf Weinert (Weinert 1999a, S. 104) hervor: »In diesem Fall stellen Lücken, Mängel und fehlerhafte Elemente im deklarativen, vor allem aber im prozeduralen Wissen den weiteren Lernfortschritt und die praktische Nutzung des Gelernten mehr oder minder massiv infrage. Irrige Konzepte, falsche Regeln und fehlerhafte Routinen sind nur schwer zu korrigieren, wenn sie erst einmal in den prozeduralen Wissenssystemen integriert sind. Sie müssen deshalb im Verlauf des Lernens vermieden oder schnell überwunden werden« (Helmke 2014, S. 228). Auf den letzten Satz bezogen kann man sagen: Gut gebrüllt, Löwe. Denn mit dieser Forderung ist man wieder mit dem Performanz-Problem konfrontiert. Das Performanz-Problem ist janusköpfig. Im klassischen Unterricht hat der einzelne Schüler viel zu wenig Möglichkeiten bzw. findet viel zu wenig performante Lernsituationen vor – und sein Lehrer demgegenüber zu viele Lehrsituationen. Denn mit seinem hohen Redeanteil in einer Unterrichtsstunde hat dieser seine ureigene Performance, die mit der Zeit tief und schwer erreichbar in sein prozedurales Gedächtnis abgesunken ist. Folge: Der Lehrende hat auf sein Verhalten nur noch bedingt direkten Zugriff, ebenso wie seine Lernenden.

In einem schülerorientierten Unterricht sollten so viele Situationen wie notwendig herbeigeführt werden, die zu kognitiven Dissonanzen und Perturbationen führen. Aber bitte beachten: Was für die individuellen Lernprozesse gut sein mag, ist es nicht unbedingt für die Psyche unserer Schüler. Störungen und Dissonanzen sind selten etwas Angenehmes, Erstrebenswertes. Dies betrifft Schüler ebenso wie Lehrer. Die Wirkung einer Perturbation ist in der Regel nicht einschätzbar. Klar scheint oft nur das Unklare, die Ungewissheit, die Begrenztheit des eigenen Wissens. Verunsicherung könnte dann die Folge sein. Wer möchte das schon? Herbei gewünscht wird der universale Retter in der Not. Möge er doch all das Fehlerhafte, all den Ballast heldenhaft und tafelbezogen ausmerzen. Möge doch eine Lehrperson als deus ex machina dem Feind namens Unsicherheit mit Merksätzen den Todesstoß versetzen und als Grabpredigt Texte austeilen oder Stellen aus dem Schulbuch angeben, die der Schüler für die nächste Klassenarbeit auswendig lernen darf. Soll der Retter doch einfach sagen, wie es ist oder wie es richtig ist. Dass Gehörtes und Gelesenes nicht unbedingt mit dem übereinstimmen, was gesagt und gemeint wurde, wird von den Schülern verständlicherweise oft nicht gesehen (vgl. Kapitel 4 und 8).

Lehrer sind auch nur Menschen. Sie haben im Umgang mit eigenen berufsrelevanten Fehlern ähnliche Probleme wie ihre Schüler. Können all die Ambiguitäten zugelassen werden, wenn in einer Klasse manches nicht so funktioniert, wie es aus Sicht des Lehrers geschehen sollte? Wie soll sich in diesem Fall das Lehrpersonal verhalten, wenn die Schüler Kritik üben? Insbesondere beim Übergang vom lehrerorientierten zum schülerorientierten Unterricht gibt es solche Situationen zuhauf. Soll man dann die Unsicherheit zulassen, auf offener See weiterhin den Weg nach Indien suchen oder sich in den rettenden Routine-Heimathafen zurückziehen? »Scheitern oder Lernen aus Fehlern ist auch im Lehrerzimmer entscheidend. In einer Schule muss eine Kultur herrschen, die nicht Schuld zuweist, sondern eine Bereitschaft gewährleistet zu untersuchen, was nicht funktioniert (oder was bei welchen Schülerinnen und Schülern nicht funktioniert). Sorgfalt und Analyse sind nötig, um Scheitern korrekt auf die zutreffenden Gründe zurückzuführen« (Hattie, 2014, S. 142). Ohne dass Hattie den Begriff »Negatives Wissen« kennt, hat er doch dessen enorme Wichtigkeit für die Unterrichtsentwicklung benannt.

Der Lehrerberuf ist ein Interaktionsberuf. Die Lehrperson bringt Folgendes in den Austauschprozess ein: die psychische Grundstruktur, die biografisch geprägte Persönlichkeit, subjektive Theorien über Unterricht und Schüler, Vorerfahrung und Wissensnetze sowie kommunikative und didaktische Kompetenz. Damit trifft die Lehrperson im Unterricht auf Lernende und interagiert mit ihnen. Jede Interaktion ist ebenso komplex wie einzigartig und nicht genau vorhersehbar. Die Arbeit des Lehrers ist im Wesentlichen Interaktionsarbeit und deshalb weder standardisierbar noch nach verallgemeinerbaren Kriterien bezahlbar. Jede Forderung marktliberaler Politiker, dass sich auch im Unterricht Leistung lohnen müsse, ist vergebens.

Es gibt gute Fehler und schlechte Fehler. Schlechte Fehler entstehen aus Überforderung: »Bei schlechten Fehlern ist die Barriere für die Lösung an sich zu hoch, sodass Lösungsprozesse abgeblockt werden« (Oser/Spychiger 2005, S. 36). »Gute Fehler können zu einsichtigem Handeln führen, weil das Falsche in der Reichweite des Möglichen für die betreffende Person liegt« (ebd.).

In einem Unterrichtskonzept, das auf kooperativem und individuellem/individualisiertem Lernen fußt, das also auf Interaktion beruht, »menschelt« es. Die Liste möglicher Fehltritte im Verhalten ist endlos lang. Ein unendliches Betätigungsfeld für die erweiterte Lehrerrolle tut sich auf. Das falsch Ungewollte, das falsch Gewollte, Nachlässigkeiten im Umgang, Kommunikationsstörungen, verbale und nonverbale Abwertungen, Beratungsresistenzen und was das menschliche Verhaltensrepertoire sonst noch hergibt halten plötzlich bewusst und gewollt Einzug in die Klassenzimmer – und vor allem für alle sichtbar. Auch hier Facetten des Falschen, des fehlerhaften Verhaltens, das bearbeitet werden muss. Zumindest teilweise können wir mit der Leistungsbewertung à la SOkeL vieles ins Positive wenden und aus dem Betätigungsfeld ein Bestätigungsfeld machen.

11.2 Alle Lernanfänge sind fehlerhaft

Vom Ende, dem gewünschten Ergebnis oder dem Unterrichtsziel her gesehen sind alle Anfänge falsch. Eigentlich eine Binsenwahrheit und doch überraschend, denkt man einmal darüber genauer nach. Stellen Sie sich in Ihrem Fach einen etwas längeren Lernabschnitt vor. Sie führen den Advance Organizer ein. Danach beginnen die Schüler mit der Erarbeitung des ersten Lerngegenstandes, noch weit weg vom Ziel. Nehmen wir einmal an, direkt nach der zweiten oder vierten Stunde müsste der Lehrer aus der Perspektive der angestrebten Standards am Ende des Lernabschnittes eine Leistungsbeurteilung durchführen. Ungenügende und mangelhafte Noten wären das Ergebnis, durchbrochen von einigen wenigen ausreichenden, weil diese Schüler schon über ein gewisses bereichsspezifisches Vorwissen verfügten. Vielleicht sind sie kompetent genug, dies in intelligenter, diskursiver und vielleicht sogar essayistischer Form mit dem kompatibel zu machen, was Sie erwartet haben und durch Advance Organizer und Kann-Listen zu erkennen gaben. Ansonsten – aus der Perspektive des Exzellenzstandards zum Schluss der Einheit – nichts als Oberflächliches, Ungenauigkeiten, Unvollständiges, Missverstandenes, Fast-Richtiges und Irrtumsbehaftetes. Dabei haben Sie *ausschließlich* das richtige Wissen vermittelt und ordnungsgemäße Lernschrittsicherungen durchgeführt.

In der klassisch-frontalen Wissensvermittlung, in der frontalen Wissenserarbeitung im Plenum zwischen Lehrer und Schüler gibt die Lehrkraft die Schrittfolgen vor. Sie entwickelt auf diese Art das Wissensspektrum der Thematik. Die Lehrkraft ist gewiss darum bemüht, dass nur das Richtige in die Köpfe der Schüler kommt. Fehler werden, so die beruhigende Gewissheit, von vornherein vermieden. Der klassische fragend-entwickelnde Frontalunterricht ist ein Fehlervermeidungsunterricht und muss es auch sein. Er wird im Unterschied zu SOkeL vom Anfang aus gedacht. Auch der modifizierte Frontalunterricht ist ein *Input*-Unterricht. Kein Schüler braucht umzulernen, da er mit falschem Wissen, Fehlerhaftem, Unterlassenem, Ungefährem, Irrtümern, Missverstandenem und Halbverstandenem nicht konfrontiert wird. Fehler von Mitschülern werden im fragend-entwickelnden Unterricht entweder sofort korrigiert oder der Lehrer lässt diese im Bermuda-Fehlerdreieck verschwinden (vgl. Kapitel 4). Dennoch wimmelt es in der anschließenden Klassenarbeit, einer individualisierten Leistungssituation, von Fehlern. Woher kommen diese Fehler? Hier ein paar mögliche Erklärungen:

- Der Unterricht wurde im Anspruchsniveau synchronisiert und auf das übliche mittlere Maß in der Klasse reduziert. Im Gegensatz dazu steht die in der Beurteilung individualisierte Klassenarbeit.
- Viele Schüler konnten wegen spärlicher Andockmöglichkeiten in ihrer Vorwissensstruktur nur wenig neues Wissen aufnehmen, da das mittlere Maß zu anspruchsvoll war.
- Einige Schüler langweilten sich, weil sie unterfordert waren und deshalb nicht aufpassten.
- Die Schüler wussten zu Beginn der Unterrichtseinheit zunächst nicht, wohin die inhaltliche Reise geht, und legten sich ein falsches Konzept des Neuen an.
- Viele Schüler konnten nur Teile des neuen Stoffes aufnehmen. In manchen Gebieten gelang es vollständig; in anderen Bereichen bemerkten sie gar nicht, dass ihnen etwas fehlt. Auch hier tritt wieder das Problem der bereichsspezifischen Vorwissensstruktur auf.
- Vor allem hatten die Schüler keine Gelegenheit, Wissen aktiv anzueignen und in ihre Vorwissensstruktur einzupassen.

Obwohl die Problemlage klar ist, schrecken viele Kollegen vor dem Gedanken zurück, die Schüler den Lernstoff sich selbst erarbeiten zu lassen, zum Beispiel in kooperativen Lernformen. »Und wenn sie Fehler machen?« »Und wenn sie diese Fehler in kooperativen Lernformen an andere weitergeben?« »Wenn sich ein Fehler verfestigt, weil er nicht gleich korrigiert wurde, ist er kaum noch zu beseitigen.« »Meiner Erfahrung nach merken sich viele Schüler das Fehlerhafte besser als das Richtige.« Äußerungen dieser Art sind typische Reaktionen von Kollegen in den Fortbildungen. In einem haben sie recht: Wenn Schüler beginnen, sich Wissen zu erarbeiten und Kompetenzen zu erwerben, geschieht dies in *sehr* abgestuftem Maße unvollständig, ungefähr, unzureichend, unvollkommen, missverständlich oder undifferenziert. Das Wissen mag nur fast richtig oder scheinbar richtig, dem Richtigen nur ähnlich, unterkomplex oder irrtumsbehaftet sein. Dies ist bedingt durch das bereichsspezifische Vorwissen und die Vorerfahrung der Schüler sowie ihre bis dato erreichte Lernkompetenzstufe. Bei dieser Auflistung mag mancher Lehrer zurückschrecken und doch lieber wie gewohnt das Heft in der Hand behalten.

Wenn es ohnehin unvermeidlich ist, beim Lernen Fehler zu begehen, warum werden sie dann nicht zum Lernen genutzt?

11.3 Das Fehlerhafte ist der Stalker des Wissensaufbaus

Wie im Kapitel 2 aufgezeigt wurde, diskutieren Schüler in kooperativen Lerngruppen den neuen Lerninhalt auf der Grundlage ihrer jeweiligen Vorwissensstruktur, ihres semantischen Netzwerks sowie ihrer Vorerfahrung. Der Bedeutungshintergrund von Sätzen und Wörtern kann für jedes Lerngruppenmitglied zwar ähnlich sein, aber eben auch sehr unterschiedlich. Am Beispiel des Wortes »Bank« wurde gezeigt, wie vielfältig ein Begriffsinhalt sein kann. Der wirkliche Sinn eines Begriffes ergibt sich erst durch den Kontext, den unser Gehirn *aktuell* erschließen muss (vgl. Roth 2001, S. 421).

Beim Lernen geht es darum, neue Lern- und Sachinhalte mit bereits vorhandenen Wissensstrukturen zu verknüpfen. Aber welche Begriffe und Wörter liegen in den einzigartigen semantischen Netzwerken genauso vor, wie sie zum Erfassen der Lerninhalte gebraucht werden? Und fehlen nicht manchmal sogar die benötigten Bedeutungshintergründe von Wörtern vollständig? Die Erschließung neuer Lerninhalte kann nicht nur wegen der unvollständigen oder schwach ausgeprägten Bedeutungshintergründe/ Konnotationen einzelner Wörter schwierig sein. Problematisch ist es vor allem, wenn sich der Kontext des Neuen nicht richtig erschließen lässt.

Sechs Augen und Ohren hören und sehen mehr als zwei. In kooperativen Lerngruppen verschränken die Schüler ihre Perspektive auf den neuen Inhalt. In einem SOkeL-Unterrichtsarrangement beschäftigen sie sich bekanntermaßen zuerst individuell mit dem neuen Sachverhalt. Unter Umständen gehen sie danach mit dem guten Gefühl in die Lerngruppe, eigentlich schon fast alles verstanden zu haben. Einige Dinge sind noch unklar, die mit den anderen gewiss zu klären sind. Der Ursprung dieser Selbsttäuschung liegt in der Vorwissensstruktur der Schüler. In der gegenwärtigen Situation können sie es nicht besser wissen. Die vorhandenen Wissensstrukturen beschränken zunächst die umfängliche Wissensaufnahme des Neuen. Auch die anderen Gruppenmitglieder meinen, den Lernstoff weitgehend verstanden zu haben. In der Auseinandersetzung mit dem wahren Inhalt des Textes lernen sie dann aber, den Inhalt aus der (Vorwissens-)Perspektive der anderen zu sehen. Und sie erkennen, dass ihr Wissensstand noch nicht aller Tage Abend ist. Ihr vorläufiges Lernergebnis weist noch die Facetten des Fehlerhaften auf. Wenn sie überzeugt werden, übernehmen sie die spezifischen Aspekte von anderen, auf die sie selbst nicht gekommen sind. Diese Verunsicherung des bereits als gelernt Geglaubten, dieser Zweifel an der eigenen Perspektive auf den Inhalt wurde in den vorherigen Kapiteln schon als kognitive Dissonanz und Perturbation bezeichnet. Die Sandwichstruktur des SOkeL-Unterrichtsarrangements zielt absichtlich auf diese Störung und betrifft sowohl die kooperative Erarbeitungsphase als auch die Festigungsphase, z. B. im Lernatelier. Dieser Vorgang ist von eminenter Wichtigkeit für die allmähliche Klärung oder Bereinigung des Wissens von seinem Fehlerhaften.

In Fortbildungen wird von Kollegen immer wieder vorgebracht, dass ein Lehrer doch gar nicht wisse, ob sich die Schüler etwas Falsches beibringen, wenn sie selbstständig im Sandwich arbeiten. Die Antwort kann meines Erachtens nur sein, dass sie sich sicher nicht das Richtige im Sinne des *vollständig* Richtigen beibringen. Das ist auch nicht zu erwarten. Die Schüler sind bekanntlich noch am Anfang des Lernprozesses. Aber das bei ihnen (noch) nicht Richtige ist nicht falsch im Sinne von $2 + 2 = 5$ (vgl. Oser/Spychiger 2005). Es gibt Facetten des Falschen bei der Integration des neuen Wissens in die individuellen Vorwissensstrukturen. Selbstverständlich gibt es auch Fehler hinsichtlich der Lernergebnisse der Lerngruppe.

In SOkeL eignen sich die Schüler nach und nach metakognitive Kompetenzen mittels des Kompetenzfahrplans »Metakognitive Strategien« an (siehe unten). Damit können sie das Gelernte für sich sichtbar und hörbar machen und infolgedessen daran arbeiten. Oft genug müssen sie sich daran sogar abarbeiten. Mit den Kann- und Kompetenzlisten sowie anderen SOkeL-Lerninstrumenten können die Schüler erkennen, wo sich noch Facetten des Fehlerhaften befinden, an welcher Stelle auf dem Weg zum »Richtigen« sie sich gegenwärtig aufhalten. Dafür brauchen sie nicht zuletzt »Störer« in Gestalt von Gruppenmitgliedern.

Der Wissensaufbau ist der Weg *und* das Ziel. Aber mit jedem Wissensaufbau auf der Basis eines einzigartigen Vorwissens und eines biografisch erworbenen semantischen Netzwerkes geht scheinbar auch ein gewisser Aufbau von Fehlerhaftem einher. Dabei ist es gleichgültig, ob der Bedeutungshintergrund der im Netzwerk vorhandenen Wörter differenziert oder brüchig ist. Das Fehlerhafte ist sozusagen der Stalker oder der Schatten des Wissensaufbaus.

Mit SOkeL kann ein Perspektivwechsel auf den Lernprozess vorgenommen werden, der zunächst gewöhnungsbedürftig ist. Der Lehrer betrachtet den gesamten Lernprozess vom Ende oder Ergebnis her. Auf Neudeutsch heißt dieses Ergebnis Output und

Outcome. Dies sind nicht zufällig Begriffe aus der Kompetenzorientierung. Vom gewünschten Ergebnis des Lernprozesses her betrachtet sind, überspitzt ausgedrückt, alle Lernanfänge falsch. Falsch allerdings nur im Sinne der oben aufgezählten Facetten. Diese begleiten den Lernprozess als Interferenzen *zwangsläufig* und *ständig*. Wer anerkennt, dass der Wissensaufbau unausweichlich von seiner dunklen Seite begleitet wird, kann das Fehlerhafte offensiv bekämpfen. In SOkeL sind dafür das Fehlerklärwerk und »der veröffentlichte Fehler« zuständig.

11.4 Kampf dem Fehler – das Fehlerklärwerk

SOkeL ist nicht fehlertolerant und betreibt keine Fehlerkultur. Fehler im obigen Sinne werden auch nicht als Lerngeschenke gesehen. Dies aus zwei Gründen: Erstens würde ein Schüler diese Geschenke nicht ohne Weiteres wahrnehmen können. Der Witz am Ganzen ist ja, dass der Weihnachtsmann sozusagen als Geheimagent agiert. Zweitens würde permanentes Beschenktwerden dazu führen, dass auf jedes weitere Geschenk mit desinteressiertem Achselzucken reagiert wird. Der Ideologisierung des Fehlers als etwas Positivem soll in SOkeL kein Vorschub geleistet werden. »Die Erfahrung lehrt, dass man nichts bereut, von dem man nicht eingesehen hat, dass man es besser machen kann. Wer seine Fehler nicht als solche erkennt, bleibt an sie gekettet, weil er nichts Besseres vor sich sieht und sich daher fragt, warum er lassen soll, was er hat« (Martini/Eco 1998, S. 152).

Das Gegenstück zur Fehlertoleranz ist die Fehlervermeidungsstrategie im Frontalunterricht. Im Unterschied zu den Lernern darf der Lehrer nichts Falsches durchgehen lassen. Selbstverständlich muss er ebenfalls dafür sorgen, dass tafelbezogene Lernschrittsicherungen vorgenommen werden. Damit können die Schülerbeiträge sofort vom Falschen befreit werden. Dass das in der Unterrichtsstunde gemeinsam mit den Schülern (bzw. mit den üblichen drei bis sechs Verdächtigen) erarbeitete Tafelbild stimmt bzw. sachlich richtig ist, sollte selbstverständlich sein. In den nachfolgenden Übungen werden die Schülerergebnisse ebenfalls über die Lehrperson abgeglichen. Dies ist übrigens keine Kollegenkritik, sondern Kritik an der Struktur, in der sie arbeiten. Im Plenum wäre es auch falsch, Fehlerhaftes stehen zu lassen, weil es durch die fehlende Lehrerreaktion faktisch legitimiert würde. Nach der Erarbeitung im Plenum hofft der Lehrer, dass der sich meldende Schüler erstens eine richtige Antwort oder ein Ergebnis parat hat. Zweitens erwartet der Lehrende, der Rest der Klasse würde über die zentrale Fehlerklärung dazulernen, sofern das Ergebnis nicht richtig ist. Voraussetzung wäre allerdings, dass die meisten Schüler sich nicht im Stand-by-Modus befinden oder unterm Tisch das Neueste auf Facebook abchecken. Für sie heißt es wie gewohnt zuzuhören, nachzuvollziehen, passiv zu bleiben. Es ist dies die höchste Form der Pfingstwunderdidaktik: Irgendwie wird der Heilige Geist des Wissens die Schüler schon noch erleuchten.

Auch im modern gestalteten Frontalunterricht ist es nicht möglich, zu registrieren, ob all die richtige Information der Lehrenden in den Köpfen der Lernenden angekommen ist. Es ist ein Einfaches, die Behauptung aufzustellen, dass es in Facetten des Falschen ankam. Wahrscheinlich hatten die Schülerinnen und Schüler noch nicht einmal bemerkt, in welchem Ausmaß sie etwas nicht wussten. Wie auch? Das eigene Fehlerhafte wahrzunehmen, ist unerfreulich; es zu bekämpfen, ist mühsam und anstrengend. Nach der Klassenarbeit hört der Lehrer häufig: »Ich hatte mich so gut vorbereitet; gestern konnte ich noch alles ... muss ein Blackout gewesen sein.« Im SOkeL-Unterricht dagegen wird das Richtige in ständig wechselnder Gestalt, in immer anderen Situationen und zunehmend in vernetzter und differenzierter Form in den Lernprozess zurückrecycelt. Deshalb der Begriff Fehlerklärwerk. Die Leitung des Fehlerklärwerks hat die Lehrkraft inne; die Angestellten und Arbeiter an den verschiedenen Klärbecken sind die Schüler. Die Leitung inspiziert immer wieder die Stationen und schaut nach dem Rechten. Sie steht den Schülern auf Wunsch mit Rat, Tat und Hilfe zur Seite. Teams mit erheblichen Problemen werden gegebenenfalls direkt instruiert.

Um im Fehlerklärwerk arbeiten zu können, müssen die Schüler Folgendes lernen bzw. mit Folgendem umgehen können, das ihnen im SOkeL-Unterricht als direkte und indirekte Lernhilfe angeboten wird:

- *Aufbau von Lernkompetenzen* (z. B. von metakognitiven Strategien): Damit kann jeder sich selbst und anderen das Gelernte sichtbar und hörbar machen, z. B. mittels Concept-Map, Strukturlegearbeit, Entwicklungsportfolios und Lerntagebüchern. Erst dann ist es möglich, die eigenen individuellen Facetten des Falschen zu erkennen. Der Lernkompetenzaufbau geschieht nach den Prinzipien der fraktalen Organisation (siehe unten).
- *Die Unterrichtsorganisation im Sandwichprinzip:* Das Gehirn des Schülers sucht in ein Gleichgewicht zu gelangen. Dies oft in der irrigen Annahme, dass es gelernt hat, was zu lernen war. Hierbei geht es um das Problem der sprachlichen Verankerung des Wissens in den semantischen Netzwerken sowie der mangelnden Bedeutungszuweisung von neuen Begriffen aufgrund fehlender oder mangelnder Konnotationen im konkreten Kontext. Durch das Sandwichprinzip werden die Schüler immer wieder in die kognitive Dissonanz getrieben. Sie können gar nicht anders, als ihre Wissensnetze immer wieder mit den anderen abzugleichen, ihre Perspektiven auf einen Lerngegenstand miteinander zu verschränken (vgl. Siebert 2003). Letztlich werden sie immer wieder darauf gestoßen, dass doch noch nicht aller Lerntage Abend ist.
- *Die SOkeL-Leistungsbewertung:* Mit ihr lassen sich Lernprozess und Leistungssituation trennen. Mithilfe der sogenannten Prozessbewertung – einer Art positivem Verstärkerplan – erreicht man, dass die Schüler sich auf das anstrengende Fehlerbekämpfen einlassen.
- *Die Vorab-Struktur des Unterrichts:* Eine SOkeL-Lerneinheit wird durch den Advance Organizer eingeleitet, gefolgt von den Kann-Listen/Kompetenzrastern als Zielmarkierungen, an denen sich der Schüler laufend orientieren kann.

- *Die zusammenfassenden Lehrervorträge*, mittels derer die Schüler ebenfalls ihren aktuellen Stand und das angestrebte Etappenziel abgleichen und daraus Schlüsse für ihre Weiterarbeit ziehen können. Für diese Weiterarbeit bieten sich festigende Schülerhilfsmittel (vgl. Kapitel 7) an, etwa Lernpartnerschaften (unterrichtsbegleitend), Lernzirkel (unterrichtsaufarbeitend) und Lernberatungen, Qualitätskontrollen von Schülern für Schüler, schriftliche gegenseitige Bewertung etc.

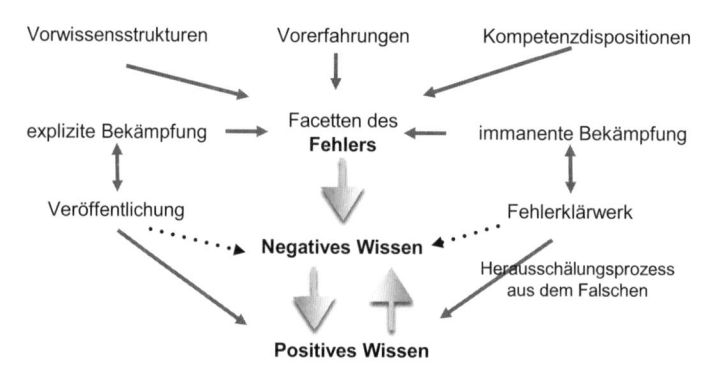

Abb. 8: Vom Ende her denken – das Fehlerklärwerk

Wenn vom Ende eines Lernprozesses (zu einer Unterrichtseinheit) gedacht wird, sind alle Anfänge falsch oder fehlerhaft. Das liegt zum einen daran, was die Lehrperson zuvor als richtig definiert hat. Es hängt zum anderen von den kognitiv-emotionalen Vorwissensstrukturen, von den Vorerfahrungen, den Kompetenzdispositionen und dem Level der erreichten Lernkompetenzen des Schülers ab. Dabei treten unvermeidlich Facetten des Fehlerhaften auf. Sie sind nur im Ausnahmefall sogenannte Lerngeschenke. Der Wissensaufbau im Sandwichprinzip ist somit von einem gleichzeitigen Aufbau von Fehlerhaftem bedroht. Das Fehlerklärwerk ist vereinfacht ausgedrückt ein umgekehrtes Sandwich. Es wird mit viel Fehlerhaftem begonnen, das in den Reinigungsstufen des Fehlerklärwerks durch den individuellen Lernenden behoben werden kann. Es ist also die Unterrichtsstruktur des SOkeL, die Fehler bekämpfen hilft. Der Lehrperson stehen zusätzlich Mittel zur Verfügung, Fehler und Fehlerhaftes öffentlich zu machen. Bedeutend ist dabei der Aufbau von Negativem Wissen. Zu wissen, wie etwas nicht geht, wie etwas nicht funktioniert, kann im Lernprozess lange Zeit wichtiger sein als das Positive Wissen. Der Aufbau des Positiven Wissens braucht diese andere Seite, die Negation.

11.5 Die andere Seite der Wissensmedaille – das Negative Wissen

Die Wege des Herrn sind bekanntlich unergründlich. Auch zeigt er sich nur indirekt. Wenn man zwar nicht weiß, wer oder was Gott ist, so lässt sich doch immerhin sagen, was Gott *nicht* ist. Dieses Vorgehen (Via Negativa) stammt von der östlichen orthodoxen Kirche und wird als eliminatives Vorgehen bezeichnet (vgl. Taleb 2014, S. 409 ff.). Oser und Spychiger (2005) haben diesen Grundsatz aufgenommen und daraus das Konzept des Negativen Wissens formuliert. »Unter Negativem Wissen verstehen wir jene Aspekte des Erkennens, die eine bisher erworbene kognitive Struktur ins Wanken bringen oder ihr aber eine unerschütterbare Sicherheit geben. Wenn Negatives Wissen das Gegenteil von dem ist, was eine Sache konstituiert, dann muss die Erkenntnis von jedem Begriff und jedem Konzept, die im Lernprozess erworben werden, genau dieses Negative Wissen als Konstituente mit einbeziehen. Man muss immer wissen, was eine Sache nicht ist, um zu wissen, was sie ist; man muss immer wissen, warum eine Sache nicht funktioniert, damit man weiß, wie sie funktioniert. Und Fehler sind das beste Mittel, um Negatives Wissen aufzubauen, weil *ihre Bewusstwerdung* [Hervorhebung U. H.] immer gleichzeitig ein Bedürfnis oder einen normativen Ruf nach dem Richtigen impliziert« (Oser/Spychiger 2005, S. 11). Oder anekdotisch ausgedrückt: Als der Papst den Künstler Michelangelo fragte, wie er seine David-Statue schuf, antwortete dieser: »Ganz einfach, ich nehme eben alles weg, was nicht David ist«.

11.5.1 Durch das Falsche zum Richtigen

Lernen ist weder ein rein individueller noch ein rein kollektiver Vorgang. Erst in Verbindung von beidem wird optimal gelernt. Individuelle Lernhandlungen sind anstrengend, weil sie meist in irgendeiner Art und Weise metakognitiver Strategien bedürfen. Kollektive Lernphasen sind anstrengend, weil zum rein kognitiven Vorgehen soziales Handeln dazukommt. Letzteres ist im hohen Maße fehleranfällig. So kann ein bislang positives Lernergebnis durch ein unangemessenes soziales Gruppenverhalten vereitelt werden. Die dringende Notwendigkeit des Erwerbs von Sozial- und Personalkompetenzen tut sich auf.

Wenn Schüler den Klassenraum betreten und sich hinter die Schulbänke setzen, ist ihnen nicht anzusehen, welche Kompetenzen bzw. Kompetenzstruktur sie mitbringen. Zunächst ist nur eine Kompetenzdisposition für den kognitiven, personalen und sozialen Bereich vorhanden. Sind sie auf das Passiv-Zuhörende und Nachvollziehende verpflichtet, verbleibt diese Disposition im Dunkeln; sie können sie nicht zeigen. Müssen die Schüler aber immer wieder in kooperativen und kollektiven Kleingruppen arbeiten, dann zeigt sich unvermeidlich ihre Kompetenzstruktur. Aus der Disposition wird Performanz (vgl. Lersch/Schreder 2013). Der große Bühnenauftritt steht an, der Akteur steht im Rampenlicht. Die Schüler werden im Lernhandeln mit sich selbst konfrontiert: kognitiv, sozial-kommunikativ, personell und methodisch. Auf diese Weise spielt sich in den kooperativ und kollektiv arbeitenden Gruppen das pralle Leben ab.

Das Herausragende an SOkeL ist, dass bei den kognitiven Lernvorgängen die anderen Kompetenzbereiche quasi nebenbei mit aufgerufen werden. Da seien all die methodischen Kompetenzen genannt, die in der Kleingruppenarbeit durch wechselseitiges Zeigen, Lehren, Abgucken entwickelt werden. Das kann bewusst geschehen oder auch implizit. Die sozial-kommunikativen Kompetenzen werden angesprochen, ohne die das »Lernen durch Lehren« nicht funktionieren kann. Dies beinhaltet die Lernberatungen, die je nach Gegenüber variierenden Erklärungsniveaus, das Zuhören sowie die Gesprächs- und Konfliktlösungsstrategien. Die kooperativen und kollektiven Gruppenarbeitsformen funktionieren nicht ohne die Entwicklung von Personalkompetenzen wie z.B. Ambiguitätstoleranz, Empathie, Kritikfähigkeit, Zuverlässigkeit, Fleiß und Ausdauer. In einem SOkeL-Multiplikatoren-Seminar listeten wir einmal all die benötigten Kompetenzen für gelingende Gruppenarbeiten auf. Es wurde eine endlos lange Liste, die dennoch unvollständig blieb. Wir mussten konstatieren, dass es nicht möglich ist, für unsere Schüler sowohl kurz und aussagekräftig (!) als auch direkt handlungsanleitend präzise Bedingungen für das Gelingen von Gruppenarbeit zu formulieren.

Mit anderen so zu leben, zu arbeiten und zu lernen, dass sich jeder wohl und aufgehoben fühlt, ist keine einfache Sache. Denken Sie dabei, werte Leserinnen und Leser, an die Beziehung zu Ihrem Lebenspartner. Dabei ist dies »nur« eine Zweier-Beziehung, keine Gruppenkonstellation. Dennoch gibt es kein erschöpfendes positives Wissen darüber, wie Partnerschaft geht. In Ihren manchmal endlos scheinenden Beziehungsgesprächen, seien es Konfliktaufarbeitungs- oder Aushandlungsgespräche (vgl. Beck 1986), beziehen Sie sich auf Ihre Erlebnisse in Konfliktsituationen. Im Ergebnis haben Sie gelernt, wie es *nicht* funktioniert. Auf dieser Grundlage treffen sie anschließend Vereinbarungen, damit es nicht wieder zu solchen Situationen kommt. Ihr sozialer Lernprozess, problematische Situationen demnächst anders anzugehen, geht also durch Falsches hindurch zum Richtigen (Oser/Spychiger 2005, S. 13).

In ausgedehnten kooperativen Lernphasen gibt es ähnliche Probleme. Es sind dann drei oder vier Menschen, die miteinander »können« müssen. Zwar fehlt die Intimität der Zweierbeziehung, dafür gibt es aber die Gruppendynamik. Dabei hilft es enorm, das Negative Wissen – hier in der Schutzfunktion – über Gruppenverhalten und -arbeit zu vertiefen. Auf dass man nicht zweimal in dieselbe Falle tappe. Jeder weiß für künftige Fälle zumindest ein wenig mehr darüber, was gemeinsam mit einem anderen Menschen möglich ist oder auch nicht. Um Personal- und Sozialkompetenzen aufzubauen und *für das Lernen förderlich* zu machen, bedarf es im Unterricht entsprechender Situationen. Frontalunterricht ist hier nicht gemeint. Vielmehr geht es um eine Umgebung, in der der Schüler sich seines Handelns im sozialen Raum bewusst werden kann, indem er mit sich selbst konfrontiert wird. Die Konfrontation mit sich selbst im lernenden Handeln, das im Endeffekt soziales Handeln ist, muss eine Bühne haben: die Performanz. Außerdem bedarf es einer Unterrichtsstruktur, die dies erlaubt und auch anstrebt. Nur dann ist es möglich, glückselige, zufriedenstellende, missliche oder negative Erlebnisse mithilfe wechselseitiger Schüler-Feedbackverfahren und anderer didaktischer Formen zu reflektieren und darüber Personal- und Sozialkompetenz aufzubauen. Dazu leisten auch im Plenum aufgearbeitete Gruppenerfahrungen sowie vor der kooperativen Gruppenarbeit schriftlich festgelegte (Arbeits-)Verhaltenserwartungen mit zum Teil notenwirksamen Indikatoren einen wertvollen Beitrag. Oser und Spychigers Aussage, dass Positives Wissen insbesondere hinsichtlich hochkomplexer Vorgänge in sozialen Interaktionen aufgebaut werden kann und muss, trifft nirgends so eklatant zu wie in interaktiven und interagierenden Lernhandlungssituationen.

11.5.2 Unterrichtsrelevante Funktionen des Negativen Wissens

Zum Verständnis dieses Unterkapitels sei nochmals erwähnt, dass der Fehler an sich, das eindeutig Falsche und Verkehrte, im alltäglichen Unterricht nicht so sehr das Problem ist, sondern eher seine Facetten. Wird diese Erkenntnis auf den Notenspiegel einer Klassenarbeit übertragen, zeigen sich die Facetten des Falschen letztlich als die Noten Gut, Befriedigend und Ausreichend; das Falsche an sich drückt sich in den Noten Mangelhaft und Ungenügend aus.

Mit SOkeL ist es möglich, die Facetten des Falschen auf zwei Ebenen zu bekämpfen. Die eine Ebene geht das Falsche und den Fehler direkt an, indem sie veröffentlicht werden. Es ist also ein *explizites* Umgehen mit ihnen. Die andere Ebene bekämpft den Fehler durch die Art und Weise des SOkeL-Unterrichtsarrangements *implizit*. Zunächst soll auf die Funktionen des Negativen Wissens eingegangen werden, um zu überlegen, wie Sie im Unterricht konkret den Aufbau des positiven Wissens unterstützen können. Anschließend werden typische SOkeL-Vorgehensweisen erläutert. Bloße Flüchtigkeitsfehler und Wiederholungsfehler werden dabei nicht thematisiert.

Negatives Wissen, die andere Seite der Wissensmedaille, ist nicht einfach nur das Falsche des Positiven. Es ist das Wissen darum, was alles im Lernprozess auf dem Weg zum Positiven Wissen schiefgehen kann. Aus Fehlern wird man klug, heißt es. Dies gilt aber nur dann, wenn der Betreffende um sie weiß und sie nicht ein zweites Mal begeht. Und überhaupt: Muss jeder alle Fehler selbst einmal gemacht haben, die anderen Menschen unterlaufen sind? Diese Frage gegen den Strich gebürstet führt wiederum zu einer Gegenfrage: *Muss* man nicht bestimmte Fehler selbst gemacht haben, um positives Wissen aufzubauen? Dies trifft insbesondere auf Unzureichendes, Ungekonntes und Bedenkliches zu, das aus dem prozeduralen Gedächtnis stammt und in eingefleischten Routinehandlungen im methodischen, personellen und sozial-kommunikativen Kompetenzbereich zum Vorschein kommt.

Kontraste bilden

»Kontraste sind erkenntnissichernd. Wenn wir sagen, etwas sei hoch, dann muss gewusst oder geahnt werden, was tief ist. Wenn wir sagen, dass hier der Berg beginne, dann können wir das nicht bloß tun, indem wir mit dem Finger dahin zeigen, vielmehr ist es notwendig zu wissen, was das Flachland ist [...]. Kontraste sind exzellente Hilfen für erkenntnisstärkende Ordnungsprozesse« (Oser/Spychiger 2005, S. 32). Bevor jemand weiß, wie etwas funktioniert, weiß er oft eher, wie es nicht funktioniert. Um in Sozialkunde zu verstehen, was Demokratie ist, wie sie funktioniert und welchen persönlichen Wert sie für einen hat, ist es dienlich, zuerst einmal zu betrachten, was Demokratie *nicht* ist. Diktatur und Unterdrückung sind schneller zu verstehen; in der Kontrastbildung zur Diktatur wird der Demokratiegedanke lebendig. »Kontraste sind deshalb so zentral, weil das Verstehen der Menschen, ihre Erkenntnis und ihre mentale Architektur schlechthin mit dem Gegensätzlichen zu tun haben [...] und weil das gegenteilige Falsche immer implizit enthalten ist. Das Verstehen eines Gesetzes impliziert das Wissen, wann dieses nicht gilt« (Oser/Spychiger 2005, S. 127).

Schon die Altvorderen wussten, dass die Kleinen mit Ambiguitäten noch nicht umgehen können, und griffen zum Mittel der Kontrastierung für den Aufbau des kindlichen moralischen Handelns. Das Böse und das Gute eines Menschenkindes werden getrennt und eindimensionalen Wesen zugeschrieben, die nur gut oder nur schlecht sind. Pechmarie ist die schlechte unmoralische Seite und Goldmarie die moralisch einwandfreie. Das eine Mal ist die Mutter eines Kindes versorgend, zugewandt und liebevoll. Aber im nächsten Moment ist sie verwehrend, unzugänglich und böse. Auch hier das Mittel der Kontrastierung: Das Böse der Mutter wird abgespalten und dem eindimensionalen Wesen der Hexe zugeordnet. Es verbleibt das Gute, die Fee. Und so kann ein Kind die Mutter lieben (Fee) und ihre bösen Seiten hassen (Hexe), ohne in Gefahr zu laufen, negative Konsequenzen befürchten zu müssen (Bettelheim 1980, S. 79 ff.; Lüthi 1997, S. 76 ff.).

Abgrenzungen vornehmen

»Abgrenzungswissen bezieht sich besonders auf komplexe Konzepte. Wenn jemand sagt, was gelernte Hilflosigkeit ist, dann sind ihre Grenzen zur Depression festzumachen. Das Gleiche gilt für einfache Begriffe wie ›Nation‹. Zum Beispiel ist Afrika keine Nation, weil der Kontinent mehrere Nationen umfasst« (Oser/Spychiger 2005, S. 32). Oser und Spychiger betonen, dass mit Abgrenzungen zugleich Grenzen beachtet werden. Wie weit geht ein im Unterricht behandeltes Thema (Konzept, Strategie, Prozess), wo sind seine Grenzen, bevor es in ein anderes übergeht? »Ist eine Diktatur, wenn der Potentat demokratisch gewählt worden ist, immer noch eine, wenn auch geschwächte, Demokratie? Die Abgrenzungsfunktion ist, anders als die Kontrastfunktion, oft unterschiedlichen Meinungen anheimgegeben« (Oser/Spychiger 2005, S. 32).

Visualisierungen helfen den Schülern wie so oft, sich Sachverhalte zu verdeutlichen. Während das Thema »Demokratie« im Kontrast zur Diktatur als ein Gegenüber grafisch zu fassen ist, kann das gleiche Thema mit den Grenzen und Grenzübergängen zwischen Diktatur und Demokratie als Venn-Diagramm dargestellt werden (siehe dazu die Abbildungen zum Punktekonto in Kapitel 14).

Beispiel der Funktion Abgrenzung im Unterricht (als kleines Sandwich)
Die Lehrperson entscheidet sich für das Venn-Diagramm. Sie führt das Vorgehen laut denkend anhand eines einfachen Themas an der Tafel ein. Danach soll die Klasse üben.
- Schritt 1: Dreiergruppenbildung. Dann: Individualphase mit der Aufgabe, Stichpunkte zum Thema zu finden und in die Kreise und Schnittmenge einzutragen.
- Schritt 2: Gruppenphase. Aufgabe: Einigung in der Gruppe auf ein gemeinsames Venn-Diagramm.
- Schritt 3: Großgruppenphase: Zwei Dreiergruppen treffen sich, stellen einander ihre Venn-Diagramme vor und entscheiden gemeinsam, welches das bessere ist.
- Schritt 4: Eine Großgruppe stellt ihr Ergebnis im Plenum vor, die anderen ergänzen und/oder kritisieren.
- Aktivierende Variante (ab Schritt 3): Die Ursprungsdreiergruppe löst sich auf. Die einzelnen Schüler treffen in einer neuen Dreiergruppe zwei weitere Schüler aus jeweils verschiedenen Gruppen. Aufgabe: Vorstellen und Begründen des (gruppen)eigenen Venn-Diagramms. Ergänzungen oder Streichungen im eigenen Diagramm durch die Übernahme überzeugenderer Entwürfe der anderen.
- Die Ursprungsdreiergruppe trifft sich wieder und vergleicht die jeweiligen Veränderungen. Unter Umständen wird nochmals ergänzt oder gestrichen.

Schutzfunktionen entwickeln

Wenn einmal etwas richtig schiefgegangen ist, möchte man es nicht noch einmal erleben. Ob jemand zum Wiederholungstäter wird oder nicht, kann verschiedene Gründe haben. Hatte er die Gelegenheit, mit seinem Denk- oder Verhaltensfehler umzugehen und ihn aufzuarbeiten? Wenn ja, dann hat er sich Schutzschilder und Warntafeln aufgestellt. Die Warnschilder haben die Funktion, kognitiv-emotionale Reaktionen im Wissensapparat zu provozieren, wenn eine solche oder eine ähnliche Situation wieder auftritt. Mit der Erinnerung, etwas falsch gemacht zu haben, kommen Gefühle hoch, die der Betreffende in jener Situation hatte. Ärger, Scham oder andere peinliche Gefühle stellen sich ein und warnen: Tu es nicht! »Die neue Situation wird jetzt mit dem stark steuernden Hintergedanken (Negatives Wissen) angegangen, eine bestimmte Aussage, Handlung oder Strategie zu vermeiden, weil sie etwas Falsches hervorbringt oder weil sie letztes Mal nicht funktioniert hat« (Oser/Spychiger 2005, S. 33).

Aufbau von Schutzwissen durch anderer Leute Fehler

Der Aufbau von Positivem Wissen geschieht in den hochkomplexen sozialen Interaktionen vor allem über das Negative Wissen. Das heißt: Indem ein Mensch lernt, wie etwas *nicht* funktioniert, baut er Positives Wissen über das menschliche Zusammenleben und -arbeiten auf. Er nimmt wahr, welche Interaktionsmuster bei anderen für Ablehnung, Ärger und Frustration sorgen. Auch für unsere Schüler ist es viel leichter zu erkennen und zu benennen, was in Gruppenarbeiten *nicht* funktioniert, als – aussagekräftig(!) – zu sagen, worauf das Gelingen der Arbeit basiert.

Beispiel 1: Aufbau von Negativem Wissen über Gruppenarbeiten
In Fortbildungen wende ich immer wieder eine Methode an, die die Kollegen zeitweise in Stress versetzt. Ihre Ergebnisse sind unvollständig, bei allen Kollegen. Immer wieder sind lauernde Blicke zu sehen: »Machen es die anderen besser?« Erleichterung macht sich breit, wenn klar wird, dass keine Einzelergebnisse abgefragt werden. Die Kollegen treffen sich anschließend zu Dreiergruppen, vergleichen und ergänzen ihre Ergebnisse. Die Gruppenergebnisse selbst sind in der Regel weder vollständig noch durchgehend richtig. Beim Ergebnisabgleich im Plenum wird nicht das Richtige hervorgehoben, sondern das Falsche und Fehlerhafte. Und siehe da: Die Kollegen melden sich meist lachend und bestehen darauf, dass sie etwas Falsches gemacht haben. Daraus kann eine einfache Lehre gezogen werden: Für den Einzelnen können der Fehler, das Falsche und das Fehlerhafte häufig Ärger, Scham und Schande nach sich ziehen. Aber geteiltes Leid ist Drittel- oder Viertelleid, je nach Gruppenstärke. In der Gruppe und auch zu zweit ist es für die innere Stabilität und für das Image gefahrlos, sich um die Facetten des Fehlerhaften zu kümmern und diese zu bekämpfen. Dieser Effekt kann durchaus auf die Klassen übertragen werden, wie die folgenden Beispiele zeigen.

Beispiel 2: Zehn Tipps, wie eine Gruppenarbeit zum Scheitern gebracht wird
Die Schüler finden sich (je nach Klasse) zu viert nach Sympathie zusammen und nehmen ihre Rollenfunktionen ein. Jede Gruppe einigt sich auf zehn Tipps, die sie auf Moderationskarten oder auf ein Plakat schreibt. Die Tipps werden kurz vorgestellt und die Moderationskarten an der Tafel mithilfe des Lehrers geclustert. Überbegriffe (Sätze) werden gesucht und auf ein Plakat geschrieben. Jeder Schüler erhält drei Klebepunkte, um seine drei Tippfavoriten auszuwählen. Auf ein neues Plakat werden die zehn Topfavoriten in ihrer Reihenfolge aufgeschrieben. Dieses Plakat sollte hängen bleiben.

Spätestens jetzt sollte eine Klassendiskussion über die Ergebnisse einsetzen. Die Plenumsdiskussion kann aber auch schon vor dem Punktekleben erfolgen. Die weitaus wichtigere Diskussion zum Aufbau des Negativen Wissens findet in der Gruppenarbeitsphase statt. Denn dort können die Schüler offener über ihre Erfahrungen als Opfer und Täter reden.

Bemerkung: Es liegt nahe, aus dem gesammelten Negativen Wissen Regeln abzuleiten, wie sich alle Beteiligten in Gruppenarbeiten verhalten sollten. Als Regeln aufgeschrieben und an die Wand gehängt verkommt das Gutgemeinte allerdings schnell zu bloßen Vorsätzen, die keinerlei normative Kraft haben. Deshalb sollte das Negative Wissen in der Form von Schutzwissen eine Zeit hängen bleiben. Von Zeit zu Zeit kann der Lehrer die Klasse auffordern zu berichten, welche »guten« Tipps in ihren Gruppen umgesetzt wurden. Später kann er nochmals Punkte (in anderer Farbe) kleben lassen, um zu sehen, ob und was sich in der Klasse verändert hat.

Beispiel 3: Von anderer Leute Fehler lernen
Schülergeneration für Schülergeneration passieren immer wieder dieselben oder ähnliche Fehler. Offensichtlich fehlen die Warnschilder und das Schutzwissen. Betrachten wir doch einmal aus der eigennützigen Lehrerperspektive heraus das Fehlermachen als positiv. Typische Fehler dieser Art sind von Schülern an uns vermachte Unterrichtsvorbereitungen. Warum sammeln wir nicht all die schwerwiegenden oder leichten Fehler für den künftigen Unterricht? Indem sich die Schüler mit den Fehlern ihrer Vorgängergenerationen auseinandersetzen und dabei lernen, was (nicht) funktioniert, bauen sie Schutzwissen auf. Sie montieren Warntafeln für den Fall, in Leistungssituationen auf kognitive Abwege zu geraten. Aktuelle Fehler der Klasse aufzugreifen, ist selbstverständlich ebenfalls möglich. Dies kann je nach Klassenklima aber sehr delikat sein, da Fehler üblicherweise nicht mit Glanz und Gloria verbunden sind. Es wäre dennoch hervorragend, einen begangenen Fehler in der Klasse zu veröffentlichen und dabei aufzuzeigen, dass von der Fehlerbewältigung die gesamte Klasse profitiert. Der betroffene Schüler könnte dann stolz sein, dass er der Klasse weitergeholfen hat. Aber wie gesagt: Es ist eine delikate Angelegenheit.

Anmerkung zur Methode: Die Gruppen sollten nach leistungshomogenen Prinzipien eingeteilt werden. Ein leistungsschwacher Schüler hat im Sinne des Lernens durch Fehler keinen Vorteil vom leicht defizitären Lernprodukt eines sehr guten (Vorgänger-) Schülers. Für ihn ist dieses Material ebenso schwer zu verstehen wie ein Lehrbuchtext. Die im kleinen Sandwich arbeitenden leistungshomogenen Gruppen bekommen deshalb verschiedene Fehlertypen zur Bearbeitung. Besonders bei dieser Methode lohnt es sich für die Lehrperson, in die »schwachen Gruppen« zu gehen und zu helfen. Für eine Fehlerüberarbeitung bedarf es metakognitiver Strategien, unabhängig davon, ob es sich um eigene Fehler oder die anderer handelt. Insbesondere an diesen Strategien mangelt es den Schwachen. Andererseits ist es für Lehrer verlockend, mit leistungsstarken Schülern zu arbeiten. Denn hier kann tatsächlich ein spezifischer Begriff vertieft werden, um anspruchsvolle Differenzierungen herauszuarbeiten.

Beispiel 4: Bewusstes Fehlermachen
Die Grundidee dieser Methode ist die vertiefte Aneignung von Negativem Wissen durch bewusstes Falschmachen. Letzteres ist schwieriger als zunächst gedacht. Zumindest in Teilgebieten der aktuellen Lerneinheit sollte nämlich bereits vorher positives Wissen aufgebaut worden sein, um es gewollt falsch darstellen zu können. Beim Formulieren muss der Einzelne seinen Lernprozess nochmals chronologisch durchgehen: Wie dachte er am Anfang? Womit kam er nicht zurecht? Wie versteckt er jetzt seine ihm bekannten Fehler in einer Aufgabe, Berechnung, Falldarstellung oder experimentellen Aufbauanleitung? Wichtig ist dabei, dass der Schüler seinen Erwartungshorizont aufschreibt oder ein Lösungsblatt herstellt.

Durchführung: Drei Schüler finden sich zu einer Stammgruppe zusammen, die durchaus leistungsheterogen sein kann.

- Schritt 1: Der Schüler erarbeitet während der Individualphase in einer Dreier-Expertengruppe eine Darstellung, die eine oder mehrere Facetten von Fehlerhaftem beinhaltet sowie das Lösungsblatt.
- Schritt 2: Die Schüler stellen ihre Absicht in ihrer Expertengruppe reihum dar. Was war ihre Idee, was haben sie gemacht, worin sind die Fehler zu suchen, wie klärt das Lösungsblatt auf? Die anderen geben Tipps und Ratschläge zur Verbesserung. Dies ist auch eine Prävention gegen aufgenommene unwillkürliche Fehler.
- Schritt 3: Die Schüler gehen in ihre Stammgruppe. Die fehlerhaften Entwürfe werden ausgeteilt und reihum bearbeitet. Zum Schluss werden die Ergebnisse verglichen und hinterfragt. Der Protokollant notiert Unsicherheiten und Fragen.
- Schritt 4: Notierte Unsicherheiten und Fragen werden im Plenum bearbeitet, besonders gelungene Fehler und Fehlerbearbeitungen hervorgehoben.

Bemerkung: Während die Schüler arbeiten, sollte die Lehrperson umhergehen, ihnen bei dieser ungewöhnlichen Arbeit beistehen und sich die Lösungsblätter anschauen. Diese verraten einiges darüber, ob unwillentliche Fehler vorkommen.

Variante: Zwei oder drei sehr leistungsstarke Schüler arbeiten jeweils mit sehr schwachen Schülern zusammen. Ziel ist es, dass die sehr schwachen Schüler danach auch etwas zum Stammgruppenergebnis beitragen können.

Beim ersten Einsatz dieser Methode kann die Lehrkraft den leistungsstarken Schülern den einfachen fehlerhaften Entwurf einer Schülerarbeit aus den Vorjahren geben. Die Aufgabe ist es dann, festzustellen, was daran falsch ist und wie das Lösungsblatt aussehen könnte. Es ist vorteilhaft, wenn die leistungsstarken Schüler schon Beratungserfahrung haben.

Advokatorisches Negatives Wissen

»Menschen können nicht alles, was an Negativem Wissen zu berücksichtigen ist, selber erfahren und daraus lernen« (Oser/Spychiger 2005, S. 50). Die Schüler müssen beispielsweise nicht das Elend eines Krieges erleben, um zu verstehen, welchen Sinn die Einigung Europas macht. Es genügt zu verstehen, was vermieden werden muss, damit Kommunikations-, Lern- und Entwicklungsprozesse oder im schlimmsten Fall die eigene Menschlichkeit nicht scheitern. Dieses advokatorische Negative Wissen in die Gruppen hineinzutragen, ist der Auftrag der Lehrkraft. Ziel ist die herrschafts- und gewaltfreie Kommunikation (vgl. Rosenberg 2004; Basu/Faust 2013).

Viele Schüler erfahren in ihrer Schullaufbahn sozialen Ausschluss oder sogar Mobbing. Es gilt advokatorisches Negatives Wissen über die Folgen von Mobbing aufzubauen. Niemand muss selbst die Erfahrung machen, Opfer oder Täter zu sein. Für Betroffene mit entsprechenden Vorerfahrungen geht es darum, vor Gruppenarbeitsprozessen Schutzwissen aufzubauen im Sinne des Aufzeigens von alternativen Verhaltensmöglichkeiten.

11.6 Der Unterrichtsprozess im Fehlerklärwerk

Im Kapitel 10 über die Sandwicharchitektur eines SOkeL-Arrangements wurde dargestellt, dass der Lerner in der ersten Individualphase bei der Erstbegegnung mit einem neuen Lerninhalt nur das entnehmen kann, was an sein Vorwissen anschlussfähig ist. Das Ausmaß und die Differenziertheit des begriffenen Neuen hängen damit von Bedingungen ab, die *vor* dieser Unterrichtseinheit liegen. Die Behauptung liegt nahe, dass quasi alle Schüler bei der ersten Begegnung mit dem neuen Wissensgebiet in dem Sinne falsch arbeiten, als ihre Ergebnisse unvollkommen, irrtümlich, unterkomplex oder auslassend sind. Andere Schüler lassen andere Inhalte aus, verstehen andere Teilinhalte falsch, fassen Anderes und Gleiches falsch auf. Obwohl es sich so anhören mag: Dies ist kein Fehlstart in die neue Unterrichtseinheit, sondern eine völlig normale Bedingung des Lernens. Die Sicht auf diesen Sachverhalt wird durch das Vom-Ende-her-Denken klarer.

Im Folgenden wird das übliche SOkeL-Unterrichtsarrangement von seinem Ende her gesehen. Dies heißt, dass es zahlreiche Facetten des Fehlerhaften in den Köpfen der Schüler gibt. Der Ablauf des Fehlerklärwerks, der Abbau des Fehlerhaften, ist also an den Aufbau des Wissens durch sämtliche Sandwicheinlagen eines Unterrichtsarrangements gekoppelt.

Vorstufe der Fehlerklärung: Der Advance Organizer und die Kann-Listen

Der Advance Organizer ist ein Vorab-Fehler-Reduzierer. Bevor das neue Sachgebiet in Angriff genommen wird, werden die Hauptwege zum Ziel benannt. Umwege erhöhen in den folgenden Unterrichtsstunden die Ortskenntnis und sind keine Irrwege. Grundsätzliche Missverständnisse zu Beginn der Unterrichtseinheit sind oft nur sehr mühsam zu korrigieren. Der Advance Organizer verhindert dies. Die Kann-Listen sind das sichere Navigationsmittel durch die Facetten des Fehlerhaften. Sie sind ein Mittel der Kontrastierung.

Kooperative Arbeitsphasen

- *Stufe der Fehlerklärung: Die Genese des Fehlerhaften*
  Der Schüler arbeitet sich während der Individualphase I in die Unterlagen ein. Es ist seine erste Begegnung mit *seinem* Lerninhalt. Seine Kompetenzdispositionen, Vorwissensnetze und Vorerfahrungen grenzen die Richtigkeit des ersten Aufbaus des neuen Wissens ein. Facetten des Fehlerhaften stellen sich ein, die – ohne Bewusstwerdung in den folgenden Klärstufen – den nachfolgenden Wissensaufbau weiter eingrenzen.
- *Stufe der Fehlerklärung: Die Fachdiskussion oder »Aus fremden Fehlern erkennt man die eigenen«*
  Die verschiedenen Perspektiven auf den Text stoßen nun zusammen und der Aushandlungsprozess über den Inhalt beginnt. Dabei kann der eine oder andere fehlerhafte Aspekt in den Beiträgen geklärt werden. Sechs Augen sehen mehr als zwei. Die

Fachdiskussion streift immer wieder negatives Wissen: Was stimmt in den Beiträgen der anderen nicht, was ist falsch daran? Warum ist das so? Jeder muss überzeugt werden, überzeugt durch das Richtige. Schließlich muss er es dem Partner oder der Stammgruppe vortragen können. Es handelt sich um eine Kontrastierung zwischen dem Falschen und dem Richtigen.

Kommentar: Die Schüler arbeiten von sich aus mit der Kontrastierung des Falschen mit dem Richtigen. Dadurch eignen sie sich positives Wissen an. Negatives Wissen entsteht ebenso, denn in der Fachdiskussion kann dem Experten bewusst werden, dass er immer wieder dieselben Texterarbeitungsfehler macht. Verschiedene Möglichkeiten der Bewusstwerdung sind denkbar, z. B. durch das implizite Lernen. Das heißt, die anderen überzeugen ihren Mitschüler von der Richtigkeit ihrer Perspektive auf den Text. In der Begründung zeigen sie auf, wie sie darauf kamen, wie sie die spezifischen Stellen bearbeitet und in Beziehung gesetzt haben. Die mehr oder weniger bewusste Erkenntnis, wie andere vorgehen, kann im Sinne des Negativen Wissens zum Schutzwissen werden. Bei der nächsten Textbearbeitung wird dann die sukzessiv erworbene neue Technik der Textinterpretation angewendet. Unter Umständen ist dem Schüler dabei nicht bewusst, dass er dazugelernt hat.

- *Stufe der Fehlerklärung: Individualphase II*
  Je höher das Lernkompetenzniveau ist, das der Schüler erreicht, desto produktiver ist diese Phase. Es ist eine rückblickende Periode, die metakognitiver Strategien bedarf und folgende Fragen aufwirft: Was habe ich gelernt? Wie habe ich es gelernt? Was gelingt mir? Worin habe ich noch Schwierigkeiten? Was genau werde ich meinem Partner bzw. meiner Stammgruppe über mein Gelerntes mitteilen?

- *Stufe der Fehlerklärung: Vermittlungsphase in der Stammgruppe*
  Neue Probleme stellen sich dem Vortragenden. Ein Stammgruppenmitglied hat eine kluge Idee zum Vortrag und fragt nach. Darauf war der Befragte nicht gefasst; er ringt um eine Antwort und findet sie. Wieder hat er etwas dazugelernt. Das andere Stammgruppenmitglied kritisiert einen Teilinhalt. Offensichtlich hat dieser Schüler etwas falsch begriffen. Zu zweit nun versuchen sie, das Fehlerhafte bei ihm zu korrigieren. Das Gelernte wird durch Lernen durch Lehren (vgl. www.ldl.de) weiter geklärt. Da dies die *erste* Begegnung mit dem Lernstoff der anderen ist, sind viele Facetten des Fehlerhaften möglich.

- *Stufe der Fehlerklärung: Die Lehrkraft kontrastiert – Sicht- und Hörbarmachen des Gelernten*
  Kaum haben die Schüler ihr Wissen neu konstruiert, beginnt die Lehrkraft, es in unterschiedlichem Ausmaß zu erschüttern (bei SOkeL-Novizen). Sie teilt Sortieraufgaben aus mit den wesentlichen Begriffen zum Thema. Mit zunehmender Kompetenz nehmen dies die Expertengruppen selbst vor. Eine weitere Klärung von Fehlerhaftem folgt. Anschließend werden Strukturen gelegt und verbalisiert. Gelegte Strukturen sind höchstindividuell. Kann der Schüler hergestellte Beziehungen nachvollziehbar begründen, sind sie zweifelhaft oder offensichtlich falsch? Wenn sie falsch sind, können Mitschüler und Lehrkraft schnell korrigieren. In zweifelhaften

Fällen muss darüber gesprochen werden. Die inhaltliche Auseinandersetzung, was zweifelhaft sei und richtiger wäre, konturiert das Richtige. Es schält sich langsam heraus, beim Verbalisierer wie auch beim Zuhörer.

Weitere kooperative Lernformen (Netzwerkspiel, kontrollierte Diskussion etc.) sind im Verlauf der Unterrichtseinheit im Sinne der Kontrastierung, der Abgrenzung und des Aufbaus von Schutzwissen einzusetzen.
- *Stufe der Fehlerklärung: Wiederholung der ersten Stufen mit anderen Inhalten*
  In übenden Wiederholungsphasen können vermehrt Plenumsphasen anberaumt werden. Hier hat die Lehrkraft die Möglichkeit, Ergebnisse kurzer kooperativer Arbeitsphasen schnell zu korrigieren oder korrigieren zu lassen. Bei Unsicherheiten können Fragen gestellt werden.
- *Stufe der Fehlerklärung: Der zusammenfassende Lehrervortrag*
  Schüler können nun zwischen dem Richtigen (Lehrervortrag) und dem bislang angeeigneten Wissen vergleichen, gegebenenfalls direkt korrigieren und nach dem Vortrag Fragen stellen.
- *Stufe der Fehlerklärung: Abgrenzen, Kontrastieren, Schutzfunktion des Negativen Wissens aufbauen in kooperativen und individuellen Arbeitsphasen* (vgl. oben)
- *Stufe der Fehlerklärung: SOL-Leistungsbewertung*
  Das Prinzip der SOkeL-Leistungsbewertung ist der Dialog über Richtiges und Fehlerhaftes, Unvollständiges oder Unterkomplexes in einer Lernleistung. Dabei geht die Lehrkraft vom Leistungsniveau eines konkreten Schülers aus, nicht vom der Richtigkeit des jeweiligen thematischen Inhaltes und auch nicht vom Exzellenzstandard. Ziel des Dialogs über eine Lernleistung ist es, Verbesserungen im angemessenen Umfang vorzunehmen und zur Korrektur zu ermutigen. Dabei soll das Richtige am Falschen in der Lernleistung konturiert werden und gegebenenfalls durch die Analyse ausgewählter Fehler Schutzwissen aufgebaut werden. Zufriedenstellende Arbeiten finden ihren Niederschlag im notenwirksamen Punktekonto.
- *Stufe der Fehlerklärung : Das Positive vom Negativen abgrenzen*
  Die Lehrkraft gibt in die Lerngruppen bewusst Aufgaben mit Thesen über das Sachgebiet. Diese charakterisieren das Positive Wissen jeweils als unvollständig, unvollkommen, unterkomplex, scheinbar richtig oder im Ungefähren verbleibend. Typische Formulierungen oder Operatoren hierzu sind: Grenzen Sie ab! Nehmen Sie Stellung! Überprüfen Sie! Diskutieren Sie! Skizzieren Sie einen Gegenentwurf! Durch die Abarbeitung des Fehlerhaften wird deutlich, wie etwas ist oder eben nicht ist. Negatives Wissen baut sich zeitgleich mit dem Positiven Wissen auf.
- *Durchführung*: Wie immer zuerst als Individualphase, danach kollektiv in Kleingruppen. Jeder Schüler soll die Gelegenheit haben, sein Ergebnis von den anderen prüfen zu lassen. Es findet wieder eine gemeinsame Wissenskonstruktion, danach eine Abschlussdiskussion im Plenum statt. Auch eine Selbstüberprüfung ist möglich, sofern die Lehrkraft Musterlösungen vorrätig hat.

- *Stufe der Fehlerklärung: Wechselseitiges Bewerten*
  Im wechselseitigen Bewerten liegt ein großes Potenzial zum Aufbau von Positivem und Negativem Wissen. Es kann zugleich dem Aufbau von Metakognition dienen. Leistungsstärkere Schüler nehmen Lernprodukte anderer zur Hand und überprüfen sie, nachdem sie als erstes die richtige inhaltliche Grundstruktur des Themas dargestellt haben. Dies gilt als Nachweis, um das Produkt eines anderen Schülers überprüfen zu können. In der Qualitätsprüfung wird Fehlerhaftes aufgedeckt. Zum Schluss entwickelt der Qualitätsprüfer Vorschläge, wie sein Klassenkamerad beraten werden könnte. In der Beratung wird dann positiv konturierend am Unvollständigen, Noch-Nicht-Gänzlich-Gekonnten, am Missverstandenen, am Falsch-Konstruierten gearbeitet. Neben der Konturierung kann auch Schutzwissen aufgebaut werden. Letzteres gilt generell für Lernberatungen, auch ohne eine vorherige Qualitätsprüfung.
- *Stufe der Fehlerklärung: Lernatelier*
  Lernzirkel und Lernpartnerschaften sind retrospektiv. In diesen Lernformen wird aufgearbeitet. Besonders der Lernzirkel hat auch Anteile von gegenseitigem Bewerten, denn die Teilnehmer am Zirkel bereiten in Absprache einen Aspekt der laufenden Unterrichtseinheit auf, indem sie Lernmaterialien für die Zirkelarbeit vorbereiten. Sie sind dadurch in gewisser Weise Wiederholungsexperten für ein Teilgebiet und helfen den anderen bei der Aufarbeitung des Stoffes. Dies ist eine gute Gelegenheit, auf das Fehlerhafte bei den anderen einzugehen.
- *Stufe der Fehlerklärung: Aufbau von Metakognition, episodischem Negativen Wissen*
  Auch diese Stufe hängt mit der SOkeL-Leistungsbewertung zusammen. In der Portfolio-Arbeit werden eigene Lernwege bewusst. Die Portfolio-Einlagen können zum Beispiel Reflexionen über misslungene Lernprodukte zum Gegenstand haben. So legte eine Schülerin ihr fast leeres Punktekonto vom vergangenen Halbjahr an und versuchte zu eruieren, warum und wie es dazu kam. Eine andere Möglichkeit besteht darin, einen längeren Lernprozess darzustellen, zum Beispiel anhand der Entwicklung eigener Visualisierungen. In der Reflexion darüber, was in der aktuellen Visualisierung so viel besser ist als in der ersten, baut sich Negatives Wissen auf. Daraus lässt sich ableiten, wie eine Visualisierung *nicht* konstruiert sein darf.
- *Stufe der Fehlerbearbeitung: Fehler-Hitlisten*
- *Stufe der Fehlerbearbeitung: Advokatorisches Negatives Wissen*
  Mit dem advokatorischen Negativen Wissen kann der Bildungsauftrag der Schule erfüllt werden. Das advokatorische Negative Wissen ist ebenfalls im Schulalltag von höchster Bedeutung. In SOkeL befinden sich die Schüler oft in kooperativen Lernsituationen. Sie brauchen dafür viel Selbst-, Methoden- und Sozialkompetenz. Niemand sollte negative und selbstwertmindernde Erfahrungen am eigenen Leib erleben müssen. Es genügt zu wissen, was man alles *nicht* machen darf, will man Kommunikations-, Lern- und Entwicklungsprozesse nicht scheitern lassen. Dieses advokatorische Negative Wissen in die Gruppen hineinzutragen, ist der Auftrag der Lehrkraft. Das Ziel heißt herrschafts- und gewaltfreie Kommunikation.

- *Stufe der Fehlerbearbeitung: Kann-Listen*
  Zum Schluss ein letzter Blick auf die Kann-Listen, in denen das geforderte neue Wissen und Können niedergelegt ist. Sind immer noch Lücken vorhanden, so sind Lernberatungen und Lernzirkel notwendig. In den Kann-Listen sollte auch bedeutungsvolles Negatives Wissen verankert sein.
- *Stufe der Fehlerbearbeitung: Lehrerbefragung*
  Kurz vor der Klassenarbeit schweben nach wie vor Unsicherheiten und Fragen im Raum. Der Lehrer kann ausgiebig darüber befragt werden. Selbstverständlich lässt er zunächst andere Schüler die Antworten geben. Er greift bei Bedarf ein, stellt richtig, ergänzt, vertieft und korrigiert. Der Lehrer stellt weiteres Übungsmaterial zur Verfügung, das mit Interessierten in der Folgestunde besprochen wird. Diejenigen, die es nicht mehr brauchen, arbeiten an ihren Vorhaben weiter.
- *Stufe der Fehlerklärung: Post Organizer*
  Das individuell aufgebaute Wissen wird mit dem Post Organizer abgeglichen. Wo sind noch Schwierigkeiten aufzuarbeiten? Dies ist ein typisch außerunterrichtliches Verfahren in Lernzirkeln und Lernpartnerschaften.

> In SOkeL ist der Wissensaufbau ein langsames Herausschälen aus dem Fehlerhaften. Dabei wird gleichzeitig Negatives Wissen aufgebaut.

11.7 Immer sind die Lehrer schuld

Zum Schluss werden nochmals Instrumente aus dem Schatzkästlein des Negativen Wissens angewandt. Angewandt auf *das* deutschsprachige Standardwerk über Unterrichtsqualität (Helmke 2014). »Schülerfehler sind nicht nur Hinweise auf fehlgeschlagene Lernprozesse, sondern können auch als Angebot an die Lehrperson verstanden werden, Inhalte und Methoden ihrer Lehrer zu überdenken und zu verbessern.« (Helmke 2014, S. 74). Büsra (vgl. Kapitel 2) würde am Ende ihres Lehramtsstudiums sagen: »Lieber Herr Professor, Sie und viele Ihrer Kolleginnen und Kollegen hängen offensichtlich der uralten Illusion (vgl. auch Instructional Design) an, dass man nur vorn die richtigen Impulse in der richtigen Art und Weise geben muss. Denn dann komme das Richtige aus der Black Box (dem Gehirn des Lernenden) heraus und alle seien auf dem gleichen Stand.«

Umgekehrt wird ein Schuh draus. Man muss definieren, was am Ende des Lernprozesses zu einer Unterrichtseinheit herauskommen soll (Outcome-Orientierung). Was wir Lehrpersonen als Ergebnis in unterschiedlichen Niveauvarianten erwarten. Die Instrumente dazu haben wir schon in der Hand, z. B. die Kann-Listen, und die Hilfsmittel ebenso, zum Beispiel das Fehlerklärwerk. Wir müssen weg von der Input-Orientierung hin zur Outcome-Orientierung. Es ist dies nichts anderes als die Kompetenzorientierung, die im nächsten Kapitel aufgegriffen wird.

Durch bloßes logisches Denken vermögen wir keinerlei Wissen über die Erfahrungswelt zu erlangen; alles Wissen über die Wirklichkeit geht von der Erfahrung aus und mündet in ihr.
(Albert Einstein)

12. Kompetenzorientierter Unterricht

12.1 Nicht für die Schule, für das Leben lernen wir?

Um in der postmodernen Wissensgesellschaft mithalten zu können, müssen Arbeitnehmer vielfältige Kompetenzen vorweisen. Dies betrifft zum Beispiel Teamfähigkeit, Selbstverantwortung, Eigeninitiative und die Fähigkeit zur Work-Life-Balance, wenn Projektarbeit dazukommt. Kann die mit der beginnenden Industrialisierung groß gewordene Schule ihre Schüler auf diese veränderte Berufswelt vorbereiten? Teamfähigkeit, Eigeninitiative, Flexibilität, metakognitive Fähigkeiten und Projektarbeit wurden in der Hochzeit der Industriegesellschaft nur partiell benötigt. In der großen Fabrik mit klarer und tief gestaffelter Hierarchie wurde angewiesen und ausgeführt. Die herkömmliche Schule bereitet(e) als ein Input-System auf dieses im Verschwinden begriffene Arbeitsleben sehr gut vor.

»Kann denn das, was wir jahrzehntelang erfolgreich getan haben, schlecht gewesen sein?«, fragen mich oft Kolleginnen und Kollegen bei der Präsentation neuer Unterrichtskonzepte, die junge Menschen für die heutigen beruflichen Anforderungen fit machen sollen. Meine Antwort lautet: Nein, unsere Arbeit war nicht schlecht, aber der anweisende Unterrichtsstil passt nicht mehr in die veränderte Welt. Für ihn gilt nicht mehr: Nicht für die Schule lernen wir, für das Leben lernen wir.

Das heutige Arbeitsleben hält für unsere Schüler komplexe berufliche Handlungssituationen vor, in denen sie sich bewähren müssen. Dazu brauchen unsere zukünftigen Absolventen Kompetenz. Für unterkomplexe Lernsituationen in der Schule wird dieser Kompetenzerwerb allerdings nicht benötigt. Dies betrifft z. B. das Abschreiben des Tafelbildes, das synchronisierte Lerntempo und den nivellierten Lernschrittinhalt. Auch das Auswendiglernen wird nicht gebraucht, nicht einmal für einfache Verrichtungen im Arbeitsleben.

Wenn wir unsere Schüler auf eine immer komplexer werdende berufliche, gesellschaftliche und private Welt vorbereiten wollen, muss diese Vorbereitung ebenfalls in einer komplexen schulischen Umgebung stattfinden. Wir sollten unseren Schülern ermöglichen, in der Schule eine *Basis* für die benötigten Kompetenzen zu legen. In komplexen Lernsituationen würden sie auf künftige Situationen ihres Lebens vorbereitet. Dieses Wissen sollten sie aktiv handelnd erwerben, nicht aber »vermittelt« bekommen. Im Zentrum des Unterrichts stünde deswegen nicht, »was *durchgenommen* werden soll, sondern was Schüler am Ende *können* sollen« (Helmke 2014, S. 240).

Weinert fasst dieses Können-Sollen zu einer berühmt gewordenen Definition zusammen: Kompetenz bezeichnet »die bei Individuen verfügbaren oder durch sie erlernten kognitiven Fähigkeiten und Fertigkeiten, um bestimmte Probleme zu lösen, sowie die damit verbundenen motivationalen, volitionalen und sozialen Bereitschaften und Fähigkeiten, um die Problemlösungen in variablen Situationen erfolgreich und verantwortungsvoll nutzen zu können« (Weinert 2001, S. 27 f.).

12.1.1 Nach PISA

Die von PISA ausgelösten Schockwellen müssen der Leserschaft dieses Buches nicht näher erklärt werden. Nur ein für uns besonders interessantes Ergebnis soll in den Fokus gerückt werden. Wie bekannt, schnitten die deutschen Schüler nicht durchweg unterdurchschnittlich oder durchschnittlich ab. In gewissen Kompetenzbereichen gab es sogar sehr gute Resultate. Dies galt für Lösungsroutinen, zum Beispiel für eingeübte Rechenwege. Diese Fähigkeit zur Lösungsroutine blieb aber im Wesentlichen auf eine spezifische Anwendungssituation beschränkt und konnte nicht auf andere Situationen übertragen werden. Mit der Kompetenzorientierung sollen aber Schüler befähigt werden, sich Wissen in einer anderen Art und Weise anzueignen. Damit können sie das Erlernte auf verschiedenste herausfordernde Situationen übertragen und praktisch anwenden. Dieses Wissen wird auch als »fluides Wissen« bezeichnet. Nach dem PISA-Schock fragte sich nicht nur die Fachwelt, wie die deutschen Schüler, die über ein beträchtliches abrufbares Wissen verfügen, zur verbesserten Nutzung dieses Potenzials auch auf nicht vorgegebene und »vorgeübte« Situationen befähigt werden könnten.

Aus meiner Sicht kann die Lösung nur darin bestehen, dass aus dem toten, nicht anwendbaren Wissen fluides, anwendbares wird. Dazu aber wird eine Unterrichtsstruktur benötigt, die verschiedene Anwendungssituationen zulässt. Darüber hinaus sollte der Wissens- und Kompetenzerwerb selbst ebenfalls in variablen Lernsituationen stattfinden, sodass das Wissen mehrfach codiert werden kann.

Unter dem Druck veränderter gesellschaftlicher Verhältnisse musste die Berufliche Bildung schon vor PISA dieses Problem aufgreifen. Deshalb wird zunächst kurz auf die Entwicklungen in der Beruflichen Bildung eingegangen und überlegt, inwiefern diese zumindest teilweise auf die Allgemeinbildung übertragbar sind. Die Hochzeiten der Industriegesellschaft sind längst passé. Dagegen werden die Erfordernisse der Wissensgesellschaft zunehmend drängender. Stichwörter hierfür sind Industrie 4.0, Internet der Dinge, weltweit vernetzte Produktion, flache Hierarchien, Team- und Projektarbeit sowie Halbwertszeit des (beruflichen) Wissens. Aufgrund der Rückmeldungen aus dem Wirtschaftsleben, insbesondere der innovativen Branchen, beschloss die KMK bereits 1990, in der Beruflichen Bildung auf das Lernfeldkonzept zu setzen. Die Wirtschaft bemängelte, dass die Schulabsolventen zu wenig eigeninitiativ, eigenverantwortlich, teamfähig und selbstständig seien und zu sehr im Berufsalltag auf Anweisungen warteten. Das Ausgangsproblem war der Eunuchen-Effekt: Die gut ausgebildeten und akademischen Berufsanfänger wussten, wie *es* geht, konnten *es* aber nicht. Auch hier das oben dargestellte PISA-Problem.

Versetzen Sie sich doch bitte einmal in die Situation einer frisch ausgebildeten Erzieherin. In ihrer Kita-Gruppe tritt eine problembelastete Situation auf, die nach einer Lösung verlangt. Wie soll sie auf Basis ihrer durchaus gründlichen, schulischen Ausbildung reagieren? Die herausfordernde berufliche Situation erinnert sie an eine Unterrichtseinheit in Psychologie im ersten Ausbildungsjahr sowie an eine Unterrichtsstunde in Pädagogik im dritten Jahr. Und gab es dazu nicht etwas aus der Soziologie im zweiten Jahr? Im Prinzip müsste sie sich in Ruhe hinsetzen und überlegen, wie sie die Ausbildungsmosaiksteinchen zusammenfügen könnte, um der Situation angemessen das Problem zu lösen. Diese Zeit hat sie aber nicht. Daher verhält sie sich wie ihre ehemaligen Lehrer, wenn diese unter Druck gerieten. Die Erzieherin handelt in dieser Situation im gleichen Stil, in dem sie selbst erzogen wurde. Und ihre damaligen Lehrer wiederum unterrichteten größtenteils so, wie sie selbst unterrichtet worden waren (vgl. Wahl 1990).

12.1.2 Komplexe Anforderungssituationen und Kompetenzdisposition

Die Erzieherinnenausbildung hat doch nichts mit dem Unterricht in der Sekundarstufe I oder gar in der Grundschule zu tun, könnten Lehrerkolleginnen und -kollegen jetzt meinen. Ich bin gegenteiliger Auffassung, möchte zunächst aber auf die Schlussfolgerungen der Didaktik aus der Forderung der KMK nach kompetenzorientiertem Unterricht (Lernfeld-Didaktik) eingehen. Die moderne Didaktik der Beruflichen Bildung stellt typische berufliche Handlungssituationen in den Mittelpunkt des Unterrichts. Diese Situationen sollen komplex und problemhaltig sein. Dies aus dem einfachen Grund, weil für unterkomplexe Anforderungssituationen wie repetitive Routinehandlungen keine Kompetenzen mühselig ausgeformt werden müssen. Darüber hinaus soll eine solche Situation autonomes Handeln ermöglichen. In späteren beruflichen Situationen können weder Lehrer noch Kollegen oder gar Vorgesetzte ständig gefragt werden, *was* denn nun *wie* genau getan werden müsse. Auch im fortgeschrittenen SOkeL-Unterricht erwarten wir, dass sich Schüler mit einer höheren Lernkompetenz selbst entscheiden können, wenn sich ihnen verschiedene Lernwege auftun. Die Schüler und späteren Auszubildenden sollen also etwas *können* und nicht vornehmlich totes Wissen ansammeln, das kaum anwendbar ist.

Nun geht es in der Allgemeinbildung nicht um die Vorbereitung auf herausfordernde oder problemhaltige berufliche Situationen. Die Zielbestimmung ist aber die gleiche: Der Schüler, später der »erwachsene Schüler«, soll sich in variablen herausfordernden Situationen adäquat zu verhalten wissen. Dabei ist es gleichgültig, ob er dies

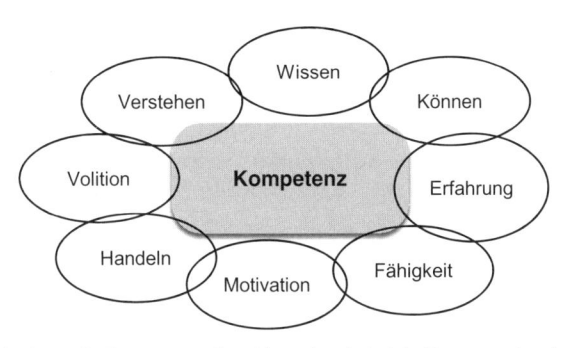

Abb. 9: Kompetenzkreise – die Kompetenz eines Menschen hat viele Komponenten (nach Weinert/Rost)

in einer herausfordernden Lernsituation im Geschichtsunterricht der 6. Klasse zeigen muss oder später in der Ausbildung. Dies gilt selbstverständlich auch für das gesamte Erwachsenenleben. Wer das Lernen gelernt hat, besitzt damit einen Versicherungsschein gegen berufliche und soziale Unbill. Denken Sie nur an die zum Teil extrem kurzen Halbwertszeiten des beruflichen Wissens und Könnens in vielen Branchen. In der Computerbranche sind es mittlerweile drei Jahre, im Durchschnitt aller Berufe etwa fünf bis sieben Jahre. Wer der Anforderung zum lebenslangen Lernen nachkommen möchte, muss in der Schule Lernkompetenz erwerben können.

Lernkompetenz sind die bei Lernenden verfügbaren oder durch sie erlernten kognitiven Fähigkeiten und Fertigkeiten, um bestimmte Lernaufgaben selbstständig, kooperativ und strategisch in wechselnden oder variablen Anforderungssituationen zu lösen.

Schulische Grundlage für den Erwerb von anwendungsfähigem Wissen sind herausfordernde (Lern-)Situationen. Herausfordernd in dem Sinne, dass die Lernsituationen durch einen gewissen Grad an Komplexität und Problemhaltigkeit gekennzeichnet sind. Da es unter dieser Voraussetzung verschiedene Anwendungsmöglichkeiten für Wissen gibt, muss die Lernsituation darüber hinaus autonomes Handeln ermöglichen bzw. herausfordern.

Kompetenzorientiertes Lernhandeln bedeutet, eine Brücke vom Wissen zum Können zu schlagen. Gehandelt wird in eben diesen problemhaltigen und komplexen Anforderungssituationen. Und wer handelt wie? Unsere Lernenden, von denen jeder eine ganz individuelle Kompetenzstruktur biografisch entwickelt hat. Diese Struktur bestimmt ihr Handeln in komplexen (Lern-)Situationen.

```
┌─────────────────────────┐                                    ┌─────────────────┐
│ Schüler mit einzigartiger│        handelt         in         │   komplexer     │
│ Kompetenzstruktur und   │ • • • • • • • • • • • • • • • ▶   │ Anforderungs-   │
│ Kompetenzdisposition    │        bewährt sich                │ situation       │
└─────────────────────────┘                                    └─────────────────┘
```

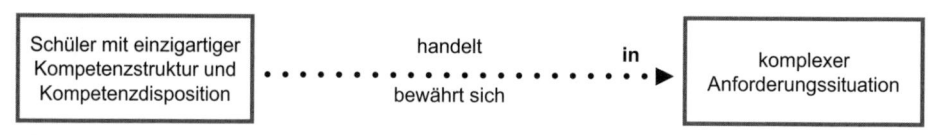

Abb. 10: Grundzusammenhang des kompetenzorientierten Unterrichts

Dieses Zweiergestirn von (Lern-)Anforderungssituation und Kompetenzstruktur des Individuums wird unten nochmals aufgegriffen. Ein letztes Mal soll ein Beispiel aus der Beruflichen Bildung gewählt werden, um diesen Zusammenhang konkreter zu beleuchten: Der Chef ruft die Angestellte Frau Meyer zu sich. »Frau Meyer, wir benötigen für das Marketing unseres neuen xy-Produkts circa 25 000 Flyer. Bitte holen Sie umgehend entsprechende Angebote ein. In drei Wochen möchte ich dann die Aufträge vergeben. Bereiten Sie bitte bis dahin alles Notwendige vor, damit ich mich schnell entscheiden kann.«

Auf den ersten Blick erscheint diese kleine Szene als unscheinbar. Schaut man genauer hin, enthält sie doch etliche Anforderungen an die berufliche Handlungskompetenz von Frau Meyer. Aber erst auf den zweiten Blick ist zu erkennen, dass die berufliche Handlungskompetenzanforderung sich nicht wesentlich von den Anforderungen an die Lern-Handlungskompetenz eines Schülers unterscheidet.

Welche Kompetenzanforderungen sind nun in diesem Beispiel enthalten, die die Lernenden im Unterricht entwickeln sollen?

- *Fachkompetenz:* Angebotseinholung, Angebotsvergleich, Kalkulation, argumentativ-sachliche Begründung des Ergebnisses
- *Sozial-kommunikative Kompetenz:* adäquate Gesprächsform bei Telefonaten mit Anbietern, Grundlagen der Gesprächsführung anwenden (bei Vorstellung des Ergebnisses)
- *Methodische Kompetenz:* Briefe aufsetzen können, Präsentationen des Ergebnisses planen und durchführen, Arbeitsplanung aufstellen
- *Emotionale/personale Kompetenz:* zu seinem begründeten Vorschlag stehen können, auch wenn der Chef missgelaunt bei der Ergebnispräsentation reagiert, weil eine teure Variante vorgeschlagen wird.

12.1.3 Die Kompetenzanforderungen an den »Beruf« Schüler

So sinnvoll das Modell der beruflichen Handlungskompetenz mit seinen Anteilen von fachlicher, sozial-kommunikativer, personal-emotionaler und methodischer Kompetenz auch ist, kann es für den allgemeinbildenden Unterricht nicht eins zu eins übernommen werden. Hier haben wir keine beruflichen Handlungssituationen, die in einem kompetenzorientierten Unterricht abgebildet werden könnten. Dass die Berufswelt und die Schulwelt dennoch nicht so weit auseinanderliegen, soll ein Gedankenspiel belegen. Stellen Sie sich bitte vor, »Schüler« sei eine Berufsbezeichnung. Die berufliche Handlung wäre dann das Lernen. In der Tat hätten wir dann analog zu einer wirklich beruflichen Handlungssituation eine solche im Unterricht, sofern diese schulisch-berufliche Handlungssituation für den Beruf Schüler problemhaltig, komplex und Autonomie gewährend ist. Für die Ausübung des Berufs Schüler bedarf es somit gewisser, recht umfangreicher Kompetenzen. Diese betreffen sein individuelles sowie sein (Lern-)Verhalten in kooperativen Gruppen.

Deshalb soll ein kurzer Blick auf eine solche Anforderungssituation für den Beruf Schüler mit dem Tätigkeitsfeld Lernen geworfen werden. Als Beispiel nehmen wir die kooperative Lernform Gruppenpuzzle. Dabei soll untersucht werden, welche Kompetenzen entwickelt werden müssen, damit sich unsere Schüler in einem solch schwierigen Lern-Handlungsfeld bewähren. Es sei nochmals daran erinnert, dass in SOkeL kooperative Lernformen ein Aneignungsprinzip sind, keine nette Abwechslung zum Zwecke des Sozialtrainings innerhalb eines Methodenmixes.

Kompetenzanforderungen in kooperativen und individuellen Lernhandlungen
- *kognitive Kompetenzanteile*
  Textzusammenhänge erkennen, Vorwissen anwenden, abstrahieren, argumentieren, korrigieren, Fehlerhaftes bei sich und anderen erkennen, strukturieren (z.B. Infoblatt, Strukturlegearbeit), ableiten, begründen, sich korrigieren können, Wissen über das eigene Wissen aufbauen, reflektieren können, sich über eigene Lernwege klar werden, erörtern, analysieren, begrifflich statt beschreibend argumentieren
- *sozial-kommunikative Kompetenzanteile*
  aktiv zuhören können, Ich-Botschaften senden, angemessen Konflikte bewältigen, angemessen konfliktbereit sein, sich zurückhalten, sich einmischen, ausreden lassen, Kompromisse schließen, sich durchsetzen, andere motivieren, zuverlässig sein, in angemessener Form fehlertolerant anderen gegenüber sein, jemandem etwas beibringen wollen, von anderen sich etwas beibringen lassen, Grundsätze der Themenzentrierten Interaktion (TZI) umsetzen, andere angemessen kritisieren können und sich kritisieren lassen, überzeugen und überzeugen lassen, nachfragen, beraten und beraten lassen, Probleme erkennen und vorwegnehmen, fordernd sein, andere fördern, Mut haben nachzufragen, Fehlverhalten zugeben oder bei anderen ansprechen
- *personal-emotionale Kompetenzanteile*
  sich überwinden, die Lernarbeit anzupacken; Gegenargumente aushalten und unter Umständen begründet zurückweisen, Ambiguitätstoleranz entwickeln (gegensätzliche Gefühle und Unsicherheiten aushalten), z.B. wenn ein abgelehntes Gruppenmitglied hervorragende Lernschritte vorschlägt; Antipathien aushalten, zur eignen Überzeugung stehen können, Empathie zu den Gruppenmitgliedern entwickeln, den anderen als gleichwürdig anerkennen, Selbstvertrauen entwickeln, Durchhaltevermögen (bei Lernfehlschlägen) entwickeln, Fleiß, Zuverlässigkeit (pünktlich sein, anwesend sein, Arbeitsmaterialien dabei haben, bei begründeter Abwesenheit Arbeitsunterlagen der Gruppe zukommen lassen, Gruppenabsprachen einhalten usw.), Leistungsangst überwinden können, den anderen vertrauen, dass auch sie

optimale Lernergebnisse erzielen wollen; mit Unterlegenheits- und Überlegenheitsgefühlen adäquat umgehen können, kritisches Feedback aushalten können, Sekundärtugenden angemessen in Arbeitsprozessen aufweisen
- *methodische Kompetenzanteile*
Zielkreislauf beherrschen, terminierte und strukturierte Arbeitspläne entwerfen, Zielklarheit für die Arbeitsphasen herstellen, Gruppenfunktionen sachgerecht übernehmen und durchführen (Moderator/in, Zeitnehmer/in, Protokollant/in, Krokodil, Lautstärkeregler/in, Gastgeber/in), Fünf-Schritt-Lesemethoden anwenden, begründet zusammenfassen können, Schlüsselbegriffe diskriminieren können, Sortieraufgaben erstellen, Visualisieren von thematischen Inhalten, vortragen können, auf die Sache (hier Lernergebnis der anderen) bezogen kritisieren können, anschaulich und differenziert erklären können, Lernstrategien anwenden, fragend-entwickelnd Gruppenmitglieder im Wissenszuwachs fördern, Visualisierungsformen beherrschen, Beratungsgespräche planen, lernstrategisch vorgehen, Lernergebnisse der Mitschüler methodisch untersuchen und bewerten, Quellenanalyse vornehmen

Sage keiner, dass anspruchsvolle kooperative Gruppenarbeitsphasen nicht schon von sich aus problemhaltige und komplexe Anforderungssituationen sind, die autonomes Handeln fordern und fördern. Bekanntlich schicken Lernende nicht nur ihre Hirne in die Schule und bleiben als Person und Persönlichkeit zu Hause. Das Berufsleben des Schülers kann schwieriger und herausfordernder sein als manch berufliche Tätigkeit im späteren Leben.

12.2 Perspektivwechsel: Der kompetenzorientierte Unterricht

Vor vielen Jahren wurde aus der Sicht etlicher Kolleginnen und Kollegen eine neue didaktische Sau durchs pädagogische Dorf gejagt. Sie hieß Kompetenzorientierung. In vielen Kollegien wurde und wird noch darüber gelächelt und abgewartet, bis die Sau wieder aus dem Dorf verschwindet. Wider Erwarten jedoch machte es sich die Sau im Dorf bequem. Weitere Vergleiche der Bundesländer sind verabredet, die wiederum im Rahmen europäischer Vereinbarungen stehen. Und darum geht es: Aufgeschreckt durch PISA soll nichts mehr vorn ins Schulsystem hineingestopft werden, ohne zu wissen, was hinten dabei herauskommt. Man will vom Inputsystem zum Outcome-Wirkungssystem oder von der Inputsteuerung zur Wirkungssteuerung kommen. Was die Inputsteuerung auszeichnet, wissen Sie als Lehrperson aus Ihrem Alltag: Durchführungsverordnungen, Schulaufsicht, Dienstanweisung, Schulgesetze, Verwaltungsvorschriften, vorgegebene Lernziele, 45-Minuten-Stunden, Stoffverteilungspläne (möglichst auf einzelne Stunden bezogen) und was sonst noch die Fantasie von Inputsteuerern so hergibt.

Nun soll das System auf Outcome umgestellt werden, das heißt auf Bildungsstandards und letztlich auf Kompetenzerwartungen. Man weiß, was die Schülerinnen und Schüler lernen sollen: Wissen in variablen Situationen lösungsorientiert anwenden. Gemeinhin unbekannt ist aber, wie das geschehen soll. Der Unterricht wird zur Blackbox. Wenn die Lehrkraft morgens zur Schule geht, wartet – metaphorisch ausgedrückt – am Eingang der gesamte Schulapparat auf der Treppe. Vom Staatssekretär hinunter bis zur Schulleitung heißt es: »Sie haben dies und das so zu machen, vermeiden Sie dieses und jenes.« Letzte Anweisungen werden in die Hand gedrückt. Die Lehrkraft geht in die Klasse, schließt die Tür hinter sich. Niemand außer dem Lehrenden weiß wirklich, was genau dort drinnen geschieht. Nach getaner Arbeit verlässt die Lehrkraft die Schule. Am Ausgang wartet nun der Outcome und fragt mithilfe der standardbasierten neuen Lehrplänen: »*Können* nun Ihre Schülerinnen und Schüler dieses und jenes?« Kurzum: Die Inputsteuerung weiß nicht, was hinten dabei herauskommt. Und die Wirkungssteuerung (Outcome) weiß nicht, wie sie durch den Ausgang in die Klassenzimmer, den Unterricht, hineinkommt.

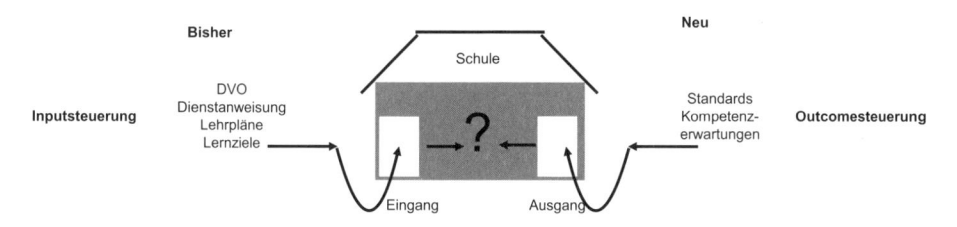

Abb. 11: Input- versus Outcome-Orientierung

Seit es die Schule gibt, versucht man, durch Input zum Erfolg zu steuern, zum Beispiel über detaillierte Lehrpläne. So viel aber auch in den Input investiert wurde: Dessen Effektivität war nicht kalkulierbar. Es war nicht im Detail klar, was sich in den Klassenzimmern abspielte. Seit PISA, VERA usw. wird es methodisch andersherum versucht. Die Schulpolitik gibt vor, was das Ergebnis von Schulbildung sein soll: Outcome-Steuerung. Gesetzt wird auf Können, anwendungsfähiges, intelligentes oder fluides Wissen. Über Standards soll der Output gemessen werden können, Kompetenzerwartungen werden formuliert. Doch durch das Wiegen allein wird die Sau nicht fett. Auch die Outcome-Steuerung – als Endabnahme – weiß nicht, was in den Klassenzimmern passiert. Und auch sie kann nicht konkret angeben, was genau passieren soll, damit die gewünschten Kompetenzen herausgebildet werden können. SOkeL gibt darauf eine Antwort.

Große stabile Systeme wie unser Schulsystem neigen dazu, Veränderungsschübe abzufangen, umzuändern und an das Bestehende anzupassen (vgl. Kruse 2004). Dies ist mit der Kompetenzorientierung, wie die Bildungspolitik sie definiert, weitgehend geschehen. Mit den kompetenzbasierten Mindest-, Regel- und Exzellenzstandards sollte angegeben werden, welches Outcome die Bildungsgänge und Schulstufen schaffen sollen. Diese Outcome-Erwartungen sollten sich dann stufenweise in den kompetenzorientierten Lehrplänen zeigen: von den erwarteten und abschließenden Standards am Ende eines Bildungsganges heruntergebrochen von Klassenstufe zu Klassenstufe bis zum Beginn des Bildungsganges. Doch leider findet sich in den sogenannten kompetenzorientierten Lehrplänen meist nur noch der Regelstandard. Selbst wenn diese Lehrpläne einen Fortschritt darstellen und den Kolleginnen und Kollegen verdeutlichen, welche Kernkompetenzen ihres Faches bzw. ihrer Domäne jeweils angestrebt werden, lässt man die Lehrenden bei der unterrichtlichen Umsetzung allein. Es bedarf keiner großen Fantasie, sich auszumalen, was geschehen wird oder auch schon geschieht. Fachlehrer schauen, wo sie »ihre Inhalte« in diesen Rahmenplänen wiederfinden, und unterrichten unter Verwendung eines neuen Vokabulars weiter wie gewohnt.

Aus der Sicht von engagierten Lehrerinnen und Lehrern ist es sehr bedauerlich, dass auf die Entwicklung domänenspezifischer Mindeststandards und Exzellenzstandards verzichtet wurde. In der unterrichtlichen Alltagsarbeit mit einem didaktischen Konzept, dem der Umgang mit Heterogenität in das Stammbuch geschrieben wurde, wären ausformulierte domänenspezifische Standards eine große und äußerst willkommene Arbeitserleichterung gewesen. Für SOkeL-Lehrpersonen ist das leider eine vertane Chance.

Für Unterrichtende spielt im Alltag eine andere didaktische Musik. Die Standards sind Outcome-Ziele, mehr nicht. Im schulischen Alltag geht es um die Frage, *wie diese Ziele erreicht werden sollen*. Mit dem rezeptiv-passiv aufnehmenden Lernen der von der Lehrperson meist verbal dargebotenen Lehrinhalte ist es jedenfalls nicht getan – und mit den kompetenzorientierten Lehrplänen wohl auch nicht gewollt.

12.3 Grundlagen des kompetenzorientierten Unterrichts

12.3.1 Bühne frei für den großen Kompetenzauftritt: Performanz

Wenn die Klassenzimmertür aufgeht, die Lernenden hereinkommen und sich hinter ihre Schulbänke setzen, bringt ein jeder sein individuell ausgeprägtes Repertoire an Kompetenzen mit. Wenn Schülerinnen und Schüler passiv-rezeptiv den Lernstoff aufnehmen, wird nur ein Bruchteil ihres Kompetenzrepertoires sichtbar. Diese zwar vorhandene, aber nicht gezeigte Fähigkeit wird als potenzielle Kompetenz, verborgene Kompetenzstruktur oder Kompetenzdisposition bezeichnet. Bleibt es bei der potenziellen Kompetenz der auf Stand-by geschalteten Schüler, werden Lernmöglichkeiten sowie ein möglicher Kompetenzaufbau verschenkt. Das Entscheidende ist, dass die Lernenden ihre Kompetenz durch Lernhandeln *sichtbar* machen können. Das in ihnen vorhandene Repertoire an Kompetenzen braucht die große Bühne. Beim Auftritt auf dieser Bühne wird aus der bloßen Disposition ein kompetentes Handeln. Das heißt: Die individuelle Kompetenz wird dadurch sichtbar umgesetzt. Der Fachbegriff hierzu lautet Performanz: »Denn Kompetenzen zeigen sich erst in der Performanz: Man kann nur dann sagen, dass man etwas kann, wenn man es wirklich getan hat; nur mit der erfolgreichen Bewältigung einer Anforderungssituation kann man sein Können unter Beweis stellen« (Lersch/Schreder 2003, S. 19). In der Performanz seiner Kompetenz kann der Schüler seinen Stand des Könnens zeigen, auch und vor allem *sich selbst*, wenn ihm vom Unterrichtskonzept her die Möglichkeit geboten wird.

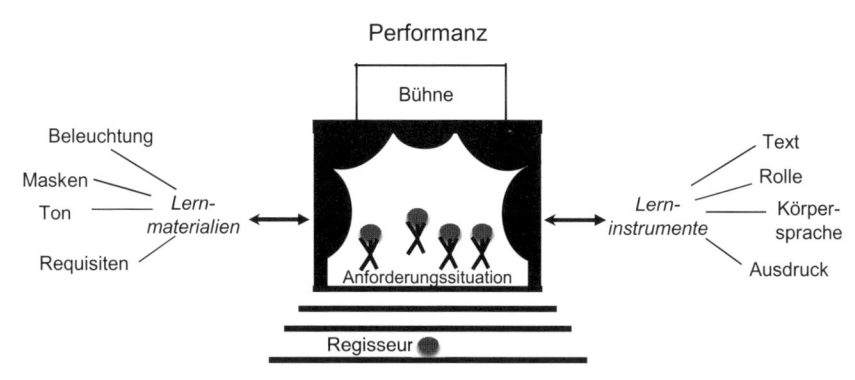

Abb. 12: Performante Lernsituationen für Schüler

Gegen die Kompetenzorientierung wird manchmal eingewendet, dass die eigentlichen Unterrichtsinhalte zu kurz kommen könnten, weil auf abwechslungsreiche Aktivitäten oder Methoden gesetzt werde statt auf den Wissensaufbau. Jegliches Können basiert jedoch auf Wissen. Wie sollte jemand auch etwas »können«, wenn er davon keine Ahnung hat? »Wer nichts weiß, kann nicht kompetent sein, aber wer mit seinem Wissen nichts anzufangen weiß, auch nicht« (Lersch/Schreder 2013, S. 40). Wenn Wissen und Können wichtige Bestandteile der Kompetenz eines jeden sind, dann ist es für die Kompetenzförderung der Lernenden unabdingbar, sich selbst und anderen ihre Kompetenzstrukturen lernhandelnd zeigen zu können. Einmal, um diese entwickeln zu können, und zum anderen, um sie überhaupt einschätzen zu können. Wissen, das sich in Können potenziell zeigen kann, muss deswegen in Handlung überführt werden. Erst wenn Schüler lernhandeln, wenn sie permanent in Lernaktivitäten verstrickt sind, können sie sich ihrer Kompetenzstruktur versichern und an deren Verbesserung arbeiten. Ein Unterricht, der die Schüler aktiviert, zum lernenden Handeln auffordert und ermutigt, ist kompetenzorientiert.

12.3.2 Herausfordernde Lernsituationen und überfachliche Kompetenzen

Was das Leben für unsere Schüler in beruflicher, gesellschaftlicher und privater Hinsicht vorhält, kann niemand genau wissen. Sicher ist nur, dass die repetitive, einfache Arbeit immer weniger wird. »Den Rest werden ›Wissensarbeiter‹ bilden, deren ›Kapital‹, ihr ›Wissen‹, schnell veraltet. Unsere Bildungssysteme müssen diese Menschen daher nicht nur mit solidem Fachwissen ausstatten, sondern in erster Linie mit der Fähigkeit und Motivation zu lebensbegleitendem Lernen. Das setzt voraus, dass der Einzelne motiviert ist, ständig dazuzulernen, mit den erforderlichen kognitiven und sozialen Fähigkeiten ausgestattet ist, um eigenverantwortlich zu lernen, Zugang zu geeigneten Bildungsangeboten hat, und schließlich entsprechende kulturelle Anreize findet, um weiter zu lernen« (Schleicher 2004, S. 265).

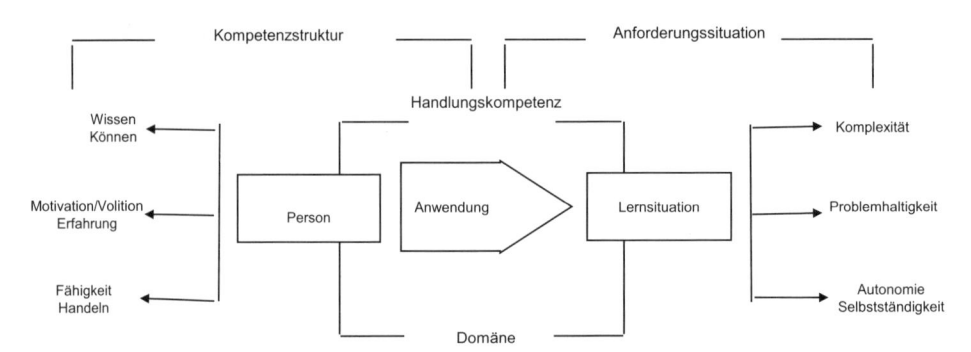

```
                    Kompetenzstruktur                    Anforderungssituation

                              Handlungskompetenz
   Wissen                                                                    Komplexität
   Können

Motivation/Volition         ┌────────┐  ┌─────────┐  ┌──────────────┐
   Erfahrung                │ Person │  │Anwendung│  │ Lernsituation│        Problemhaltigkeit
                            └────────┘  └─────────┘  └──────────────┘

   Fähigkeit                                                                 Autonomie
   Handeln                                                                   Selbstständigkeit
                                    Domäne
```

Abb. 13: Individuelle Kompetenzstruktur und problemhaltig-komplexe Anforderungssituation (vgl. Sloane 2007)

Ein kompetenzorientierter Unterricht muss auf der einen Seite das Individuum mit seiner einzigartigen Kompetenzstruktur als Kompetenzdisposition bedenken und auf der anderen Seite die Lernsituation, die komplex und problemhaltig ist. In dieser sollen die Lernenden im Lernhandeln ihre Kompetenzstruktur zeigen, sie bearbeiten und erweitern können. Lernsituationen müssen durch ein gewisses Maß an Komplexität ausgezeichnet sein, damit die Lernenden darin Kompetenz aufbauen können. In unterkomplexen Situationen sind Schüler weder aufgefordert zu zeigen, was sie könn(t)en, noch sind sie herausgefordert, ihre Kompetenzstruktur/-disposition zu erweitern.

Die Wissensgesellschaft verändert nicht nur berufliche Situationen, sondern auch private. Beziehungen sind häufig nicht mehr durch gesellschaftlich akzeptierte Rollenvorgaben gekennzeichnet, die das individuelle Verhalten weitgehend determinierten, sondern durch Aushandlungsprozesse. Zweifellos sind dies ebenfalls komplexe Situationen. In gewisser Weise sind diese beruflichen und privaten komplexen Situationen ebenfalls Lernsituationen. Aus der dialogischen Bewältigung einer Beziehungskrise sollte man schließlich ableiten können, was in Zukunft tunlichst vermieden werden sollte. Nun gibt es für Beziehungen weder Bildungsstandards noch Regelstandards oder fachbezogene Kompetenzen. Dennoch existiert der Begriff der Beziehungsfähigkeit. Dieser spiegelt sich auch in anspruchsvollen beruflichen Situationen als Teamunfähigkeit wider. Da in der Wissensgesellschaft – insbesondere in anspruchsvollen Berufen – Team- und Projektarbeit, selbstständiges Denken und Handeln immer selbstverständlicher werden, wird die Ausbildung von überfachlichen oder extrafunktionalen Kompetenzen immer wichtiger. Dies gilt ebenfalls für die Fähigkeit zur Entwicklung und Umsetzung metakognitiver Strategien. Lebenslanges Lernen bedeutet nicht nur, aus Büchern, Internet und in Fortbildungen zu lernen. Vielmehr geht es auch um das Verständnis für komplizierte soziale Interaktionen, die heutzutage mit der beruflichen Tätigkeit einhergehen. Dies kann mit der Anwendung metakognitiver Strategien wie der Reflexionsfähigkeit gelingen.

Extrafunktionale oder überfachliche Kompetenzen sind die oben bereits erwähnten Methoden-, Personal- und Sozialkompetenzen. Zusammen mit der Fach- oder kognitiven Kompetenz ergeben sie eine Viererbande. Hierbei handelt es sich im Gegensatz zu einer Definition (vgl. Weinert 2001) um ein Modell. Ein Modell vereinfacht die

Wirklichkeit unter ganz bestimmten Perspektiven. So ist der Stadtplan von Berlin nicht die Berliner Wirklichkeit, sondern eine Vereinfachung davon, um sich in der Stadt besser zurechtzufinden. Die Kompetenzviererbande ist ebenfalls eine modellhafte Vereinfachung »der Kompetenz« und lädt deshalb zu Missverständnissen ein. So wird in manchen Schulen ein Methodentraining durchgeführt, bevor mit dem »richtigen Unterricht« begonnen wird. Oder aber es wird Sozialverhalten mit kooperativen Lernformen oder Klassenkontrakten eingeübt. Die Erhöhung von Personalkompetenz wird durch Rollenspiele zu erreichen versucht. Freilich kann man »Kooperationsfähigkeit nur lernen, indem man mit anderen zusammenarbeitet. Diese Zusammenarbeit erfolgt aber immer an einem Gegenstand, in der Schule in aller Regel an einem fachlichen Inhalt. Auch kann man nur etwas über das Lernen lernen, indem man einen konkreten Lernprozess reflektiert« (Lersch/Schreder 2013, S. 43). Demnach werden die überfachlichen Kompetenzen gebraucht, um Fachlichkeit aufbauen zu können. Oder anders ausgedrückt: Die Erhöhung der überfachlichen Kompetenzen erhöht die fachlichen. Grob vereinfachend heißt dies: Es gibt einen Zwei-Komponenten-Kompetenzkleber. Die überfachlichen Kompetenzen repräsentieren das Können und die kognitiven das Wissen. »Tendiert nur eine der beiden Komponenten gegen null, tendiert die ganze Kompetenz gegen null!« (Lersch/Schreder 2014, S. 42).

12.3.3 Die Kompetenzwaage

In Abbildung 14 strukturiert die Lehrperson (gemeinsam mit ihrem Team) das Kompetenz-Anforderungsniveau der neuen Unterrichtsreihe (rechte Waagschale), das sich in etwa am Kompetenzniveau der Klasse orientieren sollte. Wichtig ist, sich zu vergegenwärtigen, dass es sich um Kompetenzerwartungen hinsichtlich der überfachlichen Kompetenzen handelt sowie um Standards hinsichtlich der Kernkompetenzen eines Faches bzw. einer Domäne. Das Gewicht der rechten Waagschale muss höher sein als das Kompetenzgewicht, das die Klasse einbringen kann. Das Kompetenzgewicht, das Lernende beim Eintritt in den Lernprozess in die linke Waagschale legen können, ist geringer als das Gewicht in der rechten (Phase I). Mithilfe der SOkeL-Lerninstrumente sollen sie zusätzliche Gewichte in ihre Waagschale legen können, sodass die Waage tendenziell ins Gleichgewicht kommt (Phase II).

Wenn es das 24-Stunden-Problem nicht gäbe, müsste eigentlich die Forderung erhoben werden, dass für jeden Schüler ein eigener Unterricht stattfindet. In die Waagschale »individuelle Kompetenzstruktur« legt selbstverständlich jedes Individuum ein anderes Gewicht. Dieses Problem kann nicht durch Binnendifferenzierung umgangen werden. Das hieße, doch wieder nur zu nivellieren. Vielmehr sollten die Lernprozesse zunehmend individualisiert werden. Doch das will gekonnt sein. Auf dem Weg dorthin können wir konstatieren, dass wir den Lernkompetenzstand einer Klasse im Allgemeinen nach der Beantwortung folgender Fragen fassen können:

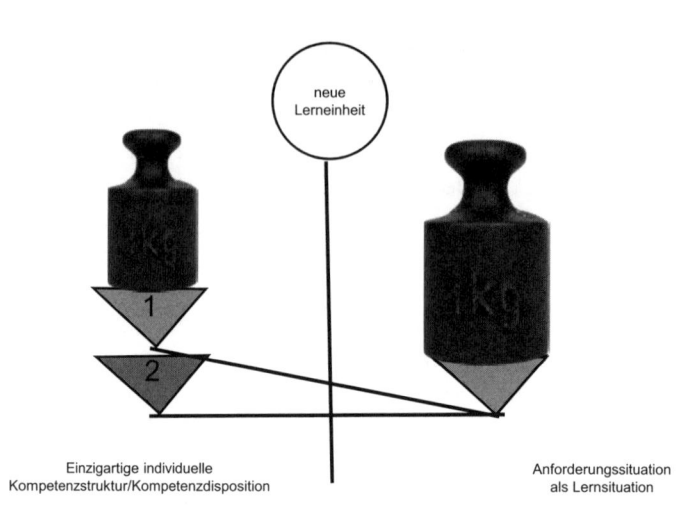

Abb. 14: Die Kompetenzwaage

- Welche kooperativen Lernformen wurden in der Klasse schon eingeführt?
- Können die Eleven schon mit dem Zielkreislauf zufriedenstellend umgehen?
- Können sie sich innerhalb der Klasse die richtige Unterstützung holen?
- Welche Arbeitstechniken für kooperative und individuelle Arbeiten wurden schon eingeübt? Wurden erste metakognitive Strategien eingeübt?

Diese Fragen lassen sich durchaus im »Klassensatz« (generalisierend auf eine Klasse bezogen) beantworten, auch wenn die Antworten von Individuum zu Individuum unterschiedlich ausfallen.

Zur Erinnerung: Ein SOkeL-Unterricht wird vom Ziel her strukturiert. Gemeint sind nicht kurze Stundeneinheiten, sondern Lerneinheiten, die umfassender sind. Da die Lernenden mit völlig unterschiedlichen individuellen Vorwissensstrukturen und Vorerfahrungen sowie mit verschiedenen Fähigkeiten, Fertigkeiten und Motivationen in einen neuen Lernprozess einsteigen, kommen selbstverständlich unterschiedliche Ergebnisse heraus (Matthäus-Effekt). Wir fassen diese zu erwartenden unterschiedlichen Ergebnisse zu (kognitiven) Kann-Listen zusammen und differenzieren wann immer möglich dabei in Exzellenz-, Regel- und Mindeststandards. Diese unterschiedlichen Standards wiederum werden den Lernenden mittels der Taxonomiestufen (Schwierigkeitsgrade) in den Kann-Listen vorab aufgezeigt. Dies bedeutet, dass nicht nur die von uns eingeführten kompetenzerhöhenden Lerninstrumente unterschiedlich differenziert angewendet, also in die jeweilige individuelle Kompetenzstruktur übernommen werden. Vielmehr bedeutet dies auch hinsichtlich der Anforderungssituation, dass die neuen Lerninhalte ebenfalls auf unterschiedlichem Niveau angeeignet werden.

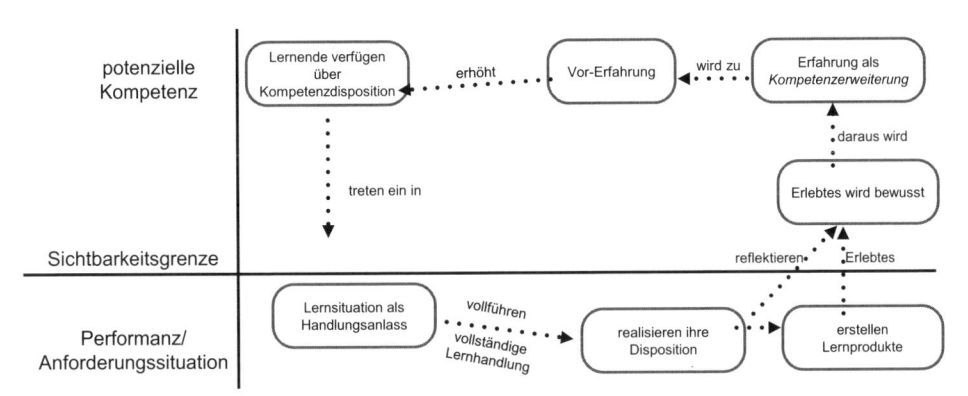

12.3.4 Die unterrichtliche Kompetenzspirale

Abb. 15: Die Kompetenzspirale

Solange ein Schüler seine Kompetenzdisposition nicht in Lernhandlungen umsetzen kann, bleibt sie ihm selbst und seiner Umwelt verborgen. Die Lernenden müssen deshalb in herausfordernde Lernsituationen versetzt werden, die zu aktiv-aneignenden Lernhandlungen auffordern. In der aktiven Aneignung des Lernstoffes in Individual- und Kooperationsphasen erleben Lernende, was ihnen gelingt und wo sie (noch) Schwierigkeiten haben. Aus dem Sich-Erleben wird Erfahrung, sofern die Lernenden die Gelegenheit hatten, sich metakognitive Strategien anzueignen. In diesem Fall wird aus dem Erlebten durch Reflexion bewusste Erfahrung. Bewusste Erfahrung über sich selbst, über sein konkretes Lernverhalten, sein kompetentes oder minderkompetentes Verhalten im kognitiven, methodischen, personal-emotionalen und sozial-kommunikativen Bereich. Deshalb ist der Aufbau metakognitiver Strategien eminent wichtig. Diese reflektierte Erfahrung, die mit einer Kompetenzerweiterung (kumulativer Prozess) einhergeht, geht nun in den nächsten Lernprozess als Vor-Erfahrung ein (vgl. Abb. 15).

In einem Unterricht nach SOkeL geht es um die Erhöhung des individuellen Kompetenzniveaus, gefördert durch herausfordernde Lernsituationen. Als Beispiel soll hier ein eintägiges Lernatelier herangezogen werden, in dem die schon bekannten Lernenden Büsra, Josephin, Eric und Benjamin arbeiten. Gegenüber dem Kapitel 2, als die vier Lernenden zum ersten Mal vorgestellt wurden, ist viel Wasser die Spree heruntergeflossen. Ihre Lernkompetenz hat sich zwischenzeitlich erheblich erhöht. Ihr Fortschritt wurde dadurch beschleunigt, dass ihre Lehrenden sich zu einem Lehrerklassenteam zusammengefunden haben. Somit konnten die Schüler in allen Fächern kompetenzorientiert unterrichtet werden. Doppelt genäht lernt besser.

Es ist 8:00 Uhr morgens. Josephin sitzt verstimmt an ihrem Platz und hat keine Lust, mit dem zu beginnen, was sie tun sollte. Büsra nannte sie gestern im Gruppenarbeitsfeedback einen Nerd. Sie sei zu ehrgeizig und nerve. Typisch Büsra, die kann ja alles locker nehmen und trotzdem schnell begreifen. »Moin, Moin Josephin«, tönt es plötzlich vor ihr. Frau Müller reißt sie aus ihren Gedanken: »Josephin, was ist los? Warum fängst du nicht an?« Frau Müller hätte ebenso gut sagen können: »Josephin, warum fängst du nicht an, deine Kompetenzdispositionen in dieser performanten Situation, die wir dir mit dem Lernatelier bieten, sichtbar zu machen, um dich an ihr abzuarbeiten und sie spiralig weiterzuentwickeln?« Josephin holt ihren Arbeitsbogen zur vollständigen Lernhandlung hervor und beginnt ihre Tagesplanung. Damit zeigt sie methodisch-kognitive Kompetenz. In einem der Fächer möchte sie ihre Kenntnisse mittels der Kann-Liste überprüfen; das entspricht der metakognitiven Strategie. In einem anderen würde sie gern nochmals die Sortieraufgabe wiederholen und die Fragestellungen der Experten durchgehen. Für 10:00 Uhr hatte sie sich zu einem Lernzirkel im Fach X verabredet. Nach fast zwei Stunden Individualarbeit ist ein sozialer Ausgleich mehr als nötig; das berührt die sozial-kommunikative Kompetenz. Für den Lernzirkel des Faches Y wurde eine volle Stunde angesetzt. Angesichts der Mitschüler, mit denen sie den Lernzirkel durchführt, entscheidet sie sich für die Moderatorenrolle. Diese möchte sie unbedingt übernehmen, damit effektiv geplant und gearbeitet wird. Hier ist Personal-, Methoden- und sozial-kommunikative Kompetenz gefordert. Für die Zeit nach dem Lernzirkel plant sie eine längere Pause ein (35 Min.). Danach möchte sie sich pünktlich mit Eric treffen, der im Fach Y recht gut ist. Er soll einen Blick auf die Ergebnisse werfen und schauen, ob ihm etwas negativ auffällt. Sie kommen überein, dafür nicht mehr als 15 Minuten einzuplanen. Davor will sie sich aber noch überlegen, bei welchen Inhalten sie nicht sicher ist und vorsichtshalber nachfragen sollte (metakognitive Strategien). Vor der letzten Individualphase gibt sie Krystina eine Lernberatung in ihrem Lieblingsfach. Dies ist eine methodische und sozial-kommunikative Kompetenzanforderung. Für die Vorbereitung der Lernberatung hat sie 15 Minuten eingeplant, für die Lernberatung selbst 20 Minuten. Zum Abschluss möchte sie diesen Tag Revue passieren lassen: Was, wie und wie effektiv hat sie heute gearbeitet und gelernt? Vor allem will sie versuchen, ihren Konflikt mit Büsra im Lerntagebuch aufzuarbeiten (metakognitive Kompetenzen).

Vollständige Lernhandlung

☐ Expertengruppe
☐ Stammgruppe
☐ Individualphase
x Lernatelier

Datum: _____

Name: Josephin

Gruppenmitglieder Lernzirkel Fach Z	Moderator	Zeitmanager	Protokoll	Krokodil
Josephin	x	☐	☐	☐
Dilara	☐	x	☐	☐
Max	☐	☐	x	☐
Mario	☐	☐	☐	x

Thema

Das Ziel ist erreicht / Wir sind zufrieden, wenn

- ich mich im Fach Y nach der Lernberatung von Eric sicher genug fühle, eine Struktur legen zu können
- der Lernzirkel zielgerichtet verlief und ich im Fach Z Lücken (Item 10, 12, 21 der Kann-Liste) schließen konnte
- ich nach dem Lerntagebucheintrag meinen Konflikt mit Büsra besser im Griff habe
-

Zeit- und Arbeitsplanung

Start : ____8:00___   Ende: __13:10____

Schritt 1: Fach X – Kann-Liste	8:30	9:15
Schritt 2: Fach Y – Sortieraufgabe	9:20	9:40
Schritt 3: Fach Z – Lernzirkel	10:00	11:00
Schritt 4: Fach Y – Lernberatung von Eric	11:35	11:55
Schritt 5: Fach A – Lernberatung an Krystina	12:00	12:30

☐ **Ziel erreicht**   ☐ **Ziel nicht erreicht, weil**

- Fach Y: Ziel erreicht. Werde am Donnerstag Nachmittag eine Struktur legen und sie meiner Schwester vorstellen
- Fach Z: Im Lernzirkel konnte vieles geklärt werden, aber ausgerechnet Item 10 und 21 nicht. Könnte Büsra fragen, will aber nicht. Ich lese die Unterlagen nochmals durch und bitte dann die Fachlehrerin um Hilfe (vielleicht auch um Lernberatungsvermittlung). Lerntagebuch: Kam nicht weiter. Vertage die Aufbereitung meines Konfliktes mit Büsra.
Konsequenzen:

ggf. Fortsetzung auf Rückseite

Unterschriften:

Abb. 16: Josephins ausgefüllter Arbeitsbogen »Vollständige Lernhandlung«

12.4 Überfachliche Kann-Listen und wechselseitiges Schülerfeedback

Wenn Sie sich als belastbar empfinden und die höchste Stufe des Fremdschämens aushalten können, dann sollten Sie sich eine Castingshow im Fernsehen zu Gemüte führen. Obwohl mittlerweile alle wissen, dass eine Performance dort höchstwahrscheinlich zu einer demütigenden Erfahrung wird, reißt die Bewerbungswelle nicht ab. Ich staune – Sie auch, liebe Leserinnen und Leser? Warum sind die Performances der Kandidaten so desaströs?

- Offensichtlich sind sie sich über ihr Leistungsvermögen nicht im Klaren. Sie scheinen ihre Video- oder Audioaufnahmen zu Hause nicht selbstkritisch angehört zu haben.
- Sie glauben, dass ihr Talent reiche. Also bräuchten sie nicht zu üben.
- Sie glauben an ihren Sieg, den sie ohne Anstrengung erreichen wollen.
- Sie haben keine Vorstellung, welche Arbeit und Anstrengung es bedeutet, ein Star oder einfach nur exzellent zu werden.
- Sie verschwenden keinen Gedanken an das, was die Jury wohl von ihnen erwartet.
- Anregungen der Jury empfinden sie als ungerechte Kritik.
- Sie glauben weiter an sich, auch wenn das Publikum sie schon lange auslacht und verhöhnt.

(vgl. Dueck 2010, S. 78)

Wer diese Punkte liest, muss nicht auf ähnliche Erfahrungen in gewissen Klassen aufmerksam gemacht werden. Wird die Szenerie in das Zwei-Komponenten-Kompetenzklebermodell (Wissen *und* Können sind unverbrüchlich verbunden) übertragen, dann entspricht das Singen dem Wissen und die extrafunktionale Kompetenz der Gesangstechnik. In diesem Beispiel geht es um das Nicht-Können. Die meisten Kandidaten der Castingshow haben nämlich das Lernen lernen nicht gelernt. Sie wissen nicht, worauf es ankommt. Sie wissen nicht, was sie machen und wie sie handeln sollten. Ebenso wenig wissen sie, wie sie vor der Show ein Rendezvous mit ihrer Kompetenzdisposition arrangieren können. Sonst könnten sie an ihren Fähigkeiten arbeiten und ihre Kompetenzdisposition erweitern.

Hinsichtlich der Kompetenzspirale kommt es darauf an, dass die Lernenden nicht in dieselbe Falle tappen wie die Kandidaten in der Show. Sie sollten wissen, was von ihnen erwartet wird. Außerdem müssen sie gelernt haben, den eigenen Leistungsstandort mit den Kompetenzstandards (siehe unten) vergleichen zu können. Damit können sie einschätzen, auf welchem Entwicklungstand sie sich befinden. Nach Hattie hat das Wissen über den eigenen Leistungsstandort den größten Effekt auf das Lernen (Hattie 2014, S. 276).

Die Reflexion auf das Lernhandeln, mit der das Kompetenzrepertoire erweitert wird, können wir Lehrende den Lernenden nicht abnehmen. Dies müssen sie schon selbst tun – freilich mit unserer Hilfe. Unsere Unterstützung besteht unter anderem darin, dass wir die Leistungssituation vom Lernprozess trennen (vgl. Kapitel 13/14). Fehlerhaftes und Fehler bleiben sanktionsfrei. Zum anderen erhalten die Lernenden von uns Kompetenzlisten, die ihnen zeigen, worauf es bei der extrafunktionalen Kompetenzentwicklung ankommt. Weder ist es einfach für die Lehrenden, die Listen zu erstellen, noch einfach für die Lernenden, sich in ihrem Verhalten daran zu orientieren. Es ist deshalb angeraten, in einem klassenbezogenen Lehrerteam zu arbeiten.

12.4.1 Überfachliche Kann- und Kompetenzlisten

Die Kann-Listen zur überfachlichen Kompetenzentwicklung können ellenlang sein, weil sie unglaublich viele Aspekte des menschlichen Verhaltensrepertoires und im Grunde die gesamte Schulzeit und nicht nur eine Lerneinheit betreffen. Deswegen sollte eine Auswahl für den Zeitraum von Unterrichtseinheiten getroffen werden, wenngleich manche Items als Dauerbrenner einzuschätzen sind. Die Auswahl kann einerseits von der Klasse, andererseits von der Lehrperson oder noch besser und effektiver vom Team getroffen werden. Teamarbeit ist hier hinsichtlich Arbeitserleichterung und Effektivität unübertroffen: Die aufwendige Formulierungsarbeit für die Erstellung der Kompetenzlisten kann auf mehrere Schultern verteilt und die gezielte Kompetenzförderung im arbeitsteiligen Vorgehen in den Klassen umgesetzt werden.

Die Auswahl der Klasse hängt vielleicht schon an der Wand. Es ist die Hitliste Negativen Wissens über Gruppenarbeit (vgl. Kapitel 11). Die Hitliste muss nun als Ziel ins Positive und in die »Ich-kann-Formulierung« übersetzt werden. Aber auch wir Lehrende haben Vorstellungen darüber, was in der Klasse an überfachlichen Kompetenzen besser laufen könnte. Diese von uns positiv formulierten Items werden ebenfalls in die Listen aufgenommen.

Da hängen sie nun an der Wand, die guten Vorsätze zum Verhalten in der Klasse, die oft mit hohem Aufwand herausdestilliert wurden. In meiner Schule wurde dies sehr ernst genommen. In einem mehrstündigen und mehrstufigen Prozess sind wir zunächst von den negativen Erfahrungen in anderen Schulen ausgegangen. Bei uns handelte es sich um die 11. Klasse einer Berufsfachschule. Zum Schluss kam heraus, welche Verhaltensanforderungen den Lernenden individuell sowie in der Gruppe und in der Klasse am wichtigsten waren. Ein konkreter Einfluss auf das Verhalten war allerdings danach kaum auszumachen. Erinnert sei an das Eunuchen-Phänomen: Zwar weiß jeder rein kognitiv, worin positives Verhalten bestehen kann. Im Alltag jedoch lässt es sich nicht oder nur schwierig umsetzen. Klassenregeln oder Klassenkontrakten ergeht es oft wie den guten Vorsätzen zum Neuen Jahr. Wir haben sie, alle finden sie gut und möchten sie gern umsetzen. Schade nur, dass kaum einer es schafft.

12.4.2 Erstellungsschritte

1. Schritt: Items ausformulieren
Beispiele: Ich kann aktiv zuhören. Ich kann Kompromisse eingehen.

Auch die extrafunktionalen Kompetenzlisten sind für die Selbstüberprüfung der Lernenden gedacht. Problem: Ein Schüler sagt sich bei der Durchsicht: »Zuhören? Kann ich. Und wenn ein Laberkopf mich zutextet, dann rede ich einfach rein. Ist ja sonst nicht auszuhalten.« Oder: »Kompromisse kann ich jederzeit schließen – wenn ich Lust dazu habe. Mich durchzusetzen macht aber mehr Spaß!« Mit der Kann-Formulierung allein ist es also noch nicht getan.

2. Schritt: Indikatoren angeben
Sollen Lernende ihre überfachliche Kompetenzentwicklung selbst überprüfen können, so reicht eine Ich-kann-Formulierung nicht aus. Sie müssen wissen, woran man dieses Können ersehen kann. Sie brauchen einen Anzeiger oder Indikator.

Nr.	Item	Indikator
1	Ich kann aktiv zuhören. Beweis:	Ich habe... – zielgerichtete Fragen gestellt – Fehler korrigiert – zusammengefasst – ergänzt – Ich-Botschaften gegeben
2	Ich kann Kompromisse schließen. Beweis: Siehe Protokoll Wenn nicht: Bitte begründen	Ich habe mich den Kompromissvorschlägen der anderen angeschlossen. Ich brachte selbst einen Kompromissvorschlag ein. Ich lehnte begründend den Kompromissvorschlag ab.
3	...	...

Beide Items dieser Mini-Kompetenzliste sind aus dem sozial-kommunikativen Bereich. Das heißt, dass andere hier eine Behauptung über das eigene Können bestätigen können müssen. Der Anspruch kann nicht darin bestehen, alle aufgelisteten Indikatoren erfüllen zu müssen. Dies wäre unrealistisch. Darüber hinaus kann es passieren, dass ein Item in einem Gruppenprozess gar keine Relevanz hat. Wenn eine Kompromissaushandlung unnötig war, weil kein Konflikt aufkam, sollte dieses Item in der Feedbackphase oder später in der Leistungsbewertung übergangen werden. Darüber hinaus müssen die Lehrpersonen penibel darauf achten, dass die überfachlichen Kompetenzlisten nicht ungewollt zu Mitteln der Anpassung werden. »Ich kann Kompromisse schließen« steht in Konkurrenz zu »Ich kann eine von der Mehrheit gewollte Entscheidung begründet ablehnen und Gegenvorschläge machen«. Schüler wie Lehrer können aus verschiedenen Motivationslagen einen Kompromiss ablehnen. Entscheidend ist dann die Begründung der Ablehnung. »Ich kann aktiv zuhören« ist ebenso gut wie »Ich kann konstruktiv Kritik geben«.

Stellen wir uns folgendes Beispiel vor: Ein sehr redegewandter Schüler vertuscht wieder einmal wortgewaltig, dass er sich schlecht vorbereitet hat. Er beherrscht weder seinen Experteninhalt, noch vermag er ihn zu vermitteln. Die darauf folgende Kritik lässt er wie üblich an sich abprallen. Warum sollten wir ihn minutenlang ausreden lassen? Bin ich als Schüler in diesem Falle nicht berechtigt, ihn zu unterbrechen und zu sagen: »Ich finde, deine weiteren Ausführungen bringen uns nicht weiter. Mir scheint, die Vorbereitung war ungenügend«? Und wäre es nicht nachvollziehbar, wenn seine Mitschüler verärgert auf die Ich-Botschaften verzichteten?

12.5 Überfachliche Kann-Listen im Unterricht

An die Lernenden wird vor einem längeren individuellen oder kooperativen Arbeitsprozess eine Kompetenzliste mit überfachlichen Kompetenzerwartungen ausgeteilt. Die Lehrperson kann in diese Liste eine Auswahl aus allen extrafunktionalen Kompetenzbereichen aufnehmen, muss es aber nicht. Auf jeden Fall muss die Kompetenzliste Indikatoren bzw. »Ich habe«- oder »Ich bin«-Formulierungen aufweisen. Ist ein neues Item dabei, so wird im Plenum der Umgang mit den betreffenden Indikatoren besprochen. Die extrafunktionalen oder überfachlichen Kann- oder Kompetenzlisten bekommen dadurch für die Lernenden den Charakter einer Checkliste, mit der sie sich selbst und die Gruppenmitglieder überprüfen können. Sofern möglich, treffen die Gruppenmitglieder danach eine gemeinsame Entscheidung über die infrage kommenden Items oder Indikatoren, falls es mehrere zur Auswahl gibt. Nach dem Arbeitsprozess wird die Checkliste individuell überprüft: Was konnte umgesetzt werden, was noch nicht? Um sicher zu gehen, dass Einzelne es sich nicht zu einfach machen, wird die Rubrik »Beweis« eingeführt. Die Erfüllung des Items muss nachgewiesen werden können. Die Lernenden kennzeichnen die einzelnen Items mit einem Plus- oder Minuszeichen und tauschen ihre Checklisten aus. Auf jeden Fall sollen sie ins Gespräch über ihre Reflexionen kommen.

Die Arbeit mit den Checklisten, besonders die Reflexion darüber, ist den Lernenden zu Beginn neu und unvertraut. Sie sind mit der Reflexion schnell fertig. Dies ist aber kein Zeichen für Faulheit, Bequemlichkeit oder Unwillen. Es ist eher ein Zeichen dafür, dass sie noch nicht über sich, ihre Arbeitsprozesse, ihr Verhalten in der Gruppe und das Verhalten der anderen reflektieren können. Das will gelernt sein.

Wenn die Lehrperson möchte, dass sich die Schüler wechselseitig ein konstruktives Feedback geben, so sollte dieses vorher geübt werden. Es ist lohnenswert, dass die Lehrperson im Plenum eine Gruppe zu sich ruft und ihr demonstriert, wie konstruktives Feedback vor sich gehen sollte. Dieses sollte ständig wiederholt werden. Des Weiteren ist es sinnvoll, sich öfter in Schülergruppen zu begeben, um bei der Reflexion zu helfen, auch wenn die Offenheit der Schüler untereinander darunter leiden könnte.

Im Plenum sollten die Erfahrungen im Umgang mit den überfachlichen Kann-Listen immer wieder thematisiert werden. Falls Sie das Lerntagebuch oder das Portfolio schon eingeführt haben, bietet sich dafür eine hervorragende Gelegenheit. Sie können darauf hinweisen, dass exakt diese geäußerten Gedanken über sich selbst und die anderen hervorragend für Einträge geeignet sind.

Alternative: Um die Lernenden daran zu gewöhnen, sich über ihr Arbeits- und sonstiges Verhalten Rückmeldungen zu geben, kann vor Einführung der überfachlichen Kann-Listen mit einfachen Rückmeldebögen begonnen werden. Wichtig dabei ist, dass die Angst vor negativen und verunsichernden Rückmeldungen genommen wird. Für die einzelnen Items sollte es Punkte geben, die nicht notenwirksam sind. Die Höchststrafe wären 0 Punkte, aber kein Abzug. Gemeinhin geben sich die Lernenden sehr großzügig Punkte. Die Lehrkraft sollte dann thematisieren, dass dies unrealistisch ist.

Feedback für ....
Von .... und .... und ....

Item	Punkte				
	0	2	4	6	8
Du warst gut vorbereitet – Du hast dich für uns angestrengt.					
Das Niveau deines vermittelten Wissens war gut gewählt.					
Du konntest uns deinen Lernstoff gut vermitteln.					
Deine Veranschaulichungsunterlagen waren hilfreich.					
Die Schlüsselwörter lagen vor.					
Du konntest Nachfragen beantworten.					
Du hast dich bemüht, unseren Vorträgen zu folgen. Weil:					
Du hast deine Funktionsrolle verantwortungsvoll ausgeübt.					
Summe					

Du hast ..... Punkte von möglichen 64 Punkten erreicht!

Abb. 17: Ein erster Feedbackbogen

Die Items können bei Bedarf selbstverständlich durch andere ersetzt werden. Sobald Sie in Ihrer Klasse zwei- oder dreimal diesen oder einen ähnlichen Feedbackbogen eingesetzt haben, sollten Sie ein oder zwei Zeilen leer lassen und die Gruppen auffordern, eigene ihnen wichtige Items zu vereinbaren. Dabei sollten Sie auf die Notwendigkeit von Indikatoren eingehen. Dies ist eine wichtige Vorübung. Fortgeschrittene SOkeL-Schüler werden eigene Feedback-Items mit klaren Indikatoren vereinbaren und mit notenwirksamen Leistungspunkten belegen (vgl. Kapitel 14). Weitere Feedbackbögen finden Sie auf www.sokel.de.

Sie kann z. B. darauf hinweisen, dass einige Schüler sich manchmal in den Gruppenarbeiten ärgern würden und sich im Feedbackbogen bei dem einen oder anderen Item einen Punktabzug vorstellen könnten. Dies helfe dann dem Betroffenen, die Wirkung seines Verhaltens überhaupt zu erkennen. Sofern die Rückmeldung zutrifft, könnte er sein Verhalten dann auch entsprechend ändern. Letztlich käme dies allen zugute.

12.5.1 Beispiele für die Förderung der überfachlichen Kompetenzen mit Kompetenzlisten und wechselseitigen Feedbacks

Beispiel 1: Kompetenzanforderungen an Schüler
Die folgenden Items sind Konkretisierungen aus dem Unterkapitel »Kompetenzanforderungen an den ›Beruf‹ Schüler« (12.1.3). Sie können sich eine kleine Auswahl aus den Items zusammenstellen und daraus einen Feedbackbogen gestalten. Sie sollten nicht vergessen, Beispiele für Beweise (Indikatoren) anzugeben. Ist Ihre Klasse schon in das wechselseitige Feedbackgeben eingeführt, können Sie ihr die gesamte Liste aushändigen und die Gruppen auffordern, vor dem Einstieg in die Arbeit selbst einen Feedbackbogen anzufertigen. Die Gruppen müssen dann festlegen, welche Beweise sie erwarten.

Kognitive Kompetenz
- Die vorgetragenen neuen Wissensbestände (vor dem persönlichen Hintergrund) wurden differenziert aufgearbeitet.
- Die vorgetragenen neuen Wissensbestände wurden vernetzt dargelegt.
- Der Erwerb der vorgetragenen neuen Wissensbestände wurde vom Experten überprüft.
- Die vorgetragenen neuen Wissensbestände lassen sich zu Hause dank des Expertenvortrags schneller erarbeiten, als wenn ich es alleine machen müsste.
- Der Experte konnte auf Nachfragen reagieren.
- Der Experte konnte nicht reagieren, holte sich aber Hilfe aus seiner Expertengruppe.
- Der Experte präsentierte vielfältige Angebote zur Wissensvertiefung.

Methodische Kompetenz
- Der Experte legte die vorgetragenen neuen Wissensbestände im Sandwichverfahren vor (damit ich gut verarbeiten kann, damit ich Abwechslung habe).
- Der Experte konnte anschaulich, nachvollziehbar und im Zusammenhang erklären.
- Der Experte las nicht vom Blatt ab.
- Der Experte achtete darauf, dass wir nicht oberflächlich seine Aufgaben bearbeiten.
- Der Experte arbeitete mit verschiedenen Anschaulichkeitsmaterialien.

Sozial-kommunikative Kompetenz
- Wir haben das Verhalten und die Leistung der Gruppenmitglieder ausreichend gelobt.
- Wir haben Fehler und störendes Verhalten der Teilnehmer sachlich kritisiert und konkrete Verbesserungsvorschläge gemacht.
  Wurde der Experte auf Fehler hingewiesen oder wurden Verbesserungsvorschläge zu seiner Expertenarbeit oder meiner Person gemacht? Ist er dabei ruhig und sachlich geblieben? Hat er aufmerksam zugehört? Hat er die Kritik akzeptiert, auch wenn er nicht in allen Teilen unserer Meinung war?
- Der Experte ging wertschätzend auf die Beiträge, Nachfragen und Meinungsäußerungen seiner Stammgruppenmitglieder ein.

Teamfähigkeit (Expertengruppe)
- Der Teampartner kann Vorhaben/Absichten/Intentionen bilden.
- Er kann unseren Handlungen engagiert folgen.
- Der Teampartner kann sein/unser Handeln planend vorbereiten.
- Der Teampartner ist fähig, seine/unsere Ziele umzusetzen.
- Der Teampartner war in der Arbeitsphase immer da, wenn nicht, ließ er uns seine Unterlagen zukommen.
- Er war zuverlässig im Arbeitseinsatz.
- Der Teampartner erklärte uns bzw. ließ sich bereitwillig Zusammenhänge erklären.
- Der Teampartner nahm seine Funktionsrolle ernst.
- Der Teampartner fühlte sich für den Erfolg der Expertenarbeit mitverantwortlich.
- Der Teampartner war bereit, Zusatzarbeit zu übernehmen und diese zum vereinbarten Zeitpunkt vorzulegen.

Beispiel 2: Kann-Liste/Checkliste für sinnentnehmendes Lesen (methodische Kompetenz)

Nr.	Ich kann/ich habe...	Aktion	Ausführung	SG
1a	die Fünf-Schritt-Methode anwenden	Arbeitsbogen Deutschunterricht		3
1b	eine formale Analyse des Textes vornehmen		liegt vor	
2	Schlüsselwörter im Text herausarbeiten	Beispiel ... Einführungstag	Ergebnisvergleich mit dem Nachbar	3
3	Schlüsselwörter in eine vom Text vorgegebene Reihenfolge bringen (aus dem Gedächtnis)	Legen der Schlüsselwörter	aufgeklebte Schlüsselwörter	3
4	die Schlüsselwörter in der Reihenfolge verbalisieren – im Zusammenhang und in vollständigen Sätzen	Vortrag vor Partner, Niederschrift	Vortrag oder Niederschrift	2–3
5	bei Verständnisproblemen um Hilfe bei der Expertengruppe bitten	Befragung der Gruppenmitglieder, Lexikon		2
6	eine Liste weiterer unsicherer Begriffe, Zusammenhänge und Inhalten aufstellen und mit meiner Expertengruppe klären		Liste	2
7	den Hauptgedanken/das Thema des Textes in mehreren Stichpunkten formulieren		Liste	
8	einen Text in Sinnabschnitte gliedern und diesen themenbezogene Zwischenüberschriften geben		liegt vor	
9	aus den geklärten Schlüsselwörtern eine Visualisierung erarbeiten	Strukturbild Concept-Map etc.	Visualisierung liegt vor	3
10	Thesen und Argumentationsschritte aus den Textabschnitten herausarbeiten		Argumentationsstruktur des Textes liegt vor	
11	von meiner Expertengruppe ausgewählte Begriffe übernehmen, hinterfragen, ablehnen (vgl. Kompetenzliste »Teamfähigkeit«)	Ergänzung der Schlüsselwörter-Liste	Ergebnisliste	

Nr.	Ich kann/ich habe...	Aktion	Ausführung	SG
12	die Bereitschaft aufbringen, überzeugende Schlüsselwörter und Visualisierungen der anderen Experten in meine Visualisierung zu übernehmen (vgl. Kompetenzliste »Teamfähigkeit«)		veränderte Visualisierung liegt vor	3
13	den Text anhand des Schaubildes meinem Stammgruppenmitgliedern verständlich erklären		Feedbackbogen	4
14	Nachfragen meiner Kooperationspartner beantworten		vgl. Protokoll	1-4
15	meine Strukturlegearbeit mit allen Schlüsselwörtern aller Expertengruppen verbalisieren und selbst bewerten		Strukturlegearbeit liegt vor	3
16	die Strukturlegearbeiten meiner Stammgruppenmitglieder gegenbewerten und auf inhaltliche Richtigkeit, Oberflächliches, Fehlerhaftes, Unterkomplexes, nur fast Richtiges etc. hinweisen			4
17	ein Gesamtstrukturbild (aller Schlüsselwörter aller Expertengruppen) erstellen, das den inneren Zusammenhang aller Expertengruppentexte darstellt		Strukturbild liegt vor	3
18	für meine kooperativen Partner Erschließungs- bzw. Festigungsfragen an meinen Textteil stellen		Fragensammlung liegt vor	

Legende: SG = Schwierigkeitsgrad

Bemerkung: Selbstverständlich muss diese Kann-Liste an Ihre Klassen und Jahrgangsstufen angepasst werden. Sie sollte nicht in Gänze eingesetzt werden. Die ausgewählten Items sollten sich auf den gegenwärtigen Kompetenzstand im sinnentnehmenden Lesen beziehen.

13. Bewerten und Beurteilen

13.1 Überblick

»Die Stärken stärken, die Schwächen schwächen!« Mit diesem Schlachtruf könnte der Ansatz der SOkeL-Leistungsbewertung ausgedrückt werden. Die SOkeL-Leistungsbewertung zielt auf die mündliche Note ab. Im Vordergrund steht hier die Leistungs*bewertung*, nicht die Leistungs*beurteilung*. Erstere ist auf den Lernprozess bezogen, letztere auf Leistungssituationen wie zum Beispiel Klassenarbeiten. Während im Lernprozess Fehler und Fehlerhaftes zwangsläufig vorkommen, herrscht in Leistungssituationen das Null-Fehler-Prinzip. Null-Fehler, das ist die Eins. Von dieser Warte aus wird das Leistungsprodukt der Schülerinnen und Schüler beurteilt. Das Urteil fußt dann weitgehend auf den gefundenen Fehlern in Form des Falschen, Ungenauen, Missverständlichen, Fast-Richtigen, nur so Gemeinten usw.

In der vorherrschenden Form der mündlichen Benotung wird nur allzu oft der Lernprozess mit der Leistungsbeurteilung vermischt, sodass der Lernprozess zugleich Leistungssituation ist. Folge: Viele Schüler sagen lieber nichts als etwas möglicherweise Falsches, das letztlich zum Notenabzug führt. Fehler dürfen zwar in der mündlichen Beteiligung vorkommen, aber bitte nicht zu oft. In SOkeL dagegen werden Lernprozess und Leistungsbeurteilung nicht nur strikt getrennt, sondern die Leistungsbeurteilung wird als Leistungsbewertung in den Lernprozess zurückgeholt. Während die Leistungsbeurteilung auf einem statischen Begriff von Leistung basiert, gründet die Leistungsbewertung auf einer dynamischen Betrachtungsweise. Statisch meint, dass das Richtige, auf das sich das Urteil bezieht, unverrückbar ist. Dynamisch dagegen bedeutet, dass die Bewertung eines Leistungsprodukts auf den Leistungserbringer bezogen wird. Dies eröffnet didaktische Perspektiven für einen anderen Umgang mit Schülerleistungen.

Während der Einstiegsphase in die SOkeL-Leistungsbewertung geht es vor allem darum, den Schülern wieder Zutrauen in ihre eigene Leistungskraft zu geben. Ihnen soll das für gelingende Lernprozesse enorm wichtige Gefühl der Selbstwirksamkeit gegeben bzw. zurückgegeben werden. Haben die Schüler einmal erfahren, dass ihr Leistungsprodukt bewertet wird, explodiert bei einigen geradezu der Leistungswille. Es wird klar, dass die Bewertung letztlich zu einer besseren Note führen kann. Nicht die Botschaft der roten Tinte (R. Kahl) muss befürchtet werden. Vielmehr sind ermutigende Hinweise darauf zu erwarten, was schon gut gelungen ist und welche gravierenden Fehler der Schüler verbessern sollte. Die Lehrkräfte setzen die Defizitbrille ab. Deshalb dürfen die Schüler im Lernprozess Fehler begehen, die im schlimmsten Fall keine Vergabe von Punkten nach sich ziehen. Eine Notenminderung haben sie aber nicht zur Folge. Dabei wird keiner Verherrlichung des Fehlers das Wort geredet. Im Gegenteil wird Fehlerhaftes durch die Art und Weise des SOkeL-Unterrichts bekämpft. Viele

Fehler sind je nach individueller Voraussetzung weitgehend dann ausgeräumt, wenn der Lernprozess beendet ist und die Schüler sich in Leistungssituationen befinden.

Das prominenteste Instrument der SOkeL-Leistungsbewertung ist das Punktekonto. Der Grundgedanke des Punktekontos ist einfach und folgt dem Motto: kleine Ursache, große Wirkung. Nur wenn die Schülerinnen und Schüler sich auf Lernhandlungen einlassen, sprudeln die Punktequellen. Dazu müssen sie sich mit der Zeit zunehmend in Leistungsprozesse eingebracht haben, die sich in Lernprodukten oder Lernergebnissen manifestieren. Das äußerlich sichtbare Ergebnis sind Punkte, die am Ende in mündliche Noten bzw. Teilnoten umgerechnet werden. Verzichten die Schülerinnen und Schüler auf Lernhandlungen und somit auf den Einstieg in Leistungsprozesse, so versiegt die Quelle. Dies gilt auch für eindeutige Minderleistungen. Im Unterschied zur konventionellen Benotung kommt es aber nicht zu einem Notenabzug.

Für die Mehrzahl der Schülerinnen und Schüler ist das Punktekonto eine große Motivation, die sie zum Lernhandeln regelrecht hinträgt. Unter einer Bedingung: Weder der Verzicht auf Lernhandlungen noch Minderleistungen dürfen zum Abzug des bisher erreichten Punktestandes führen. Liegt der Schwerpunkt bei der Einführung des Punktekontos zunächst auf einfachen Lernhandlungen, so wird die Messlatte nach und nach höher gelegt. Die Messlatte steht für Leistungskriterien, die Fehler ausgrenzen, die nun nicht mehr sein dürfen. Im weiteren Verlauf eines fortgeschrittenen SOkeL-Unterrichts werden aus den Mindest*kriterien* Mindest*standards*. Mit den steigenden Ansprüchen an Lernverhalten, Lernergebnisse und Lernprodukte verändert sich auch das Punktekonto. Es wird komplizierter in seiner Struktur und im Anspruch an die Schülerinnen und Schüler.

Diese Art der Leistungsbewertung wird von geneigten Schülerinnen und Schülern schnell als das begriffen, was es ist: eine Möglichkeit für motiviertes Lernen und damit für bessere Noten. Dies ist die glänzende Seite der Medaille. Es gibt jedoch noch eine andere: viel Arbeit und Anstrengung für die Schule, auch zu Hause. Hier ist die Lehrkraft gefordert, fürsorglich zu handeln. Wenn sie im Team arbeitet, erhöht sich die Wirkung von Punktekonten. Die Lehrer können sich die Einführung der verschiedenen Lernhandlungen aufteilen. Die Schüler können durch den ständigen Umgang mit SOkeL-Arbeitsformen und Punktekonten kompetenter mit dieser Leistungsbewertung umgehen. Die Lehrerteams sollten aber permanent auf die Reaktionen der Klassen achten, denn die Gefahr einer objektiven Überlastung der Schüler kann sich durchaus einstellen.

13.2 Probleme der konventionellen Notengebung

13.2.1 Notengebung »Sechs, setzen«!

Vor mehr als 40 Jahren erschien Ingenkamps grundlegende, empirisch fundierte Kritik an der auch heute noch gängigen Notengebung (Ingenkamp 1971). Seine Befunde sind nach wie vor aktuell:
- Die Lehrkräfte beziehen entgegen des pädagogischen Grundsatzes die Noten eben doch auf das Leistungsverhältnis in einer Klasse, anstatt unabhängig von der Klasse vorzugehen.
- Alle Kollegen haben zwar dieselbe Notenskala, die Bedeutung der einzelnen Noten aber wird unterschiedlich bewertet. Ein »Gut« bei Lehrer X ist bei Lehrer Y eine Drei. Einer Fünf bei Kollege A entspricht eine Vier bei Kollege B.
- Eine Drei im Gymnasium ist wertvoller als eine in der Hauptschule. Eine Zwei in der 10. Klasse beweist mehr Leistung als eine in der 5. Klasse.
- Es kann sehr schwierig sein, von einer Zwei auf eine Eins zu kommen. Aber es ist relativ leicht, von einer Fünf auf eine Vier zu kommen. Dennoch wird bei der Notenberechnung ein Mittelwert gebildet.
- Die Lehrkraft folgt fragwürdigen Persönlichkeitstheorien: »Max, dein Vater war auch schon bei mir im Matheunterricht. Sei nicht traurig, er hat Mathe auch nicht verstanden.«
- Manche Kollegen wollen kein »Weichei« sein (zu gute Noten geben), andere wollen kein »scharfer Hund« sein (zu strenge Noten). Als vermeintlicher Ausweg bietet sich im Jahresverlauf durch unbewusste Benotung ein aus der Reihe fallender Notenspiegel an. Bei dem einen Lehrer ist er besser als üblich, bei dem anderen schlechter. So sind beide Kollegen aus der Schusslinie der Kritik.
- Wenn ein Lehrer die Notengebung über viele Jahre in der gleichen Art und Weise vorgenommen hat, erscheint ihm dies als wissenschaftlich fundiert.

Die traditionelle Notengebung gerät zunehmend in Konflikt mit der gesellschaftlichen Realität. Sie ist historisch überholt, auch wenn sie als Praxis nach wie vor quicklebendig ist. Während außerhalb der Schule allenthalben Methoden entwickelt werden, um Potenzial, Kompetenzen und Ressourcen von Menschen z. B. im Assessmentcenter zu ermitteln, verharrt das Schulwesen in der vor langer Zeit entwickelten Notengebung. Wäre es nicht eine vornehme Aufgabe, zeitgemäße und angemessenere Verfahren zur Förderung unserer Schüler in die Schule zu holen? Dem steht zunächst entgegen, dass die Organisationsform der heutigen Schule der frühindustriellen Gesellschaftsform entspricht. Als sich diese gegen die ständische Gesellschaftsform durchgesetzt hatte und die Moderne begann, war auch das im Entstehen begriffene Schulsystem modern. Die damals praktizierte Notengebung war geradezu revolutionär. Sie versprach soziale Mobilität, also Aufstiegsmöglichkeiten auch für bisher chancenlose Angehörige der unteren Klassen oder Schichten. Der preußische Staat zog der revolutionären Seite allerdings ziemlich schnell den Zahn.

In der Ständegesellschaft – vor der Moderne – entschied die Geburt, ob jemand ein entbehrungsreiches Leben oder ein angenehmes vor sich hat. Hochwohlgeboren zu sein, bedeutete ohne Leistungsnachweise in die begehrten Ämter, Machtpositionen und die damit verbundenen Privilegien zu gelangen. Der über Noten vermittelte Bezug auf Leistung bot die Chance, in der frühindustriellen Gesellschaft sozial aufzusteigen. Dies galt vornehmlich für die bürgerlichen Schichten. Noten als Maßstab der Leistungsfähigkeit waren ein demokratisches und emanzipatorisches Mittel. Denn sie verhießen ohne Ansehen der Herkunft Aufstiegsmöglichkeiten. Dieser innovative Impuls der Noten ist aber längst verloren gegangen. Die Grundlagen der Gesellschaft wandelten sich ständig, besonders schnell in den letzten 30 Jahren.

Die Determinante der heutigen Wissensgesellschaft ist Bildung. Ohne gute Bildungsabschlüsse, Kompetenzen und Qualifikationen ist kein Blumentopf mehr zu gewinnen. Die Ansprüche an die Arbeitnehmer sind drastisch gestiegen, auch wenn sie bereits hochqualifiziert sind. Zwar kann sich ihre fachliche Qualifikation über die Examensnoten ausdrücken, aber dies wird bei der Personalauswahl oft nicht mehr als hinreichendes Kriterium angesehen. Die Befähigung zur Arbeit in flachen Hierarchien, Teams oder Projekten kann mit der herkömmlichen Notengebung oder Leistungsbeurteilung nicht glaubhaft und detailliert dokumentiert werden. Das Abschlusszeugnis als Hauptprodukt von Schule und Hochschule verliert in der Tat zunehmend an Bedeutung.

13.2.2 Die Note als Generalindikator

Es ist schon erstaunlich, wofür die Note herhalten muss. Insbesondere soll sie
- den Leistungsstand messen;
- ein Feedbackinstrument für den Lernstand des Schülers sowie die Kommunikation über ihn sein;
- Anhaltspunkte zur Orientierung über die Fähigkeiten der Schüler liefern;
- als Evaluationsinstrument für die Unterrichtsqualität dienen;
- als Entscheidungsgrundlage für die bei Lehrern beliebte Selektion fungieren;
- zum Lernen motivieren.

Selbstverständlich wirkt sie aber auch als Machtmittel in den Händen des Lehrers.

Es ist augenfällig, dass die »arme« Note mit all diesen Funktionen überfordert ist, zumal sich einige Funktionen widersprechen (vgl. Winter 2004, S. 40). Ingenkamp (1971, S. 40) schrieb schon vor mehr als 40 Jahren dazu: »Nicht nur die Tatsache, dass manche Funktionen kaum vereinbar sind, allein schon die Tatsache, dass eine Ziffer oder die Zusammenfassung mehrerer Ziffern im Zeugnis so viele unterschiedliche Funktionen gleichzeitig erfüllen soll, müsste uns zeigen, dass im schulischen Beurteilungssystem mit erstaunlicher Naivität versucht wurde, das Unmögliche tagtäglich zu praktizieren.« Winter (2004, S. 40) führt eine weitere Funktion auf, die uns im Unterrichtsalltag oft nicht gewahr ist: die Sozialisationsfunktion von Noten.

13.2.3 Die Sozialisationsfunktion von Noten

Die Sozialisationswirkung gilt als eine der besonders wichtigen Funktionen der Notengebung und als Grund für ihre beharrliche Verteidigung (vgl. Sacher 2001, S. 10 ff.).

> »Man geht dabei davon aus, dass die schulische Leistungsbeurteilung wesentlich dazu beiträgt, die nachwachsenden Generationen auf die Leistungsgesellschaft und die Gültigkeit des Leistungsprinzips zu orientieren. Wer die Schulzeit durchlaufen hat, sollte einerseits davon überzeugt sein, dass in dieser Gesellschaft Leistungen zu erbringen sind, damit man an wesentliche Güter herankommt, und andererseits daran glauben, dass die individuelle Leistung die maßgebliche Voraussetzung für das persönliche Vorankommen ist und dass die Gesellschaft in diesem Sinne gerecht ist. (...) Seit im 19. Jahrhundert der Staat – allen voran der Preußische – die Schule organisierte, hat er ihr deutlich seine Prägung gegeben. In weitgehender Umkehrung der neuhumanistischen Vorstellungen von Individualität, Selbsttätigkeit und vielfältiger Bildsamkeit des Schülers traten die Forderungen des Staates an den Bürger hervor, und die Ausbildung wurde schematisiert. Der künftige Staatsbürger hatte nun seine Brauchbarkeit unter Beweis zu stellen und musste sich ständig einer Leistungsprüfung unterziehen. Entsprechend den militärischen Vorstellungen von Rang, Hierarchie und gradierter Auszeichnung wurde die Leistungsbewertung gestaltet – die quantitativen Aspekte der Leistung traten in den Vordergrund. Die Begabten, Dienstbereiten und Leistungsbesten sollten ausgelesen werden, nicht zuletzt, um mit ihnen staatlichen Stellen in Verwaltung und Militär besetzen zu können. Die Anwendung des fortschrittlichen Leistungsprinzips geriet in Deutschland unmittelbar in das Fahrwasser eines bürokratisch-militaristischen Staatswesens« (Winter 2004, S. 54 f.).

Allerdings war es nötig, dass alle Kinder »antreten«, sollte sich die Auslese nach Leistung als legitime und gerechte Grundlage für die Vergabe gesellschaftlicher Positionen erweisen. Leider setzt nun ein Teufelskreis ein, der fast 200 Jahre später die Republik aufregt: der Zusammenhang von sozialer Schichtzugehörigkeit und Bildungserfolg. Was geschieht häufig mit denjenigen, denen immer wieder gezeigt wird, dass sie eine schwächere Leistung erbringen als andere? Ihnen wird unmerklich beigebracht, ihren Ausschluss von der Weiterbildung und von bestimmten Positionen zu akzeptieren. Einerseits werden alle Schüler dazu aufgefordert, ihr Bestes zu geben. Andererseits muss den Kandidaten für die »Drei-Minus« abwärts klar gemacht werden, was sie nicht erreichen können. Die Botschaft an die Verlierer lautet, dass dies nur fair und gerecht ist (vgl. Winter 2004, S. 55).

13.3 Der statische und der dynamische Leistungsbegriff

13.3.1 Der statische Leistungsbegriff

»Ich schreibe gleich eine Klausur«, hören wir des Öfteren Kolleginnen und Kollegen in den Lehrerzimmern sagen. Wie kommt es zu dieser ebenso sachlich falschen wie skurrilen Aussage? Ahnt die Lehrkraft, dass die Klassenarbeit von dem vorherigen Lernprozess organisatorisch getrennt ist? Dass das eine mit dem anderen nicht viel zu tun hat, zumindest nicht für die Schüler? Die Erfahrung von uns allen ist doch, dass die Schüler sich nach der Rückgabe der Klassenarbeit kaum für das interessieren, was wir so wichtig finden. Nämlich: Was könnte wie aus den Fehlern gelernt werden? Nur selten führen Schüler eine Fehleranalyse durch. Manchmal lesen sie nicht einmal genau die Kommentare unter der Klassenarbeit und an den Seitenrändern durch, deren Formulierung uns doch Mühe und Zeit gekostet hat. Zwei Dinge dagegen interessieren den Schüler: der Notenspiegel und die eigene Note. Mit dem Ersteren wird klar, welchen Platz man in der Klassenrangliste einnimmt. Winter (2004) nennt dies die Platzierungsfunktion von Klassenarbeiten bzw. von Noten generell. Die herkömmliche Leistungsbeurteilung gibt Informationen *über* den Schüler, nicht *für* den Schüler. Die Aufgabe einer alternativen Leistungsbeurteilung besteht in der Umkehrung dieses Sachverhaltes. Die Bewertung muss Informationen *für* den Schüler geben.

Eine andere schmerzliche Erfahrung vieler Schüler im Umgang mit Klassenarbeiten ist die Tatsache, dass meist nur das gelernt wird, was der Lehrer bei der Leistungsüberprüfung hören will. Damit liegt die Bedeutung des individuellen Wissens nur in seinem Eintauschwert gegen eine Note. Dessen Wichtigkeit für den Lernenden selbst ist nach der Leistungsüberprüfung »abgelaufen« (vgl. Pitzel 2004). Auf diese Weise entsteht übrigens das sogenannte träge Wissen. Dieses können Schüler zwar in Leistungssituationen wie der Klassenarbeit abrufen und niederschreiben, es steht ihnen aber nicht für problemlösende Handlungen zur Verfügung. Das kurzzeitig erworbene Wissen kann kaum auf andere Situationen übertragen werden. Später in der beruflichen Ausbildung wird dieser Zusammenhang dann zu einem eklatanten Mangel. Das Eunuchen-Problem tut sich auf: Man weiß zwar, wie es geht, kann es aber nicht umsetzen (vgl. Kapitel 12).

Kenntnisse und Fähigkeiten, die in besonderen Prüfungssituationen gezeigt und nachgewiesen werden, gelten als Leistungen. Hier erfolgt die Leistung »als Antwort auf eine fremdgesetzte und oftmals eng definierte Forderung. Sie wird dem Lehrer zur Beurteilung vorgelegt, der sie in abstrakter Form mit einer Ziffer bewertet« (Winter 2004, S. 142). Der Schüler hat dem Lehrer und seiner sozialen Umwelt gegenüber seinen Leistungsstand offengelegt. Die Leistung selbst hat – nachdem sie mit einer Ziffer versehen wurde – keine weitere Funktion mehr. Nachdem die neuhumanistischen Bildungsvorstellungen im ausgehenden 19. Jahrhundert kaum noch eine Rolle spielten, wurde dem Lehrplan eine übergeordnete Rolle zugeschrieben. Er gab und gibt die Leistungsziele vor. Die Schüler mussten ihre auf ihn bezogenen Kenntnisse in Prüfungssituationen oder vor dem Lehrer unter Beweis stellen. Was als Leistung gilt, wird vorab durch die Lehrkraft definiert und festgelegt. Damit wird diese als unveränderliche Norm gesetzt, nach der sich die Schüler zu richten haben. Das Leistungsverständnis wurde weitgehend statisch.

»Schuster bleib bei deinen Leisten!« Dieses Sprichwort hat mehr mit der gegenwärtigen schulischen Leistungsmessung zu tun, als uns lieb sein könnte. Die sprachliche Wurzel von Leistung ist in »Leis« und »leisten« zu sehen. Die etymologische Bedeutung dieser Wörter bezieht sich darauf, einer Fußspur zu folgen, Gefolgschaft zu leisten,

Pflichten nachzukommen (vgl. Winter 2004, S. 33 ff.). Der Schuster (in der Ständegesellschaft) soll also nicht auf eigene Ideen kommen, die vorgezeichnete Spur verlassen oder die Gefolgschaft aufkündigen. »Beim statischen Leistungsbegriff ist das, was als Leistung gilt und anerkannt wird, vorab definiert, festgelegt. Die Leistung kann daher vor allem als Erfüllungsgrad bestimmter Verhaltenserwartungen beschrieben werden. Leistung ist in diesem Sinne immer eine Anpassungsleistung« (Winter 2004, S. 145). Denkbar schlechte Voraussetzungen für Schüler, die nichts anderes in ihrer Schulzeit kennenlernen durften und sich nach der Schule in projektartigen Arbeitsformen mit flacher Hierarchie und Teamarbeit wiederfinden.

Im »wahren Leben« gilt ein völlig neues Leistungsprinzip, das die Schule mit ihren überholten Notengebungsritualen in Zukunft noch stärker in Legitimationsschwierigkeiten bringen wird. Die Leistungskraft von Individuen wird immer schwieriger messbar, denn in modernen Unternehmen ist der Einzelne oft in Teamprojekten beschäftigt. Es gilt der Grundsatz: Das Team ist der Leistungserbringer, nicht der Einzelne. Hinter diesem Grundsatz stecken keine geschickt ausgeheckten Konzepte irgendwelcher überdrehter Unternehmensberater. Er beschreibt lediglich die Realität von flachen Hierarchien. Bei selbstbestimmter Teamarbeit innerhalb eines Projektes kann das Gesamtergebnis nicht mehr konkret und objektiv auf die jeweils individuellen Anteile der Teammitglieder aufgeschlüsselt werden. Noch vor zehn Jahren waren lediglich die innovativen Bereiche der Wirtschaft sowie jene Unternehmen davon betroffen, die sich dem harten Konkurrenzdruck auf dem Weltmarkt stellen mussten. Heute dagegen werden immer mehr Bereiche des Wirtschaftslebens davon erfasst. Und mit Industrie 4.0, Big Data oder Internet der Dinge wird diese Tendenz mächtig Fahrt aufnehmen und unser Leben verändern.

13.3.2 Die mündliche Note

Werfen wir einen Blick zurück in den Unterricht des Kollegen, von dem Sie eine Klasse übernommen haben. Wie üblich bereitet der Kollege seinen fragend-entwickelnden Unterricht gut vor. Die Stunde beginnt mit der Motivationsphase im üblichen Frage-Antwort-Verfahren. Von den 30 Schülern arbeiten – wie immer – die üblichen Verdächtigen mit. Weitere fünf melden sich sporadisch. Die Antworten der Schüler sind knapp, manchmal antworten sie nur mit eingeworfenen Stichworten, sozusagen mit Einwortsätzen. Im Verlauf der Stunde entwickeln sich Nebengespräche, unter dem Tisch werden heimlich SMS-Botschaften getippt, andere wiederum befinden sich im Wachschlaf. Einige verfolgen das Geschehen konzentriert, sind aber aus ihrer verbalen Passivität nicht herauszuholen. Die Störungen nehmen zu. Der Unterricht muss immer wieder unterbrochen worden, um disziplinarisch einzugreifen. Auch nervt wieder jener Schüler, dessen Rededrang nicht zu bremsen ist und der – gleichgültig zu welcher Frage – immer eine Antwort zu haben meint. »Probleme des Frontalunterrichts liegen demnach im Machtverhältnis zwischen Lehrer und Schüler, in der Aufrechterhaltung der Disziplin durch Verhaltensregeln und den Schwierigkeiten bei der Vermittlung selbständigen Denkens, Lernens und Handelns« (Deitering 1998, S. 48). Nach sechs Stunden Unterrichtskampf in vier Klassen geht unser Kollege erschöpft nach Hause. Um allen Schülern gerecht werden zu können, müsste er hundertmal eine mündliche Bewertung vollzogen und notiert haben. Doch welche? Wie kann er bei täglich 100 Schülern objektive mündliche Noten geben?

Manche Kollegen behelfen sich mit Strichlisten. Über jede Meldung wird Buch geführt. Die Häufigkeit der Meldungen soll dann die Qualität der mündlichen Mitarbeit widerspiegeln. Eine Minderheit von Kollegen wiederum verlässt sich – weil objektivierbarer – nur auf die sogenannten sonstigen mündlichen Leistungen wie Hausaufgaben(-kontrolle) und Tests. Damit wird aber das Unterrichtsgeschehen, die mündlichen Beiträge der Schüler, ausgeblendet. Zudem bedeutet diese Methode, dass der Lehrer im Korrekturaufwand versinkt, benötigt er doch genügend Daten für solcherart gewonnene und justiziable Zensuren. Andere Kollegen versuchen den Schülern gerecht zu werden, indem sie auf die Güte der Schülerbeiträge achten. Hier liegt die Bewertungsproblematik bei jenen Schülern, die sich nur sporadisch oder gar nicht mündlich melden. Eigentlich müssten dann circa 70 Prozent der Klasse mit einem »Ausfall« bewertet werden, was letztlich nur wenige Kollegen tun. Viele Lehrerinnen und Lehrer greifen in ihrer Unsicherheit ob der Objektivität der mündlichen Note zu einem Strohhalm: Die viel objektivere schriftliche Note bildet die Basis, auf die ein mündlicher Zuschlag oder Abschlag vorgenommen wird. Der mündliche Benotungsalltag liegt mutmaßlich irgendwo zwischen den aufgezeigten Beispielen.

Ist es übertrieben, die »objektive« mündliche Note als illusorisch zu bezeichnen? Stellen Sie sich bitte folgende Situation vor: Ein Schüler kommt auf Sie zu und sagt: »Sagen Sie mal Herr/Frau XY, was *genau* muss ich eigentlich nachweislich tun, um bei Ihnen von einer mündlichen Drei plus auf eine Zwei minus zu kommen? Ich kann mir eine mündliche Aussage schlecht merken. Könnten Sie mir bitte Ihre Kriterien in der nächsten Stunde in schriftlicher Form mitbringen? Ach ja, wenn Sie schon dabei sind, dann geben Sie mir doch auch die Kriterien für die Drei plus und Zwei plus sowie für die Zwei und vorsichtshalber auch noch für die Drei minus.«

Eine weitere Gerechtigkeitsfrage stellt sich: Immer wieder erfahren wir, dass schweigende, stille oder introvertierte Schüler, die sich nie im Unterricht hervortun, hervorragende schriftliche Leistungen abliefern. Nur wenige unserer Kolleginnen und Kollegen sind dann so konsequent, ihnen für die mündliche Nicht-Beteiligung eine Sechs zu geben. Ist Konsequenz in diesem Fall überhaupt angebracht? Oder sollte man doch pragmatisch verfahren und einfach auf die schriftliche Note einen mündlichen Abschlag geben? Wendet sich ein Lehrer der schweigenden Mehrheit in der Klasse zu und versucht er die Gründe für die mündliche Passivität zu eruieren, erfährt er von der Angst, Fehler zu begehen. Der Grund für das absolute und relative Schweigen der Mehrheit liegt auf der Hand.

Die aufgezeigten Probleme sind dem Frontalunterricht immanent, auch dem gemäßigten. Da dieser Leistungssituation und Lernprozess vermischt, können Fehler und vor allem die Facetten des Fehlerhaften nicht als Motor des Lernprozesses betrachtet werden. Im Gegenteil! Jeder Kollege weiß, dass fehlerhafte Antworten im frontalen Unterricht selten in den Fluss der Stundenentwicklung passen. So kann es im Sinne des Stundenziels pragmatisch sein, den Schülerbeitrag zu übergehen. Oder aber die Schülerantwort wird in die Klasse zurückgegeben, mit der Aufforderung aufzuzeigen, was daran falsch ist. Vielleicht reagiert die Lehrkraft auch einfach mit der Feststellung »falsch«. Die Schüler machen jedenfalls die negative Erfahrung, vor der Klasse verbessert, übergangen und unter Umständen ohne Absicht beschämt zu werden (vgl. Kapitel 4 und 11). Verstummende Schüler sind die Folge.

Ein Weiteres kommt hinzu: Im Frontalunterricht und speziell in dessen fragendentwickelnder Form ist ein kompetenzorientierter Unterricht nur schwer vorstellbar. Für einen kompetenzorientierten Unterricht müssten den Schülern performante Lernsituationen bereitgestellt werden, in denen sie lernhandelnd Kompetenzen aufbauen können. Performanz-Situationen sind eher selten; es bleibt bei der nicht sichtbaren Kompetenzdisposition der Schüler. Immerhin stellt sich nicht die Bewertungsproblematik der sozial-kommunikativen und personalen Kompetenzen, da sie in dieser Unterrichtsform nur eine randständige Rolle spielen (können).

Eine Antwort auf diese Probleme kann auch SOkeL nicht geben, denn dieser Unterricht selbst ist das Problem.

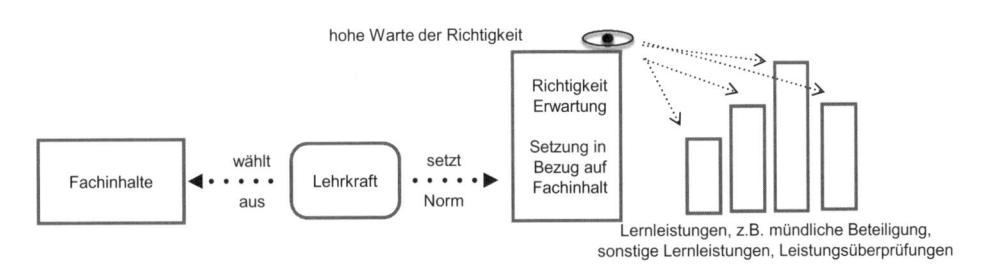

Abb. 18: Statischer Leistungsbegriff

Die Lehrperson leitet aus den Fach- und Sachinhalten ab, welche Erwartungen für den Unterricht realistisch sind. Die getroffene Auswahl setzt sie als »richtig«. Die Auswahl wird so zur unveränderlichen Norm, da die Richtigkeit nicht verhandelbar ist. Die Beurteilung der Schülerergebnisse ist eine Defizitbetrachtung, da die Menge der Fehler, das heißt der Abstand zwischen der »hohen Warte« und dem Lernergebnis die Note bestimmt. Während die Sachlage in schriftlichen Leistungsüberprüfungen klar zu sein scheint, ergeben sich für die Note im allgemeinen Teil (mündliche Note/mündliche Beteiligungsnote) große Probleme.

13.3.3 Der dynamische Leistungsbegriff

Der dynamische Leistungsbegriff geht von der Wandelbarkeit der individuellen und gesellschaftlichen Werte aus. Galten früher die sogenannten Sekundärtugenden (Fleiß, Ordnungsliebe, Pünktlichkeit, Unterordnung) als zentral, um im Arbeits- und Privatleben erfolgreich zu sein, so sind heute andere Leistungskriterien relevanter. Im

Mittelpunkt stehen Selbstverantwortung, Mündigkeit, Kritikfähigkeit, Teamfähigkeit, Initiativfähigkeit, Problemlösefähigkeit und andere Begriffe aus der Kompetenzdebatte. Allerdings bleiben einige der sogenannten Sekundärtugenden in SOkeL wichtig, z. B. Fleiß, Zuverlässigkeit, Anstrengungsbereitschaft und Ehrlichkeit. Sicherlich ist es seitens der Schülerinnen und Schüler nicht möglich, diese Kompetenzen in einem Unterricht zu erwerben und einzuüben, in dem Lernprozess und Leistungsbeurteilung eine unheilvolle Melange eingehen. Im Vergleich mit dem als Norm gesetzten Richtigen ist jede Lernhandlung mit Mängeln behaftet.

Wenn wir wollen, dass das von den Schülern erworbene Wissen Problemlösungsrelevanz hat und ihr neues Wissen Orientierung und Weltverständnis liefert, dann müssen Leistungssituationen dem Lernprozess untergeordnet sein. Dies impliziert, dass das Richtige und Vollständige als bestimmender Maßstab des Bewertens von Schülerleistungen *im Lernprozess* zunächst ausgeblendet wird. Stattdessen sollte das Leistungsniveau des jeweiligen Schülers der Bezugspunkt werden – nicht die absolute von uns gesetzte Norm. Von diesem Bezugspunkt aus wird dann sein Lernzuwachs bewertet. Diese Bewertung läuft so ab, dass Lehrkraft und Schüler gemeinsam auf Lernprodukte wie Lernprozesse blicken, aber eben nicht vor dem Hintergrund des Richtigen; es geht nicht um die Suche nach Fehlern. Der gemeinsame Blick auf das Lernprodukt oder die Lernhandlung, z. B. in kooperativen Lernformen, sucht das Gelungene, Ausbaufähige. Dafür gibt es Punkte. Dieses Vorgehen wird gemeinhin »Ressourcenorientierung« genannt. Selbstverständlich wird in dem gemeinsamen Gespräch auch auf Fehler und Fehlerhaftes eingegangen, auf künftig zu vermeidende Irrwege.

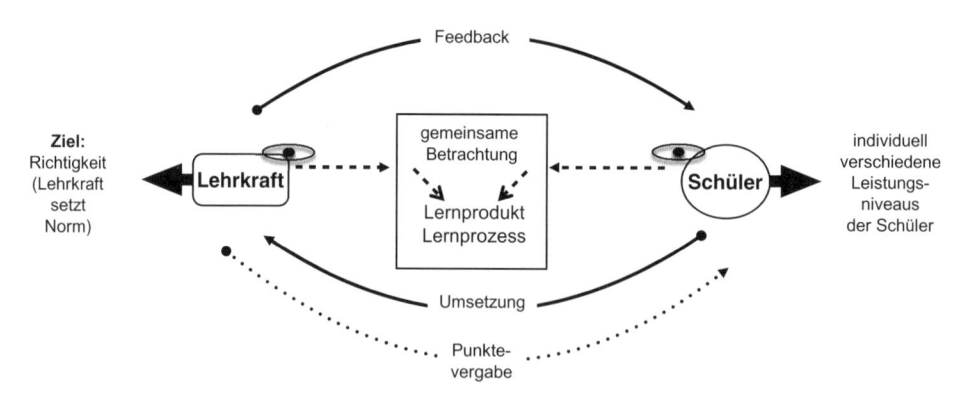

Abb. 19: Der dynamische Leistungsbegriff
Die Lehrperson führt einen Dialog mit einem Schüler über sein abgegebenes Lernprodukt. Zwar hat sie die absolute Norm, die Richtigkeit, im Hinterkopf, bei dem Dialog kommt es jedoch darauf an, vom Leistungsvermögen des Lernenden auszugehen. Das ist bei jedem Schüler anderes, deshalb der Begriff dynamische Leistungsbewertung. Sind Mindestkriterien der Leistungserbringung zuvor definiert worden und erfüllt der Schüler diese noch nicht, darf er nach der Besprechung, was verbessert werden soll, das Lernprodukt wieder zu sich nehmen und nacharbeiten. Danach erhält er notenwirksame Punkte.

Bei sehr schwachen Schülern werden die gröbsten Fehler gemeinsam herausgesucht. Danach wird besprochen, wie sie zu verbessern sind. Um notenwirksame Punkte zu bekommen, muss der Schüler die Korrektur zu einem späteren Zeitpunkt vorlegen. Dafür ist es unverzichtbar, dass der Lehrer auf die Botschaft der roten Tinte verzichtet, also nicht alle Fehler anstreicht.

Bei sehr leistungsstarken Schülern dreht sich das Bewertungsgespräch um die eine entscheidende letzte Differenzierung, die noch vorgenommen werden sollte. Das bewertende Gespräch kann auch als vorweggenommene – und schmerzfreie – Leistungsbeurteilung gesehen werden. Dadurch bietet es dem Schüler eine Orientierungshilfe auf dem Weg zum »Richtigen« – auch in der irgendwann anstehenden Leistungsüberprüfung. Im Zusammenhang mit anderen Vorgehensweisen von SOkeL lernen die Schülerinnen und Schüler auf diese Weise, ihren Lernprozess immer besser selbst zu steuern. Und woher nimmt der Lehrer die Zeit für das alles?

Hier sei an die SOkeL-Kurve erinnert: Die Lernenden merken mit der Zeit, dass ihre veränderte Haltung gegenüber den eigenen Leistungen sie von einer äußeren Anerkennung unabhängiger macht. Ihre internale Kontrollüberzeugung und ihr Selbstwirksamkeitsgefühl wachsen. Damit wird das eigenverantwortliche Lernen immer mehr zur Realität. Ihre Leistungen gewinnen dann nicht nur einen hohen Eigenwert, sondern sind zugleich aufgrund der Dialoge über die Lernprodukte ein Fundus für neue Zielbestimmungen in ihren Lern- und Arbeitsmöglichkeiten (vgl. Winter 2004, S. 145). Dies ist von besonderer Bedeutung für das selbstorganisierte Lernen, dessen erstes Prinzip die Zielorientierung ist. Diese Verantwortungsübernahme für den eigenen Lernprozess hat allerdings für gewisse Schüler einen Nachteil. Sie können nicht mehr wie ehedem Minderleistungen als Fehler des Lehrers von sich weisen. Auch Misserfolge sind nun die eigenen. Die SOkeL-Leistungsbewertung entlastet übrigens die Lehrperson an dieser Stelle entscheidend. Sie werden nie wieder in Notendiskussionen verwickelt werden.

Die Lehrperson muss entscheiden, ob sie Mindestkriterien für die Punktevergabe entwickelt oder bei der Einführung dieser Art von Leistungsbewertung eine Weile darauf verzichtet, um die Leistungsverzagten und -ängstlichen zu einem Neustart zu ermutigen (sehr viel später werden im kompetenzorientierten Punktekonto die Kriterien nach Standards aufgeteilt; vgl. Kapitel 14). Die SOkeL-Leistungsbewertung soll dem Schüler Informationen über seinen aktuellen Lernstand geben. Sie wird somit zur Lernhilfe, nicht zur Platzanweisung des Schülers in der Klassenrangliste. Die Bewertung der im Lernprozess erbrachten Leistung wird zur Information *für* den Schüler, nicht *über* ihn. Die Lehrperson empfängt über die vielen Beratungs- und Bewertungsgespräche wichtige Signale aus dem System »Klasse in komplexen Lernsituationen«. Mit diesen ständigen (Rück)Meldungen kann sie die Lernprozesse der Schülerinnen und Schüler unterstützen.

Wir sollten uns von der Null-Fehlerkultur verabschieden, die fertige und richtige Antworten als »Endprodukt« verlangt. Wir sollten vielmehr Fragestellungen und deren Bearbeitung in den Vordergrund stellen (vgl. Winter 2004). Darin impliziert sind selbstverständlich Irrwege und Sackgassen, Lernen als Prozess eben.

14. Ein anderer Unterricht braucht eine andere Leistungsbewertung

Aus Fehlern wird man klug! Ach, was wäre die Schulwelt schön, wenn dem bloß so wäre. Wer jemals als Schüler bei der Rückgabe seiner Klassenarbeit die Botschaft der roten Tinte vernehmen durfte, weiß, welch »euphorischen« Gefühle sich dabei einstellen. Vor allem wegen der darauf folgenden Einstufung im Ranking der Klasse wird ein Schüler Fehler wohl kaum als »Lerngeschenk«, sondern vielmehr als persönliche Kritik oder sogar als Blamage empfinden. Außerdem stellt sich die Frage, warum sich der Lernende mit Fehlern aus dieser Arbeit herumschlagen sollte, deren Korrektur für die nächste Klassenarbeit ohnehin keinen sofort ersichtlichen Zweck hat. Schließlich werden dort völlig andere Inhalte abgefragt. Wundern wir uns also nicht über die Coolness und das Desinteresse der Schüler angesichts der Noten in ihren Klassenarbeiten (vgl. Winter 2004).

Klassenarbeiten sind in Deutschland aus historischen Gründen von höchster Bedeutung. Leistungsüberprüfungen könnten allerdings auch völlig anders gestaltet werden, womit aber auf absehbare Zeit wohl nicht zu rechnen ist. Auch SOkeL kann daran nichts ändern, da Klassenarbeiten verbindlich vorgegeben sind. Letztere sind Leistungsüberprüfungen, die mit dem vorherigen Lernprozess in der Regel wenig zu tun haben. Dies ist auch der tiefere Grund dafür, dass Schülerinnen und Schüler aus ihren Fehlern oft nicht lernen wollen.

Zweifellos sind Leistungsüberprüfungen in klar ausgewiesenen Leistungssituationen berechtigt. Schließlich möchte auch niemand auf seinem Flug in den Urlaubsort den Piloten durchsagen hören, dass er das Steuern eines Flugzeuges bisher erfolgreich geübt habe. Lediglich der Landeanflug sei ihm noch völlig unvertraut. Er freue sich aber, dass die Fluggäste bei seiner ersten selbstständigen Landung dabei sein dürften – als Zeugen für einen wichtigen Lernprozessschritt. Nicht nur in diesem Falle würde die Mehrheit es sicher vorgezogen haben, wenn dieser Pilot *vor* dem ersten selbstständigen Flug in seiner Leistungsfähigkeit überprüft worden wäre. Leistungsüberprüfung in Leistungssituationen ist das eine, Förderung der Leistungserbringung in Lernprozessen das andere. Bei SOkeL führen wir dennoch beides zusammen, indem wir die Leistungsbeurteilung in den Lernprozess als Leistungsbewertung zurückholen.

14.1 Die Negativ-Brille absetzen und die ressourcenorientierte Brille aufsetzen

Ohne dass es die Lernenden bemerken, befinden sie sich mit SOkeL in einem Unterrichtssystem, das ihnen fortlaufend Wertungen und Bewertungen abverlangt. Zusätzlich werden sie von Anfang an dazu angeleitet, ihren Mitlernenden positive bzw.

konstruktiv-kritische Rückmeldungen zu geben. Selbstverständlich nur dann, wenn dazu Veranlassung besteht. Diese Fähigkeit hängt wiederum mit dem Stand der erworbenen metakognitiven Fähigkeiten zusammen.

Neben der kognitiven Kompetenz hat die Sozialkompetenz eine hohe Bedeutung. Die Lernenden sollen dazu befähigt werden, im Lernverhalten und in den Lernprodukten der Mitschüler das Schon-Gelungene oder Ausbaufähige, die Anstrengung und auch die gute Absicht wahrzunehmen und zu reflektieren. Es erstaunt, wie schnell die Lernenden den Sinn dessen verstehen, sei es vielleicht auch nur deshalb, weil der betreffende Schüler ebenfalls eine schmerzfreie Rückmeldung bekommen möchte. Andererseits sollte beachtet werden, dass Lernende, die ohnehin vom sozialen Ausschluss bedroht sind, durch unfaire Bewertungen nicht weitere Nachteile erfahren.

Beispiele für Selbstbewertungen und wechselseitige Bewertungen der Lernenden im SOkeL-Unterricht
- In kooperativen Lernphasen nehmen die Schüler untereinander immer direkt Bezug auf das Lernverhalten und die Lernprodukte der Mitschüler.
- Bei anspruchsvolleren Kartenmethoden, z. B. beim Strukturlegen, wird automatisch bewertet. Der eine verbalisiert seine Struktur; der andere geht darauf ein, fragt nach, ist überrascht über die Darstellung eines gelungenen Zusammenhanges, hinterfragt kritisch. Durch seine Reaktion gibt er der gelegten Struktur einen Wert.
- Bei der Durchsicht der erarbeiteten Unterlagen in Bezug auf die Kann-Listen (Was kann ich?).
- Bei der Reflexion (Metakognition) auf das eigene Lernverhalten und die eigenen Lernprodukte, z. B. Lerntagebücher, Portfolio, Visualisierungen.
- Bei allen Formen der Hilfe: Lernberatungen, Qualitätskontrollen, Kolloquien.
- Bei allen Formen bewussten, direkten und wechselseitigen Feedbacks.

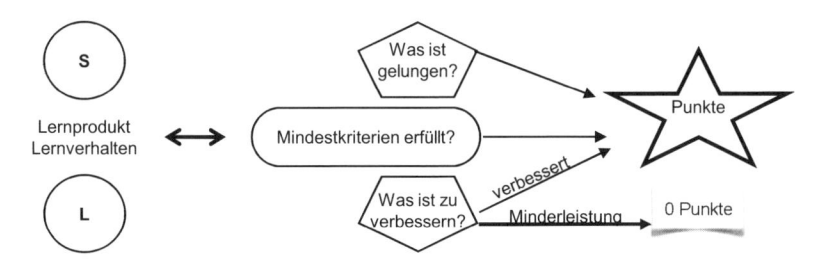

Abb. 20: Prinzip und Ablauf der Punkteerteilung (bei Anfängern)

Ablauf: Der Schüler erstellt in Absprache ein Lernprodukt und gibt es zur verabredeten Zeit der Lehrperson. Diese begutachtet das Produkt und nimmt einen Dialog mit dem Schüler auf über das, was schon gelungen ist und was noch verbessert werden kann (in Abhängigkeit vom Leistungsvermögen des Schülers). Wird im Dialog erkannt, dass die Mindestkriterien erfüllt wurden, werden die Punkte erteilt. Liegt auch nach der Verbesserung eine Minderleistung vor, so werden keine Punkte erteilt. Wichtig: Bei Minderleistungen gibt es keine (Noten- oder Punkt-)Abzüge; der Punktebestand bleibt auf dem Niveau vor dem Leistungsversuch. Durch misslingende Lernleistungen können sich die Lernenden also nicht verschlechtern.

Der ressourcenorientierte Blick entfällt, wenn es beim Lernverhalten anderer ans Eingemachte geht: Unzuverlässigkeit, Faulheit, unsoziales oder destruktives Verhalten, definitive Beratungsresistenz. Aber auch hier gilt in den Feedbacks, dass die Schüler lernen, sachliche und weniger emotionale Rückmeldungen und Wertungen zu geben. Alle Rückmeldungen, ob ressourcenorientiert oder konstruktiv-kritisch, sind wichtig, um die Lerndynamik in den Gruppen aufrechtzuerhalten.

14.2 Die Instrumente der SOkeL-Leistungsbewertung

Die Leistungsbewertung nach SOkeL (vgl. Herold/Landherr 2001) ist eine große Hilfe, will das Lehrpersonal die Schülerinnen und Schüler aus ihrer erlernten Passivität herausholen. Ein wichtiges Instrument ist dabei die Prozessbewertung, die auf die Förderung der Selbstständigkeit und Verantwortungsübernahme für sich selbst und für andere in kooperativen Lernsituationen zielt. Letztlich soll sie für selbstorganisiertes Lernen fit machen.

Bei der Prozessbewertung werden nicht die Produkte eines Lernprozesses bewertet, sondern der Prozess selbst. Der Fokus richtet sich zum Beispiel darauf, ob Schülerinnen und Schüler bereit waren, eine Funktion innerhalb des kooperativen Lernens zu übernehmen. Weiterhin kann im Zentrum der Betrachtung stehen, ob sie zuverlässig für andere waren und mit den Kann-Listen gearbeitet haben.

Auch bei der Prozessbewertung gilt, dass positives Lernverhalten mit Punkten bedacht wird. Diese Bewertungsform darf keinesfalls sanktionierend eingesetzt werden. Es liegt an den Schülerinnen und Schülern, ob und in welchem Ausmaß sie davon Gebrauch machen. Dadurch können sie realisieren, dass es an ihnen selbst liegt, ob sie beim Lernen vorankommen oder nicht.

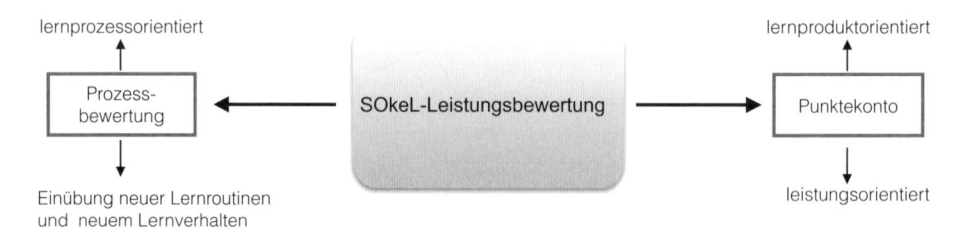

Abb. 21: Die Instrumente der SOkeL-Leistungsbewertung

Gleichgültig, ob Sie selbst mit einem Schüler einen reflektierenden Blick auf eine Lernleistung werfen oder ob dies die Schülerinnen und Schüler mit anderen tun, ist der Aufbau von Metakognition das Ergebnis dieser Übungen. Dies gilt auch dann, wenn ein einzelner Schüler über einen Portfolio-Eintrag individuell seinen eigenen Lernweg verfolgt. Die Schülerinnen und Schüler benötigen Metakognition, um über das eigene Lernen, individuelle Lernwege und ihr Lernverhalten nachdenken zu können. Gleiches gilt für die Reflexion über Lernschwierigkeiten und deren Lösung, um daraus Erfolg versprechende Vorgehensweisen abzuleiten, planen, durchführen und kontrollieren zu können.

Die SOkeL-Leistungsbewertung verlangt Lehrkräften sowie Schülerinnen und Schülern viel ab. Gewissheiten, Routinen, Vorlieben und Vertrautes müssen auf beiden Seiten verändert und gegebenenfalls aufgegeben werden. Auch Ängste müssen zugelassen, reflektiert und überwunden werden. Uns Lehrern stellen sich in diesem Zusammenhang folgende Fragen:
- Kann ich ein von Fehlern wimmelndes Lernprodukt positiv bewerten und lediglich um die Korrektur der gravierendsten Fehler bitten?
- Werden die Schüler mir Lernprodukte unterschieben, die sie gar nicht selbst erstellt haben?
- Werden die Schüler überhaupt noch etwas leisten, wenn die Leistungserbringung ausschließlich freiwillig ist?
- Kann ein Schüler über bloßen Fleiß eine Eins plus erreichen?

Auch aufseiten der Schülerinnen und Schüler gibt es Ängste:
- Ist das jetzt ein Trick des neuen Paukers?
- Können mich die schwachen Mitschüler überholen, nur weil sie fleißiger sind als ich?
- Sind denn genügend Punkte für eine gute Note überhaupt zu schaffen?

14.2.1 Vertrauen und Ermutigen

Unzweifelhaft haben wir Lehrpersonen, dies ist nicht nur meine eigene Erfahrung, ebenso ernsthaft an unserem Schülerbild zu arbeiten wie am Bild der eigenen Rolle. Schüler verhalten sich in der Regel nur dann verantwortungsbewusst, wenn ihnen Verantwortung übertragen wird. Sie schwingen sich erst dann, oft unerwartet, zu höheren Leistungen auf, wenn wir Vertrauen in ihren Lernwillen und ihre Leistungsbereitschaft haben. Werden die Schülerinnen und Schüler ernst genommen, nehmen sie auch uns ernst. Ernst in dem Sinne, dass wir im eigentlichen und im übertragenen Sinne nur ihr Bestes wollen. Wir vertrauen ihnen, dass sie lernen und weiterkommen wollen. Wo sonst ist Vertrauen schenken und gewinnen, ernst nehmen und ernst genommen werden eher möglich als in der Kommunikation mit ihnen?

Zur Vertrauensbildung gehört letztlich, dass wir ein mächtiges Mittel aus der Hand geben: die Intransparenz der Kriterien bei der mündlichen Note. Für unsere Form der Leistungsbewertung müssen Transparenz, Partizipation und Fehlerfreundlichkeit gelten. Transparenz hinsichtlich der Kriterien, die zur Punktvergabe führen; Partizipation in der Weise, dass Schülerinnen und Schüler zum Beispiel über Kriterien oder die Aufnahme und Abwahl von Punktekonten-Items mitentscheiden können.

Der fortgeschrittene SOkeL-Unterricht kann nicht auf die hier skizzierte Leistungsbewertung verzichten. Denn in dieser Unterrichtsform ist es rein organisatorisch unmöglich, mündliche Noten in Form der mündlichen Beteiligung (im Plenum) zu geben. Diese Aussage gilt selbstverständlich nur dann, wenn die Lernenden sich tatsächlich zunehmend in selbstorganisierten Lernsituationen befinden. In diesem Fall hat die Lehrkraft keinen direkten Einblick in das Geschehen mehr. Im Falle des Lernateliers kann es durchaus vorkommen, dass die Lehrperson zwar alle ihre Schülerinnen und Schüler antrifft, sie aber in dieser Phase die Inhalte anderer Fächer bearbeiten.

Das prominenteste Instrument der Leistungsbewertung ist in SOkeL das Punktekonto. In Umkehrung der üblichen Leistungsbeurteilung – nämlich von der Eins plus gemäß der Fehlerhäufigkeit die Note immer weiter zu mindern – honorieren wir in der SOkeL-Leistungsbewertung jede verabredete (!) Lernleistung in Form von Punkten. Je mehr Lernhandlungen durchgeführt werden, desto mehr Punkte gibt es. Diese Punkte werden bei der Einstiegsphase in die SOkeL-Leistungsbewertung in die mündliche Note mit einberechnet; später kann sie die konventionelle Note vollständig ersetzen. Die Lernleistungen sind freiwillig. Da jeder Leistungsversuch mit Punkten belohnt wird, setzen die Schülerinnen und Schüler oft eine unglaubliche Motivation zu weiteren Leistungsversuchen frei – auch zu Hause als freiwillige Hausaufgabe.

Wenn wir eine neue Klasse übernehmen, treffen wir oft auf entmutigte Schüler. Mit der Einführung der SOkeL-Leistungsbewertung bemerken die Schüler, dass sie gefahrlos Leistungsversuche vorweisen können, dass »Leistung sich wieder lohnt«. Gefahrlos, weil in SOkeL die erbrachte Leistung gewürdigt wird. Es gibt Punktgewinne, aber keine Abzüge. Und es gibt immer die Möglichkeit, sein Produkt noch zu verbessern und so doch noch zu Punkten zu kommen. Durch diese Art der Leistungsbewertung werden *Lern*prozesse nach und nach zu *Leistungs*prozessen. Die spezifische Fehlerbehandlung in SOkeL bedeutet nichts anderes, als dass die üblicherweise dem Lernprozess nachfolgende Leistungsbeurteilung nun innerhalb des Lernprozesses stattfindet.

14.2.2 Beispiel Internetrecherche

Eine Klasse befindet sich im Einführungsstadium von Punktekonto und Prozessbewertung. Mindestkriterien wurden erarbeitet und als Maßstab gesetzt. Als Hausaufgabe wird die Internetrecherche zu einem verpflichtendem Thema gestellt. Die Lehrperson stellt sogenannte Erledigungspunkte (in der Rubrik Hausaufgabe) in Aussicht, was zur Folge hat, dass die große Mehrheit der Schüler die Hausaufgabe tatsächlich macht.

In der Folgestunde kontrolliert die Lehrperson kurz, ob die Hausaufgabe gemacht wurde, und verteilt – unter Verweis auf die Folgen bei Täuschungsversuchen – die in Aussicht gestellten Punkte. Den weiteren Verlauf plant sie als Sandwich. Zunächst soll jeder Schüler schriftlich kundtun, was ihm seiner Meinung nach schon gelang und wo er noch Schwierigkeiten hat. Die Ergebnisse bzw. die Hausaufgaben sollen nun wechselseitig bewertet werden (nicht zwischen Nachbarn). Als Maßstab zur Bewertung ziehen die Schüler die vereinbarten Kriterien heran. Während sie arbeiten, geht die Lehrperson umher und hilft. Die Schüler stellen sich anschließend ihre wechselseitigen Bewertungen vor, entweder in Briefform oder in Stichworten. Bei den einen kommt es zu vertiefenden Diskussionen, bei den anderen wird »kurzer Prozess« gemacht, weil die wenigsten Schüler schon metakognitive Strategien aufgebaut haben. Wichtig ist, dass die Partnergruppen aufschreiben, worin sie noch unsicher sind. Dies wird danach in Sechsergruppen aufgearbeitet. Großgruppen werden ebenso angehalten, das Schon-Gelungene herauszustreichen. Zum Schluss werden im Plenum letzte Unsicherheiten und Fragen behandelt.

14.3 Prozessbewertung und Punktekonto

Prozessbewertung und Punktekonto sind Zwillingsschwestern. Wie die meisten Zwillinge sehen sie einander zum Verwechseln ähnlich. Im fortgeschrittenen SOkeL-Unterricht gibt es jedoch durchaus Unterschiede. Die Prozessbewertung soll Lernprozesse begleiten, vertiefen, initiieren und ihnen vor allem einen Wert geben. Sie ist wie alle SOkeL-Verfahren der Leistungsbewertung janusköpfig. Den Schülern werden Instrumente angeboten, mit denen sie sich leichter auf Veränderungen ihres Lernverhaltens und auf aufwendige Arbeitsprozesse einlassen können. Warum? Weil mit der Prozessbewertung schnell Erfolge zu erreichen sind, nämlich notenverbessernde Punkte. Die Art und Weise der jeweiligen Prozessbewertung, der Umfang der möglichen Punkte sowie deren Verteilung auf die einzelnen Lernschritte werden vom Lehrer vorgegeben. Die Prozessbewertung bezieht sich also auf einzelne Abschnitte im Lernprozess innerhalb einer Lerneinheit, vorzugsweise auf die schwierigsten. Sie kommt besonders dann zum Einsatz, wenn die Schüler neue Lernverfahren einüben und eingefleischtes Lernverhalten ändern sollen. Oder aber dann, wenn sie schlicht und einfach ermutigt werden sollen, sich zu getrauen.

Das Punktekonto begleitet den Schüler im Gegensatz zur Prozessbewertung ein gesamtes halbes Schuljahr. Es wird zum Halbjahresanfang ausgeteilt und bezieht sich nicht auf einzelne Lernprozesse. Die Items des Kontos sind nicht aufeinander bezogen. Sie können verteilt auf das Halbjahr erfüllt werden. Hat sich ein Schüler den Umgang mit einem Lerninstrument zum Beispiel mithilfe einer Prozessbewertung angeeignet, z. B. den Lernzirkel, so kann dieses Instrument zur Verstetigung der Lernkompetenz in das Halbjahreskonto als eigenes Item aufgenommen werden. In unserem Beispiel würde das Item als Lernzirkel benannt werden, dem eine bestimmte Punktzahl zugeordnet wäre. Beim Punktekonto geht es stärker um Leistungserbringung. Dagegen zielt die Prozessbewertung eher darauf, beim Schüler die Voraussetzung für das Erbringen eigenständiger Leistungen zu schaffen. Mit anderen Worten: Beim Punktekonto geht es eher um die Ergebnisse von Lernleistungen, die Lehrer und Schüler in gemeinsamer Betrachtung bewerten. Die Prozessbewertung beschäftigt sich dagegen damit, neue Lerninstrumente oder Lernverfahren einzuüben. Sie ermutigt, sich auf Neues einzulassen. Die Aneignung neuer Lerninstrumente und Lernverfahren geschieht in

SOkeL nie für sich allein oder auf sich selbst bezogen, sondern immer verbunden mit fachlichen Inhalten.

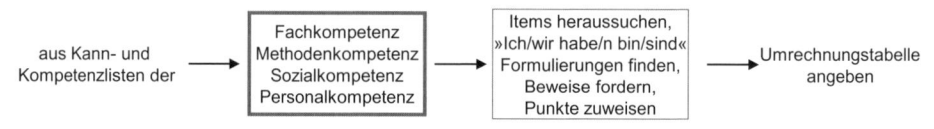

aus Kann- und Kompetenzlisten der → Fachkompetenz / Methodenkompetenz / Sozialkompetenz / Personalkompetenz → Items heraussuchen, »Ich/wir habe/n bin/sind« Formulierungen finden, Beweise fordern, Punkte zuweisen → Umrechnungstabelle angeben

Abb. 22: Entstehung der Prozessbewertung

Wie bereits dargestellt, wird in SOkeL zwischen Lerninstrumenten und Lernmaterialien unterschieden. Die vom Lehrer erstellten Materialien sind für das eigenverantwortliche Lernen der Schülerinnen und Schüler bestimmt. Letztere erarbeiten sich neues Wissen mithilfe der bislang von ihnen angeeigneten, mehr oder weniger komplizierten und aufwendigen Lerninstrumente. Stets kommen neue hinzu. Das eigentlich Schwierige am Gebrauch dieser Instrumente ist nicht auf der kognitiven Ebene zu suchen, z. B. wie sie funktionieren und wofür sie geeignet sind. Die Sinnhaftigkeit wird den Schülern mit der Zeit ohnehin deutlich. Das Schwierige daran ist, dass auf andere Kompetenzebenen zugegriffen werden muss:

- Personalkompetenz, insbesondere Willenskraft/Volition: Der Schüler muss den inneren Schweinehund überwinden, sich ausgerechnet jetzt und auf Kommando des Lehrers aufraffen und lernhandelnd tätig sein;
- Personalkompetenz: Der Schüler soll die Zuversicht bekommen, dass er das Neue schon schaffen wird;
- Sozial-kommunikative Kompetenz: Ein Sandwich mit kooperativen Phasen soll bearbeitet werden. Das ist anstrengend, weil jeder Mitschüler ein Individuum ist, auf das sich alle Gruppenmitglieder einstellen müssen, wenn die Arbeit Erfolg haben soll;
- Personalkompetenz, Sozialkompetenz: Jeder muss sich als Individuum den Anforderungen der anderen aussetzen, sich in der Zusammenarbeit bewähren, sich durchsetzen, aber auch Kompromisse schließen können;
- Methodenkompetenz: Zu erlernen ist das lern- und arbeitsstrategisch sachgerechte Vorgehen, also das Anwenden bisher angeeigneter Lerninstrumente.

14.3.1 Ein Beispiel für eine erste Prozessbewertung

Ist es nicht allzu verständlich, dass etliche Schüler stöhnen, wenn sie wieder einmal etwas Neues und Anspruchsvolles lernen sollen? Unser Problem an dieser Stelle ist, dass wir zwar mit SOkeL das Selbstwirksamkeitsgefühl der Schüler grundsätzlich fördern können. Dieses Gefühl stellt sich aber erst während des Erlernens neuer Lerninstrumente oder anspruchsvoller Lerninhalte ein, gegebenenfalls auch erst danach. Somit ist es für die Schüler *vor* dem Lernprozess zunächst nur ein Versprechen für die Zukunft. Greifen wir deshalb zu einem Notnagel: Wir zerlegen – hier am Beispiel

Lernzirkel – die Durchführung eines Lernzirkels in einzelne Schritte. Die Abfolge dieser Schritte wird als zu erlernender Prozess begriffen, als Lernprozess. Wir zeigen auf, was auf unsere Schüler zukommt, was sie erlernen sollen bzw. müssen. An das Ende dieser Strecke von Ansprüchen stellen wir einen Honigtopf, sprich notenverbessernde Punkte. Wagen Sie es, probieren Sie es aus! Der Honigtopf bewirkt Wunder, die Schüler kommen in die Spur. Versprochen!

Im Kapitel 5 haben Sie den Lernzirkel bereits kennengelernt, allerdings noch ohne das Hilfsmittel der SOkeL-Leistungsbewertung. Im Folgenden lässt sich zeigen, dass Sie Ihr Lehrerleben mit der Prozessbewertung etwas einfacher und für die Schüler etwas »schöner« gestalten können. Vielleicht murren Ihre Schüler, wenn sie erkennen, dass Arbeit auf sie wartet. Aber andererseits möchte man als Schüler ja auch die Punkte...

Prozessbewertung am Beispiel des Lernzirkels				
Nr.	Aktion	Datum	Punkte	Kürzel
1	Wir haben uns Hausaufgaben als Vorbereitung auf den Lernzirkel aufgegeben. Büsra: Eric: Josephin: Benjamin:		5	
2	Lernzirkelvorbereitung lag vor (Hausaufgabe). Beweis: erstellte Materialien		10	
3	Wir haben Funktionsrollen wahrgenommen. Wer welche?		5	
4	Wir haben den Arbeitsbogen »Vollständige Lernhandlung« vor Beginn der Arbeit ausgefüllt und ein Sandwich gestaltet. Beweis: rechtzeitige Vorlage bei der Lehrperson		5	
5	Wir führten die abschließende Individualphase mit schriftlichen Nachfragen durch. Beweis: Kurzauflistung der Fragen		5	
6	Zielüberprüfung wurde vorgenommen. Aussagekräftiger Beweis: Kurzbericht liegt vor		5	
7	Beweis:		5	
8	Ich habe eine Sonderaufgabe für meinen Lernzirkel-Mitschüler übernommen. Welche?		7	
	Summe		47	

Bemerkungen

Zu 1: Zeichnen Sie anfangs die Aufgabenverteilung auf den Arbeitsbögen ab. Das signalisiert, dass Sie den Vorgang ernst nehmen. Kündigen Sie an, dass Sie sich die verteilten Aufgaben vorlegen lassen werden. Darauf können Sie später verzichten, weil die Schüler es zunehmend lernen, selbst entschieden Feedback zu geben, wenn jemand seine Selbstverpflichtung zum Schaden der anderen nicht wahrgenommen hat.

Zu 2: Wenn eine Gruppe entscheidet, keine Vorbereitungen zum Lernzirkel zu treffen, so ist es ihre Entscheidung. Dass dies eine verpasste Lerngelegenheit ist, werden die Schüler erst später bemerken. Denken Sie daran: Nicht erbrachte Lernleistungen oder Minderleistungen führen nicht zum Abzug, aber es werden auch keine Punkte erteilt. Zeichnen Sie den Arbeitsbogen sofort ab, sodass die Nichtleister sehen, dass andere ihre Note wieder ein bisschen verbessert haben.

Zu 3: Seien Sie großzügig. Sicherlich ist Ihr Verdacht richtig, dass nicht alle die Funktionen ausüben können oder wollen. Thematisieren Sie aber in Plenen immer wieder, worin eine gute Funktionsrollenarbeit besteht.

Zu 4: Während die Gruppen ihre Arbeit aufnehmen, gehen Sie durch die Reihen und lassen sich die Planungen vorlegen. Sie bitten um Vervollständigung oder um Differenzierung. Beraten Sie die Gruppen. Entwickeln Sie mit der einen oder anderen Gruppe gemeinsam die Ziele und die Arbeitsplanung. Die Schüler brauchen Hilfe und viel Zeit, bis der Arbeitsbogen »Vollständige Lernhandlung« selbstverständlich ist.

Zu 5 und 6: Noch ist kein Meister vom Himmel gefallen. Gewähren Sie den Lernenden Zeit, die Items 5 und 6 zunehmend sinnvoller auszugestalten. Dann werden Sie alsbald Änderungen im Schülerverhalten bemerken können. Bei der Zielüberprüfung stellen Schülergruppen zum Beispiel fest, dass die Zielverfehlung nicht an den zu anspruchsvollen Zielen lag, sondern an anderen Gründen. Um das Ziel doch noch zu erreichen, geben sie sich oft selbst Hausaufgaben auf.

Umrechnungstabelle

Punkte	45–47	42–44	39–41	37–39	34–36	31–33	28–30	22–27	16–21	10–15	0–9
Noten	1	1–	2+	2	2–	3+	3	3–	4+	4–	5+
Punkte im Punktekonto	5		4		3		2		1		0

Bemerkungen

Bei dieser Umrechnungstabelle wird davon ausgegangen, dass Sie noch in der Experimentierphase sind. Im Übergang ist das neue Verfahren zwar schon wirkmächtig, das alte aber auch (noch). In der SOkeL-Leistungsbewertung wird bekanntlich nicht mit Notenabzügen gearbeitet. Das Abzugsverfahren bleibt beim Übergang vom alten System in das neue jedoch *vorläufig* erhalten. Erarbeitet sich ein Schüler 22 Punkte, dann wäre es für ihn eine Notenminderung, wenn er bis zu diesem Zeitpunkt mündlich auf 3,0 gestanden hätte. Um diesen misslichen Umstand zu umgehen, wäre es denkbar, mit Pluszeichen statt mit Noten zu arbeiten. Die Pluszeichen könnten dann ebenfalls notenverbessernd in die mündliche Endnote eingerechnet werden. Spätestens zum nächsten Schulhalbjahr sollten Sie dann ein kleines (oder größeres) Punktekonto einführen. Wie Sie aus der Tabellenzeile »Punktekonto« entnehmen können, kann hier jede Lernleistung positiv eingerechnet werden, sodass es zum additiven Verfahren, das heißt zur positiven Notenwirksamkeit kommt. Wie das Punktekonto aufgebaut ist und wie die erwirtschafteten Punkte aus den Prozessbewertungen dort eingerechnet werden, wird weiter unten ausführlich erklärt. Auf jeden Fall müssen die Lernenden vorab die Umrechnungstabelle kennen. Transparenz ist ein Prinzip der SOkeL-Leistungsbewertung.

14.3.2 Die Prozessbewertungskarawane zieht weiter

Wenn Ihre Schüler den Lernzirkel ein paar Mal geübt haben, gehen die Lernverhaltensanforderungen, die für eine erfolgreiche Arbeit im Lernzirkel notwendig sind, langsam in Verhaltensroutinen über. Dann können Sie zur nächsten Lernprozessbewertung übergehen und die Items weglassen, die die Schüler schon gut beherrschen. Nun können Sie neue – immer höhere – Anforderungen an das Lernverhalten stellen.

Bislang haben wir Festigungsphasen betrachtet. Gucken wir uns einmal die Prozessbewertung in einer Erarbeitungsphase an. Bei SOkeL-Anfängern können Sie sich im Falle eines Gruppenpuzzles auf die Expertengruppen- oder auf die Stammgruppenphase beschränken – je nachdem, was in Ihrer Klasse gerade drängender ist. Nehmen wir eine einfache Prozessbewertung in der Expertengruppenphase. Wieder legen Sie Wert darauf, dass die schwierigen und aufwendigen Arbeiten gut bepunktet werden.

Wenn Ihre Schüler einmal das SOkeL-Grundgerüst verinnerlicht haben, können Sie sich an umfangreichere Prozessbewertungen heranwagen. Im Folgenden soll auf ein spezielles Problem eingegangen werden: Die Kompetenzdebatte zeigt auf, dass Lernen nicht ein isolierter kognitiver Vorgang ist. Die ganze Person ist gefordert. Gerade im SOkeL-Unterricht muss sie sich in Beziehung zu anderen Personen setzen, mit ihnen einvernehmlich lernen und wenn nötig auch streiten. Sich auseinandersetzen zu können ist wesentlich schwieriger als das harmonische gemeinsame Lernen. In SOkeL-Unterrichtsarrangements können sich die Schüler nicht ausweichen. Sie müssen versuchen, mit allen aus der Klasse mehr oder weniger einvernehmlich zu arbeiten (so wie später im Beruf), auch wenn die gegenseitigen Sympathien nicht so groß sind. Dabei stoßen sie immer wieder auch auf abträgliches Arbeitsverhalten: Unzuverlässigkeit, mangelnde Arbeitshaltung, Abschieben von Arbeit auf andere, inkompetentes soziales Verhalten, Faulheit... Die Liste ist lang und der Ärger über andere mitunter groß. Die Kritik allerdings wird oft nur hinter vorgehaltener Hand geäußert.

Bewertungsblatt für eine SOkeL-Gruppenarbeitsphase

Name: Krokodil: Zeitnehmer/-in:
Expertengruppe: Moderator/-in:

Expertengruppe	P	I	Gr	Mod
Als Erstes verteilten wir die Funktionsrollen, formulierten die Ziele und stellten einen Zeitplan auf (siehe unterschriebenen Arbeitsbogen Vollständige Lernhandlung).	5	x		
Wir stellten für die Gruppenarbeit Regeln auf (liegt vor). Ich hielt mich daran: Unterschriften:	5	x		
Ich bearbeitete meinen Expertentext in der Drei-Schritt-Methode.	5			
Ich entwarf zum Schluss meine eigene Visualisierung (liegt vor).	5		x	
Ich fertigte genügend Sortieraufgabenkärtchen für die Stammgruppe an.	5		x	
Für die Stammgruppenarbeit stellten wir Fragen an unser Thema: a) b)	5	x		
Wir planten weitere Festigungsmethoden (liegt vor).	5	x		
Ich habe mein/e Teammitglied/er .... aus folgendem Grund gelobt: Unterschrift der Gelobten:	5 SP		x	
Ich wurde auf folgende/n Fehler bzw. folgendes Fehlverhalten hingewiesen und kritisiert: Ich reagierte mit: Bestätigung:	5 SP		x	
Summe (Expertengruppenphase)	35/45			

Unterschrift der Moderatorin für die Richtigkeit:

Legende: P = Punkte, I = individuell (der Lernende schlägt eine Punktvergabe vor), Gr = Gruppe (die Gruppe schlägt die Punktevergabe vor), Mod = Moderator (der Moderator schreibt sein Kürzel als Bestätigung der Gruppenvorschläge), SP = Sonderpunkte.

Bemerkung:
Im vorliegenden Beispiel ist die höchste Punktzahl schon mit 35 Punkten erreicht (ohne Sonderpunkte). Es ist für die Lernenden also möglich, auf die letzten beiden Items zu verzichten, ohne Nachteile befürchten zu müssen. Oder anders ausgedrückt: Die Schüler müssen keine Geschichten erfinden, um die volle Punktzahl zu bekommen. Das letzte Item zum Beispiel ist nicht zu erfüllen, wenn es in der Gruppenarbeit nicht zu Fehlern oder Fehlverhalten kam. Erfahrungsgemäß geben sich die Lernenden bei den letzten beiden Items dieser Prozessbewertung viel Mühe beim Nachweis.

Name: **Krokodil:**   **Zeitnehmer/-in:**
Stammgruppe: **Moderator/-in:**

Nr.	Stammgruppe	P	I	Gr	Mod
1	Ich betreute die Beantwortung meiner Fragestellung, die Sortieraufgabe und ... durch die anderen (Bestätigung durch die anderen).	5		x	
2	Ich gab eine ehrliche und kritisch-konstruktive Rückmeldung zu den Vorträgen meiner Stammgruppenmitglieder. Welche/Wie?........................ Unterschriften:	5		x	
3	Ich schrieb eine Zusammenfassung des Gelernten und visualisierte diese (z. B. als Hausaufgabe). Beweis: Vorlage	5		x	
4	Ich vertiefte einen Aspekt der anderen Expertengruppe ausreichend intensiv und selbstständig (Wie? Was? – Beweis: Vorlage).	15		x	
5	Ich gab einem/r Mitschüler/in einer anderen Stammgruppe eine kurze Lernberatung (Protokoll liegt vor).	5 SP		x	
6	Mein Stammgruppenvortrag war verständlich, denn ich gab mir erkennbar Mühe (innerhalb meiner Möglichkeiten und Grenzen). Unterschriften der Mitschüler:	5 SP		x	
	Summe Stammgruppenphase	30/40			
	Gesamtsumme (Experten- und Stammgruppenphase)	**65**/80			

Unterschrift der Moderatorin für die Richtigkeit:

Umrechnungstabelle für das Punktekonto – ein Beispiel:

Erreichte Punkte	64	61	58	55	52	47	42	35	27	20	
Punktekonto	10	9	8	7	6	5	4	3	2	1	0

Die erste Zeile der Umrechnungstabelle betrifft die in der Prozessbewertung erreichten Punkte.
Die zweite Zeile zeigt die umgerechneten Punkte, die in das Punktekonto übertragen werden.
Die Umrechnungstabelle muss den Lernenden vorab bekannt gegeben werden.

Abb. 23: Prozessbewertung

Zum eigenverantwortlichen und selbstständigen Arbeiten gehört indessen auch, Lernprodukte anderer bewerten zu lernen und den Mitschülern selbst angemessenes Feedback zu geben. Im Sinne des angestrebten Lernerfolgs sind Konflikte in den Lerngruppen manchmal unausweichlich und sogar notwendig, denn finden sie nicht statt, bleibt man unterhalb seiner Möglichkeiten. Frustration ist die Folge. Können Schüler andere loben, dann gibt es keine Probleme. Sollen sie sie kritisieren, dann wird es schwierig. In manchen Klassen herrscht das ungeschriebene Gesetz, einen Mitschüler vor dem Lehrer nicht zu kritisieren, da Lernprozess und Leistungssituation noch als verknüpft gedacht werden. Noch sehen die Schüler nicht, dass dieser Zusammenhang aufgehoben ist und die Note im allgemeinen Teil (mündlich) nach überprüfbaren Kriterien zustande kommt. Man kann den Schülern eine Brücke bauen, ihre Kritik objektiv zu äußern. Dies gelingt, wenn die problematischen unter ihnen in die Prozessbewertung einbezogen werden. Sie legen dann mit ihren Gruppen die Kriterien fest, nach denen sie sich auch selbst bewerten.

Das folgende Beispiel stammt aus den 12. Klassen einer Fachoberschule, die von einem Lehrerklassenteam geführt wurden. Die Kolleginnen und Kollegen unterrichteten mit Ausnahme von zwei Nebenfächern alle nach SOkeL. Die Schüler waren in ihrem zweiten »SOkeL-Jahr« und konnten bereits mit zentralen Begriffen umgehen (bereichsspezifisches Vorwissen, Sandwich, operationalisierbare Ziele, Indikatoren). Es ist sinnvoll, den Klassen immer wieder klarzumachen, warum man nun anders unterrichtet. Man kann dabei die Fachbegriffe einführen, muss es aber nicht. Dies hängt selbstverständlich auch von der Jahrgangsstufe ab. Es ist selbstredend, dass alle hier vorgestellten Unterlagen (und jene auf www.sokel.de) den eigenen Klassen, Jahrgangsstufen und Bildungsgängen angepasst werden müssen.

Das Ziel der Prozessbewertung lautet im Beispiel »Team- und Kritikfähigkeit«. Im zweiten SOkeL-Jahr einer Klasse sind die Probleme der Team- und Gruppenarbeiten allen bekannt. In dieser Prozessbewertung haben die Schüler nun die Möglichkeit, ihre Kritik an abträglichem Gruppenlernverhalten in positive und operationalisierbare Ziele zu wenden. Operationalisierbar meint hier, dass die Ziele so formuliert werden, dass sie überprüfbar sind, dass Indikatoren angegeben werden. Diesen Zielen sollen die Gruppen Punkte zuteilen, damit die Bedeutung gewichtet werden kann. Die Gruppen bekommen dafür eine Punkteanzahl zur freien Verfügung zugesprochen. Der Umfang der Punkte sollte nicht durch die Gruppenanzahl teilbar sein, sodass schnelle Vorab-Entscheidungen, die Punkte »sozial«, das heißt gleichmäßig auf alle zu verteilen, nicht möglich sind.

Der Arbeitsbogen in Abbildung 24 war in eine größere Prozessbewertung integriert. Die ersten sechs der »Ansprüche an uns«-Items sind original von einer Schülergruppe übernommen worden, die anderen sind Beispiele von anderen Gruppen. Auffällig ist, dass die Lernenden großen Wert auf das Arbeitsverhalten legen, wohl aus gutem Grund oder vielmehr aus schlechter Erfahrung.

Auf den ersten Blick erscheinen die selbstgewählten Items als harmlos oder gar selbstverständlich. Für die Schüler sind sie es nicht, denn für sie geht es um die

Punkte. Daraus können durchaus heftige Konflikte entstehen, wenn die Selbstwahrnehmung so gar nicht mit der Fremdwahrnehmung übereinstimmt. Allerdings braucht es dazu auch den Mut, klar und deutlich dazu zu stehen, dass ein Gruppenmitglied nicht gut gearbeitet hat. Dies fällt den Schülern leichter, wenn sie in Vierergruppen arbeiten, da sie dann mehr Unterstützung von den anderen erwarten können.

Prozessbewertung
zum Thema Wertewandel in drei Blöcken (16.11/21.11/24.11)

Name: Eric   Datum: 16.11.

Expertengruppenmitglieder: Büsra, Egon
Moderatorin: Zeitnehmer: Krokodil/Lautspregler:

Wir haben folgende Ansprüche an uns als Experten/Wir stellen folgende Regeln auf:

1. Arbeitsmaterialien dabei haben   1P
2. Arbeitsatmosphäre   0,5P
3. Arbeitsaufträge erfüllen   1,5P
4. Nicht vom Thema abweichen   0,5P
5. Privatgespräche unterlassen   0,5 P
7. Kein Handy benutzen   1 P
x. Sich unterstützen
x. Zuhören und Fragen stellen

Bitte nach Beendigung der Arbeitsphase ausfüllen:

Name	Ansprüchen genügt Regeln befolgt	Ansprüchen nicht genügt – Regeln nicht befolgt	Punkte für Item Nr.
Eric	ja	–	1 - 7 = 6 P
Egon	teilweise	2/5/6	1/3/4/7 = 3,5 P
Büsra	teilweise	1/7	2/3/4/5/ = 3 P

(weiter auf der Rückseite)

Sie haben für die Stammgruppenarbeit zehn Punkte zu verteilen.

Unterschriften:

Abb. 24: Gruppenselbstbewertung

Bei der nächsten Prozessbewertung des Arbeits- und Teamverhaltens können die Gruppen angehalten werden, die Erwartungen passgenau auf die Gruppenmitglieder abzustimmen. Das ist weniger konfliktreich, weil der Schadensfall noch nicht eingetreten ist. Eric (vgl. Arbeitsbogen) wird z. B. wohl kaum offensiv vertreten, dass er die anderen arbeiten lassen wird, während er seine sozialen Dienste abcheckt. Tritt der Fall dann doch erwartungsgemäß ein, fehlen ihm die Argumente zur Leugnung. Auch hier gilt: Wenn die Schüler gelernt haben, sich sachgemäß auf der Basis gemeinsam vereinbarter Arbeitsregeln zu kritisieren und zu loben, kann die Prozessbewertungskarawane wieder zu neuen Zielen weiterziehen.

14.3.3 Von Honigtöpfen, Verstärkerplänen, Überprüfungsroutinen und Selbstwirksamkeitsgefühlen

Mit der Prozessbewertung haben wir ein mächtiges Instrument in der Hand, das Gehirn der Schüler auszutricksen. Dieses Organ ist stets bestrebt, das Gelernte zu Verhaltensroutinen umzuformen und im prozeduralen Gedächtnis zu verankern. Wir müssen wissen, wie es arbeitet, um es überlisten zu können. Wenn wir frohgemut mit einem freundlichen »Guten Morgen« die Klasse betreten, ist noch alles in Ordnung. Jedoch schrillen in den Köpfen unserer Schüler die Alarmglocken, wenn wir anschließend unser Stundenprogramm entfalten. Dabei ist es zunächst gleichgültig, ob es um eine frontale Stunde oder um ein SOkeL-Arrangement geht. Die Gehirne sind nun hellwach und lassen folgende Überprüfungsroutinen ablaufen (vgl. Kapitel 8):
- Ist das, was der Lehrer will, überhaupt etwas Neues für mich?
- Hat es irgendeine Bedeutung oder persönliche Wichtigkeit für mich?
- Stehen Aufwand/Anstrengung in einem gesunden Verhältnis zu einer in Aussicht stehenden Belohnung?

Erst wenn diese drei Fragen bejaht werden können, stellt das Gehirn die Lernampeln auf Grün. Genauer gesagt erhalten erst dann die höheren kognitiven Leistungszentren den Impuls, sich anzustrengen und zu lernen. Ansonsten wird ihnen erst gar keine Meldung gemacht. Was ist nun zu beachten?

Kein Bär dieser Welt geht davon aus, dass er ohne Anstrengung an den Honigstock hoch oben in den Bäumen herankommt. Auch unsere Schüler kommen nicht ohne Weiteres an den Honigpunktetopf. Ehrlicherweise müssen wir Lehrer zugeben, dass die SOkeL-Erfolgsangebote einen Doppelcharakter haben. Ohne Zweifel ist unser Versprechen an die Schüler ehrlich, am Ende der Anstrengung Honig oder Manna saugen zu dürfen bzw. Glückshormoncocktails ausgeschüttet zu bekommen. Das Angebot erfordert aber eben auch Anstrengung, Fleiß, Ausdauer, Frustrationstoleranz und Willenskraft. Die Überprüfungsroutinen des Gehirns brauchen dennoch nicht lange, um zu erkennen, dass Manna in Aussicht steht. Erfolg ist garantiert, solange die Schüler sich auf den Punkte versprechenden Lernprozess einlassen.

In SOkeL müssen sich die Schüler eine Vielzahl von Lernkompetenzen aneignen. Wir unterstützen sie dabei mit Belohnungen. Die Prozessbewertung hat durchaus Ähnlichkeit mit dem aus der Psychologie bekannten Verstärkerplan. Vergleichbar der Verhaltenstherapie werden erwünschte Verhaltensänderungen durch Belohnungen verstärkt. Selbiges gilt in SOkeL bei der Prozessbewertung hinsichtlich des Lernverhaltens. Am Ende dieses Lernprozesses werden nicht nur die Punkte geerntet. Vielmehr führt die Manifestation der Punkte – entweder als mündliche Note oder im Übertrag ins Punktekonto – zu Gefühlen der Selbstwirksamkeit. Wieder einmal hat der Schüler etwas Positives geschafft.

Zum Schluss sei angemerkt, dass die Prozessbewertung lediglich das Fundament der SOkeL-Leistungsbewertung ist. Die Schülerinnen und Schüler sollen zu selbstständigem Lernverhalten, zu selbstständigen Lernhandlungen geführt werden. Dies ist die Grundlage für den kognitiven, sozial-kommunikativen, emotionalen und methodischen Kompetenzerwerb. Gleichgültig, in welcher Teilkompetenz die Schülerinnen und Schüler Lernzuwächse erarbeiten sollen, müssen sie im Sinne des selbstorganisierten Lernens zunehmend von äußerer Bestätigung unabhängig werden.

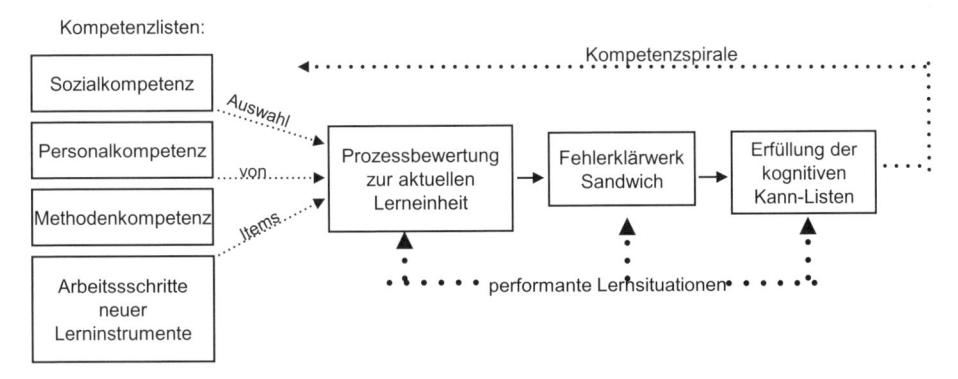

Abb. 25: Lernkompetenzaufbau mit Prozessbewertung

Um Wissen aktiv handelnd oder aneignend aufbauen zu können, bedarf es der extrafunktionalen Kompetenzen. Aus den entsprechenden Kompetenzlisten werden zur aktuellen Lerneinheit oder zum aktuellen Unterrichtsthema benötigte Lernkompetenzen herausgesucht und mithilfe der Prozessbewertung eingeübt, sodass mit ihnen die fachliche Kann-Liste mit ihren Wissensanforderungen erschlossen werden kann. Sind in der Klasse wechselseitige Feedbackverfahren und gegenseitige (Lernprodukt-)Bewertungsverfahren eingeübt, treten die Lernenden sozusagen in einen doppelten Fehlerklärwerksprozess. Zum einen realisieren sie immer stärker die inhaltlichen Ziele, zum anderen befinden sie sich in einem Klärungsprozess über ihre extrafunktionalen Kompetenzen. Mithilfe der Prozessbewertung wird also beides aufgebaut: Fachwissen und extrafunktionale Kompetenzen.

14.3.4 Erledigungspunkte und Stempelgefahr

Wie schon erwähnt soll die Prozessbewertung zu aufwendigen Lernhandlungen motivieren und helfen, neue Lernverfahren einzuüben, bis sie zur Routine werden. Für das Entgegenkommen der Lernenden, sich auf neue ungewohnte Lernformen einzulassen, bekommen sie Punkte. Voraussetzung dafür ist der Nachweis für die Erfüllung der Forderungen. Viele Kolleginnen und Kollegen nennen diese Punkte zu Recht Erledigungspunkte. Mit ihnen wird nämlich nicht der Erkenntnisgewinn anerkannt, sondern »nur« das Einüben grundlegender Lernkompetenzen und neuer Lerninstrumente. Somit können wir sukzessive die Lernprozesse der Schüler auch als Leistungsprozesse verstehen.

Am Beispiel von Lernkarten (Lernkarteikarten) soll das Problem dargestellt werden. Kartenmethoden sind für SOkeL bedeutend (vgl. Kapitel 1), sei es für Erarbeitungsphasen oder Festigungsphasen. Fast immer geht es hierbei um das Sichtbar- und Hörbarmachen von Gelerntem und zu Lernendem. Selbst nach dem mittleren Schulabschluss haben die meisten Schüler Schwierigkeiten, einen Begriff oder einen Zusammenhang im Karteikartenformat prägnant und verständlich darzustellen und dabei das Formale wie Quellenangaben nicht zu vergessen. Die Lernkartentexte werden oft lernfrei aus dem Internet in einer für andere Schüler unverständlichen Sprache kopiert oder direkt aus dem Schulbuch abgeschrieben.

Soll im Unterricht mit Lernkarten gearbeitet werden, müssen erstmal die Basics gelernt werden. Es liegt nahe, hierzu zur SOkeL-Leistungsbewertung zu greifen. In einer Anfängerklasse steht der Lehrer allerdings vor der Frage, ob er die Anfertigung der Lernkarten als ein eigenständiges Item in ein erstes Punktekonto aufnimmt oder ob er die Erstellung innerhalb einer Prozessbewertung üben lässt. Dabei würden die erworbenen Prozessbewertungspunkte zum Schluss in Kontopunkte umgerechnet werden (siehe unten).

In beiden Bewertungsverfahren liegt die Intention zu Beginn darin, den Schülern Erfolgserlebnisse zu verschaffen. Es kommt daher darauf an, dass sie überhaupt Lernkarten herstellen. Die Lehrperson sollte bei den Ergebnissen am Anfang »Fünfe gerade sein lassen«. Es ist dies eine zweischneidige Angelegenheit. Zum einen ist es bei der anfänglichen Aktivierung von Schülern berechtigt, das Tun vor den Inhalt zu setzen. Zum anderen besteht die Gefahr der »Punkthascherei«. Um dieser Gefahr zu entgehen, sollten zeitnah zur reinen Erledigung Mindestkriterien entwickelt werden, die dann nach und nach erhöht werden. Kolleginnen und Kollegen, die den Umgang mit »Erledigungspunkten« missverstehen, bieten ihren Schülern die immer gleichen Erledigungsitems an. Insbesondere fleißige, aber schwache Schüler ergreifen diese Chance. Sie liefern ohne Ende Produkte, die letztlich zu einer hohen Punktzahl führen. Daraus ergibt sich dann die paradoxe Situation, dass diese Schüler exzellente mündliche Noten haben, aber in der Klassenarbeit auf ihrer Fünf stehen bleiben. Die SOkeL-Leistungsbewertung ist dann nicht nur bei den Schülern selbst desavouiert, sondern vor allem auch im Kollegium.

Erinnern Sie sich: Das Gehirn lernt immer. Sobald die Schülerinnen und Schüler bemerken, dass Sie mangels Zeit kaum auf die »Erledigungen« eingehen, lernen sie, dass sie »stempeln« können. Stempeln ist ein von Schülerinnen und Schüler erfundener Ausdruck für das lernfreie Einsammeln von Punkten. Angenommen, Sie möchten zum Thema »Prozessbewertung« ein Fundament für die Arbeit mit einfach strukturierten Lerntagebüchern legen. Auf einem Formblatt fragen Sie kurz nach: Was in einer Lernsequenz ist besonders gut gelungen, was bleibt noch offen? Was war schwierig und was folgt aus den Erkenntnissen? (vgl. Kapitel 12). Zunächst nehmen die Schülerinnen und Schüler die Eintragungen sehr ernst. Erweitern Sie mit der Zeit diese Fragestellungen aber nicht zur echten Lerntagebucharbeit, gehen die Lernenden arbeitsökonomisch vor, indem sie Textbausteine benutzen. Dies ist ihnen nicht vorzuwerfen. Vielmehr zeigen sie damit nur, dass sie mit Abfragen dieser Art keinen Erkenntnisgewinn verbinden. Und was auf die viel anspruchsvollere Lerntagebucharbeit zutrifft, trifft auf die Lernkartenerstellung erst recht zu.

Des Weiteren besteht für Sie die Gefahr, dass sich aus den »Erledigungen« eine Arbeitsbeschaffungsmaßnahme entwickelt, besonders wenn Sie mehrmals Punkte für Lernkarten vergeben. Ob es sich um sinnvolle, überflüssige oder gar kontraproduktive Maßnahmen handelt, hängt sicherlich vom Standort Ihrer Klasse auf der SOkeL-Kurve ab. Insbesondere bei schon etwas fortgeschrittenen Klassen sollten sie aus der Lernkartenerstellung ein kleines Sandwich formen, analog zum Hausaufgabensandwich im Kapitel 5.

14.4 Das Punktekonto

Das Punktekonto ist entgegen der Prozessbewertung produktorientiert. Dies ist wohl der größte Unterschied zwischen den beiden Bewertungsverfahren. Für die Unterrichtspraxis gibt es aber noch weitere Unterschiede:
- Das Punktekonto ist auf ein Schulhalbjahr angelegt, sodass die Halbjahresnote (mündlich) unter realistischen Annahmen schon zu Beginn als Ziel festgelegt werden kann. Die Prozessbewertung dagegen findet innerhalb von Unterrichtseinheiten statt. Die erzielten Punkte werden in Kontopunkte umgerechnet und in das Punktekonto aufgenommen.
- Im Punktekonto werden Lernprodukte verlangt, die schon eingeführt sind. Die Neueinführung von Lernprodukten wird dagegen meist über Prozessbewertungen vorgenommen. Beispiel Internetrecherche: Die Internetrecherche wird im Zusammenhang und schrittweise mithilfe einer Prozessbewertung eingeführt. Gilt sie als geübt, können Schüler Recherchen zu einem Thema durchführen, das sie mit der Lehrperson absprechen müssen. Bei Erfolg werden die Punkte in das Item »Internet- und/oder Buchrecherche« eingerechnet.
- Das Punktekonto ist ein Instrument der Schüler. Sie bestimmen nach Möglichkeit selbst, wann sie welches Item bearbeiten wollen. Die Prozessbewertung ist weitgehend ein Instrument der Lehrperson. Sie entscheidet, wann eine Prozessbewertung zu welchen Inhalten und Kompetenzen sinnvoll ist. In die Prozessbewertung wird die gesamte Klasse einbezogen.

- »Shifting Baseline«: Die Kriterien für die Punkteerteilung abgegebener Lernprodukte werden von Halbjahr zu Halbjahr oder nach Absprache mit der Klasse (!) zwischendurch erhöht. Prozessbewertungspunkte hierzu entfallen komplett.
- Bei der Einführung sehr schwieriger und zeitaufwendiger Lernprodukte kann eine Mischung von Punktekonto und Prozessbewertung erfolgen. Anfänger-Punktekonten sind ebenfalls oft gemischt.
- Unterschiede im formativen Feedback: In einer Prozessbewertung fallen die notwendigen Reaktionen der Lehrperson sofort an. Bei der Einübung neuer Lernroutinen kommt es darauf an, dass »es« gemacht wurde (Erledigung). Da auf alle Schüler einer Klasse reagiert werden muss, fehlt die Zeit (Ausnahmen bestätigen die Regel bezogen auf einzelne Schüler) für ein individuelles, vertieftes Gespräch über die Lernhandlungen (24-Stunden-Problem). Meist wird das Tun belohnt, die inhaltliche Bewertung erfolgt dann eher im Punktekonto. Bei der Prozessbewertung ist es wichtig, dass die Belohnung unverzüglich erfolgt. Andernfalls entfällt die Verstärker-Wirkung.
Bei Punktekonto-Items, die von den Lernenden freiwillig und zeitlich versetzt erfüllt werden, sind Feedbackgespräche von überragender Bedeutung. Aus diesen Bewertungsdialogen können Zielgespräche werden, die in SOkeL sehr wichtig sind; erinnert sei an das Selbstorganisationsprinzip »Zielorientierung« (vgl. Kapitel 12 und 17). Mithilfe des Arbeitsbogens »Zielvereinbarung« (www.sokel.de) können Sie mit dem Schüler die nächsten Schritte in der Erweiterung seiner Lernkompetenz gehen. Bei diesen Gesprächen erhalten Sie einen vertieften Einblick in seinen Leistungsstand, der auch dem Schüler bewusst werden sollte.

Wenn Schüler Lernprodukte abgeben, steckt meist viel Aufwand dahinter. Dies gilt nicht unbedingt zu Beginn der Punktekontoarbeit, da anfangs oft versucht wird, durch nachlässig erstellte Arbeitsprodukte den schnellen Punkte-Euro zu machen – übrigens meist ohne schlechte Absicht. Mit dem erstellten Produkt verbinden die Lernenden Stolz und zugleich Bangen. Eine schnelle Rückmeldung ist deswegen angeraten. Wenn die Umstände günstig sind, kann der Lehrer das Produkt während einer Gruppenarbeitsphase durchsehen und danach den betreffenden Schüler zu sich rufen. Bitte beachten Sie, dass Ihnen das Produkt nicht zu einer Beurteilung vorliegt, sondern zu einer Bewertung. Die typischen Fehler haben Sie schnell gefunden. Das Gespräch sollte sich aber vor allem darum drehen, dass schon genügend Anhaltspunkte für Gelungenes zu finden sind. Dies könnte z.B. wie folgt ausgedrückt werden: »Schau mal hier, Benjamin. Es hat mich überrascht, wie du diesen Punkt inhaltlich gut dargestellt hast. Aber an dieser und jener Stelle solltest du noch Verbesserungen anbringen. Bitte lege mir deine Arbeit in einer Woche verbessert wieder vor.« Sollten Sie einmal definitiv keine Zeit für die Durchsicht der Lernprodukte haben, können Sie zu einem kleinen Kniff greifen. Vertagen Sie die Abgabe des erstellten Produkts, reagieren Sie dann aber zeitnah. Liegt zu viel Zeit zwischen Abgabe und Rückmeldung, gehen die Verstärkerwirkung und das Erfolgsgefühl verloren.

14.4.1 Transparenz, Partizipation und Fehlerfreundlichkeit

Die Prinzipien der SOkeL-Leistungsbewertung sollen im Folgenden anhand des Punktekontos dargestellt werden, in dem alle vorab vereinbarten Lernhandlungen verzeichnet sind. Diese Lernhandlungen sind zunächst mit Mindestkriterien unterlegt, wenn auch nicht unbedingt in der allerersten Einführungsphase. Sind diese Kriterien erfüllt, trägt die Lehrkraft die Punkte in das Punktekonto der Schülerinnen und Schüler ein.

Transparenz

Mit der SOkeL-Leistungsbewertung gibt die Lehrperson ein mächtiges Mittel aus der Hand. Niemand konnte zuvor zweifelsfrei sagen, wie die mündliche Note letztlich zustande kam. Die Kriterien waren nicht vorhanden oder zumindest nicht eindeutig. Sie konnten nach Gutdünken ständig verändert werden, ohne dass die Schülerinnen und Schüler davon etwas mitbekommen hätten. Mit den SOkeL-Leistungsbewertungsverfahren und seinen Kriterien legt sich die Lehrkraft fest. Dies geschieht zu Beginn des Halbjahres oder bei der Einführung des Punktekontos. Damit lässt die Lehrkraft ihre Notengebung bis auf das Jota genau nachprüfen. Lehrkraft und Schüler wissen zu jeder Zeit, wo der einzelne Schüler steht. Eine nachträgliche heimliche und einseitige Veränderung der Kriterien der Notenvergabe ist nun nicht mehr möglich.

Partizipation

Das Punktekonto ist nicht für die Disziplinierung von Schülern gedacht. Punktekonto-Items, die nur auf das Verhalten der Lernenden abzielen, legen den Verdacht nahe, dass damit Kopfnoten begründet werden sollen. Dagegen ist das Punktekonto mit seinen Prinzipien der Transparenz, Partizipation und Fehlerfreundlichkeit ein Teil der SOkeL-Lernkultur. Dieses Konto als ein alleiniges Lehrerinstrument zu betrachten, widerspricht der Zielsetzung, Schülern zu besseren Lernergebnissen und zu einem Wissen über ihr Lernverhalten zu verhelfen, sie zu aktivieren und selbstständiger werden zu lassen. Deshalb sollten die Schüler von Anfang an in die Gestaltung des Punktekontos einbezogen werden. Am besten, Sie fühlen sich dabei in einen Zielkreislauf gemeinsam mit Ihren Schülern einbezogen. Achten Sie auf die Rückmeldungen der Lernenden. Wird zum Beispiel immer wieder ausgesagt, dass die Mindestkriterien zu hoch bzw. zu banal seien, dann eröffnet sich die Gelegenheit, gemeinsam mit der Klasse neue Kriterien zu finden.

Eine Klasse opponiert heftig gegen ein bestimmtes Item. Warum nicht darauf verzichten und ein anderes an dessen Stelle setzen, das Sie gemeinsam mit der Klasse definieren? Spätestens wenn das neue Halbjahr beginnt, sollten Sie das bisherige Punktekonto einer Generalinventur unterziehen. Je nach Situation können die Lernenden in Ihrer Abwesenheit z. B. darüber diskutieren, was verändert werden soll. Danach bestimmt die Klasse drei Delegierte, mit denen Sie verhandeln. Veränderungen, Kompromisse oder gegebenenfalls Ihre Ablehnung der Änderungswünsche müssen Sie dann vor der Klasse begründen. Dank der Möglichkeit, das Punktekonto mitzugestalten, erhöht sich die Identifikation der Schülerinnen und Schüler damit.

Fehlerfreundlichkeit
Das Punktekonto ist fehlerfreundlich. Der Fehler und Fehlerhaftes – nicht gemeint sind Nachlässigkeits- oder Wiederholungsfehler – sind kein Feind des Punktekontos, sie sind aber auch nicht willkommen. In einem ersten Schritt führen wir Mindestkriterien ein. Diese sagen nichts anderes aus, als dass dieses oder jenes richtig sein muss. Andernfalls gibt es keine Punkte. Darüber hinaus können Lernarbeitsergebnisse Fehler enthalten, die zu keinem Punktabzug führen. Diese Gewissheit sollten die Lernenden haben. Denn dies eröffnet Ihnen die Gelegenheit, entspannt über noch vorhandene Mängel der Arbeitsergebnisse zu reden. Kaum ein Schüler wird Ihre Bitte um Korrektur der Fehler ablehnen, wenn Sie ihm mitteilen: »Die Mindestkriterien erfülltest du. Die Punkte sind dir gewiss. Dennoch enthält deine Arbeit Ungenauigkeiten, Missverständliches und – schau mal hier – sogar Fehler. Die Punkte hast du schon, aber ich bitte dich, dass du dich nochmals hinsetzt und deine Arbeit vervollkommnest.« Auch wenn Lehrer oft den gegenteiligen Eindruck haben, möchten Schüler ihre Zeit in der Schule meist sinnvoll verbringen und lernen. Im Normalfall nimmt der Schüler seine Arbeit zurück und legt sie später korrigiert wieder vor. Mit der Einführung des standardbasierten »Kompetenzorientierten Punktekontos« erledigt sich dieses Problem von selbst.

Es würde gegen die Philosophie von SOkeL, das Punktekonto und die Erkenntnisse der Hirnforschung verstoßen, würden Sie jetzt in die Illusion der »synchronisierten Schüler« verfallen. Da die Vorwissensstrukturen völlig unterschiedlich sind, sollten Sie sich darauf in den Feedback- oder Beratungsgesprächen einstellen. Der leistungsschwache Schüler soll die gröbsten Mängel verbessern (können/lernen), die leistungsstarke Schülerin dagegen soll sich eher an Details abarbeiten. Das Punktekonto misst den *individuellen* Lernfortschritt, nicht das (oft nur scheinbar) *objektive* Ergebnis. Mit dem Punktekonto, das sollte klar geworden sein, kann der dynamische Leistungsbegriff in die Praxis überführt werden.

14.4.2 Aufbau, Struktur und Form des Punktekontos

Jedes Konto will geführt sein; so auch ein Punktekonto. Allerdings nicht als kaufmännisches T-Konto, sondern in Form einer Liste, auf der alle Items (Lernhandlungsformen und -produkte) verzeichnet sind. Punktelisten-Items sind zum Beispiel »Internet- oder Buchrecherche« oder »Lernberatung«. Die Liste verbleibt in der Hand der Lernenden. Bei jüngeren Schülern empfiehlt sich eine doppelte Buchführung.

Die Form des Punktekontos

Es gibt kein Gesetz für die äußere Form des Punktekontos. »Form follows function« gilt auch hier. Insbesondere beim kompetenzorientierten Punktekonto ergeben sich Unterschiede in den Items zwischen den verschiedenen Schulfächern. Falls Sie in einem Lehrerteam arbeiten, sollten Sie dennoch auf eine möglichst große Übereinstimmung zwischen den Fächern achten. Dies vereinfacht den Umgang mit dem Punktekonto, besonders wenn die Schülerinnen und Schüler noch Novizen sind. Die im Beispiel aufgeführten Items sind ebenfalls kein Gesetz. Jeder Kollege kann experimentieren, sollte sich aber trotzdem im Team absprechen.

Punktekonto Name: Klasse: 11   1. HJ

Nr.	Lerngegenstand/Items	je	Σ Pkt	Bis 20.12. abgeben	Dat	Dat	Dat
1	Internetrecherche/Buchrecherche		10	5.12.			
2	Lernzirkel (2 Unterricht/1 außerunterrichtlich)	5	15	x			
3	Funktionsübernahme bei kooperativen Lernformen (Moderatorin, Zeitnehmerin, Protokollantin, Krokodil)	5	10				
4	Strukturbild oder Strukturlegearbeit	5	10	x			
5	Lernberatung (5/2), Lernpartnerschaft (3x)	5	5	20.12.			
6	Hausaufgaben	5	20				
7	Prozessbewertungen		30	x			
8	Eigene Wahl (Dopplungen, Lernpartnerschaft, Lernberatung, Exkursion, Vorträge (5/8), Lernkreisel usw.)	(1-5)	25	xx			
	Summe		125				

Betrugsversuche werden mit ....(bitte Entscheid der Klasse eintragen) Abzug geahndet.

Verhältnis: 40 konventionell : 60 Punktekonto

Note	1+	1	1–	2+	2	2–	3+	3	3-	4+	4	4-	5+	5	5–
Punkte	100	95	90	85	80	75	70	65	60	55	50	45	35	20	10

Abb. 26: Anfänger-Punktekonto für das dreistündige Fach Sozialwissenschaften (daher sind Elemente der Prozessbewertung enthalten)

Aufbau des Anfänger-Punktekontos

Das Punktekonto ist eine Tabelle. Die Titelzeile gibt den Inhalt der Spalten an. In der ersten Spalte von links sehen Sie die einzelnen Items. In der zweiten Spalte sind die zu erreichenden Punkte pro Lernhandlung verzeichnet. Bei einigen Items ist eine Spannbreite von erreichbaren Punkten angegeben (dazu weiter unten). Damit die Schüler die Übersicht behalten, ist jeweils die Höhe der möglichen Punkte pro Item in der dritten Spalte von links angegeben. In der vierten Spalte sind die Abgabefristen festgelegt. Ein X bedeutet, dass bis zu diesem Datum eine entsprechende Lernhandlung durchgeführt sein muss. Doppel-X bedeutet, dass zum angegebenen Datum zwei dieser Lernhandlungen erfolgen müssen. Dies ist wichtig, damit Sie nicht am Ende eines Halbjahres mit Materialien überschwemmt werden. Die restlichen Spalten sind mit

»Datum« gekennzeichnet. Hier trägt die Lehrkraft qua Unterschrift oder Kürzel die Punkte ein, versehen mit dem Datum. Wichtig: Drängen Sie darauf, dass Ihre Schüler auf der Rückseite ebenfalls mit Datum verzeichnen, wofür genau es die Punkte gab. Das hilft bei der Endabrechnung, Missverständnisse, Verdächtigungen und das Erschwindeln von Punkten zu minimieren.

In der letzten Zeile dieses Kontos ist die Summe aller erreichbaren Punkte angegeben. Bei 100 Punkten wird eine Eins plus erreicht. Das Item Nr. 8 im obigen Punktekonto dient als individuelle Ausformungsmöglichkeit des Kontos durch die Schüler, wenngleich in nur begrenztem Ausmaß. In Absprache mit der Lehrkraft kann der Schüler hier ein Item aus der Liste wiederholen oder aber ein völlig anderes, in der Liste nicht verzeichnetes, vorschlagen und umsetzen. Die Möglichkeit zur Wiederholung von Items, in denen sich der jeweilige Schüler gut auskennt, festigt dessen Selbstvertrauen. Lernende sind individuell. Deshalb haben sie auch eigenständige Ideen, wie sie ihren Lernprozess vorantreiben können. Damit die Schülerinnen und Schüler mit ihren Stärken im wörtlichen Sinne punkten können, sollte das Punktekonto mehr als 100 Punkte umfassen. Individuelle Auswahlmöglichkeiten an Items sind damit möglich.

Die Struktur des Anfänger-Punktekontos ist demnach zweigeteilt. Den größten Teil gibt die Lehrkraft vor, wobei hier Vorschläge der Lernenden aufgenommen sein können. Einen kleineren Teil können die Schüler in Eigenregie gestalten. Letzteres kann später ausgedehnt werden. Sobald Ihre Klasse in SOkeL fortgeschritten ist und auch das Punktekonto verinnerlicht hat, können Sie einen Schritt weitergehen und das Punktekonto zunehmend individualisieren. Vielleicht denken Sie, dass nun alle Schüler 100 Punkte haben werden? Diese Befürchtung – oder je nach Blickwinkel auch Utopie – ist meines Wissens noch nie eingetreten. Tritt dieser Fall doch auf, dann hat etwas im Umgang mit dem Punktekonto nicht gestimmt.

Umrechnen in Noten

Je lernselbstständiger und selbstorganisierter sich die Schüler Wissen aneignen können, desto stärker sind Sie darauf angewiesen, die Note für den allgemeinen Teil (mündlich) in anderer Form zu erheben. Die klassische mündliche Note ist deswegen nicht mehr möglich, weil Plenumsversammlungen in einer binnendifferenzierten kooperativen Unterrichtsform selten werden. Dies trifft erst recht zu, wenn die Lernprozesse immer stärker individualisiert werden.

Selbstverständlich können Sie Mischformen zwischen klassischer mündlicher Note und Punktekonto anlegen – besonders beim Einstieg in die SOkeL-Leistungsbewertung, je nach Kompetenzstand Ihrer Klasse. Es empfiehlt sich bei Anfängern, ein 60:40-Verhältnis einzuführen. Die konventionelle Note (40 Prozent) ist den Lernenden vertraut, auch wenn die meisten dadurch letztlich Nachteile haben. Mit zunehmender Sicherheit im Umgang mit der neuen Bewertung und mit zunehmender Lernkompetenz erhöht sich das Verhältnis auf 80:20. Manche Klassen verzichten dann von sich aus auf die restlichen 20 Prozent und wollen das Punktekonto zu 100 Prozent gewertet wissen. Es sei nochmals ausdrücklich betont, dass Sie es mit diesem herausfordernden Thema einer völlig anderen Leistungsbewertung sehr viel einfacher haben, wenn Sie in einem Lehrerteam tätig sind. Neben dem Nutzen für Sie ist es auch für die Schüler von Vorteil, da sich die Klassen frühzeitig an das Neue gewöhnen.

Eine Beispielrechnung in Noten: Eine Schülerin erreicht im Punktekonto 80 Punkte. Dies entspricht laut Tabelle einer Zwei. Diese Zwei geht mit 80 Prozent in die Endnotenberechnung ein. In der konventionellen mündlichen Benotung erhält diese Schülerin eine Drei minus. Insgesamt erhält sie so eine Zwei minus. Berechnung: 8 × 2 (= 80 Prozent) plus 2 × 3,25 (= 20 Prozent). Summe: 22,5 ergibt die Endnote 2,25. Bei einem Verhältnis von 60:40 würde die Rechnung folgendermaßen lauten: 6 × 2 = 12 (60 Prozent) plus 4 × 3,5 = 14 (40 Prozent). Summe = 26. Endnote: 2,6.

Punktekonto	80 (Prozent) x 2 (Note)	= 160
Traditionelle mündliche Note	20 (Prozent) x 3,25 (Note)	= 65
Ergebnis		225 : 100 = 2,25

Abb. 27: Notentabelle

Es ist Ihnen selbstverständlich freigestellt, eine andere Punkte-Noten-Relation zu wählen. Meine Empfehlung: Holen Sie die Stellungnahme der Klasse dazu ein, bevor die Punkte-Noten-Relation Gesetz wird.

Mögliche (!) Bestandteile des Punktekontos
Die einzelnen Items haben verschiedene Wirkungen und können den Lernenden je nach Bedarf vorgeschlagen werden. Meist werden die Lernenden selbst aktiv. So kann die Lehrkraft sie beraten, welcher Schritt des Punktesammelns aktuell sinnvoll ist. Die Funktionen der Items lassen sich aus Lehrersicht im Groben danach unterscheiden, ob sie
- im Unterricht oder außerhalb zu erfüllen sind,
- den Unterrichtsstoff vertiefen oder begleiten,
- den Lernstoff wiederholen.

Einzelne Items können alle Funktionen abdecken.

Beispiele für Items des Punktekontos
- die *Internet- und Buchrecherche*
- das *Portfolio* – ein anspruchsvolles Item, das dem Erwerb von Metakognition dient
- *Lernzirkel* (vgl. Kapitel 5)
- *qualitative Vorbereitung des Lernzirkels* (vgl. Kap 5): Über das Punktekonto sollen die Schüler zum eigenständigen und zielführenden Arbeiten gebracht werden. Die qualitative Vorbereitung des Lernzirkels ist dazu eine empfehlenswerte Maßnahme. Voraussetzung dafür ist die Beherrschung von Visualisierungstechniken oder von anderen Arbeitstechniken wie dem Exzerpieren. Die Schüler müssen Gelegenheit

gehabt haben, dies zu üben. Wie üblich legen sie zum Punkteerhalt die Dokumentation ihrer Arbeitsergebnisse vor. Vorteilhaft wäre es, wenn dies vor dem Lernzirkel geschieht. Während des Lernzirkels können sie sich die Unterlagen der leistungsschwachen Schüler geben lassen und auf Fehler überprüfen. Schulische Lernzirkel finden in der Regel vor einer Klassenarbeit statt. Die Schülerinnen und Schüler verstehen sehr rasch, dass diese Wiederholung und Vorbereitung auf die Klassenarbeit wesentlich effizienter ist als die Wiederholung durch die Lernkraft.

- *Strukturbilder/Visualisierungen* (vgl. Kapitel 2): Das Strukturbild oder die Visualisierung ist ein typisches Item für die Einstiegsphase in die Arbeit mit dem Punktekonto. Mit der Zeit ist die Verfertigung eines Strukturbilds den Schülern so selbstverständlich, dass es einfach dazugehört. Sie können dieses Item dann durch ein anderes ersetzen. Alternativ könnte es auch innerhalb einer Prozessbewertung eingeübt werden.

- *Funktionsübernahme bei kooperativen Lernformen* (vgl. Kapitel 3): Dieses Item ist ebenfalls für Punktekonto- und SOkeL-Anfänger. Es kann ebenso gut in einer Prozessbewertung umgesetzt werden. Schüler sehen oft nicht den Sinn der Funktionen in kooperativen Lernformen. Erst später, wenn sie soweit geschult sind, dass sie in offeneren Arrangements arbeiten können, wird ihnen der Sinn der Funktionen überdeutlich. Am Anfang können wir sie ein wenig motivieren, die Funktionen ernst zu nehmen, indem wir Punkte in Aussicht stellen. Sobald dieses Verhalten routiniert ausgeführt wird, können wir das Item gegen ein anderes austauschen.

- *Qualitätsüberprüfung:* Dieses Item müssen Sie unbedingt vor der Ausführung anmelden. Verhindern Sie, dass leistungsschwache Schüler eine Qualitätsüberprüfung bei Arbeitsergebnissen von Leistungsstarken vornehmen, nur um Punkte zu bekommen. Die Qualitätsüberprüfung ist ein anspruchsvolles Item.

  Umgekehrt wird ein Schuh daraus: Das Arbeitsergebnis eines Lernzirkels, eine Internet-/Buchrecherche oder eine andere Lernhandlung eines schwächeren Schülers wird nach den vorgegebenen bzw. mit der Klasse ausgehandelten Kriterien durchgearbeitet. Das Ergebnis der Qualitätsüberprüfung wird für die Beratung aufbereitet; auch für die Annahme der Beratung gibt es Anerkennungspunkte. Wie bei anderen Items auch, sollte die Qualitätsprüfung zunächst einfach strukturiert sein. Mit zunehmender Kompetenz der Schüler wird sie anspruchsvoller formuliert. Die Qualitätsüberprüfung und die daraus abgeleitete Beratung müssen dokumentiert werden.

- *Lernberatung* (vgl. Kapitel 5): Diese Form der Beratung ist ein effektives und bei Schülern beliebtes Mittel, um Lücken zu schließen. Sie findet meist außerhalb des Unterrichts statt. Auch hier muss der Berater mehr Punkte bekommen als der Beratungsnehmer. Die Beratung muss dokumentiert sein.

- *Lernpartnerschaft:* Im Gegensatz zum Lernzirkel begleitet die Lernpartnerschaft den Ablauf einer Lerneinheit. Zu Beginn des Halbjahres wird festgelegt, wie oft sich die Lernenden (zwei bis maximal drei) außerhalb des Lernzirkels treffen müssen, um die vorgesehenen Punkte zu erhalten. Wenn Sie die einzige Lehrperson in der Klasse sind, die nach SOkeL unterrichtet, haben Sie freie Fahrt. Arbeiten Sie jedoch im

Team, sollten sie unbedingt gemeinsam festlegen, wie oft die Schüler sich für eine Lernpartnerschaft treffen müssen, damit die Anforderungen im rechten Maß bleiben. Selbstverständlich müssen auch hier die Treffen dokumentiert werden.
- *Lernkreisel* (vgl. Kapitel 5)

Im Prinzip ist im Anfänger-Punktekonto jedes Lerninstrument (vgl. Kapitel 12) als Punktekonto-Item oder zur Prozessbewertung geeignet. Dies hängt jedoch von Jahrgangsstufe und Bildungsgang ab. Formulare zu einzelnen Items von Punktekonten finden Sie auf www.sokel.de.

14.4.3 Was wäre wenn? Das Punktekonto und der Fehler

Was wäre eigentlich wenn? Wenn die Lernenden zum Beispiel beim Lernzirkel Fehler begehen und diese Fehler bereits in der qualitativen Vorbereitung des Lernzirkels enthalten waren? Sie aber hätten dies nicht bemerkt, weil Sie nicht dazu kamen, alle Vorbereitungen der Schüler durchzusehen? Unterschätzen Sie die Schüler nicht! Diese sind im Zirkel zu dritt. Es wäre schon erstaunlich, wenn kein Lernzirkelmitglied bemerken würde, dass jemand einen gravierenden Fehler als Sachinhalt vorträgt. Dies hieße doch, dass auch die anderen beiden exakt denselben Fehler begehen würden. Es ist sehr unwahrscheinlich, dass alle drei sich den neuen Lernstoff trotz unterschiedlicher bereichsspezifischer Vorwissensstrukturen exakt gleich aneigneten. Geht es doch in diesem Fall um Wiederholung, Aufarbeitung und Vertiefung.

Auch nach Ihrem Unterricht sind die bereichsspezifischen Wissensstrukturen unterschiedlich. Erinnern Sie sich? Das Gehirn ist die Statistik seines Gebrauchs (M. Spitzer). Dieser Gebrauch ist seit dem Aufenthalt im Mutterleib äußerst verschieden, weshalb sich unterschiedliche Strukturen ausbilden. Je mehr Erfahrung und Wissen dazukommt, umso weiter driften die jeweiligen individuellen Strukturen auseinander (vgl. Kapitel 2 und 4). Es ist daher unwahrscheinlich, dass die anderen Lernenden den Fehler überhaupt nicht bemerken, zumal in den Lernzirkeln meist unterschiedlich Leistungsstarke vertreten sind. Würde niemand den Fehler erkennen – gemeint sind hier wirkliche Fehler, nicht Ungenauigkeiten –, käme dies der Aufforderung gleich, den Rest der Klasse zu überprüfen. Kam vielleicht im Unterricht eine Botschaft *generell* nicht an?

Nehmen wir an, die anderen Lernzirkelmitglieder hätten den Fehler tatsächlich nicht bemerkt. In diesem Fall gibt es zur Korrektur immer noch Ihre Draufsicht. Diese können Sie beim Punkteverrechnen oder während Ihres Rundgangs vornehmen. Sie schauen sich dabei wohl kaum zuerst die Unterlagen der Leistungsstarken an, von denen Sie vermuten, dass wenig Fehlerhaftes darin enthalten ist.

Ist das Fehlen von Kontrolle nicht problematisch, da Lernzirkel manchmal außerhalb des Unterrichts tagen? Gegenfrage: Sollten Schüler lieber nicht lernen, wenn ihre Lehrperson nicht dabeisitzen kann?

Der oben genannte Fall ist umkehrbar: Das besagte Lernzirkelmitglied trägt seine fehlerhafte Arbeit vor. Ein anderes Mitglied bemerkt, dass hier etwas nicht stimmen kann. Dies ist die pessimistische Version. Die optimistische dagegen wäre, dass ein anderer Mitschüler auf den Fehler hinweist und ihn verbessert. Gemeinsam schauen Lehrer und Schüler in die Unterlagen und forschen nach, wie die richtige Darstellung des Inhalts sein müsste. Effekt: Alle Lernzirkelmitglieder lernen über den Fehler. Der betroffene Schüler lernt die richtige Version. Die anderen, die lediglich die vage Vermutung hatten, dass ein Fehler vorliegt, lernen den Inhalt nun exakt. Fehler sind logische Grundbausteine des Lernens, auch hier.

Spielen wir einmal die pessimistische Version durch. Drei bereichsspezifisch schwache Schüler treffen sich zum Lernzirkel unmittelbar vor der Klassenarbeit. Der eine trägt seine fehlerhafte Arbeit vor, die anderen bemerken nichts. Auch hatten Sie keine Gelegenheit zum Eingreifen. Hätte sich diese Gruppe also lieber nicht treffen sollen? Selbstverständlich nicht, denn sie halfen einander, ihre Lücken zu schließen. Leider sind viele Menschen so gestrickt, dass sie nur das engagiert tun, was sie bereits gut beherrschen. Warum also sollte ein Schüler Mathematik vorbereiten, wenn er doch gut in Englisch ist? Und Englisch bereitet Freude, im Unterschied zu Mathe. Die Punkte aber bekommt der Schüler nur, wenn er am verabredeten Lernzirkel zum ungeliebten Fach teilnimmt. Am liebsten wäre der Schüler gar nicht erst hingegangen oder eventuell erst morgen. Da er nun aber schon mal im Lernzirkel sitzt, kann er ja nachfragen, wie das ist mit dem Satz des Pythagoras. Die anderen wissen es auch nicht so richtig. Also wird gemeinsam rekonstruiert, soweit es eben möglich ist. Drei wissen und können mehr als einer. Wissenszuwächse werden konstruiert. Wechselseitiges Erklären zwingt zum genauen Denken. Andernfalls lassen sich Gedanken nicht ausdrücken. Heinrich von Kleist und LDL seien in Erinnerung gerufen (vgl. Kapitel 3). Der unerkannte Fehler wird x-fach durch den anderweitigen Wissens- und Könnensaufbau kompensiert. Dies ist zwar ein defensives Argument, aber es ist eines.

14.4.4 Die unterrichtliche Arbeit mit dem Punktekonto

Im Laufe des Halbjahres melden Schüler an, dass sie vorhaben, einen Lernzirkel zu machen. Andere wünschen eine Lernpartnerschaft oder eine themenbezogene Beratung. Oft geben Schüler auch nur ein Arbeitsergebnis ab und möchten dafür Punkte haben. Zur Erfassung dieser vielfältigen Ansprüche sollten Sie allen Schülern einen Satz Dokumentationsformulare zu den einzelnen Items zur Verfügung stellen. Denn oft entscheiden sich Schüler spontan zu Hause, etwas für die Füllung des Punktekontos zu tun. Vielleicht haben Sie auch eine Gelegenheit, diese Dokumentationsformulare auf die Homepage der Schule oder über eine Facebook-Gruppe zum Download zu stellen.

Insbesondere in der Einführungsphase, die sich durchaus über ein Schulhalbjahr erstrecken kann, kommt es auf Ihre Aktivität an. Andernfalls bleibt es eventuell so, wie es die Schüler bislang gewohnt sind. Sie sollten immer wieder darauf hinweisen, wo, wann und wie Ihre Schüler Punkte erarbeiten können. Im Zusammenhang mit den aktivierenden SOkeL-Methoden werden die Schüler erst mit der Zeit selbstverantwortlich aktiv und kümmern sich um ihre eigenen Lernprozesse. Während einige Schüler sofort die Gelegenheit für eine gute mündliche Note beim Schopfe ergreifen, sind andere nur schwer aus der Lethargie zu reißen. Bisher hatte es doch mit einer mündlichen Vier oder gar Drei auch so geklappt? Warum sich also plötzlich mehr anstrengen müssen? Leider ist diese Haltung verbreiteter, als uns lieb sein kann.

Vor allem zu Beginn der Arbeit mit dem Punktekonto, wenn Prozessbewertung und Punktekonto noch gemischt sind, können Sie bei der Hausaufgabenstellung ankündigen: »Bitte lest den Text XY bis zum nächsten Mal. Fertigt zu dem Textinhalt ein Strukturbild an. Für das Strukturbild wird es x Punkte geben.« Wie immer werden nicht alle die Hausaufgabe erledigt haben. Diejenigen, die das Strukturbild vorweisen können, bekommen Punkte. Die anderen bekommen keine Punkte, aber auch keine irgendwie gearteten Strafen in Form von Minuspunkten oder Ähnlichem. Es war die Entscheidung der betreffenden Schüler, auf Punkte zu verzichten. Gönnen Sie sich beim Punkteverteilen einen Blick in die Gesichter der leer Ausgegangenen. Sie werden sehen, dass es den fraglichen Schülern offensichtlich weh tut, zu sehen, dass andere im Wortsinne punkteten.

Eintrag der Punkte
Sind die Kriterien für das vorgelegte Arbeitsergebnis erfüllt, dann tragen Sie die Punkte in die Datumsspalte des jeweiligen Punktekonto-Items ein. Bitte mit Unterschrift oder Kürzel, möglichst mit Datum. Halten Sie die Schüler dazu an, auf der Rückseite des Kontos eine Chronologie des Punkteempfanges zu verzeichnen. Gibt es einmal Unstimmigkeiten, z. B. wenn Sie das Gefühl haben, dass die Arbeit schon einmal vorgelegt wurde, kann sich vieles über das Datum aufklären. Dies ist besonders wichtig beim Item »Eigene Wahl«. Denn Monate später wissen Sie und der Schüler meist nicht mehr genau, wofür er die Punkte erhielt.

Aufbewahrung des Punktekontos
Im Sinne von SOkeL beabsichtigen Sie, die Eigenverantwortung der Lernenden zu stärken. Das bedingt unter anderem, dass nicht Sie, sondern die Lernenden das Punktekonto aufbewahren. Bei jüngeren Schülern ist es sicherlich sinnvoll, dass Sie parallel zum Schüler ein Punktekonto führen. Bei älteren Schülern treten wir die Verantwortung für das Konto ab. Aber fordern Sie die Schüler im Einführungshalbjahr wiederholt auf, sich Sicherungskopien zu machen.

Täuschungsversuche
Selbstverständlich werden Sie Täuschungsversuche erleben. Es ist wie im richtigen Leben. Und ebenso selbstverständlich wird es Ihnen nicht immer auffallen. Sie können aber getrost darauf bauen, dass die Klasse das Nassauern Einzelner nicht lange dulden

wird. Denn wer sich unter Mühen Punkte erarbeitet, wird nicht zulassen, dass andere mühelos dank fremder Arbeit zu Punkten kommen: Die Klasse wird Sie auf Täuschungen hinweisen. Treffen Sie mit Ihrer Klasse bei der Einführung des Punktekontos Vereinbarungen, wie im Täuschungsfall zu verfahren ist. Oft fordern Schülerinnen und Schüler drakonische Strafen. Mildern Sie diese Forderungen ab.

Mit dem Fehlerhaften arbeiten
Nehmen wir an, in Ihrem Punktekonto gibt es das Item »Internetrecherche«. Damit sind prinzipiell jedem Schüler Punkte in Aussicht gestellt, scheinbar unabhängig von der Qualität der durchgeführten Recherche. Entwickeln Sie zunächst mit der Klasse eine sehr einfache Sammlung an Mindestkriterien. Selbstverständlich haben Sie eine viel weitergehende Vorstellung von einer inhaltlich und formal guten Internetrecherche. Diese Vorstellung ist ein Ziel, zu dem Sie die Klasse nach und nach führen können. Unter dem Aspekt der Individualisierung des Unterrichts ist es ebenfalls klar, dass die Lernenden dieses Ziel unterschiedlich schnell und gut erreichen werden. Und bei vielen sind Sie einfach nur froh, wenn sie überhaupt nur in die Nähe des Ziels gelangen.

Dieses Ziel, dass Ihre Schüler gemäß Ihrer Zielvorstellung die Internetrecherche durchführen, kann eine Falle sein. Von diesem Ziel aus gesehen, sind die meisten bei Ihnen abgegebenen Recherchen falsch. Die Botschaft der roten Tinte lässt grüßen – und deren Folgen grüßen dann wiederum Sie. Worin liegt der Fehler? Der statische Leistungsbegriff schlich sich ein. Der Lehrer geht dabei von einem vorab definierten Leistungsziel bzw. -niveau aus, von dem aus gesehen vieles falsch und damit rot wird, was unterhalb der vorab definierten Messlatte liegt (vgl. Kapitel 13). Es ist selbstverständlich auch in SOkeL erlaubt, aus einer Internetrecherche einen mit Noten beurteilten Leistungsnachweis werden zu lassen. Dieser hat dann aber einen anderen Charakter. Er muss als solcher angekündigt sein. Den Lernenden muss klar sein, dass die Recherche dann nicht ihren Lern*prozess* betrifft, sondern eine Situation außerhalb dessen. Es handelt sich dann nämlich um eine Leistungs*situation*, eine Leistungsüberprüfung. In einer solchen Situation ist das Gelernte nachzuweisen. Und Sie müssen wieder die Defizitbrille aufsetzen. Dass es auch Schüler gibt, die in Leistungssituationen dazulernen, mag dahingestellt bleiben.

Wie mit so vielen Fehlern umgehen?
Eine schwache Schülerin gibt Ihnen eine Recherche ab. Das erste Mal, dass sie von sich aus einen Lernversuch startete. Sie überfliegen den relativ kurzen Text und stellen sofort die massiven Verstöße gegen die sprachliche Richtigkeit fest. Gravierender noch ist, dass das Rechercheergebnis überhaupt nicht deutlich macht, worum es auf den besprochenen Internetseiten geht. Der Text ist deskriptiv, letztlich aussagelos und könnte in seiner Verallgemeinerung auf jedes Recherchethema angewandt werden (stempeln). Was tun?

Das Wichtigste ist, dass Sie den Impuls unterdrücken, die Defizitbrille aufzusetzen. Bedenken Sie, dass die Schülerin, die vor Ihnen steht, vielleicht seit sehr langer Zeit das

erste Mal wieder aus freien Stücken einen Leistungsversuch startete. Sie probierte es, obwohl sie innerlich tief davon überzeugt ist, dass sie es nicht kann, dass es ohnehin zwecklos ist. Finden Sie also etwas Positives, das Sie loben können. Selbst wenn es nur die Mühe ist, die die Schülerin aufbrachte. Überlegen Sie mit ihr gemeinsam einige wesentliche Punkte, aber nicht alle (!), die sie verbessern könnte. Die gemeinsame Fehleranalyse kann zu verschiedenen Optionen führen. Mit der Schülerin wird vereinbart,
- die gemeinsam herausgearbeiteten Schwachstellen zu beseitigen;
- dass diese Schwachstellen das nächste Mal nicht mehr vorkommen dürfen, sollen Punkte erteilt werden;
- dass sie eine Lernberatung einholt, danach ihr Lern-/Leistungsprodukt verbessert und dafür dann die Punkte für die Internetrecherche und die Annahme einer Lernberatung erhält.

Weiterer Verlauf
Ist den Schülerinnen und Schülern der Umgang mit dem Punktekonto vertraut geworden, so ist es an der Zeit, Mindestkriterien einzuführen, falls Sie dies nicht ohnehin schon getan haben. Verstößt ein Schüler mit seinem Lern-/Leistungsprodukt dagegen, so sollte er das Recht haben, den Vorgang ein oder zwei Mal zu wiederholen. Später, im Zusammenhang mit der Kompetenzorientierung, können die Kriterien aufgefächert werden in Mindest-, Regel- und Exzellenzstandards. Doch Vorsicht! Geht der Lehrer zu schnell vor, verliert das Punktekonto seinen Sinn und wird in der Wahrnehmung der Klasse zu einem Teil der Leistungsbeurteilung, obwohl dies sachlich nicht zutrifft. Lassen Sie sich bei der Auffächerung der Kriterien Zeit.

14.4.5 Überlegungen zur Einführung des Punktekontos

Die generelle Entscheidung, das Punktekonto einzuführen, sollten Sie allein treffen. Das Punktekonto ist neu für die Schüler. Es löst unter Umständen Ängste aus, weil es Veränderungen im Verhalten fordert. Diese Ängste sind verständlich. Schließlich geht es hier in der Auffassung vieler Lernender um das Eigentliche der Schule, die Noten. Da sollte man lieber vorsichtig sein. Außerdem riechen viele Schüler den Braten: Das Punktekonto »verspricht« mehr Arbeit. Vorbei die Zeit, in der ein ab und zu eingeworfenes Stichwort, ein Halbsatz oder auch eine kurze Ausführung für die Sicherung einer guten mündlichen Note ausreichte.

Andererseits können Sie selbstverständlich konsequent bleiben und mit der Klasse die Einführung verhandeln. Stellen Sie sich in diesem Fall auf eine lange Diskussion ein mit ungewissem Ausgang. Wenn Sie gleichzeitig in anderen Klassen mit dem Punktekonto arbeiten, wird es für Sie auf Dauer moralisch und motivational schwierig sein, mit dem alten System in einer Ihrer Klassen weiterzuarbeiten. Sie werden zunehmend die Schwierigkeiten und zum Teil Unmöglichkeiten der konventionellen mündlichen Notengebung im Vergleich erfahren.

Gesetzt den Fall, Sie haben bisher noch nicht mit dem Punktekonto gearbeitet, wohl aber viele Jahre mit der konventionellen Leistungsbeurteilung. Dann sollten Sie nichts überstürzen. Beginnen Sie langsam, sammeln Sie anfangs einfach nur Erfahrungen. Experimentieren Sie zum Beispiel mit der oben angesprochenen Internetrecherche. Vielleicht mischen Sie hier Prozessbewertung und Punktekonto. Als Nächstes könnten Sie eine einfache Prozessbewertung durchführen, zum Beispiel zur Arbeit in Expertengruppen, Selbstverständlich kündigen Sie auch dieses Vorgehen vorher an und legen offen, wie die Beurteilungskriterien verfasst sind.

Mit jeder neuen Bewertungsmethode gewöhnen sich die Schüler an das neue Vorgehen. Es ist besonders in der Einführungsphase wichtig, dass Sie die Schüler im Unterricht die Punkte schnell und relativ einfach erreichen lassen. Es ist von besonderer Bedeutung, dass Ihre Schüler die Vorzüge des neuen Bewertungsverfahrens »am eigenen Leibe« erfahren, und zwar stehenden Fußes. Und stellen Sie sich darauf ein, dass es lange dauern wird, bis Ihre Klasse umgelernt hat.

Irgendwann ist Ihre Klasse so weit, dass Sie das eigentliche Punktekonto einführen können. Für Sie äußerst bedeutsam ist aber die Selbstbefragung. Sind Sie als Lehrperson bereit und qualifiziert genug, mit dem Punktekonto zu arbeiten? Gemeint ist die Tatsache, dass die Schülerinnen und Schüler Ihnen viele Lernergebnisse auf den Tisch legen werden. Wenn Sie in der SOkeL-Kurve noch relativ weit oben sind, verschaffen Sie sich mit dem Punktekonto Mehrarbeit. In diesem Falle müssten Sie viele Schülerergebnisse mit nach Hause nehmen. Sind Sie und Ihre Klasse aber schon SOkeL-erfahren, so haben Sie genügend Zeit, die Durchsichtarbeit während des Unterrichts zu erledigen. Mit zunehmender Kompetenz nehmen Ihnen die Schüler einen Teil dieser Arbeit ab.

Grundlage Ihres Vorgehens bei der Einführung des Punktekontos sollte eine Kompetenzanalyse Ihrer Klassen gemäß folgender Aspekte sein:
- Wie selbstständig sind Ihre Schüler schon geworden?
- Welche Lerninstrumente und Arbeitstechniken beherrschen sie?
- Hat sich ihre Unsicherheitsorientierung schon etwas abgebaut? Sind neue Sicherheiten aufgebaut worden?
- Wie lange vermögen Ihre Schüler selbstständig zu arbeiten?

Steht Ihre Klasse noch relativ weit unten links in der SOkeL-Kurve, dann sollten Sie langsam zu Werke gehen. Insbesondere in sehr sicherheitsorientierten Klassen könnten Sie beispielsweise mit einem Verhältnis in der Berechnung der mündlichen Note von 60 (Punktekonto) zu 40 (konventionell) beginnen. Diese Relation könnten Sie dann Halbjahr für Halbjahr zugunsten des Punktekontos erhöhen. Lassen Sie Sicherheitsgefühle entstehen und wählen Sie bei der Einführung geeignete und gut zu bewältigende Prozessbewertungen sowie Punktekonto-Items aus. Damit werden die Vorteile des neuen Bewertungsverfahrens verdeutlicht. Aber seien Sie auch gewiss, dass ein Teil der Klasse die andere Seite der Medaille spürt, auch wenn diese anfangs noch nicht sichtbar ist. Spürbar werden Aufwand, Anstrengung und vor allem die Unausweichlichkeit, Verantwortung für sich übernehmen zu müssen. Vorbei die Zeiten, in denen jeder für seine Fehler die Lehrer haftbar machen konnte.

14.4.6 Kommunikation mit den Eltern bei der Einführung des Punktekontos

Jeder hat Erfahrungen damit, wie Schule funktioniert. Alle Meinungsmacher, VIPs, Eliten und Führungskräfte, viele Eltern und alle Kollegen haben zwölf bis 13 Jahre Schule und weitere fünf bis sieben Jahre Frontalunterricht (Vorlesungen) an den Universitäten hinter sich. Sie »wissen« damit scheinbar genau, wie schulisches Lernen geht. Auch Menschen mit »nur« zehn Jahren Schule plus Berufsschulunterricht »wissen« dies. Wenn Sie nun eine neue Unterrichtsarchitektur (SOkeL) verbunden mit neuen Bewertungsformen einführen, ist für so manchen Schluss mit lustig. Dies gilt sowohl für die Eltern jüngerer als auch für die Eltern älterer Schüler. Sie könnten überlegen, ob ein Elternbrief sinnvoll ist. Mit dem Elternbrief zeigen Sie zugleich, worauf es Ihnen nicht nur im Unterricht ankommt: auf Transparenz. Schreiben Sie ihn rechtzeitig vor dem nächsten Elternabend. Dann haben Sie keine Grundsatzdiskussion über das Punktekonto, sondern eine über Vor- und Nachteile einzelner Items. Einzelne Eltern werden trotzdem bestimmte Dinge kritisieren, andere hingegen loben. Und selbstverständlich hängt es definitiv *von Ihren konkreten Eltern* ab, ob diese Aktion wirklich Sinn macht. Der Brief könnte folgendermaßen lauten:

> Liebe Eltern,
> vielleicht hat Ihnen Ihr Kind schon erzählt, dass sich in der mündlichen Bewertung in meinem Unterricht etwas ändert. Die mündliche Notengebung soll für Ihr Kind, aber auch für Sie transparenter werden. In Zukunft können Ihr Kind und auch Sie jederzeit wissen, wo es »mündlich« steht.
>
> Wie soll dies geschehen? Ganz einfach. Werfen Sie einen Blick auf das sogenannte Punktekonto und schon wissen Sie, auf welchem Stand sich Ihr Kind befindet und welche Endnote sich abzeichnet. Diesem Brief ist ein Blanko-Punktekonto beigelegt. Sie können darauf einzelne Bewertungsinstrumente erkennen, z. B. Hausaufgaben, Lerntagebuch, Teamfähigkeit, Recherchen und Lernberatung. Führen die Schüler z. B. eine Lernberatung durch, erhält der Berater Punkte, aber auch – allerdings weniger – der Beratene. Denn bei der Lernberatung lernen beide: der eine, indem er seine Gedanken beim Sprechen auf den Punkt bringen muss; der andere, indem er seine Lernlücken schließt. Die Schüler müssen dabei ihre Aktivität dokumentieren und sie mir gegenüber vertreten können. Selbstverständlich lernen die Schüler im Unterricht, wie das durchzuführen ist. Am Ende des Schulhalbjahres werden die Punkte zusammengezählt. Die Summe der Punkte ergibt dann nach einem gewissen Schlüssel die mündliche Note.

Was ist der Unterschied zur bisherigen Notenfindung?
An vorderster Stelle steht der Umgang mit dem Fehler. Im Prinzip geht die bisherige Notenfindung davon aus, dass für eine fehlerfreie Arbeit ein »sehr gut« gegeben wird. Jeder Fehler führte zu einer Verschlechterung der Note. Im Punktekonto wird dieses Prinzip umgedreht. Jede Lernaktivität wird nach bestimmten Prinzipien mit Anerkennung bedacht, in Form von Punkten.

Welchen Sinn hat das Punktekonto?
Das Punktekonto soll die Schüler zur eigenständigen Aktivierung führen. Alle sollen zeigen können, was sie können. Dieses Können ist sehr individuell ausgeprägt. Viele Schüler haben im großen Klassenverband Angst sich zu äußern, denn das Gesagte könnte ja falsch sein. Nun aber können sie unbeschwert loslegen. Denn die Punkte werden nicht im Klassenverband verdient, sondern in Kleingruppen oder auch nur individuell. Erfahrungen zeigen, dass dies eine motivierende Erfahrung auch für Ihr Kind sein wird. Die Schüler führen sich selbst vor Augen, dass sie kompetent sind und etwas können. Die andere Seite ist allerdings, dass sie auch viel deutlicher als im Frontalunterricht bemerken, was ihnen noch nicht gelingt, was sie noch üben müssen. Dann lohnt es vielleicht doch, sich von einem anderen Schüler eine Lernberatung zu holen.

Wie wird mit dem Fehler innerhalb des Punktekonto-Verfahrens umgegangen?
Fehler sind das Salz des Lernens. Allerdings sind damit keine Nachlässigkeitsfehler gemeint. Wie die Hirnforschung zeigt, findet Lernen gar nicht anders statt als über das Begehen von Fehlern.

Wie werden Ihre Kinder beteiligt?
Nach dem ersten Durchgang werde ich intensiv mit der Klasse diskutieren, was in der Arbeit mit dem Punktekonto gut war oder auch nicht. Die Schüler können dann – begründete – Vorschläge unterbreiten. Dies betrifft die Frage, welche Bereiche des Punktekontos fortgeführt werden sollen, sowie Vorschläge zur Auswahl neu hinzukommender Bereiche. Selbstverständlich werde ich auf die Vorschläge der Lernenden zum konkreten Umgang mit dem Punktekonto achten.

Partizipation in Entscheidungen und Transparenz in der Notengebung sind mir wichtige Ziele. Sicherlich werden Sie noch viele Fragen, Ideen oder Ergänzungen zum Punktekonto haben. Ihre Kritik ist selbstverständlich ebenfalls willkommen. Bei unserem nächsten Elternabend wird daher dem Austausch über das Punktekonto eine prominente Stellung eingeräumt.

14.4.7 Einführung des Punktekontos bei älteren Schülern

Im Gegensatz zur späteren Einschätzung werden die älteren Schüler Ihrem Ansinnen, das Punktekonto einzuführen, wenig Gegenliebe entgegenbringen. Aus mehreren Gründen werden Sie mit Widerstand zu rechnen haben:
- Die sicherheitsorientierten Schüler befürchten, »irgendwie« Nachteile zu haben. Schließlich haben sie so etwas noch nie gemacht. Vielleicht kommt dabei ein Mangelhaft heraus, wenn man sich nur auf sich selbst verlassen muss und der Lehrer nicht immer gleich sagt, was falsch und was richtig ist.
- Auch die guten Schüler bekämpfen unter Umständen das Punktekonto. Bislang konnten sie besonders bei Unterrichtsgesprächen glänzen und zu allem schnell eine Meinung vortragen. Nun aber müssen sie ihren Anspruch auf eine Eins oder Zwei durch dokumentierte Lernfortschritte untermauern – und zwar auf ihrem hohen Niveau. Schnell wird ihnen klar, dass dies erheblich mehr Aufwand verursacht, als die Hand zu heben.
- Leistungsorientierte Lernende befürchten oft, dass die Leistungsschwachen nun ohne Weiteres und ungerechtfertigt zu guten Noten kommen.
- Eine spezifische Gattung leistungsschwacher Schüler ist ebenfalls oft gegen die Einführung des Punktekontos. Bisher haben sie die knappe Vier auch ohne große Mühe bekommen, etwa durch irgendeine Schein-Lernhandlung kurz vor der Notenkonferenz. Manche schaffen ihre Vier auch über »Social Engineering«. Sie zeigen der Lehrkraft auf, warum eine schlechtere Note als Vier sie ins Elend stürzen würde. Im Punktekonto aber muss selbst eine Vier kontinuierlich erarbeitet werden. Das Punktekonto hält, was es verspricht. Ohne Fleiß kein Preis.

Am Ende des 1. Halbjahres nach der Einführung der neuen Bewertungsverfahren hat sich Ihre Klasse in Gewinner und Verlierer aufgeteilt. Sie werden erleben, dass es wesentlich mehr Gewinner als Verlierer gibt. Jetzt können Sie mit dem Rückhalt der Klasse rechnen, wenngleich dieser Rückhalt meist nicht offensichtlich ist. Schließlich verspricht das SOkeL-Leistungsbewertung mehr Arbeit und Aufwand, wer mag das schon? Da wird von manchem Schüler gelegentlich gemeckert. Um Rückhalt zu gewinnen, sollten sie kontinuierlich aufzeigen, warum dieses Bewertungsverfahren für die Schüler Vorteile bringt.

Bei der Diskussion um die SOkeL-Leistungsbewertung habe ich manchmal merkwürdige Situationen erlebt. Eine Schülerin meckerte heftig über das Punktekonto. Ich hielt mit den üblichen Argumenten dagegen. Es nützte nichts. Ich rechnete ihr vor, welche Note sie konventionell bekommen würde und welche aufgrund des Punktekontos. Heraus kam, dass sie ohne Punktekonto sitzen geblieben wäre. Sie fand das Punktekonto trotzdem doof. Dann bot ich ihr an, dass sie – große Ausnahme! – frei wählen dürfe: rein konventionelle Note oder Note mit Punktekonto. Die Frage war im Kern: Will sie sitzen bleiben oder nicht? Sie wählte die Versetzung.

14.4.8 Einführung der SOkeL-Leistungsbewertung in einer Klasse

Für die Einführung des Punktekontos gibt es keine Vorschriften oder eherne Gesetze. Jede Kollegin ist aufgefordert, ihren eigenen Weg zur Arbeit mit Punktekonten zu finden. Dennoch seien hier gangbare Schritte der Einführung dargestellt.

- Sie haben schon mehrere SOkeL-Arrangements geplant und durchgeführt. Nun wollen Sie Erfahrungen mit der SOkeL-Leistungsbewertung gewinnen. Es ist anzuraten, dass Sie mit Prozessbewertungen beginnen. Es geht hierbei zunächst darum, dass Sie (!) Sicherheit gewinnen. Das Experimentieren kommt vor allem Ihnen zugute. Der Nachteil, dass Sie noch mit konventioneller Notengebung hantieren müssen, ist dann im Moment nachrangig (vgl. Unterkapitel 14.3.1).
- Zu Beginn des nächsten Halbjahres führen Sie dann ein erstes kleines Punktekonto ein, in dem Prozessbewertungsanteile vorhanden sein können. Beispielsweise könnten Sie das Item »Teamfähigkeit« mit aufnehmen und eine maximale Punktzahl dafür angeben. Wie die Punktzahl zu erreichen ist, geben Sie dann mit einer Prozessbewertungsliste an.
- Denken Sie bitte bei einem weiteren Ausbau der Leistungsbewertung daran, dass diese im Verhältnis zu Ihrem Fortschritt im SOkeL-Unterricht steht. Denken Sie an die SOkeL-Kurve! Dann werden Sie erleben, wie Ihre Schüler immer lernaktiver werden, ohne dass Sie gleichzeitig enorm unter Stress stehen.
- Irgendwann ist es für die Lernenden selbstverständlich, dass sie Infoblätter, Visualisierungen, Begriffe für die Sortieraufgabe und für das Strukturlegen in der Stammgruppe anfertigen und gerade in den Verarbeitungsphasen den Arbeitsbogen »Vollständige Lernhandlung« ausfüllen. Das Item für all die aufgeführten Punkte heißt nun z.B. »Kooperatives Lernen« oder »Arbeit im Sandwich«. Dennoch müssen Sie angeben, was jeweils darunter zu verstehen ist, denn in dieses Item können Sie außerdem die Funktionsrollen (Zeitnehmer, Moderator etc.) einbeziehen. Wenn Sie all dies jeweils zusammen fordern und z.B. nur 2 Punkte dafür geben, rechnen die Schüler natürlich nach, ob sich der Aufwand noch lohnt. Geben Sie lieber 20 Punkte. Auch wenn sich nichts im Gesamtverhältnis der Punkte verändert und auch wenn dies den Schülern sonnenklar ist, sie lieben die 20 Punkte (oder 200).
- Das Punktekonto erreicht langsam seine endgültige Gestalt. Die Lernenden haben zunehmend die Möglichkeit, selbst zu entscheiden, wann sie wofür Punkte erarbeiten. Ausnahme: die Punkte, die in kooperativen Lernformen erbracht werden. Hier treffen Sie die Entscheidung, diese Lernform anzuwenden. Deswegen müssen Sie, wenn Sie Punkte vergeben wollen, erklären, worauf konkret aus dem großen Katalog möglicher Aktivitäten Punkte zu erreichen sind. Keine Angst! All die anderen Aktivitäten, die für eine gelungene kooperative Lernsequenz notwendig sind, führen die Lernenden trotzdem aus.
- An irgendeinem Punkt, den Sie aufgrund Ihrer Fortschritte bestimmen, sollten Sie klar und deutlich zwischen Prozessbewertung und Punktekonto trennen. Und dies auch den Klassen begrifflich verdeutlichen.

- Der Umgang mit den SOkeL-Leistungsbewertungsverfahren ist komplex. Es gibt aber einen empfehlenswerten Weg, ihn zu vereinfachen: Bilden Sie ein Lehrerklassenteam. Das gemeinsame Aufarbeiten von Problemen, das wechselseitige Lernen voneinander, das verteilte Einführen von Leistungsbewertungsitems in einer Klasse erleichtern Ihr Vorgehen enorm.

14.4.9 Schwierigkeiten und Hürden beim Umstieg auf das Punktekonto

Schülerinnen und Schüler kommen auf Sie zu: »Herr X, wir haben einen Lernzirkel gemacht, bitte setzen Sie Ihr Kürzel in unser Punktekonto. Die uns zustehenden Punkte haben wir schon mal reingeschrieben.« Die Situation ist für Sie nicht neu, aber immer noch verwirrend, und Sie fragen sich: »Ist das denn richtig, Schülern Punkte für eine Arbeit zu geben, bei der ich nicht kontrollieren konnte, ob überhaupt alle daran mitgearbeitet haben?« Das Misstrauen steht Ihnen ins Gesicht geschrieben. Die Schüler bemerken es; der eine reagiert unsicher, der andere fordernd: »Wir haben gut gearbeitet, eine Stunde lang. Glauben Sie uns etwa nicht?« Die Schüler legen die Dokumentation ihrer Arbeit vor. Sie als Lehrkraft erkennen, dass tatsächlich Ergebnisse vorliegen. »Aber können jetzt alle drei die Inhalte oder nur die beste?«, ist Ihr nächster Gedanke. Es juckt Ihnen in den Fingern, die drei kurz abzuprüfen. Die dunkle Seite der Macht (konventionelle Notengebung) greift nach Ihnen. In diesem Moment halten Sie ein, überlegen kurz… und klar, Sie erkennen einige der Klippen, über die Sie fast gestolpert wären. Zum Glück haben Sie an Ihrer Schule einige Kollegen, die sich mit Ihnen auf den Weg zu einer anderen Leistungsbewertung begeben haben. Sie schildern die Szene den anderen, die ähnlich Erfahrungen beisteuern können. In der folgenden Diskussion verdeutlichen Sie sich mit Ihren Kollegen nochmals die Hürden, die beim Umstieg auf das Punktekonto übersprungen werden müssen.

Erste Hürde: Man selbst

Die im Gehirn angelegten Spuren, also die jeweils spezifische Vernetzung der Synapsen und Neuronen, sind bildlich gesprochen durch jahrelangen Gebrauch ausgetreten und schwer zu verlassen. Das Lehrerverhalten und Rollenverständnis ist nicht nur durch die eigene berufliche Sozialisation geprägt. Vermeintlich wissen alle Menschen aus Ihrer Umgebung, wie Schule funktioniert, was guter Unterricht ist und wie das Verhalten der Lehrerinnen und Lehrer sein soll. Wer sich ein anderes Lehrerverhalten erarbeiten möchte, nimmt sich gewiss viel vor. Er muss permanent gegen die Macht der Routinen ankämpfen. Und Routinen sind nicht einfach nur Alltagshandlungen. Auch professionelles, berufliches Handeln besteht aus Routinen. So beurteilt ein Lehrer alltäglich Schülerleistungen, vielleicht häufig nach »Schema F«. Subjektive Theorien über Schüler oder innere Bilder von Schülern sind wirkmächtig und als Wahrnehmung von Schülerleistungen hochgradig mit Denkroutinen belegt. Routinen erleichtern unser Leben. Allerdings können sie auch Veränderungen erschweren.

Zweite Hürde: Leistungsbegriffe

Die Frage, ob denn alle drei Schüler des Lernzirkels den Lernstoff weitgehend begriffen haben, beweist die Dominanz des statischen Leistungsbegriffs. Der Verdacht ist mehr als berechtigt, dass nicht alle drei gleichwertig vom Lernzirkel profitierten, der Lernstoff also nicht wirklich von allen begriffen wurde. Es wäre erstaunlich, verhielte es sich anders. Denn »wirklich« begriffen ist der Lernstoff nur von den Einser-Kandidaten in der Art und Weise, wie Sie als Lehrer den Erwartungshorizont für diese Situation vorgeben (würden). Von dieser Warte des statischen Leistungsbegriffes aus erfüllen die meisten Schüler die Erwartung nicht. Sparen wir uns doch die Anwendung dieses Leistungsbegriffes für die Klassenarbeiten auf.

Zum Glück haben Sie sich in der dargestellten Szene richtig entschieden. Es geht uns doch darum, dass der einzelne Schüler dazulernt, ein jeder gemäß seines Vorwissens. Darum sind die Lernzuwächse so unterschiedlich. Denn: »Wer da hat, dem wird gegeben.« Das mag grundsätzlich zutreffen. Aber mit unserer Leistungsbewertung möchten wir den zweiten Teil des Matthäus-Verses vermeiden: »Und wer da nicht hat, dem wird genommen.« Mit der SOkeL-Leistungsbewertung heißt es dagegen: Auch wer nicht oder nur wenig hat, dem wird gegeben. Wenngleich die Gabe – der Lernzuwachs – sich schwächer auswirkt.

Dritte Hürde: Misstrauenskultur

»*Wahrscheinlich versuchen sie zu tricksen, indem sie einen zeitlich knappen und inhaltlich dürftigen Lernkreisel als hochwertig ausgeben, um Punkte zu ergaunern.*«

Es wäre vollkommen naiv anzunehmen, dass Schüler nicht versuchen werden, Punkte ohne eine Gegenleistung zu ergattern. Insbesondere zu Beginn der Arbeit mit dem Punktekonto kann das geschehen. Warum nicht einfach die Lernenden vom Sinn und von der Effektivität des Punktekontos überzeugen?

Planen Sie die Stoffvermittlung nicht bis unmittelbar vor die Klassenarbeit. Geben Sie den Lernenden zwei Stunden vor der Klassenarbeit die Gelegenheit zu lernen, das heißt, sich den Lernstoff individuell und kooperativ anzueignen. Initiieren Sie Lernkreisel zu den Themen der kommenden Klassenarbeit. Die Schüler arbeiten dabei auch ihre Stärken und Schwächen heraus. Anschließend können sie ihre Stärken ausspielen und Lernberatungen geben oder bei Schwächen Lernberatungen annehmen. Lernkarten können zum Schluss erstellt und von guten Schülern auf Qualität überprüft werden. Dieses Vorgehen gibt den Schülern Sicherheit für die kommende Klassenarbeit. Beim allerersten Mal nehmen manche Schüler das Vorgehen nicht besonders ernst, denn schließlich sind sie anderes gewohnt. Aber schon beim zweiten Mal werden Sie bei vielen offene Türen einrennen. Die Lernenden sind ja nicht dumm! Sie rechnen: Die Klausuren müssen so oder so geschrieben werden. Will ich eine anständige Note haben, muss ich üben. Für das Üben bekomme ich sogar noch Punkte. Also vereinige ich das Notwendige (Üben) mit dem Angenehmen (Punkte erhalten).

Wenn die Schüler sich die Punkte erarbeitet haben – und das nicht ohne Mühe –, reagieren sie oft sehr hart auf Mitschüler, die täuschen wollen. Aber wie im richtigen Leben auch, werden sie Täuschungsversuche nie vollends ausschließen können.

»Schüler brauchen Druck, sonst lernen sie nicht. Wie sollen sie ohne meinen Druck ihre Bequemlichkeit überwinden?«
Diese Aussage ist eine subjektive Theorie über Schülerinnen und Schüler oder ein handlungsleitendes inneres Bild von Lernenden. Wenn die Lernenden erst einmal ihre passive Haltung – und das Punktekonto ist ein mächtiges Instrument der Aktivierung – aufgegeben haben, möchten sie ihre Zeit in der Schule sinnvoll verbringen. Besonders dann, wenn ihr Bemühen wertgeschätzt wird und sie ihren Lernfortschritt konstatieren. Wenn sie im Lernzirkel, in Lernpartnerschaften oder im Lernkreisel arbeiten, befinden sie sich in einer ähnlichen Situation. Nämlich in einer kooperativen Situation und zugleich in einer Kleingruppe. Die Karte der Selbstwirksamkeit wird ausgespielt, die Grundlage der Motivation.

»Kommen die ohne meine Hilfe und ohne meine Kontrolle aus?«
Ja. Selbstverständlich bieten Sie Hilfe an, wenn Lernende vor unlösbaren Problemen stehen. Wenn Sie aber kontrollieren, greifen Sie direkt in den Lernprozess der Gruppe ein. Mit anderen Worten: Sie stören. Für SOkeL-fortgeschrittene Schülergruppen gilt oft das Motto: Bitte nicht helfen, Lernen ist schon schwierig genug.

Vierte Hürde: SOkeL – einmal anders buchstabiert
»Die Lernzirkelgruppe arbeitet ohne mich! Ja kann denn dabei etwas Gescheites herauskommen? Für mich ist der klassische Frontalunterricht längst passé. Gruppenarbeitsphasen sind ein wichtiger Bestandteil meines Unterrichts. Den Schülern gebe ich aber klare Arbeitsanweisungen. Sie wissen genau, was sie tun sollen. Nach der Gruppenarbeitsphase gibt es bei mir einen Vergleich der Ergebnisse im Plenum, eine Lernschrittsicherung. Sonst weiß man doch nicht, was und wie viel die Klasse gelernt hat. Die durch mich initiierte Gruppenarbeit ist ergebnisorientiert und so organisiert, dass jeder Schüler das Gleiche lernen kann. Das ist doch nur gerecht. Wenn die Schüler eigenverantwortlich in Lernzirkeln und Lernberatungen arbeiten, weiß doch kein Mensch, zu welchen Ergebnissen sie kommen. Wie soll ich denn wissen, was sich in der Gruppe abspielt?«
SOL lässt sich angesichts dieser Befürchtungen auch anders buchstabieren:
- S steht in diesem Fall für Strukturieren und O für Organisieren. Dies muss eine Lehrkraft im Frontalunterricht und im LOL (Lehrerorganisiertes Lernen) bei Strafe des Untergangs möglichst perfekt ausführen – je strukturierter, desto besser. Das Folgende kennen wir bereits: Strukturieren und Organisieren gehen ins Blut über und werden Routine. Bei jedem Gelingen wird Dopamin ausgeschüttet. Erst recht, wenn jemand von Kollegen für seine Strukturiertheit gelobt wird.

- Das L steht hier für Loslassen. Das Schöne an SOL ist, dass es nicht mit dem Wünschenswerten beginnt, nämlich mit einem anderen Unterricht. Vielmehr lässt diese Methode uns auf dem Weg zum Ziel Zeit, das L langsam zu entwickeln. Allmählich drehen wir die Dopamindusche nicht mehr beim S oder O auf, sondern beim L. Die Fähigkeit zum Strukturieren und Organisieren müssen wir beibehalten. Diese Kompetenzen brauchen wir weiterhin, aber in einer anderen Form. Wir strukturieren und organisieren in SOL (richtig buchstabiert) Lernumgebungen. Den Unterricht sollten wir schon aus eigenem Interesse so organisieren, dass wir die Ergebnisse der Lernaktivitäten bei den Lernenden während des Unterrichts sichten können. Dann können wir ihre Punktekonten per Eintrag füllen. Wir müssen den SOkeL-Unterricht so organisieren, dass wir selbst Lernberatungen geben können. Strukturieren und Organisieren werden wir wohl keinen Deut weniger, jedoch in anderer Art.

Fünfte Hürde: Rollenverhalten
Dass von uns gefordert wird, unsere Lehrerrolle zu verändern, ist recht und billig. Für die Schüler ist es nicht weniger schwierig, die Rolle zu wechseln. SOkeL fordert deswegen weder von Lernenden noch von Lehrpersonen einen abrupten Rollenwechsel (vgl. Kapitel 18). Die Lernenden werden nach und nach losgelassen in dem Maße, wie ihre Lernkompetenzen wachsen. Je stärker sie Kompetenzen entwickeln, desto mehr nehmen unsere Freiräume zu, ihren Lernprozess zu begleiten und sie zu unterstützen. Die Steuerung ihrer Lernprozesse erfolgt dann indirekt. Sie werden erleben, dass die Schüler von selbst auf Sie zukommen und Lernergebnisse vorweisen, damit ihr Punktekonto gefüllt werde.

Sechste Hürde: Fehler
»Wenn die Schüler in den kooperativen Gruppenphasen Fehler machen, krieg ich das nie wieder aus ihnen raus.« Diese Befürchtung zerstreut das Fehlerklärwerk. Begehen die Lernenden kurz vor der Klassenarbeit echte Fehler, ist etwas gründlich schiefgelaufen im Unterricht, sofern es sich hier nicht ausschließlich um die wirklich schwachen Schüler handelt. Wäre dies nicht ein Anlass für die Lehrkraft, die eigenen Fehler im Unterricht zu suchen?

Es ist eine Illusion zu glauben, dass Fehler von Schülern vermieden werden können, indem der Lehrer alles richtig vormacht. Verbessern Sie eine Schülermeldung, lernt der entsprechende Schüler dazu, sofern er das möchte. Aber was ist mit der schweigenden Mehrheit im Klassenzimmer? Sind alle derart gleich strukturiert, haben sie das gleiche Vorwissen und identische Denkstrukturen, sodass sie allein von den Fehlern der mündlich beteiligten anderen Schüler lernen können? Wer geht auf ihre niemals im Plenum geäußerten Fragen, auf ihre Unsicherheiten und objektiven Fehler ein, die nicht verbalisiert und hörbar gemacht und damit nie bearbeitet werden können? Spätestens in der Klassenarbeit werden ihre Fehler sichtbar. Aber dann ist es zu spät (vgl. Kapitel 11).

14.5 Das kompetenzorientierte Punktekonto

Das kompetenzorientierte Punktekonto unterscheidet sich in Struktur, Aufbau und Anspruch vom bisherigen Punktekonto. Es enthält jene Items, für die zu erwartende Ergebnisse tatsächlich formulierbar sind, bei denen also Lernprodukte das Ergebnis sind (im Unterschied zu kommunikativen bzw. interagierenden Lernvorgängen wie z. B. Lernberatungen).

14.5.1 Unterschiede zum Anfänger-Punktekonto

Der wesentliche Unterschied besteht in der Zweiteilung des Kontos. Es gibt nun den Zusatzbereich und den Premiumbereich, der maximal am Halbjahresende zu einer Drei plus oder Zwei minus führt. Die Trauben hängen nun höher. Es ist wesentlich schwieriger, Punkte zu sammeln, die am Halbjahresende zu einer Zwei oder Eins führen. Die Leistungen hierzu (Zusatzbereich) müssen wenigstens im Ansatz exzellent sein.

Was Exzellenz ist, bestimmen Sie. Die Kriterien dazu müssen für die Lernenden klar und nachvollziehbar sein. Das ist einfach für ein Item wie die Internetrecherche und schwer für das (Leistungs-)Portfolio. Bei Letzterem hängt es davon ab, ob die eigenen Lernwege, das eigene Lernverhalten und die eigenen Lernprodukte analytisch aufgearbeitet werden oder deskriptiv, wie es die meisten Lernenden machen. Selbstverständlich gibt es Grauzonen, wo nicht ganz klar ist, ob das Portfolio genügend analytische Anteile hat oder nicht. Aber genau für solche Fälle ist die SOkeL-Leistungsbewertung gedacht. Wenn Sie das kompetenzorientierte Punktekonto einsetzen, sind Sie in der SOkeL-Kurve schon so weit oben, dass Ihnen genügend Beratungszeit zur Verfügung steht, um intensiv mit den Kandidaten ihr Produkt zu besprechen. Ein für beide Seiten befriedigendes Vorgehen. Auch sind andere Items betroffen; zum Beispiel sind Lernberatungen nun in Qualitätsüberprüfungen eingebettet (Ausnahmen bestätigen die Regel).

Für die Lernenden, die um den Mindeststandard oszillieren, ändert sich wenig. Insgesamt betreffen die Änderungen vor allem zwei Schülergruppen: die Starken und die sehr fleißigen Schwachen. Die Starken haben je nach Perspektive Nachteile oder – anstrengende – Vorteile. Konnten sich extrovertierte Starke in der mündlichen Beteiligung des konventionellen Unterrichts schnell ins gleißende Licht der Anerkennung setzen, ohne sich groß anstrengen zu müssen, so mussten sie in der einfachen Version des Punktekontos schon erheblich mehr Arbeitsaufwand für eine Eins betreiben. Im kompetenzorientieren Punktekonto kommt es für sie noch schlimmer: Sie müssen nachweisen, dass sie tatsächlich Einserkandidaten sind, da sie für diese Note exzellente Leistungsnachweise erbringen müssen. Lassen sie sich auf die Punktekonten ein, und das ist eigentlich fast immer der Fall, dann erfahren sie einen Kompetenzzuwachs, der sie meist mit dem kompetenzorientierten Punktekonto versöhnt. Für uns Lehrkräfte gilt: fordern und fördern.

Die sehr fleißigen Schwachen reagieren unter Umständen enttäuscht und verunsichert. Das ist leicht nachvollziehbar, haben sie doch durch einen enormen Kraftaufwand das Anfänger-Punktekonto aufgefüllt, nachdem sie begriffen hatten, dass sich Leistung wieder lohnt. Leider gerät man als Lehrkraft hier in eine Zwickmühle. Man wollte doch gerade, dass die Schülerinnen und Schüler wieder Mut zu sich selbst schöpfen, Lernleistungen ausprobieren, arbeiten, sich einsetzen. Andererseits kommen manche nicht sehr weit über den Mindeststandard hinaus. Durch die Fülle der nachgewiesenen Lernhandlungen kommen sie dann zu mündlichen Noten, die zu sehr von ihrer schriftlichen abweichen und sogar unrealistisch sein können. Dass sie ihre schriftliche Note durch das kompetenzorientierte Punktekonto verbessern können, ist dennoch gewährt. Die Deckelung für deskriptive Arbeiten, Fleißarbeiten oder weniger anspruchsvolle Items liegt nun bei 10 Notenpunkte oder Zwei minus (bzw. Drei plus). Mit Fleiß kann man immer noch weit kommen, doch ist es auch hier schwieriger und anstrengender geworden.

14.5.2 Vorsicht: Heiß und fettig!

Das kompetenzorientierte Punktekonto birgt eine große Gefahr: Wenn Sie es zu früh einführen, kämpfen Sie sehr wahrscheinlich mit unbeabsichtigten Nebenwirkungen. Die Schüler müssen erst einmal die Gelegenheit haben, eine alte und tiefe Erfahrungsspur zu überschreiben, nämlich dass Leistungssituation und Lernprozess miteinander verwoben sind und jede ihrer Äußerungen die Gefahr heraufbeschwört, in irgendeiner Weise beurteilt zu werden.

Eine voreilige Einführung des kompetenzorientierten Punktekontos betrifft ebenso Sie selbst. Gehen Sie vor der Einführung in sich und fragen Sie sich, ob Sie wirklich schon genug Erfahrung im Umgang mit dem Punktekonto gesammelt haben und ob die Klasse schon so selbstständig arbeiten kann, dass sich Ihnen zeitliche Freiräume eröffnen, die Lernprodukte im Unterricht abzuarbeiten und dort ein Feedbackgespräch zu führen. Vor allem aber: Sind *Ihre* Spuren schon so weit überschrieben, dass Sie nicht das Gefühl haben, missratene Leistungsversuche in irgendeiner Weise beurteilen zu müssen? Wenn Sie in das kompetenzorientierte Punktekonto mit seinen drei Standards aber wieder so etwas wie eine Benotung hineinlesen, dann sei Ihnen geraten, mit der Einführung noch zu warten.

Wenn man sich die Kriterienkataloge anguckt, etwa für die Standardstufen des Lerninstruments »Internetrecherche«, dann fällt auf, dass in den Kann-Listen etwas Ähnliches fehlt. Zwar könnte man die Items der Kann-Listen nach Taxonomiestufen 1/2, 2/3, 3/4 zusammenfassen; dann hätte man wieder die drei Unterrichtsstandards auf das eher Kognitive bezogen. Aber man spürt sofort, dass irgendetwas an dieser Vorstellung nicht stimmt. Der Kann-Listenkatalog zu einem Sachgebiet vermittelt nicht sofort die Vorstellung einer Kompetenz. Bei der Qualitätsprüfung ist uns das dagegen sofort klar: Ein Lernprodukt innerhalb einer Unterrichtsarbeit soll bewertet werden. Dies geht nicht ohne fundiertes Wissen über die Inhalte dieses Fachgebietes, die Kompetenz zeigt sich in der schlüssigen Zusammenfassung. Davon ist allerdings abzuraten, da die Schülerinnen und Schüler sich dadurch zu sehr »schubladisiert« fühlen. Und noch eins ist dabei nicht bedacht: Die Kann-Listen sind Zielvorstellungen und die Items des Punktekontos sind Hilfestellungen zur Zielerreichung. Die Kann-Listen sind so betrachtet eher statisch, während die Items des Punktekontos eher das Prozesshafte ausdrücken.

Die Items des kompetenzorientierten Punktekontos erfüllen die Forderung Sloanes nach einem kompetenzorientierten Unterricht. Denn eine Qualitätskontrolle ist eine komplexe Anforderung an die Kompetenzstruktur eines Individuums. Schülerinnen und Schüler müssen hier ein hohes fachliches Niveau beweisen und dies auf eine andere Schülerlernleistung anwenden, um anschließend eine Beratung durchführen zu können, die das Positive der Lernleistung herausstellt, ohne das zu Verbessernde zu verschweigen. Die Items des Punktekontos sind bekanntlich für alle Unterrichtseinheiten gleich. Nur: Die kognitive Kompetenz wird in der Arbeit mit dem Punktekonto performant, zugleich garantieren die Items des Punktekontos immer die Verbindung von fachlichen mit überfachlichen Kompetenzen.

Der Schritt zum kompetenzorientierten Punktekonto ist irgendwann im Leben einer SOkeL-Lehrperson zwingend. Und er ist eine Herausforderung für sie und ihre Schüler – egal ob schwach oder stark. Beide müssen und können sich mit unserer Hilfe auf ihrem jeweiligen Level weiterentwickeln.

Bewertungskriterien für das Portfolio

6P	12P
Form: maschinenschriftlich geheftet/Umschlag Gliederung übersichtliche Struktur sprachliche Richtigkeit Layout	**Form**: maschinenschriftlich geheftet/Umschlag Gliederung übersichtliche Struktur sprachliche Richtigkeit Layout
	Einleitung (Hinweis zur Methode)
3 unterschiedliche Einlagen	5 unterschiedliche Einlagen
3 Deckblätter (kein Stempel-Effekt)	• 5 Deckblätter • analysierender Text der Einlage (mindestens zwei Seiten pro Einlage) • oder Kurzdeckblatt, wenn das Portfolio insgesamt analysiert wird (in einer Gesamtanalyse muss auf die einzelnen Einlagen verwiesen werden)
Fazit	differenziertes Fazit (Umfang hängt von der Art und Weise der Portfolio-Besprechung ab): Reflexionen • auf eigene Lernprozesse • auf Lernsituationen • auf die eigene Person • *und* auf Fachinhalte
Bei Abgabe zur Qualitätsüberprüfung/ Lernberatungsannahme (Protokoll liegt bei) zusätzlich 3 Punkte	bestandenes Kolloquium (zusätzlich 4 Punkte)

Abb. 28: (Leistungs-)Portfolio

14.6 Praxisrelevante Prüfkriterien der SOkeL-Leistungsbewertung

Bevor Sie jetzt, liebe Kolleginnen und Kollegen, in die Praxis der SOkeL-Leistungsbewertung entlassen werden, seien Ihnen 14 Kriterien an die Hand gegeben, mit denen Sie diese Leistungsbewertung im Unterricht überprüfen können. Wenn wir die Kritik an der herkömmlichen Notengebung positiv wenden, wenn wir außerdem wollen, dass unsere Schüler für das (Arbeits- und Privat-)Leben vorbereitet werden und wenn wir den Bildungsauftrag der Schule im humanistischen Sinne ernst nehmen, dann muss sich eine andere Leistungsbeurteilung an folgenden Punkten messen lassen:

- Partizipation der Lernenden
- Transparenz der Leistungsbewertung und Leistungsbeurteilung (Zeugnisnote)
- die Leistungsbeurteilung in den Lernprozess zurückholen, das heißt auf gesonderte Leistungssituationen verzichten (außer auf vorgeschriebene)
- ein anderer Umgang mit Fehlern (Fehler als Grundlage des Lernens mit SOkeL)
- ein dynamischer Leistungsbegriff, der kein Endergebnis vorschreibt, sondern ausgehend von der bereichsspezifischen Vorwissensstruktur des Einzelnen das Lern- bzw. Leistungsziel im Dialog aushandelt
- der individuelle Leistungszuwachs, der nicht als Vergleich mit anderen herangezogen wird (keine Ranking wie bei der herkömmlichen Leistungsbeurteilung)
- weniger Endkontrollen bzw. vorgezogene Leistungskontrolle dank einer ausgeprägten Feedbackkultur
- Erwerb von Metakognition: Wird den Lernenden ihr Lernverhalten und ihr Lernweg klar?
- Vorbereitung der Schüler auf neue Formen der Arbeit (Teamarbeit, Projektarbeit)
- Informationen der Lernenden *für sich selbst*, das heißt über ihren individuellen Leistungsstand, ihr Leistungsvermögen und ihre Leistungsmotivation
- Individualisierung der Lernprozesse
- neue Schüler- und Lehrerrolle
- Selbstbestimmung der Schüler
- Identifikation der Lernenden mit ihren Leistungsergebnissen

14.7 Zusammenfassung

Die Leistungsbewertung nach SOkeL ist auf den allgemeinen Teil der Note (mündlich) gerichtet. Anders ausgedrückt: Sie ist auf den Lernprozess und damit auf die Leistungssteigerung gerichtet, die dann einen positiven Einfluss auf die schriftlichen Noten haben kann. Die Leistungsbewertung richtet sich an drei Seiten: Lernende, Lernprozess und Lehrperson.

Lernende
- Ressourcenorientierung: Es wird ein Perspektivwechsel vollzogen. Im gemeinsamen Blick von Lehrperson und Schüler auf das Lernprodukt wird das schon Gelungene betrachtet und mit notenwirksamen Punkten bedacht.
- Misslungene Lernhandlungen oder Lernprodukte führen nicht zu Abzügen. Es werden lediglich keine Punkte erteilt.
- Verringerte Leistungsangst: Insbesondere leistungsschwachen Schülern wird die Möglichkeit geboten, Zutrauen in ihr Leistungsvermögen zu schöpfen.
- Leistungsstarke Schüler werden stärker gefordert und gefördert als im Normalunterricht.
- Kontrollüberzeugung: Die Lernenden nehmen Erfolg und Misserfolg – letztlich ausgedrückt in der Zeugnisnote – als Konsequenz *ihrer eigenen Bereitschaft* wahr, die Lernangebote aktiv umzusetzen.
- Selbstwirksamkeit: Die Lernenden begreifen mit der Zeit, dass *sie selbst* es in der Hand haben, vorwärts zu kommen, Lernerfolge zu erreichen und damit eine bessere Zeugnisnote zu bekommen.
- Die Leistungs- und Anstrengungsbereitschaft wird gefördert.
- Die Lernhandlungskompetenz wird enorm gesteigert.
- Eigenverantwortliches Lernen: Durch Ressourcenorientierung, verringerte Leistungsangst, Kontrollüberzeugung und Selbstwirksamkeitsgefühle wird den Lernenden bewusst, dass *sie selbst* für Erfolg und Misserfolg in Lernprozessen verantwortlich sind. Dadurch übernehmen sie Verantwortung für sich und ihre Lernprozesse. Sie werden unabhängiger von der Lehrperson.

Lernprozess
- Mit der SOkeL-Leistungsbewertung wird die Trennung von Lernprozess und Leistungssituation möglich.
- Die Leistungsbeurteilung wird als Leistungsbewertung in den Lernprozess zurückgenommen und dient der Selbststeuerung der individuellen Lernprozesse.
- Die Prinzipien der SOkeL-Leistungsbewertung lauten: völlige Transparenz der Bewertungskriterien, Partizipation beim Erstellen der Bewertungsitem-Liste (Punktekonto) und teilweise bei den Bewertungskriterien, Fehlerfreundlichkeit.
- Die Leistungsbewertung richtet sich einerseits auf den Lernprozess selbst (Prozessbewertung), andererseits auf die Lernprodukte (Punktekonto). In Anfängerklassen werden die beiden Instrumente meist gemischt.
- Die Instrumente der SOkeL-Leistungsbewertung sind einem Verstärkerplan nachempfunden, insbesondere hinsichtlich der Zunahme extrafunktionaler Lernkompetenzen und der systematischen Steigerung des Selbstvertrauens.
- Mit der Prozessbewertung werden die Überprüfungsroutinen positiv gestimmt.
- Mit der Prozessbewertung kann die Lehrkraft äußerst arbeitsaufwendige oder anspruchsvolle Lernprozesse initiieren (Honigtopf-Prinzip). Neue ungewohnte Lern-

instrumente können durch das Erfolgsversprechen in Form notenwirksamer Punkte eingeführt werden.
- Die Lernenden werden systematisch an Verfahren der Selbst- und Fremdbewertung herangeführt. Dies dient zugleich der Steigerung metakognitiver Fähigkeiten.
- Nachdem die Lernenden das neue Bewertungsprinzip verstanden haben, wird insbesondere das Punktekonto »kompetenzorientiert«. Exzellenz-, Regel- und Mindeststandards zeigen, was am Ende des jeweiligen Lernprozesses zu einer Lerneinheit erwartet wird. Dafür gibt es unterschiedlich viele Punkte (keinesfalls aber Punktabzüge).
- Fehlerklärwerk, Lern-Handlungskompetenzen und SOkeL-Leistungsbewertung sind untrennbar miteinander verknüpft. Die Lern-Handlungskompetenzen werden gebraucht, um am Falschen und Fehlerhaften beim Lernen kompetent zu feilen, unterstützt durch die handlungsmotivierende neue Leistungsbewertung. Somit wird den Lernenden die Gelegenheit geboten, aus dem Fehlerhaften langsam das »Richtige« herauszuschälen.

Lehrperson
- Teamarbeit: Für die Lehrperson ist es arbeits- und stressmindernd, in einem klassenbezogenen Lehrerteam zu arbeiten. Nicht nur die Lerninstrumente können verteilt in den Klassen eingeführt werden, sondern auch die vielfältigen Bewertungsverfahren. Des Weiteren lassen sich im Team positive Erfahrungen mit der neuen Leistungsbewertung feststellen sowie abträgliche aufarbeiten. Die Teammitglieder lernen *von, mit* und *durch* die Anderen.
- Ein anderer Unterricht erfordert eine andere Leistungsbewertung. Je mehr die Lernenden in kooperativen Gruppen oder individuell arbeiten, je lernselbstständiger die Schüler werden, desto weniger Einblick hat die Lehrperson in das Lernverhalten. Sie braucht deshalb andere Instrumente der Bewertung.
- Die SOkeL-Leistungsbewertung fordert von der Lehrperson einen Perspektivwechsel. Nicht mehr das Falsche steht im Vordergrund, sondern das schon Gelungene (Ressourcenorientierung).
- Die Lehrperson arbeitet das abgegebene und durchgesehene Lernprodukt dialogisch auf. Getreu dem dynamischen Leistungsbegriff wird das Produkt hinsichtlich dessen, was noch verbessert werden muss, auf den Leistungshintergrund des Lernenden bezogen. Das heißt, dass *nicht* die Gesamtheit der Fehler und all die Facetten des Fehlerhaften angesprochen werden.
- Da die Lehrperson bei der Leistungserstellung oft nicht dabei ist, muss sie von Anfang an die Schüler lehren, ihren Prozess zu dokumentieren. Die Nachweisformulare sind im Prinzip Abwandlungen des Arbeitsbogens zur vollständigen Lernhandlung (vgl. die Formularsammlung auf www.sokel.de).
- Dank der vielen Bewertungsdialoge gewinnt die Lehrperson einen guten Einblick in den Leistungsstand einer Klasse. Dieses Wissen kann sie zur direkten und indirekten inhaltlichen Steuerung nutzen.

- Im Bewertungsdialog macht die Lehrperson den Schüler auf Fehlerhaftes aufmerksam. Daraus ergeben sich für die Lernenden neue Ziele und Arbeitsvorhaben. Der Bewertungsdialog ist somit eine vorweggenommene Leistungsbeurteilung. In der Folge kann der Schüler seinen Lernprozess selbst steuern.
- Die Lehrperson kann sich entlasten, indem sie bestimmte Aufgaben mit dem Instrument der Qualitätsüberprüfung und der wechselseitigen Bewertung delegiert.
- Die Lehrperson muss die SOkeL-Kurve beachten. D.h. sie sollte die Anforderungen hinsichtlich der Bewertungsvorhaben in Abhängigkeit zur Lernkompetenzniveau einer Klasse setzen, um den notwendigen zeitlichen Rahmen für Durchsicht und Besprechung des dokumentierten Lernverhaltens und Lernprodukte zu haben.

15. Lernatelier und Farbiger Stundenplan/ Bunte Woche

15.1 Das Lernatelier

Die Wissensschere (zur aktuellen Lerneinheit) hat sich noch nicht geschlossen. Und nun steht die Klassenarbeit an. Mit einem umfangreichen Lernatelier wollen wir unseren Schülern die Möglichkeit geben, Versäumtes nachzuholen, noch nicht Begriffenes zu begreifen und fehlerhafte Denkansätze zu korrigieren. Das Lernatelier kann eine umfängliche finale Festigungsphase sein, in der Schüler sich selbst Zeit- und Arbeitspläne (vgl. Arbeitsbogen »Vollständige Lernhandlung«) erstellen, in der sie weitgehend ihre Arbeitsabläufe und die Ziele ihrer inhaltlichen Auseinandersetzung selbst bestimmen. Ziele, die dann auf ihren individuellen Bedarf zugeschnitten sein können.

Wie es der Name schon ausdrückt, wird in einem (Lern-)Atelier kreativ gearbeitet. Jedes Atelier unterliegt dennoch bestimmten branchenüblichen Regeln. So können die Schüler im Lernatelier weitgehend selbst bestimmen, was und wie, wann und mit wem sie lernen, aber auf Basis dessen, was in den Sandwicheinlagen zuvor erarbeitet wurde. Das Lernatelier hat die Festigung und Vertiefung als Ziel. Die Lernarbeit im Atelier bietet den Schülern die Möglichkeit, gemäß ihrer – mittlerweile erweiterten – Vorwissensstruktur zu arbeiten. Dagegen müssten wir, wenn *wir selbst* den Stoff vor einer Klassenarbeit im Plenum wiederholten, wie üblich ein mittleres Anspruchsniveau einschlagen, in der Hoffnung, dass die Überforderten und die Unterforderten trotzdem irgendwie die Wiederholungsstunde(n) durchhalten.

In Festigungsphasen und besonders im Lernatelier sind die einzigartigen individuellen Vorwissensstrukturen bzw. semantischen Netzwerke deutlicher zu erkennen als in der Erarbeitungsphase. Für wen hat dieses Erkennen eine größere Relevanz? Für uns Lehrpersonen? Nicht unbedingt. Nur wenn wir feststellen, dass viele Schüler dieselben Lücken haben, können wir davon ausgehen, dass im Unterricht irgendetwas nicht richtig lief. Nachsteuern wäre unsere Reaktion. Nein, die Relevanz liegt eindeutig beim jeweiligen Schüler. Nur er selbst kann sich helfen, nur er selbst kann seine lückenhaften Kenntnisse erweitern, Missverständnisse ausräumen, Lücken schließen. Nur er selbst kann diese wirklich kennen und adäquat bearbeiten.

Die Arbeit im Lernatelier stellt hohe Anforderungen an unsere Schüler. Daher ist es wichtig, dass sie sorgfältig vorbereitet wird, ohne die Lernenden mit Anforderungen an das selbstständige Lernen zu überfordern. »Hilf mir, es selbst zu tun«! Diese Maxime Montessoris wollen wir umsetzen.

Welche Lernkompetenzen brauchen die Lernenden für die Arbeit im Lernatelier? Das hängt vom Niveau der bislang angeeigneten Lernkompetenzen ab:

- Sobald Ihre Schüler über einen gewissen Fundus an Kartenmethoden oder anderen zweckdienlichen Methoden zum selbstständigen Lernen verfügen, sobald sie selbstständig kooperieren können, kann es mit kleinen Lernateliers losgehen.
- Sobald Ihre Schüler mit den Kann- und Kompetenzlisten und mit den Hilfesystemen (vgl. Kapitel 7) arbeiten können, werden etwas längere binnendifferenzierende Lernateliersphasen möglich.
- Sobald Ihre Schüler sich genügend metakognitive Strategien angeeignet haben und zielorientiert ihre Arbeitsschritte planen können, z. B. mit dem Arbeitsbogen »Vollständige Lernhandlung«, sind sowohl längerfristige Lernateliersphasen im einzelnen Fach als auch überfachlich möglich.

15.1.1 Der Zusammenhang von Lerninstrumenten und Lernmaterialien

Schon die Überschrift lässt Sie vielleicht vermuten, dass es in diesem Kapitel um Festigung und Wiederholung geht. Ja, es ist auch eine kleine Festigungsphase für die werten Leserinnen und Leser dieses Buches. Das Folgende ist aber nicht einfach nur eine Wiederholung, sondern eine festigende Vertiefung – übrigens auf der Basis der Selbstähnlichkeit. Diese werden Sie in Kapitel 16 kennenlernen. Vertiefende Wiederholung deswegen, weil zu dem schon Bekannten eine neue Perspektive hinzukommt.

Wenn man so will, gibt es für gelingende Lernprozesse zwei Zutaten. Die eine Zutat liefert die Lehrperson, die andere der Schüler. Die Lehrperson liefert die Basis des Lernprozesses, die Lernmaterialien als Selbstinstruktionsmaterialien. Die Zutat des Schülers besteht in seinen Lernaktivitäten in Form der gelernten und angewandten Lerninstrumente. Der Lehrer ist der Sternekoch und Restaurantberater à la Rosin, der dem Schüler, dem Restaurantkoch, hilft, sein Angebot zu verbessern. Der Sternekoch schlägt die Rezepte (Lernmaterialien) vor, organisiert die Zutaten (ebenfalls Lernmaterialien) und führt den Restaurantkoch in anspruchsvolle Zubereitungstechniken (Lerninstrumente) ein. Der Restaurantkoch verfügt über die nötigen Kochutensilien (Lerninstrumente – hier Methodenkompetenz) und probiert nun, das Gelernte in schmackhafte und anspruchsvolle Speisen umzusetzen.

Die besten Rezepte des Sternekochs, die exotischsten Gewürze, die überraschendsten Zubereitungsfeinheiten nützen nichts, wenn in der Restaurantküche weder die benötigten Kochutensilien noch die benötigte Kochkompetenz vorhanden sind. Der Sternekoch muss gleichzeitig 27 andere Köche beraten. Seine Rezepte (die Lernmaterialien) und die dazu benötigten Küchenutensilien (Lerninstrumente) müssen also so gehalten sein, dass die Köche weitgehend alleine damit umgehen können (Selbstinstruktion). Auf der Basis ihrer Koch-Lernkompetenz. Viele Köche im Küchenatelier haben meist gleiche oder ähnliche Probleme beim Nachkochen schmackhafter Gerichte. Warum also nicht zusammenarbeiten, sich gegenseitig beraten, vor falschen Handlungen warnen und gemeinsam die Suppe auslöffeln, wenn etwas nicht richtig schmeckt?

Der Koch muss letztlich das Gericht alleine kochen können und beim Abschmecken entscheiden, ob das Gericht, das Lernprodukt, den Standards genügt.

Für den schon etwas geübteren Restaurantkoch dürfte es mittlerweile kein Problem mehr sein, sich selbst ein Sandwich herzustellen. Zielorientiertes Arbeiten ist ihm zwar noch immer ein Problem, aber er weiß, dass er ohne eine Zeit- und Arbeitsplanung nicht zum Ziel kommt. Er bestimmt im Lernatelier eigenständig, wie sein Sandwich geschichtet ist, wann in welchem Umfang er was mit wem machen möchte (vgl. Josephines ausgefüllten Arbeitsbogen »Vollständige Lernhandlung« im Kapitel 12). Selbstverständlich lässt er seine Gerichte von anderen abschmecken, er braucht manchmal dringend deren Kommentare (Lernachterbahn: kognitive Dissonanz, Perturbation), ohne die er sonst nicht hätte feststellen können, dass noch etwas fehlt, dass etwas noch nicht richtig ist. Und ohne deren Wissen und handwerkliches Können (Methodenkompetenz) sein Gericht nicht gelungen wäre.

Der Schülerkoch kocht im Küchenatelier zwar sein ureigenes individuelles Gericht, aber ohne die Mithilfe der anderen schmeckt es nicht so gut. Andererseits ist er in Teilbereichen so geschickt und führt seine Arbeit so gekonnt aus, dass ihn andere Köche ebenfalls um Hilfe bitten. Zwar kann er in dieser Zeit nicht an seinem eigenen Gericht weiterarbeiten, aber trotzdem lernt er durch das Erklären und Vormachen immer wieder dazu. Und vor allem durch die Nachfragen, auf die er reagieren muss. Kurz bevor er das Gericht fertigstellt, wirft er nochmals einen Blick auf die Kompetenzlisten, um etwaige Schwächen auszugleichen. Am Ende hat er Kochkompetenzen entwickelt und nachgewiesen, dass er zielorientiert arbeiten kann.

Dass der Koch sein Ergebnis alleine und individuell herstellt, ist richtig, aber nicht die ganze Wahrheit. Ohne seine Mitköche wäre das Gericht nicht so schmackhaft geworden. Sein Kochprozess – nicht sein Ergebnis – im Küchenatelier ist deswegen individualisiert. Wie schon im Buch an mehreren Stellen betont: Das Individuum ist nur dann ein Individuum, wenn es in irgendeinem sozialen Zusammenhang mit anderen Individuen steht, von denen es sich in seiner Einmaligkeit und Besonderheit abgrenzen kann. Der soziale Zusammenhang wird meist über eine Gruppe hergestellt. Eine jede soziale Gruppe hat ihre eigenen Regeln, Interaktionsweisen, Ziele. Andererseits besteht eine Gruppe aus lauter Individuen. Individuen, die noch andere Ziele haben und andere Interaktionsweisen kennen als die, die in der jeweiligen Gruppe gefordert sind.

Dieses Gegensatzpaar von Individuum und Gruppe wird im Lernatelier aufgegriffen. Individualisiert Lernen heißt, seine eigenen Lern- und Arbeitsziele zu verfolgen, diese Ziele aber mit anderen kooperativ und in sozialen Austauschbeziehungen zu erreichen. Die Lernateliersphase ist also keine *individuelle* Lernphase. Die Schüler sind nicht dazu angehalten, alleine und vereinzelt vor sich hin zu arbeiten und bei Schwierigkeiten allenfalls die Lehrperson zu Rate zu ziehen. Individualisiertes Lernen bedeutet von vornherein, dass andere mitlernen, für sich selbst und abwechselnd zusammen. Schüler sind keine Eremiten, die ein sozial abgeschiedenes Leben führen.

15.1.2 Im überfachlichen Lernatelier lernen

Warum muss Büsra, die Überfliegerin in Mathe, genauso viele Unterrichtsstunden »absitzen« wie jene, die den mathematischen Dreisatz aufsagen (Benjamin)? Warum darf sie nicht vom Stundenkontingent für Mathematik die Hälfte abziehen, um die gewonnenen Stunden für Deutsch zu verwenden, wo sie darum kämpft, auf eine Zwei zu kommen? Der Grund dafür liegt im inputorientierten Schulsystem, das vorschreibt, wie lange Durchschnittsschüler für bestimmte Lehrplaninhalte (zu) brauchen (haben). Ein Lernatelier in einem einzelnen Fach kann an dieser Stundenverteilung nichts verändern. Arbeiten Kolleginnen und Kollegen in klassenbezogenen Teams oder in Lehrerklassenteams, eröffnen sich hingegen ganz neue Perspektiven. In diesem Fall können sie sich nämlich auf gemeinsame Lernateliersphasen einigen. Diese können einen Tag bis zu zwei Wochen (siehe unten) dauern. Dies hört sich im ersten Moment nach fachübergreifendem oder fächerintegrierendem Unterricht an. Warnblinklichter leuchten plötzlich auf, viel zusätzliche Arbeit wird erwartet – nicht ganz zu Unrecht, denn langwierige Abstimmungen sind nötig, wenn die Zusammenarbeit über die Lehrpersonen läuft. Nicht so in einem gemeinsamen oder überfachlichen Lernatelier. Denn hier geschieht die Zusammenarbeit über die mittlerweile lernkompetenten Schüler, die befähigt wurden, mit den von den Fächern zur Verfügung gestellten und auf sie orientierten Lernmaterialien bzw. Selbstinstruktionsmaterialien umzugehen. Die Zusammenarbeit geschieht direkt über die fachlichen Lernmaterialien, indirekt über die Schüler.

Die Fachteammitglieder arbeiten die Lernmaterialien sowieso aus, ob für den eigenen Unterricht oder für das überfachliche Lernatelier ist Einerlei. Es fällt kaum zusätzlicher Koordinierungsaufwand an (außer bei der Durchführung des ersten gemeinsamen Lernateliers). Und auch der Stundenplan kann nach außen bleiben, wie er ist. Nach innen wird er geändert, ohne die Stundenplanmacher nur um eine Sekunde Aufwand bitten zu müssen. Denn die Lernenden entwerfen ihre ganz eigenen Stundenpläne – mit dem Arbeitsbogen »Vollständige Lernhandlung«.

Für Lernatelier-Novizen aus dem Kollegium können die ersten fachübergreifenden Lernateliers eine Herausforderung darstellen. Nicht in fachlicher Hinsicht, sondern hinsichtlich ihres Rollenverständnisses. Es ist durchaus möglich, dass das alte Rollenverständnis noch vorhanden ist und dem neuen in die Quere kommt. So juckt es unter Umständen in den didaktischen Fingern, nach der Lernateliersphase den Stoff *vorsichtshalber* für sein Fach nochmals durchzugehen. Mit entsprechenden Folgen für die Klasse und das nächste Lernatelier. Eine andere Schwierigkeit könnte sein, dass eine Novizin oder ein Novize sich stundenplanmäßig in einer Klasse aufhält, die sich im Lernatelier befindet, und niemand arbeitet gerade zum eigenen Fach. Eine kränkende Erfahrung?

15.1.3 Ein Lehrer-Tagebucheintrag über eine Lernateliersphase

Wie sieht das individualisierte Lernen im Lernatelier nun konkret aus? Ein kleiner Erfahrungsbericht, entnommen aus dem (fiktiven) Tagebuch eines Lehrers: Ich komme im Rahmen meines Stundenplanes in meine Klasse. Unter Umständen arbeiten gerade nur wenige Schülerinnen und Schüler zu meinem Fach. Ich biete mich an - wenn ich nicht gebraucht werde, gucke ich über die Schultern der Schüler, was sie so in meinem Fach machen. Ich nehme mir die Tagesplanung einiger Schüler vor und prüfe, ob ich bei dem einen oder anderen nachfragen muss. Eric arbeitet im Fach Mathematik auf der Ebene der Exzellenzstandards - hätte ich ihm gar nicht zugetraut. Nur weil er in meinem Fach zwischen den Mindest- und Regelstandards hin und her pendelt, bedeutet das nicht, dass er in einem anderen nicht exzellent ist. Er hat sich gerade mit einer Mitschülerin in die Cafeteria zurückgezogen, um dort Benjamin eine Lernberatung zu geben. Danach, das entnehme ich seiner Planung, soll ein Lernzirkel stattfinden. Ich lasse mir beim Studium seiner Unterlagen Zeit, er ist ja nicht da und kann mich deshalb nicht mit Fragen nerven wie »Warum gucken Sie bei meiner Planung so genau, bei anderen machen Sie das doch auch nicht?« oder »Ey, ich wusste gar nicht, dass Sie so ein Neugieriger sind«. Für mein Fach hat er nur das Nötigste eingeplant. Obwohl ich ein bisschen gegen meine Enttäuschung ankämpfen muss, sage ich mir, dass wir uns dies ja mit dem individualisierten Lernen selbst eingebrockt haben. Trotzdem: Schon beim letzten gemeinsamen Lernatelier plante er zu einseitig. Und nicht nur er. Die Mentoren hatten deswegen ihre betroffenen Mentorenkinder nochmals kurz vor diesem Lernateliersdurchgang beraten. Benjamins Mentorin werde ich vorsichtshalber mal ansprechen und... ach, nein, ich sehe gerade, dass er sich für den Zusatzbereich im Punktekonto-Mathe ein ehrgeiziges Ziel gesetzt hat. Er möchte eine kleine Hausarbeit schreiben und dabei die Taxonomiestufe 5 der aktuellen Kann-Liste erreichen. Da gibt es »fette« Punkte, wie die Schülerinnen und Schüler immer sagen.

Viel zu tun habe ich in dieser Klasse heute scheinbar nicht. Im Prinzip! Denn endlich komme ich dazu, ein überfälliges Mentorengespräch mit einer Schülerin zu führen und vor allem Julia bei der Abfassung ihres Portfolios zu beraten. Vincent musste ich leider aus seiner Arbeitsgruppe herausreißen, die Gliederung seiner Hausarbeit war in einem Punkt nicht überzeugend. So diskutierten wir einige Zeit, bis wir zu einem für beide Seiten befriedigenden Ergebnis kamen. Zum Ende der Stunde beriet ich Steven noch ein weiteres Mal, der nach all der Zeit immer noch nicht gelernt hat, selbstständig eine belastbare Tagesplanung zu entwerfen.

Manchmal muss ich auch Schüler beraten, die mich mit fachfremden Fragen beanspruchen. Ich setze mich dann hin und versuche, diese Kleingruppe mithilfe des Organizers, der Kann-Listen, der sonstigen Materialien und der konkreten Aufgabenstellung allgemein zu beraten. Beratung heißt hier Prozessberatung, denn fachlich kann ich dazu kaum etwas sagen. Das klappt aufgrund meiner eigenen Erfahrung oft ganz gut. Manchmal kommt man jedoch trotzdem nicht weiter. Den Schülerinnen und Schülern bleibt dann nichts anderes übrig, als andere Themenstellungen zu bearbeiten und zu warten, bis die Fachlehrerin oder der Fachlehrer erscheint. Die Arbeit geht den Lernenden ja nicht aus. Die schwächeren Schüler schaffen manchmal nur mit Mühe die Bearbeitung der Kann-Listen. Das ist aber soweit in Ordnung, ihr Ziel ist schließlich der Mindeststandard plus ein bisschen mehr. Gerade dieser Schülerkreis arbeitet die verschiedenen Fachinhalte gerne mit den in kooperativen Lernphasen erstellten didaktischen Materialien auf. Ja, ich gebe zu, dass ich diese manchmal in meinem Fach auch einsammle. Es sind meist Selbstlern-Materialien, die ich im Folgejahr gut in anderen Klassen einsetzen kann.

Zum Schluss der Stunde rufe ich die ganz Schwachen in meinem Fach zusammen. Ich schlage ihnen vor, in der nächsten Stunde mit ihnen intensiv bestimmte Themen nochmals durchzugehen. Sie nehmen diesen Vorschlag gerne an. Als es klingelt, sage ich ihnen noch, dass sie nicht vergessen sollen, am betreffenden Morgen die abgesprochene Zusammenarbeit in ihre Planung aufzunehmen.

Auf dem Weg zur Pause im Lehrerzimmer sehe ich Schülergrüppchen arbeiten. Sie arbeiten nach ihren Tagesplänen und nicht nach Klingelzeichen. Das ist etwas, das sie außerordentlich lieben. Sich die Pausen selbst zu geben, entweder alleine oder in Verabredung mit anderen und wann auch immer.

Vor der Abschlussprüfung (allgemeine Fachhochschulreife) stellen wir, mein Team und ich, bis zu zehn Tage vorher den Fachunterricht ein, damit sich die Lernenden in einem fachübergreifenden Lernatelier auf die Prüfung vorbereiten können. Es ist üblich, dass die Klassen bis zuletzt konzentriert arbeiten. Die eingeholten Feedbacks auf diese langwierigen und fachübergreifenden Lernateliers sind außerordentlich positiv. Vielleicht waren auch Schüler dabei, die erst zum Schluss wirklich verstanden haben, dass nur sie selbst lernen können, dass wir Lehrpersonen ihnen dies nicht abnehmen können.

Die folgende Szene ist mir dabei besonders in Erinnerung geblieben: Ich kam gerade aus dem Klassenzimmer von L. Er war in meinem Fach ein sehr leistungsstarker Schüler. Ich sah ihn den ganzen Block nicht, obwohl in seiner Tagesplanung stand, dass er sich just zu meinem Block gemeinsam mit anderen Schülern mit einem Prüfungsthema meines Faches beschäftigen wolle. Kaum war ich aus der Tür, kam er mir entgegen. Er war in Begleitung von fünf Schülerinnen, bis auf eine waren alle aus der (Team-)Parallelklasse. Er sagte: »Na, Herr Haas, ich habe eine üble Nachricht für Sie. Ich gab meinen Mitschülerinnen eine umfangreiche Lernberatung. Und, Herr Haas, jetzt haben sie endlich das Thema Wertewandel wirklich verstanden. Sie hatten es ja nicht geschafft, aber ich.« Die Schülerinnen bestätigen seine Ansicht, sichtlich zufrieden mit seiner »Lehrtätigkeit«.

Aus dieser kleinen Szene ist noch etwas anderes Interessantes abzulesen. Werden mehrere Klassen von einem Lehrerklassenteam betreut, nehmen die Schüler immer wieder in überfachlichen Lernateliers von sich aus Lernkontakte mit Schülern aus Parallelklassen auf. Dies ließe sich strategisch ausbauen, so könnten zum Beispiel die Cracks eines Faches klassenübergreifend zusammenarbeiten, um sich im Schwierigkeitsgrad 5 kognitiv auszutoben. So könnten Schwache sich finden, um in kleiner Runde mit der Lehrperson zu arbeiten, die nun endlich mal wieder fragend-entwickelnd arbeiten darf. Manchmal sind es auch banale Gründe, warum die Parallelklasse aufgesucht wird. Man hat im Punktekonto noch die Lernberatung oder Qualitätsüberprüfung frei. In der eigenen Klasse will sie oder braucht sie niemand, ergo holt man die Punkte in der Parallelklasse. Dies betrifft auch die Minderleister, diese suchen sich zu beratende Schüler in unteren Klassen, um ihr Konto zu füllen. Das ist auch gut so, denn auf diese Weise festigen sie ihre Wissensbasis die Schuljahre davor betreffend, was dieses Schülerklientel ja auch dringend benötigt.

15.2 Lernen im Farbigen Stundenplan/Bunte Woche

Das Konzept des Farbigen Stundenplans hat Martin Herold (vgl. Herold/Herold 2011, S. 176-183) entwickelt. Im Prinzip ist der Farbige Stundenplan ein fächerübergreifendes Gruppenpuzzle mit umfassender Festigungsphase, die dem oben dargestellten Lernatelier sehr ähnlich ist. Auch die Ansprüche an die Lernkompetenzen bei den Lernenden und die Ansprüche an die Lehrpersonen sind ähnlich. Die Durchführung ist jedoch weit komplizierter.

Im Farbigen Stundenplan ist die vorgegebene Stundenzuteilung für die einzelnen Fächer aufgehoben. Die Stundenstruktur bleibt, sie wird nur anders genutzt. Ein Farbiger Stundenplan umfasst grob gefasst vier Abschnitte:
- Die Organisationsphase zu Beginn und Ende (dort auch als Feedback) des bunten Stundenplanes ist zum Beispiel grün eingefärbt.
- Die Erarbeitungsphase, in der das Gruppenpuzzle-Prinzip auf die beteiligten Fächer übertragen wird, ist zum Beispiel gelb eingefärbt.
- Die Vermittlungsphase ist rot eingefärbt.
- Die lange Individualphase ist blau eingefärbt.

Unsere Schüler erfanden für dieses Vorgehen den Begriff »Bunte Woche«, weil wir den Farbigen Stundenplan immer über sechs bis acht Schultage planten, also etwas mehr als eine Schulwoche. Im Lauf der Jahre entwickelte sich die Bunte Woche etwas anders als der Farbige Stundenplan.

15.2.1 Phasen der Bunten Woche/des Farbigen Stundenplans

Die folgende Darstellung der Phasen stammt von meinem Teamkollegen Lutz Brauer. Sie ist ein gekürzter Auszug aus seinem Beitrag zu einer SOL-Broschüre (Brauer 2011, S. 75-86).
- *Phase 1: Vorbereitende Planung*
  In einer Teamsitzung wird zunächst geklärt, welche Fächer bzw. Kolleginnen und Kollegen sich an der Durchführung des bunten Stundenplans beteiligen. Anschlie-

ßend kennzeichnen die Kolleginnen und Kollegen ihre Unterrichtsstunden im Stundenplan der Klasse. Nachdem feststeht, in welchem Zeitraum das Unterrichtsarrangement stattfinden soll und für welche Stundenanzahl geplant werden kann, wird der Plan den Phasen des SOkeL-Arrangements entsprechend eingefärbt. Daher stammt die Formulierung »Farbiger Stundenplan«, im Folgenden auch als »Bunte Woche« bezeichnet.

- *Phase 2: Aufgabenverteilung und Dauer der Arbeitsphasen besprechen*
  Das Lehrerteam muss nun die Dauer der Einzelphasen festlegen. In der Regel startet die Bunte Woche mit einer Eröffnungsveranstaltung (Start/Kick off). Hier werden die Advance Organizers und Arrangements der beteiligten Fächer kurz vorgestellt. Sinnvoll ist, dass möglichst alle Kolleginnen und Kollegen in dieser Phase vertreten sind. In der Praxis zeigt sich jedoch oft, dass es Probleme mit dem Fachunterricht der Kolleginnen und Kollegen geben kann und dass es zu einer Mehrbelastung kommt.

  Zur Startphase sollten bereits die Kann-Listen für die jeweiligen Lernarrangements vorliegen. Arbeitet das Lehrerteam mit Prozessbewertung und Punktekonto, so muss für die beteiligten Fächer jeweils in der Planung berücksichtigt und geklärt werden, wie viele Punkte die Mitglieder der Schülergruppen für welche Phasen erhalten. Weiterhin sollte das Team vor Beginn verbindlich verabreden, welche Protokolle und Arbeitspapiere benötigt werden, wer die Papiere anfertigt, wer die bearbeiteten Formulare wieder einsammelt und schließlich an die Kolleginnen und Kollegen verteilt.

- *Phase 3: Expertenphase*
  Für die Expertenphase sind zwei bis drei Blöcke einzuplanen. In den Expertengruppen wird neben der Erarbeitung der Aufgabenstellung auch Arbeitsmaterial für die Individualphase erstellt. Ferner werden von den Experten Vorträge vorbereitet und eingeübt. Sie ersetzen den zentralen Lehrervortrag.

  Das Arbeitsmaterial der Fachkolleginnen und -kollegen, die mit ihren Unterrichtsstunden am Bunten Stundenplan teilnehmen, muss so zusammengestellt werden, dass es in der Expertenphase erarbeitet werden kann und zeitlich zu schaffen ist. Dabei sollte berücksichtigt werden, dass die jeweiligen Aufgaben individuell und je nach Gruppe unterschiedlich schnell bewältigt werden. Hier können vorbereitete Zusatzaufgaben verhindern, dass schnelle Expertengruppen, die früher als geplant ihre Aufgaben fertigstellen, untätig sind.

  In der Expertenphase ist es wichtig, Sprechstunden der Fachlehrerinnen und -lehrer für Probleme und Fragen der Gruppen einzurichten. Die Schüler sollten in der Lage sein, die in der Gruppenarbeit anfallenden inhaltlichen Probleme und Fragen auf einem speziell hierfür entwickelten Fragebogen zu notieren, um sie später in der Sprechstunde zu klären.

- *Phase 4: Stammgruppenarbeit*
  (siehe Kapitel 3)

- *Phase 5: Lehrervorträge in Vertretung*
  Der zentrale Lehrervortrag ist organisatorisch schwer umzusetzen (Stundenplan in anderen Klassen). Daher übernehmen in unserer Planung Schüler eine zentrale Zusammenfassung, wobei sie von den Fachkolleginnen und -kollegen in der Vorbereitung unterstützt werden können.
- *Phase 6: Lernateliersarbeit*
  Diese Phase ist der in Kapitel 15.1 beschriebenen sehr ähnlich.
- *Phase 7: Kurze abschließende Stammgruppenphase*
  Hier können die Schüler mit den jeweiligen Experten noch offene Fragen klären.
- *Phase 8: Abschluss und Auswertung*
  Die stundenplanmäßig diensthabende Lehrperson wertet zusammen mit der Klasse die Bunte Woche aus und gibt dem Team ein anonymes Feedback. Die Auswertung und die Ergebnisse des Feedbacks stellt sie in der folgenden Teamsitzung vor.

15.2.2 Erfahrungen mit der Bunten Woche (Farbiger Stundenplan)

Mein Team führt seit Langem mindestens zwei Bunte Wochen pro Jahr durch, an denen jeweils fünf bis sechs Kolleginnen und Kollegen beteiligt sind. Des Weiteren begleite und berate ich als Fortbilder viele Teams anderer Schulen bei der ersten Durchführung eines Farbigen Stundenplanes. Meine Erfahrungen insgesamt sind zwiespältig.

Eine Bunte Woche verlangt einen hohen Vorbereitungs- und Koordinierungsaufwand. Für meist drei oder vier Blöcke (sechs oder acht Schulstunden) muss der Unterricht exakt vorgeplant werden – in Form von Lernmaterialien, Advance Organizer, Kann-Listen, Selbstüberprüfungsmaterialien. Sie müssen tragend sein, denn unter Umständen ist während der gesamten Erarbeitungsphase die eine oder andere fachliche Lehrperson nicht anwesend (außer bei den kurzen Sprechstunden).

Die Organisation für einen reibungslosen Ablauf ist hoch. Die Schüler bekommen eine Unzahl von Formularen, die notwendig, oft aber eben auch verwirrend sind. Wenn die Schüler noch zu geringe Lernkompetenzen haben, sind sie schnell verunsichert. Ferner ist es schlicht unvermeidbar, dass immer wieder Schüler in Expertengruppen sind, in die sie wegen zu schwacher Kenntnisse nicht gehören und in denen sie auch nicht sein wollen. Schließlich sollten sie relativ umfangreiche *neue* Fachinhalte erarbeiten. Für die Stammgruppenmitglieder ist es dann tatsächlich eine schwierige Situation, wenn sie in diesem Fach dem »Experten« von vornherein überlegen sind. Der Experte kann in diesem Fall »sein« Fach nicht darstellen, weil er zu wenig begriffen hat. Die Stammgruppenmitglieder müssen also den Lernstoff von sechs bis acht Stunden nachholen. Ihre Frustration ist mehr als verständlich. Ein weiteres Problem ist die Beteiligung von Kolleginnen und Kollegen, die eigentlich noch nicht so weit sind. Das führt zu mannigfachen Problemen, selbst bei eintägigen Bunten Stundenplänen. Kleine Planungsfehler können große Auswirkungen haben. Wie auch immer: An Reibungsverlusten herrscht kein Mangel.

Die andere Seite der Erfahrung lässt mich sagen: Ein Team sollte unbedingt ab und zu Farbige Stundenpläne oder Bunte Wochen durchführen. Sie schweißen das Team unglaublich zusammen. Auch wenn die Kritik aus den Klassen anfangs massiv sein kann, lässt sie mit der zweiten Durchführung meistens nach. Unabhängig davon überraschen viele Schüler mit aufwendig und liebevoll gestalteten Vermittlungsmaterialien. Sie werden in der Bunten Woche auf sich selbst verwiesen, was ihrer Lernselbstständigkeit starken Auftrieb gibt, auch wenn sie es selbst zunächst nicht wahrhaben wollen. Schon im zweiten Durchgang sind die Rückmeldungen der Schüler überwiegend positiv (Ausnahmen bestätigen die Regel).

Ich empfehle Ihnen dennoch, mit einem eintägigen Farbigen Stundenplan zu beginnen. Verfahren Sie dabei selbstähnlich (vgl. Kapitel 17). Lassen Sie zuerst die Arbeit im Lernatelier gut einüben und setzten Sie erst danach das Fächergruppenpuzzle oben drauf.

15.2.3 Feedback aus den Klassen

Die Bunte Woche ist für die Schüler sehr herausfordernd. Manche Gruppen und Einzelschüler geraten regelrecht in einen »Flow«, andere fühlen sich überfordert. Interessant ist, dass sich Letztere mit jeder weiteren Bunten Woche kompetenter fühlen und positivere Rückmeldungen geben. Hier eine kleine Auswahl von Feedbacks nach dem zweiten (!) Durchgang:

- »Die Bunte Woche ist für mich sehr positiv, man kann wirklich die Schwerpunkte bearbeiten und selber entscheiden, in welchen Themengebieten man noch Hilfe braucht und in welchen nicht.« (W., 12. Klasse)
- »Weder positiv noch negativ. Die Bunte Woche an sich mit den Gruppenphasen finde ich gut. Obwohl ich immer ein wenig Angst habe, dass mir vielleicht doch was Falsches vermittelt wurde. Das Lernatelier ist leider für mich persönlich, hier in der Schule, nicht so sinnvoll, denn ich kann mich hier nicht richtig konzentrieren und arbeiten, wenn ich in so langer Zeit etwas selbst für mich machen soll. Verbesserungsvorschläge: Wenn man das Lernatelier auch zu Hause machen dürfte und dann danach den Lehrern das Erarbeitete vorzeigen könnte. Dies alles mit Arbeitsprotokoll und Arbeitsnachweisen.« (J., 12. Klasse)
- »Die Schwerpunktlegung im Lernatelier ist für mich optimal, da man dann ein Thema, in dem man Schwierigkeiten hat, vertiefen kann.« (B., 12. Klasse)
- »Das Lernatelier in der Bunten Woche ist okay, aber zeitlich zu lange, da man nicht weiß, was man alles zu tun hat.« (S., 12. Klasse)
- »Ich sehe die Bunte Woche als ein gutes Lernsystem an, vor allem das Lernatelier, da ich nach persönlichen Anforderungen lernen kann. Problematisch ist nur, sich zu motivieren auch für Fächer zu arbeiten, die man nicht so gerne macht. Da sollte man gucken, ob man nicht eine Art Belohnungssystem einführt, was den Schüler

motiviert, ohne ihm gleich eine Eins zu schenken. Genauere Überlegungen könnten auf Anfrage folgen.« (P., 12. Klasse)
- »Ja, beim zweiten Mal war es für mich ›optimal‹, da ich jetzt mehr Erfahrung hatte und somit mir meine Zeit besser einteilen konnte. Bei der ersten Bunten Woche hatte ich gerade mal nur die Hälfte geschafft von dem, was ich mir vorgenommen hatte. Bei der zweiten Bunten Woche war es definitiv besser, da ich all meine Arbeitsziele geschafft hatte.« (D., 12. Klasse)
- »Ich finde die Bunte Woche ist noch mehr Mist als das Punktekonto. In der Zeit lerne ich Null. Schon alleine die Vorstellung, das alles in der Individualphase auszuarbeiten, ist mir zu viel. Fazit: Ich mache es auch nicht. Mein Thema arbeite ich gut aus. Auch noch alleine. Jedoch die Themen der anderen höre ich mir nur an – und mehr im Großen und Ganzen auch nicht.« (M., 12. Klasse)
- »Positiv: Das Lernatelier ist prima, um auch noch mal für das Punktekonto einige Dinge aufzuarbeiten. Außerdem kann man so tiefer ins Thema gehen. Negativ: Es ist natürlich sehr verlockend, nicht zum Thema zu arbeiten, aber da muss man sich dann durchbeißen.« (F., 12. Klasse)

Es ist vielleicht symptomatisch, dass die Schüler bei den Feedbackfragen zur Bunten Woche das Positive eher in der Lernateliersphase sehen als im Fächergruppenpuzzle.

Im Folgenden werden die Rückmeldungen von zwei verschiedenen Klassen zu einem Lernatelier zur Prüfungsvorbereitung dokumentiert. Sie fallen sehr unterschiedlich aus. In der zuerst dokumentierten Klasse ließen die Lern- und Klassenatmosphäre sowie die Anstrengungsbereitschaft sehr zu wünschen übrig. Beide Klassen wurden von denselben Kolleginnen und Kollegen mit den gleichen Unterlagen unterrichtet.

Feedback zur Prüfungsvorbereitungswoche: Klasse 12-0x

		++	+	o	–	– –
1	Ich habe in dieser Woche viel gelernt.		7	4	1	
2	Die Stoffmenge war zu bewältigen.		6	1	5	
3	Ich konnte mit meiner Lernzeit gut umgehen.	4	4	3	1	
4	Die Arbeit in der Gruppe hat mir geholfen.	2	4	5		
5	Die Ziel- und Arbeitsplanung half mir die Arbeit zu strukturieren.	2	1	4	3	2
6	Ich habe alleine am besten lernen können.	4	1	5	2	
7	Ganz normalen Unterricht hätte ich besser gefunden.	4	5	3		
8	Die Woche war für mich eine gute Erfahrung.	1	1	3	6	1

--- **(hier abtrennen)**
Weitere persönliche Bemerkungen zur Woche   Name:
....
....

- »Mir hat die Arbeit in der Gruppe Spaß gemacht. Ich habe viel dazu gelernt durch die Hilfe meiner Gruppenmitglieder. An der Struktur der Woche könnte man meiner Meinung nach noch arbeiten. Mir hätte es besser gefallen, wenn sie ein bis zwei Wochen früher gewesen wäre, um konkrete Fragen nochmal stellen zu können und die Arbeit nochmal zu überarbeiten.« (J.)
- »Ich fand es nicht gut, dass die Arbeitsaufträge so umfassend waren! Anfangs wurde gesagt, man kann üben, wo Bedarf ist, jedoch blieb dafür keine Zeit. Besser wäre es, wenn kleine Arbeitsaufträge zur Option stehen würden und ich frei entscheiden könnte, was ich arbeiten werde. Gruppenarbeit an sich hat mir ganz gut gefallen.« (V.)
- »Ich persönlich finde, dass man die Woche schon eine Woche früher hätte machen sollen, um die Fehler und eventuelle Lücken aufzubessern, sodass man nicht dann auf sich alleine gestellt ist. Außerdem hätte jeder das Fach machen sollen, in dem er Probleme hat.« (A.)
- »Ich hätte es besser gefunden, wenn die Woche zwei Wochen vor den Ferien stattgefunden hätte, da man keine Reflexion zu den Aufgaben hatte. Es waren zum Teil zu viele Aufgaben in zu kurzer Zeit und mir hätte es besser gefallen, wäre ein Lehrer vorhanden, der mit einem die Aufgaben durchgeht. Ebenso finde ich die ständige Gruppenarbeit nicht sehr produktiv. Man muss ja auch die Prüfungen allein schreiben.« (M.)
- »Ich fand, die Woche war ganz okay, dennoch find ich zu bemängeln, dass die Arbeit nicht korrigiert wird, die derjenige getan bzw. geschrieben hat, dass man nicht weiß, ob es richtig oder falsch ist.« (M.)
- »Wir sind alt genug und sollten deshalb selbst entscheiden können, ob wir lernen oder nicht. In anderen Schulen ist die Woche vor den Prüfungsklausuren komplett frei und man kann selbst entscheiden, ob man nun lernen möchte oder sich die Zeit freinimmt.« (R.)
- »Ich fand die Woche kaum sinnvoll, da es mir nicht viel gebracht hat, weil ich das Gefühl gehabt habe, dass der Unterricht mir genauso viel genützt hätte wie die Bunte Woche.« (S.)
- »Es hat seinen Sinn für Schüler, die es brauchen, sprich, die lernen in der Gruppe besser. Doch die Menge war eigentlich nicht machbar, außer man arbeitet nach der Schule an den Aufgaben weiter.« (S.)
- »Ich habe die Woche gut einplanen können, weil ich wusste, wo ich halt leistungsstark bin und wo nicht so. Es hat mir auf jeden Fall gefallen, dass wir unsere Planung selber gestalten durften. Es war zwar anfangs viel, aber mit Konzentration zu bewältigen.« (B.)

Feedback zur Prüfungsvorbereitungswoche: Klasse 12-0y

		++	+	o	−	−−
1	Ich habe in dieser Woche viel gelernt.	5	10			
2	Die Stoffmenge war zu bewältigen.	8	3	4		
3	Ich konnte mit meiner Lernzeit gut umgehen.	9	3	3		
4	Die Arbeit in der Gruppe hat mir geholfen.	8	5	1	1	
5	Die Ziel- und Arbeitsplanung half mir die Arbeit zu strukturieren.	7	1	6	1	
6	Ich habe alleine am besten lernen können.	3	5	3	3	1
7	Ganz normalen Unterricht hätte ich besser gefunden.				6	9
8	Die Woche war für mich eine gute Erfahrung.	12	3			

-- **(hier abtrennen)**

Weitere persönliche Bemerkungen zur Woche   Name:

....

....

- »Die Woche hat viel gefordert von mir, doch war zu bewältigen. Diese Woche würde ich jedem weiter empfehlen.« (T.)
- »Eigenstrukturiertes Lernen ist effektiver als stures SOL. Trotz Krankheit habe ich mehr gelernt.« (J.)
- »Ich fand die Woche gut, weil wir uns so optimal auf die Prüfung vorbereitet haben. Dadurch dass man sich die Pausen (und die Länge der Pausen) frei einteilen konnte, konnte ich meistens mit freiem Kopf an die Arbeit gehen. Dies half mir sehr, da so auch schwierige Themen, wo der Kopf schneller qualmt, besser und schneller erledigt werden konnten.« (M.)
- »Hat Spaß gemacht. Besser als Unterricht.« (S.)
- »Besser als Unterricht. Sport hätte nicht sein müssen. Material (Wörterbücher) hat gefehlt.« (P.)
- »Ich fand die Woche sehr gut, da man individuell entscheiden konnte, welches Fach man zuerst behandeln möchte und was man an Themen bearbeiten möchte.« (M.)
- »Mir hat die Woche sehr gut gefallen. Es war eine neue und gute Erfahrung. Ich bin gut vorangekommen und konnte meine Zeit gut einplanen. Die Woche war eine gute Vorbereitung für die Prüfungen. Die Partnerarbeit und Gruppenarbeit war sehr hilfreich für mich.« (Y.)
- »War sehr gut zum Lernen.« (N.)
- »Ich fand die Woche ganz gut, aber für einige Aufgaben war die Zeit ein wenig zu knapp. Im Großen und Ganzen war alles gut.« (C.)
- »Ich finde, Schule sollte ungefähr so funktionieren. Es gibt fest Geplantes, wann, wo, welches Fach stattfindet, und jeder kann für sich selbst entscheiden, wann, ob und

wo er hingeht. Im Endeffekt weiß jeder, wann und dass Prüfungen/Klausuren sind und muss selbst entscheiden, wie er damit umgehen will.« (A.)
- »War cool.« (M.)

15.3 Aspekte des Individualisierten Lernens

15.3.1 Individualisiertes Lernen und (Hoch-)Begabungen

Hochbegabte kommen im fortgeschrittenen SOkeL auf ihre Kosten. Die kognitiven Arbeitstechniken sind schneller erlernt, Texte sind ebenfalls kein Hindernis. Auch die Selbstoptimierung, die Reflexion auf die eigenen Lernwege und Lernergebnisse, kann schneller erlernt werden. Warum also nicht den Schwierigkeitsgrad 5 im Exzellenzstandard in Angriff nehmen? Im kompetenzorientierten Punktekonto können sich diese Schüler zum Beispiel das Item »Hausarbeit« heraussuchen und unter einer eigenen Fragestellung ein Sachgebiet untersuchen. In den Lernatelierphasen, die mit der Zeit immer ausgedehnter sind, hätten sie freie Fahrt für Ausarbeitungen nach ihrem Wissensgusto und Anspruch. Gegen temporäre Gruppenbildung mit anderen exzellenten Schülern aus Parallelklassen oder mit Schülern aus höheren Klassen spräche nichts. Die Wirksamkeit des systemischen Konzepts SOkeL entfaltet sich eben auch in den Leistungsextremen, hier im oberen Extrem.

Damit Hochbegabte nach der Schule – angesichts ihrer Schwerpunktlegung auf das Kognitive – nicht doch Currywürste verkaufen müssen, sollten auch bei ihnen breit gefächerte Fähigkeiten entwickelt werden. Für die Lebensbewältigung und den beruflichen Erfolg werden vielfältige Kompetenzen benötigt, nicht nur kognitive. Der stehende Begriff dafür heißt Berufliche Handlungskompetenz. Diese beweist sich in komplexen beruflichen Anforderungssituationen und setzt methodische, personale und sozial-kommunikative Kompetenzen voraus. Eine hohe kognitive Kompetenz verspricht einen Vorteil, aber eben *nur* dann, wenn sie zu den anderen dazukommt. Die Berufswelt verändert sich rasant, Projekt- und Teamarbeit setzen sich immer stärker durch. Die dafür benötigten Kompetenzen erwirbt ein Hochbegabter, wenn er z. B. in der Erarbeitungsphase mit dem gesamten Leistungsspektrum einer Klasse konfrontiert ist und mit anderen Lernenden zusammenarbeiten muss. Diese Situation wird ihm wahrscheinlich auch später im Beruf begegnen.

Wie alle anderen Schülerinnen und Schüler auch muss der Hochbegabte sein Punktekonto füllen, um zur Bestnote zu kommen. Selbstverständlich strebt er den Premium-plus-Bereich an. Dazu muss er auf hohem Niveau Beratungs- und Bewertungskompetenzen erwerben. Durchschnittlich Begabte und schwache Schülerinnen und Schüler werden so zur Voraussetzung seiner Förderung. In der kooperativen Gruppenarbeit ist durchaus nicht von vornherein klar, dass der Hochbegabte die erste Geige spielen wird. Auf gute Gegenargumente, seien sie auf Planungsvorhaben, Textaussagen oder inhaltliche Fragen bezogen, muss er erst einmal angemessen reagieren lernen.

Insbesondere dann, wenn diese geschickt und vehement vorgetragen werden, weil die Argumentierenden im sozial-kommunikativen Bereich wie im personal-emotionalen Bereich selbstsicher sind.

Erinnern Sie sich an die Kompetenzdefinition von Weinert (vgl. Kapitel 12)? Mit den Worten »und in variablen Situationen anwenden können« beschreibt er auch den Anspruch an die berufliche Handlungskompetenz von uns Lehrkräften. Sehr schwache Schülerinnen und Schüler zu beraten, zu fördern und zu fordern verlangt andere Fähigkeiten, als dies mit Hochbegabten zu praktizieren. Bei dieser Schülergruppe ist eine Lehrperson fachlich gefordert. Sicherlich empfiehlt es sich dann, in der Fachliteratur mal wieder nachzulesen, will man eine exzellente Exzellenz-Kann-Liste formulieren oder für Hausarbeiten beraten.

15.3.2 Problematische Lernende

Für diese Lerngruppe sind in erster Linie der Mindeststandard, der Advance Organizer, die Lernmaterialien und das Punktekonto wichtig. Ob die Lernschwäche sozial bedingt ist oder nicht, ist zunächst einerlei. Bei den Lernschwachen gibt der Advance Organizer eine große Orientierungshilfe, die der Hochbegabte dank seines großen Vorwissens in diesem Ausmaß nicht braucht. Kooperative Lernformen sind für die Schwachen Problem und Chance zugleich. Wird eine Klasse neu in SOkeL eingeführt, haben sie es oft schwer. Mitschüler sind nicht erfreut, jemanden in der Stammgruppe zu haben, der weder richtig erklären kann noch wirklich begreift, worum es geht. Dies verbunden mit der Befürchtung, dass sie etwas Falsches vermitteln, bringt die Schwachen unter Umständen in eine missliche Situation. Die Klasse hat schließlich noch keine Erfahrung mit dem Fehlerklärwerk. Dass ein Schwacher in der Stammgruppe eine zu vernachlässigende Größe im Gesamtablauf eines SOkeL-Unterrichtsarrangements ist, wird den Schülerinnen und Schülern erst mit der Zeit klar.

Die Chance für diese Schülergruppe besteht dennoch in den kooperativen Lerngruppen und auch im Lernatelier, logischerweise jedoch unter einem völlig anderen Gesichtspunkt als bei den Hochbegabten. In den kooperativen Lerngruppen findet immanentes Lernen statt. Schüler sehen und staunen, wie die anderen den Text ausgelesen haben. Wie sie ihn zusammenfassen, ihn visualisieren, welche Schlüsselbegriffe sie warum für wichtig erachten. Es findet Lernen durch andere, mit und von anderen statt. Das Ergebnis der Gruppe ist auch das Ergebnis des Schwachen. E^3 lässt grüßen. Alle sind in ein Erfolgssystem eingebunden. Bei diesen Schülerinnen und Schülern auf das eine »E« unter den dreien zu achten, ist notwendig. Es müssen Erfolgserlebnisse her. Das E wie »Eingebundensein« ist sozusagen in den kooperativen Lernformen institutionalisiert.

Sicherlich hat diese Schülergruppe einen erhöhten Beratungsbedarf und sollte sich zunächst auf die Taxonomiestufe 1 oder 2 beschränken. Dies verlangt insbesondere dann Fingerspitzengefühl, wenn Schüler frisch aus dem Frontalunterricht kommen und ihre Schwächen an der angeblichen Unfähigkeit der Lehrkräfte festmachen. Die Schüler sind in dieser Situation von Eigenreflexion und Einsicht in ihre Schwächen in der Regel weit entfernt. Spätestens im Lernatelier konzentrieren sie sich auf die Mindeststandards. Sie sind dann froh, wenn sie es zeitlich schaffen, die unteren Schwierigkeitsstufen der Kann-Listen und möglichst viele der mittleren (wenigstens ansatzweise) von allen Fächern durchzuarbeiten. Je nach Schüler muss die Lehrkraft nachsteuern, zu Lernberatungen auffordern oder daran erinnern, nicht immer mit denselben Leuten zusammenzuarbeiten. Der Lehrer muss aber auch die Starken animieren, Lernberatungsangebote zu erstellen. Im Lernatelier ist es meist nötig, die Planung dieser Schülerinnen und Schüler nochmals gemeinsam und beratend durchzugehen. Wichtig ist, erfolgte Lernschritte zu registrieren, unter Umständen bei der Punktekontoarbeit auch direkter zu helfen. »E« für Erfolg ist bei ihnen besonders wichtig. Zwischendurch sollten immer wieder Lernschwache auf ihrem Niveau zusammenarbeiten. Dabei sollten sie aufschreiben, was ihnen Schwierigkeiten bereitet. Eine Gruppen-Lernberatung durch einen starken Schüler kann folgen.

Für diese Gruppe ist die Beziehungsarbeit besonders wichtig. Denn das Gefühl, von den Lehrkräften gehalten zu werden, kann über Frustration, Rückzug und Resignation hinweghelfen. Die Mentoren dieser Schülerinnen und Schüler haben hier eine sehr verantwortungsvolle Aufgabe – insbesondere, wenn die Lernschwäche einen sozialen Hintergrund hat.

Eines kann man den Lernschwachen aber nicht abnehmen: »Blood, Sweat and Tears«. Wenn wir Lehrer oder auch die stärkeren Schüler helfen sollen, dann muss die Bereitschaft zur Anstrengung seitens der schwachen deutlich erkennbar sein. Doch Vorsicht: Wenn die Klasse für uns neu ist, muss erfahrungsgemäß davon ausgegangen werden, dass die schwachen bzw. sehr schwachen Schüler entmutigt sind, wenig Selbstvertrauen haben und resignieren. In dieser Situation sollten wir ihnen einen Anstrengungskredit einräumen. Kredite sind Wechsel auf Zukunft. Also müssen wir mit ihnen Geduld haben. Gewiss werden sie ihr Schneckenhaus nicht so schnell verlassen. Der Punkte-Honigtopf kann hier Wunder bewirken, wenn es gelingt, ihnen schnell Erfolgserlebnisse zu verschaffen. Glaubhaft und glaubwürdig sollten wir den schwachen Schülern vermitteln, dass wir davon ausgehen, dass sie es schaffen werden. Wenn – etwas schwülstig ausgedrückt – wir an sie glauben, dann werden die Zinsen unseres Kredits in Form von Anstrengungsbereitschaft zurückgezahlt.

> *Tierisch-tibetische Philosophie:*
> *das Ganze ist mehr / als die Summe seiner Teile /*
> *sagte der Elefant / und verzichtete weise /*
> *auf den Besuch / des Porzellanladens*
> *(Wolfgang Endler)*

16. Die Grundprinzipen des selbstorganisierten Lernens

Manchmal herrscht in den Klassen Chaos. Manchmal? Nein, immer! Die Chaostheorie – auch Komplexitätstheorie genannt – konstatiert, dass in komplizierteren natürlichen Systemen immer Chaos herrscht. Gemeint ist damit, dass das Endergebnis ablaufender Prozesse in komplexen natürlichen und eben auch sozialen Systemen nicht konkret vorhersagbar ist. Dynamische Systeme werden deshalb auch oft non-lineare Systeme genannt. Die Dynamik, das Chaos hat jedoch einen Gegner, die Struktur. Und so finden chaotische Prozesse immer wieder ihre relative Ordnung in einem unter Umständen nur kurz währenden *optimalen* Ruhezustand – zumindest, bis der chaotische Prozess von vorn losgeht und wir das ganze Treiben als eine Art Fließgleichgewicht wahrnehmen können. Dabei versuchen Systeme, zu einem dauerhaften Ruhezustand zu kommen. Optimale Zustände sind von kurzer Dauer, weil sie in einem dynamischen System letztendlich keinen Platz haben. Das System wäre sonst kein dynamisches, denn ein dauerhafter optimaler Zustand ist der Endpunkt, ein Ruhezustand, das Ende aller dynamischen Prozesse. Das System reagiert fortlaufend dynamisch auf Veränderungen in seiner Umgebung und auf Veränderungen seiner eigenen Parameter.

Da es diesen optimalen Dauerzustand in komplexen Systemen nicht gibt, erzeugt ein System immer wieder aufgrund der Dynamik ein Optimum aus sich heraus. Daher der Begriff Selbstoptimierung. Kleine Veränderungen in den Ausgangsbedingungen komplexer dynamischer Systeme können große Veränderungen bewirken. Verwiesen sei hier auf das berühmte Beispiel des Schmetterlingsschlags in Südostasien, der in der Karibik einen Hurrikan auslöst. Doch ist diese große Wetterunordnung nur von begrenzter Dauer. Schon bald stellt sich das für Europäer geordnete Sehnsuchtsklima der Karibik wieder ein und mit Bob Marley darf »Sun is shining« gesungen werden.

Können die in der Natur ablaufenden chaotischen Prozesse zur Erklärung menschlicher Lernprozess herangezogen werden? Jein. Ja, wenn wir unsere Körperlichkeit betrachten. Ohne Zweifel können die in uns ablaufenden physiologischen Prozesse als chaotisches System (vgl. Herold/Herold 2011) bezeichnet werden. Gleiches gilt für die gehirnphysiologischen Abläufe beim Lernen. Diese schwabbelige graue Masse, Gehirn genannt, dessen Lieblingsbeschäftigung bekanntermaßen das Lernen ist, kann ebenfalls als ein äußerst komplexes System bezeichnet werden. Mutmaßlich ist es das komplexeste überhaupt. Wird ein Lebewesen als rein biologisches System begriffen, dann bedeutet Lernen eine Überlebensstrategie in den chaotischen Naturprozessen. Entweder lernt ein Organismus, währende seines Lebens mit den Änderungen in der äußeren Natur umzugehen, oder er geht unter.

Die obige Frage ist aber mit einem Nein zu beantworten, wenn wir Menschen als soziale Wesen begreifen. Selbstverständlich haben höhere kognitive Operationen eine materielle Basis in entsprechenden gehirnphysiologischen Vorgängen, im sprachlich-kognitiven Teil des oberen Kortex (vgl. Roth 2011). Diese Operationen sind aber zuallererst sozial bedingt. Ohne »die anderen« gibt es keine höhere Kognition, keine Sprache, kein soziales Handeln (vgl. Kapitel 3). Organisationen wie Schule, Kirche oder Siemens sind ebenfalls keine Naturereignisse, sondern menschliche Werke. Es handelt sich um Interaktionssysteme, in denen Menschen Aufgaben verteilen und Regeln aufstellen. Jede Organisation, auch eine militärische, ist ein *soziales* Ordnungssystem, das mit seiner inneren Struktur versucht, interne Abläufe bzw. Prozesse vorhersagbar zu machen. Damit sind wir bei einem weiteren Unterscheidungsmerkmal von natürlichen und sozialen Systemen angelangt: In sozialen Systemen ist die Zweckausrichtung, *die Zielstellung*, das Entscheidende. Diese Zielgerichtetheit unterscheidet eklatant natürliche von sozialen Systemen (vgl. Herold/Herold 2010). Darüber dürfte Einvernehmen herrschen, selbst bei den Teleologen. Martin Herold gebührt das Verdienst, die Grundgedanken der Fraktalen Organisation in die Didaktik eingeführt zu haben (vgl. Herold/Landherr 2001).

16.1 Zielorientierung und Selbstorganisation

»Als wir das Ziel aus den Augen verloren, verdoppelten wir unsere Anstrengungen«, soll Mark Twain augenzwinkernd gesagt haben. Zielloses Herumirren im Lernstoff ist frustrierend, zeitraubend und anstrengend. Selbstorganisiertes Lernen ist nicht Entdeckendes Lernen, bei dem das selbstgesteckte Ziel nur grob formuliert ist und letztlich im Lernprozess verändert werden kann. Bei diesem löblichen Konzept, das meist nur temporär umgesetzt wird, kann im Verlauf des Lernprozesses etwas anderes herauskommen als zuerst gedacht. Die Zielorientierung in selbstorganisierten Lernprozessen hat verschiedene Gründe und bietet vielfältige Möglichkeiten.

Die Ziele der Curricula, an die wir uns als Lehrer zu halten haben, geben den Rahmen vor, auf den wir uns bei der Gestaltung von Lernsituationen beziehen. Wenn sich unsere Schüler in individuellen oder kooperativen Lernphasen befinden, können wir nicht bei allen anwesend sein. Wir müssen für die lernenden Gruppen und Individuen einen Vertreter finden, der uns ersetzt und den Schülern bei Bedarf Orientierung gibt. Dazu dienen zum Beispiel Kann-Listen, Zielvereinbarungen zwischen Lehrperson und Schüler, selbst gesetzte Ziele in den Individualphasen des Lernateliers und die von kooperierenden Schülern selbst gesetzten Arbeitsziele im Rahmen der vollständigen Lernhandlung. Außerdem betrifft dies im Post Organizer definierte Ziele und nicht zuletzt Ziele in Form von Meilensteinen in Verbindung mit langfristigen Aufgabenstellungen oder Projektarbeiten. Aus diesem Zusammenhang leitet sich eine bedeutende Veränderung der Lehrpersonenrolle ab. Nunmehr geht es um Beratung, dialogisches Vorgehen, gemeinsame Bestimmung von Vorhaben und deren Zielfestsetzung. Für die Lehrerseite bedeutet dies, eine eigene Kompetenzentwicklung durchgemacht zu haben. Dies wird üblicherweise weder im Studium noch im Referendariat gelehrt und gelernt. Besonders in den Mentorengesprächen ist es sehr gut möglich, mit seinen Schützlingen generelle Entwicklungsziele – insbesondere auch im extrafunktionalen Kompetenzbereich – dialogisch herauszuarbeiten und schriftlich festzuhalten (vgl. Kapitel 17).

Arbeitsziele: Arbeiten die Schülerinnen und Schüler in zeitlich ausgedehnten kooperativen Gruppenphasen, müssen sie fähig sein bzw. befähigt werden, sich Ziele zu setzen. Dies gilt insbesondere dann, wenn während der Gruppenarbeitsphasen im Sandwich oder arbeitsteilig gearbeitet werden soll. Nur wenn die Gruppen und Individuen sich innerhalb der vollständigen Lernhandlung planend und ausführend sicher bewegen können, ist Selbstorganisation möglich. Erst dann können wir sie unbesorgt über längere Zeit loslassen und uns auf die Lernprozessbegleitung beschränken.

Lernprozessbegleitung einer Klasse heißt für uns, die Signale aus den Lernprozessen der Gruppen und Individuen wahrzunehmen und zu deuten. Wie verlaufen die Zielkreisläufe konkret? Müssen wir auf unsere Lerneinheitsziele bezogen nachsteuern? Beim Fortschreiten vom SOkeL-Anfangsunterricht zum fortgeschrittenen Unterricht ist die Lernkompetenzkomponente »Umgang mit der vollständigen Lernhandlung« von *elementarer* Bedeutung.

16.1.2 Umgang mit dem Zielkreislauf

Die Einführung der Arbeit mit dem Zielkreislauf ist ein schwieriges Geschäft. Dass die Schüler zu Beginn nicht einsehen, warum der Zielkreislauf wichtig sein soll, ist nachvollziehbar. Der Zielkreislauf ist ein unverzichtbares Lerninstrument, wenn umfangreichere Individualphasen und kooperative Lernphasen möglich sind. Die Lernaktivitäten der Lernenden wären ineffektiv, könnten sie sich nicht des Zielkreislaufes bedienen. Man würde ins Blaue beginnen zu arbeiten. In Gruppen käme es zu Konflikten, weil die Einzelergebnisse nicht zusammenpassen oder weil jeder etwas anderes unter dem Arbeitsziel verstanden hat. Der Weg zum kompetenten zielorientierten Arbeiten ist weit und lang. Er birgt zwei große Stolpersteine:
- In einer neuen Klasse kann nicht umstandslos und unvorbereitet das voll entfaltete SOkeL eingeführt werden. Unordnung, Verweigerung und schlechte Lernergebnisse wären die Folge. Denn den Lernenden gebräche es an Lernkompetenzen. Also führen wir sie langsam in die Materie ein und beginnen zum Beispiel mit den Kartenmethoden. Vor allem aber ist der SOkeL-Anfangsunterricht *lehrerorganisiert*, wenngleich das Loslassen der Schüler schon kräftig geübt wird. Auf die Schüler kommen schon zu Beginn anstrengende selbstverantwortliche Arbeitsphasen zu. Struktur und Ablauf sind organisatorisch von der Lehrkraft vorgegeben.

- Der zweite Stolperstein betrifft uns Lehrer. Wenn wir unsere eigenen ersten Schritte in Richtung SOkeL gehen, haben wir dasselbe Problem wie die Schüler. Uns werden Ziele vorgegeben, die wir *selbstverständlich* umzusetzen haben. Auch wenn das manchem nicht mehr bewusst sein mag: Die Rede ist hier von Lehrplänen, Durchführungsverordnungen und Anweisungen. Wenn wir die Neuerung nicht wollen, brauchen wir uns nicht unbedingt Gedanken um veränderte Ziele zu machen. Die traditionelle Schule und ihr Unterricht funktionieren auch ohne Veränderungen. Daher ist es für viele von uns beim Einstieg in SOkeL schwierig, die Bedeutung des Zielkreislaufs zu erkennen und vor allem vor der Klasse zu vertreten.

16.2 Einfachheit der Grundform und Selbstähnlichkeit

Im Kapitel über kompetenzorientiertes Lernen (vgl. Kapitel 12) wurde beschrieben, dass eine Kompetenzförderung des individuellen Schülers eine komplexe Anforderungssituation (sprich Lernsituation) braucht. Didaktisch muss die komplexe Anforderungssituation jedoch reduziert werden (vgl. Kapitel 17), sodass die Lernenden mit unserer Hilfe nach und nach die benötigten Lernkompetenzen aufbauen können. Nach der Theorie der Fraktalen Organisation lassen sich komplexe Systeme, eben auch soziale, auf grundlegende und einfache Teile (Fraktale) reduzieren. Da SOkeL ein systemischer Ansatz ist, verwundert es nicht, dass im Fraktal, dem Teil, das Ganze enthalten ist. Dies gilt auch umgekehrt. Tatsächlich erkennt der SOkeL-Profi, dass sich hinter der für Novizen verwirrenden Vielfalt von Methoden, Instrumenten, Vorgehensweisen und Verhaltensweisen einige wenige Grundprinzipien – Fraktale – verbergen. Dies sind aus der Sicht der Lernenden:
- Ich werde orientiert mittels Advance Organizer, zusammenfassender Lehrervorträge, Post Organizer, Lehrer-Visualisierungen, Musterlösungen.
- Ich kenne die Ziele, alle Kompetenzbereiche betreffenden Kann-Listen und Kompetenzlisten als Ziele.
- Ich arbeite im Wechsel: allein und kooperativ.
- Ich arbeite in Kleingruppen und habe dabei eine verantwortungsübernehmende Funktion.
- Ich arbeite zielorientiert und durchlaufe die Stationen des Zielkreislaufs.
- Ich steuere meinen Lernprozess selbst, unter anderem mithilfe des Punktekontos und der Kann-Listen.
- Ich werde hinsichtlich meiner Ziele und meines Lernverhaltens beraten – ich berate selbst.
- Ich gebe und erhalte Feedback.
- Ich verbalisiere und visualisiere meine Lernschritte und Denkstrukturen in kooperativen Situationen.
- Ich bin immer in unterschiedlichem Maße autonom, verbunden und selbstwirksam.

Diese wenigen Fraktale sind der Grund für die verblüffende Geschwindigkeit, mit der die Lernenden beginnen, sich im SOkeL-Unterricht zu bewegen. Nach relativ kurzer Zeit können sie den Ablauf des Unterrichts mitgestalten bzw. ihre Lernprozesse selbst organisieren. Diese Schnelligkeit setzt allerdings ein klassenbezogenes Lehrerteam voraus.

Alle oben dargestellten Grundprinzipien werden in Variationen im SOkeL-Unterricht dargeboten. Diese Variationen sind immer einem Grundprinzip selbst ähnlich. Dies ist die inhaltliche Füllung des Begriffs »Selbstähnlichkeit«. Den oben dargestellten Fraktalen werden im Folgenden beispielhaft selbstähnliche *Prinzipien in kursiver Schrift* zugeordnet:

- Ich werde orientiert (Advance Organizer) (*Sub Organizer, Post Organizer*).
- Ich kenne die Ziele (Kann-Listen als Ziele-Referenzierung) (*Transparenz als Prinzip: in der Leistungsbewertung, in der Unterrichtsplanung, in Vorgehensweisen*).
- Ich arbeite im Wechsel: allein und kooperativ (*viele kooperative Lernformen, aber auch Lernberatung, Lernpartnerschaften, Kolloquien, Qualitätsüberprüfungen...*).
- Ich arbeite in Kleingruppen und habe dabei eine Funktion (Selbstwirksamkeit) (*immer wiederkehrende Phasen in unterschiedlichen Formen, verschiedene Funktionen*).
- Ich verbalisiere und visualisiere meine Lernschritte und Denkstrukturen in kooperativen Situationen (*in allen kooperativen Lernformen, Struktur legen, Lernberatung, jede Form der Visualisierung...*).
- Ich arbeite zielorientiert und beherrsche die Stationen des Zielkreislaufs (*Zielkreislauf, SOkeL-Arbeitsbogen, Zielvereinbarung, Punktekonto, Klassenarbeitsevaluation*).
- Ich gebe und erhalte Feedback.
- Ich übernehme Verantwortung (Steuerung meines Lernprozesses mithilfe des Punktekontos, Verantwortungsübernahme für den Lernerfolg für andere in kooperativen Lernformen).
- Ich werde hinsichtlich meiner Ziele und meines Lernverhaltens beraten.
- Ich berate selbst (*von der Lehrkraft, von Mitschülern in unterschiedlichen Situationen*).

Halten wir fest: Ein Fraktal, eine Grundstruktur, kann viele selbstähnliche Formen haben. Die vielen Variationen von Grundstrukturen erscheinen im ersten Augenblick als ein komplexes, schwer zu durchschauendes Unterrichtsgefüge. Doch hat der SOkeL-Unterricht einen Januskopf, denn er ist zugleich komplex und einfach: Einfach ist seine innere Grundstruktur, komplex sind die vielen selbstähnlichen Erscheinungsformen der Fraktale, zumal sie untereinander kombiniert werden können. Es handelt sich also nur scheinbar um ein hochkomplexes Gebilde.

Die Wirkung auf die Schüler bleibt nicht aus, denn diese innere Grundstruktur verschafft ihnen Sicherheit, genauer: Verhaltenssicherheit. Angstsensitive wie auch erfolgssensitive Schülerpersönlichkeiten kommen damit auf ihre Rechnung. Den einen verspricht das Neue schnelle Selbstbestätigung, den anderen die Minimierung ihrer Unsicherheit. Im Neuen ist das Alte aufgehoben und Fehler können vermieden werden. Beide Persönlichkeitstypen (vgl. Roth 2011) wissen, was jeweils zu tun ist. Neue Verhaltensanforderungen, zum Beispiel beim Einüben eines Lerninstruments, unterscheiden sich zwar von schon bekannten, ähneln diesen aber. Anders ausgedrückt: Sie sind selbstähnlich zu einem bereits vertrauten Fraktal.

Obwohl der SOkeL-Unterricht von außen gesehen sehr komplex erscheint, bilden die Schüler schnell Routinen aus. Das hilft ihnen, sich in komplexen Lernumgebungen sicher zu bewegen. Mit der Zeit begreifen sie sowohl bewusst wie intuitiv, worauf es in welcher Situation ankommt. Wie kann ich angemessen handeln, wie sollte ich mit mir selbst und meinen Lernpartnern umgehen? Für uns Lehrkräfte ist diese Routine äußerst hilfreich, weil die Lernenden sich nun nicht mehr mit Verhaltensunsicherheiten innerhalb einer Lernform herumschlagen müssen. Vielmehr haben sie den Kopf frei für Unterrichtsinhalte. Vor allem aber ist wichtig, dass diese Routine motivationssteigernd ist. Etwas routiniert auszuführen, heißt doch nichts anderes, als etwas gekonnt »auf die Reihe zu kriegen«. Es ist befriedigend zu sehen, wie nach und nach das erforderliche Lernverhalten innerhalb der SOkeL-Arrangements in Fleisch und Blut übergeht. Oder anders ausgedrückt: wie sich tiefe Verhaltensspuren im Gehirn eingraben, vor allem im prozeduralen Gedächtnis.

16.2.1 Kompetenzfahrpläne auf Grundlage des Selbstorganisationsprinzips »Einfachheit der Grundform und Selbstähnlichkeit«

Wenn wir eine Klasse neu übernehmen, müssen wir üblicherweise davon ausgehen, dass selbstgesteuertes Lernen den Schülern fremd ist und Lernkompetenzen nicht in ausreichendem Maße vorhanden sind. Doch dank der Fraktale und der Selbstorganisationsprinzipen lernen dies die Schüler recht schnell, besonders wenn die Klasse von einem Lehrerteam geführt wird. Wir beginnen eben, wie könnte es auch anders sein, mit den einfachen Grundformen, die Schritt um Schritt erweitert werden. Dass diese grundsätzlichen Formen dabei immer komplizierter werden, bemerken die Schüler meist nicht. Vielmehr erkennen sie auch bei den neuen Formen immer wieder die ihnen innewohnenden Grundformen. Dies ist in der Selbstähnlichkeit begründet. Ab einem gewissen Zeitpunkt wird es noch komplexer, weil die anderen Unterrichtsfraktale beigemischt werden. Plötzlich bewegen sich die Schüler in sehr anspruchsvollen Lernumgebungen. Dabei haben sie internalisiert, was sie an Lernhandlungen vollziehen können. Sie müssen nicht mehr darüber nachdenken, nichts infrage stellen, nicht verunsichert oder erfreut sein, sondern können sich nun endlich innerhalb komplexer Lern- bzw. Anforderungssituationen adäquat verhalten.

An den Unterrichtsfraktalen »Kooperieren«, »Bewerten« und »Metakognition aufbauen« soll dies veranschaulicht werden. Die vorgestellten Kompetenz-Fahrpläne sind kein SOkeL-Gesetz. Sie, werte Kollegin und werter Kollege, sollten diese Fraktale bzw. Grundformen auf Ihre jeweiligen Unterrichtsbedingungen abstellen. Je nach Schülerschaft können Sie schneller oder auch langsamer vorgehen. Gegebenenfalls können Sie

Stationen überspringen oder sehr lange an einzelnen Stationen in Verbindungen mit anderen Unterrichtsfraktalen verweilen.

Kompetenzfahrplan zum kooperativen Lernen

Warum kooperatives Lernen effektiv ist, wurde im Kapitel 3 dargelegt. An dieser Stelle sollen verschiedene Fahrpläne für Kompetenzzüge vorgestellt werden: vom Bummelzug bis zum ICE.

Station 1: Einfache kooperative Partnerarbeit
Hier legen Sie das Fundament aller kooperativer Lernformen (vgl. Kapitel 3). Aus dieser einfachen Grundstruktur lassen sich alle späteren schwierigen kooperativen Lernformen ableiten. Lassen Sie sich ein Feedback geben, wie sich die Schüler bei dieser Form der Zusammenarbeit fühlen. Was lief gut, was nicht? Besprechen Sie die Anmerkungen der Schüler. Wiederholen Sie nun im Plenum das Gelernte (A und B). Warum? Die Schüler glauben lange Zeit, dass nur das, was der Lehrer sagt, richtig ist. Fragen Sie die Schüler zum Schluss, warum sie die ausgetauschten Materialien schneller bearbeiten konnten, und arbeiten Sie dabei den Vorteil des kooperativen Arbeitens heraus.

Station 2: Partnerpuzzle (vgl. Kapitel 3)
Je nach Klasse haben Sie Stufe 1 mehrmals wiederholt (oder auch nicht). Nun führen Sie eine Neuerung ein. Jeweils drei A-Partner und drei B-Partner treffen sich, nachdem Sie ihren Text gelesen haben. Die drei gleichartigen A-Partner bearbeiten die Aufgaben gemeinsam und überlegen, wie sie das Ergebnis ihren B-Partnern unterbreiten können. Nach dieser Phase geht es weiter wie in Stufe 1.

Gehen Sie bei der Festigung wieder frontal im Plenum vor. Wiegen Sie die Klasse in Sicherheit. Lassen Sie sich wieder ein Feedback geben. Feedbacks sind enorm wichtig, damit Sie über die Kompetenzentwicklung in der Klasse einen Überblick bekommen. Das Wichtigste in dieser Phase ist allerdings die Feststellung, dass die Schüler das »Richtige« selbst erarbeitet haben, auch wenn Sie hier und da noch Anmerkungen vorzubringen hatten. Vielleicht sind Sie erschüttert, dass Ihre Schüler das Richtige selbst herausgefunden haben – ohne Sie? Was soll nun aus Ihnen werden, wenn die Schüler Sie nicht mehr brauchen?

Weisen Sie ernsthaft darauf hin, dass die Schüler es selbst geschafft haben. Geben Sie ihnen ein Wirksamkeitsgefühl, dass sie selbst das »Richtige« herausarbeiten können. Denn noch für lange Zeit werden ihre Schüler nur das für richtig halten, was Sie höchstpersönlich absegnen. Die angstsensitiven Schüler hätten es gern noch notariell beglaubigt und mit einem Siegel versehen.

Station 3: Lerntempoduett
Ein Lerntempoduett (Wahl 2006) kann sich daran anschließen. Diese Lernform macht jetzt durchaus Sinn, denn die Schüler bemerken in dieser auf unterschiedliche Lerngeschwindigkeiten ausgerichteten Methode, dass auch mit Zufallspartnern gut ko-

operativ gearbeitet werden kann. Bislang hielt man sich in »Sicherheitszonen« auf: Die wichtigste Bezugsperson war der Tischnachbar. Schüler entdecken in einer neuen Lernform, dass auch dieses völlig andere Arbeiten im Grunde auf dem einfachen kooperativen Arbeiten beruht. Arbeiten Sie dies in der Feedbackrunde heraus. Zur Festigung sollten spätestens jetzt die Sortieraufgabe (vgl. Kapitel 1 und 3) und das Strukturlegen eingeführt werden.

Station 4: Das Gruppenpuzzle (vgl. Kapitel 2)
Damit sich nicht zu viele Schüler verrennen, sollten Sie nochmals die Vorzüge des kooperativen Arbeitens sichtbar machen; zum Beispiel: »Ihr habt ja mittlerweile gemerkt, dass der Informationsaustausch in der Stammgruppe noch längst nicht heißt, dass ihr gleich gelernt habt, was die anderen für euch erarbeitet haben. Aber sie haben für euch gearbeitet! Wenn ihr euch in die Themengebiete eurer Stammgruppenmitglieder einarbeitet, könnt ihr deren Dienstleistungsservice in Anspruch nehmen. Denn eure Stammgruppenmitglieder haben alles vorbereitet, damit ihr euch schnell einlesen könnt: Die Schlüsselwörter wurden herausgefunden, der Text wurde inhaltlich visualisiert, Fragen an den Text wurden gestellt und alles zusammen wurde euch in der Informationsaustauschphase vorgestellt. Arbeitet ihr nun alleine oder nur zu zweit, müsst ihr alles, wirklich alles, alleine machen. Bedenkt dies bitte!«

Interessanterweise wird die Mehrheit sich selbst auch ohne die Hilfe der Lehrkraft im Gruppenpuzzle organisieren. Einige werden sich individuell den neuen Stoff erarbeiten wollen und sehr schnell feststellen, dass es in Expertengruppen abwechslungsreicher ist. Vor allem werden sie bemerken, dass sie auch als sehr gute Schüler unverhältnismäßig viel Arbeit aufwenden müssen, um den Gesamtstoff aufzubereiten. Bei vielen reift die Erkenntnis: »Das ist nicht allein zu schaffen!«

Spätestens mit dem Gruppenpuzzle sind Sie fahrplanmäßig im ersten Hauptbahnhof der Lernkompetenz eingefahren. Hier werden die einzelnen Kompetenzzüge neu rangiert und zusammengesetzt. Hauptbahnhöfe sind daher auch Rangierstationen. Ein wahrer Kompetenzzug besteht aus vielen unterschiedlichen Fraktalen mit ihren vielen selbstähnlichen Variationen. Und von Hauptbahnhof zu Hauptbahnhof nehmen die Lernkompetenzzüge kontinuierlich eine neue Gestalt an: Sie werden immer besser, mit einer immer komplexeren Technik bis hin zum ICE. Dies betrachten wir später.

Station 5: Lernzirkel
Der Lernzirkel ist ein Item des Punktekontos. Diese Lernform wurde von einer Klasse erfunden. Er dient der Festigung, der selbstständigen Aufarbeitung der bisherigen Unterrichtsinhalte und kann innerhalb wie außerhalb des Unterrichts angesetzt werden (vgl. Kapitel 5). Die Schüler treffen sich in Dreiergruppen und arbeiten Lerninhalte auf. Da sie dafür Punkte haben möchten, müssen sie per Protokoll nachweisen, zu welchem Thema sie arbeiten, wie und wie lange sie tätig sind. Der Zielkreislauf muss überdies ersichtlich werden. Die Planung des Lernzirkels muss vorab der Lehrkraft

vorgelegt werden. Daraus soll ersichtlich werden, wer welchen Inhalt aufbereitet und wie die inhaltliche und zeitliche Planung (Ziele) angelegt sind.

Im fortgeschrittenen SOkeL-Unterricht wiederholen nicht die Lehrer, sondern die Schüler selbst den Stoff vor einer Klassenarbeit. Der Lernzirkel als Klassenarbeitsvorbereitung ist bei den Schülern außerordentlich beliebt, insbesondere dann, wenn für einzelne die letzte Gelegenheit besteht, eine Lernberatung einzuholen. Obwohl Sie sich selbstverständlich als Hilfe anbieten, werden Sie kaum angefordert. Die Schüler arbeiten vor allem mit den Kann-Listen, auf die sich die Klassenarbeit bezieht. Außerdem nutzen sie die in den Lernprozessen erstellten Materialien mit den Sortieraufgaben und den erstellten Strukturbildern.

Mittlerweile bemerken auch die leistungsstarken Schüler, dass das kooperative Lernen für sie zeitsparend ist, denn sie lernen in der Gruppe durch Lehren. Apropos Kooperation: Diese ist dann gegeben, wenn die Lernzirkelteilnehmer vorab verabreden, wer welches Thema für den Lernzirkel aufarbeitet. Wie üblich kann der Lehrer dies durch Punktevergabe verstärken. Sofern sich ein Schüler außerhalb eines Lernzirkels allein vorbereiten möchte: Warum nicht?

Station 6: Lernkreisel (vgl. Kapitel 4 oder 7)
Auch diese Station kann als Hauptbahnhof oder Rangierbahnhof verstanden werden, da im Lernkreisel sowohl Kartenmethoden wie auch metakognitive Strategien gebraucht werden. Mit anderen Worten: Der fahrplanmäßige Kompetenzzug hat einen weiteren Wagon.

Station 7: Strukturierte Kontroverse (Beispiel)
Diese kooperative Lernmethode kann bei Themen angewendet werden, die eine Stellungnahme herausfordern und als Pro- und Kontra-Themen günstig sind. Während der Lernform »Strukturierte Kontroverse« müssen die Schüler an einem gewissen Punkt die Stellung wechseln und die Gegenposition zu ihren Argumenten vertreten. Das heißt, sie müssen eine Perspektivenübernahme vollziehen, ein Problem aus verschiedenen Gesichtspunkten untersuchen, um letztlich eine begründete Meinung vertreten zu können (vgl. Wahl 2006; Huber 2004).

Kompetenzfahrplan zur Lernform (Selbst-)Bewerten

Bei dem Unterrichtsfraktal (Selbst-)Bewerten geht es um die Kompetenz, Ergebnisse von Lernhandlungen zu untersuchen. Die Untersuchungen betreffen viel eher die Lernergebnisse anderer als die eigenen. Dieses Fraktal ist sozusagen als Vorstufe zum Aufbau metakognitiver Strukturen zu sehen. Das Lernergebnis sollte mit dem eigenen Wissen über den jeweiligen Inhalt verglichen werden. Es muss unter Umständen gefragt werden, ob die Darstellung einer Sache im Lernergebnis eines anderen falsch, nicht ganz richtig, unterkomplex, missverständlich, irrtumsbehaftet oder nur scheinbar richtig ist. Die Frage stellt sich: Wer hat recht? In seiner Verteidigung geht der Bewertete vielleicht in die Offensive und hinterfragt die Vorgehensweise des Wertenden.

Obwohl diese Sätze in den Ohren der Schüler kompliziert klingen mögen, finden sie die verschiedenen Variationen des Bewertens interessant.

Station 1: Hausaufgaben – Auswertung (vgl. auch Kapitel 5)
Wie immer gründet auch dieses Unterrichtsfraktal auf einer einfachen Grundform. Am besten beginnt der Lehrer mit einer Hausaufgabe, die eine offene Arbeitsaufgabe umfasst – sei es ein kleiner Zeitungsartikel über ein aktuelles Thema oder ein fiktiver Brief an eine Freundin über dieses Thema. Es kann sich auch um eine Aufgabe aus dem mathematisch-naturwissenschaftlichen Fächerkreis handeln, die verschiedene Herangehensweisen erlaubt. Da Sie Schritt um Schritt den Lernprozess zur Selbststeuerung an die Schüler abgeben wollen, verzichten Sie auf eine zentrale Besprechung der Hausaufgaben.

Sie teilen die Klasse in Vierergruppen ein mit der Aufforderung, dass jeder Schüler seine Lösung der Hausaufgabe der Kleingruppe vorstellt. Nach der Vorstellung soll die beste Variante ausgesucht und zum Schluss dem Plenum vorgestellt werden. Aber halt, werden Sie sagen, nach welchen Kriterien soll denn entschieden werden, welches die beste Hausaufgabe ist? Dies ist der erste Schritt der Arbeit. Die gefundenen und verabredeten Kriterien müssen protokolliert werden. Seien Sie nicht enttäuscht, wie unterkomplex diese Kriterien am Anfang sein werden. Für die Schüler ist das Finden der Kriterien Schwerstarbeit. Der Clou ist doch, dass wir als Lehrer diese Lernform für einfach halten, aber für unsere Schützlinge ist sie erst einmal eine harte Nuss. Kriterien zu bestimmen ist schwierig, aber dafür macht der Rest Spaß. Ein jeder hat etwas zur Gruppe beigetragen. So konnten Schüchterne ihr »Werk« in der Kleingruppe vorstellen, der Verfasser des ausgewählten Ergebnisses ist stolz.

In der Plenumsphase sollten Sie selbstverständlich immer abfragen, nach welchen Kriterien entschieden wurde. Sammeln Sie die differenziertesten Kriterien der Klasse an der Tafel. Lassen Sie nun aufgrund dieser Kriterien die Klasse entscheiden, welches die beste Hausaufgabe von allen war. Bitten Sie die Schüler darum, die erarbeiteten Kriterien aufzuschreiben.

Station 2: Lernberatung (Hauptbahnhof)
Es zeichnet sich ab, dass einer oder mehrere Schüler Schwierigkeiten bekommen werden. Schlagen Sie eine Lernberatung vor. Später brauchen Sie sich darum nicht mehr zu kümmern, weil Ihre Schüler dies von selbst tun werden. Am besten spielen Sie eine Lernberatung als Rollenspiel mit einer Schülerin oder einem Schüler vor. Legen Sie dabei Gewicht auf eine konkrete Zielbestimmung der Beratung. Nur wenn die Ziele klar genug bestimmt sind, wissen hinterher alle, ob die Lernberatung erfolgreich war oder nicht. Dazu muss der Beratungsnehmer befragt werden, worin er seine Schwierigkeiten sieht. Aus den dargestellten Schwierigkeiten können dann die Ziele destilliert werden. Lassen Sie sich auch Unterlagen zeigen, um Schwierigkeiten zu entdecken, die dem zu Beratenden noch gar nicht bewusst sind. Nun kann es losgehen.

Zum Schluss sollten Sie verdeutlichen, dass die Zielüberprüfung wichtig ist. Gehen Sie jedes einzelne Ziel durch und überprüfen Sie gemeinsam, ob die Schwierigkeit tatsächlich befriedigend gelöst wurde. Je nach Ihrem Naturell können Sie den korrekten Ablauf einer Lernberatung selbstverständlich auch abstrakt erklären. Wichtig ist dabei, dass Sie die Schüler bei der Einführung der Lernberatung im Plenum immer wieder ihre Erfahrungen austauschen lassen. Seien Sie bitte nicht enttäuscht, wenn Ihre Schüler die Lernberatung unterkomplex angehen. Als Beispiel sei erwähnt, dass die Zielüberprüfung zu Beginn folgendermaßen stattfindet: »Haben wir alles geschafft?« Antwort: »Ja, eigentlich schon.« Sie können sich bei der Punktevergabe ohne Weiteres ein wenig spreizen und um Nachbesserung bitten. Apropos Punkte: Im Kapitel 6 haben wir beschrieben, wie wichtig es ist, dass auch der Beratungsnehmer Punkte erhält. Den leistungsstarken Schülern ist es so verwehrt, die hilfsbedürftigen Schüler abzuwerten. Auch letztere tragen etwas zum Erfolg des Beratenden bei, denn ohne sie, die Beratungsnehmer, können die Leistungsstarken nicht auf ein Sehr Gut kommen. Die Lernberatung ist also schon ein Hauptbahnhof, in dem das kooperative Verhalten an den Kompetenzzug Bewerten angekoppelt wurde. Später sehen wir, dass auch der Wagon »Metakognition aufbauen« schon mit angekoppelt wurde. Denn in der Beratung geht es auch darum, *wie* jemand gelernt hat.

Station 3: Wechselseitige Bewertung
Die wechselseitige Bewertung (vgl. Winter 2004, S. 236 ff.) enthält Elemente der Lernberatung. Wieder haben wir eine selbstähnliche Erweiterung auf die einfachste Grundform von (Selbst-)Bewerten. Bleiben wir deshalb beim Thema Hausaufgabe. Bei der wechselseitigen Bewertung einer Hausaufgabe wird zunächst mit etwas Schwierigem angefangen, der Selbstbewertung. Der Schüler beschreibt, was ihm in der Hausaufgabe (oder einem anderen Lernergebnis) gut gelang. Zudem schreibt er, womit er Schwierigkeiten hatte, was er vielleicht anders hätte machen können. Die Schüler haben ein Formblatt zur Hilfe, auf dem Anregungen zur Selbstbewertung (Kriterien) stehen (www.sokel.de). Nun tauschen sie die Selbstbewertungen aus. Es empfiehlt sich, dass die Lehrkraft den Tausch vornimmt, damit nicht diplomatische Bewertungen zustande kommen, wenn Freunde ihre Lernergebnisse untereinander austauschen. Es folgt die Fremdbewertung in Form eines schriftlichen Berichts, ebenfalls mit Vorschlägen vonseiten der Lehrkraft. Diese Lernform ist bei den Schülern beliebt. Sie finden es interessant, die Selbstbewertung des Klassenkameraden zu lesen, und sind gespannt, was für eine Rückmeldung sie erhalten werden.

Station 4: Feedbackbogen
Die Schüler arbeiten mittlerweile oft in kooperativen Lernformen. Diese bringen viel Informationsaustausch- bzw. viele Vermittlungsphasen mit sich. Da sich die kooperativen Lernformen dadurch auszeichnen, dass die Schüler innerhalb einer Stammgruppe voneinander abhängig sind, wird auf die Mitglieder gleißendes Scheinwerferlicht geworfen. Wie arbeitet das Mitglied? Hat es sich angestrengt in Hinblick auf seine

Möglichkeiten? Liegen von den Expertengruppen selbst erstellte Lernmaterialien vor? Kann das Mitglied auf Nachfragen eingehen? Die Selbsteinschätzung ist angesichts der Vieldimensionalität einer kooperativen Gruppenarbeit durchaus problematisch. Eine Fremdbeurteilung vermag oft Überraschungen hervorzurufen, negativer wie positiver Art.

Im Vergleich zur ersten Station finden wir Gleiches und Selbstähnliches. Gleiches insofern, als Lernprozessergebnisse bewertet werden. Dies können die Schüler mittlerweile gut oder einigermaßen gut. Das hinzukommende Neue ist anders, aber ähnlich; selbstähnlich zur einfachen Grundform. Bewertet wird jetzt auch das (Gruppen)Verhalten des Stammgruppenmitglieds.

Station 5: Qualitätskontrolle
Auch diese Lernform korrespondiert mit dem Punktekonto. Hier untersuchen bereichsspezifisch leistungsstärkere Schüler die Lernergebnisse von leistungsschwächeren Mitschülern. Im Prinzip ist es eine höhere Form der wechselseitigen Bewertung. Der leistungsstärkere Schüler weist zunächst durch ein inhaltliches Intro ein vertieftes Verständnis des Themas nach. Danach untersucht er das vorliegende Lernergebnis auf Schwächen und Stärken. Aus seinem Ergebnis leitet er eine Lernberatungsstrategie ab. Die Lernberatung wird dokumentiert, davor erhalten Sie das Ergebnis zur Lektüre. Dies ist kaum aufwendig für Sie. Zudem schlagen Sie zwei Fliegen auf einen Streich: Sie wissen, ob die Qualitätskontrolle korrekt war, und können das zur Kontrolle ausgehändigte Lernergebnis dank der vorliegenden Analyse schnell überprüfen.

Diese Arbeit ist schwierig und sollte in der Klasse mindestens einmal geübt werden. Dennoch bedeutet sie lediglich die selbstähnliche Erweiterung einer einfachen Grundstruktur. Die Qualitätskontrolle ist für den kontrollierenden Schüler sehr aufwendig; sie sollte im Punktekonto entsprechend dotiert werden. Die Qualitätskontrolle ist ein weiterer Hauptbahnhof, in dem die Wagons »Bewerten«, »Kooperation« und »Metakognition aufbauen« gekoppelt werden.

Station 6: Kolloquien
Diese Station ist wie auch die Stationen 4 und 5 ein Hauptbahnhof. In dieser Lernform werden ebenfalls leistungsschwächere und leistungsstärkere Schüler auf bestimmte Weise gemischt. Im Kolloquium muss ein leistungsstarker Schüler sein Lernergebnis verteidigen. Zur Übung kann dies mit einfachen Lernergebnissen geschehen. Für das Kolloquium eignen sich umfangreiche Schülerarbeiten oder Lernprodukte wie Lerntagebücher, Portfolios, Hausarbeiten (nicht Hausaufgaben), umfangreiche Strukturbilder über ein größeres Lerngebiet einschließlich dessen Verbalisierung oder Lernergebnisse, die die Schüler selbst vorschlagen. Es ist aber dringend geboten, bei Schülern mit schwächerem und mittlerem Leistungsniveau leistungshomogene Gruppen einzurichten, denn ein Jeder ist stolz auf sein Lerntagebuch oder sein Portfolio. Ein leistungsstarker Schüler könnte zu gnadenlos deren Schwächen herausarbeiten. Das hängt letztlich von seiner Sozialkompetenz ab, die nur Sie einschätzen können. Ist

ein leistungsstarker Schüler im Kolloquium, kann eine gemischte Gruppe das Lernergebnis prüfen und es vom leistungsstarken Schüler verteidigen lassen.

Ablauf: Ein Schüler stellt sein umfangreiches Lernergebnis zur Verfügung, motiviert durch die höher dotierte Punktzahl im Punktekonto. Eine Gruppe von Schülern begutachtet kritisch das Lernergebnis. Dabei schreibt sie sich Kritikpunkte und folgende Fragen auf: Warum wurde das Lernergebnis in der vorliegenden Art und Weise erstellt? Warum wurde ein bestimmter inhaltlicher Aspekt weggelassen? Warum hat der Schüler einen anderen in das Lernergebnis übernommen? Was hätte besser gemacht werden können? Was hätte methodisch anders gemacht werden können?

Selbstverständlich sollen auch die Stärken des Lernergebnisses herausgearbeitet werden. Nun wird der Schüler ins Kreuzverhör genommen, eine lebhafte Gruppenarbeit beginnt. Der Verlauf des Kolloquiums muss protokolliert werden, wenn eine Punktvergabe vereinbart wurde. Zum Schluss beraten die »Prüfer« und geben dem Schüler ein zusammenfassendes Feedback. Die »Prüfer«, die ebenfalls ein paar Anerkennungspunkte erhalten, können Zusatzpunkte erteilen, wenn sich der Schüler bewährt. Die Vergabe muss schriftlich kurz begründet werden.

Das Kolloquium ist unzweifelhaft eine komplexe Lernform, aber dennoch für die meisten einfach, weil die Schüler irgendwann einmal damit begonnen haben, gemeinsam Bewertungskriterien für eine übliche Hausaufgabe zu finden. Auf diese noch fragile Kompetenz setzen sie nach und nach einen selbstähnlichen Lern-Baustein auf den anderen. Diese Konstruktion wird ständig komplexer. Dennoch ist auch in dem komplexen Kolloquium das Einfache enthalten. Komplex? Den Schülern erscheint dies nicht so. Sie haben sich jede selbstähnliche Abwandlung lernhandelnd angeeignet. Das Kolloquium ist dann nur noch ein kleines Sahnehäubchen auf die Grundlernform (Selbst)Bewerten.

Kompetenzfahrplan »Metakognition aufbauen«

Dass der Kompetenzfahrplan für »Metakognition aufbauen« in einem Kompetenz-Hauptbahnhof beginnt, geht nicht völlig fehl, da der Kompetenzzug »Metakognition« mit den Wagons »Strukturierte Kontroverse«, »Qualitätsprüfung« und »Kolloquium« hohe Geschwindigkeit aufnehmen kann. Zum gelungenen Kompetenzaufbau von Metakognition spielt ein weiteres Selbstorganisationsprinzip eine mächtige Rolle: die Dynamik und Selbstoptimierung. Doch betrachten wir zunächst, wie die Lehrkraft den Aufbau metakognitiver Strukturen bei den Schülern mit dem Selbstorganisationsprinzip »Einfachheit der Grundform und Selbstähnlichkeit« fördern kann.

Station 1: Schlüsselwörter
Die Schüler haben einen Text zu dechiffrieren und wenden die Schlüsselwörtermethode individuell in der Anfangsphase einer Expertengruppe an, z. B. im Zusammenhang mit der Fünf-Schritt-Lesemethode. In der darauf folgenden Expertendiskussion werden die jeweils herausgesuchten Schlüsselwörter daraufhin untersucht, ob sie tatsächlich die Hauptaussage des Textes markieren. In der Argumentation zur Begründung

werden die Schüler angeregt, darüber nachzudenken, wie und warum sie zu diesen ausgewählten Begriffen kamen. Diese Schlüsselwörter werden im Weiteren zur Sortieraufgabe.

Station 2: Strukturlegen
Im Strukturlegen (vgl. Wahl 2006) verdeutlichen sich die Schüler, in welchen Strukturen sie über ein Themengebiet denken. Sie externalisieren ihr mentales Begriffsnetz auf ein Blatt Papier. Indem sie die gelegte Struktur einem Mitschüler erklären, sie also verbalisieren, verdeutlichen sie sich zusätzlich, in welchen Bahnen sie denken. Das Verbalisieren hat hier die gleiche Funktion wie beim Expertenvortrag in einer Stammgruppe: die Verfertigung des Gedankens beim Sprechen (Kleist). Durch das Verbalisieren findet ein (erstes) Nachdenken über eigene Lernwege statt.

Station 3: Concept-Maps verbalisieren (Hauptbahnhof)
Die Concept-Map ist umfassender als eine Strukturlegearbeit. Sie ist dem Strukturlegen aber sehr ähnlich, nur etwas komplizierter. Sie enthält z. B. Beziehungspfeile und Symbole. Diese Karte ist ein hervorragendes Mittel, um beispielsweise Beziehungen zwischen verschiedenen Unterrichtsthemen herzustellen. Der Lehrer gibt eine umfassende thematisch gemischte oder – einfacher – auf eine Unterrichtseinheit bezogene Sortieraufgabe vor und fordert die Schüler auf, die Concept-Map oder das Strukturbild (schriftlich) zu verbalisieren. Dies ist eine auch zeitlich sehr aufwendige (Haus)Aufgabe. Deshalb sollte sie mit genügend Punkten im Punktekonto unterfüttert werden. Eine wechselseitige Bewertung der Ergebnisse drängt sich geradezu auf. Problematische Ergebnisse können zur Qualitätsüberprüfung vorgeschlagen werden. Auf jeden Fall kann die Verbalisierung einer anspruchsvollen Visualisierung wie der Concept-Map als ein weiterer Schritt im Aufbau metakognitiver Strukturen begriffen werden. Im Unterschied zur mündlichen Besprechung der Strukturlegearbeiten muss hier bei der schriftlichen Verbalisierung sehr viel genauer überlegt und argumentiert werden.

Station 4: Lerntagebuch (Hauptbahnhof)
Das Lerntagebuch wird oft in einer banalisierten Form im Unterricht eingesetzt. Die Schüler erhalten ein einseitiges Formblatt, auf dem in Kurzform Abfragen folgender Art stehen: »Was hat dir in der Stunde gefallen?« »Was hat dich interessiert?« »Wo warst du erfolgreich?« »Was musst du nacharbeiten?« Manchmal müssen die Schüler sogar nur Häkchen setzen. Da der Schüler ein schlaues Wesen ist, rationalisiert er und »stempelt«. Mit der Zeit haben die Lernenden Standardsätze entwickelt, die so allgemein gehalten sind, dass sie immer passen. Zur Metakognition gelangen sie damit freilich nicht.

In SOkeL werden die Schüler dagegen angehalten, nicht nur über Fachliches nachzudenken. Höheres fachliches Lernen, das ist ja der Inhalt dieses Kapitels, geht nicht ohne Lernkompetenzen. Die Schüler müssen also auf den Weg gebracht werden, generell über ihr Lernverhalten und ihre Lernwege nachdenken zu können. Daher sollen sie mit der Zeit nicht so sehr einzelne Stunden in den Fokus nehmen, sondern zeitliche Abschnitte. Es fällt den Schülern anfänglich enorm schwer, die erzählende und beschreibende Form zugunsten der analysierenden zu verlassen. Das Führen eines Lerntagebuches dieser Art ist aufwendig und sollte mit genügend Punkten bedacht werden. Aufwendig ist dies auch für Sie als Lehrer, wenn Sie noch in den Anfängen Ihres SOkeL-Lebens stehen. Wenn Ihre Schüler aber schon weitgehend eigenverantwortlich arbeiten können, haben Sie während des Unterrichts genügend Zeit, die ersten Lerntagebüchereintragungen zu begutachten und die Lernenden zu beraten. Mit der Zeit übernehmen leistungsstarke Schüler teilweise die Vorarbeit dieser Leistungsbewertung (Qualitätskontrolle).

Station 5: Portfolio (Hauptbahnhof)
Die Portfolio-Arbeit kann parallel mit dem Lerntagebuch in einer Klasse eingeführt werden. Allerdings können die Schüler die beiden Formen anfänglich schwer auseinanderhalten. Während das Lerntagebuch mehr auf die Reflexion des eigenen Lernverhaltens, der eigenen Lernwege, im Grunde auf den Lernprozess ausgerichtet ist, wird in der Portfolio-Arbeit eher vom Ergebnis her gedacht. Die Lernergebnisse, die in das Portfolio eingelegt werden, sind sehr viel stärker auf ein jeweiliges Fach bezogen als das Lerntagebuch. Sicherlich hängt die Fachbezogenheit auch von der Portfolio-Sorte ab, denn ein Leistungsportfolio ist viel stärker auf Fachinhalte bezogen als ein Entwicklungsportfolio. Auf die Einlage bezogen machen sich nun die Schüler Gedanken, was ihnen gelungen ist, was – retrospektiv – fehlt, unterkomplex oder methodisch unzulänglich angegangen wurde. Wie im Lerntagebuch wird auch im Portfolio gern »gestempelt«. Auch hier bedeutet es für manche einen längeren Weg, zur Selbstreflexion über das eigene Lernverhalten und die eigenen Lernwege zu gelangen.

Rangier-Hauptbahnhof
In diesem Bahnhof werden viele verschiedene Wagons zu einem langen Kompetenzzug gekoppelt. Nehmen wir als Beispiel einen bereichsspezifisch durchschnittlich leistungsstarken Schüler. Er produziert ein Portfolio, das einiges zu wünschen übrig lässt, wie ihm durch eine wechselseitige Bewertung selbst klar wird. Eine leistungsstarke Schülerin übernimmt auf Anfrage die Qualitätskontrolle mit anschließender Lernberatung. Den Schüler packt der Ehrgeiz, die hohen Leistungspunkte zu erreichen. Er setzt die Lernberatung um, erweitert sein Portfolio um zusätzliche Einlagen und bittet seine Lehrperson um Durchsicht. Nach einer weiteren Beratung mit Umsetzung meldet er sein Portfolio am Ende des Halbjahres zum Kolloquium an. Kooperatives Arbeiten, Bewerten und Aufbauen metakognitiver Strukturen bilden eine Einheit, unterstützt vom üblichen kompetenzorientierten Punktekonto.

16.3 Dynamik und Selbstoptimierung

Die bisherigen Ausführungen zum System SOkeL sollten deutlich gemacht haben, dass sich in einem SOkeL-Unterricht *alle* Schüler permanent in Lernhandlungen befinden. Im Handeln wird die Performanz ihrer jeweiligen Kompetenzstruktur und -disposition ihnen selbst deutlich. Damit eröffnet sich ihnen die Möglichkeit, an ihrer Kompetenzerweiterung zu arbeiten. Da sie sich in den kooperativen Lernsituationen nicht nur mit ihrem Kopf, sondern als gesamte Person einbringen *müssen*, sind im Vergleich zum Normal-Unterricht Kompetenzsteigerungen in der Methoden-, Sozial- und Personalkompetenz mit ihrer Rückwirkung auf die kognitiv-fachliche Kompetenz fast zwangsläufig. Gemeinsames Lernen gelingt nicht ohne beständige Reflexion der eigenen Wirkung auf andere Mitschüler, auch wenn es den Einzelnen nicht bewusst sein muss. Nachfragen, Hinweise, Verbesserungen, Kritik und gemeinsames Aushandeln fachlicher und gruppendynamischer Kompromisse, Lob, Ablehnung, gemeinsames Schwingen, Konflikte und Streit, durch andere und mit anderen – dies alles sind direkte und indirekte Feedbackschleifen auf die jeweilige Person mit ihrer Kompetenzstruktur. Sie bieten vielfältige Möglichkeiten, sich über die eigene Kompetenzstruktur zunehmend klar zu werden. Der Lehrer kann erkennen, wie vergebens die Vorstellung ist, im Frontalunterricht Kompetenzen zu »vermitteln«.

Die beständigen Feedbackschlaufen auf sich selbst sind ein Optimierungsprozess. Immer wieder werden gewonnene fachliche und persönliche Gewissheiten infrage gestellt und damit potenziell einer Veränderung unterworfen. Aus der Lehrersicht können wir unmöglich die konkreten Vorgänge in den einzelnen Schülern zeitnah mitverfolgen, da Ereignisse nicht wahrnehmbar sind, die die Kompetenzstrukturen »in der Tiefe« berühren. Unsere Stellvertreter in den Gruppen, die Ziele, können uns aber rückschließend einige Informationen geben. Welche Probleme traten im Zielkreislauf bzw. während der vollständigen Lernhandlung auf? Wie ist die Problemlösung angegangen worden? Wer hat welche Aufgaben übernommen und wie gelöst? Lernprozessbegleitung heißt nicht, dass wir in eine passive Rolle versetzt werden. Dennoch gilt, dass wir unsere Schüler beim aneignenden Lernen möglichst wenig stören sollten; sie haben es schon schwer genug. Intervenierend-reflektive Gespräche können dennoch die Kompetenzentwicklung der Gruppen(mitglieder) beschleunigen. Dies nicht am Anfang einer umfänglichen Gruppenarbeit, eher gegen Ende hin. Dass zwischendurch von den Lernenden auch *nicht* gangbare Wege eingeschlagen werden, gehört zu einem selbstbestimmten Lernen dazu. Freudiges Kollateralergebnis unserer Intervention kann ebenfalls sein, dass einzelne Schüler – scheinbar plötzlich und unvermutet – einen Kompetenzsprung vollführen. Dies motiviert uns wiederum – und das ist auch gut so.

16.3.1 Dynamik durch Perturbationen

Was bedeuten die dem SOkeL-Unterrichtssetting immanenten Feedbackschlaufen, unsere direkten und indirekten Interventionen? Wir stören Gewissheiten bei den Schülern, jetzt endlich das Richtige und Endgültige gelernt zu haben. Wahrgenommene Störungen, das Bewusstwerden, noch nicht am Ende aller Lernprozesse zu stehen, werden Perturbation bzw. kognitive Dissonanz genannt. Wenn sich unsere Schüler in kleiner Abwandlung des berühmten Satzes von Sokrates immer wieder eingestehen müssen, dass sie wissen, *noch nicht* alles in dieser Lerneinheit zu wissen, haben wir unseren SOkeL-Job gut erledigt.

Wir SOkeL-Lehrer sind die Störer vom Dienst, die auf direktem und indirektem Weg die Klasse und auch die Individuen in ihrer Selbstgewissheit stören, schon genügend zu wissen, damit sie das noch Unvollendete erkennen. Doch Vorsicht: Die Störer vom Dienst müssen ihren Dienstauftrag gut verstanden haben, sollen die Lerner nicht während des aktiven Aneignungsprozesses stören. Dies wäre eine Störung im allgemeinen Sinne, aber keine Perturbation. Eine Perturbation hat ihren Platz am Ende oder gegen Ende des Aneignungsprozesses, wenn sich das Gefühl einstellt, alles getan und richtig begriffen zu haben. Die direkte Störung im Sinne einer Perturbation ist unsere ureigene Aufgabe. Dagegen lassen wir Perturbationen in den Feedbackschlaufen innerhalb kooperativer Gruppen oder zwischen einzelnen Schülern von unseren Perturbationsassistenten ausführen. Kurzum, wir sind in den kooperativen und individuellen Lern- oder Aneignungsprozessen massiv vertreten, ohne wirklich sichtbar zu sein.

Nun bekommen wir in unserer Arbeit Verstärkung. Zu den Zielen, die unsere Stellvertreter in den Gruppen sind, kommen die oben genannten Assistenten dazu, nämlich die Perturbationsassistenten. Sie verrichten ihren Job im Aneignungsprozess *indirekt* und treten den Schülern sozusagen maskiert gegenüber, z.B. in Form von Zielkreisläufen, die die Schüler selbst entworfen haben. Außerdem wirken die Assistenten in kooperativen Lernformen mit ihren ständigen Feedbackschlaufen und durch die Instrumente aus der vorbereiteten Lernumgebung auf die Gruppenmitglieder. Dies betrifft z.B. Kann-Listen als dauerhafte Referenzierungsaufforderung bezüglich der erreichten Items sowie die SOkeL-Leistungsbewertung, die aber auch ein direktes Perturbationsinstrument sein kann.

Zur direkten Perturbation bieten sich an:
- reflektierende Gruppengespräche am Ende einer vollständigen Lernhandlung,
- klassische Übungsaufgaben für die Stammgruppenarbeit,
- kurze zusammenfassende Lehrervorträge,
- die bewusste Beachtung des Fehlerklärwerks,
- diskursive Reflexionen auf das Erlernte im Plenum,
- direkte Hilfe beim Aufbau von Metakognition durch Beratung
- und last but not least die Leistungsbewertung.

16.3.2 Dynamik durch die SOkeL-Leistungsbewertung

Trotz unserer Stellvertreter in den Gruppen und der Perturbationsassistenten verlangsamen sich manchmal die Lernprozesse. Mancher Schüler ist selbstgenügsam oder gibt seine Bequemlichkeit und Faulheit offen zu. Andere verweilen in den Kompetenzbahnhöfen länger als nötig. Eigentlich ist jeder irgendwie motiviert, ein bisschen wenigstens, aber es mangelt an Volition. Der Rubikon, ein Flüsschen, erscheint unüberwindlich breit wie der Amazonas. Dieses Problem können in bestimmten Situationen auch sehr motivierte und leistungswillige Schüler haben. Schließlich muss ein Interessierter schon Mut aufbringen, um z. B. in ein Kolloquium zu gehen. Andere Schüler trauen es sich einfach nicht zu, ein reflektives Portfolio oder Lerntagebuch zu schreiben. Da bleibt uns nichts anderes übrig, als selbst auf die andere Seite des Rubikons zu rudern, um von dort aus mit einem gefüllten Honigtopf zu winken. Ein Honigtopf voller Punkte. Und siehe da, einzelne schwimmen allein hinüber, andere finden sich zu Bootsgemeinschaften zusammen.

Wenn wir nicht selbst mit dem Honigtopf-Punktekonto winken wollen, schicken wir einen Perturbationsassistenten auf die andere Seite des Rubikons: die Kann-Liste. Folgendes spielt sich nun am anderen Ufer ab: Eine Schülerin kommt an und freut sich auf die süßen Punkte. Doch die Kann-Listen-Perturbationsassistenz fragt: »Für welches Lernergebnis möchtest du Punkte? In welchen meiner Items ist dein Lernergebnis begründet? Sprich und überzeuge mich, sonst brauchst du erst gar nicht zum Punktekonto zu gehen.« Die Schülerin packt eine umfangreiche Fischgräten-Visualisierung aus und zeigt sie dem Kann-Listen-Perturbationsassistenten. Sie sagt: »Schau, hier sind deine Items 7 bis 10 aufgegriffen, und da habe ich die hinter den Items 7 bis 10 steckenden Aussagen in Beziehung zu 2 und 13 bis 15 gesetzt.« Die Kann-Listen-Assistenz prüft staunend und findet die Visualisierung weitgehend überzeugend. Die Schülerin fährt fort: »Ich verstehe nicht wirklich, warum du erstaunt bist. In deiner Rubrik ›Tätigkeitsnachweise‹ schlägst du doch selbst eine derartige Vorgehensweise vor« (vgl. Kapitel 9). Die Kann-Liste schaut jetzt zum Punktekonto hinüber und nickt. Das Punktekonto überprüft nochmals kurz die Visualisierung, möchte dies oder das verbalisiert haben. Es möchte sehen, ob die Schülerin ihr eigenes Werk versteht, ob es überhaupt das ihrige ist (kommunikative Validierung), und trägt die Punkte ein.

16.3.3 Selbstoptimierung durch Dynamik

Warnecke (1996), von dem das Konzept der Fraktalen Organisation stammt, hatte nicht Individuen im Kopf, als er den Begriff der Fraktalen Organisation entwickelte. Eine *jede* Organisation aber beruht auf Interaktionen von Menschen, die sich Regeln auferlegen und Aufgaben geben. Hierarchische Organisationen sind meist sehr starre Systeme, die sich von Dynamiken bedroht fühlen. Klingt das etwa nach Schulwesen? Honi soit qui mal y pense! Und ist der Frontalunterricht in seiner klassischen Form des fragend-entwickelnden Unterrichts nicht auch ein sehr starres System? Lassen Sie uns dies einmal grob vereinfacht in Schwarz-Weiß-Manier und zugespitzter Form betrachten.

Die These lautet, dass die klassische strikt hierarchische Organisation von Schule von vornherein Dynamik unterbinden will, auch wenn dies den Organisationsmitgliedern selbst möglicherweise nicht klar ist. Bereits die räumliche Anordnung unterbindet Dynamik. Die Tische sind in Reihen hintereinander angeordnet, sodass die Kommunikation zwischen den rangniederen Organisationsmitgliedern erschwert ist. Die Kommunikation soll nach vorn zum ranghöheren Organisationsmitglied ausgerichtet sein und nur dann stattfinden, wenn der Schüler ausdrücklich dazu aufgefordert wird. Autonome Kommunikation unter den Rangniederen wird als Störung der vorgegebenen Ordnung sanktioniert. Eine weitere Gefahr droht, wenn auf die Scheinfragen des Ranghöheren nicht die erwartete Antwort kommt und das Unterrichtsgespräch zu mäandrieren beginnt.

Diese Unterrichtsorganisation geht von einem gedachten mittleren Anspruchsniveau aus (Nivellieren). Der Lernzuwachs wird dann gemeinsam Schritt um Schritt (Synchronisieren) vorgenommen (7G-Unterricht). Die Durchführung selbst wird im Anweisungsstil gehalten: »Schlagt bitte Seite 72 auf, lest Zeilen x bis y, macht danach dies oder das, hört gut zu, schweigt.« Und weiter: »Antwortet nur auf meine Fragen, schreibt mein Tafelbild ab, schlagt euer Heft auf und schreibt Folgendes nieder...« Dieses Konzept zeitigt die bekannten Folgen. Nicht nur meine Schlussfolgerung lautet: ohne Dynamik, keine Selbstoptimierung.

Warneckes Konzept wurde übrigens in einem Forschungsprojekt der Fraunhofer-Gesellschaft entwickelt, deren Präsident er damals war. Das Experimentierfeld war ein von der Insolvenz bedrohtes Unternehmen, das klassisch hierarchisch organisiert war. Es konnte sich in der Konkurrenz mit anderen nicht behaupten, weil es nur langfristig auf schnell sich ändernde Kundenwünsche eingehen konnte. In dieser Fabrik wurde die Organisationsform umgestellt auf flache Hierarchie, autonome Gruppenarbeit, Transparenz der Entscheidungen und Partizipation der Mitarbeiter in der Entscheidungsfindung. Flache Hierarchien und autonome Gruppenarbeit setzen selbstverständlich sofort Dynamik frei, und zwar in den Interaktionen zwischen den Betriebsangehörigen. Sinn der Selbstoptimierung war hier nicht die Leistungssteigerung des Individuums, sondern die selbstorganisierte Entfaltung der optimalen Organisation der Herstellung. Aufgrund der sich stetig verändernden Voraussetzungen dieses Systems mit wechselnden Kundenwünschen, neuen Fabrikationstechniken, Teammitarbeitern und Großhändlern gab es nicht die *eine* optimale Organisationsform. Vielmehr entwickelte sich aufgrund der häufigen Ausgangsveränderungen (Parameterveränderung) und der immanenten Dynamiken (Interaktion der Mitarbeiter) im Produktionsprozess eine unter den jeweils aktuellen Umständen herausgeformte optimale Organisation. Selbstoptimierung hat also nichts mit Waschmittelwerbung zu tun. Darin wird generell behauptet, dass es nachher besser sei als vorher. Hier werden also zwei statische Zustände miteinander verglichen. Dagegen muss Selbstoptimierung immer mit Dynamik verbunden sein.

Die Schule ist eine ehrwürdige Bildungsinstitution. Wie in anderen öffentlichen Einrichtungen fließt in ihr auch Geld. Ein Großteil davon geht an diejenigen, die eine hochwertige Dienstleistung erbringen, an uns Lehrerinnen und Lehrer. Wir erhalten unsere Bezüge nicht für Fabrikarbeit, sondern für Interaktionsarbeit und unterliegen damit besonderen Bedingungen (vgl. Reis 2012). Für die Messung von Interaktionsarbeit gibt es bekanntlich keine Parameter, wie sie in der Wirtschaft üblich sind. Lagerbestand, hergestellte Produkte pro Tag, Verkaufszahlen, Forderungen oder Verbindlichkeiten sind für eine Schule keine sinnvollen, angemessenen Maßstäbe. Schon gar nicht kann vorhergesagt werden, welche (Lern-)Ergebnisse am Ende eines Tages herauskommen werden. Des Weiteren sind die »Kunden« unserer Dienstleistung zugleich die Produzenten und Konstrukteure ihres ureigenen »Produkts« Bildung. Oft möchten die Eltern unserer Kunden uns mit ihren Ideen beeinflussen oder gar darüber aufklären, wie es richtig und besser zu machen wäre.

Wenn die oben geschilderte starre Unterrichtsorganisation wegfällt und 30 Menschen frei interagieren können, ist Dynamik angesagt. Aus dieser womöglich überschäumenden Dynamik sollen ohne unsere Anweisung und direkte Steuerung selbstoptimierte Zustände herauskommen? Völlig richtig, so ist es; die fraktale Organisation des Unterrichts macht es möglich. Aber bitte eins nach dem anderen. Von Null auf Hundert können wir beim Umstieg auf SOkeL sowieso nicht gehen. Wir hätten dann Chaos im landläufigen Sinne und nicht im Sinne einer non-linearen Systembetrachtung.

Bevor wir eine anspruchsvolle Lernumgebung vorbereiten, lesen wir auf den Kompetenzfahrplänen ab, welche Hauptbahnhöfe von der Klasse schon durchfahren wurden. Diese Kompetenzanalyse ist für einen gelingenden SOkeL-Unterricht Grundbedingung. Darauf beziehen sich dann wesentliche Teile der vorbereiteten Lernumgebung. Später im Unterricht nach der Vorstellung des Advance Organizers wechseln sich Individualphasen und Kooperationsphasen ab. Die Lerndynamik wird durch unsere Perturbationsassistenten angeheizt. Sofort findet der Kampf zwischen Chaos (nicht konkret voraussagbare Lern- und Gruppenprozesse sowie Lernergebnisse) und Struktur statt. Letztere bezieht sich auf die SOkeL-Unterrichtsfraktale: die Selbstorganisationsprinzipien »Zielorientierung und Selbstorganisation« sowie »Einfachheit der Grundform und Selbstähnlichkeit«, Abläufe im Fehlerklärwerk, inhaltliche Zielstellung (Kann-Listen) und kurze zusammenfassende Lehrervorträge.

Aus Lehrersicht ist dieser Kampf zwischen Chaos und Struktur unübersichtlich, findet er doch in jeder Schülergruppe auf unterschiedliche Weise statt. Die Ausgangslagen sind verschieden, weil unterschiedliche Individuen auf Grundlage ihrer höchst verschiedenen Kompetenz- und Vorwissensstruktur lernend interagieren müssen. Das bedeutet, dass sie ihr fachliches Vorverständnis des Lerngegenstandes und ihr eingeübtes methodisches Vorgehen beim Erschließen neuer Lerngegenstände untereinander koppeln müssen. Darin einzubeziehen ist ihre Art, auf andere in der Fach- oder Expertendiskussion einzugehen, mit Druck, Anforderungen und Ansprüchen im Lernprozess umzugehen. Dadurch ist es den Schülern möglich, zu einer Ordnung bzw. Struktur in der Lerngruppe zu gelangen, die einen der jeweiligen Gruppe gemäßen optimalen Lernprozess zulässt. Dabei gibt es nicht den *einen* nun endlich gefundenen und *selbstoptimierten* (Lern)Zustand, der für *alle* Situationen einer Gruppe gilt. Schon im nächsten Moment kann eine stärkere Perturbation in der Gruppe eine Suchbewegung auslösen und eine Dynamik erzeugen, die eine der veränderten Situation entsprechende optimale Ordnung zum Ergebnis hat. Die Lehrkraft ahnt, warum kooperative Gruppenarbeiten für die Schüler derart anstrengend sind und warum niemand bezüglich dieser Lernform jemals ausgelernt haben wird. Dies gilt für uns Lehrer wie für unsere Schüler. Leider können wir den Lernenden die Anstrengung nicht abnehmen, aus den sich stets veränderten Ausgangsbedingungen in Lernprozessen immer wieder selbst eine temporär neue optimale Lernordnung zu organisieren. Wir sollten es auch nicht wollen, weil wir als Außenstehende nur suboptimale Vorschläge unterbreiten können. Dieser Vorgang ist der Kern des Selbstorganisierten Lernens. Wir können – frei nach Montessori – den Lernenden lediglich helfen, es selbst zu tun, so sie diese Hilfe anfordern.

Zusammenfassend kann geschlussfolgert werden, dass die Dynamik in zweifacher Hinsicht in den Gruppen wirkt. Zum einen wird sie verursacht durch das Zusammentreffen höchst unterschiedlicher Individuen, was deren Kompetenzstruktur, Persönlichkeit und Vorerfahrung im Umgang mit anderen Menschen betrifft. Dies löst eine Gruppendynamik aus, die jedoch kanalisiert wird durch den Lernauftrag, den die Gruppe hat. Also heißt es, sich so zu organisieren, dass optimal gelernt werden kann. Das ist nicht einfach, da jederzeit erneut Meinungsunterschiede aufbrechen können. Dabei geht es zum einen um Ablauf, Art der Zusammenarbeit, Zielsetzung, Verständnis des Zielkreislaufs und Kommunikationsstil. Zum anderen treffen einzigartige bereichsspezifische Vorwissensstrukturen aufeinander, die miteinander gekoppelt werden müssen, damit eine Perspektivenverschränkung auf den Lerngegenstand möglich wird. Dies betrifft das Kognitive, Lernziele, Inhalte sowie zu erarbeitende inhaltliche Bezüge.

Die sich einstellenden Lernergebnisse werden immer wieder von allen möglichen Perturbationen bedroht. Sie bleiben letztlich *Zwischen*ergebnisse. Die Dynamik zwischen den Individuen bewirkt die andauernde Suche nach einer optimalen Lernorganisationsform. Letztere ist mit der Perturbation als dynamischem Element auf der kognitiven Ebene verschränkt, nämlich als Prozess zur Perspektivenverschränkung der Individuen. Das Resultat dieser dynamischen Prozesse sind wieder selbstoptimierte Zustände, die jedoch nur von kurzer Dauer sind. Irgendeine der vielen Ausgangsbedingungen des Systems »Lernende Gruppe« kann sich plötzlich verändern, woraufhin eine neue Suchbewegung entsteht.

16.3.4 Individuelle Optimierung

Haben wir vor lauter Gruppenkampfgetöse die Individuen vergessen, die eine Gruppe ausmachen? Ist das Selbstorganisationsprinzip »Dynamik und Selbstoptimierung«

überhaupt auf Individuen anwendbar? Gilt denn das eine E von E³, die Eigenständigkeit, überhaupt nicht? Auch das Gehirn ist als dynamisches System beschreibbar, nur dass hier unter (Selbst)Optimierung etwas ganz anderes zu verstehen ist als für die dynamische Organisationsform Gruppe.

Wenn wir diese schwabbelige, graue und in sich gekrümmte biologische Anordnung namens Gehirn mit dem Gedankenkonstrukt »System« beschreibbar machen können, dann dürfen wir mit dem Rest des dazugehörigen Individuums ebenso verfahren. Dabei ist zu bedenken, dass das Gehirn ebenso ein biologisches Organ wie ein gedankliches Konstrukt (als System) ist. Der Systembegriff wiederum ist eine Abstraktion, der keine biologische Wirklichkeit entspricht. Ein Individuum oder eine Person als reales System zu *begreifen*, anstatt es nur als solches zu *beschreiben*, ist selbstverständlich Reduktionismus in Reinform. Aber gönnen wir uns den Spaß. Begreifen wir einen Schüler als ein System, das frei nach dem Lieblingslehrer (»söötzen Se söch«) des Schülers Pfeiffer (mit drei F!) aus dem Film Feuerzangenbowle in Subsysteme »zerfällt«.

Am Beispiel der folgenden Szene wird ein Gedankenaustausch der Subsysteme des Schülers allegorisiert: »Jetzt reicht es aber«, knurrt drohend der Verdauungstrakt, »wir haben gegessen und brauchen dringend Energie für die Verdauung«. »Ich pump' ja schon an Blut zu dir rüber«, wirft das Herz ein, »schneller geht es einfach nicht. Das Gehirn egoisiert mal wieder die Energiezufuhr«. »Genau!«, erwidert der Muskelapparat, »es beansprucht durchschnittlich fast 30 Prozent der Energiezufuhr, und jetzt in der verarbeitenden Individualphase will es noch mehr. Gleichzeitig hat es mir befohlen, schnell Muskelmasse aufzubauen, um einem weiblichen System zu gefallen, das es letzten Samstag in der Disco kennengelernt hat. Dazu brauche ich aber E-n-e-r-g-i-e«. »Hört auf zu jammern«, ruft das Gehirn dazwischen, »ist ja gut, ich bin schon fast am Ende der verarbeitenden Individualphase und arbeite für mein Lerntagebuch reflektiv das aus, was ich in den Gruppen kognitiv, emotional, sozial-kommunikativ und methodisch gelernt habe. Wenn ich besonders das Kognitive im Griff habe, habe ich mich optimiert und kann ruhen. Ich brauche noch 15 Minuten und dann ist gut«. »Geht es vielleicht schon in zehn Minuten«, flüstert bittend der Geschlechtsapparat. »Ich muss doch Reserven aufbauen für nächsten Samstag, so unwahrscheinlich das auch ist, denn ich…« Der Geschlechtsapparat verstummt, als er bemerkt, dass sämtliche Subsysteme rot anlaufen und so tun, als hörten sie nichts. »Oh Mann, ist mein Gesamtsystem vielleicht verklemmt«, denkt er resignierend.

Zusammenfassend lässt sich herausstellen, dass es zwischen der Selbstoptimierung einer lernenden Gruppe und dem Gehirn eines Individuums bedeutende Unterschiede gibt. Während das Gehirn, hier als System beschrieben, nach *Ordnung* und Ruhezuständen sucht, konstruieren wir den Unterricht so, dass die *Dynamik* im System einer Lerngruppe nicht aufhört zu wirken. Es ist der oben beschriebene Kampf zwischen Chaos und Struktur. Die Organisationsfraktale des SOkeL-Unterrichts helfen uns dabei, dass die Dynamik nicht überschießt. Auch wir wollen Ordnung, damit unsere Schüler sich sicher fühlen und entspannt lernen können, auch wenn sich dauernd kleine Veränderungen in der Lernausgangslage ergeben, auf die sie reagieren müssen.

Aber *selbstähnliche* Änderungen verursachen keine Angst. Insbesondere dann nicht, wenn der Kompetenz-Kompass stimmt und der Lernende ein definiertes und transparentes Ziel hat. Er braucht sich nicht zu ängstigen. Ist er sozial eingebunden, hat er beim Lernen Erfolg und kann eigenständig bleiben. Dynamische Systeme sind äußerst stabile Systeme, eben weil sie sich laufend ändern und ständig auf äußere und innere Änderungen reagieren. Es ist wohl unzweifelhaft wahr, dass das klimatische System der Karibik sich kranklachen würde, wenn Schmetterlinge in Südostasien durch Herumflattern versuchten, es zu verändern.

16.3.5 Die Dynamos im selbstoptimierenden Lernprozess

Die SOkeL-Leistungsbewertung ist für den individuellen Optimierungsprozess im Anschluss an die kooperative Lernphase ein unterstützendes Instrument. Dies betrifft beispielsweise das Abfassen eines Portfolio-Eintrages wie auch den notwendigen Bedarf eines Schülers an einer Lernberatung. Die durch die Perturbation hervorgerufene Dynamik führt zur Selbstoptimierung der Lernprozesse beim Einzelnen. Sie gipfelt in den individuellen Phasen, in denen das erworbene neue Wissen und Können nicht nur gefestigt, sondern auch reflektiert wird. Durch die besondere organisatorische Anordnung der Lernprozesse in SOkeL bietet sich die Chance, über Feedbackschlaufen Metakognition aufzubauen. Mittel dazu sind unter anderem Items des Punktekontos, Portfolio, Lerntagebuch und Qualitätsprüfung. In der spezifischen Anordnung findet die Selbstoptimierung ihren vorläufigen Fixpunkt – bis zur nächsten Perturbation.

Metakognition ist die Kompetenz-Kompetenz, um einmal einen Begriff aus den Politikwissenschaften zu übernehmen. Metakognition in SOkeL, das dürfte nun klar geworden sein, bezieht sich nicht nur auf die Reflexion von Inhalten. Vielmehr geht es auch um die Widerspiegelung von Situationen, das heißt in der Schule von Lernsituationen. Später bezieht sich dies dann auf private und vor allem berufliche Reflexionen der Schüler. Das reflektierende Nachdenken-Können über Mängel und Vorzüge der eigenen Person, die privaten, politisch-gesellschaftlichen sowie beruflichen Strukturen bzw. Situationen sind schließlich das Bildungsziel der Schule: der mündige Bürger (vgl. Dehnbostel/Lindemann/Ludwig 2007).

Dehnbostel (2007) fasst diese Form von Metakognition mit dem Begriff der reflexiven Handlungsfähigkeit zusammen. Womit wir wieder beim Kompetenzbegriff wären, in seiner Dualität von Person (Kompetenzstruktur) und Situation (Anforderungsstruktur). Sind wir nicht in diesem Kapitel davon ausgegangen, dass Kompetenz einerseits in einer Person und andererseits im problemlösenden Handeln innerhalb von Anforderungsstrukturen begründet ist – auf der Folie von komplexen, problemhaltigen beruflichen und privaten Situationen? Genauer betrachtet bietet Dehnbostels Begriff der reflexiven Handlungsfähigkeit noch eine andere Konnotation an. Metakognition wird nicht nur als bloßes Sinnieren gesehen, sondern als Befähigung zum Handeln in der Rolle von Arbeitnehmerinnen und Arbeitnehmern, Bürgerinnen und Bürgern.

17. Die erweiterte Lehrerrolle in SOkeL: Aufbruch zu einer neuen Komfortzone

17.1 Das Umfeld der Schule verändert sich

Die Schule war vor nicht allzu langer Zeit noch in gewisser Weise ein gemütlicher Ort, eine Komfortzone. Über tradiertes Wissen von Generation zu Generation weitergegeben und verfestigt, wusste ein jeder, wie Schüler zu führen sind, was guter Unterricht ist. Die Schülerschaft akzeptierte die schulischen Regeln und Rituale, Respekt und Gehorsamkeit wurden nicht hinterfragt. Aufkommender Widerstand bei Schülern war eher harmlos. Die Lehrperson war eine Autoritäts- und Respektsperson bei Schülern, Eltern und in der Gesellschaft – lang ist's her. Die aktuelle Prozessfreudigkeit von Eltern gegenüber der Lehrerschaft bei dem gleichzeitigen Anspruch, die eigenen Erziehungsaufgaben in der Schule abzuladen, oder die despektierliche Form vieler Schüler-Lehrer-Konflikte, auch in Gymnasien, sind willkürlich herausgegriffene Symptome für den gesellschaftlichen Verfall der Autorität von Lehrerinnen und Lehrern. Der Rückgriff auf die schulische Tradition hilft nicht mehr. Die alten Rezepte, wie mit Eltern und Schülern umzugehen ist, verlieren ihre Wirksamkeit. Die Schule wird zunehmend ein ungemütlicher Ort.

Ebenfalls unumstritten war früher, wie Lernen geht: vorn stehen und verbal vermitteln! Und wer in alten Zeiten nicht hören wollte, musste eben fühlen. Wissen ist vermittelbar? Aus und vorbei, heißt es seit einiger Zeit. Die neurokognitiven Wissenschaften fahren der didaktischen Tradition in die Parade. Auch wenn noch sehr viel zu erforschen ist, weiß zumindest die Fachwelt seit vielen Jahren, wie Lernen grundsätzlich vor sich geht. Die herkömmliche Didaktik ist wissenschaftlich beweisbar ad acta zu legen. Die neurokognitiven Wissenschaften bestätigten weitgehend die Grundannahmen des Konstruktivismus über Lernen: Wissen wird konstruiert, und zwar handelnd. Dafür erhielt der gebürtige Wiener Eric Kandel 2001 den Nobelpreis (vgl. Kandel 2007).

Leider lassen sich die Erkenntnisse der Hirnwissenschaft und des Konstruktivismus nicht ohne Weiteres als handlungsleitende Erkenntnisse und Vorgaben auf den Unterricht übertragen. Das Verhältnis von Hirnwissenschaft zu Didaktik ist eher mit dem Verhältnis von Anatomie und Behandlung in der Medizin zu vergleichen. Die Anatomie gibt keinen Hinweis, wie eine Hand konkret zu operieren ist, aber eine Operation ohne anatomische Kenntnisse wäre grob fahrlässig. Das Gehirn sei der Arbeitsplatz des Lehrers, meint Manfred Spitzer. Wird Unterricht ohne neuro-kognitive Kenntnisse grob fahrlässig? Wie schon gesagt, die Schule wird zunehmend ein ungemütlicher Ort.

Andererseits: Die Schule ist immer noch gemütlich und bietet einiges an Komfort. Der Alltag verläuft trotz aller Probleme zwar nicht störungsfrei, aber er ist überstehbar. Das Lehrpersonal findet sich irgendwie – ein verräterisches Wort – zurecht, obwohl es weiß, dass die alten praktizierten Rezepte zunehmend fragwürdig geworden sind. Komfortabel sind außerdem die Ordner mit Unterrichtsmaterialien. Wer gibt schon gern Unterlagen, Unterrichtsentwürfe, Arbeitsblätter, Tafelanschriebe oder vertraute Schulbücher auf, in denen jahrzehntelange Arbeit und Erfahrung stecken? Es war und ist doch nicht alles schlecht. Wir Lehrer hatten Erfolge, Bestätigungen und ein gewachsenes Berufs(ein)verständnis, ja sogar beruflichen Stolz.

Wie auch immer: Das Schulsystem und mit ihm die Kollegenschaft sind in eine sich rasant verändernde Umwelt eingebettet. Die Anforderungen aus dem gesellschaftlichen Umfeld verhindern, dass das System Schule in seiner Komfortzone verbleiben kann. Dieses System wird andauernd angeschubst, bewegt sich einmal hierhin, einmal dorthin. Eine klare Richtung ist nicht zu erkennen, eine neue Komfortzone noch nicht in Sicht. Das deutsche Schulsystem weiß sich in guter internationaler Leidensgemeinschaft, wenn selbst die PISA-gelobten skandinavischen Länder ähnliche Probleme haben. Obgleich das veränderte Verhalten der heutigen Schülergenerationen verschiedene Ursachen hat, kann in ihm durchaus ein unbewusster Protest gegen ein Schulsystem gesehen werden. Die Schülerinnen und Schüler ahnen oder wissen sogar, dass es sie nicht mehr auf das Leben vorbereitet.

»In Skandinavien sagt man, den Kindern von heute fehle ›soziale Kompetenz‹. In Deutschland spricht man von einer weit reichenden ›Disziplinkrise‹. So hat jedes Land seine eigene Version der Problematik. Allen gemeinsam jedoch ist die Suche nach Möglichkeiten, das Verhalten der Kinder zu verändern – der einzige Weg, der mit großer Sicherheit nicht gangbar ist« (Juul/Jensen 2009, S. 35). Und auch dieses Zitat klingt vielen Lehrern vertraut: »In einer Untersuchung zu Beginn der 1990er-Jahre befragte BULP (der dänische Landesverband für Kinder- und Jugendpädagogik) einen Teil seiner Mitglieder, ob ihnen ihre Arbeit gefiel. Ein überraschend hoher Prozentsatz antwortete, sie würden den Beruf wechseln, wenn sie könnten. In dem Zusammenhang muss man sagen, dass viele relativ gut und frisch ausgebildete dänische Lehrer aufgeben und in anderen Branchen Arbeit suchen mit Verweis auf das Benehmen der Kinder und ihre mangelnde Erziehung durch die Eltern. Und es wird generell in den europäischen Ländern immer schwieriger, junge Menschen für eine Lehrerausbildung zu finden« (Juul/Jensen 2009, S. 63). Nach Aussage des Gehirnforschers und Psychiaters Manfred Spitzer gibt es in Deutschland mehr »psychosomatische Betten« als im Rest der Welt zusammen. Die Hälfte davon sei von Lehrpersonen belegt. Der Burnout ist im Schulsystem zur Volkskrankheit geworden. Kurzum, das Arbeits- und Privatleben, die Eltern, die Kinder und ihre Sozialisationsbedingungen verändern sich durchgreifend und schnell, die Schule zu langsam. Komfortzone ade.

Gleichwohl die Komfortzone wackelt und brüchig geworden ist, fällt es schwer, sie zu verlassen. Komfortzone heißt hier nicht, dass Müßiggang herrscht, ganz und gar nicht. Doch all die lieb gewordenen Routinen, die mit ihnen verbundene Sicherheit, die in den Ordnern materialisierte Arbeit von Jahren gibt die Lehrerschaft verständlicherweise nicht ohne Weiteres auf. Besonders dann nicht, wenn eine neue Komfortzone in der Schule nicht in Sicht ist. Dagegen steht die folgende Behauptung, die in diesem Buch belegt wird: Es ist möglich, mit SOkeL eine neue Komfortzone einzurichten, die viele der angeschnittenen Probleme verringert.

Möchte man die brüchig gewordene Komfortzone verlassen, um eine neue anzusteuern, muss man sich in unruhige Gewässer begeben. Alte Gewissheiten werden erschüttert, neue Handlungsabläufe müssen eingeübt werden. Dabei stellen sich Unsicherheiten ein. Bin ich auf dem richtigen Wege? Heimweh nach der alten Komfortzone übermannt den Reisenden regelmäßig. Es ist dies die instabile Phase zwischen der alten, sich auflösenden Komfortzone und der neuen, noch nicht erreichten (vgl. Kruse 2004). Stabilitätsanker werden gebraucht, die einem in der stürmischen See der Veränderung Halt geben. Unterricht nach dem SOkeL-Konzept verlangt glücklicherweise nicht, dass von einem Tag zum anderen alles anders sein soll. Wie in diesem Buch deutlich wurde, kann die Lehrkraft SOkeL-Instrumente Schritt für Schritt in den gewohnten Unterricht integrieren. Die Prinzipien der Selbstorganisation tun ein Übriges, damit unser »Lern- und Lehrschiff« beim Ausprobieren und Implementieren des Neuen nicht kentert.

Nicht nur für die Schülerinnen und Schüler gilt E^3. Auch für uns Lehrer ist das dreifache E in unserem Veränderungsprozess wichtig:
- E wie eingebunden sein: Die neue Lehrerrolle wird schneller, einfacher und sicherer vom Lehrenden eingenommen, wenn er sich auf das Wagnis der Teamarbeit einlässt.
- E wie eigenständig sein: Es gibt keinen Königsweg zum selbstständigen und eigenverantwortlichen Lernen. Dieser Weg muss individuell gegangen werden, auch wenn ein Lehrer im Team arbeitet. So fällt es zum Beispiel manchem leichter, seine Didaktik umzustellen. Einem anderen dagegen gelingt es eher, die Beziehungsebene zu den Schülerinnen und Schülern neu zu definieren.
- E wie Erfolg haben: »Was… die Stunde ist schon vorbei?« Solche Schüleräußerungen zeigen Erfolg an; die Schülerinnen und Schüler verlassen ihrerseits ihre Komfortzone namens Stand-By-Modus. Schauen Sie aufmerksam auf Ihre Klassen und Sie werden viele Erfolgsmomente wahrnehmen. Irgendwann werden Sie den Point of no Return erreicht haben. Der Erfolg einer Unterrichtsstunde besteht dann für Sie unter anderem darin, dass Sie beim Verlassen des Klassenraumes befriedigt feststellen, dass erneut alle Schülerinnen und Schüler die gesamte Zeit über aktiv in Lernhandlungen verstrickt waren. Mit einem Schmunzeln erinnern Sie sich daran, dass Sie früher mit einem anderen Erfolgsgefühl das Klassenzimmer verließen. Nämlich mit dem Gefühl, dass Sie und nicht die Schüler es gut gemacht haben. Heute wissen Sie, dass gut gelehrt noch längst nicht gut gelernt ist.

Aus E^3 ergibt sich Motivation und Selbstwirksamkeit. Mit einem systemischen Unterrichtskonzept wie SOkeL brauchen Sie nicht lange auf die Auswirkungen zu warten. Zum Glück bekommen Sie in Ihrem Veränderungsprozess schon bald einen wohltuenden Vorgeschmack auf die neue Komfortzone, wenn Sie immer stärker kooperative Lernformen in Ihren Unterricht integrieren. Tatsächlich ist die Behauptung nicht übertrieben, dass die Anwendung dieses systemischen Konzepts das Schulleben für die

Lehrkräfte nicht nur angenehmer gestalten, sondern auch eine Gesundheitsprävention darstellen kann. All die Kämpfe um Aufmerksamkeit, Disziplin, Arbeitshaltung und Noten werden zu Schall und Rauch, so unwahrscheinlich dies zunächst auch klingen mag.

Im Unterschied zum Märchenhelden haben wir bei der Einführung von SOkeL keine drei Wünsche für den Veränderungsprozess frei. Zudem müssen wir die Kompetenzorientierung auf uns selbst anwenden. Zur Erinnerung: Bei der Kompetenzorientierung geht es auf uns Lehrer bezogen darum, dass wir unsere didaktische und persönliche Kompetenzstruktur innerhalb einer problemhaltigen komplexen Anforderungssituation steigern. Diese Anforderungssituation ist durch die vorbereiteten Lernumgebungen hoch, doch wird sie gleichzeitig durch die Instrumente von SOkeL in ihrer Komplexität reduziert. Aus dem Kompetenzbegriff Weinerts ist für uns Lehrerinnen und Lehrer auf der Reise in eine andere Komfortzone der Kompetenzbestandteil »Volition« (Wille) besonders wichtig. Wir müssen die Veränderung *wollen*. Jede Lehrkraft muss die Willenskraft aufbringen, den Rubikon zu überschreiten und die Komfortzone zu verlassen. Die neue Komfortzone ist dafür umso gemütlicher. Der Weg dorthin ist anfangs anstrengend und manchmal verunsichernd. Doch ohne Fleiß kein Preis – dies gilt in SOkeL nicht nur für die Schüler, sondern auch für uns. Und hier finden Sie die Fleißliste mit den folgenden Anforderungen:

- Füllen Sie nach und nach neue Ordner.
- Geben Sie das Einzelkämpfertum auf, suchen Sie veränderungsbereite Kollegen und Kolleginnen und brechen Sie gemeinsam im Team zur neuen Komfortzone auf.
- Verstehen Sie sich nur noch teilweise als Lehrender. Begreifen Sie sich eher als Lernumgebungsgestalter, Lernberater, Lerncoach, Lernprozessbegleiter und Mentor.
- Stellen Sie sich der fachlichen Herausforderung, die die Lernumgebungsgestaltung, neue Formen der Leistungsbewertung, die Arbeit im Fehlerklärwerk, die Kompetenzorientierung und die Individualisierung des Lernens mit sich bringen.
- Entwickeln Sie die Bereitschaft, eine neue Beziehungsebene zu den Schülerinnen und Schülern zu finden, sich dabei auf gleichwertige (Juul spricht in diesem Zusammenhang von gleichwürdig) Kommunikation einzulassen und unter Umständen ein anderes Schülerbild aufzubauen.

17.2 Arbeitsaufwand und Arbeitserleichterung im neuen Unterrichtsverfahren

SOkeL ist kein alter Wein in neuen Schläuchen. Neuer Wein, die Anfänge der SOkeL-Praxis, muss erst einmal gelagert werden, bevor all seine Aromen sich beim Genuss entfalten können. In einem guten Wein steckt viel Arbeit. Dies beginnt auf dem Weinberg und setzt sich fort beim gekonnten Ausbau, der Prozessbehandlung in der Umwandlung von Traubensaft zu Wein. Tatsächlich bedeutet der Umstieg auf das neue didaktische Konzept zunächst einmal Arbeit. Wie immer, wenn etwas Neues ausprobiert werden soll. Diese anfängliche Zusatzarbeit ist eine sehr gute Investition, denn die Mühe wird Ihnen später mit erheblicher Arbeitserleichterung und Entlastung vergolten. Ein Hochzinser sozusagen, bei dem jeder Anlageberater blass vor Neid wird. Aller Anfang ist schwer, Meister fallen bekanntlich nicht vom Himmel. Es ist weniger der anfängliche Arbeitsaufwand, der einem im Weg steht. Vielmehr ist es die eigene Routine. Die bislang mit schlafwandlerischer Sicherheit vorgenommene Unterrichtsvorbereitung bedarf mit einem Male wieder der genauen Überlegung. »Und wie wird das Neue bei den Schülerinnen und Schülern ankommen?«, wird sich manch einer bei den ersten Füllungen der neuen Ordner fragen. Wie auch immer, die SOkeL-Ordner sind zunächst leer; sie können also nicht »gezogen« werden.

17.2.1 Lernumgebungsgestaltung

Der Anspruch an Fachlichkeit und didaktisches Können der Lehrperson ist in SOkeL zugegebenermaßen hoch. Ein kleines Beispiel mag den Unterschied zwischen lehrerzentriertem Lehren und schülerorientiertem Lernen verdeutlichen: Sie sollen ein schon lange nicht mehr von Ihnen bearbeitetes Thema unterrichten. Die Schaffung einer vorbereiteten Lernumgebung ist somit nicht mehr möglich. Sie scheitern bereits beim allerersten Schritt, dem Advance Organizer. Dieser soll bekanntlich die wichtigsten Grundbezüge des neuen Inhalts darstellen. Dazu müssten Sie allerdings wissen, welche Bezüge dies sind. Die Kann-Liste als nächster Schritt ist ebenfalls ausgeschlossen. Wenn ein Lehrer seinen Schülern nur einige Stunden voraus ist, kann er nicht wissen, welche Inhalte wirklich zentral sind. Eine Kann-Liste nach Standards zu entwerfen, ist gänzlich ausgeschlossen, weil diese höchste Fachlichkeit von einer Lehrkraft fordern. Dies betrifft insbesondere die Mindeststandards. Eine überzeugende Sortieraufgabe anzufertigen, gelingt ebenfalls nicht. Hierzu müsste der Lehrer die zentralen Begriffe bereits genau kennen. Die Katze beißt sich in den Schwanz.

Für einen guten Frontalunterricht wird selbstverständlich ebenfalls eine penible Vorbereitung benötigt; ebenso erfordert ein ausgefeiltes und mit den Schülerinnen und Schülern zu entfaltendes Tafelbild gute Fachkompetenz. Aber immerhin ist es im Frontalunterricht möglich, den Schülern nur drei oder vier Stunden voraus zu sein und dennoch Unterricht halten zu können. Viele alte SOkeL-Hasen und -Häsinnen berichten, dass sie in einer solchen Situation notgedrungen auf Frontalunterricht zurückgreifen. Ein Tipp am Rande: Sollten Sie nach dieser Unterrichtssequenz das Thema im Griff haben, dann entwerfen Sie einen Post Organizer. Dieser dient Ihnen bei der Wiederholung des Themas in einer anderen Klasse als Grundlage für einen Advance Organizer.

Im SOkeL-Unterricht muss die Lehrkraft zunächst in Vorleistung treten, denn vor dem Einstieg in das neue Thema muss die Lernumgebung im Wesentlichen gestaltet sein. Konkret heißt dies, dass der Advance Organizer, die Kann-Listen, die Sortieraufgabe sowie die Materialien (Kopien oder Buchstellen) für die kooperativen Lernformen – zumindest für die ersten zwei bis drei Stunden – für die Schülerinnen und Schüler vorliegen sollten. Steht der Lehrer unter Zeitdruck, können einzelne Instrumente nachgeliefert werden. Dies betrifft z. B. die Kann-Liste, die zumindest zeitnah mit dem Advance Organizer ausgeteilt werden sollte. Weiterhin gilt dies auch für Partnerinterviewfragen sowie für die zentrale Sortieraufgabe, die ohnehin erst später im Unterrichtsarrangement zum Einsatz kommt.

17.2.2 Komplexe und problemhaltige Lernumgebungen fordern ein kompetentes Verhalten der Lehrkräfte

Mit zunehmender SOkeL-Erfahrung wird die vorbereitete Lernumgebung komplexer. Zur Erinnerung: Der fortgeschrittene SOkeL-Unterricht wurde für die Schüler als per se komplex definiert, da sie in sämtlichen Kompetenzbereichen gleichzeitig und andauernd gefordert werden. Neues Wissen gibt es nicht, ohne sozial-kommunikativ, personal-emotional und methodisch in Aktion zu treten. Neues Wissen gibt es außerdem nicht ohne den Ausbau von Fähigkeiten und Fertigkeiten, von Volitionsbereitschaft, von Selbstwirksamkeitsgefühlen und damit Motivation sowie von internalen Kontrollüberzeugungen. Die lernhandelnden Schülerinnen und Schüler, die sich in komplexer Lernumgebung und in mannigfaltigen kommunikativen Austauschprozessen befinden, stellen für uns selbst eine komplexe berufliche Handlungssituation dar. Soll diese Situation zugunsten des Lernerfolgs der Schüler aufgelöst werden, erfordert dies von uns Lehrern eine hohe berufliche Handlungskompetenz. Warum? Weil wir mit SOkeL zwar Fächer unterrichten, aber vor allem Menschen.

Im Kapitel 12 wurde schon erwähnt, dass das gängige Handlungskompetenzmodell der Vorstellung von beruflicher Handlungskompetenz entlehnt ist. Legen wir doch einmal versuchsweise dieses Kompetenzmodell auf unsere ureigenen beruflichen Handlungen an. Schnell wird klar, dass die Vorbereitung der Lernumgebung den kognitiv-methodischen oder fachlichen Kompetenzbereich betrifft. Treten die Schülerinnen und Schüler in diese Lernumgebung ein, werden wir sozial-kommunikativ stark gefordert. Lernberatungen sind durchzuführen, Lernhandlungen zum Punktekonto gemeinsam mit den Leistungserstellern zu bewerten und Konflikte in Gruppen zu lösen, sofern eine Lehrkraft zur Hilfe gerufen wurde. Neue Herausforderungen stellen sich ein, denn die Kinder und Jugendlichen von heute sind auch nicht mehr das, was sie mal waren: »Der auffälligste Unterschied zwischen Kindern von heute und Kindern von vor 50 Jahren ist vielleicht der, dass Kinder von heute durch die Welt gehen, als hätten sie das Recht, hier zu sein. Mit großer Selbstverständlichkeit drücken sie ihre Meinungen und Gefühle aus, stellen ihre Fragen, argumentieren und erwarten, dass man sie ernst nimmt. Ihr Selbstbewusstsein ist beträchtlich gewachsen« (Juul/Jensen 2009, S. 25). Die mit diesem Zitat angesprochene personal-emotionale Kompetenz verlangt uns viel ab. Die starke Lehrerpersönlichkeit war schon immer ein Ziel. Nunmehr kommt aber die private Persönlichkeit dazu. Schülerinnen und Schüler wollen uns auf der Ebene der Integrität begegnen, von Mensch zu Mensch, nicht nur in der Rolle einer Schülerin oder eines Schülers. Wir sollten ihnen persönlich begegnen können, nicht nur in der Rolle der Lehrerin oder des Lehrers.

Der didaktische Clou ist, dass die Anforderungsstruktur einer komplexen und problemhaltigen Lernsituation bzw. vorbereiteten Lernumgebung für uns doppelt komplex ist. Einerseits in unserem Unterricht, andererseits im Team. Denn dort treffen wir ebenfalls auf ein hochkomplexes Handlungsfeld. Probleme tun sich auf, die wir von den Klassen her kennen. Die Lehrperson reibt sich verwundert die Augen und stellt fest, dass in den Lehrerklassenteams die gleichen Konflikte wie in den Schülerteams entstehen können. Sie betreffen Fragen der Zuverlässigkeit und Arbeitsverteilung, des Umgangs mit gegensätzlichen Ansichten oder gelegentlich aufkommendem Platzhirschgehabe. In jedem bewältigten Konflikt liegt aber auch die Chance, seine individuelle berufliche Handlungskompetenz zu erweitern. Gruppenkonflikte in Klassen können besser verstanden und gegebenenfalls gelöst werden, wenn bereits das Lehrerklassenteam selbst solche Konflikte durchgestanden und aufgearbeitet hat.

Nach fünfzehn Jahren intensiven Teamunterrichts an meiner Schule (Ruth-Cohn-Schule in Berlin) lassen sich unsere Erfahrungen und die Erfahrungen aus Lehrerklassenteams anderer Schulen, die ich in Fortbildungen begleitet und beraten habe, auf die Aussage zuspitzen, dass Schüler nur dann zur umfassenden Lern-Handlungskompetenz geführt werden können, wenn ihre Lehrpersonen sich ihrerseits der Teamarbeit aussetzen. Diese gemeinschaftliche Arbeit fordert den Lehrkräften jene Kompetenzen ab, die sie bei den Schülern durch komplexe Lernsituationen fördern wollen (vgl. Haas/Kreter 2011 – Broschüre mit einer Auswahl von Berichten aus Lehrerteams – erhältlich unter sokel@gmx.de). Die von diesem didaktischen Konzept geforderte »neue Lernkultur« findet in der Teamarbeit der Lehrer einen Ankerpunkt. Die Rolle der Lehrkraft ändert sich gewissermaßen zwangsläufig. Veränderte Schüler- und Lehrerollen sind wiederum Voraussetzung für anspruchsvollere Unterrichtsarrangements.

Wie gesagt, eine SOkeL-Unterrichtssequenz beginnt sehr viel früher – im Vorfeld des eigentlichen Klassengeschehens – als im konventionellen Unterricht. Eine gut vorbereitete Lernumgebung ist unabdingbar für selbstorganisiertes und individualisiertes Lernen. Im Grunde können die Schülerinnen und Schüler so viel von diesem Angebot annehmen, wie es ihre emotional-kognitiven Wissensnetze, ihre Prüfungsroutinen und ihre Kompetenzdisposition erlauben. Im Kapitel 10 wurde die Metapher des Lernbuffets zur Veranschaulichung benutzt.

Die fachliche Rolle der Lehrkraft besteht nur noch teilweise in der Unterweisung bzw. Anweisung einer Klasse, sondern eher in der Bereitstellung unterschiedlicher und binnendifferenzierender Lernmaterialien. Außerdem geht es um die Einführung von Lerninstrumenten und die Begleitung des Lernprozesses, das Coachen der Schüler. Die vorbereiteten Lernmaterialien sind nicht in der Weise didaktisiert, dass sie in kleinen Lernschritthäppchen fortschreitend aufeinander aufbauen wie beim lehrerzentrierten Lehren. Die Aufgabe der SOkeL-Lehrerperson ist es vielmehr, die der jeweiligen Schülerschaft entsprechenden Lernmaterialien in Gänze anzubieten. Nun ist es die Aufgabe der Schüler, sich das neue Lerngebiet mithilfe der Lerninstrumente selbst zu erschließen. Dabei sind sie in den organisatorischen Rahmen der Prinzipien der Selbstorganisation eingebettet.

17.2.3 Arbeitserleichterung bei der Erstellung vorbereiteter Lernumgebungen

Der Arbeitsaufwand für eine vorbereitete Lernumgebung ist letztendlich nicht viel höher als im lehrerzentrierten Unterricht, jedoch anders verteilt. Im lehrerzentrierten Unterricht wird der Reihe nach jede Stunde vorbereitet. Im fortgeschrittenen SOkeL-Unterricht dagegen wird die gesamte Unterrichtssequenz weitgehend vorab vorbereitet, was logischerweise zu Beginn der Sequenz einen relativ hohen Arbeitseinsatz verlangt. Ist diese Sequenz jedoch in Gang gesetzt, besteht kaum noch Vorbereitungsaufwand zu Hause. Nicht zu vergessen: In SOkeL sind die Schülerinnen und Schüler aktiviert; es ist nun *ihre* Aufgabe zu arbeiten. Je kompetenter die Schülerinnen und Schüler ihr Lernen selbst steuern, desto mehr Freiräume öffnen sich für uns, um die neue Lehrerrolle auszuüben. Dies umfasst Beratung, Beziehungsarbeit, Coachen, Begleiten und Vorbild sein.

In der Zusammenarbeit mit Fachkollegen, die nach SOkeL arbeiten, sind viele Schätze der Arbeitserleichterung zu bergen. Dies wird deutlich, wenn wir die Funktion der Lehrkraft im lehrerzentrierten Lernen mit der im SOkeL-Unterricht vergleichen. Bei ersterem hat die Lehrkraft eine überaus wichtige Funktion inne. Zum einen orchestriert sie mit hohem Zeit- und Kraftaufwand den Unterrichtsablauf, zum anderen ist sie Monopolträgerin des Wissens. An ihr führt für die Schülerinnen und Schüler kein Weg vorbei (vgl. Kapitel 10).

Völlig anders verhält es sich bei der vorbereiteten Lernumgebung. Die Lehrkraft ist hier lediglich Kraft, keine Lehrkraft, sondern eher eine hochwertige Dienstleistungskraft, die das Lernbuffet mit leckeren Lernangeboten anzureichern weiß. Denn ihr gesamtes Wissen, das fachliche und didaktische, ist außerhalb ihrer selbst. Es befindet sich in der Struktur der Lernumgebung und in den Lernmaterialien. Das Wissen ist nicht mehr im Subjekt des Lehrenden verborgen, sondern liegt offen da. Es ist objektiviert bzw. in den Lernmaterialien vergegenständlicht. Zudem sind die Materialien derart auf die Schülerinnen und Schüler bezogen, dass letztere damit lernhandelnd umgehen können. Der subjektive Bezug auf Lehrkräfte fehlt, denn es sind nunmehr keine *Lehr*materialien, sondern *Lern*materialien. Sicherlich lässt sich am Advance Organizer eines Kollegen noch Kritik üben oder an den Items der Kann-Liste einer Kollegin Verbesserungswürdiges entdecken. Wenn die Lernmaterialien der Kolleginnen und Kollegen aber fachlich richtig sind, sind sie ohne Veränderungen direkt einsetzbar. Beim nächsten Durchgang können die Unterlagen dann auf Wunsch verändert werden. Glücklich darf sich schätzen, wer in einer Fachschaft oder in einem Fachbereich Mitstreiter auf dem Weg zu einem anderen Unterricht und zu einer neuen Komfortzone findet.

Da es in der vorbereiteten Lernumgebung um Lernmaterialien für die Schülerschaft geht, können zur Arbeitserleichterung auch Schülerergebnisse verwendet werden. Lehrer sollten zum Beispiel systematisch typische fehlerbelastete Lernversuche sammeln, um sie im Fehlerklärwerk zur Kontrastierung, Abgrenzung und zum Aufbau von Schutzwissen und negativem Wissen im darauf folgenden Jahrgang zu verwenden. Schüler entwerfen übrigens oft mit Witz und Geschick Lernmaterialien für ihre Vermittlungsarbeit in den Stammgruppen – insbesondere, wenn die Vermittlungsarbeit umfangreich ist, wie zum Beispiel in längeren Lernateliersphasen oder farbigen Stundenplänen/Bunten Wochen. Die Lehrkräfte sollten kein Geheimnis daraus machen, dass sie die Schülermaterialien verwenden oder sogar an Kollegen und Kolleginnen weitergeben. Die Schülerinnen und Schüler sind meist sehr stolz darauf, dass ihre Ergebnisse derart gewürdigt werden. Manchmal fordern sie auch scherzhaft Honorar für ihre Tätigkeit. Des Weiteren sollten gelungene Lernprodukte gesammelt und aufbewahrt werden, um sie gezielt in Festigungsphasen einzusetzen. Dies zum Beispiel für den Abgleich mit dem eigenen Lernprodukt oder verbunden mit der Aufforderung, die noch nicht perfekte Stelle zu finden.

Wie verhält es sich nun, wenn die Schülerinnen und Schüler den Lehrer lediglich als Randfigur wahrnehmen und ihn spöttisch fragen, womit denn eigentlich ein Pädagoge sein Geld verdiene? Darf man das, die Schülerinnen und Schüler arbeiten lassen und selbst immer weniger gebraucht werden? Meine Antwort heißt: Ja, man darf! Wenn einem die Situation zu brenzlig wird, kann man zwischendurch ruhig wieder eine Frontalstunde einlegen. Die Schülerinnen und Schüler fordern dies anfangs sowieso. Aber langfristig sollte das die Ausnahme bleiben.

17.3 Vom Einzelkämpfer zum Teamworker

Die Umgebung der Komfortzone Schule wandelt sich schnell. Die Komfortzone bröckelt unvermeidlich. Sollten wir ein »leider« einfügen? In welch komfortabler Umgebung agierten Lehrer in früheren Zeiten? Kinder und Jugendliche gehorchten ohne Widerspruch, die Eltern akzeptierten fast alles. Die einstellenden Personalchefs, meinten zu Beginn der Industrialisierung, dass die Absolventen dieser Bildungsgänge genau die richtigen harten und weichen Qualifikationen mitbrächten. Dies ist schon lange Vergangenheit, die schulische Gegenwart hinkt dem aber nach wie vor hinterher. Der Lehrer bereitet die Stunde vor. Er ist vollständig auf sich, seine Denk-, Motivations- und Vorerfahrungsstruktur beschränkt. Er öffnet die Klassentür, geht ins Klassenzimmer und schließt die Tür wieder hinter sich. Niemand außer ihm weiß, was konkret hinter der geschlossenen Tür passiert. Sicherlich lassen sich aus Rückmeldungen der Schülerschaft oder aus Lehrerkonferenzen Rückschlüsse auf seine Arbeit ziehen. Ganz genau weiß man es aber nicht. Das nervende Selbstmarketing mancher Kollegen hat hierin seine Grundlage.

Dass das Einzelkämpfertum keine Komfortzone ist, verrät schon der Name. Einzeln kämpfen oder noch stärker »vereinzelt kämpfen« klingt nicht nach deutscher Gemütlichkeit. »Schule als Kampfzone« klingt auch eher ungemütlich. Gleichwohl ist es schwierig, mit alten Traditionen zu brechen und die Vorteile der Teamarbeit für Lehrer zu erkennen.

17.3.1 Was ist ein Lehrerklassenteam oder eine klassenbezogenes Team?

Ein Team ist ein Zusammenschluss von mehreren Personen zur Lösung bestimmter Aufgaben und Herausforderungen, vor allem aber zur Erreichung bestimmter Ziele. Der Begriff Team wird aktuell inflationär benutzt. Treffen zwei Kolleginnen und Kollegen zusammen, dann ist dies angeblich schon ein Team. Treffen alle in einer Gesamtkonferenz zusammen, soll das ebenfalls ein Team sein. Auch Fachschaften werden derart bezeichnet. Dagegen vereinigen Lehrerklassenteams entsprechend der von mir bevorzugten Definition mindestens 60 bis 70 Prozent der Lehrpersonen, die in einer Klasse unterrichten. Sie haben das gemeinsame Ziel, ihren Unterricht zu verändern und so zum Beispiel die fachübergreifende Lernateliersarbeit überhaupt erst zu ermöglichen. Die Sachlage kann sich selbstverständlich völlig anders in Grundschulen darstellen, in denen einzelne Kolleginnen fast alle Fächer abdecken und die Lernateliersarbeit von vornherein grundsätzlich anders angehen können.

Je nach Team kann die Erlebnisdimension (Wir verstehen uns super. Wir fühlen uns verbunden), die Aufgabendimension (Die Lösung der Aufgabe durch das verschiedene Spezialwissen der Teamer schafft den Zusammenhalt) oder die Prozessdimension (Die Sache steht im Vordergrund) im Zentrum der Motivation stehen, sich an einem Lehrerteam zu beteiligen.

Die von SOkeL vorgeschlagenen Lehrerklassenteams vereinigen alle drei dargestellten Dimensionen:

- *Erlebnisdimension:* Wenn sich der innovative Teil eines Kollegiums zu Lehrerklassenteams zusammenschließt und die Arbeit beginnt, befindet er sich auf einer abenteuerlichen Entdeckungsreise. Das Team sticht in See und weiß nicht wirklich, an welchen Gestaden es letztendlich ankommen wird. Die Erlebnisse auf dieser Unterrichtsentdeckungsreise schweißen zusammen, sofern das Team die Sturmphase während der Teamentwicklung übersteht.
- *Aufgabendimension:* Eine Kollegin kennt und beherrscht viele Visualisierungsformen, ein anderer Kollege hat sich schon immer mit kooperativen Lernformen beschäftigt, die dritte Kollegin ist Spezialistin für gewaltfreie Kommunikation. Zu diesem Spezialwissen kommt selbstverständlich noch die jahrelange Unterrichtserfahrung. Gelernt wird dabei *durch, mit* und *von* dem anderen. Viele Lernvorgänge sind jedoch implizit. Das heißt, das einzelne Teammitglied bemerkt zuweilen gar nicht, dass es lernt. Dehnbostel und Lindemann sprechen deshalb von »Lernen in der Arbeit« (vgl. Dehnbostel/Lindemann/Ludwig 2007).

- *Ergebnisdimension:* Das Lehrerklassenteam hat Fahrt aufgenommen und befindet sich mittlerweile auf hoher See. Nunmehr kann getrost davon ausgegangen werden, dass es von seiner Arbeit und seiner gemeinsamen Aufgabe überzeugt oder gar beseelt ist. Andernfalls wäre es längst in den vertrauten Hafen der alten Komfortzone zurückgekehrt. Die Teammitglieder führen gemeinsame Lernateliers durch. Trotz der dabei auftauchenden Schwierigkeiten lassen sie sich von den Ergebnissen begeistern, wenngleich der Fortschritt eine Schnecke bleibt (Günter Grass).

Bei der Erlebnisdimension kommt unter Umständen das Ergebnis zu kurz, bei der Ergebnisdimension eventuell das einzelne Teammitglied. Zwar heben sich diese beiden Dimensionen wechselseitig auf, doch sollte das Team in größeren Abständen reflektieren, ob es sich zu sehr von einer Dimension hat leiten lassen.

17.3.2 Eine neue Komfortzone ist in Sicht

Der Lehrerberuf ist schwierig. Die Arbeit in einem Lehrerteam ist jedoch entlastend und erhöht die Berufszufriedenheit.
- In die Schuhe, die uns Schülerinnen und Schüler für alles Mögliche hinstellen, schlüpfen wir viel seltener, wenn wir zusammenarbeiten und die Prozesse in den Klassen dank Perspektivenverschränkung besser verstehen. Das schwierige Verhalten einer Klasse muss der einzelne Lehrer nicht mehr auf sich beziehen. Das Team verteilt die Last, kann besser abwehren. Das gemeinschaftliche Zusammentragen von Informationen über die einzelnen Schülerinnen und Schüler verstärkt das Verständnis für die Hintergründe ihres Verhaltens. Problematisches und belastendes Verhalten kann besser verstanden und angegangen werden.
- Die Umstellung einer Klasse vom Frontalunterricht auf selbstorganisiertes Lernen geschieht schneller und reibungsloser. Zu Beginn des SOkeL-Lebens ist die eigene schrittweise (!) Unterrichtsumstellung ein spannendes Abenteuer. Lehrer wie Schüler haben vollauf damit zu tun, die neuen Eindrücke und auch Verunsicherungen zu verarbeiten. Mit zunehmender Routine jedoch stößt die Lehrkraft an Grenzen, da der Unterricht der SOkeL-Kollegen für eine Klasse etwas leicht Exotisches hat, da vieles (völlig) anders ist. Manchmal hat der Lehrer das Gefühl, immer wieder von vorn anfangen zu müssen; z.B. wenn Schülerinnen und Schüler bereits eine gewisse Selbstständigkeit an den Tag legen, die aber vom Frontalunterricht in anderen Fächern ständig wieder einkassiert wird. Was liegt näher, als sich mit Kolleginnen und Kollegen zusammenzutun, die nach vorn wollen? Synergieeffekte stellen sich im Team sofort ein. Niemand muss alles selbst einführen. Ein tiefer Einblick in die Gruppendynamik einer Klasse wird möglich, wenn das Team sich entscheidet, Mentorengespräche zu implementieren. Selbst dann, wenn vertrauliche Sachverhalte nicht ausgetauscht werden.

- Die Teamgespräche lassen ein immer engmaschigeres Beziehungsnetz zwischen Kollegen entstehen. Themen sind z. B. die Organisation der Lernateliers oder der farbigen Stundenpläne, notwendige und zeitintensive Reflexionen über die Arbeit mit Punktekonten oder die Einführung von SOkeL-Lerninstrumenten. Der eventuell befremdliche Eindruck, sich in die Karten schauen zu lassen, wird mehr als aufgewogen durch die dabei gewonnene Einsicht, dass die anderen auch nur mit Wasser kochen. Diese Erkenntnis bedeutet nichts anderes als den Abschied vom Einzelkämpfertum. Dies ist ein entscheidender Punkt in einem langwierigen und zeitweise widersprüchlichen Prozess. An dieser Stelle könnte das Team die Sektkorken knallen lassen. Aber noch etwas Entscheidendes kommt hinzu: Teams bauen als *Gesamtheit* eine Beziehung zu den Klassen auf, und zwar auf der Grundlage der jeweils individuellen Beziehungen der Kolleginnen und Kollegen. Ein Mentorensystem potenziert dabei die Intensität der Beziehung zwischen Team und Klasse.
- Das Einführen und Einüben neuer SOkeL-Lerninstrumente kann auf die Teammitglieder verteilt werden. Dadurch, dass alle oder fast alle Kollegen in den Klassen mit SOkeL unterrichten, gewinnen die Schülerinnen und Schüler schnell erhöhte Lernkompetenzen. Diese öffnen neue Freiräume, nicht nur für Lernberatungen und Formen der Beziehungsarbeit mit den Eleven, sondern sogar für (Teil-)Teamtreffen in der Unterrichtszeit.
- Die eigene SOkeL-Kompetenz wächst durch den Erfahrungsaustausch und die Anregungen im Team schneller. Teamarbeit ist aber nicht per se positiv. Das Schulsystem und erst recht die allgemeine Schulbildung kamen viele Jahrhunderte ohne sie aus. Worin soll beim Frontalunterricht denn auch der Sinn von Teamwork liegen? Von daher verwundert es nicht, dass es eine Korrelation gibt zwischen Teambildung und Unterrichtsform.
- Man muss nicht alles selbst machen. Die Einführung und Einübung von SOkeL-Lerninstrumenten erlaubt es, einfach auf diese Arbeitsergebnisse der Kolleginnen und Kollegen zurückzugreifen. Immer wieder berichten diese in der Anfangsphase der Teamarbeit erstaunt, dass Schülerinnen und Schüler von sich aus diese Lerninstrumente anwenden.

Die Teamarbeit erleben viele Kolleginnen und Kollegen zu Beginn als Abenteuerreise, manche sogar als Survival-Kurs. Doch die Aufregung legt sich schnell; auch hier werden Verhaltensroutinen aufgebaut. Immer deutlicher wird mit der Zeit, welch enormes Komfortzonenpotenzial in der Teamarbeit steckt. Und nach Jahren der Erfahrung blickt mancher Lehrer belustigt auf die Anfangsschwierigkeiten zurück – bei allem Verständnis dafür. Das Einzelkämpfertum abzulegen, ist halt keine einfache Sache.

In der Lehrerteamarbeit wirkt ein eigenes Fehlerklärwerk. Advokatorisches Wissen und erst recht Schutzwissen wirken zum Beispiel vermittelt über Fortbildungen. Kapitale SOkeL-Fehler werden aufgearbeitet, und jedermann weiß für die Zukunft, was vermieden werden sollte. In den Teamdiskussionen geht es oft darum, ob das Geplante überhaupt SOkeL genannt werden kann. Anhand von Erfahrungen werden Abgrenzungen und Kontrastierungen vorgenommen. Mit anderen Worten, es wird ein negatives Wissen über SOkeL aufgebaut. SOkeL ist ein komplexes Unterrichtssystem, und zum Verständnis solcher Systeme gehört, dass man oft eher weiß, was sie nicht sind, als dass man weiß, was sie sind.

Es ist wahr, mit der Zeit lässt sich jeder gern in die Karten schauen. Zu Beginn der Teamarbeit mag man sich vorstellen, dass die Teamkollegen nun alles mitbekommen. Und tatsächlich, so ist es. Jeder erfährt fast alles. Die Ängstlichkeit verschwindet aber relativ rasch, denn das »Mitbekommen« ist zweigleisig. Und so lernt jeder Lehrer zu akzeptieren, dass auch die anderen Teammitglieder Schwächen haben. Diese müssen manchmal in einer sozialverträglichen Art und Weise zur Sprache kommen, so, wie es jeder auch vom anderen erwartet. Andernfalls bricht das Team schnell auseinander.

Der Weg vom Einzelkämpfer zum Teamworker ist nicht einfach. Wer ihn aber hinter sich gebracht hat, weiß sehr genau, dass er eine neue Komfortzone gefunden hat. Auch wenn das eine oder andere Team in seiner Sturmphase zerbricht, weiß jeder Beteiligte doch, was er am Team hat. Die Aussicht erschreckt, wieder völlig allein mit einer Klasse arbeiten zu müssen, keine Unterstützung in schwierigen Situationen anbieten oder annehmen zu können. Es ist hart, die berufliche Weiterqualifikation nur individuell schultern zu können, Konflikte allein lösen und Angriffe allein abwehren zu müssen. Die erweiterte berufliche Handlungskompetenz erneut brach liegen lassen zu müssen, ist ebenso eine Horrorvorstellung. Und so kommt es, dass fast jeder am Vortag des Teamtreffens stöhnt, wenn ein Zusatztermin ansteht. Gleichzeitig aber sind alle froh, ein Team zu haben. Darauf will und kann niemand der bisher Aktiven verzichten.

17.3.3 Weitere Funktionen der Lehrer-Teamarbeit

Es gibt noch einen anderen gewichtigen Punkt, im Lehrerklassenteam zu arbeiten: das individualisierte Lernen (à la SOkeL). Warum sollte ein überaus starker Schüler in Mathematik fünf Wochenstunden absitzen, wenn er den Inhalt in zwei Stunden begreifen kann? Warum darf er nur fünf Stunden in Englisch lernen, wo er doch dringend mindestens acht Stunden benötigt? In fortgeschrittenen »SOkeL-Klassen« werden immer wieder fachübergreifende Lernateliersphasen anberaumt. Die Schüler vertiefen und erweitern hier ihre Kenntnisse aus den vorangegangenen Unterrichtswochen oder müssen diese mit früheren Lerneinheiten oder überfachlich verbinden. In diesen Phasen kann es also sein, dass ein Kollege den Unterrichtsraum betritt und kein Schüler gegenwärtig zu seinem Fach lernt. Dennoch kann er den Schülern weitgehend bei Problemen helfen, sind doch die angewandten SOkeL-Lerninstrumente allen bekannt. Das Mathe-Ass kann sich endlich auf Englisch konzentrieren und lässt sich immer wieder von anderen helfen. Dafür hilft er ihnen in Mathe. Hier ist kein Altruismus gefordert. Wechselseitige Hilfe und wechselseitiges Lernen werden durch die SOkeL-Leistungsbewertung begünstigt.

Je lernaktiver und selbstständiger die Schüler werden, desto mehr Freiräume öffnen sich für den Lehrer. Klassische Disziplinkonflikte nehmen drastisch ab, da die große Bühne (das Klassenplenum) z. B. für den Klassenclown nicht mehr vorhanden ist. Kooperatives Lernen führt zu einer besseren Klassenatmosphäre. Das entspannt. Was aber mit den neuen Freiräumen anfangen? Es gibt wahrlich genug zu tun, denn vor allem die SOkeL-Leistungsbewertung lebt von der schnellen Rückmeldung auf die Qualität von Lernergebnissen in Beratungsgesprächen (formatives Feedback).

17.3.4 Tipps zur Organisation von Teamtreffen

Um den Bestand eines Lehrerklassenteams zu gewährleisten, ist es sehr wichtig, dass alle Teammitglieder an einem Tag zur selben Zeit vom Stundenplan ausgeplant sind. Müssen Kolleginnen oder Kollegen Springstunden in Kauf nehmen, bevor die Teamsitzung beginnt, ist der frühe Tod des Versuchs garantiert. Die Verantwortlichen des Teams müssen also unbedingt mit der Schulleitung und dem Stundenplaner sprechen.

Eine weitere Gelingensbedingung ist, dass die Sitzungen nicht so ablaufen wie viele Konferenzen – getreu dem Schema: Schön, dass wir darüber gesprochen haben – und der Kaffee schmeckte auch. Gewiss, unsere Arbeit ist Interaktionsarbeit. Deswegen ist das Bedürfnis sehr stark, allgemein über die Klassen und einzelne Schüler zu reden. So schön und entlastend dies aber während der Konferenz auch sein mag, gehen letztlich alle Beteiligten ohne Ergebnis nach Hause. Deshalb sollte auch in einer Teamsitzung der Zielkreislauf beherzigt werden.

Tipps zur Arbeit in Lehrerteams:
- Bestimmen Sie Moderator, Zeitnehmer, Krokodil, Protokollant, Gastgeber, Advocatus Diaboli...
- Sammeln Sie an der Tafel die TOPs. Der Moderator gewichtet sie gemeinsam mit dem Team und bringt sie nach Absprache in eine Reihenfolge.
- Die Moderatorin fragt: Wer hat diesen TOP eingebracht? Was muss erfüllt sein, dass du/Sie zufrieden bist/sind nach der Behandlung dieses TOP?
- Die Moderatorin fragt den Vorschlagenden, wie viel Zeit vermutlich für den TOP gebraucht wird.
- Im Übergang von einem TOP zum anderen fasst der Protokollant den TOP zusammen und lässt sich dies bestätigen; gleichzeitig wird dadurch seine Arbeit erleichtert.
- Nicht behandelte TOPs oder nicht behandelte Vorschläge gehören in den Themenspeicher.
- Die Moderatorin und die Gastgeberin für das nächste Treffen werden bestimmt.

PAUSE NICHT VERGESSEN!

Wie schon beschrieben, ist klassenbezogene Teamarbeit wichtig. Denn die Lehrpersonen müssen die Personal- und Sozialkompetenzen, die sie bei ihren Schülern sehen und fördern wollen, ebenfalls bei sich selbst entwickeln. So unabdingbar der gekonnte Umgang mit dem Arbeitsbogen »Vollständige Lernhandlung« für fortgeschrittene SOkeL-Schüler ist, wollen wir sie ins eigenverantwortliche und selbstständige Lernen entlassen, so unabdingbar ist ebenfalls, dass wir die Zielorientierung in unsere eigene Teamarbeit aufnehmen. Dabei können wir durchaus den Arbeitsbogen »Vollständige Lernhandlung« als Basis zugrunde legen. Für langfristige Zielbestimmungen (Jahresziele), zu denen *unbedingt* zu raten ist, könnte die SMART-Methode ausgewählt werden. Auf jeden Fall sollte das Team seine Struktur aufgaben- und zielorientiert beschreiben und seine Effizienz periodisch überprüfen.

Zum Schluss noch ein Tipp zum Verhalten in Teamsitzungen. Teamarbeit will gelernt sein. Insbesondere in unserem Beruf ist es wichtig, darauf hinzuweisen. Die Ausgangsschwierigkeit eines Teams besteht darin, dass Kolleginnen und Kollegen zusammentreffen, die vormals als (engagierte) Einzelkämpfer unterwegs waren. Die Beteiligten neigen dazu, die Interaktion als Kern ihrer Arbeit zu sehr ins Team zu übertragen. Im Zusammensein wird nun intensiv an der Beziehungsebene im Team gearbeitet. Alle möchten sich darin wohlfühlen, aufgehoben sein und Zusammengehörigkeitsgefühle entwickeln. Wird dem aber zu sehr nachgegeben, sind Teamkonflikte programmiert. Trotz der berechtigten Bedürfnisse aus der Beziehungsebene des Teams muss die Inhaltsebene im Vordergrund stehen. Denn sie ist der wesentliche Grund des Treffens. Teams, die diese zwei Ebenen auseinanderhalten und gleichzeitig adäquat bedienen können, sind stabil und halten lange zusammen.

17.4 Kommunikation und Mentorenschaft

Eine Mentorenschaft darf in jeder deutschen Schule eingeführt werden, unabhängig von der darin praktizierten Unterrichtsform. Ihr Sinn besteht darin, den Kindern, Jugendlichen und jungen Erwachsenen jemanden an die Seite zu stellen, zu dem sie Vertrauen entwickeln können, bei dem sie bei Bedarf für ihre schulischen und auch privaten Nöte und Sorgen ein offenes Ohr finden. Ein Mentorenkind, wie sich selbst junge Erwachsene bezeichnen, von denen dieser Begriff übrigens stammt, kann sich bei Schwierigkeiten an seinen Mentor wenden. Zur Mentorenschaft gehört allerdings auch die andere Seite: Die Kollegen oder Teammitglieder können sich an die Mentorin oder den Mentor wenden, wenn es Probleme mit dem Mentorenkind gibt. Dem Mentor kommt dabei keine disziplinierende Funktion zu. Liegen Probleme aus der Sicht des Teams oder der Kolleginnen und Kollegen vor, so kann er in einem vertraulichen Mentorengespräch die Ursachen des Problems beleuchten und gemeinsam mit dem Schützling Lösungsvorschläge entwickeln. Für schwierigere Probleme ist der Mentor nicht verantwortlich. Dafür wäre zunächst der Klassenlehrer zuständig.

Was in einer Mentorenschaft möglich ist, hängt stark von der Ausgestaltung der Beziehung zwischen Mentor und Mentorenkind ab, selbstverständlich auch von beider Charakter- und Kommunikationsstruktur. Der Mentor sollte sich nicht als allwissender Erwachsener sehen. Wer Kinder, Jugendliche oder junge Erwachsene nur auf den »rechten« Weg bringen will, den er selbstverständlich genau kennt, wird damit kaum positiv wirken können. Die Mentorin oder der Mentor sollte sich vielmehr als Coach verstehen, der sich in die Möglichkeiten oder Potenziale seines Zöglings einfühlen kann. Manchmal möchten Mentorenkinder einfach nur ihr Herz ausschütten und sind dankbar, wenn jemand zuhört und für sie da ist. Mentorenkinder, die sich verschließen oder ihre privaten Probleme penetrant vortragen, sind insgesamt eher die Ausnahme. Der Regelfall liegt zwischen diesen Extremen.

17.4.1 Die Organisation eines Mentorensystems

Die Organisation eines Mentorensystems in einer Klasse ist schnell dargestellt. Proportional zum Stundenumfang der Kollegen in der Klasse werden die Mentorenkinder vom Klassenlehrer zugeteilt. Eine Auswahlmöglichkeit durch die Schüler würde Nachteile mit sich bringen. Es begönne ein Kampf um die beliebtesten Kollegen. Vielleicht kämen Frustrationen hoch, wenn der eigene Wunsch nicht befriedigt wird. Auf der anderen Seite könnte ein geringes Wahlergebnis oder gar eine Nichtwahl die Kollegin oder den Kollegen kränken. Dies würde für beide Seiten den Aufbau einer Mentorenbeziehung erschweren und könnte manchen Kollegen sogar davor abschrecken, überhaupt Mentor zu werden. Ein gewünschter Wechsel der Mentoren sollte allenfalls am Schuljahresende bzw. Halbjahresende stattfinden. In einer Teamsitzung oder Klassenkonferenz sollte die Häufigkeit der Mentorengespräche festgelegt werden. Von weniger als zwei Mentorengesprächen im Halbjahr sollte Abstand genommen werden, von mehr allerdings auch – außer in dringenden Fällen. Nach Festlegung der Gesprächstermine sollte ein Übersichtsblatt im Klassenbuch liegen mit den Spalten »Name«, »Datum« (der Gespräche). In der Spalte »Datum« wird dann per Kürzel dem Klassenlehrer signalisiert, dass die Gespräche stattgefunden haben. Vernachlässigt hier ein Kollege seine Pflicht, so ist das sehr kränkend für die betroffenen Schüler.

17.4.2 Inhalte und Durchführung der Mentorengespräche

Zwischen dem lehrerorganisierten und dem selbstorganisierten Unterricht bestehen große Unterschiede. Im Frontalunterricht sind Mentorengespräche nur äußerst mühsam unterzubringen. Dies hat Folgen, auf die wir noch eingehen. Im SOkeL-Unterricht platziert man die Gespräche selbstverständlich während des Unterrichts. Bei jüngeren Schülerinnen und Schülern wird das Gespräch wahrscheinlich im Klassenzimmer geführt – zumindest so lange, bis die Schule auch ihnen das Vertrauen entgegenbringt, dass sie nicht schon während des Mentorengesprächs außerhalb des Klassenraumes die Schule demontieren. Bei größeren Schülern kann das Gespräch außerhalb stattfinden, muss aber nicht. Findet das Gespräch im Klassenraum statt, so sollte das Mentorenkind mit dem Rücken zur Klasse sitzen. Dies gewährt eine gewisse Intimität sowohl in der Aussage als auch in seiner Körpersprache. Kurzum: Diese Sitzordnung erleichtert es Ihnen, Persönliches zu thematisieren. Die Dauer des Gesprächs bestimmt das Mentorenkind. Aber Achtung! Bei manchen entwickelt sich eine Gier nach diesem Kontakt mit einem erwachsenen Gegenüber, mit einem Ansprechpartner, den so mancher Schüler zu Hause nicht hat. Zeitliche Grenzen zu setzen, ist also erlaubt.

Das Gespräch findet während des Unterrichts statt. Zur Erinnerung: Mit zunehmender Lernkompetenz der Schüler eröffnen sich uns Zeiträume, um Beratungen und Gespräche wie diese durchzuführen. Wir können den Spieß auch umdrehen: Mit zunehmender Lernen-Lassen-Kompetenz der Lehrerinnen und Lehrer eröffnen sich für die Schülerinnen und Schüler zeitliche, individualisierte und soziale Räume zum Lernen. Erst wenn die Lehrerinnen und Lehrer diesbezüglich eine gewisse Kompetenzstufe erreicht haben, kann das Lernen bei den Schülerinnen und Schülern richtig losgehen. Sie brauchen uns dann relativ selten, sodass wir Zeit für Mentorengespräche haben.

Zumindest das erste Gespräch sollte sich ausschließlich um das Mentorenkind drehen, sein Befinden in der Schule allgemein und in der Klasse im Besonderen. Tiefer gehende Gespräche über private Hintergründe sind vorsichtig zu führen; das Mentorenkind gibt hier vor, was es erzählen will und was nicht. Zielvereinbarungsgespräche und schulische Entwicklungsgespräche können folgen.

Das Mentorengespräch im Frontalunterricht gestaltet sich schwierig. Meist sind die Kolleginnen und Kollegen gezwungen, Pausen zu opfern oder sich mit den Schützlingen nach dem Unterricht zu treffen. Für beide Seiten bedeutet dies eine Mehrbelastung, die durchaus befriedigend sein kann. Dennoch, die Lehrer sind mit dem Stundendeputat genügend versorgt und möchten nicht länger als nötig in der Schule sein. Hinzu kommt, dass der Frontalunterricht für die Lehrkräfte um Längen anstrengender ist als der SOkeL-Unterricht. Ein Ausweg aus dieser Belastung ist der sogenannte Mentorentag, wie er in manchen Schulen praktiziert wird. Dabei werden die Schülerinnen und Schüler zum Mentorengespräch in die Schule einbestellt, wobei der normale Unterricht an diesem Tag ausfällt. Ein durchaus verständliches Vorgehen im lehrerorganisierten Lernen. Allerdings entwickeln die Schülerinnen und Schüler dabei das Gefühl, nur ein kleines Rädchen im großen Getriebe zu sein. Es fehlt das Individuelle, das diese einzigartige Möglichkeit eines besonderen Beziehungsaufbaus bietet.

17.4.3 Die Wirkung der Mentorenschaft auf die Schüler

Die Wirkung der Mentorenschaft auf die Schülerinnen und Schüler ist enorm. Deren positive Reaktion verdankt sich vor allem dem Wahr- und Ernstgenommen-Werden, aber auch dem Tatbestand, einen erwachsenen Ansprechpartner zu haben, den sie maximal mit zwei bis vier anderen Mentorengeschwistern teilen müssen – aber eben nicht mit der gesamten Klasse. Die Gespräche werden individuell verabredet, teils sogar spontan anberaumt. Dies geschieht immer dann, wenn sich ein Zeitfenster durch die kooperative Gruppenarbeit oder individualisierte Lernphasen öffnet. Die Gespräche haben dadurch von vornherein einen individuellen Touch. Sie sind dem Gang der Dinge enthoben und dadurch in der Wahrnehmung der Schülerinnen und Schüler etwas ganz Besonderes, das nur ihnen zukommt. Die forschenden, neugierigen und manchmal etwas neidischen Blicke aus der Klasse beim Mentorengespräch sprechen Bände.

Die Mentorenschaft ist ein weiterer Baustein im Gefüge der Selbstwirksamkeit für Schülerinnen und Schüler. Beziehungsaufbau, Selbstwirksamkeitsgefühle und ein stärkerer Bezug zur Schule sind aber nicht nur Schülersache. Die Mentorenschaft ist eine wechselseitige Veranstaltung; die dargestellten Wirkungen betreffen auch die Lehrkräfte.

17.5 Die Rollenerweiterung meistern

Manchmal wird die Mentorenschaft auf schulische Entwicklungsgespräche reduziert. Derartige Gespräche sind zweifellos eine wichtige Angelegenheit. Steht das Entwicklungsgespräch jedoch im Vordergrund, stellt sich die Frage, ob es sich überhaupt noch um eine Mentorenschaft handelt. Der Unterschied zwischen Mentorengespräch und Entwicklungsgespräch besteht darin, dass sowohl die Schüler wie auch die Lehrkräfte beim herkömmlichen Gespräch in ihren vertrauten Rollen verbleiben können. Die Lehrkräfte sind nicht gefordert, aus ihrer Rolle herauszutreten, ihre eigene Person mit einzubringen und neue Kommunikationsstile zu finden.

Die Kommunikation in einer von beiden Seiten akzeptierten Rollenverteilung Lehrer–Schüler hat für die Lehrkraft Vorteile. Macht und Herrschaft sind schlechte Voraussetzungen für ein vertrauensvolles Gespräch, denn sie schreiben von vornherein ein Machtgefälle fest. In früheren Zeiten, als die Rolle des Lehrers noch unangefochten war, entsprach sein Verhältnis zu den Schülern dem eines Meisters zu seinen Lehrlingen, sofern er über eine gewisse persönliche Überzeugungskraft verfügte. Die alten Zeiten sind jedoch dahin. Die Lehrerrolle hat bei den Schülerinnen und Schülern bekanntlich an Autorität eingebüßt.

Zum Glück muss man nicht gleich alles auf einmal können, wenn man auf SOkeL umsteigt. Die neuen Rollenanforderungen können Schritt für Schritt umgesetzt werden. Eine Zeitlang kann man im Fachlichen oder Handwerklichen verbleiben. Den fachlichen Anspruch gab es ja bereits im lehrerorganisierten Lernen. Er ist nun zwar ein anderer, bleibt aber als vertrauter Teil der Lehrerrolle erhalten. Es ist befriedigend, fachliche Qualifikationen vorweisen zu können, die einem eine berufliche Identität und Ansehen verschaffen. Hinzu kommt, dass der fachliche Anspruch in SOkeL sogar höher ist. Wir haben an anderer Stelle beschrieben, dass sich die erhöhten Ansprüche an die Fachlichkeit aus der Notwendigkeit ergeben, eine vorbereitete Lernumgebung zu gestalten.

Auch die perfekt vorbereitete Lernumgebung bedeutet vorerst nur, dass das neue Wissen aus der Perspektive der Schülerinnen und Schüler zwar zum Greifen nah, aber immer noch außerhalb ihrer selbst ist. *Sie* müssen zugreifen! Wir werden ihnen nicht mundgerecht das Wissen in Päckchen aufteilen und »vermitteln«. Nicht wir sind das »Mittel« oder die Mittler, vielmehr nehmen die Lernumgebung und die Lernformen im Sandwich diese Funktion ein, hier eine passive.

In einer neuen Lernumgebung müssen sich die Schülerinnen und Schüler als erstes orientieren, da sie sich sonst verlaufen können. Hier kommt unsere neue Rolle ins Spiel: Bei den Gehversuchen in der neuen (Lern-)Umgebung helfen wir ihnen. Wir beraten individuell oder als Gruppe, wohin sie zunächst gehen könnten. Welchen der Wege mit unterschiedlichem Schwierigkeitsgrad (vgl. Kapitel 9) könnten sie einschlagen? Wir sprechen den Verzagten Mut zu, weisen die einzelnen Schüler und Gruppen aber nicht an, welchen Weg sie gehen müssen. Wir wissen nicht besser als sie, was für sie gut ist. Umwege erhöhen die Ortskenntnis. An den Weggabelungen und zentralen Plätzen stehen wir allerdings an einem Informationsstand. Auf Anfrage geben wir Rat, wie die Lernumgebung weiter erforscht werden kann. Und selbstverständlich haben wir eine Fürsorgepflicht. Wenn wir sehen, dass jemand sich auf einem zu anspruchsvollen Weg verausgabt, empfehlen wir ihm auch ohne seine Anfrage, einen leichteren zu nehmen. Auch kümmern wir uns ohne Anfrage um jene, die sich mit der schönen Aussicht von der Ruhebank aus begnügen.

Wenn wir das Ziel aufgeben, den Schülerinnen und Schülern frontal Wissen vermitteln zu wollen, müssen wir viel stärker auf unsere Kommunikation mit ihnen achten. Dies bedeutet unter anderem, nicht vorzuschreiben, was für den Einzelnen am besten ist, sowie sich von der Idee zu verabschieden, dass wir die (Lern-)Wege genau kennen und deswegen Schrittrhythmus, Wegstrecke und Ziel exakt vorgeben können. Stattdessen sollten wir die Lehrerrolle als Lernprozessbegleiter, Lernpartner, Coach, Mentor und Meister (ohne Knecht) sowie als Vorbild ausfüllen. Ein Kommunikationstraining auf beiden Seiten des Lernprozesses (Lerner und Lehrkraft) ist auf jeden Fall gewinnbringend. Eine Einübung kommunikativen Verhaltens nach den Regeln der TZI (themenzentrierte Interaktion) ist es umso mehr. Auch andere Ansätze zur Verbesserung der Kommunikation sind willkommen. Dabei ist Kommunikationstechnik das eine, Kommunikation in der neuen Lehrerrolle das andere.

Unser Anspruch verlangt also, aus der alten Rolle auszusteigen und in eine neue kommunikative Rolle zu wechseln:
- Der *Coach* verhilft anderen dazu, besser zu werden – auf der Basis ihres individuellen Kompetenzniveaus.
- Der *Lernpartner* weiß, dass der Erfolg in Form von Lernergebnissen oder persönlicher Entwicklung seitens der Schüler nur gemeinsam erreicht werden kann.
- Der *Lernprozessbegleiter* kennt verschiedene Wege zu verschiedenen Zielen innerhalb eines Fachgebiets. Dabei greift er nicht dirigierend ein, sondern hilft beratend.
- Der *Mentor* bietet sich als eine helfende, zuhörende, mahnende, unterstützende, fordernde Beziehungsperson auf der persönlichen Ebene an.

- Der *Meister* ist ein Fachmann, der in individualisierten Situationen (mit Kleingruppen oder Individuen) von seinem Können abgibt und zum Beispiel durch Vormachen und laut denkend in Arbeitsmethoden einweist (in dieser Situation durchaus fragend-entwickelnd).
- Ein *Vorbild* ist jemand, der das von den Schülerinnen und Schülern Eingeforderte selbst kann und auch ausführt; jemand, der nicht nur die Schülerinnen und Schüler in Gruppen arbeiten lässt, sondern selbst in Gruppen (Lehrerteam) arbeitet und seine personalen, sozial-kommunikativen und methodischen Kompetenzen dabei schärft.

Möchte ein Lehrer diese neue Rolle einnehmen, bleibt es nicht aus, als Person erkennbar zu werden oder sich sogar bewusst zu erkennen zu geben. Anders ausgedrückt: Er bleibt nicht nur Lehrkraft, sondern wird auch als Person sichtbar. Diese Person trifft in den Klassenzimmern auf viele andere Personen. Denn in einer Lernumgebung wie dem systemischen Konzept SOkeL treten auch die Schülerinnen und Schüler aus ihrer Rolle und werden als Personen sichtbar. In Abwandlung des berühmten Gastarbeiterspruchs aus den 70er Jahren: »Gerufen hat man Arbeiter, gekommen sind Menschen« ließe sich heutzutage sagen: Gerufen wurden Schüler, gekommen sind junge Menschen.

Schüler zu sein heißt, eine Funktionsrolle einzunehmen. In zwölf bis 13 Schuljahren soll all das gelernt werden, was über die Lehrer vermittelt auf tausenden von Lehrplanseiten steht. Wenn nun Lehrer und Schüler aus ihrer tradierten Rolle aussteigen, wenn plötzlich hinter den Funktionsrollen Personen sichtbar werden, dann wird endgültig klar, dass sich beide Seiten auf der persönlichen Ebene treffen müssen. Die alte Lehrerrolle war mit Macht ausgestattet. Die Kommunikationsform war in der Regel eine Einwegkommunikation von oben nach unten, wenn sie es auch nicht sein musste. Das Unten hatte in diesem Falle nicht viel zu sagen. Im Prinzip sind mit dem neuen Rollenverständnis der am Lernprozess Beteiligten neue Begriffe fällig. Denn die Lehrkraft lehrt nicht mehr in alter Weise und die Schu(e)ler sind mehr als nur Wesen, die zum Inventar einer Schule gehören.

Juul spricht in Hinblick auf die veränderte Beziehung zwischen Erwachsenen und Kindern von Gleichwürdigkeit. Dies hört sich nach einem überspannten »pädagogesischen« (Heidbreder) Begriff an. Und doch ist es die Basis der neuen Beziehung zwischen Lehrkraft und Schüler, dem anderen seine Würde zu lassen. Daraus ergibt sich eine Kommunikationsform, mit der tatsächlich beraten und gecoacht werden kann. Auf dieser Grundlage können geeignete Personen ihre Funktion als Vorbild oder Meister erfolgreich ausüben. Wenn die Schüler hinter der Lehrerrolle die Person entdecken, entdecken sie zugleich deren Integrität. Sie erkennen eine Privatperson mit Stärken und Schwächen, wie sie die Eltern und andere Menschen aus ihrer sozialen Umgebung ebenfalls haben.

Es ist verständlich, dass viele Kolleginnen und Kollegen davor zurückschrecken, sich in ihrer Persönlichkeitsstruktur zu erkennen zu geben. Aber wie sonst soll wechselseitig Empathie aufgebracht werden können? Wie könnte ein Lehrer in Gesprächen erahnen, was sein Gegenüber braucht? Wie anders soll ein Vertrauensverhältnis aufgebaut werden? Die alte Lehrerrolle war einst eine mächtige Komfortzone. Sie schwindet immer schneller. Es macht keinen Sinn, an ihr festzuhalten. Die neue Komfortzone hat eine neue Beziehungsintensität zu den Schülerinnen und Schülern, aus meiner Erfahrung eine sehr befriedigende.

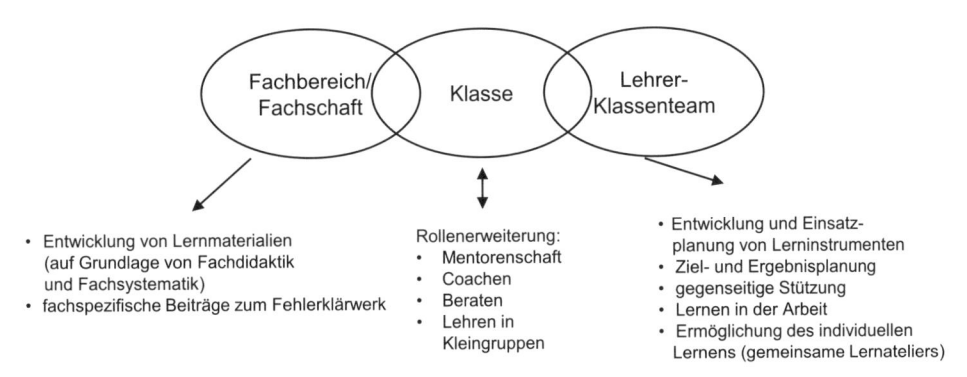

```
     Fachbereich/          Klasse         Lehrer-
      Fachschaft                        Klassenteam
```

- Entwicklung von Lernmaterialien (auf Grundlage von Fachdidaktik und Fachsystematik)
- fachspezifische Beiträge zum Fehlerklärwerk

Rollenerweiterung:
- Mentorenschaft
- Coachen
- Beraten
- Lehren in Kleingruppen

- Entwicklung und Einsatzplanung von Lerninstrumenten
- Ziel- und Ergebnisplanung
- gegenseitige Stützung
- Lernen in der Arbeit
- Ermöglichung des individuellen Lernens (gemeinsame Lernateliers)

Abb. 29: Aufgabenbereiche des Lehrers in Teamarbeit nach SOkeL

17.6 Unterstützung im Kollegium gewinnen

Wollen Sie im Kollegium weitere Mitstreiterinnen und Mitstreiter finden, müssen Sie einen langen Atem haben. In diesem Abschnitt wird auf die mangelnde Veränderungsbereitschaft eingegangen, die Sie bedenken müssen, wenn Sie in die Diskussion mit anderen Lehrpersonen eintreten. Nach meiner Erfahrung hat es wenig Sinn, nur auf die Vorteile von SOkeL zu verweisen. Zu schnell wird man als Missionar abgetan. Wenn Ihnen die Hintergründe der Vorbehalte innerhalb des Kollegiums klarer sind, können Sie geduldiger und verständnisvoller vorgehen.

In Fortbildungen zu SOkeL wird oft die Befürchtung vorgetragen, dass mit dem zunehmend selbstständigen Lernarbeiten der Schüler die Beziehungsebene zu ihnen verloren ginge. Das Gegenteil ist der Fall. In den vielen Einzelgesprächen und Kleingruppengesprächen, die ein Unterricht nach SOkeL ermöglicht, ist es viel eher möglich, sich aufeinander einzulassen. Voraussetzung ist selbstverständlich, dass auf *beiden* Seiten Beziehungsfähigkeit und andere Selbstkompetenzen vorhanden sind. Lehrerarbeit ist Interaktionsarbeit; diese gelingt im kleineren Rahmen besser.

Ferner fragen mich veränderungsunwillige Kollegen in Fortbildungen des Öfteren: »Soll denn alles falsch gewesen sein, was ich die letzten 20 Jahre gemacht habe?« Abgesehen davon, dass es überhaupt nicht um eine pauschale Kritik geht, drückt diese Aussage den »Ort« der Veränderungsimmunität sehr prägnant aus: hinter verschlossenen Türen zu interagieren und dabei als vermeintlich wichtigste Person im Klassenzimmer die Schüler zu steuern und zu dirigieren. Dazu gehört noch, 70 bis 90 Prozent der Unterrichtsstunde verbal in Anspruch zu nehmen und dies als »gemeinsames« Lernergebnis zu bezeichnen. Zugespitzt ist das, was hinter den geschlossenen Türen geschieht, die Privatsache des jeweiligen Kollegen. Es wird dem Kollegen sogar selbst überlassen, in welchem Ausmaß er Auskunft über seine Arbeit gibt. Für die Schulleitung ist diese Privatisierung des Unterrichts ein misslicher Umstand. Wie soll sie das Kerngeschäft der Schule leiten, wenn es keine klaren Parameter gibt? Woran könnte sie Veränderungen ablesen, beispielsweise ob sich Maßnahmen des Change Managements oder der Unterrichtsentwicklung zum Positiven wenden oder nicht? Auch für die Kollegen ist diese Privatisierung nur scheinbar ein Vorteil.

In diesem Unterrichtssetting ist die Vertrauenswürdigkeit der Lehrkraft eine der Vorbedingungen, um die Lernampeln der Schüler auf Grün zu stellen (vgl. Roth 2006a). Persönliche Integrität, Beziehungsfähigkeit, Vertrauenswürdigkeit und selbstverständlich fachliche Kompetenz sind die Ausgangsbedingungen (nicht nur) des lehrerzentrierten Unterrichts. Die *Person* des Lehrers wird im lehrerzentrierten Unterricht allerdings schneller sichtbar. Die eigene Persönlichkeit hinter einem Setting zu schützen, wie bei anderen sozialen Berufen üblich, ist nur eingeschränkt möglich. Dies ist einer der Gründe, warum der Lehrerberuf so anstrengend ist. Da in SOkeL konfrontative Plenumssituationen drastisch abnehmen, ist die Lehrperson geschützter. Immer wieder berichten Kolleginnen und Kollegen, die dabei sind, ihren Unterricht umzustellen, dass sie eine enorme psychische Entlastung im Schulalltag verspüren.

Die Privatisierung des Unterrichts verstärkt sich im lehrerzentrierten Unterricht durch den oben dargestellten Prozess. Es ist dann ein fast schon intimer Zustand, ohne dass einem diese Verschmelzung von Persönlichkeit und Berufsrolle bewusst wird. Die Verschleierung dieses Zusammenhanges wird auch dadurch verstärkt, dass Interaktionsarbeit nicht standardisierbar ist. Vergleiche der Arbeit im Unterricht sind nur eingeschränkt möglich, sodass sich der Eindruck einstellt, der eigene Unterricht sei ein Ausdruck der eigenen Persönlichkeit und nicht der beruflichen Rolle. Der Film »Die Feuerzangenbowle« ist ein anschauliches Beispiel dafür, wie dieser Zustand von den Schülern durchschaut wird. Und so kommt es, dass manche Lehrer geneigt sind, ihren lange ausgeübten und privat entwickelten Standard im Beruf als gesetzt, objektiv und damit unveränderbar zu betrachten. Veränderungsanforderungen an die professionelle Haltung werden mit einer Veränderungsanforderung an die eigene Persönlichkeit verwechselt.

Die Art und Weise, wie ein Lehrer den auf die eigene Person bezogenen Unterricht im Lauf des Berufslebens entwickelt, durchläuft mehrere Filter. Das in Studium und Referendariat bewusst Gelernte durchläuft einen ersten Filter. Dieser besteht aus persönlichkeitsspezifischen Haltungen, Einstellungen, Werten und einer einzigartigen biografisch erworbenen Kompetenzstruktur. Das Filtrat bestimmt nun die konkrete Ausformung der Unterrichtspraxis, das heißt die Art und Weise der interaktiven Arbeit. Oft wird im Unterricht unter Druck gehandelt (vgl. Wahl 1991), insbesondere weil der Lehrer das Zentrum des Geschehens ist. Nach durchschnittlich 5,5 Stunden

Frontalunterricht ist der Pädagoge erschöpft. Kein Wunder, dass die Reflexion des Geschehen und Erlebten oft nicht bewusst, sondern gefühlsgesteuert vor sich geht. Diese bewussten und unbewussten Reflexionen passieren wieder und wieder denselben Filter. Heraus kommen hochgradig emotional besetzte erfahrungsvermittelte Weisheiten, Konzepte und Unterrichtsverfahren. Kurzum, es sind subjektive Theorien über Schüler, Schule und Unterricht entstanden. Es handelt sich dabei um das eigene pädagogische Professionswissen, das einem nach Jahren der Berufsausübung selbst nicht mehr subjektiv, sondern objektiv notwendig erscheint (vgl. Reis 2012).

Ein nicht zu unterschätzender Grund für Schulleitungen, einen konsequent schülerorientierten Unterricht anzustreben, liegt – abgesehen von besseren Lernergebnissen – in der Gesundheitsprävention der Lehrer. Wenn Schüler in aneignende und festigende kooperative und individuelle Lernhandlungen innerhalb von Kleingruppen eingebunden sind, entfällt das anstrengende Parallelunterrichten heterogener Schüler. Gleichzeitig entfallen das argwöhnische Beobachten der Klasse und das falsche Reagieren auf Störungen. Die Lehrkraft steht eben nur noch ab und zu im Zentrum des Geschehens. Sie berät, instruiert und coacht Einzelschüler oder Kleingruppen. Und das ist definitiv entlastend. Kein Kollege will zurück zum alten Unterricht, hat er einmal die Anfangsschwierigkeiten und den anfänglichen Mehraufwand überwunden.

17.7 Von der Unterrichtsentwicklung via Personalentwicklung zur Schulentwicklung

Wie eingangs erwähnt, muss die Umstellung einer Schule auf schülerzentriertes, eigenverantwortliches und selbstgesteuertes Lernen als langer Prozess angelegt werden. Ein Prozess, der frühzeitig abgesichert werden muss. Darin sollte so früh wie möglich die Steuergruppe und wenn möglich auch die mittlere Leitungsebene einbezogen werden, sofern diese veränderungsbereit ist. Des Weiteren sollten sich die gesteckten Veränderungsziele im Schulprogramm und vor allem in den schulinternen Curricula spiegeln. Mit SOkeL liegt sehr viel reflektierte Erfahrung vor, wie dieser komplexe Prozess gesteuert werden kann. Die Unterrichtsentwicklung à la SOkeL bedeutet, dass die Organisation Schule in einen Lernprozess tritt. Und auch dieser wird in SOkeL vom Ergebnis her gedacht.

In SOkeL-Kreisen wurde durch teambasierte Unterrichtsentwicklung im besten Sinne des Wortes Negatives Wissen über die Schulentwicklung gesammelt. Warum sollte eine Schule, die sich auf den Weg machen möchte, alle möglichen Fehler und Fehlschläge noch einmal durchmachen? Aus den angesprochenen Erfahrungen entwickelte sich innerhalb der überregionalen »senatseigenen« Fortbildung der Berliner Weg. So lohnt es sich, vorab einen erfahrenen SOkeL-Multiplikator zur Beratung einzuladen. Eine Erfolg versprechende Strategie ist die Einrichtung von mindestens einem Pionierteam. Es ist aus den oben angeführten Gründen unrealistisch, das gesamte Kollegium sofort für eine teambasierte Unterrichtsentwicklung hin zur konsequenten Schülerorientierung zu gewinnen. Deshalb beginnen wir mit Pionierteams. Diese Teambildung hat zwei Zielrichtungen: zum einen die Stabilisierung und Entlastung der Teammitglieder durch die gemeinsame Arbeit, zum anderen die beabsichtigte Wirkung in das Kollegium hinein. Und zum Dritten kann mit der Teamarbeit das Potenzial des kompetenzorientierten Unterrichts voll ausgeschöpft werden. Hat sich das Pionierteam nach spätestens zwei Jahren gefestigt, ist der nächste Schritt der Transfer in weitere Kollegenkreise.

Nach meiner Erfahrung ist es günstig, wenn sich das Pionierteam schon vor der schulinternen Fortbildung zu SOkeL zumindest lose zusammengefunden hat. Nach dem Erstgespräch zwischen SOkeL-Multiplikator und Schulleitung sollten die Steuergruppe bzw. deren Vorsitzender, ein Teamvertreter (sobald das Team gegründet wurde) und wenn möglich die mittlere Leitungsebene in die Vorbereitung miteinbezogen werden. Gesamtziel und einige wenige Jahresziele werden gemeinsam bestimmt. Zwischen Leitung und Team werden Leistungsvereinbarungen getroffen und niedergeschrieben. Klare Kommunikationsstrukturen werden aufgebaut und Aufgabenbereiche festgelegt. Zwischen Schule und SOkeL-Multiplikator werden ebenfalls Leistungsvereinbarungen (mit Indikatoren) getroffen. Diese haben zum Ziel, mit dem gewonnenen Erfahrungsschatz den Prozess vorausschauend an den Minenfeldern vorbei zu lenken. Change Management ist nicht nur in der Wirtschaft kostspielig, sondern auch in der Schule. Daher müssen die Pionierteams eine Zeit lang in der Ressourcenverteilung klar priorisiert werden. Die gesteckten Ziele und die gegenseitigen Leistungsvereinbarungen müssen in definierten Abständen überprüft werden (Zielkreislauf).

18. SOkeL im Kurzüberblick

18.1 Kommt es wirklich auf *den* Lehrer an?

Sagt Hattie wirklich, dass es auf *den* Lehrer ankomme und dass der Frontalunterricht besser sei?

> **ZEIT:** Was also ist ein guter Lehrer?
> **Hattie:** Ein guter Lehrer setzt hohe Erwartungen. Er schafft ein fehlerfreundliches Klima in der Klasse, stellt auch sein Handeln immer wieder infrage, evaluiert seinen eigenen Unterricht fortlaufend und arbeitet mit anderen Lehrern zusammen. (ZEIT Nr. 19/2013)

Weiter sagt er: »Es geht um den Plural, die Lehrenden. Die Fokussierung auf die einzelne Lehrperson ist eines der Probleme in diesem Beruf. Ich bin daher stark an der Frage interessiert, wie Lehrende zur Kooperation zu bringen sind. Denn es ist für sie nicht leicht, das zu tun. Daher fokussiere ich stark auf die Lehrpersonen, in der Mehrzahl« (»Lehrende auf das Lernen fokussieren«. Ein Interview mit John Hattie. In: Weiterbildung 3/2013).

Der Weg zur Kooperation in einem Lehrerklassenteam ist weit. Das Unterrichten ist dann aber sehr effektiv, die Lernkompetenzen der Lernenden können bedeutend erhöht werden, wie gerade die Arbeit im Lernatelier und in den Bunten Wochen beweist. Kann SOkeL deswegen nur im Team umgesetzt werden? Nein, auch einzelne Lehrpersonen können weit kommen. Sie sollten aber später versuchen, mit Gleichgesinnten ein Lehrerklassenteam zu gründen.

Die Lehrerrolle wird beträchtlich erweitert, nicht ausgewechselt. Das hat seinen Grund, denn ein Rollenwechsel *allein* zum Moderator, Coach, Lernpartner oder Begleiter reicht für einen SOkeL-Unterricht nicht aus. In SOkeL bleibt der Lehrer ein Lehrer. Sein Auftritt und sein Wirken sind lediglich an anderer Stelle im Unterrichtsablauf zu verorten. Endgültig vorbei ist hingegen der Frontalunterricht. Entscheidend ist nun vielmehr die Vorbereitung der Lernumgebung. Die Beziehung zu den Schülern vertieft sich durch die Mentorenschaft und die vielen interaktiven Beratungen in Kleingruppen. Dies verlangt eine bestimmte Haltung gegenüber den Lernenden, die Juul Jesper (2013) »Gleichwürdigkeit« nennt.

18.2 Vor dem Lernprozess:
Die Vorbereitung der Lernumgebung

Im Unterricht wird die Lehrperson mit SOkeL entscheidend entlastet. Für Novizen verschiebt sich der Aufwand in die Unterrichtsvorbereitung. Viele Aufgaben werden jedoch im Team erledigt oder auf Teammitglieder verteilt. Kolleginnen und Kollegen ohne Team sei empfohlen, die Aufgabenliste auf das eigene Fach und den Unterricht im Umfang zu begrenzen.

- Die vorbereitete Lernumgebung ist in SOkeL eine Mischung aus Montessori und Instructional Design. Dafür müssen die Lehrpersonen viele Lernmaterialien entwickeln, die so gestaltet sein müssen, dass sie zur Selbstinstruktion taugen. Des Weiteren müssen sie so ausgelegt sein, dass die vorgegebenen Ziele (kognitive und extrafunktionale) erreicht werden können. Im SOkeL-Novizen-Unterricht geht die vorbereitete Lernumgebung stärker in Richtung Instructional Design, im fortgeschrittenen Unterricht können die Schüler sich immer freier bewegen, besonders in den Lernatelierphasen.
- Lernmaterialien und Lerninstrumente müssen in einem sinnvollen Zusammenhang stehen. Lerninstrumente können auch als Lernhandlungen oder Lernverfahren bezeichnet werden. Mit ihrer Hilfe sollen die in den Selbstinstruktionsmaterialien enthaltenen Inhalte erschlossen werden. Vor Beginn der neuen Unterrichtseinheit muss klar sein, ob ein – und wenn ja, welches – Lerninstrument neu eingeführt werden soll.
- Bei der Unterrichtsplanung muss die Kompetenzwaage beachtet werden. Zu Beginn der Unterrichtseinheit ist sie nicht im Lot. Die Waagschale mit den anspruchsvollen Inhalten, dargestellt in den Lernmaterialien, wiegt schwerer als die Waagschale der benötigten Lernkompetenzen. Die Lernkompetenzen erscheinen uns als die gekonnte Anwendung der Lerninstrumente. Nach der Unterrichtseinheit ist die Kompetenzwaage idealerweise im Gleichgewicht. Daraus ergeben sich zwei Notwendigkeiten:
  - Das Unterrichtsarrangement muss so strukturiert sein, dass Performanz und der Kompetenzkreislauf möglich sind.
  - Das Team muss Kompetenzfahrpläne (fachliche und überfachliche), zum Beispiel mit dem Selbstorganisationsprinzip »Einfachheit der Grundstruktur und Zielorientierung«, entwickelt haben.

  Aus den Kompetenzfahrplänen entnimmt die Lehrperson die Lerninstrumente, führt sie neu in die Klasse ein oder lässt sie, falls schon bekannt, weiterhin üben. Die Kompetenzerhöhung der Lernenden wird durch die Teamarbeit beschleunigt, da die Lerninstrumente verteilt eingeführt werden können.
- Mit der Kompetenzwaage hängt die Strukturierung der Lernsituation zusammen. Sie soll von den Lehrpersonen mit hohen Erwartungen entwickelt werden (vgl. das Zitat von Hattie). Wenn die Lernenden in die vorbereitete Lernumgebung eintreten, sollen sie eine herausfordernde, komplexe Anforderungssituation vorfinden, die sie

aufgrund ihrer in den Unterricht mitgebrachten Kompetenzdispositionen meistern. Diese Dispositionen bleiben unsichtbar – sowohl für die Lernenden selbst als auch für ihre Lehrpersonen. Die Lernsituationen müssen daher Performanz ermöglichen, dann können die Lernenden ihre individuellen Wissens- und Kompetenzstrukturen erkennen. Es kommt also darauf an, das Unterrichtsarrangement so zu gestalten, dass jeder Lernende möglichst oft in aktiv-aneignende und kognitiv-aktivierende Lernhandlungen einbezogen ist. Und zwar *jeder* und möglichst immer. Dann kann die Kompetenzspirale ihre Wirkung entfalten.

- In einem SOkeL-Unterrichtsarrangement ist der Lernende fast permanent in Lernhandlungen einbezogen. Dadurch wird er ständig mit seinem Wissensstand, mit seinen Lernwegen, seinen Lernschwierigkeiten, seinem Lernwillen, seinen Sekundärtugenden, seinem Verhalten in kooperativen Lernformen, mit dem Stand seiner Lernkompetenzen und extrafunktionalen Kompetenzen konfrontiert. Über das wechselseitige Bewerten, die wechselseitigen Schülerfeedbacks oder die metakognitiven Lernformen werden diese Erlebnisse reflektiert und zu Erfahrungen verarbeitet. Diese Erfahrungen gehen mit der nächsten Unterrichtseinheit als Bestandteil der *Vorerfahrung* in die nächste Runde.
- Die Lehrperson muss die Trennung von Leistungssituation und Lernprozess beachten, indem sie festlegt, für welche Lernhandlungsschritte es notenwirksame Punkte gibt. Dies unabhängig vom Unterrichtsthema übergreifenden Punktekonto. Die Lehrperson setzt die Defizitbrille ab und die ressourcenorientierte Brille auf. Die SOkeL-Leistungsbewertung ist in hohem Maße motivations- und leistungsfördernd. Der dynamische Leistungsbegriff wird in die Tat umgesetzt. Die Arbeit mit dieser Form der Leistungsbewertung ist herausfordernd und lässt sich in einem Team besser bewältigen.
- Die bereichsspezifischen Vorwissensstrukturen und die kognitiv-emotionalen Wissensnetze des einzelnen Schülers sind hochindividuell. Sein Wissen ist in semantischen Netzwerken abgelagert. Schulisches Lernen heißt letztlich »Arbeit am Begriff«. Wörter oder Begriffe sind bei den Lernenden unterschiedlich konnotiert. Sie können den Begriffen meist nicht die Bedeutung zuweisen, die nötig wären, um z.B. einen Text vollständig zu verstehen. Es treten deshalb unvermeidlich Fehler oder Facetten des Fehlerhaften auf. Die Lehrperson bekämpft diese Fehler, indem sie immer wieder das Richtige in das Falsche recycelt. Sie versteht den Wissensaufbau als Herausschälen des Richtigen aus dem Falschen. Dazu stehen ihr etliche Mittel zur Verfügung. Dieser Prozess heißt bei uns Fehlerklärwerk. Will eine Lehrperson im Fehlerklärwerk arbeiten, muss sie die Lernprozesse vom Ende her denken können; unter anderem deswegen ist SOkeL Outcome-orientiert.
- Die besprochenen Punkte fügt die Lehrperson zusammen. Dabei entsteht ein Lernsandwich mit unterschiedlichen Einlagen, die nach einem bestimmten Prinzip geschichtet sind. Auf eine individuelle oder kooperative Erarbeitungsphase folgt wechselseitig eine individuelle oder kooperative Verarbeitungsphase. Auch in den Festigungsphasen (!).

Die Aufgabe der Lehrperson ist es, eine herausfordernde und komplexe Lernsituation zu gestalten. In einem SOkeL-Unterrichtsarrangement treffen Lernende auf eine doppelt komplexe Anforderungssituation, die sowohl kognitiv-fachliche als auch soziale und überfachliche Kompetenzen erfordert. Damit die Lernenden diese herausfordernden Situationen bewältigen können, muss die Lernsituation – hier als Unterrichtsarrangement im Sandwichprinzip – aktiv-aneignendes Lernverhalten ermöglichen. Dies ermöglicht dann den Lernenden, aus ihrer Kompetenzdisposition verfügbares kompetentes Lernhandeln zu entwickeln. Dazu müssen die Lernenden umfassend Aneignungsstrategien anwenden können (Lerninstrumente).

In SOkeL wird die Komplexität der Anforderungssituation reduziert – zumindest im kognitiven Bereich. Der anspruchsvolle Inhalt wird in Lernmaterialien aufgelöst, zum Teil mit unterschiedlichem Schwierigkeitsgrad. Die Aufgabe der Lernenden ist es nun, den aufgelösten Fachinhalt mittels ihrer eingeübten Lerninstrumente wieder zusammenzufügen, zu rekonstruieren (vgl. Abb. 29) – und zwar auf der Basis ihrer jeweiligen Lernkompetenz und ihrer jeweiligen Wissensnetze.

SOkeL-Lehrpersonen halten es für einen Mythos, alle Lernenden auf den gleichen Stand bringen zu können, wenn nur die richtige Vorgehensweise gewählt würde. Im Gegensatz dazu gehen sie davon aus, dass die Lernenden den von der Lehrperson »dekonstruierten« Inhalt am Ende des Lernprozesses zu einem Unterrichtsthema in unterschiedlicher Qualität zusammengefügt haben werden. Für SOkeL ist die Standarddiskussion daher wichtig. Die eher allgemein formulierten Standards werden auf die Lerneinheiten als Kompetenzerwartungen bezogen. Diese sind den Lernenden als fachliche und überfachliche Kompetenzlisten bekannt. SOkeL ist ein Outcome-orientiertes didaktisches Konzept.

18.3 Der Lernprozess

Auch aufseiten der Lernenden gibt es ein »vor dem Lernprozess«. Sobald die Lehrperson das neue Thema vorstellt, kommen deren Überprüfungsroutinen zur Geltung, ohne dass es ihnen bewusst wäre. Auf Grundlage der Vorerfahrungen prüfen sie ab, ob das Thema hinreichend neu ist, ob es eine persönliche Relevanz für sie hat und ob Aufwand und Ertrag in einem angemessenen Verhältnis zueinander stehen. Erst wenn alle drei Hürden überwunden sind, wird die Lernampel auf Grün gestellt. Die Lehrperson kann diese Überprüfungsroutinen positiv beeinflussen. Mit dem Advance Organizer zeigt sie das hinreichend Neue auf, mit dem Lebensweltbezug des Themas die persönliche Relevanz und mit der SOkeL-Leistungsbewertung kann sie glaubhaft versichern, dass sich Anstrengungen lohnen.

Zur Beschwichtigung der Überprüfungsroutinen kommt ein Weiteres hinzu: die sozialen Austauschbeziehungen. Ein SOkeL-Unterrichtsarrangement besteht aus wechselnden individuellen Erarbeitungsphasen und kooperativen Verarbeitungsphasen. Sozialer Kontakt ist somit garantiert. Ebenso ist garantiert, dass man sich als Individuum empfinden und als solches handeln kann. Der dritte Effekt im Bunde ist der Erfolg. Dieser wird einerseits durch die Art und Weise der SOkeL-Leistungsbewertung systematisch hergestellt. Andererseits stellen sich bei gelingender Gruppenarbeit Erfolgserlebnisse ein, die größer sind, als wenn man allein vorgegangen wäre. Insgesamt führt dies zu einem starken Selbstwirksamkeitsgefühl und zu internaler Kontrollüberzeugung, aus der sich wiederum Motivation speist.

SOkeL ist ein transparentes Unterrichtssystem. Die Klasse wird gleich zu Beginn mit dem Advance Organizer in die Grundzusammenhänge des neuen Stoffes eingeführt. Zeitnah zum Organizer erhält sie die Erwartungen der Lehrkraft, was am Ende der Lernprozesse zum aktuellen Thema herauskommen soll. Die kognitiven Kann-Listen haben eine sehr enge Beziehung zur finalen Leistungsüberprüfung, in der die Lehrpersonen die ressourcenorientierte Brille wieder absetzen müssen, um die Defizit-Brille aufzusetzen. Daran kann auch SOkeL nichts ändern, wohl aber am Lernprozess dorthin.

Wir trennen Leistungssituation und Lernprozess durch eine Leistungsbewertung. In einem dialogischen Verfahren mit dem Schüler wird ein abgegebenes Lernprodukt, das notenwirksame Punkte erhalten soll, begutachtet. Erfüllt es die Mindestkriterien? Wenn nicht, kann nachgearbeitet werden. Im Dialog dreht es sich darum – bezogen auf den individuellen Leistungshintergrund des Lernenden –, was schon gelungen ist und was noch verbessert werden kann. Dabei wird nur das Fehlerhafte herausgearbeitet, das der Schüler in Zukunft vermeiden muss. Erst sehr viel später wird das kompetenzorientierte Punktekonto eingeführt, das nach unterrichtlichen Exzellenz-, Regel- und Mindeststandards unterscheidet.

Sich im Unterricht als ein wirksames Individuum zu erleben, das in fairen Austauschbeziehungen steht und Erfolg hat, ist unsere Motivationszauberformel E^3. E wie Eigenständigkeit, soziales Eingebundensein und Erfolg. Das erhöht das Selbstwirksamkeitsgefühl und auch die internale Kontrollüberzeugung.

Manchmal wünschen Lernende die Transparenz des Lernstoffes, des zum Schluss erwarteten Könnens, des Zustandekommens der mündlichen Note und des Lehrerverhaltens zum Teufel. Vorbei die Zeiten, als man die Schuld für mangelnden Fleiß und Anstrengungsbereitschaft der Lehrperson in die Schuhe schieben konnte. Ob die Lernenden wollen oder nicht, sie müssen nach und nach Verantwortung für ihr Lernhandeln und ihre Lernbereitschaft übernehmen.

In einem Unterrichtsarrangement nach dem Sandwichprinzip geht die Zeit durch das Aktiv-sein-Müssen schneller vorbei als im Frontalunterricht. In den kooperativen Gruppenphasen sind Nebengespräche (in Maßen) normal, und es wird auch viel gelacht. Die Atmosphäre ist um Längen besser, entspannter und sozialer – trotz der vielen Konflikte, die dabei auftreten können. Das Sandwichprinzip ist für die Lernenden aber mit mehr Anstrengungen verbunden als der Normalunterricht. Schließlich ist es ihre Aufgabe, das in Lernmaterialien aufgelöste Unterrichtsthema oder den Fachinhalt in einem komplizierten Netz von Selbstinstruktion, wechselseitiger Instruktion, Lehrerinstruktion, Konstruktion und Ko-Konstruktion wieder zusammenzufügen. Und das bei stetig steigenden Ansprüchen vermittelt über die immer anspruchsvoller werdenden Lernmaterialien und Lerninstrumente.

18.4 Auf *die* Lehrer kommt es an

Der Leser konnte bei der Lektüre dieses Buchs den Eindruck gewinnen, als wäre Lernen allein die Sache des Schülers. Eine an sich richtige Feststellung. Das Handeln der Lehrpersonen ist meist indirekt aufgezeigt worden. In diesem letzten zusammenfassenden Kapitel geht es sehr stark um die Lehrpersonen. Sie sind es, die den Inhalt all der Kapitel umsetzen sollen. Die Arbeit geht den SOkeL-Lehrern nicht aus. Denn die lernkompetent gewordenen Lernenden brauchen die vorbereitete Lernumgebung, wie sie vom ersten Kapitel an entfaltet wurde.

Die Lehrpersonen haben in SOkeL grob zusammengefasst folgende Funktionen:
- Vorbereitung der Lernumgebung (herausfordernde komplexe Lernsituationen, Auflösung der Komplexität in Lernmaterialien, Beachten der Kompetenzfahrpläne, Entwurf von Prozessbewertungen)
- Strukturierung der Lernprozesse als Rekonstruktion der Inhalte (Sandwich, Klärwerk, Kompetenzspirale, SOkeL-Leistungsbewertung)
- Wahrnehmung der erweiterten Lehrerrolle
- Mitglied in einem Lehrerklassenteam
- Mitarbeit in (überschulischen) professionellen Lerngemeinschaften.

Für gelingende Lernprozesse werden aktiv handelnde Lehrer gebraucht, nur in anderer Form als im Frontalunterricht. Und auch in nicht in der Weise, dass sich der Lehrer nur als Moderator und Lernprozessbegleiter begreift, wie Hattie zu recht beschreibt:

> **ZEIT:** Sie beschreiben den guten Lehrer zudem als Regisseur des Unterrichts und stellen ihm den Moderator gegenüber. Warum diese Unterscheidung?
> **Hattie:** Die Vorstellung, dass Schüler sich natürlicherweise entwickeln, wenn der Lehrer als ein Moderator lediglich Material und Gelegenheit gibt, ist zwar sympathisch. Leider aber gibt es wenig Evidenz, dass das funktioniert. Bei begabteren Schülern mag das noch klappen. Für die meisten Lerner ist der Ansatz jedoch höchst ineffizient. Ich habe nichts gegen das entdeckende Lernen. Ich glaube aber, dass sich der Lehrer für den Lernerfolg seiner Schüler zuständig fühlen muss.
> **ZEIT:** Das kann ein Moderator ebenso gut.
> **Hattie:** Aber die Haltung und die Praxis unterscheiden sich. Ein Lehrer muss erkennen, dass es seine Aufgabe ist, die Lernenden zu verändern, sie immer wieder herauszufordern und an ihre Grenzen zu bringen. Die meisten Schüler, wie auch Erwachsene, setzen sich eher bescheidene Ziele.
> (aus: ZEIT Nr. 19/2013)

Literatur

Basu, A./Faust L. (2013): Gewaltfreie Kommunikation. 2. Auflage. Freiburg: Haufe.
Bauer, J. (2007): Prinzip Menschlichkeit – Warum wir von Natur aus kooperieren. 5. Auflage. Hamburg: Hoffmann und Campe.
Brauer, L. (2011): Der Bunte Stundenplan – ein Meilenstein zum individualisierten Lernen. In: Haas, U./Kreter, D. (Hrsg.): SOkeL – selbstorganisiertes und kompetenzorientiertes Lernen in der täglichen Unterrichtspraxis. Berlin: Senatsverwaltung für Bildung, Jugend, Wissenschaft
Beck, U. (1986): Risikogesellschaft – Auf dem Weg in eine andere Moderne. Frankfurt am Main: Suhrkamp.
Bettelheim, B. (1982): Kinder brauchen Märchen. 5. Auflage. München: Deutscher Taschenbuchverlag.
Binder, S. (2011): Der Advance Organizer – Fachdidaktischer SOkeL-Arbeitszirkel Deutsch in: Haas, U./Kreter, D. (Hrsg.): SOkeL – selbstorganisiertes und kompetenzorientiertes Lernen in der täglichen Unterrichtspraxis. Berlin: Senatsverwaltung für Bildung, Jugend, Wissenschaft.
Brüning, L./Saum, T. (2006): Erfolgreich unterrichten durch Kooperatives Lernen. 2. überarbeitete Auflage. Essen: Neue Deutsche Schule Verlagsgesellschaft.
Brüning, L./Saum, T. (2015): Unterrichtsentwicklung nach dem Konzept des Kooperativen Lernens. In: Rolff (Hrsg.): Handbuch Unterrichtsentwicklung. Weinheim und Basel: Beltz.
Dawkins, R. (1996): Das egoistische Gen. 4. Auflage. Frankfurt am Main: rororo.
Deci, E. L./Ryan, R. M. (1985): Die Selbstbestimmungstheorie der Motivation und ihre Bedeutung für die Pädagogik. In: Zeitschrift für Pädagogik 39. Heft 2. Weinheim und Basel: Beltz.
Deitering, F. (1998): Humanistische Bildungskonzepte und selbstgesteuertes Lernen. In: Greif, S./Kurtz, H.-J. (Hrsg.): Handbuch Selbstorganisiertes Lernen. 2. unveränderte Auflage. Göttingen: Verlag für angewandte Psychologie.
Desi-Studie (www.dipf.de/de/forschung/projekte/pdf/biqua/desi-zentrale-befunde/view).
Dueck, G. (2010): Aufbrechen. Frankfurt am Main: Eichhorn.
Flitner, A. (2009): Konrad sprach die Frau Mama ... Weinheim und Basel: Beltz
Greif, S./Kurtz-H.-J. (1998), Handbuch Selbstorganisiertes Lernen. 2. unveränderte Auflage. Göttingen: Verlag für angewandte Psychologie.
Haas, U./Lindemann, H.J. (2006): Unterrichtsarrangements nach SOL im Team gestalten – Kompetenzentwicklung der Lehrer fördern. In: Lang, M./Pätzold, G. (Hrsg.): Wege zur Förderung selbstgesteuerten Lernens in der beruflichen Bildung. Bochum/Freiburg: projektverlag, S. 187-209.
Haas. U. (2007): Der systemische Ansatz SOL (selbstorganisiertes Lernen) in berufsbildenden Schulen, in: Dehnbostel, P./Lindemann, H.J./Ludwig, C. (Hrsg.): Lernen im Prozess der Arbeit in Schule und Betrieb. Münster: Waxmann, S. 87-107.
Haas, U./Lindemann, H.J. (2011): Einführung von Selbstorganisiertem Lernen. In: Rolff, H.-G. (Hrsg.): Qualität mit System. Eine Praxisanleitung zum Unterrichtsbezogenen Qualitätsmanagement (UQM). Köln: Carl-Link/Wolters-Kluwer, S. 146-174.
Haas, U./Kreter, D. (2011): SOkeL – selbstorganisiertes und kompetenzorientiertes Lernen in der täglichen Unterrichtspraxis. Berlin: Senatsverwaltung für Bildung, Jugend, Wissenschaft.
Haas, U. (2015): SOkeL – ein erfahrungsbasiertes didaktisches Konzept. In: Rolff, H.-G. (Hrsg.): Handbuch Unterrichtsentwicklung. Weinheim und Basel: Beltz.

Hastie, S. (2011): Teaching students to set goals. Strategies, commitment and monitoring. Unpublished doctoral dissertation. University of Auckland, New Zealand (zitiert nach Hattie 2014, S. 53 f.).

Hattie, J. (2014): Lernen sichtbar machen für Lehrpersonen. Baltmannsweiler: Schneider Hohengehren.

Helmke, A./Schrader, F.-W. (2006): Determinanten der Schulleistung. In: Rost, D. H. (Hrsg.): Handwörterbuch Pädagogische Psychologie (3. überarb. u. erw. Aufl.). Weinheim: Beltz Psychologie Verlags Union, S. 83-94.

Helmke, A. (2012): Unterrichtsqualität und Lehrerprofessionalität. 5. Auflage 2014. Seelze-Velber: Kallmeyer in Verbindung Klett Friedrich Verlag.

Herold, M./Landherr, B. (2003): SOL – Selbstorganisiertes Lernen. 2. Auflage. Baltsmannweiler: Schneider Hohengehren.

Herold, C./Herold, M. (2011): Selbstorganisiertes Lernen in Schule und Beruf. Weinheim und Basel: Beltz.

Herrmann, M. (2006): Erfolgreich handeln heißt falsche Entscheidungen vermeiden. In: City of Sience, Neuro- und Kognitionswissenschaft. www.neuro.uni-bremen.de/~zkw/downloads/ZKW.pdf (Abruf 15.01.15).

Herrmann, M. (2006): Emotionen spielen bei der Informationsverarbeitung im Gehirn eine wichtige Rolle. In: Der Senator für Bildung und Wissenschaft, Freie Hansestadt Bremen. www.city-of-science.de (August 2006).

Huber, A. (2004): Kooperatives Lernen – kein Problem. Leipzig: Klett.

Hüther, G. (2014): Die Macht der inneren Bilder: Wie Visionen das Gehirn, den Menschen und die Welt verändern. 8. Auflage. Göttingen: Vandenhoeck & Ruprecht.

Ingenkamp, K. (1971): Die Fragwürdigkeit der Zensurengebung. Weinheim: Beltz.

Jesper, J./Jensen, H. (2009): Vom Gehorsam zur Verantwortung. Für eine neue Erziehungskultur. Weinheim und Basel: Beltz.

Kandel, E. (2007): Auf der Suche nach dem Gedächtnis: Die Entstehung einer neuen Wissenschaft des Geistes. 4. Auflage. München: pantheon.

Klein, S. (2011): Der Sinn des Gebens: Warum Selbstlosigkeit in der Evolution siegt und wir mit Egoismus nicht weiterkommen. Frankfurt am Main: Fischer.

Klieme, E. et al. (2007): Zur Entwicklung nationaler Bildungsstandards. In: Bundesministerium für Bildung und Forschung: Bildungsforschung Band 1 – Zur Entwicklung nationaler Bildungsstandards – Expertise. Bonn/Berlin.

Klieme, E.; Aspekte einer zukünftigen Lehrerbildung. http://lehrerfortbildung-bw.de/faecher/mathematik/gym/fb1/modul1/vortrag/index.html (Abruf 21.12.2014).

Köller, O. (2014): What works best in school? – Hatties Befunde zu Effekten von Schul- und Unterrichtsvariablen auf Schulleistungen, in: Terhart, Ewald (Hrsg.): Die Hattie-Studie in der Diskussion. Seelze: Klett-Kallmeyer, S. 24-37.

Kritz, J. (1998): Chaos und Selbstorganisation. In: Greif, S./Kurtz, H-J. (Hrsg.): Handbuch Selbstorganisiertes Lernen. 2. unveränderte Auflage. Göttingen: Verlag für angewandte Psychologie.

Kruse, P. (2004): next practice – Erfolgreiches Management von Instabilitäten. 3. Auflage. Offenbach: Gabal.

Krönung, H.-D. (2007): Die Management-Illusion. Stuttgart: Schäffer-Poeschel.

Lersch, R./Schreder, G. (2013): Grundlagen kompetenzorientierten Unterrichtens. Opladen, Berlin, Toronto: Barbara Budrich.

Lewin, K./Lippitt, R./White, R. K. (1958): Führungsstile und Gruppenleben – Eine experimentelle Studie (engl. 1939). In: Maccoby, E. E./Newcomb, T. M./Hartley, E. L. (eds.): Readings in Social Psychology. 3rd Edition New York 1958, S. 496-510.

Lüthi, M. (1997): Das europäische Volksmärchen. 10. unveränderte Auflage. Tübingen und Basel: Francke.
Martini, C. M./Eco, U. (1998): Woran glaubt, wer nicht glaubt? Wien: Zsolany-Verlag.
Maturana, H. R./Varela, F. J. (1990): Der Baum der Erkenntnis. Die biologischen Wurzeln des menschlichen Erkennens. München: Goldmann.
Müller, A. (2015): Kompetenzraster zeigen, was man kann – und können könnte. In: Rolff, H.-G. (Hrsg.): Handbuch Unterrichtsentwicklung. Weinheim und Basel: Beltz, S. 286–300.
Oser, F./Spychiger, M. (2005): Lernen ist schmerzhaft. Zur Theorie des Negativen Wissens und zur Praxis der Fehlerkultur. Weinheim und Basel: Beltz.
Precht, R. (2007): Wer bin ich und wenn ja wieviel? München: Goldmann.
Reis, C. (2012): Organisations- und Personalentwicklung als Voraussetzung der Weiterentwicklung frühkindlicher Bildung und Erziehung. Unveröffentlichtes Manuskript.
Rosenberg, M. B. (2004). Konflikte lösen durch gewaltfreie Kommunikation. Freiburg: Herder.
Roth, G. (2001): Fühlen, Denken, Handeln. Wie das Gehirn unser Verhalten steuert. Frankfurt am Main: Suhrkamp.
Roth, G. (2006a): Wie bringt man das Gehirn der Schüler zum Lernen? www.hausderwissenschaft.de/Binaries/Binary1070/Roth_-_Lehren_und_Lernen.pdf (Abruf 01. Juli 2015).
Roth, G. (2006b): Warum sind Lernen und Lehren so schwierig? In: Herrmann, U.: Neurodidaktik. Grundlagen und Vorschläge für gehirngerechtes Lehren und Lernen. Weinheim und Basel: Beltz.
Roth, G. (2006c): Das emotionale Gedächtnis. In: Der Senator für Bildung und Wissenschaft, Freie Hansestadt Bremen, www.city-of-science.de (August 2006).
Roth, G. (2011): Bildung braucht Persönlichkeit. Stuttgart: Klett-Cotta.
Sacher, W. (2001): Leistungen entwickeln, überprüfen und beurteilen. Grundlagen, Hilfen und Denkanstöße für alle Schularten. Bad Heilbrunn: Klinkhardt.
Schleicher, A. (2004): Wie kann Deutschland im internationalen Wettbewerb bestehen? In: Schlömerkemper, J. (Hrsg.): Zeitschrift für Erziehungswissenschaft, Bildungspolitik und pädagogische Praxis. 8. Beiheft 2004. Weinheim: Juventa.
Schmidt, U./Moritz, M.-T. (2009): Familiensoziologie. Bielefeld: transcript.
Spitzer, M. (2002): Lernen – Gehirnforschung und die Schule des Lebens. Heidelberg/Berlin: Spektrum Akademischer Verlag.
Siebert, H. (2003): Vernetztes Lernen. Systemisch-konstruktivistische Methoden der Bildungsarbeit. München/Unterschleißheim: Luchterhand.
Siebert, H. (2005): Pädagogischer Konstruktivismus. 3. überarbeitete und erweiterte Auflage. Weinheim und Basel: Beltz.
Sloane, P. (2008): Zu den Grundlagen eines Deutschen Qualifikationsrahmen (DQR). Bonn: Bundesinstitut für Berufsbildung.
Stroebe, W./Jonas, K./Hewstone, M. (2003): Sozialpsychologie. 4. Auflage. Heidelberg: Springer
Taleb, N. N. (2014): Anti-Frigalität – Anleitung für eine Welt, die wir nicht verstehen. München: Albrecht-Knaus.
Thal, J./Vormdohre, K. (2009): Methoden und Entwicklung. Basismaterialien für effektiven und aktivierenden Unterricht. Baltmannsweiler: Schneider Hohengehren.
Tomasello, M. (2006): Die kulturelle Entwicklung des menschlichen Denkens. Frankfurt am Main: Suhrkamp.
Tomasello, M. (2009): Die Ursprünge der menschlichen Kommunikation. Frankfurt am Main: Suhrkamp.
Waal, F. de (2009): Der Affe in uns. München: Deutscher Taschenbuchverlag.
Wahl, D. (1991): Handeln unter Druck: der weite Weg vom Wissen zum Handeln bei Lehrern, Hochschullehrern und Erwachsenenbildnern. Weinheim und Basel: Beltz.

Wahl, D. (2006): Lernumgebungen erfolgreich gestalten. Vom trägen Wissen zum kompetenten Handeln. Bad Heilbrunn: Klinkhardt.
Warnecke, H.-J./Hüser, M. (1996): Die fraktale Fabrik. Frankfurt am Main: Rowohlt.
Weinert, F. E. (2001): Vergleichende Leistungsmessung in Schulen – eine umstrittene Selbstverständlichkeit. In: Weinert, F. E. (Hrsg.): Leistungsmessungen in Schulen. Weinheim und Basel: Beltz.
Winter, F. (2004): Leistungsbewertung. Eine neue Lernkultur braucht einen anderen Umgang mit den Schülerleistungen. Baltmannsweiler: Schneider Hohengehren.